KC

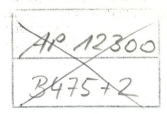

# Aktuelle Entstehung von Öffentlichkeit

Schriftenreihe der Deutschen Gesellschaft für
Publizistik- und Kommunikationswissenschaft

Band 24

Günter Bentele/Michael Haller (Hg.)

# *Aktuelle Entstehung von Öffentlichkeit*

Akteure – Strukturen – Veränderungen

Berichtsband der Jahrestagung der Deutschen Gesellschaft für Publizistik- und Kommunikationswissenschaft (DGPuK) vom 15. bis 17. Mai 1996 in Leipzig zum Thema „Aktuelle Entstehung von Öffentlichkeit. Akteure – Strukturen – Veränderungen".

Für die inhaltliche und organisatorische Mitgestaltung der Tagung danken wir den übrigen DGPuK-Vorstandsmitgliedern bzw. Mitgliedern der vorbereitenden Gruppen Werner Früh, Margarete Keilacker, Tobias Liebert, Barbara Mettler-von Meibom, Anna Maria Theis-Berglmair sowie den Leiterinnen und Leitern der Unterplena Barbara Baerns, Hans-Bernd Brosius, Knut Hickethier, Winfried Schulz und Siegfried Weischenberg.

Die Deutsche Bibliothek - CIP-Einheitsaufnahme

**Aktuelle Entstehung von Öffentlichkeit:** Akteure – Strukturen – Veränderungen / Günter Bentele; Michael Haller (Hg.). - Konstanz : UVK Medien, 1997
 (Schriftenreihe der Deutschen Gesellschaft für Publizistik-
 und Kommunikationswissenschaft ; Bd. 24)
 ISBN 3-89669-215-1
NE: Bentele, Günter [Hrsg.]; GT

1. Auflage 1997

Druck: Legoprint, Lavis

© UVK Medien
 Verlagsgesellschaft mbH

Schützenstr. 24
D-78462 Konstanz
Telefon: (0 75 31) 90 53-0
Telefax: (0 75 31) 90 53-99

Alle Rechte vorbehalten.

# Inhalt

Vorwort (*Günter Bentele / Michael Haller*) .................................. 13

## I. Öffentlichkeitsproduktion in der Kommunikationswissenschaft und in der Politik

### Kommunikatorforschung: Eine kritische Diskussion

*Wolfgang R. Langenbucher*
WIR sind die KommunikatorInnen!
Zu einigen Scheuklappen der Journalismusforschung ...................... 19

*Ulrich Saxer*
Kommunikationsforschung und Kommunikatoren.
Konstitutionsprobleme einer publizistikwissenschaftlichen Teildisziplin ............................................................ 39

*Hans J. Kleinsteuber*
Vom analog geblendeten Kommunikationssouverän zum digital gestärkten Interaktivisten? .............................................. 55

### Defizite der Kommunikationswissenschaft?

*Günter Bentele*
Defizitäre Wahrnehmung:
Die Herausforderung der PR an die Kommunikationswissenschaft ....... 67

*Elisabeth Klaus*
Neue Perspektiven der Kommunikatorforschung:
Geschlecht als Erkenntnisstandpunkt ........................................... 85

### Politik und Medien - ein notwendig schwieriges Verhältnis?

*Otfried Jarren*
Politik und Medien: Einleitende Thesen zu Öffentlichkeitswandel, politischen Prozessen und politischer PR .......................... 103

*Kurt Biedenkopf*
Politik und Medien - ein notwendig schwieriges Verhältnis?
Zum Strukturwandel politischer Öffentlichkeit .................................. 111

## II. Nachrichtenproduktion: Veränderungen in der journalistischen Informationsverarbeitung

*Armin Scholl*
Autonomie und Information(sverhalten) im Journalismus ................... 127

*Bernhard Rosenberger / Sigrun Schmid*
Die Konkurrenz fest im Visier.
Die Wettbewerbsstrategien von Nachrichtenagenturen im gewandelten
Medienmarkt - ein systematischer Problemaufriß ........................... 141

*Susanne Keil*
Neue Medieninhalte durch Frauen in Führungspositionen?
Zur Programmgestaltung von Chefredakteurinnen,
Hauptabteilungsleiterinnen und Direktorinnen ............................... 155

*Margret Lünenborg*
Informationsverarbeitung als Ausschlußprogramm?
Erforderliche Veränderungen zur Beschreibung der
Lebenssituation von Frauen ......................................................... 169

## III. Die Quellen: Zur Interaktion von Öffentlichkeitsarbeit und Journalismus

*Martin Löffelholz*
Dimensionen struktureller Kopplung von Öffentlichkeitsarbeit
und Journalismus.
Überlegungen zur Theorie selbstreferentieller Systeme
und Ergebnisse einer repräsentativen Studie .................................. 187

*Peter Szyszka*
Bedarf oder Bedrohung?
Zur Frage der Beziehung des Journalismus zur Öffentlichkeitsarbeit .... 209

*Günter Bentele / Tobias Liebert / Stefan Seeling*
Von der Determination zur Intereffikation.
Ein integriertes Modell zum Verhältnis von
Public Relations und Journalismus.......................................... 225

*Christian Salazar-Volkmann*
Gutes tun! Aber wie darüber reden?
Zur Öffentlichkeitsarbei entwicklungspolitischer Hilfsorganisationen ... 251

*Ulrike Röttger*
Journalistische Qualifikationen in der Öffentlichkeitsarbeit.
Inhaltsanalyse von PR-Stellenanzeigen....................................... 267

## IV. Die Inhalte: Veränderungen von Qualitätskriterien und ethisch-moralischen Standards

*Bernhard Debatin*
Ethische Grenzen oder Grenze der Ethik?
Überlegungen zur Steuerungs- und Reflexionsfunktion
der Medienethik.................................................................. 281

*Barbara Thomaß*
Ethik in der Journalistenausbildung.
Ein Vergleich französischer und deutscher Ausbildungsgänge............. 291

*Joachim Westerbarkey*
Banalitätenbühne: Zur Publizität des Privaten ............................... 303

*Christoph Neuberger*
Was ist wirklich, was ist wichtig?
Zur Begründung von Qualitätskriterien im Journalismus .................. 311

*Georg Schütte / Joachim Friedrich Staab / Peter Ludes*
Die Visualisierung von Politik.
Auf der Suche nach neuen Qualitätsstandards................................ 323

*Horst Pöttker*
Aktualität und Vergangenheit.
Zur Qualität von Geschichtsjournalismus..................................... 335

## V. Die Rezipienten: Auflösung traditioneller Rezeptionsweisen

*Patrick Rössler*
Agenda-Designing als individuelle Realitätsrekonstruktion.
Massenmedien, soziale Netzwerke und die politische
Tagesordnung der Rezipienten.................................................................. 349

*Werner Früh / Werner Wirth*
Positives und negatives Infotainment.
Zur Rezeption unterhaltsam aufbereiteter TV-Information................. 367

*Joachim Friedrich Staab*
Nachrichtenrezeption und emotionale Stimmung.
Eine experimentelle Studie zur Verarbeitung
von Fernsehinformationen......................................................................... 383

*Lutz Goertz*
Nachrichten für Generationen?
Ergebnisse zweier Feldexperimente zur Rezeption von Fernseh-
und Hörfunknachrichten............................................................................ 395

*Tibor Kliment*
Programmwahl und alltagskulturelle Orientierungen.
Zur Tragfähigkeit von Lebensstilanalysen bei der Analyse des
Fernsehverhaltens........................................................................................ 409

## VI. Der Ort: Das Lokale im Global Village

*Michael Haller*
Die besondere Attraktion des Lokalen:
das Wirtshaus, der Friedhof und Begegnungen der Dritten Art............ 431

*Joachim Trebbe / Hans-Jürgen Weiß*
Lokale Thematisierungsleistungen.
Der Beitrag privater Rundfunkprogramme zur publizistischen
Vielfalt in lokalen Kommunikationsräumen............................................ 445

*Edith Spielhagen*
Lokal-TV als neues Kommunikationsmedium
im Osten Deutschlands............................................................................... 467

*Joachim R. Höflich*
Kommunikation im „lokalen Cyberspace".
Das Projekt einer Zeitungsmailbox ............................................. 479

*Heinz Grüne / Stephan Urlings*
„Die Seele im Netz" - Was ist dran am Online-Run.
Psychologische Bestandsaufnahme eines neuen Mediums ................. 491


## VII. Die Präsentation: Visualisierung und Virtualisierung der Medieninhalte

*Knut Hickethier*
Fernsehnachrichten als Erzählung der Welt.
Teilhabe und Erzählung, Visualität und Virtualität ......................... 511

*Gernot Wersig*
Medien, Wirklichkeiten und Visualisierung ................................... 529

*Harald Berens / Lutz M. Hagen*
Der Fall „Brent Spar" in Hauptnachrichtensendungen.
Ansätze zur Operationalisierung von Qualitätskriterien für die
Bildberichterstattung .................................................................. 539

*Joan Kristin Bleicher*
Der Einsatz des digitalen Studios in Informationssendungen.
Chancen und Risiken neuer Bildtechnologien ................................ 551

*Michael Haller*
Vertextete oder visualisierte Information?
Zur Informationsleistung unterschiedlicher Präsenationsformen
am Beispiel „Focus" und „Spiegel" ............................................. 561

*Thomas Knieper*
Mehr Mut zur Visualisierung:
Infographiken steigern das Informationspotential der Tageszeitung ...... 577

*Mike Sandbothe*
Zur Semiotik der Hypertextualität.
Bild, Sprache und Schrift im World Wide Web ............................. 587

**Die Autoren** .............................................................................. 595

*Günter Bentele / Michael Haller*

# Zur Einleitung: akuelle Entstehung von Öffentlichkeit

Das Bild vom Kommunikator als aktivem Informationsbeschaffer ist in der Medienpraxis fest verankert. „Erste und älteste journalistische Aufgabe ist die Nachrichtensammlung. Ihr Träger ist der Reporter", lautet die Funktionsbeschreibung in der auch heute noch verbreiteten „Zeitungslehre" Emil Dovifats.[1] Und noch heute sind viele Journalisten überzeugt, daß ihre Profession den gesamten Prozeß der Nachrichtenproduktion ausmache, der mit der Beschaffung der Informationen durch Recherche beginnt und mit der Präsentation der mediengerecht aufbereiteten Aussagen ende. Vermutlich war dies immer schon ein idealisiertes Bild und tätsächlich haben sich Bedingungen und Umstände der Nachrichtenerzeugung so tiefgreifend gewandelt, daß jene tradierte Definition der „journalistischen Arbeit" (Dovifat) den Realitäten gesellschaftlicher Kommunikation nicht mehr entspricht.

Früher als die Medienpraktiker haben Kommunikations- und Medienwissenschaftler einen markanten Strukturwandel in der Nachrichtenerzeugung festgestellt und den Journalisten eine wachsende Abhängigkeit von professionellen Informationsanbietern nachgewiesen. Vor allem die politische Massenkommunikation wurde in den Zusammenhang mit staatlicher Öffentlichkeitsarbeit gebracht und Public Relations als dominanter Urheber regionaler wie auch nationaler und internationaler Nachrichten rekonstruiert.

Auf jenen Untersuchungen der 80er Jahre aufbauend, interessiert sich die Kommunikatorforschung, die sich lange Zeit fast ausschließlich auf journalistische Kommunikatoren konzentriert hat, heute verstärkt für die „Vorgeschichte" journalistisch aufbereiteter Nachrichten: für die systematischen Voraussetzungen, die Bedingungen und Konsequenzen der *prämedialen Informationserzeugung*. Dabei gewinnen mehrere Forschungsfelder zusehends an Beachtung, so vor allem:

---

1 Vgl. Dovifat, Emil / Jürgen Wilke (1976): Zeitungslehre, Bd. I. Berlin / New York: de Gruyter, S.39.

- Die Informationsproduktion und -selektion der Nachrichtenagenturen als ein den Massenmedien vorgelagertes System.
- Die PR privatwirtschaftlicher Betriebe und anderer Organisationen unter Aspekten der Medienresonanz und öffentlicher Vertrauensbildung.
- Die politische PR staatlicher Institutionen im Kontext internationaler Medienkommunikation und ihrer Möglichkeiten der Loyalitätserzeugung.
- Im Lokalen das komplexe Beziehungsgefüge zwischen kommunaler Elite, Veranstaltungskultur und journalistischer Thematisierung.
- Der Funktionswandel journalistischer Aussagenproduktion unter dem Paradigma der Deregulierung und Pluralisierung der Programmträger.
- Schließlich die Frage nach der Auflösung und De-Professionalisierung der nachrichtlichen Produktionsroutinen durch die Dialogisierung der Medienkommunikation im Online-Bereich.

Anfangs waren die Forschungsansätze von der Frage nach der Abhängigkeit journalistischer Aussageproduktion von dem vorgelagerten System der Public Relations geprägt. Inzwischen hat sich die Perspektive nachhaltig verändert: An die Stelle kausaler Abhängigkeits- und Wirkungsmodelle tritt das wohl realistischere Funktionsverständnis gesellschaftlicher Kommunikation als ein komplexes Kommunikationssystem, innerhalb dessen der klassische Kommunikator „Journalist" nur mehr einen - wenngleich besonders einflußreichen - Akteur darstellt, dessen Aussagenproduktionen an die Leistungen anderer Informationssysteme rückgekoppelt sind. Fragen, die sich daraus ableiten, sind z.B.: Wie entsteht Öffentlichkeit im Zusammenwirken publizistischer Akteure? Welchen Veränderungen unterlag die Informationsverarbeitung in Redaktionen und in Nachrichtenagenturen innerhalb des letzten Jahrzehnts? Welche „Informationsmacht" hat die Öffentlichkeitsarbeit? Welche Auswirkungen haben diese Veränderungen auf die Qualität journalistischer Produkte und auf die Rezipienten?

Diese Prozesse der *aktuellen Entstehung von Öffentlichkeit* aufzuhellen, war Thema und Anliegen der 41. Jahrestagung der Deutschen Gesellschaft für Publizistik- und Kommunikationswissenschaft vom 15.-17. Mai 1996 in Leipzig, deren Referate hiermit vorgelegt werden. Zum ersten Mal tagte die DGPuK in ihrer mittlerweile fast 35jährigen Geschichte in Leipzig, dem Ort, an dem das Fach mit der Gründung des „Instituts für Zeitungskunde" 1916 als eigenständige, akademische Disziplin aus der Taufe gehoben worden war. Daß sich die Fachgesellschaft 80 Jahre nach diesem Gründungsakt zu ihrer Jahrestagung wieder in Leipzig versammeln konnte, war nicht nur historische Reminiszenz, sondern auch Zeichen der fachlichen Reintegration des - unter dem Gründungsdekan Karl Friedrich Reimers neu gegründeten - „Instituts für Kommunikations- und Medienwissenschaft" in die gesamtdeutsche Wissenschaftlergemeinde. Daß dieser Prozeß auch durch die politischen Entscheidungsträger unterstützt und mitgetragen wird, zeigt die Tagungsbeteiligung des sächsischen Ministerpräsidenten mit einen Fachvortrag, der in eine ausführliche Diskussion zum Thema mündete.

Der formale Aufbau des vorliegenden Bandes orientiert sich am Tagungsablauf. Im *ersten Teil* finden sich die Plenumsreferate, wozu drei Beiträge (Langenbucher, Saxer, Kleinsteuber) gehören, die die Kommunikatorforschung unseres Faches reflektieren sowie zwei Beiträge (Bentele, Klaus), die explizit Defizitbereiche in diesem Forschungsfeld monieren. Zwei weitere Diskussionsbeiträge (Jarren, Biedenkopf) diskutieren das Verhältnis zwischen Politik und Medien und die Veränderungen in diesem Feld.

Im *zweiten Teil* finden sich vier Beiträge (Scholl, Rosenberger / Schmid, Keil und Lünenborg), die sich dem Prozeß der journalistischen Informationsverarbeitung in Nachrichtenagenturen und Redaktionen widmen. Der *dritte Teil* hingegen thematisiert mit fünf Beiträgen (Löffelholz, Szyszka, Bentele / Liebert / Seeling, Salazar-Volkmann, Röttger) das Interaktionsverhältnis von Public Relations und Journalismus unter theoretischen und empirischen Vorzeichen. Während hier die Kommunikationsleistungen der „Quellen" im Mittelpunkt stehen, diskutiert der *vierte Teil* Veränderungen der aktuellen Produktion von Öffentlichkeit vor allem in den Dimensionen Ethik (Debatin, Thomaß) und Qualität (Westerbarkey, Neuberger, Schütte / Staab / Ludes, Pöttker).

Der *fünfte Teil* enthält Studien vor allem zur Informationsrezeption: Agenda-Designing (Rössler), rezipiertes Infotainment (Früh / Wirth), Rezeption von Hörfunk- und Fernsehnachrichten (Goertz), der Einfluß emotionaler Stimmungen auf die Rezeption (Staab) und der Zusammenhang von Nachrichtenauswahl und Lebensstilkonzepten (Kliment) stehen hier im Mittelpunkt. Damit werden auch die Auswirkungen der Veränderungen im Produktionsprozeß angesprochen.

Im *sechsten Teil* werden die auf den lokalen Raum bezogenen Leistungen der traditionellen Medien (lokales Radio, lokales Fernsehen) durch die Beiträge von Trebbe / Weiß und Spielhagen untersucht. Die Bedeutung des Lokalen im Umgang mit traditionellen wie neuen Medien diskutiert der Beitrag von Haller. Die neuen, interaktiven Medien werden in den Beiträgen von Höflich (lokaler Cyberspace) und Grüne / Urlings (psychologische Nutzungsmotive der Online-Medien) angesprochen. Der letzte und *siebente Teil* diskutiert zwei Veränderungsphänomene der letzten Jahre, die mittlerweile große Aufmerksamkeit auch in der Forschung erfahren: Visualisierung und Virtualisierung. Die eher übergreifenden Beiträge von Hickethier und Wersig werden von vier weiteren Beiträgen komplettiert, die einzelne Phänomene wie die Brent-Spar-Berichterstattung (Berens / Hagen), neue Bildtechnologien (Bleicher), die Informationsleistung visueller Präsentationsformen (Haller), Infographiken (Knieper) und das Internet (Sandbothe) in den Mittelpunkt stellen.

Nicht alle Tagungsbeiträge konnten - nicht zuletzt aus Umfangsgründen - in den Band aufgenommen werden; die hier publizierten Beiträge wurden nur geringfügig redigiert.

Wir danken hiermit allen Autorinnen und Autoren, die sich mit ihren Texten an diesem Band beteiligt haben. Für die finanzielle Mithilfe an der 41. DGPuK-Tagung bedanken wir uns bei der Universität Leipzig, die Tagungsmittel zur Verfügung gestellt hat sowie bei den Sponsoren, die die Tagung mit ermöglicht haben: dem MDR und seinem Intendanten, Radio PSR sowie der Leipziger Volkszeitung. Dank gebührt auch Frau Persdorf für ihre Mitarbeit an der Manuskripterstellung. Besonders danken möchten die Herausgeber Frau Martina Becher, Dipl.-Germ. Univ., die die Hauptarbeit bei der Kommunikation mit den Autoren erbrachte und die aufwendige Gesamtgestaltung des Bandes mit gewohnt großer Zuverlässigkeit und Qualität erarbeitet hat.

Leipzig, im Februar 1997 *Günter Bentele   Michael Haller*

# I. Öffentlichkeitsproduktion in der Kommunikationswissenschaft und in der Politik

## Kommunikatorforschung: Eine kritische Diskussion

*Wolfgang R. Langenbucher*

# WIR sind die KommunikatorInnen!

## Zu einigen Scheuklappen der Journalismusforschung

### 1. „...das selbstverständlichste Betragen eines Bürgers"

„Wir sind die Verfassungsschützer" – so war ein Gespräch überschrieben, das Fritz J. Raddatz Ende 1983 in Sao Lorenco an der Algarve-Küste in Portugal mit Günter Grass führte und Ende Februar 1984 in der Wochenzeitung DIE ZEIT veröffentlichte. Vor dem Hintergrund einer von Günter Grass zunehmend katastrophal eingeschätzten Weltlage (zentrales zeitgeschichtliches Stichwort: Stationierung von Mittelstreckenraketen mit atomaren Gefechtsköpfen) entwickelte sich eine längere Gesprächspassage, in der es um die Kompetenz von Schriftstellern (und auch Theologen oder Ärzten) ging, ohne wirkliche Sachkenntnis hochpolitische und hochtechnische Dinge zu be- und verurteilen. Auf diesen Vorwurf der Anmaßung reagierte Grass mit einem heftigen Angriff:

„Selbst in Ihrer Zeitung finde ich wenig Sachkompetenz, dafür mehr nahezu zwanghaft ausgewogene Meinung. Unser Aufruf von Heilbronn wurde nicht mit Argumenten zur Kenntnis genommen. Voreingenommen hat man Zeter, Mordio und Anmaßung geschrien: Herrn Dr. Sommers Glosse zeigte, daß er die Texte nicht gelesen hatte. Dabei wäre ich froh, wenn den Schriftstellern ein Teil dieser Aufgaben abgenommen wäre, wenn wir nur bessere Journalisten hätten und Theo Sommer, statt staatserhaltende Leitartikel zu schreiben, z.B. nach Kellinghusen ginge, in die Artilleriekaserne, wo taktische Atomwaffen mit deutschen Bedienungsmannschaften stationiert sind. Das wäre eine journalistische Tat. Er könnte uns darüber aufklären, auf welche Art und Weise allein schon mit den taktischen Atomwaffen in der Bundesrepublik – und es gibt 4000 davon – Schindluder mit der Bundeswehr getrieben wird.

Doch je ausgewogener, lammfrommer sich die Presse gibt, um so mehr fällt Schriftstellern, Wissenschaftlern und anderen Bürgern die Aufgabe zu, quasi Ersatzdienst zu leisten." (Grass 1987, Bd. X, 312).

Seiner Diagnose eines schriftstellerischen Ersatz- und Notdienstes in der politischen Kommunikation ging bei ihrer Äußerung im Jahre 1983 eine fast 20jährige Erfahrung voraus. Im Bundestagswahlkampf 1965 hatte Günter Grass erstmals mit drei Wahlreden mitgewirkt. War dies noch ein Alleingang, so wurde Grass 1969 der Initiator einer sozialdemokratischen Wählerinitiative und damit wohl zum Pionier der in den 70er Jahren sich ausbreitenden Bürgerinitiativbewegung. Sein 1959 erschienener Roman „Die Blechtrommel" hatte ihn in den 60er Jahren – in einem kometenhaften Aufstieg – weltweit zu einem der bekanntesten deutschsprachigen Autoren gemacht. Schon 1961, allerdings hinter den Kulissen, hatte er sich politisch engagiert. Günter Grass betätigte sich als Ghostwriter. Wie er später in einer programmatischen Rede in Wien 1973 – „Der Schriftsteller als Bürger – eine Siebenjahresbilanz" – ausführte, habe ihn die „Verleumdungskampagne" gegen Willy Brandt – der damalige Bundeskanzler Konrad Adenauer hatte in einer Wahlrede in Regensburg in diffamierender Absicht auf die uneheliche Herkunft und die Emigrationszeit von Brandt angespielt – zu seiner späteren politischen Arbeit motiviert.

In dieser Rede erinnert sich Günter Grass noch einmal an seine damaligen Erlebnisse: Mit Unterstützung von Studenten, aber ohne Kontakt zur Parteiorganisation der SPD, begab er sich im Frühsommer und Frühherbst des Jahres 1965 von Passau bis Flensburg auf zwei Wahlreisen. „Für einen Schriftsteller, der bislang nur die üblichen Dichterlesungen gegen Honorar, flankiert von Gummibäumen und Zimmerlinden, vor gutbürgerlichem Publikum gewohnt war, ein neuer und aufregender, ein mich in Frage stellender Vorgang. (...) Die erste Veranstaltung fand in Hamburg statt. Ein Anfangserfolg war die bloße Tatsache, daß die dort meistgelesenen Springer-Zeitungen ihre Berichte nicht ins Feuilleton abschoben, sondern im politischen Teil relativ groß herausstellten. Damit waren für alle späteren Veranstaltungen die Weichen gestellt. Das Engagement eines parteiungebundenen Schriftstellers für die SPD konnte nicht mehr als amüsante kulturpolitische Veranstaltung im unverbindlichen Bereich des Feuilletons weggelobt werden: die sonst so beliebte Spielwiese blieb unbenutzt." (Grass 1987, Bd. IX, 583 ff.).

Er sprach sein Publikum als „Bürger" an und diese Anrede war Programm: Für ihn war seine damals beginnende und später in allen Variationen durchgespielte und intensivierte Publizistik „die politische Nebenarbeit eines Schriftstellers..., das selbstverständlichste Betragen eines Bürgers".

Gegen die übliche depressive Larmoyanz von Intellektuellen formulierte Günter Grass in der Rückschau auf seine langjährige publizistische Arbeit ganz und gar selbstbewußt: „Der knappe Sieg im Herbst des Jahres 1969 und eine Regierung Brandt/Scheel wären ohne den Beitrag der sozialdemokratischen Wählerinitiative nicht möglich gewesen." (Grass 1987, Bd. IX, 587).

Diese kurze, beliebig erweiterbare Reminiszenz zur Geschichte intellektueller Wortmeldungen provoziert die These: Bei der Frage nach der aktuellen Entstehung von Öffentlichkeit überschätzen wir notorisch als Akteure die Journalisten und ignorieren – als Forschungsgegenstand – nichtjournalistische Akteure und unterschätzen ihre genuine kommunikative Leistung.

Daß es das Versagen des Journalismus ist, wodurch sich der Schriftsteller zum Ersatzdienst, zum Notdienst des Tagesjournalismus abberufen fühlt, das ist ein Schlüsselgedanke für das politisch-publizistische Engagement des Romanciers, Lyrikers und Bildhauers Günter Grass. Was Grass als Versagen kritisiert, kann, ja muß man demokratietheoretisch auch ganz anders interpretieren.

## 2. Über Kommunikationssouveräne

Dabei geht es um einen demokratienormativ und demokratietheoretisch elementaren Sachverhalt. Art. 5 GG postuliert lapidar: Jederfrau und Jedermann sind die Kommunikationssouveräne, die Kommunikatoren. In den ersten Nachkriegsjahrzehnten klang diese Idee wie ein Märchen aus altgriechischen Zeiten. Aber daraus wurde eine Realität: Zuerst nur zögernd, seit Anfang der 60er Jahre aber dann immer dynamischer werdend, entwickelten sich eine Neue Oppositionskultur, ein – wenigstens teilweise – radikaldemokratischer Wandel der Öffentlichkeit, eine partizipatorische Revolution, innovative, kreative Protestformen der Neuen Sozialen Bewegungen und vieles mehr. Tausende, gelegentlich sogar Millionen Kommunikatorinnen und Kommunikatoren ließen so gesellschaftliche Infrastrukturen der öffentlichen Meinungsbildung entstehen: Demonstrationen, begrenzte Regelverletzungen, Hausbesetzungen, Baustellenbesetzungen, Blockaden, wilde Streiks, Abgabenverweigerungen, Märsche, Menschenketten, Steuerboykott, symbolische Inszenierungen und was sonst noch an Kommunikationsformen phantasievoll und geistreich vom Kommunikationssouverän entwickelt wurde.

Es mag von besonderem intellektuellem Reiz sein, daß sich gerade in einem „Frühwerk" des derzeitigen deutschen Bundespräsidenten Roman Herzog eine geradezu emphatische Analyse dieser Zusammenhänge findet. In einem Vortrag über „Pressefreiheit und Verfassung" (Untertitel: Freiheit der Meinung und der Information ist ein Recht des einzelnen und steht im Dienst der Gemeinschaft), den die FAZ veröffentlichte, kann man lesen: „Ein politisches und gesellschaftliches System ist in der dynamisierten Umwelt unserer Tage nur dann lebensfähig, wenn es eine ausreichende Anzahl von Antennen oder Sensoren besitzt, durch die es über die laufenden Veränderungen der Umwelt möglichst präzise informiert wird." Dieser Satz ist auch in einer vorsichtig quantifizierenden Fassung richtig, die etwa lauten müßte: Je mehr Sensoren ... ein politisches System besitzt, desto größer ist seine Überlebenschance in der dynamisierten Umwelt."

Und weiter: „In jedem Falle aber ergibt sich aus alledem die Frage, wie es in unserer Gesellschaft mit diesen Sensoren und Handlungsorganen bestellt ist. Im Grundsatz liegt die Antwort jetzt auf der Hand: Die Tatsache, daß in unserem System Grundrechtsverbürgungen jedem einzelnen das Recht garantieren, Probleme zu erkennen, anderen mitzuteilen, den Versuch von Lösungen selbst in die Hand zu nehmen ... setzt die Zahl der denkbaren Sensoren zumindest theoretisch der Zahl der Staatsbürger, also der höchsten überhaupt denkbaren Zahl, gleich und hebt sie in eine Größenordnung, die in keinem anderen System je erreicht werden könnte, so vielfältig und verzweigt dessen Planungssystem auch sein mag."

Als sozusagen realistische Fassung dieser Gedanken schließt Roman Herzog dann noch das Lob des Außenseiters, „die durch ihre Ideen und ihren Einsatz Verharrschungen und Verkrustungen des geistigen und damit auch des gesellschaftlichen Lebens verhindert oder auch durchbrochen haben. Und es ist daher von zentraler Wichtigkeit, daß dem Außenseiter eine Chance geboten wird." (Herzog 1986, 13).

Schon früher, aber überwiegend parallel zu dieser kommunikativen Basismobilisierung, wurden Schriftsteller, Wissenschaftler und Angehörige anderer Funktionseliten zu Intellektuellen, die durch ihren Beitrag zur Entstehung von Öffentlichkeit endlich den Modernitätsrückstand nachholten, durch den die deutsche – und übrigens auch die österreichische – Kultur seit den Tagen der Dreyfus-Affäre gegenüber dem klassischen Land der Intellektuellen immer in einem geistigen Notzustand blieb. Kritik als Beruf wurde nun ihr selbstverständliches Geschäft.

## 3. Kommunikatorismus

Hierzu wären wohl einige kommunikatorwissenschaftliche Dissertationen fällig. Beispielsweise über Heinrich Böll aus dessen Schriftsteller- und Bürgerleben gab es immer wieder Sammelbände seiner Reden, Aufsätze, offenen Briefe, Leserbriefe, Vorworte, Nachrufe, Gespräche, Laudationes und Dankreden. So erschien Anfang der 80er Jahre ein Band mit dem Titel „Ein- und Zusprüche" (Schriften, Reden und Prosa 1981-1983), Umfang über 400 Seiten als Ernte aus drei Jahren. Häufig lassen sich aus diesen und den früheren Dokumenten auch zum kommunikativen Selbstverständnis eines solchen Schriftstellers für unseren Zusammenhang aufschlußreiche Aussagen entnehmen. So antwortete er in einem persönlichen Brief an einen Oberst der Bundeswehr, der ihm kritische Rückfragen gestellt hatte: „Wir gefährden die Demokratie nicht, wir machen Gebrauch von ihr." (Böll 1984, 416).

Diesem Band folgte dann das Buch „Die Fähigkeit zu trauern" (Schriften und Reden 1983-1985). In einer Rezension von Christian Linder findet sich eine gute Beschreibung des Kommunikators Heinrich Böll: „Kaum ein Thema, das Böll nicht die Mühe wert war, es zu überdenken und zu kommentieren. Das reicht formal von Leserbriefen an Zeitungen bis zu groß ausgeführten Aufsätzen; inhaltlich von Stellungnahmen zu Spendenaffären bis zu Grabreden für Schriftstellerkollegen. Auch sein Engagement für die Friedensbewegung, durch die er sich persönlich ermutigt fühlte, rückt dieser Band noch einmal in den Vordergrund und macht so zugleich die Denk-, Schreib- und Lebensbewegung deutlich, die Böll vollzogen hat. Wenn sein Engagement in den 50er Jahren zu einem Zeitpunkt einsetzte, als die wichtigen Ereignisse – Währungsreform oder Wiederaufrüstung – schon stattgefunden hatten, sein Engagement dann in den 60er Jahren auf selber Höhe war mit den Ereignissen, er etwa aktuell in die Debatte um die Notstandsgesetze eingriff, so war er in den 70er und 80er Jahren den Ereignissen bisweilen sogar voraus, auf der Suche nach dem „Phantastischen der Wirklichkeit" (Linder 1986, 34).

Heinrich Böll ist nur ein – besonders ergiebiges – Beispiel einer noch ungeschriebenen Kommunikatorgeschichte der Bundesrepublik Deutschland. Auch von anderen gibt es vergleichbare „Werke". Die „Süddeutsche Zeitung" widmete Böll als Nachruf einen Leitartikel („Der loyale Störenfried" von Claus Heinrich Meyer. In: Nr. 163 vom 18.7.1985) und etikettierte ihn als „öffentlichen mahnenden Staatsbürger". Er selbst nannte das ganz schlicht: „Hin und wieder das Zeitgeschehen kommentieren".

Übrigens: Die Reden der Darmstädter Büchner-Preisträger – erstmals wurde dieser Preis schon 1950 vergeben – sind äußerst aussagekräftige Dokumente für den Wandel im Kommunikatorselbstverständnis der deutschsprachigen Schriftsteller. Oder man könnte auch sagen: Der Bedeutung, den diese der politischen Rhetorik in der Literatur und in der Kommunikationskultur geben; oder auch dem sich wandelnden Verhältnis von Geist und Macht und seinem Einfluß auf die Dynamik öffentlicher Meinungsbildung. Hans Mayer, selbst eine große Figur in diesen Zusammenhängen, sieht – sollen wir sagen: kommunikationsgeschichtlich? – den Wendepunkt Anfang der 60er Jahre, als mit Günter Grass eine neue Qualität der literarisch-politischen Rhetorik erreicht wird (Mayer 1969).

Wenn denn – ein solches, nicht anders als Journalismus auf die Zeit bezogenes Kommunikatorwerk – kommunikationswissenschaftlich untersucht wäre, so ließe sich zeigen, daß Schriftsteller von der Art und mit dem Selbstverständnis eines Heinrich Böll kommunikative Wirkungen erzielen können, die so ziemlich alles Vergleichbare in den Schatten stellt, was an Wirkungen journalistischer Arbeit unsere liebevolle und geschäftige Aufmerksamkeit findet.

Das jüngste Beispiel: Peter Handkes Reisebericht, ursprünglich spektakulär in der „Süddeutsche Zeitung" veröffentlicht und dann als Buch. Viele haben dazu Stellung genommen. Das Thema war unser Thema, aber daß jemand von uns dazu analytisch, kritisch, weiterführend und wissenschaftlich fundiert sich geäußert hätte, das muß mir entgangen sein. Nein: Peter Glotz hat in „Die Woche" mit gewohnter Schnelligkeit und Brillanz reagiert. Nicht sprachlich, aber intellektuell hat er als Kommunikationswissenschaftler geschrieben. Aber ansonsten entgeht unsereinem offensichtlich, was hier durch einen solchen Schriftsteller wie Handke ausgelöst wird. Das ist ja nicht Journalismus, sondern Kommunikatorismus. Und für den interessieren wir uns nun mal nicht.

## 4. Politik-Kommunikatoren

Fast schon trivial – und auch einigermaßen umfassend, wenngleich oft falsch gewichtend, weil zur Kritik am politischen Journalismus umgedeutet, untersucht – ist der Sachverhalt, daß und wie Politik sich im Kontext einer Fernsehgesellschaft in Kommunikation verwandelt hat, daß Politiker als Kommunikatoren agieren müssen.

In unserer Literatur zur politischen Kommunikationsforschung gibt es zwei Sätze, die – geradezu gebetsmühlenhaft wiederholt – zu Zitatklassikern geworden sind:

„... die heutige Politik wird ... in hervorragender Maße in der Öffentlichkeit mit den Mitteln des gesprochenen oder geschriebenen Wortes geführt." (Max Weber 1919 bzw. 1992, 31).

Und: "Im wesentlichen wird die Erzeugung, Benutzung und Weiterführung von der Themen der öffentlichen Meinung zur Sache von besonders dafür ausgerüsteten, hauptberuflichen Politikern" (Niklas Luhmann 1979, 51).

Der Politiker als Kommunikator – schon vor zwei Jahrzehnten hat Hans Heinz Fabris diese Fokussierung in einem Aufsatz am Beispiel von Bruno Kreisky, dem langjährigen österreichischen Bundeskanzler, erfolgreich erprobt (Fabris 1974). Seine Vorgehensweise blieb ohne Nachfolge und erst jetzt wurde das Thema in einer wiener Diplomarbeit bei mir wieder aufgegriffen. Die Studie ist die Geschichte eines außergewöhnlich erfolgreichen Kommunikators. Er galt als „Journalistenkanzler" und „Medienzar".

Ein Witz aus dieser Zeit illustriert plastisch, wie ihn seine Zeitgenossen erlebten. Die ÖVP ist verzweifelt, daß die Journalisten immer noch über Kreisky – obwohl nicht mehr an der Spitze der Regierung – berichten. Man überlegt daher, daß Josef Taus etwas Großes tun soll, etwas was die Journalisten einfach nicht ignorieren können. Nach einer längeren Beratung beschließt man: Taus soll lernen, über das Wasser zu gehen. Monatelang trainiert der ÖVP-Obmann auf einem abgesperrten See. Nach einem Jahr schließlich hat er es tatsächlich geschafft und geht vor der versammelten Journalistenschar über das Wasser. Die Schlagzeilen der Zeitungen des folgenden Tages aber lauten: „Taus kann nicht schwimmen. Kreisky erklärt, warum." (Waldner 1995, 108).

Eines der kommunikatorischen Geheimnisse von Bruno Kreisky war seine schlichte Einsicht, daß man den Journalisten, den Medien ständig Stoff bieten mußte. Er bediente sich dieses Sachverhaltes, um via Medien seine Ideen und Ideale öffentlich zu machen. Er selbst dachte von sich ohnehin, daß er – wenn nicht Politiker – so doch der beste Journalist Österreichs geworden wäre. Als Politiker jedenfalls hatte er ganz im Sinne von Niklas Luhmann über viele Jahre die Themenführerschaft in Österreich inne und häufig sogar darüberhinaus. Eine solche Haltung war Ende der 60er und Anfang der 70er Jahre keineswegs selbstverständlich. So bekannte sein politischer Gegenpart, Josef Klaus, als Ex-Kanzler einmal, daß er „eine lähmende Scheu vor dem Interviewer vor dem

Mikrophon und der Fernsehkamera" hatte. Seine Erklärung dafür war: "Mir fehlte die vielen Presse- und Rundfunkleuten zu Gebote stehende *ars formulandi*, die Kraft und Kunst der unmittelbaren Artikulation dessen, was ich dachte und wollte, aber auch das rechte Augenmaß dafür, was noch höflich ist, obwohl es deutlich genug gesagt werden muß" (Waldner 1995, 43).

Ganz anders dagegen Bruno Kreisky, der ein über die Jahre ständig anwachsendes Selbstvertrauen hinsichtlich seiner Medienkompetenz besaß. Gemessenheit, Einfachheit, Spontanität und Schlagfertigkeit sind Eigenschaften, die ihm auch von seinen politischen und journalistischen Begleitern zugestanden wurden. Anekdotensammlungen berichten beredt von diesen Fähigkeiten und Eigenschaften. Mit einer tiefen Stimme und in einer langsamen Sprechweise entwickelte er einen Tonfall der Intimität, der zumindest den damaligen Erwartungen an eine fernsehgerechte Persönlichkeit optimal entgegenkamen. Seine Spezialität die hohe Akzeptanz fand, war der „Monolog in Gesellschaft". Seine Anpassung an die medialen Anforderungen war optimal. Dabei kam ihm freilich entgegen, daß eine Rundfunkreform Mitte der 60er Jahre neue strukturelle Bedingungen geschaffen hatte: Eine öffentlich-rechtliche Informationsexplosion. Schon in der Opposition und erst recht dann als Chef der Regierung verfolgte Kreisky konsequent ein Konzept der politischen Imagebildung durch aktive Teilnahme an der politischen Kommunikation.

Hans Heinz Fabris hatte sein Fallstudie über Bruno Kreisky unter dem Titel „Der Politiker als Kommunikator" 1974 (!) einleitend einen „orientierenden Bezugsrahmen" genannt. Zu den von ihm erhofften weiterführenden Analysen fühlte sich freilich niemand inspiriert. Er schlug dafür die Differenzierung zwischen externen und internen Kommunikatoren vor. Auch dies folgenlos.

Ein rares Beispiel einer empirischen Untersuchung über Politiker als Kommunikatoren aus den 70er Jahren blieb: „Politiker im Fernsehen. Zur Fragen des kommunikativen Zugangs zu einer Parteiensendung" von Claudia Mast (Mast 1977, 1978). In den inzwischen vergangenen zwanzig Jahren ist zwar die Masse der vergleichbaren Untersuchungsgegenstände – damals ging es um eine klassische Sendung des ZDF „Journalisten fragen – Politiker antworten" – gewaltig angewachsen, aber sie war nicht von einem auch nur rudimentär ähnlichen Anstieg derartiger Studien begleitet. Auch die Autorin selbst hat sich um solche Fragen – wenn ich recht sehe – nicht mehr gekümmert und damit ein für unsere Zunft durchaus charakteristisches intellektuelles Karriere- und Interessensmuster gezeigt.

Aber auch noch in ganz anderen Kontexten lassen sich vergleichbare Phänomene wie in der Politik beobachten: Radio und insbesondere Fernsehen provozierten eine ganz neue Selbstdarstellungs- und Öffentlichkeitsbereitschaft. Für Prominenz aller Art, aber auch für – bis zu ihrem ersten Auftritt – gänzlich anonyme Jedermänner und Jederfrauen ist der kommunikative Zugang zu den Medien ubiquitär geworden. In den Talkshows, die seit der Kommerzialisierung des Fernsehens wuchern wie der wilde Knoblauch ( auch Bärlauch genannt) im Frühjahr, ist daraus eine wahre Seuche geworden und der Exhibitionismus zur alltäglichen Kommunikationspathologie. Aber daß hier Tausende auf fragwürdigste Weise täglich spezifische Kommunikatorqualitäten verpaßt bekommen – es ist kein Thema.

Angesichts der alltagsweltlichen überwältigenden Präsenz dieses Phänomens bleibt die Hoffnung, daß sich der Journalismusforschung überdrüssig gewordene Kommunikationswissenschaftler bald solcher Kommunikatorforschung annehmen. Polemisch gesagt: Es wäre ja nicht schlecht, wenn auf diese Weise transparent würde, wie unser kommerzialisiertes Mediensystem aus der Jederfrau und dem Jedermann des Artikel 5 GG eine bejammernswerte Karikatur macht. Oder käme vielleicht bei solchen Kommunikatorstudien heraus, daß hier die uns vor einem Vierteljahrhundert (!) so lieb gewordenen Utopien von Berthold Brecht und Hans Magnus Enzensberger ihre glanzvolle Erfüllung finden? Jedenfalls laufen diese Sendungen in einer (erst Ende 1996 abzuschließenden) Untersuchung von Gary Bente unter dem Sammelbegriff „Audience Participation Shows" (Bente, 1996).

Auch die Fernsehkritikerin der ZEIT, Barbara Sichtermann, plädiert dafür, darin mehr und anderes als das gesellschaftsverrohende Outing von Exhibitionisten für Voyeure zu sehen. Sie schreibt:"... Die Fernsehkritik ist sich quer durch die Printmedien einig, daß diese Talk-Offensive einer Art elektronischer Kanalverschmutzung gleichkommen; selten wurde unisono so vernichtend geurteilt: "das radikal Dümmste" „Gewäsch", „Geplapper", „Phrase", „Aufklärricht", „Grauen des Alltags" – von übel beleidigenden Attributen für die Moderatoren zu schweigen. ... Die große Wut auf das große Gequatsche verwechselt die Talk-Nachmittage mit dem Programm alten Stils, das sich an die breite Öffentlichkeit wendete und deren Aufmerksamkeit mit Themen, Macharten und Stars fesselte, die etwas Besonderes darstellten und mit dieser Besonderheit ihre Existenz auf dem Bildschirm und ihren Appell an das Interesse des Zuschauers rechtfertigten. ... Mit genau diesem für die breite Öffentlichkeit gemachten Programmangebot hat die nachmittägliche Talk-Line nichts mehr zu tun. Sie ist trivial und will es sein. Statt des Besonderen bietet sie das Gemeine, statt des Herausragenden das Gewöhnliche, statt des Extremfalls den Durchschnitt. Zwar liegt die Pointe oft darin, daß gerade das Gewöhnliche mit unverhofften Bizarrerien aufwartet, der Kontext ist aber nie ein „Event", sondern im Gegenteil die Unauffälligkeit. Statt großer Namen und exotischer Schauplätze begegnen uns Menschen von der Straße, die in Studios ohne Glamour mit Moderatoren ohne Star-Qualität über sich selber reden. Aus dem Fernsehen blitzt uns statt der Sensation die Normalität entgegen – ungeschminkt, banal und überraschend vielgestaltig. ..." (In: Die ZEIT, S 8).

## 5. Kommunikationswissenschaftliches Begriffswirrwarr

Wie reagieren wir als Kommunikationswissenschaft auf diesen strukturellen Wandel? Hart gesagt: gar nicht; wir ignorieren ihn einfach. Kritisch gesagt: mit terminologischer Hilflosigkeit. Da wir – trotz gelegentlicher gegenteiliger Versuche – darauf verzichtet haben, den Begriff Kommunikator präzise definiert zu verwenden und ihn analytisch trennscharf von Journalismus zu unterscheiden, fehl(t)en uns die Denkwerkzeuge für die ganze Fülle und Differenziertheit der Akteure und Strukturen bei der Entstehung von Öffentlichkeit.

Für diese stümperhafte Begriffsverwirrung und Undifferenziertheit kann übrigens uns allen kein Pardon gegeben werden. Wir wissen es besser oder hätten es doch besser wissen können.

In seinem großen Werk „Die unerkannte Kulturmacht" führt Otto Groth eine Begrifflichkeit ein, die alle wünschenswerten Differenzierungen der empirischen Forschung erlaubte. Freilich sprach er vom „Ausgangspartner" und verfiel damit dem Verdikt, einer Partnerschaftsideologie zu huldigen. Und dies selbst durch solche unter uns, die nicht einmal seinen Namen richtig buchstabieren können, geschweige denn je einen Zeile dieses vieltausendseitigen Werkes rezipiert haben: Also ab damit in den begriffsgeschichtlichen Mistkübel (Groth 1960–1972).

1969 kam aus der Schule von Günther Kieslich (1924–1971) eine empirische Fallstudie zum Gatekeeper-Problem, die mit der sehr plausiblen begrifflichen Differenzierung von Primär-Kommunikator und Sekundär-Kommunikator operierte. Aber das war nur die Dissertation eines österreichischen Studenten

(Christian Kristen) und sein Doktorvater lebte nicht lange genug, um dieses Modell selbst weiter auszuarbeiten. Also: vergiß es (Kristen 1969).

Und dann Hans Wagner! Er präparierte nicht nur höchst differenziert die notwendige Begrifflichkeit und integrierte sie in eine denkbar systematische Theorie; er entwarf und erprobte auch noch die inhaltsanalytischen Instrumente, um evident zu machen, wie Kommunikator und Journalist getrennt agieren oder wie sie zusammenhängen; und er publizierte Aufsatz um Aufsatz und neuerdings Buch um Buch. Aber das nützte ihm und der Sache alles nichts, auch nicht seine brillante Rhetorik, seine fast schon filibusterhafte Insistenz. Zu sehr verband er all dies und seine theoretische Kreativität, der im Fach wenig – nein ich sage: nichts Vergleichbares – zur Seite zu stellen ist, geradezu obsessiv mit der Idee einer „Münchner Schule der Zeitungswissenschaft". Dieses seltsame Schulenbedürfnis allein hätte schon gereicht, aber dann auch das noch: "Zeitungswissenschaft". Nein: geradezu altfränkisch, diese Sprache.

Dafür mußte er bestraft werden nach einem Motto, das in den „Letzten Tagen der Menschheit" bei Karl Kraus nachzulesen ist: "Aber ich bitte dich – gar net ignorieren". Der Duden „Wie sagt man in Österreich? Wörterbuch der österreichischen Besonderheiten", erklärt dazu: "Diese Wendung wurde besonders während der NS-Herrschaft und der nachfolgenden russischen Besatzung zum Schlagwort für eine speziell österreichische Art im Umgang mit Besatzungsmächten. Vollkommen passives Verhalten gegenüber der fremden Macht, sodaß für diese keine Möglichkeit besteht, irgendwo im Lande Fuß zu fassen."

Nun droht zwar von Hans Wagner trotz seiner geradezu alttestamentarischen Wortmächtigkeit gewiß keine Okkupation, aber fürchten tun wir uns schon, daß seine theoretische Potenz der unseren überlegen sein könnte. Da ist es gewiß besser: Gar nicht erst ignorieren.

Hans Wagner ist gewiß nichts für intellektuelle Dünnbrettbohrer. Wie wäre es also mit einer ganz schlichten, geistige Differenzierungsfähigkeiten wahrlich nicht übermäßig in Anspruch nehmenden Formel? Wie wäre es mit Lasswell? „Wer sagt was zu wem...?" Und dann einer ebenso schlichten Untersuchungsanlage, der Fahndung nach diesem Laswellschen „Wer". Wer nicht mit journalismusforscherischer Blindheit geschlagen ist, muß dann den Sprechern begegnen, den externen Kommunikatoren, den Protagonisten der Öffentlichkeit usw. usw. ...und damit bei eigentlicher Kommunikatorforschung landen.

Den vorläufig letzten Versuch, uns eine sachadäquate Begrifflichkeit zu offerieren, macht Friedhelm Neidhardt mit seiner Forschergruppe in Berlin. Wer empirische Öffentlichkeitsforschung betreibt, kann offensichtlich ohne diese differenzierte Begrifflichkeit nicht auskommen. Für die zukünftige Rezeption kann man hoffen, denn Neidhardt ist Anhänger einer neuen Einfachheit der soziologischen Sprache: Sein für uns relevanter Zentralbegriff ist ganz schlicht: „Sprecher". Einige der Beiträge veranlassen ihn in der Einleitung dazu, eine Art Typologie der Sprecher zu entwerfen. Weiter interessiert ihn „die soziale Produktionsstruktur der Sprecher, deren Stimmen die Medien vermitteln" und lenkt damit wohl den Blick auf die in unserem Fach immerhin doch zur Selbstverständlichkeit gewordene PR-Forschung. Übrigens passen zu dieser Typologie auch die Journalisten – und zwar unter fünftens (!) als Kommentatoren. Auch gerät dieser Öffentlichkeitssoziologie die Prominenz in den Aufmerksamkeitsfokus, ein knappes Gut, das neben Prestige wohl zu den wichtigsten kommunikativen Regulationsmechanismen einer von den Medien dominierten Kommunikationskultur gehört.

Nicht angenehm übrigens, einen Satz, wie den folgenden, in Neidhardts Einleitung zu finden: "Besondere Aufmerksamkeit verdienen (haben aber noch nicht gefunden) jene Journalisten, die als Kommentatoren in Leitartikeln, Editorials und Hintergrundberichten selber zu Sprechern werden und ihre eigenen Feststellungen, Begründungen, Bewertungen und Folgerungen zu den Beiträgen anderen Sprecher öffentlich machen." (Neidhardt 1994, 23).

## 6. Forschungsdefizite und -ansätze

„Haben aber noch nicht gefunden" – die Journalisten als Kommunikatoren. Darf das wirklich wahr sein? Dafür wenigstens hatte die ältere Publizistikwissenschaft noch ein sensibles Organ und hinterließ uns wenigstens ein paar Biographien und Textsammlungen. Wir aber studieren noch nicht einmal auf zureichende Weise die Kommunikatorqualitäten dieses Berufes, dem vorgeblich unser ganzes Kommunikatorforschungsinteresse gilt.

Natürlich gibt es ein paar Gegenbeispiele, die diese Verallgemeinerung relativieren. Dazu zähle ich beispielsweise die originelle Studie von Lutz M. Hagen mit dem schönen Titel „Die opportunen Zeugen". Ihn interessiert, welche Konstruktionsmechanismen in der Zeitungsberichterstattung Bias erzeugen. Ausgehend von der Nachrichtenforschung wird das Argument als Analyseeinheit gewählt, wobei als Kommunikator der miterfaßt wird, von dem das betreffende Argument stammte. Als Kommunikatoren gelten Personen und Gruppen.

Sofern auch Journalisten Argumente äußern (!), werden sie mitkodiert. Gelegentlich heißen bei Hagen die Kommunikatoren auch „Nicht-Journalisten". Daß Journalisten sich „opportune Zeugen" suchen, ist ganz offensichtlich ein typisches Element journalistischer Verarbeitung externer Kommunikatoren. Trotz gewisser terminologischer Unschärfen enthält die Untersuchung einen möglichen Beitrag zur Kommunikatorforschung, weil sie inhaltsanalytisch den Blick auf die „Protagonisten des öffentlichen Geschehens" lenkt (Hagen 1992).

Gleiches gilt für einen Beitrag von Johannes Boettner mit dem Titel: „Über den Sender gehen. Lebenswelteffekte medialer Präsenz." Hier wird nach dem normalen Menschen in Zeitung, Hörfunk und Fernsehen gefragt: Straßenpassanten, Streikposten, Steinewerfern, Zeitzeugen, Kandidaten die Preise gewinnen und Anrufern, die Fragen stellen. Boettners theoretisch offen bleibende Etikettierung dieses Personenkreises verweist auf die oben notierten Probleme: „Auf einmal ist man nicht mehr Leser, Hörer oder Zuschauer, nicht mehr 'Rezipient', wie die Fachleute sagen, obwohl 'Kommunikator' ist man eigentlich auch nicht. Man gehört quasi zur Sendung, zum 'Kommunique' (Boettner 1993, 66).

Von solchen, gewiß vermehrbaren, Zufallsfunden abgesehen, gibt es eine wichtige Ausnahme zu dieser Einschätzung: alle unsere – ja zunehmend prominenter gewordene – Forschung, die sich auf PR bezieht. Damit haben wir einen, aber eben nicht einen allein wichtigen, Auschnitt dieser Kommunikator-Wirklichkeit zum selbstverständlichen Fachgegenstand gemacht. Public Relations sind die Verberuflichung von gesellschaftlichen Kommunikatorrollen. Gewiß wäre es theoretisch höchst ergiebig, wenn man PR-bezogene Forschungergebnisse in eine Kommunikator-Begrifflichkeit übersetzen würde. Vielleicht wären dann auch manche allzu kurzschlüssigen kritischen Urteile über den Zusammenhang von Journalismus und Kommunikatorismus zu korrigieren.

## 7. „Die Willensbildung des Volkes ..."

Wie hat die Politik auf diese kommunikative General- und Basismobilisierung reagiert? Richtig, indem sie diese Entwicklungen als folgenreichen Angriff auf das ihr „eigentlich" zustehende Monopol auf die Rolle Kommunikator begriff. Die Folgen waren und sind ein dauernder Grabenkampf gegen ein radikaldemokratisches Verständnis von Kommunikationsfreiheit. Jahrzehntelang hat das Bundesverfassungsgericht in Karlsruhe in immer neuen Urteilen sich diesen

Versuchen entgegengestellt. Deshalb ist das Gericht – weil es an seiner freiheitlichen Spruchpraxis auch in heiklen Fällen festhielt – Mitte der 90er Jahre selbst zum Angriffsobjekt geworden.

In diesem Zusammenhang eine Rückblende: 1958 brachte die SPD-Fraktion im Bundestag den „Entwurf eines Gesetztes zur Volksbefragung wegen einer atomaren Aufrüstung der Bundeswehr" ein. Einer der großen Debattenredner dieser Epoche: Adolf Arndt. In seiner Rede bezieht er sich auf einem Satz von Rainer Barzel, den dieser am 20. April 1958 in der Zeitung „Die Welt" geschrieben hatte: "In unserem Grundgesetz ist ganz klar zum Ausdruck gebracht, daß sich die Willensbildung des Volkes darauf beschränkt, in freien und geheimen Wahlen die Abgeordneten für das Parlament zu wählen." Arndt kommentiert, daß dieser Satz für ihn den „innersten Kern des Demokratischen verletzt". Und dann sagt er: "Nein! sage ich Ihnen. Nein! Die Willensbildung des Volkes hört nicht einen Tag auf. Die Willensbildung, die Meinungsbildung, ist ein unaufhörlicher Prozeß, durch den das Volk zu sich selber kommt, durch den es seinen Staat integriert. Das vollzieht sich unentwegt und vollzieht sich auch als Bildung der öffentlichen Meinung. Weder der Prozeß der Willensbildung noch der Prozeß der Meinungsbildung können in einer Demokratie auch nur einen Augenblick der Gestalt angehören, daß der Wähler zugunsten der Abgeordneten abdankt." (Wassermann 1986, 186-189).

Wir wissen: Die Argumente dieses großen Juristen und Politikers nützten nichts. Die Lernfähigkeit des politisch-administrativen Systems war in den 50er und 60er Jahren notorisch gering. Dafür lernte der Souverän, zumindest als Kommunikationssouverän und es begann eine dramatische Epoche der Basismobilisierung. Die infrastrukturelle Bedingung ihrer Möglichkeit war und ist das Medium Fernsehen. Dieses ist das Medium moderner institutioneller Politik aber auch der sozialen Bewegungen.

Wie haben die Journalisten, die Medien reagiert? Zuerst ignorierend, dann verblüfft neutral oder ablehnend und schließlich in einer längeren Entwicklung dann professionell, kritisch gegenüber den „Laienkommunikatoren", aber ebenso auch solidarisch mit ihnen. In diesem Prozeß entstand eine Art Symbiose und natürlich gilt, daß das moderne Mediensystem die Bedingung der Möglichkeit darstellt nicht nur für die Politik, sondern auch für alle anderen Öffentlichkeitsansprüche. Was sich so institutionalisierte, ist eine spezifische Forumsfunktion der Medien. Eindrucksvoll läßt sich diese Entwicklung an einer traditionsreichen kommunikatorspezifischen Vermittlungsform, dem Interview, ablesen.

## 8. Das SPIEGEL-Gespräch – eine Kommunikatorinstitution

An Forschungsarbeiten und Analysen fehlt es weitgehend, dankenswerterweise hat aber immerhin Michael Haller in seiner Trias von Handbüchern, einen ganzen Band dem Interview gewidmet und seinen historischen und handwerklichen Darlegungen eine schlüssige kommunikatortheoretische – und eben nicht journalismustheoretische Sichtweise – zugrunde gelegt. Dort findet sich auch ein kurzer Absatz über das Prinzip der Autorisierung, in dem deutlich wird, was „Sprechen" unter den Bedingungen seiner Medienvermittlung heißt. Auch dies ganz offensichtlich bis heute kein kommunikationswissenschaftliches Thema. Und schließlich verweist Michael Haller mit aufschlußreichen Beispiel darauf, welchen Wandlungen das Gespräch in Kontext gesellschaftlichen und politischen Wandels selbst unterliegt. Überhaupt läßt sich dieses Buch über weite Passagen ebenso als Anweisung zur Kommunikatorforschung lesen, wie als Handreichung – wofür es eigentlich gedacht ist – zum praktischen Journalismus: Abteilung Interview.

Michael Haller hat mit dem Spiegel-Redakteur Dieter Wild auch ein Spiegel-Gespräch über das Spiegel-Gespräch geführt. Variantenreich betont dieser darin das eherne Gesetz der Autorisierung, das mit eiserner Strenge eingehalten werde und gibt dafür ein Beispiel, das zugleich auch zeigt, wie dadurch die gängigen journalistischen Nachrichtenwerte ausgehebelt werden: "Nehmen wir einmal an, Helmut Kohl ließe sich vom Spiegel interviewen und angenommen, es würde – wie zu erwarten war – ein langweiliges, sagen wir: ein rundum entbehrliches Gespräch dabei rausgekommen. Trotzdem würden wir es ja drucken – weil es schließlich ein wichtiges Dokument der Artikulationsweise eines Bundeskanzlers wäre." (Haller 1991, 388).

Nebenbei: dieses – Michael Hallers, selbst lange Zeit Spiegel-Redakteur – Spiegel-Gespräch über den Spiegel bleibt vorläufig die gründlichste Informationsmöglichkeit über dieses große, traditionsbildende Kommunikatorinstitut, diese journalistische Inszenierung für kommunikative Hauptdarsteller aus Politik, Kultur, Wirtschaft und potentiell allen Teilsystemen der Gesellschaft. Es bleibt dies so lange, bis diese Stoffmasse von demnächst 2500 Spiegel-Gesprächen endlich zum Gegenstand von Kommunikatorforschung wird. Um sich das Elend um unsere Disziplin, das dieser Sachverhalt darstellt, an diesem Beispiel klar zu machen, stelle man sich vor, der Literaturwissenschaft sei es vergleichsweise in vier Jahrzehnten nicht aufgegangen, daß sich eine völlig neue Form literarischer Texte entwickelt hat.

Selbst große traditionsreiche, mediale, journalistische Institutionalisierungen von genuinen Kommunikatorphänomenen entgingen und entgehen also bis heute der zureichenden kommunikationswissenschaftlichen Aufmerksamkeit. Das Beispiel Spiegel-Gespräch sei deshalb noch kurz erläutert. Nächstes Jahr (1997) wird diese – von dem amerikanischen Nachrichtenmagazin „U.S. News & World Report" übernommene Vermittlungsform – vierzig Jahre alt sein. Neben Titelgeschichte und Serie, die unzweifelhaft profilierteste Darstellungsform dieses Magazins, kreiert als Sprechmöglichkeit externer Kommunikatoren. Wissenschaftlich ließen sich davon vor allem Sprachwissenschaftler faszinieren. Die – soweit ich sehe – letzte Veröffentlichung aus unserem Fach mit einer kurzen Passage über das Spiegel-Gespräch stammt – kaum glaublich – von Dieter Just aus dem Jahr 1967. Anfang der 80er Jahre gab es dann in München noch eine Magisterarbeit über die in der Hausmitteilung von Nummer 26/84 (25. Juni 1984) berichtet wird.

Der erste Gesprächspartner 1957 war übrigens Franz Josef Strauß. Noch in den 80er Jahren gab die Redaktion dieser Form zunehmende Bedeutung, sodaß in manchen Jahren bis zu 80 Gespräche veröffentlicht wurden. Die Darstellung des Selbstverständnisses in der Hausmitteilung von 1.7.1963 (Nr. 27), übrigens die Geburtsstunde dieses Editorials, betont die spezifischen Kommunikatorqualitäten dieser Gespräche. „Jeder Partner eines Spiegel-Gespräches erhält die Garantie, daß er nachträglich streichen, was er nicht gesagt haben will, und daß er auch das ganze Gespräch zurückziehen kann. Spiegel-Gespräche sollen Dokumente sein, an denen nichts zu deuten und zu dementieren gibt."

Wäre es denn publizistikwissenschaftlich je erforscht worden, so ließe sich nachweisen, daß es gerade diese spezifischen Kommunikatorqualitäten waren, die das Spiegel-Gespräch zu einem Strukturelement der Öffentlichkeit in den vergangenen vier Jahrzehnten werden ließen. Wie subtil dieses Instrument von einzelnen „Sprechern" verwendet wurde, mag die Erinnerung an den Philosophen Martin Heidegger demonstrieren. Am Mittwoch (26.5.1976) war Heidegger gestorben und am Montag (31. Mai 1976) veröffentlichte der Spiegel posthum ein Gespräch (Titel: „Nur noch ein Gott kann uns retten"), das Rudolf Augstein und Georg Wolff zehn (!) Jahre vorher, im September 1966, geführt hatten. Vorausgegangen war dem ein an den Spiegel gerichteter Leserbrief, in dem Heidegger nach zwanzig Jahren Schweigsamkeit sich zu seinem Verhalten im Dritten Reich geäußert hatte.

Wenn es denn kommunikationswissenschaftlich untersucht wäre, so ließe es sich auch belegen, daß es dieses Spiegel-Gespräch wahrscheinlich ohne die für

Radio und Fernsehen aufgrund ihrer Medienspezifik sehr viel typischeren Vermittlungsformen gar nicht gäbe. Dort sind diese Sprechmöglichkeiten längst inflationär und ubiquitär geworden – ähnlich wie und zusammen mit Interview und Statement. Auch die Tageszeitungen könnten und wollten sich dem nicht entziehen. Über solche Feststellungen hinaus aber gibt es nur Fragen über Fragen und ein geradezu souveränes Desinteresse unserer Disziplin an diesen für die demokratische Kommunikationskultur geradezu elementaren strukturellen Fragen: nach dem Schicksal von Jedermann und Jederfrau in einer massenmedialen Kommunikationsgesellschaft.

In Erinnerung ist trotz der Flüchtigkeit des Mediums und wohl auch trotz des Versäumnisses einer Speicherung im Gedächtnis der Kommunikationswissenschaft, die Sendereihe „Zur Person" des ZDF von Günter Gaus. Er ließ auch durch Dramaturgie und Bildschnitt nicht in Zweifel, wer hier die kommunikative Hauptrolle spielen sollte. Die dafür gewählte Bildästhetik der Zurücknahme des fragenden Journalisten ist damals viel besprochen, getadelt und ebenso gerühmt geworden.

## 9. Plädoyer für ein Vierteljahrhundert Kommunikatorforschung

Alle Kommunikatoren brauchen die Journalisten, keine Frage. Auch aus diesem Zusammenhang bezieht die boomende Journalismusforschung ihre Legitimation. Aber gerade hier könnte, wenn wir schon nicht genuine Kommunikatorforschung treiben wollen, eine demokratietheoretisch reflektierte und empirisch scheuklappenfreie Journalismusforschung ergänzend und neu ansetzen – bevor es langweilig wird!

Denn ehrlich: haben wir das Hohe Lied von Demokratie und Journalismus, Kritik und Kontrolle, Autonomie und Wahrheit, Investigation und Recherche, Zivilcourage und Ethik und was der Schlagworte mehr sind, nicht lange und wirkungsvoll genug gesungen?

An alledem zweifelt ja nun niemand mehr, aber daß WIR – tatsächlich – das Kommunikationsvolk sind, wäre vielleicht auch wert, einmal mit kommunikationswissenschaftlicher Kompetenz und Eloquenz evident gemacht zu werden.

Gerade auch an den historischen Ereignissen von „1989" ist dies unser Thema. Eine Journalismusforschung in der DDR, wenn sie denn möglich gewesen wäre, hätte noch nicht einmal auch nur das blasseste Indiz für das geliefert, was in diesem Lande Ende der 80er Jahre ablief. Kommunikatorforschung – und sie war mit einiger Phantasie möglich! – hätte gewiß eher zu zutreffenden Prognosen inspiriert.

Und endlich „1989" in der DDR und anderswo: haben wir uns da eigentlich aus unseren Institutsräumen verabschiedet und sind auf die Straße gegangen? Um miterlebend zu erforschen, wie ein neues Medium politischer Kommunikation entstand? Um die Bedingungen zu studieren, unter denen dieses Medium zeitweise das typisch massenmediale Merkmal der Periodizität annahm und so eine ganz neue Qualität gewann? Haben wir uns daran gesetzt, eine kommunikationshistorische Studie zum Thema der Straßenöffentlichkeit, der Straßenkommunikation zu beginnen und z.B. die theoretischen Potentiale eines Satzes von Friedrich Naumann umzusetzen, der schon 1910 formulierte: "Das Volk hat sich eine neue Art geschaffen in der es sich mit den Herrschenden unterhält." Haben wir die sich geradezu aufdrängenden „Sprecher"untersuchungen vorgenommen, um dem vordergründigen Eindruck gegenzusteuern, hier hätten nur Künstler und Intellektuelle gesprochen und nicht auch ein paar Dutzend oder vielleicht sogar hunderte, ja tausende Jederfrauen und Jedermänner? Haben wir die präzise als Kommunikatorbewegung zu bezeichnende Entstehung des „Neuen Forum" untersucht? Fragen, peinliche, ohne Ende. Ersatzweise immerhin fanden sich sensible Dokumentare, sodaß in vielen Buchveröffentlichungen zur politischen Kultur der Straße – ein wichtiger Name in diesem Zusammenhang: Bernd Lindner – wenigstens das Material gesichert ist, das es kommunikatortheoretisch zu interpretieren gilt.

Weil wir es nicht getan haben, wird man vielleicht eines schönen Tages ein Denkmal für den unbekannten Kommunikator errichten, um wenigstens so an die Jahre 1989 und 1990 zu erinnern. Kurt Masur hätte gewiß nichts dagegen, wenn man ihn förderhin vor allem und bloß wieder als großen Dirigenten ansähe und dafür den vielen Namenlosen mehr analytische Aufmerksamkeit widmen würde. Haben wir die Transparente, die Losungen, die Texte der Sprechchöre wenigstens dokumentiert und protokolliert, um einmal die Kommunikationsgeschichte dieser Revolution schreiben zu können?

„Wir" – die Publizistik- und Kommunikationswissenschaft – haben wohl allzu wenig Sensibilität für diese Fragen bewiesen. Künftiger Aufklärung sei dank, daß andere es geleistet haben.

Drum weiter in diesem Fragenkatalog, den ich Berndt Lindner verdanke: Haben wir untersucht, wie sich das Medienverbot für Leipzig im Oktober 1989 ausgewirkt hat – geradezu eine experimentelle Situation, die wir sonst so schmerzlich vermissen? Haben wir protokolliert, was sich dann änderte als die Kamerateams aus der ganzen Welt ihre Aufmerksamkeit auf die Demonstrationen richteten? Und historisch ein paar Jahre zurück: haben wir analysiert, welche infrastrukturellen Bedingungen für diese späteren Basismobilisierungen die evangelischen Kirche mit ihren Räume bereithielt? Hier dürfte eine spezifische Kommunikatorenlerngeschichte begonnen haben (Lindner 1990, 16-28).

Zuletzt: Ich bin auch über mich selbst einigermaßen bestürzt. Beim Nachlesen habe ich peinlicherweise feststellen müssen, daß ich vor 25 Jahren offensichtlich in einigen Dingen klüger war als heute! So lese ich 1974: : „Es muß als eine der merkwürdigsten Forschungslücken angesehen werden, daß die Publizistik- und Zeitungswissenschaft (sic!) diese Fragestellung – der Politiker als Kommunikator – weitgehend vernachlässigt hat" (Langenbucher 1973, 86f). 1995 muß ich mir peinlicherweise von einer eigenen Diplomandin vorhalten lassen, warum ich denn selbst an diesem Zustand in einem Vierteljahrhundert nichts geändert habe! Versäumte Lektionen lassen sich nachholen. Nach einem Vierteljahrhundert Journalismusforschung nun eine Epoche genuiner Kommunikatorismusforschung – warum eigentlich nicht?

## Literatur

*Bente*, Gary (1996): „Da machten nicht nur Exhibitionisten mit." In: Süddeutsche Zeitung, 19.6.96.
*Böll*, Heinrich (1984): Ein- und Zusprüche. Schriften, Reden und Prosa 1981-1983, Köln: Kiepenheuer und Witsch.
*Böll*, Heinrich (1986): Die Fähigkeit zu trauern. Schriften und Reden 1983-1985, Bornheim: Lamuv Verlag.
*Boettner*, Johannes (1993): „Über den Sender gehen. Lebensweltetfekte medialer Präsenz." In: Publizistik, 38. Jg., 1, S. 66-75.
*Büchner-Preis* (1963): Die Reden der Preisträger 1950-1962. Darmstadt: Deutsche Akademie für Sprache und Dichtung.
*Fabris*, Hans Heinz (1974): „Der Politiker als Kommunikator." In: *Langenbucher*, Wolfgang R. (Hg.), Zur Theorie der politischen Kommunikation. München: Piper, S. 110-112.
*Groth*, Otto (1960-1972): Die unerkannte Kulturmacht. Bd. 1-7, Berlin: de Gruyter.
*Grass*, Günter (1987): Essay, Reden, Briefe, Kommentare. Hgg. von *Hermes* Daniela, Darmstadt / Neuwied: Luchterhand (Werkausgabe in 10 Bänden, hgg. von V. Neuhaus, Bd. IX).
*Hagen*, Lutz M. (1992): „Die opportunen Zeugen. Konstruktuionsmechanismus von Bias in der Zeitungsberichterstattung über die Volkszählungsdiskussion." In: Publizistik. 37. Jg., 4, S. 444 - 460.
*Haller*, Michael (1991): Das Interview. Ein Handbuch für Journalisten. Praktischer Journalismus, Bd. 6. München: Olschläger.
*Handke*, Peter (1996): Eine winterliche Reise zu den Flüssen Donau, Save, Morawa und Drina. Gerechtigkeit für Serbien. Frankfurt a.M.: Suhrkamp.

*Herzog,* Roman (1986): „Pressefreiheit und Verfassung." In: Frankfurter Allgemeine Zeitung, Nr. 118, 22.5.74, S. 10f. (Wiederabgedruckt in *Langenbucher,* Wolfgang R. (Hrsg.): Politische Kommunikation. Wien. (Studienbücher zur Publizistik- und Kommunikationswissenschaft, Bd. 2, S. 8-14).
*Janßen,* Karl-Heinz (1995): Die Zeit in der ZEIT. 50 Jahre einer Wochenzeitung. Berlin: Siedler.
*Just,* Dieter (1968): Der Spiegel. Arbeitsweise, Inhalt, Wirkung. Hannover: Verlag für Literatur und Zeitgeschehen.
*Koch,* Werner (1984): „Zuspruch für Böll. Schriften, Reden und Prosa aus den letzten drei Jahren." In: Süddeutsche Zeitung, 3.10.1984, S. IV.
*Kristen,* Christian (1969): Nachrichtenangebot und Nachrichtenverwendung. Eine empirische Studie zum gate-keeper Problem. Düsseldorf: Bertelsmann. (Gesellschaft und Kommunikation, Bd. 9).
*Langenbucher,* Wolfgang R. (1974): „Kommunikation als Beruf. Ansätze und Konsequenzen kommunikationswissenschaftlicher Berufsforschung." In: Publizistik, 19. Jg., 3-4, S. 256-277.
*Langenbucher,* Wolfgang R. (1993): „Wahrheit – Aufklärung – Verantwortung. Thesen zu einer historischen Theorie des modernen Journalismus." In: Publizistik, Jg. 38, 3, S. 311-321.
*Langenbucher,* Wolfgang R. (1996): „Das Bewußtsein steigern. Publizisten und Reporter im Dienst der gesellschaftlichen Entwicklung." In: *Wunden,* Wolfgang (Hrsg.): Wahrheit als Medienqualität. Beiträge zur Medienethik, Bd. 3. Frankfurt a.M.: Gemeinschaftswerk der Evangelischen Publizistik.
*Linder,* Christian (1986): „Anwalt der Zeit gegen die Zeit. Zu Heinrich Bölls „Schriften und Reden 1983-1985." In: Süddeutsche Zeitung, Nr. 160, 16.7.1986, S. 34.
*Lindner,* Bernd (1990): „Politische Kultur der Straße als Medium der Veränderung." In: Aus Politik und Zeitgeschichte (Beilage zu „Das Parlament"), Bd. 27 vom 29.6.90, S. 16-28.
*Luhmann,* Niklas (1979): „Öffentliche Meinung." In: *Langenbucher,* Wolfgang R. (Hrsg.), Politik und Kommunikation. Über die öffentliche Meinungsbildung. München: Piper, S. 27-54.
*Mast,* Claudia (1977): „Politiker im Fernsehen. Zur Fragen des kommunikativen Zugangs zu einer Parteiensendung." In: Publizistik, 22. Jg., 1, S. 35-46.
*Mast,* Claudia (1978): Politische Öffentlichkeit.Untersuchung einer Parteiensendung des ZDF. Osnabrück: Fromm. (Dialogos, Bd. 8).
*Mayer,* Hans (1969): „Politische Rhetorik und deutsche Gegenwartsliteratur." In: *Ehmke,* H. u.a. (Hrsg.): Festschrift für Adolf Arndt zum 65. Geburtstag. Frankfurt a.M.: Europäische Verlagsanstalt, S. 293-302.
*Meyer,* Claus Heinrich (1985): „Der loyale Störenfried." In: Süddeutsche Zeitung, Nr. 163, 18.7.1985, S. 4.
*Neidhardt,* Friedhelm (1994): „Öffentlichkeit, öffentliche Meinung, soziale Bewegungen." In: *Neidhardt,* Friedhelm (Hrsg.), Sonderheft 34/1994 der KZSSp, S. 7-41.
*Schanne,* Michael / Kaspar *Luchs* (1988): „Es kommen alle gerne ins Radio. Hörerbeteiligung im schweizer Lokalradio." In: Weiterbildung und Medien, Heft 6, S. 10-14
*Sichtermann,* Barbara (1996): „Ist die Talk-Show nicht doch besser als ihr Ruf?" In: Die ZEIT, Nr. 42, 11.10.1996, S. 47.
*Stallbaum,* Klaus (Hrsg.) (1987): Gespräche mit Günter Grass. Darmstadt / Neuwied: Luchterhand. (Werkausgabe a.a.O., Bd. X).
*Wagner,* Hans (1995): Journalismus I. Auftrag. Gesammelte Beiträge zur Journalismustheorie. Erlangen: Junge & Sohn.
*Waldner,* Gabriele (1995): Bruno Kreisky, Medienstar. Zur Bedeutung von Kalkül und Intuition in der politischen Kommunikation. Diplomarbeit. Wien.
*Wassermann,* Rudolf (1986): Die Zuschauerdemokratie. Düsseldorf und Wien: Econ.
*Weber,* Max (1919): Politik als Beruf. Stuttgart 1992 (Reclam U-B Nr. 8833).

*Ulrich Saxer*

# Kommunikationsforschung und Kommunikatoren

**Konstitutionsprobleme einer publizistikwissenschaftlichen Teildisziplin**

Das Verhältnis von Kommunikatorforschung und Kommunikatoren ist aus verschiedenen Gründen noch problematischer als dasjenige von Rezeptionsforschung und Rezipienten. Die letztere methodologisch immer anspruchsvoller, hat sich ja von der Medien-Alltagserfahrung weitaus der meisten Rezipienten, nämlich derjenigen eines selbstverständlich gewordenen Stücks Umwelt, durch ihren differenzierten und fragmentarisierten Zugriff entfernt und findet erst neuerdings zu einer alltagsnäheren Perspektive (Weiß / Hasebrink 1995). Die Hauptschwierigkeit, mit der die Rezipientenforschung ringt, ist mithin, ausreichend Isomorphie, Strukturähnlichkeit ihrer Untersuchungsanlagen mit der Lebensrealität der Rezipienten zu entwickeln. Diejenige der Kommunikatorforschung hingegen ist, die optimale Nähe bzw. Distanz zu ihrem Gegenstand zu finden, also einen Grad der Ausdifferenzierung zu erreichen, der die Wissenschaft vor der Identifikation mit diesem bewahrt und es trotzdem erlaubt, dessen Strukturen in ihren Modellen auch wieder isomorph abzubilden. Entsprechend schwer ist der Kommunikatorforschung seit eh und je nur schon die Konzeptualisierung ihres Gegenstandes gefallen, ist ihr Ideologisierungsgrad, gerade heute wieder, besonders hoch und sind ihre empirischen wie normativen Standards umstritten. Diesen *Konstitutionsproblemen der Kommunikatorforschung* gelten diese Anmerkungen, nachdem u.a. W. Langenbucher in seinem Eröffnungsreferat zur Leipziger DGPuK-Tagung von 1996 die Qualität der Kommunikatorforschung massiv in Frage gestellt (Langenbucher 1996) hat und diese überhaupt, namentlich in Zusammenhang mit dem Öffentlichkeitskonzept, konturenschwach anmutet.

## 1. Kommunikatoren als publizistikwissenschaftlicher Gegenstand

W. Langenbucher greift in seinem Essay ein Thema auf, mit dem sich die Kommunikatorforschung immer wieder abgemüht hat, nämlich mit der *schwie-*

*rigen Identifizierbarkeit ihres Gegenstandes* (Rühl 1980, 11-22). Daß der Journalismus, auf den sie sich immer noch konzentriert, nur eine von verschiedenen Ausprägungen von Kommunikations-/Öffentlichkeitsberufen ist, wird zwar in Gestalt vermehrter Zuwendung zu Public Relations bzw. Öffentlichkeitsarbeit als verwandtem Tätigkeitsfeld publizistikwissenschaftlich allmählich registriert, aber trotzdem fällt ein solch prominenter Repräsentant dieses Forschungsbereichs wie M. Rühl noch 1992 das Urteil: „Bisher gibt es keine Theorie des Journalismus" (Rühl 1992, 117). Angesichts nicht nur der „Journalistenschwemme" (Rühl 1987, 65), sondern vor allem auch einer seit einiger Zeit sehr intensivierten empirischen und theoretischen Kommunikatorforschung (z.B. Jarren 1994; 1995; Mahle 1993; Weischenberg 1992; 1995) ist dieses Verdikt einigermaßen bestürzend, erklärungsbedürftig und wird auch wohl nicht von der ganzen scientific community mitunterschrieben. Wie dieser Band belegt, ist aber hier tatsächlich eine Vielfalt widersprüchlicher Ansätze gegeben, die eben auf unterschiedliche Konzeptualisierung des Gegenstandes zurückgeführt werden können.

Ferner wird in der Art, wie weitere Kommunikationsberufe bzw. -tätigkeiten nun der Kommunikatorforschung zugeschlagen werden, die herkömmliche, *bloß additive Aneignung von Gegenständen* durch die Publizistikwissenschaft fortgesetzt, wodurch deren strukturelle Komplexität und damit ihr therotisches Leistungsvermögen kaum gesteigert wird. An der Kommunikatorforschung wiederholt sich mithin, was auch bei der Herausforderung der Publizistikwissenschaft durch die Neuen Medien deutlich wurde (Meier / Bonfadelli 1987) und noch früher bei der Erweiterung der Zeitungswissenschaft um die Zeitschrift als zusätzlichen Forschungsgegenstand: die Schwierigkeiten der vergleichsweise ressourcenarmen Disziplin, mit der Expansion ihres Materialobjekts qualifiziert Schritt zu halten (Saxer 1995, 42f.).

Ein weiterer spezifischer Faktor, der die Kommunikator-, insbesondere die Journalismusforschung, immer wieder problematisiert, ist ihre *Bindung, manifest oder latent, an das Konzept der demokratischen Öffentlichkeit*. In diesem mengen sich bekanntlich normative und deskriptive Elemente, wobei aber sämtliche historischen wie aktuellen Öffentlichkeitskonzeptionen letztlich gemeinwohldienlich, partizipativ und bedürfnisgerecht sein wollen, freilich in unterschiedlicher Akzentuierung. Der Erklärungswert von postulatorischen Diskursmodellen, wie z.B. des besonders oft beigezogenen von J. Habermas, bleibt indes, unüberprüfbarer Annahmen wegen (Neidhardt 1994, 10), bescheiden, und fatalerweise strömen über diese Bindung an irgendwelche normative

Öffentlichkeitskonzepte ständig wissenschaftlich nicht entscheidbare Werturteile in die Kommunikatorforschung und beeinträchtigen ihre Qualität. Das doppelte Leistungsvermögen von Kommunikatoren, nämlich einerseits Medienrealität, andererseits Öffentlichkeit zu schaffen, läßt denn auch *fast beliebig viele Varianten zu, diese zu konzeptualisieren bzw. zu typisieren.* Dementsprechend entfaltet sich die Kommunikatorforschung zumindest in den fünf Hauptrichtungen Quellen-, Gatekeeper-, Produktions-, Berufsforschung und Journalistik, die einander nur sehr bedingt zur Kenntnis nehmen, und allein an praktisch relevanten Journalismuskonzeptionen lassen sich acht unterschiedliche ausmachen (Saxer 1992a, 118), vom Objektiven über den Anwaltschaftlichen bis zum Neuen/Literarischen Journalismus, die sich zum Teil entsprechend heftig ideologisch befehden und dabei mitunter auch publizistikwissenschaftlichen Sukkurs erhalten. Die Ideologisierung der Kommunikatorforschung verrät sich so nicht nur in kulturkritischen Auslassungen über das Medien-Unterhaltungsangebot, sondern auch in normativen Bevorzugungen bestimmter Journalismuskonzeptionen (Seifert 1996; Weischenberg 1996). Dabei bleiben unerläßliche elementare konzeptuelle Unterscheidungen wie diejenige der Münchner Theorie der kommunikationalen Vermittlung zwischen „Mediatoren", also Vermittlern bzw. Ermöglichern des öffentlichen Diskurses, und „Kommunikatoren" als dessen Führern (Langenbucher 1974/75) zum Nachteil der Erkenntnis des realen Beitrags von Journalismus an die Gestaltung von Öffentlichkeit von der mainstream-Kommunikatorforschung unbeachtet.

## 2. Journalistisches Selbst- und publizistikwissenschaftliches Fremdverständnis

Dementsprechend ist der Beitrag des Journalismus an die Konstitution von Öffentlichkeit als dem kommunikativen Raum, in dem prinzipiell alle Gesellschaftsmitglieder Meinungen bilden und artikulieren, auch in der Hoffnung, daß diese breite Zustimmung finden und mithin öffentliche Meinung werden, von der Publizistikwissenschaft im Soge selbstgefälliger journalistischer Autostereotype überbeleuchtet worden. Seit den Zeiten des Praktizismus in der Kommunikatorforschung (Rühl 1980, 22 ff.) bis zu ihren heutigen Tendenzen, autopoetisch sich gemäß ihren eigenen Strukturen zu reproduzieren und weiterzuentwickeln (Weischenberg 1995, 106 ff.), stellt sich das erwähnte *Problem der optimalen Nähe bzw. Distanz von Wissenschaft zu ihrem Gegenstand.* Parallelen zum Journalismus selber sind in dieser Hinsicht mit Händen zu greifen, für den ja berufskulturell Distanz zu den Informanten gefordert wird (Kepplinger 1993; Saxer 1992b), der aber de facto Symbiosen mit diesen praktiziert - schlechte Isomorphie zum Gegenstand gewissermaßen, da auf Kosten eigenständiger wissenschaftlicher Strukturentwicklung. Umgekehrt war die bescheidene Zahl von publizistikwissenschaftlichen Insidern immer auf Wissenzuwächse von Outsidern, Repräsentanten anderer Disziplinen oder eben Praktikern, angewiesen.

In der Phase des Praktizismus, die keineswegs endgültig der Vergangenheit angehört, kommt es im Gefolge der häufigen Rollenidentität von Publizistikwissenschaftern und journalistischen Praktikern, die Lehrstühle besetzen, zur *Übertragung von deren ideologischer Perspektive auf die Wissenschaft*. Die auf öffentlich wirksame Selbstdarstellung angelegten Deklarationen von Journalistenverbänden, die Jubiläumsnummern von Presseorganen, die Qualitätsbeteuerungen der Öffentlichkeitsarbeit von Rundfunkanstalten dienen freilich primär der Legitimierung journalistischer Praktiken, werden aber so auch noch 'wissenschaftlich' gerechtfertigt, d.h. wissenschaftsideologisch sanktioniert. Berufserfahrungen gerinnen auf diesem Wege zu wissenschaftlichen Lehrsätzen, und common-sense-Theorien gewinnen den Status von wissenschaftlichen.

Das in den letzten zwei Jahrzehnten sehr verstärkte Engagement der deutschsprachigen Publizistikwissenschaft für die Aus- und Fortbildung von Medienmitarbeitern bildet dabei einesteils für die Disziplin eine wichtige berufskulturelle Anschauungsquelle und dient auch dem Nachweis - da die Praxis diesbezüglich vermehrt die Hilfestellung der vormals als 'Elfenbeinturm' geschmähten Wissenschaft begehrt - ihrer sozialtechnologischen Brauchbarkeit, öffnet sie aber zugleich *berufsideologischen Selbstdeutungen*, die die Qualität der Theorienbildung in der Kommunikatorforschung beeinträchtigen. Besonders offenkundig ist ja die Problematik der publizistikwissenschaftliche Übernahme von Praktikerperspektiven bezüglich des journalistischen Anforderungsprofils: Erst wurde von der Disziplin die Begabungsideologie akzeptiert, dann die nicht minder realitätsferne These, der Journalismus sei eine Profession bzw. auf dem Wege zu einer solchen (Donsbach 1978; Rühl 1978).

Funktional weniger leicht greif- und denunzierbar ist die *Übernahme von Routinen journalistischer Selbstbeobachtung bzw. -perzeption* in die Optik der Kommunikatorforschung. Vor allem die Redaktionsforschung, von M. Rühl schon in seiner Dissertation exemplarisch analysiert (Rühl 1968), hat theoretisch wenig durch ein, bei Journalisten beliebtes, Modell von Redaktion als

Diskussionsgemeinschaft mehr oder minder bedeutender Persönlichkeiten gewonnen. Diese wissenschaftliche Optik verdoppelte ja lediglich die - vergleichsweise betriebsblinde - der Redaktionen selber und sah schlicht Menschen (auf die es gemäß Alltagstheorie ankommt) am Werk, wo in Wahrheit Interaktionsstrukturen wirken. Daß bei der Gestaltung von Medienaussagen mitwirkende Personen „Kreative" seien (Saxer 1987, 88 ff.), ist deren Selbstverständnis ebenso teuer wie die Begabungsideologie als ihre Qualifizierungslegitimation für diese Tätigkeit. Die Routinisierung ihrer Arbeit durch überpersönlich, nämlich berufskulturell-organisatorisch etablierte Selektions- und Präsentationsusancen wie die Nachrichtenwerte und das Redigieren als von der Arbeitsorganisation verlangte institutionsgemäße Zurichtung von publizistischen Zulieferungen als effektive Haupttätigkeit verdrängen sie hingegen aus dem Bewußtsein (Saxer 1992b, 51 ff.).

Es ist nur folgerichtig, wenn auf diesem Hintergrund eine starke Tradition in der deutschen Kommunikatorforschung Medienaussagen auf *ideologische Präferenzen von Personen(gruppen)* zurückführt (Donsbach 1987). Die Übernahme zumindest von erheblichen Elementen des überkommenen) Kommunikator-Selbstverständnisses durch die Kommunikatorforschung gründet denn auch einerseits in einer gewissen überlieferten und auch anschaulichen Geschlossenheit desselben und andererseits in der, ihres höheren Abstraktionsgrades wegen, viel schwierigeren Nachvollziehbarkeit organisations- bzw. systemtheoretischer Konzeptualisierungen des Gegenstandes.

In besonders komplexer Weise wirkt sich schließlich die Nähe-/Distanzproblematik bei der Frage der *Journalismus- bzw. Medienethik* auf die Qualität der Theorienbildung in der Kommunikatorforschung aus. Daß von Medienrepräsentanten dieser berufskulturelle Aspekt öffentlich so häufig thematisiert wird, hängt nicht zuletzt mit deren Bestreben zusammen, die Geltung einer Profession zu gewinnen, zu deren Merkmalen ja die Entwicklung einer speziellen Ethik gehört. Auch hier schlägt das immer noch vorherrschende personalistische Verständnis von Medienarbeit bei den Praktikern durch, die auch im Zeitalter des 'organisatorischen' Journalismus (Rühl 1989) Medienmoral über Individualethik sichern wollen, und auch sie werden in Gestalt des Radikalen Konstruktivismus in dieser Tendenz sekundiert, wiewohl Repräsentanten desselben dies nicht zugeben mögen (Krippendorf 1993). Da von seiner subjektivistischen Ausgangsposition her dieser Ansatz der organisatorischen Realität von Medienkommunikation nicht gerecht zu werden vermag, es ihm also an Isomorphie zu seinem Gegenstand gebricht, fällt er hinter den in der scientific community zumindest teilweise erreichten realitätsgerechteren Bewußtseinsstand auch in dieser Frage zurück (Pürer 1991, 96 ff.). Und was der Radikale Konstruktivismus in autopoetischer Distanz als Gegenposition zum Selbstverständnis des Journalismus entwickelt, dient diesem überdies sekundär als Rechtfertigung von Schlendrian im Umgang mit Fakten und letztliche von unverantwortlichem Subjektivismus zu Lasten der für die Gesellschaft erforderlichen journalistischen Berufskultur (Saxer 1992).

Eine Verminderung des Nähe-/Distanzproblems der Kommunikatorforschung zu ihrem Gegenstand wäre am ehesten durch die Institutionalisierung von *Interaktionszirkeln,* Verhaltenssystemen zwischen Publizistikwissenschaftern und Medienmitarbeitern zu erreichen, durch die systematisch Ähnlichkeiten und Unterschiede ihrer jeweiligen Problemdefinitionen und -lösungen ermittelt würden. Auf dieser Grundlage wäre die Kommunikatorforschung am ehesten imstande, die Eigenrationalität ihres Gegenstandes wahrzunehmen und gemäß ihren eigenen Normen und Standards in grundlagentheoretische und anwendungsbezogene Erkenntnisse umzusetzen.

## 3. Kontroversen um das adäquate Paradigma

Wie elementar die Entwicklung der Kommunikatorforschung durch deren Auseinandersetzung mit dem journalistischen Selbstverständnis geprägt ist, zeigt sich nicht nur in den verschiedenen Phasen der Gatekeeperforschung (Robinson 1973), sondern auch noch in den gegenwärtigen heftigen Kontroversen um das oder die adäquaten Paradigmen, Problemstellungen und -lösungen der Kommunikatorforschung also (Mahle 1993). Immer noch und immer wieder werden *personalistische und organisatorisch-systemische Konzeptualisierungen* des Gegenstandes, nicht selten mit dem Vorwurf des psychologischen bzw. soziologischen Reduktionismus, gegeneinander ausgespielt. Vorwürfe methodischen Ungenügens und Prioritätsansprüche gehören ebenso zur einschlägigen Streitrhetorik, namentlich zwischen „Münster" und „Mainz", wie Zweifel an der Sachgerechtheit der je andern Bezugsrahmen und der Relevanz des damit Erforschten. Die fortgesetzten Schwierigkeiten, Journalismus zu identifizieren, manifestieren sich dabei schon in den Kontroversen um die optimalen Stichproben von Journalistenenquêten. Zur konstitutiven Problematik der Bindung der Kommunikatorforschung an normative Konzepte demokratischer Öffentlichkeit, verschärft durch gleichfalls normative Implikationen des Vergleichs der Journalisten in den alten und neuen Bundesländern, kommt also die Unsicherheit über die relevanten Bezugsdisziplinen und überhaupt der erkenntnisträchtigsten wissenschaftlichen Modellierung eines unerhört dynamischen und expandierenden Gegenstandes. Und in der Konkurrenz der Paradigmen wird zu wenig reflektiert, wieweit diese komplementär den Gegenstand erschließen.

Der *personalistische Ansatz* kann, sehr vereinfachend, durch Namen von Publizistikwissenschaftern wie D.M. White, E. Dovifat, W. Donsbach und W. Langenbucher, aber auch E. Noelle-Neumann illustriert werden. D.M. White reduziert in der ersten Gatekeeperuntersuchung das redaktionelle Entscheidungshandeln auf individuelles; E. Dovifat und W. Langenbucher schreiben der journalistischen Persönlichkeit eine determinierende Rolle bei der Produktion von Medienrealität zu, W. Donsbach und überhaupt die „Mainzer" persönlichen und Gruppenideologien, sozialpsychologischen Mechanismen also. Es ist offenkundig, daß der personalistische Ansatz umso mehr erklärt, je stärker Persönlichkeitsfaktoren in der Medienproduktion zum Tragen kommen. Und dies ist natürlich vor allem bei Präsentationsrollen wie der Moderation und künstlerischen Medienberufen der Fall, denen - spät genug - die Publizistikwissenschaft vermehrt Aufmerksamkeit zuwendet (vgl. z.B. Müller-Doohm / Neumann-Braun 1995), und da die Kommunikatorpersönlichkeit am unmittelbarsten in den szenischen Medien eingebracht, entsprechende expressive Befähigung dort auch verlangt wird, vermag hier der personaltische Ansatz besonders viel von der Realität der Medienproduktion zu erhellen und auf diese Weise zugleich die Enge und Einseitigkeit der bisherigen Kommunikatorforschung zu überwinden. Die zunehmende Personalisierung von Politik und die steigende Bedeutung des entsprechenden Nachrichtenfaktors bei genereller Vermehrung von Infotainment als Mischgenre im Medienangebot fordern inskünftig eine stärker personalistische Perspektive der Kommunikatorforschung geradezu heraus.

Diese muß sich indes mit der dazu komplementären *organisatorisch-systemischen* der Kommunikatorforschung verbinden, sollen die Bedingungen der Aussagenentstehung durch diese isomorph abgebildet werden. Zurecht muß sich ja der personalistische Ansatz vorhalten lassen, das Rollenselbstverständnis erkläre keineswegs ausreichend das Journalistenhandeln und mit diesem, dasjenige worum es der Kommunikatorforschung im Hinblick auf integrierte publizistikwissenschaftliche Theorienbildung letztlich geht: die Medien-Produktionsrealität (Weischenberg 1994, 229). Nur auf seltene Fälle journalistischer Eliten trifft M. Rühls Dictum nicht zu: „Das Idealbild eines organisationsunabhängigen Persönlichkeitsjournalismus mag durch Berufsideologien tradiert werden; allein es entspricht nicht der empirisch zugänglichen Wirklichkeit heutiger Ausbildung und beruflicher Sozialisation (Rühl 1989, 260f.). Was in der Gatekeeperforschung von W. Breed und W. Gieber komplementär zu D.M. Whites personalistischer Perzeption der publizistischen Produktion als deren organisatorische Verankerung und Bedingtheit erkannt wurde, hat sich seither in der Medien-Produktionsrealität zu immer komplexeren Systemzusammenhängen entwickelt, denen - mit Ausnahme des radikalkonstruktivistischen Rückfalls in der Kommunikator- bzw. Produktionsforschung - allmählich auch komplexere Analysemodelle, etwa kybernetischer, entsprechen.

Insbesondere die rasante kommunikationstechnologische Dynamik ruft dabei der Frage, ob überhaupt eine primär soziologisch orientierte organisationstheoretische Perspektive die gewandelte Medienproduktionsrealität noch adäquat einfangen könne. Bereits wird denn auch vorgeschlagen, die von D.P. Baumert entworfenenen Typisierung der Geschichte des deutschen Journalismus in die vier Phasen Präjournalistische Periode, Periode des korrespondierenden, des schriftstellerischen und des redaktionellen Journalismus um eine fünfte, nämlich diejenige des 'redaktionstechnischen Journalismus' (Pürer 1985, 236) zu ergänzen. In dieser fungieren in einen umfassenden technisch organisatorischen Zusammenhang eingebundene Redaktroniker wohl produktverantwortlich, aber anders als ehedem doch so entindividualisiert, daß in den USA schon die Vision der 'Postjournalism Era' (Altheide / Snow 1991) artikuliert wird, in der Medienprodukte aus standardisierten Elementen gewissermaßen automatisch verfertigt werden.

Zumal in diesen neuen Kontroversen um das adäquate Paradigma in der Kommunikatorforschung, variierend zwischen der Auflösung des Gegenstandes in Kogitionspsychologie bis zur Prophezeiung seines Untergangs schlagen offenbar *weitere Konstitutionsprobleme* dieser publizistikwissenschaftliche Teildisziplin zu Buch: ihre nicht zu übersehende weitgehende Geschichtsblindheit (Hömberg1987), ihr entsprechend ungenügendes Verständnis von Medien- und Journalismuswandel (Saxer 1993) und beides wiederum gründend in defizitären Medienkonzepten. Daß unter der Bezeichnung „Medienwissenschaft" eine weitere Integrationswissenschaft sich über dem publizistikwissenschaftlichen Gegenstandsbereich zu etablieren sucht (Bohn / Müller / Ruppert 1988), verdeutlicht die Dringlichkeit der Aufgabe, hier grundbegrifflich weiter zu arbeiten. Wohl bemüht sich die neuere Journalistik um eine ganzheitliche Erfassung von Medien als Wirkungsstätten von Kommunikatoren (Weischenberg

1992, 1995), aber auch ihr gebricht es an einer expliziten integralen Konzeptualisierung von „Medien". Als solche wird hier einmal mehr vorgeschlagen (Saxer 1996, 20): Medien sind komplexe institutionalisierte Systeme um organisierte Kommunikationskanäle von spezifischem Leistungsvermögen. Entlang den hier implizierten Dimensionen müßte dann, natürlich im Rahmen gesamtgesellschaftlicher Wandlungsanalysen, Medienwandel systematisch als Bedingungskonstellation für Kommunikationswandel beobachtet werden. Dabei würde bald augenfällig, daß die totale Einvernahmung oder Austreibung des Journalismus durch die Medien unwahrscheinlich und jedenfalls wenig dauerhaft ist. Kulturwirtschaftliche Produktion ist ja, trotz aller Standardisierung, eine von geistigen Unikaten, damit nur bedingt organisierbar und die immer komplexeren modernen Gesellschaften kommen ohnehin ohne sich weiter differenzierende, flexible, eben individualisierte bzw. personalisierte Medienleistungen immer weniger aus.

## 4. Die Qualitätsdiskussion als Qualitätsindikator

Mit ihrer seit kurzem (wieder) intensivierten Diskussion über Qualität im Journalismus durchbricht, wie auch in der reger gewordenen Debatte über Fragen der Medien bzw. Journalismusethik, die scientific community die längere Zeit im Gefolge ihrer empirisch-sozialwissenschaftlichen Umorientierung eingehaltene Selbstverpflichtung zur Werturteilsabstinenz. Kriterien zur Bestimmung der Qualität journalistischer Leistungen bzw. des Medienangebots wollen ja Publizistikwissenschafter entwickeln und möglichst auch sichern. Einmal mehr greift damit die Publizistikwissenschaft einen Sachverhalt in ihrem Gegenstandsbereich auf, der *extern mehr und mehr als gesellschaftliches Problem definiert* wird, und sucht dieses als wissenschaftliches zu fassen und mit wissenschaftlichen Mitteln zu lösen.

Ein weiterer *Ideologisierungsschub* hat damit die angewandte Kommunikatorbzw. Medienforschung seit der Dualisierung des deutschen und anderer Rundfunksysteme, namentlich unter den Stichwörtern „Kommerzialisierung" bzw. „Verantwortung", erfaßt. Der Bekenntnischarakter auch vieler publizistikwissenschaftlicher Zeugnisse zum öffentlich-rechtlichen bzw. privaten Rundfunk ist offenkundig und ihre wissenschaftliche Diskutierbarkeit und damit Qualität entsprechend beschränkt. Was schon im Zusammenhang mit den verschiedenen Typen von Informationsjournalismus als Verherrlichung des - selten praktizierten - Investigativen Journalismus und als Abwertung einer stark nachgefragten Medienleistung als „Verlautbarungsjournalismus" (Dorsch, 1982) an wissenschaftlich verbrämter Parteilichkeit sich ausspracht, wiederholt sich vielfach in der publizistikwissenschaftlichen Qualitätsdebatte.

Deren *Hauptschwierigkeiten* gründen im Pluralismus tolerierter Standards und Normen in der journalistischen Praxis, in deren geringer Artikuliertheit und Systematik und in der problematischen Qualifikation der Publizistikwissenschaft für eine solche Normenbeurteilung. Die Qualitätsdiskussion, weil so vielerlei aus der Kommunikator- bzw. Produktionsforschung in sie einmündet, stellt denn auch einen Indikator für deren Reifegrad dar. Sowohl Hilfestellung in der Aus- und Fortbildung von Medienmitarbeitern wie bei der weitern Qualitätssicherung und zuhanden der Medienpolitik will ja die Publizistikwissenschaft durch die Qualitätsdiskussion leisten und damit auch auf diesem Feld ihre sozialtechnologische Dienlichkeit erweisen. Überzeugt sie dabei nicht, sind ihr massive Geltungseinbußen gewiß: als inkompetenter Normiererin. Ihrem hochgemuten Selbstverständnis, nur die Wissenschaft habe „wirklich gültige und akzeptable Journalismuskritiken, sprich: Lösungen" (Wallisch 1995, 12) anzubieten, wird jedenfalls die Medienpraxis kaum vorbehaltlos zustimmen, hat doch eine 1996 an 9 schweizerischen Redaktionen realisierte Befragung (Saxer / Wyss 1996) zu dort zirkulierenden Qualitätsvorstellungen das - erwartete - Resultat erbracht, unter den verschiedenen Norminstanzen, an denen man sich für die Qualitätsbestimmung orientiere, rangiere die Publizistikwissenschaft zuunterst. Die Implementationsprobleme auf diesem Feld angewandter Forschung sind also vermutlich nicht kleiner als die theoretischen. Immerhin ist die spontane Bereitschaft von Redaktionen, eine publizistikwissenschaftliche Qualitätsanalyse mitzutragen, bemerkenswert.

Manche *neuere publizistikwissenschaftliche Analysemodelle* von publizistischer Qualität, etwa dasjenige von D. McQuail (McQuail 1992) oder das von W. Meier / H. Bonfadelli (Meier / Bonfadelli 1994) entworfene, bzw. Qualifikationsmethodiken von Sendungen, namentlich diejenige von H. Schatz /W. Schulz (Schatz / Schulz 1992), rechtfertigen nämlich eine solche Geringschätzung keineswegs. Gemeinsam ist diesen Versuchen ja, daß sie nicht binnenwissenschaftliche Qualitätsnormen generieren und mit diesen die Praxis schulmeistern, sondern daß sie die tatsächliche publizistische Produktion an ihren eigenen Normensystemen, namentlich dem Programmauftrag, messen. Ein elementares Problem bilden dabei freilich der hohe Allgemeinheitsgrad juristischer Qualitätsforderungen und die auch in der erwähnten schweizerischen Erhebung wieder zu tage tretende Vagheit und Disparatheit der Qualitätsvorstellungen der journalistischen Praktiker.

Bei deren Operationalisierung vor allem muß sich die *Qualität der publizistikwissenschaftlichen Qualitätsforschung* bewähren, und ihre Qualifikationsmodelle müssen insbesondere selber komplex genug sein, um solche komplexe Gebilde wie Fernsehsendungen und die auf sie gerichteten gleichfalls sehr vielfältigen Erwartungen integral einzufangen, zu systematisieren und theoretisch stringent aufeinander zu beziehen. Diese beträchtliche Eigenkomplexität, etwa des insgesamt sehr überzeugenden Analyseinstruments von H. Schatz / W. Schulz, mag allerdings mit ein Grund sein, warum ARD und ZDF dessen Implementation nicht weiter betrieben haben, abgesehen von der möglichen Scheu des öffentlich-rechtlichen Rundfunks vor etwaigen entlarvenden Befunden durch dieses Prüfmittel. Der Gutachterstreit um die sogenannte Konvergenzthese, die eine Annäherung der Programme der öffentlich-rechtlichen und der privaten Sender (Krüger / Zapf-Schramm 1992 - Merten 1994; Schatz 1994) vermutet, zeigt ja, mit welcher medienpolitischen Verbissenheit die Qualitätsfrage für parteiische Zwecke instrumentalisiert wird und welche Probleme das entsprechende publizistikwissenschaftliche Engagement sich einhandelt.

Dies darf indes nicht die Feststellung verhindern, daß solch notorisch schwach konturierte Konzepte bzw. Normen wie 'Vielfalt', 'Relevanz' oder 'Professionalität' im deutschen wie im britischen Analysemodell eindrücklich differenziert und durch die Berücksichtigung des Akzeptanzkriteriums auch der Publikumsbezug ausreichend etabliert wird. Diesbezügliche *Reflexionsanstöße und -vertiefung* könnte und sollte die Medienpraxis von solchen Qualitätsmodellen gewinnen, die eine Fülle neuer und neuester publizistikwissenschaftlicher Befunde einbeziehen und damit auch deren beträchtliches Erkenntnispotential bezeugen.

Eine ergiebige publizistikwissenschaftliche Auseinandersetzung mit dem Problem der Qualifikation von publizistischer Arbeit unf Produktion setzt also die genaue empirische Erhebung der dort dominierenden diesbezüglichen Perzeptionen, deren inhaltsanalytische Überprüfung anhand des realen Medienangebots und beider Beurteilung im Lichte unumstrittener publizistikwissenschaftlicher Erkenntnisse voraus. *Zu erforschen* sind darum in einem ersten Schritt namentlich die unterschiedlichen Qualitätskriterien verschiedener Kommunikator- und Rezipientenkategorien (Rager 1994). Die infrastrukturellen Strukturen, die die Qualität der Medienproduktion sichern (sollen), verdienen gleichfalls noch systematischere Erhellung (Ruß-Mohl 1994). Dabei bleibt batürlich weiterhin die Schwierigkeit, „daß journalistische Qualität häufig letztlich auf persönlich zurechenbare Einzelleistung rückführbar ist und die Wissenschaft sich trotzdem mit der Frage weiterbeschäftigen muß, unter welchen strukturelle Bedingungen sie sich entwickeln und sichern läßt" (Ruß-Mohl 1996, 264). Das zentrale Problem der Kommunikatorforschung, wann und wieweit personalistische und organisatorisch-systemische Perspektiven erkenntnisträchtiger sind, muß auch im Kontext der Ermittlung und Bestimmung der Qualität von Medienangeboten immer wieder neu gelöst werden.

## 5. Zur Relevanz von Kommunikatorkategorien und der Kommunikatorforschung

Es gibt publizistikwissenschaftliche Forschungsrichtungen, die eine Zeitlang die scientific community in Atem halten und dann plötzlich nicht mehr, so etwa die Diffusionsforschung. Solches mag viele Gründe haben: Die entsprechenden wissenschaftlichen Paradigmen sind ausgeschöpft, die unter ihnen gestellten Fragen beantwortet oder die Entwicklungen im Gegenstandsbereich legen andere Forschungsperspektiven nahe. Angesichts der weiterhin die Kommunikatorforschung belastenden Konstitutionsprobleme und gar den Zweifeln an ihrer Relevanz aus ihren Reihen (Langenbucher 1996) ist es daher wohl angezeigt, am Schluß einer solchen summarischen kritischen Würdigung des state of the art die *Entwicklungschancen dieser Forschungsrichtung* zu erwägen.

*Bilanzierend* ist festzuhalten, daß die noch im Gefolge der Lasswellformel ausdifferenzierte publizistikwissenschaftliche Teildisziplin Kommunikatorforschung in den unter Punkt 1 erwähnten fünf Hauptrichtungen eine große Zahl von immer präziseren und differenzierteren Erkenntnissen über die mit der Her- und Bereitstellung publizistischer Produkte befaßten Personen und Organisationen erarbeitet hat. Namentlich die entsprechende Berufsforschung hat etwa die nach außen gepflegte Überhöhung der Kommunikationsberufe, insbesondere des Journalismus, relativiert, aber eine konsequente berufssoziologische Erhellung der vielen Positionen und Tätigkeiten im Medienbereich und damit deren Vergleich mit andern Berufen fehlt noch weitgehend und folglich auch deren Einordnung ins Insgesamt der Informations- bzw. Mediengesellschaft. Die Dominaz der Mikro- auf Kosten der Makroperspektive in der Publizistikwissenschaft wirkt sich eben erkenntnishemmend auch in der Kommunikatorforschung aus.

Dies wird insbesondere an ihrem, von W. Langenbucher beanstandeten, Versäumnis deutlich (Langenbucher 1996), einen funktional ausreichend fundierten *Kommunikatorbegriff* zu entwickeln. Wenn die Kommunikatorforschung wirklich rechtens auf die „Suche nach den unbekannten Kommunikatoren" (Langenbucher 1996) geschickt wird, dann muß die Frage nach dem Gegenstand dieser publizistikwissenschaftlichen Teildisziplin neu gestellt werden und auch diejenige nach ihrer weiteren Fundierung. Und da wird unausweichlich die seit eh und je problematische Modellierung des publizistischen Prozesses durch H.D. Lasswell (Merten 1974), der die Entwicklung einer Kommunikatorforschung verpflichtet ist, im Lichte der neuzeitlich unentwirrbar dichten Interpenetration von Medien und Gesellschaft immer fragwürdiger: Kommunikatoren vorwiegend in Gestalt von Journalisten zu identifizieren, genügt in Gesellschaften, deren unaufhörlich wachsende Komplexität durch einen selber immer komplexeren Quartärsektor Kommunikation mit stets noch anderen Akteuren bewältigt werden muß, immer weniger, und noch weniger, deren Rollenverständnis für die Kommunikatorforschung weiterhin als wegleitend zu übernehmen.

So mahnt etwa eine umfangreiche Inhaltsanalyse der Berichterstattung der deutschschweizerischen Presse zur Abstimmung des Schweizer Volkes über einen etwaigen Beitritt der Eidgenossenschaft zum Europäischen Wirtschaftsraum zum *Umdenken* (Saxer / Tschopp 1995). 4/5 dieser Zeitungen befürworteten nämlich diese Vorlage, die aber trotzdem vom Souverän verworfen wurde. Veröffentlichte Meinung und politisch relevante klafften da offenbar auseinander, die publizistischen Mediatoren posierten zu Unrecht als Kommunikatoren, denn diese politisierten in den Betrieben, Kneipen und zu Hause herum oder frequentierten Versammlungen, so daß schließlich die interpersonale Kommunikation die publizistische gewissermaßen unterlief. Die Analyse der Argumentation in den Zeitungen ergab denn auch, daß der Mediendiskurs, größtenteils von Gebildeteren und Städtern bestritten, die politische Stimmung in den Rand- und Gebirgszonen bzw. bei den weniger Privilegierten weitgehend verfehlte, diese aber politisch den Ausschlag gab.

Medienrealität nimmt eben zunehmend den Charakter eines sich selbst reproduzierenden Systems an und läuft dadurch Gefahr, denjenigen eines effizienten Vermittlungssystems politisch und auch sonst unverzichtbarer Information zu verlieren. An der Publizistikwissenschaft ist es daher mehr denn je, die reale Konstitution von Öffentlichkeit und ihre wirklich entscheidenden Akteure zu identifizieren und nicht auch noch selber solche Autopoiesis ihres Gegenstandes mitzuvollziehen und damit zugleich zu legitimieren. Nur wenn die *Kommunikatorforschung* ihren Focus in Richtung einer integralen Produktionsforschung und zugleich der Totalität gesellschaftsrelevanter Kommunikationsprozesse öffnet, vermag sie längerfristig die entscheidenden Strukturen und Veränderungen ihres Gegenstandes zu erfassen. Ob dies unter dem Etikett „Kommunikatorforschung" geschehen wird und soll, bleibe dahingestellt.

## Literatur

*Altheide,* David L. / Robert P. *Snow* (1991). Media Worlds in the postjournalism Era. New York: Aldine de Gruyter.
*Bohn,* Rainer / Eggo *Müller* / Rainer *Ruppert* (Hrsg.) (1988): Ansichten einer künftigen Medienwissenschaft. Berlin.
*Donsbach,* Wolfgang (1978): „Zur professionellen Kompetenz von Journalisten." In: *Hömberg,* Walter (Hrsg): Journalistenausbildung. Modelle, Erfahrungen Analysen. Schriftenreihe der Deutschen Gesellschaft für Publizistik- und Kommunikationswissenschaft. München: Olschläger, S. 108-121.
*Donsbach,* Wolfgang (1987): „Journalismusforschung in der Bundesrepublik: Offene Fragen trotz 'Forschungsboom'". In: *Wilke,* Jürgen (Hrsg.): Zwischenbilanz der Journalistenausbildung. Schriftenreihe der Deutschen Gesellschaft für Publizistik- und Kommunikationswissenschaft. Bd. 14. München: Olschläger, S. 105-142.
*Dorsch,* Petra E. (1982): „Verlautbarungsjournalismus - eine notwendige Medienfunktion". In: Publizistik, Jg. 27, 4, S. 530-540.
*Hömberg,* Walter (1987): „Von Kärrnern und Königen. Zur Geschichte journalistischer Berufe". In: *Bobrowsky,* Manfred / Wolfgang R. *Langenbucher* (Hrsg.): Wege zur Kommunikationsgeschichte. Schriftenreihe der Deutschen Gesellschaft für Publizistik- und Kommunikationswissenschaft. Bd. 13, München: Olschläger, S. 619-629.
*Jarren,* Otfried (Hrsg.) (1994 und 1995): Medien und Journalismus 1 und 2. Opladen: Westdeutscher Verlag.
*Kepplinger,* Hans Mathias u.a. (1993): „Am Pranger: Der Fall Späth und der Fall Stolpe". In: *Donsbach,* Wolfgang et al. (Hrsg): Beziehungsspiele - Medien und Politik in der öffentlichen Diskussion. Gütersloh: Bertelsman Stiftung, S. 159-220.
*Krippendorff,* Klaus (1993): „Schritte zu einer konstruktivistischen Erkenntnis-theorie der Massenkommunikation." In: *Bentele,* Günter / Manfred *Rühl* (Hrsg.): Theorien öffentlicher Kommunikation. Schriftenreihe der Deutschen Gesellschaft für Publizistik- und Kommunikationswissenschaft Bd. 19. München: Olschläger, S. 19-51.
*Krüger,* Udo Michael / Thomas *Zapf-Schramm* (1992): Formen, Inhalte und Funktionen des Fernsehens. Öffentlich-rechtliche und private Hauptprogramme im Vergleich." In: Media Perspektiven, 11, S. 713-732.
*Langenbucher,* Wolfgang R. (1974/75): „Kommunikation als Beruf. Ansätze und Konsequenzen kommunikationswissenschaftlicher Berufsforschung." In: Publizistik, Jg. 19/20, 3-4, 1-2, S. 256-277.
*Langenbucher,* Wolfgang R. (1996): „Auf der Suche nach den unbekannten Kommunikatoren". In: Aviso, No. 17 (August 1996), S. 7-10.
*Mahle,* Walter (Hrsg.) (1993): Journalisten in Deutschland. AKM-Studien Band 39. München: Olschläger.
*McQuail,* Denis (1992): Media Performance. Mass Communication and the Public Interest. London u.a.: Sage.
*Meier,* Werner / Heinz *Bonfadelli* (1987): „'Neue Medien' als Problem der Publizistikwissenschaft". In: Rundfunk und Fernsehen, Jg. 35, 2, S. 169-184.
*Meier,* Werner A. / Heinz *Bonfadelli* (1994): „Medienleistungen". In: Zoom Kommunikation & Medien, Nr. 3, S. 45-53.

*Merten,* Klaus (1974): „Vom Nutzen der Lasswell-Formel - oder Ideologie in der Kommunikationsforschung". In: Rundfunk und Fernsehen, Jg. 22, S. 143-165.
*Merten,* Klaus (1994): Konvergenz der deutschen Fernsehprogramme: eine Langzeituntersuchung 1980-1993. Münster / Hamburg: Lit.
*Müller-Doohm,* Stefan / Klaus *Neumann-Braun* (Hrsg.) (1995): Kulturinszenierungen. Frankfurt a.M.: Suhrkamp.
*Neidhardt,* Friedhelm (1994): „Öffentlichkeit, öffentliche Meinung, soziale Bewegungen". In: Kölner Zeitschrift für Soziologie und Sozialpsychologie, Sonderheft 34, S. 7- 41.
*Pürer,* Heinz (1985): „Elektronische Zeitungsherstellung - gegenwärtige und künftige Forschungsperspektiven." In: Österrreiches Jahrbuch für Kommunikationswissenschaft, Jg. 3, S. 225-238.
*Pürer,* Heinz (1991): „Journalismus-Krisen und Medien-Ethik. Elemente einer Ethik der Massenmedien." In: *Stuiber,* Heinz-Werner / Heinz *Pürer* (Hrsg.): Journalismus. Anforderungen, Berufsauffassungen, Verantwortung. Kommunikationswissenschaftliche Studien. Bd. 11. Nürnberg: Verlag der Kommunikationswissenschaftlichen Forschungsvereinigung, S. 87-105.
*Rager,* Günther (1994): „Dimensionen der Qualität. Weg aus den allseitig offenen Richter-Skalen?". In: *Bentele,* Günter / Kurt R. *Hesse* (Hrsg.): Publizistik in der Gesellschaft. Journalismus. Band 35 (neue Folge, Konstanz). Universitätsverlag, S. 189-209.
*Robinson,* Gertrude Joch (1973): „Fünfundzwanzig Jahre Gatekeeper-Forschung. Eine kritische Rückschau und Bewertung." In: *Aufermann,* Jörg / Hans *Bohrmann* / Rolf *Sülzer* (Hrsg.): Gesellschaftliche Kommunikation und Information, Bd. 2. Frankfurt a.M.: Athenäum, S. 344-355.
*Rühl,* Manfred (1968): „Die Zeitungsredaktion als organisiertes soziales System. Bielefeld: Bertelsmann Universitätsverlag.
*Rühl,* Manfred (1978): „Journalistische Professionalisierung - Probleme der Integration von Theorie und Praxis." In: *Hömberg,* Walter (Hrsg.): Journalistenausbildung. Modelle, Erfahrungen, Analysen. München: Olschläger S. 95-107.
*Rühl,* Manfred (1980): Journalismus und Gesellschaft. Mainz: v. Hase & Koehler.
*Rühl,* Manfred (1987): „Journalistenschwemme in einer Kommunikatorendürre: Anmerkungen zur Steuerungsproblematik in der Ausbildung von Berufskommunikatoren". In: *Wilke,* Jürgen (Hrsg.): Zwischenbilanz der Journalistenausbildung. München: Olschläger, S. 65-88.
*Rühl,* Manfred (1989): „Organisatorischer Journalismus: Tendenzen der Redaktionsforschung." In: Kölner Zeitschrift für Soziologie und Sozialpsychologie, Sonderheft 30, S. 253-269.
*Rühl,* Manfred (1992): „Theorie des Journalismus". In: *Burkart,* Roland / Walter *Hömberg* (Hrsg.): Kommunikationstheorien. Ein Textbuch zur Einführung. Wien: Braumüller, S. 117-133.
*Ruß-Mohl.* Stephan (1994): „Der I-Faktor. Qualitätssicherung im amerikanischen Journalismus. Modell für Europa? Zürich / Osnabrück: Interfrom.
*Ruß-Mohl,* Stephan (1996): „Rezension Gianluca Wallisch: Journalistische Qualität. Definitionen - Modelle-Kritik". In: Publizistik, Jg. 41, 2, S. 260-262.
*Saxer,* Ulrich (1987): „Publizistikwissenschaft als Studienrichtung - Journalismus als Beruf". In: *Bonfadelli,* Heinz / Ulrich *Saxer:* Publizistikwissenschaft in Universität und Journalismus. Diskussionspunkt 14. Zürich: Seminar für Publizistikwissenschaft, S. 61-135.
*Saxer,* Ulrich (1992a): „Strukturelle Möglichkeiten und Grenzen von Medien- und Journalismusethik". In: *Haller,* Michael / Helmut *Holzhey* (Hrsg.): Medien-Ethik. Opladen: Westdeutscher Verlag, S. 104-128.
*Saxer,* Ulrich (1992b): 'Bericht aus dem Bundeshaus'. Eine Befragung von Bundeshausjournalisten und Parlamentariern in der Schweiz. Diskussionspunkt Nr. 24 Zürich. Seminar für Publizistikwissenschaft der Universität Zürich.
*Saxer,* Ulrich (1992c): „Thesen zur Kritik des Konstruktivismus." In: Communicatio Socialis, Jg. 25, 2, S. 178-183.
*Saxer,* Ulrich (1993): „Medienwandel - Journalismuswandel". In: Publizistik, Jg. 38, 3, S. 292-304.

*Saxer,* Ulrich (1995): „Von wissenschaftlichen Gegenständen und Disziplinen und den Kardinalsünden der Zeitungs-, Publizistik-, Medien-Kommuni-kationswissenschaft". In: *Schneider,* Beate / Kurt *Reumann* / Peter *Schiwy* (Hrsg.): Publizistik. Beiträge zur Medienentwicklung. Journalismus. Band 37 (neue Folge). Konstanz: Universitätsverlag, S. 39-55.

*Saxer,* Ulrich / Cosima *Tschopp* (1995): Politik und Medienrealität. Die schweizerische Presse zur Abstimmung über den EWR. Diskussionspunkt 31. Zürich: Seminar für Publizistikwissenschaft der Universität Zürich.

*Saxer,* Ulrich (1996): „Medientransformationen - Bilanz nach einem Jahrzehnt dualen Rundfunks in Deutschland". In: *Hömberg,* Walter / Heinz *Pürer* (Hrsg.). Medien-Transformation. Zehn Jahre dualer Rundfunk in Deutschland. Schriftenreihe der Deutschen Gesellschaft für Publizistik- und Kommunikationswissenschaft. Bd. 22. Konstanz: UVK Medien, S. 19-44.

*Saxer,* Ulrich / Vinzenz *Wyss* (1996): Qualität im Journalismus. Manuskript.

*Seifert,* Heribert (1996): „Spiel mir das Lied vom Wolf. Der investigative Fernsehjournalismus und seine Mythen." In: Neue Zürcher Zeitung Nr. 33, 9. Februar 1996), S. 65-66.

*Schatz,* Heribert / Winfried *Schulz* (1992): Qualität von Fernsehprogrammen. Kriterien und Methoden zur Beurteilung von Programmqualität im dualen Fernsehsystem". In: Media Perspektiven, 11, S. 690-712.

*Schatz,* Heribert (1994): Rundfunkentwicklung im 'dualen System': die Konvergenzhypothese". In: *Jarren,* Otfried (Hrsg.): Politische Kommunikation in Hörfunk und Fernsehen. Opladen: Leske + Budrich, S. 67-79.

*Wallisch,* Gianluca (1995): Journalistische Qualität. Definitionen - Modelle - Kritik. Forschungsfeld Kommunikation Bd. 6, München: Ölschläger.

*Weischenberg,* Siegfried (1989): „Der enttarnte Elefant. Journalismus in der Bundesrepublik - und die Forschung, die sich ihm widmet." In: Media Perspektiven, 4, S. 227-239.

*Weischenberg,* Siegfried (1992 und 1995): Journalistik 1 und 2. Opladen: Westdeutscher Verlag.

*Weischenberg,* Siegfried (1994): „Konzepte und Ergebnisse der Kommunikatorforschung". In: Jarren, Otfried (Hrsg.): Medien und Journalismus 1. Eine Einführung. Reihe Fachwissen für Journalisten. Opladen: Westdeutscher Verlag, S. 228-266.

*Weischenberg,* Siegfried (1996): „Die Schweiz - eine Insel der Glückseligen? Die Kommerzialisierung und der investigative Journalismus." In: Neue Zürcher Zeitung, Nr. 130 (7. Juni 1996), S. 77-78.

*Weiß,* Ralph / Uwe *Hasebrink* (1995): Hörertypen und ihr Medienalltag. Hamburg: Vistas.

*Hans J. Kleinsteuber*

# Vom analog geblendeten Kommunikationssouverän zum digital gestärkten Interaktivisten?

Dieser Beitrag stellt das Wechselverhältnis von Technik und „nichtjournalistischen Akteuren" (Langenbucher) in den Mittelpunkt. Es soll zweierlei deutlich werden: zum einen, daß es die Laienkommunikatoren in Deutschland immer besonders schwer hatten, zum anderen, daß die neuen Techniken für eine Beteiligung nicht-professioneller Kommunikatoren enorme Chancen bieten. Chancen, die - so sieht es auch - im deutschen Kontext (wieder einmal) vertan werden.

## 1. Profis und Amateure

Man kann die Geschichte der Komunikation auch als einen Widerstreit zwischen den hauptberuflichen Journalisten und den freizeit-aktiven Amateuren interpretieren. Letztere haben die Kommunikationsgeschichte von Anbeginn begleitet und häufig geprägt, große Aufmerksamkeit fanden sie nie. Die zu Recht beklagte Konzentration der Kommunikationsforschung auf die Journalisten ist immer auch Programm. Professionell tätige Kommunikatoren sind weitaus leichter kontrollierbar als unberechenbare Laien. Aus ihren Frühzeiten kennt die komunistische Bewegung noch die Arbeiterkorrespondenten, ehrenamtliche Berichterstatter von der Produktionsfront. In der DDR wurden sie alsbald nach Etablierung der SED-Herrschaft - wenn wunderts - in die völlige Wirkungslosigkeit abgeschoben.

Für Politiker ist der Kontakt mit Journalisten zwar schwierig, aber im Normalfall viel berechenbarer und verlässlicher als mit einem x-beliebigen Bürger, der sich in Kommunikation versucht. Dasselbe gilt umgekehrt: Journalisten werden schon aus Eigeninteresse an der Legende stricken, daß nur sie in der Lage sind, den Bürger qualifiziert zu informieren. So entsteht das enge und symbiotische Wechselverhältnis zwischen professionellen politischen und kommunikativen

Eliten, die gleichzeitig einander belauern und einander benötigen. Der Laie bleibt vor der Tür.

## 2. Die deutsche Sorge vor dem staatszerüttenden Kommunikator

Es zählt zu den deutschen Traditionen, daß sich massive Barrieren zwischen den professionellen Kommunikatoren und ihren 'Kunden', den Adressaten auftun. Bis in die letzten Jahre hinein hatten es Amateure unverhältnismäßig schwer, als eigenverantwortliche Anbieter von Informationen überhaupt akzeptiert zu werden. Die Leidensgeschichte von nicht-kommerziellen Lokalradios steht dafür. Während bei uns ab 1984 das duale System bis in jeden Winkel der Republik realisiert wurde, fehlt für eine triale Struktur nach wie vor das Verständnis. Im Kern sind Kommunikatoren dieser 'dritten Art' weder vom Public Service motiviert, noch vom Kommerz. Sie suchen in privaten, gleichwohl kommerzfreien Strukturen den Gedanken des Non-Profit umzusetzen, in einer substantiellen Vielfalt von Organisationsformen, Finanzierungen, Personen und Inhalten. Diese Intention ist heute am ehesten im Radio zu verwirklichen, einer kostengünstige Technik, die keine übermäßigen Ansprüche an redaktionelle und handwerkliche Fähigkeiten stellt.

Radios dieser dritten Kategorie sind bei uns mit administrativ-regulativen Mitteln immer wieder behindert und gebremst worden. Finden wir bei Deutschlands Nachbarn hochentwickelte Strukturen von z. B. ca. 400 'Nahradios' in Dänemark oder 200 'lokale Omroep' in den Niederlanden, zählt ARMAC, die Weltorganisation der Community- Radios, für Europa einige Tausend derartiger Stationen, so erweist sich Deutschland weitgehend als Wüstenei. Es gibt nach wie vor Bundesländer, in denen die Errichtung derartiger Stationen schon rechtlich scheitert. In anderen werden trotz unterstützender Gesetzgebung bestenfalls vorsichtige Gehversuche toleriert. In Hamburg hat ein fünfzehnjähriger Kampf um eine Frequenz 1996 gerade einige aufgesattelte Stunden täglich bei einem (auswärtigen) Hauptanbieter gebracht.

Während wir nun in einigen Bundesländern ermutigende Offenheit feststellen, verlassen die Community-Leute im Ausland bereits das Radio und beginnen mit bürgerschaftlichem Fernsehen. Erstaunlich, daß gerade in neuen Bundesländern, in denen zuvor ein quasi-kolonialer Kahlschlag stattgefunden hatte, nun - wie in Brandenburg - eine lebendige lokale, sicherlich auch sehr hausbackene

Szene des 'Fernsehens von unten' heranwächst (vgl. den Beitrag von Edith Spielhagen in diesem Band).

## 3. Die technische Seite des Obrigkeitsstaates

Dieses beklagte Fernhalten der Bürger von den Medien hatte immer auch einen technischen Ausdruck. Im Ausland betreiben z.B. die Community Radios in aller Regel ihre Sendeanlagen selbst. Es ist eigentlich eine Selbstverständlichkeit, daß Sender eine organisatorische und technische Einheit darstellen, daß der Sendemast neben dem Sendestudio plaziert ist. Die Technik ist heute kein Kostenfaktor mehr, ein Sender, der ein Ballungszentrum versorgt, sollte nicht mehr als DM 10.000 kosten. Erst in der deutschen Sondersituation mit einem Sendemonopol der Telekom kommt es zu unverhältnismäßig hohen Gebühren. Die weiterlaufende Verfügung über Medientechnik stärkt faktisch die politischen und professionellen Zentren der Medienproduktion gegen bürgerliche Begehrlichkeit. Der Funkliebhaber wird technisch und administrativ ständig entmutigt.

Die bisherige Geschichte der Amateurfunkerei verdeutlicht, wie tief diese Politik des Fernhaltens der Bürger von kommunikativer Technik wurzelt. Bereits im Gesetz über das Telegraphenwesen von 1892 wurde dem Staat das Entscheidungsmonopol zugewiesen. In den zwanziger Jahren wurden vorsichtige Anfragen interessierter Amateure mit der Begründung abgewiesen, es handele sich um „geheime Funkanlagen", deren Bestehen als ernsthafte Gefährdung des Staates und der öffentlichen Ordnung zu sehen sei. Umfassend legalisiert wurde die Amateurfunkerei erst 1949 in einem noch von den amerikanischen Besatzungsbehörden im Wirtschaftsrat initiierten Gesetz. Diese amerikanische Intervention sicherte endlich den Anschluß an die internationale Entwicklung - mit etwa fünfzigjähriger Verspätung.

In den USA waren es Funkamateure, welche seit Ende des letzten Jahrhunderts die Entwicklung der Radiotechnik vorantrieben (Radio - wie damals üblich - als Funktechnik verstanden). Spielerisch experimentierten sie mit diesem Medium, dessen Potential noch völlig unbekannt war. Früh schlossen sich Anhänger der Funkleidenschaft in Vereinen zusammen, viele waren in Universitäten oder Schulen tätig. Als sich erste kommerzielle Anwendungsformen der neuen Technik abzeichneten, trieb die entstehende Radioindustrie die Amateure regelrecht vor sich her. Sie wurden auf immer kürzere Frequenzen gezwungen, die man bis dato für nicht verwertbar hielt. So waren die frühen Funkamateure Pioniere und Verlierer zugleich - und planierten ungewollt das Terrain für die komplette Kommerzialisierung des US-Radiowesens.

## 4. PC und Internet: Produkte der Peripherie

Das alles ist unzweifelbar Geschichte - aber sie scheint sich in Variationen zu wiederholen. Unverkennbar ist, daß die neuen digitalen Medien in einem ähnlichen Peripherie-Bereich der USA entstanden. Übrigens auch im räumlichen Sinne: Nordkalifornien eignete sich auch deshalb als Geburtsregion für innovative Techniken wie insbesondere den Personal Computer, weil es fernab der industrialisierten Regionen einen offenen Raum für Kreativität bot (neben dem PC entstand hier in denselben siebziger Jahren eine verwandte Technik, das Mountain Bike). Der in den 'Garagen' im Hinterland der Stanford University entwickelte PC war als Alternative zu den damals herrschenden IBM-Großmaschinen konzipiert. Es waren diese Anti-IBMs, Itsy Bitsy-Machines, mit denen die Computer-Revolutionäre David gegen Goliath spielten. Der Erfolg stellte sich ein, das Silicon Valley entstand, eine neue, höchst erfolgreiche Industrie wurde geboren. Bis heute gilt: Die ökonomische Führerschaft der USA bei allen hier diskutierten Kommunikationstechniken beruht auf gesellschaftlicher Offenheit, die sich auch periphere Akteure erstreckt. Eine wichtige Einsicht, angesichts der Milliarden, die wir in weitgehend erfolglose etatistische Technologiepolitiken à la Bildschirmtext oder HDTV stecken.

Auch das Internet ist nach einer militärischen Initialzündung an der gesellschaftlichen Peripherie entstanden - daher wurde sein Potential auch lange verkannt. Es ist in seiner heutigen Ausprägung das Ergebnis kollektiven Bemühens der Academic Community in den USA um die inhaltliche Füllung neuentstandener Netzstrukturen. Diese Community gab der digitalen Netztechnik typische Merkmale einer funktionierenden Universitätslandschaft mit: Dezentralität, Interaktivität, Individualität, Transparenz. Die vielen namenlosen Akteure rund um die Gestaltung des Internet können sicherlich als eine Variante von Langenbuchers Laienkommunikatoren durchgehen. So konnten Kommunikationstechniken gezielt in Richtung Kommunikator-Techniken entwickelt werden. Wie das Radio droht nun auch dem Internet seine Total-Kommerzialisierung.

Die derzeitige Revolution findet im Bereich der Informationstechniken statt. Die Idee, daß Elektrizität zur Kommunikation genutzt werden könne, ließ den

Morse-Telegraphen in den 1830ern entstehen, auf dem Terrain der jungen USA. Die waren damals noch Peripherie der industriellen Welt, währenddessen Europas metropole Machthaber noch ganz auf optische Kommunikation setzten. Aus dem anfangs des 19. Jahrhunderts entstandenen Vorsprung speist sich das heutige Selbstverständis, daß es „Americas Information Edge" (Nye / Owen 1996) gebe, eine besondere Fähigkeit, mit Information erfolgreich umzugehen. Damit hängt auch zusammen, daß amerikanische Kommunikationswissenschaftler zumeist den Anfang der Massenmedien an das technisch bewältigte Transzendieren von Zeit und Raum knüpfen. Das hat (nebenbei gesagt) den patriotischen Vorteil, daß sie (und nicht die Europäer mit ihren frühen Zeitungen) den Beginn des Medienzeitalters einläuteten.

## 5. Die Leistungen der Peripherie

Viele der Technologien, die sich als historisch umwälzend erwiesen, entstanden in der - räumlichen oder gesellschaftlichen - Peripherie. Mit dem historischen Verhältnis von Medientechnik und Gesellschaft hat sich niemand intensiver beschäftigt als der Kanadier und Universalgeschichtler Harold A. Innis. Für ihn sind Technologien gleichermaßen Instrumente der Stabilisierung wie der Unterminierung von Macht. In den Zentren dienen sie der Sicherung und dem Erhalt von Herrschaftspositionen, werden also vor allem konservierend eingesetzt. Die Chance, neue Technologien zu entwickeln und neue Einsatzformen zu erproben, findet sich vor allem in der Peripherie, von wo aus sie quasi unbemerkt eingesetzt werden können, um die Machtzentren zu erodieren und zu zerstören. Für den kanadischen Nationalisten Innis war das eine Hoffnung vis-à-vis den mächtigen USA.

Von Bedrohung kann sicherlich in Deutschland nicht die Rede sein. Aber es fällt auf, daß die klassischen Orte der Laienkommunikation auch bei uns nicht in den Zentren wirtschaftlicher und kultureller Aktivitäten liegen. Das älteste 'freie' Sender Radio Dreyeckland arbeitet in Freiburg (seine Randlage zwischen drei Staaten schon im Namen betonend), die interessantesten lokalen TV-Angebote finden sich im ländlichen Brandenburg. Langenbuchers großstädtischer Blick beklagt den Mangel, übersieht aber mit metropoler Blindheit diese quicklebendigen Ansätze in ländlichen Enklaven.

## 6. Eine freiheitsspendende Digitalisierung?

Im Kern präsentiert sich die Digitalisierung als Technik, die ohne Zentren auskommt und horizontale, hierarchie-arme Vernetzungen von PC-Maschinen ermöglicht, welche die Differenz von aktiv und passiv, von Produzent und Konsument, von Sender und Empfänger aufzuheben vermögen. Damit ist die technische Voraussetzung für substantielle Interaktivität in der Kommunikation gegeben. Diese Sichtweise herrscht im Ursprungsland USA vor, wo gern die freiheitsspendende Kraft der 'Technology of Freedom' (de Sola Pool) gepriesen wird. In den neu entstehenden Strukturen finde der einzelne Nutzer Gelegenheit - so die Enthusiasten -, individuell und gezielt auszuwählen. Mehr noch, er erhalte das technische Angebot, selbst zum Produzenten zu werden. Das Internet gibt das technische Design vor. Diese technischen Faktoren wirken sicherlich verstärkend und stimulierend auf die Laienkommunikation, wie sie Langenbucher beschreibt.

## 7. Journalisten als aussterbende Mittelsleute?

Die meisten Analysen gehen davon aus, daß in den entwickelten Netzstrukturen die 'Mittelsleute' verschwinden werden. Dies bedeutet, Telebanking macht den Bankangestellten, Teleshopping den Einzelhändler tendenziell überflüssig. Nun werden viele dieser Entwicklungen mit Tele und Bindestrich sicherlich modisch überschätzt, weil eine neue Technik noch nicht Expertenwissen und persönliche Kontaktbedürfnisse verschwinden läßt. Dennoch, die Auswirkungen auf den Stand des Journalisten liegen auf der Hand, denn auch sie sind Mittelsleute, so wie Medien im Wortsinne 'Mittler' sind. Jenseits allen Schulenstreits sind Journalisten - von ihrer Einbettung in den Prozeß technischer Kommunikation her betrachtet - tatsächlich eine Art 'Transportarbeiter', sie schlagen die Brücke zwischen dem Ereignis und den daran Interessierten. Diese Vermittlung mag in Zukunft ein intelligent eingesetztes Netz zu übernehmen. Wird der Journalismus als hauptberufliche Profession aussterben, wird er sich wandeln? Oder wird er gar in einem digitalen Zeitalter wichtiger, weil eine gigantische Informationsüberschüttung den kompetenten Navigator mehr denn je erfordert?

Schon heute zeichnet sich ab, daß der Laie - so er will - selbst per online-Anschluß in einer Fülle Datenbanken recherchieren, den Deutschen Bundestag anwählen, sich in dpa-Depeschen unmittelbar informieren und Zeitungen außerhalb des in Papierform vorgegebenen Themen-Mixes selektiv zusammenstellen kann. Die Technik erlaubt also zunehmend ein Umgehen von Leistungen, die traditionell von Journalisten erbracht wurden. Dasselbe gilt für das eigene Anbieten von Informationen, welches über die oben erörterten Techniken - Radio und Fernsehen - hinaus via Home Page und Server besonders leicht möglich ist. Dazu kommt die beliebige Manipulierbarkeit des digitalen Signals, das gespeichert, berabeitet und weitergesendet werden kann. Die daran knüpfenden Probleme um Urheberrecht und Datenschutz gefährden tendenziell den professionellen Produzenten, weil er sein geistiges Produkt nur schwer gegen unbefugte Nutzung zu schützen vermag. Was aber bleibt vom hautberuflichen Kommunikator, wenn er sein Kommunikationsprodukt nicht zu schützen vermag? Viele Konturen bleiben hier unklar.

## 8. Technische Designs gegen das gestärkte Individuum

Gehen wir davon aus, daß die beschriebenen freiheitsspendenden Tendenzen neuer Techniken zutreffen: Vermögen sie tatsächlich bestehende Machtzentren zu erodieren und journalistische 'Bevormundung' zu beenden? Eine Eigenart der digitalen Technik liegt in ihrer unglaublichen Anpassungsfähigkeit: Sie bietet nicht eine oder wenige technische Optionen zur Lösung eines Problems an, sie kann einem nahezu beliebigem Design unterworfen werden. Die Metapher des 'Information Highway' suggeriert, daß es zukünftig die eine, einheitlich gestylte Hochgeschwindigkeitsverbindung geben werde, vergleichbar konventioneller Straßennetze. Freilich: Weder ist in den konkreten Umsetzungsszenarien der universelle Zugang zu Informationen im Cyberspace angelegt, noch die in der Highway-Analogie suggerierte Interaktivität gesichert.

Für ersteres stehen die erfolgreichen Bemühungen verschiedenster Akteure, den Zugang zu bestimmten Servern mit ungeliebten Daten zu blockieren; gerade deutsche Stellen stehen hier mit fernöstlichen Ordnungshütern in vorderster Front. Der zweite Aspekt - der einer Interaktivität - ist in diesem Kontext wichtiger. Mit neuen technischen Möglichkeiten, mit Vielkanal-Fernsehen und Pay-TV, geht die Behauptung einher, daß nun jeder sein eigener Programmdirektor werde. Vor allem die Programmvermehrung im digitalen Fernsehen mit in Paketen geschnürten Angeboten (wie bei DF1) stehe dafür. Freilich fällt auf, daß die Positionen eines Programmdirektors in den Sendern keineswegs abgeschafft wurde, eher ist ihre Arbeit schwieriger geworden. Denn an der Mono-

Direktionalität dieser Variante digitaler Technik (faktisch weitgehend begrenzt auf digitale Kompression) ändert sich im Prinzip nichts.

## 9. Interaktivität fördert Laienkommunikation

Der amerikanisch-europäische Vergleich unterstreicht hier elementare Unterschiede. In Europa läuft der Einstieg in die Digitalisierung (mit dem digitalen Fernsehen) über die direktstrahlenden ASTRA-Satelliten, die qua technischer Auslegung keine Interaktivität ermöglichen. Die für digitale TV-Übertragungen notwendige Set-Top-Box kennt (zumindest in ihrer ersten Generation) nur ein bescheidenes Modem zur Begleichung von Pay-TV-Rechnungen u. ä., Internet-Fähigkeit ist nicht vorgesehen.

Die interaktive Logik des Internet wird sehr viel massiver in den USA verfolgt, wo nicht Satelliten, sondern terrestrische Netze mit hoher bi-direktionaler Qualität das Rückgrat der zukünftigen Information Superhighway bilden werden. Hintergrund für diese unterschiedlichen Technik-Designs scheint zu sein, daß bei uns die Verfügung über neue Techniken vor allem in der Hand weniger großer Medienunternehmen liegt, die wie bisher in mono-direktionaler Programmversorgung denken. In den USA führen dagegen Branchen aus dem Telekom- und Computerbereich die Entwicklung an, welche die neuen Techniken nutzen, um die profitable Fernsehbranche zu attackieren. Konsequenz ist, daß dort die interaktive Stärkung des einzelnen Nutzers - gleich ob professionell oder als Laie tätig - quasi als Köder ausgeworfen wird, um Kunden vom passiven Fernsehen herüberzulocken. Das Ende des Fernsehens wird dabei einkalkuliert und erhofft, wie etwa George Gilder im Nachdenken über „Life after Television" postuliert (Gilder 1994).

## 10. Der 'Standort Deutschland' hat die Technik, die er verdient

Während in den USA die technischen Leitbilder Interaktivität und Individualität die Richtung angeben, scheint es in Europa 'more of the same' zu sein, die alten Hierarchien leben in neuem Gewand weiter. Wie in der Vergangenheit stehen also auch derzeit die Zeichen in Deutschland schlecht für den einzelnen Kommunikator, der sich neuer Techniken bedienen will, um selbst aktiv zu werden. Traditionen von Obrigkeit, Zentralität und Professionalität stehen dagegen. Daher haben es bei uns Techniken der Beteiligung 'von unten' weiterhin besonders schwer, dem Laienkommunikator wird weiterhin auf technischer Ebene wenig Unterstützung zuteil.

Aber Technik ist nicht eigenmächtig, sie steht in enger Wechselwirkung zur Gesellschaft, in der sie entsteht und eingesetzt wird. Das von Langenbucher beklagte Desinteresse der Kommunikationswissenschaft geht nicht zufällig einher mit einer geringen Schätzung des Innenlebens der uns verfügbaren Medientechniken, die aus Bequemlichkeit als absolut und neutral interpretiert werden. Was sie niemals waren. In einer Zivilgesellschaft mit selbstbewußten Bürgern muß der notwendige Freiraum für die intellektuelle wie materielle Aneignung neuer Techniken gewährt werden. Wie die Gesellschaft mit sich umgeht, so vercodet sie auch ihre Technik. So stehen zwar die Chancen für nichtjournalistische Kommunikation besser als je zuvor, aber der deutsche Kommunikationssouverän läuft Gefahr, weiterhin in Blindheit und Passivität verharren zu müssen.

## Literatur

*de Sola Pool*, Ithiel (1983): Technologies of Freedom. Cambridge MA: MIT Press.
*Gilder*, George (1994): Life after Television. New York: Norton Co.
*Innis*, Harold A. (1950): Empire and Communications. Oxford: Oxford University Press   (Neuauflage: Press Porcépie. Victoria / Toronto 1986).
*Kleinsteuber*, Hans J. (Hrsg.) (1996): Der 'Information Superhighway'. Visionen und Erfahrungen. Opladen: Westdeutscher Verlag.
*Kleinsteuber*, Hans J. (1995): „'Technologies of Freedom': Warum werden in den USA Medien so ganz anders interpretiert?" In: Amerikastudien / American Studies, Jg. 40, 2, S. 183-207.
*Nye*, Joseph S. / William A. *Owen* (1996): „America's Information Edge." In: Foreign Affairs, Jg. 75, 2, S. 20-36.

# I. Öffentlichkeitsproduktion in der Kommunikationswissenschaft und in der Politik

## Defizite der Kommunikationswissenschaft?

*Günter Bentele*

# Defizitäre Wahrnehmung: Die Herausfoderung der PR an die Kommunikationswissenschaft

## 1. Höhere Aufmerksamkeit in der Kommunikationswissenschaft für Public Relations?

Die Anliegen dieses Beitrags ist zweifach: *erstens* soll für die Kommunikationswissenschaft ein *weiterer* Anstoß zu einer Reflexion des Fachs gegeben werden und zwar im Hinblick auf die Konsequenzen, die die Public Relations-Forschung insbesondere der neunziger Jahre für das gesamte Fach haben könnte. Natürlich ist dieser Beitrag nicht der erste Anstoß dieser Art: Die Tagungsbände der von der Herbert Quandt-Stiftung initiierten PR-Tagungen,[1] eine Reihe von Dissertationen und andere Abschlußarbeiten oder der wichtige Diskussionsbeitrag von Ronneberger / Rühl (1992) sind hier zu nennen. Dennoch scheint - aus Sicht des PR-Forschers - nach wie vor eine *Diskrepanz* zwischen der Relevanz des Berufsfelds PR und der PR-Forschung auf der einen Seite und der Wahrnehmung dieses Berufsfelds und der entsprechenden Forschung auf der anderen Seite zu existieren. Weitere Anstöße können mithin nicht schaden.

*Zweitens* soll die Kommunikationswissenschaft daraufhin befragt werden, *wo* und *wie* sie die *Kommunikationsleistungen nicht-medialer Organisationen* bisher verortet und behandelt hat. Gibt es hier Mißverständnisse, Defizite, Reduktionen im kommunikationswissenschaftlichen Verständnis von PR und falls ja, woran könnte dies liegen? Damit es nicht bei der Diagnose bleibt: PR wird verkürzt, unterbelichtet und verzerrt wahrgenommen, sollen abschließend einige kommunikationswissenschaftliche Themenfelder benannt werden, die von einer differenzierten Wahrnehmung von Public Relations profitieren könnten.

Das Berufsfeld der Public Relations, das heute in den USA als etwa ebenso groß wie das journalistische Berufsfeld eingeschätzt wird, in Deutschland - bei

---

1   Vgl. Avenarius / Zabel (1992), Armbrecht / Avenarius / Zabel (1993) und Armbrecht / Zabel (1994).

allerdings deutlich steigender Tendenz - allerdings noch deutlich darunter liegt, beginnt sich in der deutschsprachigen Kommunikationswissenschaft zumindest seit Anfang der neunziger Jahre steigender Aufmerksamkeit zu erfreuen.

Folgende *Indikatoren* können für diese gesteigerte Aufmerksamkeit angeführt werden.

- die Zahl der wissenschaftlichen Publikationen zum Themenfeld PR hat insgesamt zugenommen,[2]
- die Zahl der Aufsätze in der wichtigsten Fachzeitschrift, der „Publizistik", hat zugenommen: während innerhalb der ersten 35 Jahre durchschnittlich nur 0,31 Beiträge pro Jahr erschienen sind, waren es innerhalb der darauffolgenden fünf Jahren seit 1991 durchschnittlich 2,4 Beiträge pro Jahr,[3]
- die Zahl der akademischen Abschlußarbeiten hat seit Ende der achtziger Jahre zugenommen und besitzt mittlerweile eine ansehnliche Breite (vgl. Bentele 1991, Bentele 1994),
- die Publikationsmöglichkeiten für Ergebnisse aus der PR-Forschung haben sich erweitert: Neben den „gelben Seiten" der Branchenzeitschrift „PR-Magazin" und den fachwissenschaftlichen Zeitschriften, allen voran die „Publizistik" existiert seit 1995 die Zeitschrift „PR-Forum", in der ebenfalls Raum für wissenschaftliche Publikationen ist,
- eine durchaus nicht kleine Zahl einführender Reader oder Monographien[4] signalisieren mittlerweile, daß sich auch in Deutschland ein „body of knowledge" herauszubilden beginnt, der durchaus schon bemerkenswert ist,
- PR als *Forschungs- und Lehrbereich* institutionalisiert sich an den Universitäten und auch Fachhochschulen zwar langsam, aber doch merklich und zusehends. Obwohl insgesamt noch sehr dünn gesät, wurden Assistentenstellen und Professorenstellen eingerichtet oder das Lehrgebiet PR in den Studiengängen verankert. Neben einer Reihe von privaten Ausbildungsinitiati-

---

2   Vgl. z.B. die zwei jüngeren PR-Bibliographien von Lieb (1991) und Flieger (1995).
3   Baerns (1993) hat von 1956 bis einschließlich Heft 4/1990 *elf* Beiträge zum Themenbereich Öffentlichkeitsarbeit in der „Publizistik" gezählt. Abgesehen davon, daß es je nach Ausschlußkriterien auch möglich ist, auf einen etwas höheren Wert zu kommen, ist wichtiger, daß in den Jahren 1991 bis 1995 insgesamt 12 Beiträge zum engeren Teilbereich Öffentlichkeitsarbeit/PR in der selben Fachzeitschrift erschienen sind.
4   Vgl. beispelsweise Avenarius (1995), Kunczik (1993); Faulstich (1992), Dorer/ Lojka (1991), Fischer / Wahl (1993), darüberhinaus ein große Zahl von Titeln der Praktiker-Literatur.

ven gibt es mittlerweile auch universitäre Studienschwerpunkte, darüber hinaus sind Studiengänge geplant (vgl. Bentele / Szyszka 1996) und an verschiedenen Orten gibt es Überlegungen, dies auszuweiten und z.B. weitere Professuren einzurichten.

Höhere Aufmerksamkeit für einen Wirklichkeitsbereich und ein dementsprechendes Fachgebiet innerhalb einer Wissenschaftsdisziplin wird in der Regel von mehreren Faktoren bestimmt: Sicher spielen *Forschungstraditionen* und *institutionelle Ressourcen* für das entsprechende Teilgebiet eine wichtige Rolle. Wichtiger ist aber wohl die soziale *Relevanz* einzuschätzen, die bestimmte soziale Bereiche, Probleme, Lösungen, etc. beanspruchen. Die Aids-Forschung wird von der Relevanz der entsprechenden Krankheit stimuliert und analog dazu dürfte die PR-Forschung innerhalb der Kommunikationswissenschaft von der Relevanz der PR innerhalb der öffentlichen Kommunikation stimuliert werden. Die Gründe für diese größere Aufmerksamkeit dürften mithin auch darin liegen, daß viele Absolventen kommunikationswissenschaftlicher Studiengänge in diesem Berufsfeld unterkommen und daß viele Studierende unseres Fachs schon während ihres Studiums motiviert sind, später in diesem Berufsfeld zu arbeiten. In Leipzig beispielsweise hat eine Studentenenquête 1995 ergeben, daß 30 Prozent der Magisterstudenten später im Berufsfeld Öffentlichkeitsarbeit/Werbung arbeiten wollen, in Mainz waren es nach einer ähnlichen Befragung im WS 95/96 53 Prozent der Studierenden, die einen solchen Berufswunsch geäußert haben.[5]

Trotz dieser verstärkten Aufmerksamkeit in der Ausbildung und teilweise auch in der Kommunikationsforschung scheint mir nach wie vor eine gewisse *Diskrepanz* zu bestehen zwischen der Relevanz des PR-Berufsfeldes auf der einen Seite und der entsprechenden Behandlung der PR in der Kommunikationswissenschaft. Die Eingangsthese lautet aus diesem Grund: es gibt nach wie vor *Defizite* in der kommunikationswissenschaftlichen Behandlung der Bereiche Public Relations und Organisationskommunikation. Deutlich wird dies gerade durch einen Vergleich mit dem Interesse, das dem journalistischen Berufsfeld und den dort ablaufenden Prozessen gewidmet wird. Dieses Berufsfeld steht nicht nur unumstritten im Mittelpunkt des Fachinteresses, nach frühen Anfängen schon zur Jahrhundertwende und nach der Entwicklung der „sozialischen Journalistik" in der DDR hat sich mittlerweile deutschlandweit eine kommunikationswissenschaftliche Teildisziplin „Journalistik" herausgebildet, die be-

---

5  Vgl. Kutsch / Stiehler (1996, 52), IfP (1996, 44).

gonnen hat, neben den empirischen Berufsfeldstudien und der praktisch orientierten Ausbildung eigene theoretische und normative Entwürfe zu entwickeln.[6]

## 2. Ein Ausgangsverständnis von PR

Bevor nun anhand einiger *Thesen* Defizite in der kommunikationswissenschaftlichen Behandlung der PR aufgezeigt werden sollen, will ich das Ausgangsverständnis von Public Relations skizzieren, das die Grundlage einer differenzierteren Beschreibung und empirischen Untersuchung der Kommunikationsleistungen von PR bilden soll.

*Historisch* gesehen stellt PR einen ausdifferenzierten *Typ öffentlicher Kommunikation(stätigkeit)* dar, der verschiedene Wurzeln schon vor Beginn des Industriezeitalters hat. In den USA haben sich PR vor allem seit Anfang dieses Jahrhunderts entwickelt. In Deutschland ist zwar die industrielle PR flächendeckend erst nach dem Zweiten Weltkrieg entstanden, hat aber Wurzeln seit der Zeit der Industrialisierung. Auch im Bereich der nationalen regionalen Politik sowie auf kommunaler Ebene existiert Öffentlichkeitsarbeit seit Mitte des vorigen Jahrhunderts. Entsprechende Aktivitäten im Bereich der Kirchen, Parteien, Gewerkschaften reichen ähnlich weit zurück.

Während *Alltagsverständnisse* von PR häufig nicht nur neutrale Tätigkeitsbereiche von PR-Praktikern (z.B. Informationsvermittlung) in den Mittelpunkt stellen, sondern oft auch negative Wertungen (z.B. in Begriffen wie „Schönfärberei", „Propaganda", „Manipulation") transportieren, sind Berufsverständnisse aus dem PR-Berufsfeld oft umgekehrt positiv besetzt, aber ebenso normativ eingeführt. „Werbung um öffentliches Vertrauen", „Vertrauenswerbung" „Gutes tun und darüber reden" waren Definitionen und Verständniskerne von PR-Praktikern aus den fünziger und sechziger Jahren (vgl. Hundhausen 1991, Zedtwitz-Arnim 1961). Heute wird PR von Berufsverbänden oft als Kommunikationsmanagement begriffen, häufig auch - weniger empirisch als normativ - mit „Dialog" gleichgesetzt.

Von einer *praktisch-produktorientierten* Perspektive würde man heute die Pressemitteilung eines mittelständischen Unternehmens ebenso wie die Pressekonferenz eines Ministers oder eines Professors auf einer Konferenz, die Aids-Kampagne der Bundeszentrale für gesundheitliche Aufklärung oder eine Nicht-Rau-

---

6   Vgl. z.B. Weischenberg (1992), Weischenberg (1995)

cher-Kampagne ebenso wie der Anhänger an der Weinflasche aus Hezegowina, der über das Anbaugebiet des Weines informiert, zur Öffentlichkeitsarbeit zählen. Dazu gehören würden der Beipackzettel in der Schachtel Kopfwehtabletten ebenso wie die Werkszeitung bei Daimler-Benz oder die Bäckerblume, die Imagekampagne der chemischen Industrie ebenso wie die Informationsbroschüre eines Ministeriums, der Jubiläumsfilm einer Universität ebenso wie der Film eines Basketballclubs, der mit Hilfe dieses Instruments Sponsoren finden will oder die Festschrift eines großen Unternehmens zum 100-jährigen Bestehen. Dazu gehört aber auch die Aktion von Greenpeace oder einer kleinen Bürgerinitiative ebenso wie die Pressearbeit eines studentischen Radiosenders (vgl. auch Bentele 1996). Nicht nur wissenschaftliche Fachgesellschaften - wie die DGPuK - betreiben in diesem Sinn Öffentlichkeitsarbeit, beispielsweise durch Plakate, Broschüren oder Tagungen inklusive der jeweiligen Pressekonferenzen, sondern auch ganze Disziplinen: Der Soziologe Gerhard Schulze hat in einem „Zeit"-Artikel kürzlich darauf hingewiesen, daß sich auch Soziologie als Öffentlichkeitsarbeit verstehe, weil sie sich an ein Publikum außerhalb ihres eigenen Milieus wende und versuche, für dieses interessant zu sein.

Wenn es um ein *wissenschaftlich fundiertes* Ausgangsverständnis gehen soll, so läßt sich PR unter einem mikrosozialen und einem makrosozialen Blickwinkel betrachten: *Mikrosozial*, d.h. auf einer organisationsbezogenen Ebene läßt sich PR - in Anlehnung an die bekannte Definition von Grunig / Hunt (1984) - wie folgt definieren: „Öffentlichkeitsarbeit oder Public Relations sind das Management von Informations- und Kommunikationsprozessen zwischen Organisationen einerseits und ihren internen oder externen Umwelten (Teilöffentlichkeiten) andererseits".[7] Unter *makrosozialem* Blickwinkel aber läßt sich PR als *publizistisches Teilsystem* rekonstruieren und wissenschaftlich entfalten. Publizistik läßt sich - im Rahmen einer funktional gegliederten Gesellschaft - als soziales Teilsystem neben der Politik, der Wirtschaft, der Wissenschaft etc. begreifen. Insbesondere das System des Journalismus (was hier als nicht identisch mit dem Mediensystem verstanden wird) und das System der Public Relations konstituieren das *publizistische Teilsystem*, das insgesamt entscheidend wichtige Funktionen für die Gesamtgesellschaft ausübt: Es ermöglicht der Gesellschaft nicht nur die Beobachtung von Ereignissen und Sachverhalten außerhalb der jeweiligen Gesellschaften, sondern auch die Selbstbeobachtung. Das publizistische Teilsystem *generiert*, *stellt bereit*, *verarbeitet* und *verbreitet*

---

7  Vgl. Bentele (1996). Die griffige Definition von James E. Grunig und Todd Hunt lautet wie folgt: „Public relations is part of the management of communication between an organization and its publics." Vgl. Grunig / Hunt (1984, 6).

(häufig in Interaktion mit anderen sozialen Teilsystemen) Informationen, vor allem in der Form öffentlich relevanter *Themen*. Die individuellen Akteure innerhalb der Gesellschaft sind nur durch das publizistische System in der Lage, wahrnehmen, was überhaupt geschieht.

Das PR-System ist charakterisierbar durch *soziale Funktionen*, *Arbeitsorganisationen*, *Berufsrollen*, berufliche *Entscheidungsprogramme* sowie einen für dieses soziale System typischen Mix aus *Mitteln*, *Methoden* und *Instrumenten*. Die Konturen einer solchermaßen angerissenen Theorie sind seit dem grundlegenden Beitrag von Ronneberger / Rühl (1992) zwar deutlicher, jedoch fehlen bislang noch konkretere Ausarbeitungen, wie sie für das soziale Teilsystem Journalismus bereits vorliegen.[8]

## 3. Kommunikationswissenschaftliche Wahrnehmungs- und Behandlungsdefizite: Sechs Thesen

*Wo* und *wie* hat die Kommunikationswissenschaft bislang die *Kommunikationsleistungen der Organisationen* bisher verortet und behandelt? Gibt es hier Mißverständnisse, Defizite und falls ja, woran könnte dies liegen? Dies sind Leitfragen für die folgenden Thesen.[9]

*1. These: Eine systematische Behandlung der PR als Phänomen der öffentlichen Kommunikation oder Publizistik ist in unserem Fach noch deutlich unterentwickelt. Dies gilt, obwohl man gleichzeitig von einer sich entwickelnden theoretischen und empirischen PR-Forschung sprechen kann. Es fehlt - zumindest in der Fachbreite - die Selbstverständlichkeit, Kommunikationsleistungen „vormedialer Organisationen" als eigenständige Kommunikationsleistungen zu erkennen, anzuerkennen und schließlich zu untersuchen.*

Dies zeigt sich beispielsweise darin, daß in einem großen Teil der kommunikationswissenschaftlichen Einführungsliteratur bis in die neunziger Jahre hinein Public Relations weitgehend übergangen wird. Als Kommunikatoren werden

---

[8] Vgl. die Arbeiten von Blöbaum (1994), Marcinkowski (1993) und Weischenberg (1992) bzw. Weischenberg (1995).

[9] Dabei geht es mir vor allem um eine Darstellung des „mainstream-Verständnisses" von Public Relations in der Kommunikationswissenschaft, wie es sich in Facheinführungen, Lexika, aber auch in der mündlichen Wissenschaftskommunikation zeigt, nicht um die Darstellungen von PR innerhalb der theoretisch orientierten und empirischen Studien zur PR insgesamt bzw. zu Einzelaspekten.

vor allem oder ausschließlich *journalistische Kommunikatoren* betrachtet (vgl. z.B. Pürer 1990), Organisationen oder Akteure in Organisationen, die Kommunikationsleistungen erbringen (Unternehmen, Parteien, Verbände, Bürgerinitiativen) etc., werden entweder völlig übergangen, als „Sonderfall" (vgl. Kübler 1994) oder nur marginal behandelt. Ein gewisser Stellenwert wird der PR in einigen neueren Einführungen in das gesamte Fach (Burkart 1995) oder in eine Teildisziplin des Fachs, die *Journalistik* (vgl. Weischenberg 1995) eingeräumt. Dennoch sind auch hier Verkürzungen zu beobachten. Dies führt zur zweiten These:

*2. These: PR wird bislang häufig inadäquat, in einem sehr reduzierten Funktionsverständnis behandelt. Die Rolle, in der PR bisher in der Kommunikationswissenschaft wahrgenommen wird, ist dreifach bestimmbar: Sie ist erstens Quelle und von daher Einflußfaktor (Determinante) für den Journalismus bzw. für das Mediensystem. Zweitens werden PR-Leistungen in der Form von Produkten (vor allem Zeitschriften, Fachdienste, etc.) wahrgenommen, diese aber unterschiedslos neben andere journalistische Produkten gestellt und analysiert. Drittens versteckt sich PR oftmals hinter dem Begriff und vielen Arbeiten zur „Kommunikationspolitik".*

Schon Otto Groth (1929) nimmt in seinem monumentalen Werk „Die Zeitung" die publizistischen Leistungen des Staates, der Stadtverwaltung, der politischen Parteien und der Interessenverbände ausschließlich unter der Perspektive der „Stoffbeeinflussung" journalistischer Arbeit wahr.[10] Auch die lange Zeit einflußreiche „Zeitungslehre" von Emil Dovifat sah dies ähnlich (vgl. Dovifat / Wilke 1976, 139 ff.). Aktuell wird PR auf ihre Rolle als Informationsquelle z. B. in dem weitverbreiteten Buch von Hermann Meyn (1994, 176 ff.) verkürzt: Zwei Informationsquellen werden hier diskutiert, die *Nachrichtenagenturen* und die *Pressestellen*. Auch wenn erwähnt wird, daß Pressestellen selbst Informationsquellen für die Nachrichtenagenturen darstellen, wird nichts über die quantitative und qualitative Relevanz von Pressestellen für das Mediensystem insgesamt gesagt, es werden andere Kommunikationsleister (PR-Agenturen, Werbeagenturen, etc.) nicht thematisiert, es wird davon abstrahiert, daß Pressestellen nur *einen Typ* innerhalb des relativ breiten Spektrums organisatorischer Kommunikationsleistungen darstellen und vor allem wird von den Funktionen der PR im Rahmen einer funktional differenzierten Gesellschaft abgesehen.

---

10 Dennoch bietet diese materialreiche Abhandlung gerade heute wieder viele interessante Einsichten in die Presse- und PR-Arbeit zu Anfang dieses Jahrhunderts.

PR-Leistungen werden so also nur auf ihre *unterstützende Funktion* für den Journalismus reduziert. Noch deutlicher kommt diese reduktionistische Sichtweise im Begriff des „subsidiären Journalismus" (Kunczik 1988; 240 ff.; Noelle-Neumann / Schulz / Wilke 1989, 52) zum Ausdruck. „Subsidiärer" Journalismus[11] - als Bezeichnung für PR - wird dem „originären" Journalismus gegenübergestellt, auf diese Weise nicht nur funktional reduziert, sondern auch *abgewertet*. Allein durch eine solche Begriffswahl wird die Wahrnehmung von PR defizitär: PR kann so nur als Untertyp von Journalismus, nicht aber als eigenständiges und relativ autonomes System analysiert werden.

Die zweite Form, in der PR in der Kommunikationswissenschaft thematisiert wird, ist die *Form des Produkts*. Diese Form der Thematisierung zieht sich durch die gesamte Fachgeschichte hindurch. In jüngster Zeit stellen z.B. Pürer / Raabe (1994, 194) fest, daß die Verbandszeitschriften und die Amtsblätter pressestatistisch die dritt- und viertgrößte Zeitschriftengruppe darstellen. Standes-, Berufs- und Verbandszeitschriften, Kunden-, Haus- und Werkzeitschriften, auch konfessionelle Zeitschriften werden zwar als Zeitschriftentypen erwähnt und auch analysiert. Nicht oder nur selten aber wird die dahinter stehende *Kommunikationsleistung* von Parteien, Kommunalverwaltungen, Vereinen oder Bürgerinitiativen wahrgenommen.[12]

Mit der *kommunikationspolitischen Forschung* ist ein Gebiet angesprochen, das an sich eine Reihe bislang noch wenig thematisierter Bezüge zu PR-Fragestellungen aufweist. Dies gilt sowohl für die *historische* Entwicklung, bezüglich derer neu durchdacht werden sollte, inwieweit kommunikationspolitische Steuerungsmaßnahmen wie diejenigen Friedrichs des II. oder auch Bismarcks nicht ausschließlich unter der „Brille" einer Einschränkung des freien Journalismus, sondern auch unter der Perspektive von Vorformen politischer Öffentlichkeitsarbeit, also eigenständiger Kommunikationsleistungen gesehen werden

---

11 Die Neuauflage des Fischer Lexikon Publizistik Massenkommunikation von 1994 nimmt allerdings zu Recht Abschied von diesem Begriff.

12 Ein frühes *positives Beispiel* zur Analyse dieser Medien nicht nur als Produkte, sondern auch als Ergebnis von *Kommunikationsleistungen* sehe ich in der Dissertation von Jarren (1984) zur kommunalen Publizistik. Jarren bezieht sich primär auf politikwissenschaftliche Literatur, die diese Funktionalität offenbar eher thematisiert hatte als die kommunikationswissenschaftliche. Selbst in einem soliden neueren Einführungswerk über „Lokale Publizistik" wie dem von Norbert Jonscher (1995) werden zwar im ersten Kapitel kurz die Akteure im „Interaktionsfeld der lokalen Kommunikation" (S. 25) genannt. Danach aber konzentriert sich die Darstellung ganz auf die Lokalredaktion, auf die Lokalzeitung. Die übrigen Medien werden aufgezählt, aber nicht in ihrer funktionalen Bedeutung für die lokale Publizistik analysiert.

sollten. Dies gilt aber natürlich auch für aktuelle kommunikationspolitische Fragestellungen.

*3. These: Kommunikationswissenschaft in Deutschland war bisher sehr stark produktzentriert und - seit den achtziger Jahren - rezeptions- und wirkungszentriert. Wo die Produktion selbst in den Mittelpunkt gestellt wurde, also in der Kommunikatorforschung, ist die Kommunikationswissenschaft journalismuszentriert.*

Kommunikatorforschung wurde lange Zeit ausschließlich oder primär als *Journalisten*forschung betrieben. Dies wird auch in dem umfassenden Überblick über die deutschsprachige Kommunikatorforschung von Frank Böckelmann (1993) deutlich. Dort wird der Begriff „Journalist" gar als ein Substitut für den Begriff „Kommunikator" verwendet. Es ist aber als wichtiger Fortschritt der neunziger Jahre zu buchen, daß erstmals - etwa gleichzeitig - mehrere profunde theoretisch-analytische Studien erschienen sind, die Journalismus unter systemtheoretischem Blickwinkel als soziales System betrachten, analysieren und die Bezüge zum organisationsbezogenen Denken herausarbeiten.[13]

Die *Journalismuszentriertheit* und die *Produktorientiertheit* in unserem Fach sind wohl auch eine Hauptursache dafür, daß sich bislang eine *adäquate Einordnung und Erforschung* der PR-Leistungen in unserem Fach nicht durchsetzen konnte. Das Fach hat sich durch diese doppelte Ausrichtung den Blick verstellt auf die *Funktionen und Kommunikationsleistungen der Public Relations*, die - so die hier vertretene Position - zu einem ebenso wichtigen Gegenstandsbereich gehören wie der Journalismus. Einigen Studien seit Anfang der neunziger Jahre, allen voran der Theorieentwurf von Ronneberger / Rühl (1992) kommt das Verdienst zu, daß hier ein langsamer Umdenkungsprozeß beginnt. Gleichzeitig ist die stetige Entwicklung der PR-Forschung bzw. PR-Wissenschaft, als einer Art Teildisziplin zu beobachten.[14]

In noch stärkerem Maß wie für die Kommunikationswissenschaft gilt die Produktorientierung ja für die meisten Publikationen einer bestimmten Variante der *Medienwissenschaft*, deren Vertreter sich gern als einem eigenen Fach

---

13 Vgl. z.B. Blöbaum (1994) und Marcinkowski (1993), (Weischenberg 1992, 1995). Manfred Rühl (1979, 1980), der ja schon mit seiner Dissertation und seiner Habilitation wichtige Wegmarken gesteckt hatte, kam hier lange Zeit die Rolle des Rufers in der Wüste zu.
14 Dieses Forschungsgebiet wird durch die Bildung der Arbeitsgruppe „Public Relations und Organisationskommunikation" innerhalb der Deutschen Gesellschaft für Publizistik- und Kommunikationswissenschaft und deren Aktivitäten sicher stimuliert.

zugehörig fühlen.[15] So wichtig ästhetische Strukturen medialer Produkte und deren Geschichte sind, so wichtig *Unterhaltungs*phänomene sein mögen (hier sind sicher Defizite in der Kommunikationswissenschaft zu beklagen), die Produktorientierung, die sich ja zentral auch in der Benennung des Fachs Medienwissenschaft ausdrückt, verstellt den Blick auf die Produktionsprozesse. Auch aktuelle Produkte der Fernsehunterhaltung sind in steigendem Maß von - nicht immer unmittelbar sichtbaren - PR-Leistungen abhängig.

*4. These: Das Tätigkeits- und Berufsfeld der Public Relations steht in der Kommunikationswissenschaft nach wie vor häufig unter Ideologieverdacht, der sich unterschiedlich äußert: beispielsweise in einem „Dominanzverdacht" oder in der Gleichsetzung von PR mit Propaganda.*

Der „Dominanzverdacht" zeigt sich beispielsweise in der - sicher legitimen - Reflektion (möglicher) Gefahren für eine demokratisch strukturierte Öffentlichkeit durch eine (mögliche) Dominanz der Medien durch die PR, (vgl. z. B. Ruß-Mohl (1992). Da PR interessenbezogene Information sei, Journalismus hingegen nicht, ist zu starker Einfluß gefährlich, so die Argumentation. Im quantitativen Anwachsen des Berufsfelds PR wurde dann auch schon das Szenario einer „Auflösung von Öffentlichkeit in PR" (Ludes 1993) gesehen: *Öffentlichkeit* verschwinde zugunsten nur noch interessebezogener PR-Information. Zum einen ist dieses „Horrorszenario" empirisch kaum haltbar. Zum anderen wird hier vorschnell die semantische „Argumentationskette"

> PR = interessebezogene Information ⇨ bedient nur Partialinteresse
> ⇨ PR = halbwegs illegitim

aufgemacht. Mit dieser Kette wird - zu Unrecht - unterstellt, daß Journalismus ausschließlich an öffentlichen Interessen orientiert sei, es wird von unternehmerisch-ökonomischen und persönlichen Interessen der Journalisten abstrahiert und es wird PR-Praktikern unterstellt, daß sie *nur* und *ausschließlich* an Partialinteressen orientiert seien. Nicht nur diejenigen Studien, die unter dem Begriff „Determinationshypothese" rubrieren, konnten zeigen, daß ein großer Teil der PR-Informations- und Kommunikationsleistungen ebenfalls öffentliche Interessen und das Gemeinwohl bedient, daß diese Informationen in der Regel von Journalisten auch fraglos akzeptiert und verwendet werden. Meist werden nicht ausschließlich Partialinteressen bedient, sondern auch allgemeine, öffent-

---

15 Vgl. z.B. Bohn / Müller / Ruppert (1988). Vgl. auch verschiedene Beiträge in den „Mitteilungen der Gesellschaft für Film- und Fernsehforschung e.V." des Jahrgangs 1996.

liche Interessen, wenn PR aktiv wird. In allen sozialen Subsystemen, in denen PR betrieben wird (Politik, Wirtschaft, Kultur, Wissenschaft, Sport, etc.), besteht ein großer Teil aus faktenbezogenen Informationen, die - auch - von öffentlichem Interesse sind: Die Jahrespressekonferenz eines großen Automobilunternehmens kommt nicht nur dem Vorstand dieses Unternehmens, sondern auch den Beschäftigten dieses Unternehmens, deren Familienangehörigen, der gesamten Zulieferindustrie sowie größeren Bezugsgruppen der Öffentlichkeit zugute. Das Interesse an dieser Information liegt nicht weniger im öffentlichen Interesse als eine von Journalisten selbstrecherchierte Lokalmeldung. Die vorhin genannte Gleichung geht also nicht auf.

Die umstandslose Gleichsetzung von „Public Relations" mit „Propaganda" (Kunczik 1993, 15) scheint mir ebenso falsch und irreführend zu sein.[16] Falsch deshalb, weil hier - unhistorisch - sämtliche *Unterschiede* zwischen PR und Propaganda ignoriert werden, irreführend aus dem Grund, weil hier der Analyse eine völlig falsche Richtung vorgegeben wird, eine vielleicht selbst ideologisch geprägte.

PR ist - in allen Ausprägungen und in einem halbwegs seriösen Begriffsverständnis - sicher nicht mit Propaganda im Sinne politischer Propaganda nationalsozialistischer Prägung oder DDR-Prägung gleichzusetzen. Für diesen Typ sind bestimmte politische und soziale Systemvoraussetzungen notwendig, die hier und heute nicht gegeben sind. Propaganda allerdings im Sinne des Publicity-Typs von PR (Grunig / Hunt 1984), also im Sinne des Publikmachens, Propagierens einer Idee, eines Images, eines Produkts oder einer Person stellt einen - innerhalb einer pluralistisch-demokratischen Kommunikationsverfassung - oftmals moralisch nicht hoch angesehen, aber dennoch legitimen Typ von PR dar. Beispiele derartiger PR-Aktivitäten bedienen insbesondere *journalistische Interessen* eines bestimmten Typs (Boulevard-Presse, Yellow Press) und dahinter stehende *Publikumsinteressen*. Gemeint sind hier beispielsweise PR-Informationen aus dem Privatleben von Mitgliedern des englischen Königshauses, Michael Jackson, Lothar Matthäus oder Hiltrud Schröder. Zu betonen ist, daß auch solcherart PR-Information Journalisten und dem entsprechenden Publikum nicht aufgezwungen werden, sondern im Gegenteil stark nachgefragt werden.

---

16 Kunczik stellt diese Behauptung auf Basis einer sehr breiten Propaganda-Defition von Harold D. Lasswell auf.

Mit dem vor allem populärwissenschaftlich vorgebrachten Vorwurf gegen die „geheimen Verführer" Werbung und PR wird auch in der Kommunikationswissenschaft gelegentlich noch ein Verständnis von Public Relations transportiert, das heute nicht mehr adäquat erscheint und das - angesichts der seit Mitte der siebziger Jahre sich entwickelnden PR-Forschung - nicht mehr haltbare Vereinfachungen und Verallgemeinerungen enthält.

*6. These: Es ist die - etwas paradoxe - Situation zu diagnostizieren, daß es an kommunikationswissenschaftlichem Bewußtsein über die gesellschaftliche Relevanz von PR, über Wissen zum Mitteleinsatz, über die Wirkungen von PR mangelt, obwohl die Kommunikationswissenschaft gleichzeitig von der PR-Praxis deutlich stärker als wissenschaftlicher Counterpart akzeptiert wird als die kommunikationswissenschaftliche Teildisziplin Journalistik von Journalisten.*

Sicher ist diese starke Nachfrage von seiten der PR-Praxis nicht mit dem Schlagwort „Legitimationsbedarf" der PR-Praxis befriedigend zu beantworten. Die eigentliche und wichtigere Ursache für die größere Akzeptanz der Kommunikationswissenschaft in der PR-Praxis liegt in der *Struktur* und in den Anforderungen der Kommunikationspraxis der PR: Hier ist methodisches und - wissenschaftlich gestütztes - strategisches Vorgehen nicht nur Lippenbekenntnis, sondern praktische Notwendigkeit. Je größer das Budget bzw. die Kommunikationsaufgabe ist, desto weniger kann „Bauch-PR" oder „Ad-hoc-PR" angewandt werden bzw. erfolgreich sein. Diese Notwendigkeit, wissenschaftliche Instrumente bei der *Analyse*, der *strategischen Planung*, der *Implementation* und der *Evaluation* einzusetzen, unterscheidet PR deutlich von den meisten journalistischen Tätigkeitstypen. Nicht alle, aber doch eine relevante Zahl der Akteure im Berufsfeld PR benutzt und wendet das gesamte „Arsenal" empirisch-kommunikationswissenschaftlicher Methoden an.

Resümierend kann festgestellt werden, daß die PR-Thematik in der Kommunikationswissenschaft lange Zeit systematisch vernachlässigt wurde und daß trotz einiger Fortschritte der PR-Forschung insgesamt gilt, daß vor allem die *Kommunikationsleistungen von PR* systematisch mißachtet oder nicht wahrgenommen werden. Ursachen dafür sind vor allem die Journalismus- und die Produktzentriertheit unseres Fachs. Ich sehe eine reduzierte und teilweise ideologisch verzerrte Wahrnehmung der PR, die wiederum den Blick verstellt für die tatsächlichen sozialen Funktionen der Kommunikation von Organisationen. Kommunikatorforschung ist bislang vor allem Journalismusforschung. Dies sollte sich deutlich ändern.

## 4. Eine integrative Perspektive?

Die voranstehenden Thesen sollten Wahrnehmungs- und Thematisierungsdefizite der Kommunikationswissenschaft bezüglich der PR aufzeigen. Implizit wird damit die Einnahme einer „anderen" Perspektive gefordert. Die andere Perspektive wäre eine, aus der PR als eigenständiger Typ öffentlicher Kommunikation, als publizistisches Teilsystem mit wichtigen gesellschaftlichen Funktionen betrachtet wird, aus der das PR-System - ebenso wie das journalistische System - unter historischen, ökonomischen, soziologischen, psychologischen und weiteren Blickwinkeln betrachtet wird und vor allem in seinen unterschiedlichen funktionalen Bezügen zum Journalismus (vgl. auch Bentele 1995), zu den gesellschaftlichen Teilsystemen (Wirtschaft, Politik, Wissenschaft, Kultur, Sport), in denen PR stattfindet, und zur Gesamtgesellschaft. Um kein Mißverständnis aufkommen zu lassen: Die Kommunikationswissenschaft soll nicht PR-Wissenschaft werden, ebensowenig wie sie ausschließlich Journalistik oder Medienökonomie sein kann. In gesamten Fach sollte aber der Stellenwert zum Ausdruck kommen, den PR auch in der realen Informations- und Kommunikationsgesellschaft hat. Zunächst hätte dies zur Konsequenz, daß Kommunikatorforschung nicht mehr mit Journalismusforschung gleichgesetzt werden könnte: eine integrierte Perspektive scheint hier dringend notwendig.[17]

In welchen thematischen Bereichen, in welchen Teildisziplinen sind weitere Ansatzpunkte für diese Perspektive vorhanden? In der *kommunikationswissenschaftlichen Modell- und Theoriebildung* wird PR noch ungenügend reflektiert.[18] Eines der wenigen traditionellen Massenkommunikationsmodelle, das PR-Leistungen potentiell berücksichtigt, ist das von Westley / McLean (1957). Die meisten anderen Massenkommunikationsmodelle beginnen erst beim (journalistischen) Kommunikator. Einerseits sind die bestehenden Kommunikationstheorien und -modelle daraufhin zu prüfen, inwieweit sie für die PR-Forschung nutzbringend sind (vgl. Windahl / Signitzer 1992), andererseits ist es notwendig, PR-Kommunikatoren und die Kommunikation von Organisationen in solchen übergreifenden Modellen zu berücksichtigen.

Innerhalb der Entwicklung von *Öffentlichkeitstheorien* wird PR oftmals nach wie vor in der Tradition der „klassischen" Darstellung von Habermas (1990) thematisiert. Habermas, der Public Relations - historisch ungenau - aus der

---

17 Vgl. dazu auch die Beiträge von Langenbucher und Saxer in diesem Band.
18 Selbst ein vergleichsweise verbreitetes und qualitativ gutes Theoriebuch wie das von Denis McQail (1994) behandelt das Thema Public Relations auf weniger als einer von 380 Seiten.

Werbung ableitet, vertrat zu Beginn der sechziger Jahre die Position, daß PR „natürlich mit öffentlicher Meinung, mit der endlichen Einstimmigkeit eines langwierigen Prozesses wechselseitiger Aufklärung nicht viel gemeinsam" (Habermas 1990, 291) habe. War diese normative Position zum Zeitpunkt ihrer Entstehung aufgrund der damals vorhandenen Realitäten der PR-Praxis noch nachvollziehbar, kann sie in der heutigen Situation keine angemessene Theoriegrundlage mehr darstellen. Im Gegensatz zum älteren Modell öffentlicher Meinung von Niklas Luhmann (1972), in dem bestenfalls Anschlußstellen für die Verortung von PR bestehen, werden in dem neueren „Arenenmodell" der Öffentlichkeit (Neidhardt (1994) durch die Einführung von „Sprechern" als einem Typ von Akteuren theoretische Voraussetzungen zur Verortung von PR in einem Modell von Öffentlichkeit und öffentlicher Meinung geliefert.

Was die empirisch orientierten *Theorien mittlerer Reichweite* in der Kommunikationswissenschaft - vor allem innerhalb der *Wirkungsforschung* - anbelangt, so sind hier einige Anwendungsmöglichkeiten für die PR-Forschung vorhanden. Angefangen von den älteren persuasionstheoretischen und konsistenztheoretischen Ansätzen über das Two-Step-Flow-Modell und das Konzept des opinion leaders über innovationstheoretische Ansätze[19] bis hin zum Nutzenansatz und der Forschungstradition des Agenda-Setting oder Agenda-Building existieren eine Reihe von Anknüpfmöglichkeiten der PR-Wissenschaft. Auch das Modell der „Schweigespirale" bietet Anschlußstellen, obwohl hier bislang Einflüsse von Organisationen auf die Medienberichterstattung noch nicht integriert worden sind.

Während die PR-Wissenschaft lange Zeit - auch in den USA - von der Anwendung kommunikationswissenschftlicher Theorien profitieren konnte, existiert mittlerweile eine Situation, in der umgekehrt auch PR-wissenschaftliche Teiltheorien auf das gesamte Fach zurückwirken können. In den USA konnte sich eine ernst zu nehmende PR-Wissenschaft innerhalb von etwa 20 Jahren entwickeln (vgl. Grunig 1992), in Deutschland steht dieser Prozeß zwar noch am Anfang, der Abstand verringert sich jedoch. Zu den theoretischen Ansätzen, von deren Rezeption das gesamte Fach profitieren könnte, gehören sicher die allgemeinen Ansätze zur PR-Theorie, die *situative Theorie der Teilöffentlichkeiten/Bezugsgruppen* von Grunig, die *PR-Typologie* von Grunig / Hunt (1984) sowie die Weiterentwicklung in ein „Win-Win-Modell". Die *Typologie von PR-Rollen*, Management-Theorien und andere Ansätze lassen sich ebenfalls dazu zählen. Auch im deutschsprachigen Raum sind Theorien mittlerer Reich-

---

19  Vgl. Rogers (1983) und die kreative Anwendung dieses Modells auf die PR bei Saxer (1992).

weite vorhanden, die in den letzten Jahren diskutiert, teilweise getestet und weiterentwickelt worden sind: getestet und weiterentwickelt wird die „Determinationshypothese", vorgelegt und teilweise diskutiert worden sind die „Verständigungsorientierte Öffentlichkeitsarbeit" oder der Ansatz einer „Theorie öffentlichen Vertrauens".[20]

Was die Entwicklung von PR-Makrotheorien anbelangt, so ist durch den Theorieentwurf von Ronneberger / Rühl (1992) eine Vorlage gegeben worden, die weiter entwickelt werden sollte. Neben der Arbeit zur Organisationskommunikation von Theis (1994) hat kürzlich Ansgar Zerfaß (1996) eine zukunftsweisende, integrativ-theoretische, gleichwohl praktisch operationalisierbare Studie zur Unternehmenskommunikation vorgelegt.

Während in den USA eine wissenschaftlich fundierte *PR-Historiographie* sich schon so weit entwickelt hat, daß eine Reihe von Einzelstudien, Gesamtdarstellung und entsprechenden Kapiteln in einführenden Textbooks existieren, steht auch dieser Forschungszweig in Deutschland noch am Anfang, dieser aber ist gemacht.[21]

Bisher werden in der praktischen PR größerer Organisationen viele sozial- und kommunikationswissenschaftliche Methoden sowohl für Ausgangsanalysen wie auch für die PR-Evaluation eingesetzt. Dies sind insbesondere schriftliche und mündliche Umfragen (Monitoring) sowie Inhaltsanalysen unterschiedlicher Komplexität und Ausrichtung. Während der Kommunikationswissenschaft hier vor allem durch Bereitstellung von allgemeinen Methoden und Verfahren Hilfestellung und Fundierung leisten konnte, haben sich in jüngster Zeit aus der PR-Praxis heraus selbst Impulse zur Entwicklung und Weiterentwicklung praxisrelevanter Methoden entwickelt, Methoden der sogenannten Medienresonanzanalyse, die in der Kommunikationswissenschaft noch kaum zur Kenntnis genommen wurden.[22]

In vielen kommunikationswissenschaftlichen Forschungsfeldern, so beispielsweise auf den Gebieten der *Lokalkommunikation, der Wissenschafts-, Kultur- und Wirtschaftskommunikation* wäre es sinnvoll, den Blick nicht ausschließlich auf die Medieninhalte und Medienstrukturen, auf die journalistischen Selek-

---

20 Zur Determinationshypothese vgl. die Beiträge von Szyszka und Bentele / Liebert / Seeling in diesem Band, zur „Verständigungsorientierten Öffentlichkeitsarbeit" vgl. Bentele / Liebert (1995), zur Theorie öffentlichen Vertrauens Bentele (1992).
21 Vgl. zusammenfassend und weiterführend Szyszka (1996).
22 Vgl. zusammenfassend vor allem Baerns (1995).

tions-, Präsentations- und (Re-)Konstruktionsleistungen, sondern auch auf den Beitrag der PR in der Interaktion mit dem Journalismus zu lenken.

Versteht man *Medien- und Kommunikationspolitik* als Regelungshandeln des politisch-administrativen Systems (vgl. Jarren 1994) bzw. als „geplantes und zielorientiertes Handeln zur Schaffung, Durchsetzung oder Erhaltung von Normen im Bereich der Information und Kommunikation im öffentlichen oder im eigenen Interesse" (Tonnemacher 1996, 18), so wird unmittelbar deutlich, daß hier ein breites Anknüpfungsfeld für PR-relevante Fragestellungen besteht. Der historische Zusammenhang und die Abgrenzung staatlicher Informationspolitik von politischer PR und politischer Propaganda ist ein breites Forschungsfeld, das unter der PR-Perspektive neu durchdacht werden sollte.

Die PR-Thematik stellt also für die Kommunikationswissenschaft - dies kann resümierend festgestellt werden - eine Herausforderung dar, die große Teile des Fachs betrifft. Eine Integration der von der PR-Forschung aufgeworfenen Fragestellungen und Ergebnisse ist eine Forderung für die nächsten Jahre.

## Literatur

*Armbrecht*, Wolfgang / Horst *Avenarius* / Ulf *Zabel* (Hrsg.)(1993): Image und PR. Kann Image Gegenstand einer Public Relations-Wissenschaft sein? Opladen: Westdeutscher Verlag.

*Armbrecht*, Wolfgang / Ulf *Zabel* (Hrsg.)(1994): Normative Aspekte der Public Relations. Grundlagen und Perspektiven. Eine Einführung. Opladen: Westdeutscher Verlag.

*Avenarius*, Horst (1995): Public Relations. Die Grundform der gesellschaftlichen Kommunikation. Darmstadt: Wissenschaftliche Buchgesellschaft.

*Avenarius*, Horst / Wolfgang *Armbrecht* (Hrsg.)(1992): Ist Public Relations eine Wissenschaft? Eine Einführung. Opladen: Westdeutscher Verlag.

*Baerns*, Barbara (1993): Öffentlichkeitsarbeit als Thema der Publizistik- und Kommunikationswissenschaft." In: Reimers, Karl Friedrich (Hrsg.)(1993), Leipziger Universitätsbeiträge zur Kommunikations- und Medienwissenschaft, Bd. 1, S. 248-263.

*Baerns*, Barbara (Hrsg.)(1995): PR-Erfolgskontrolle. Messen und Bewerten in der Öffentlichkeitsarbeit. Verfahren, Strategien, Beispiele. Frankfurt a.M.: IMK.

*Bentele*, Günter (1994): „Öffentliches Vertrauen - normative und soziale Grundlage für Public Relations." In: Armbrecht / Zabel (Hrsg.)(1994), S. 131-158.

*Bentele*, Günter (1995): „Public Relations und Öffentlichkeit - ein Diskussionbeitrag - oder: Über einige Fehlinterpretationen von PR." In: Publizistik, 40, 4, S. 483-486.

*Bentele*, Günter (1996): „Was ist eigentlich PR? Eine Positionsbestimmung und einige Thesen." In: Widerspruch. Zeitschrift für Philosophie, 15, Heft 2, S. 11-26.

*Bentele*, Günter (Hrsg.)(1991): Public Relations in Forschung und Lehre (Prifol. Bd.I). Wiesbaden: Verlag für deutsche Wirtschaftsbiographien.

*Bentele*, Günter (Hrsg.)(1994): Public Relations in Forschung und Lehre (Prifol, Bd. II). Wiesbaden: Verlag für deutsche Wirtschaftsbiographien.

*Bentele*, Günter / Tobias *Liebert (Hrsg.)(1995):* Verständigungsorientierte Öffentlichkeitsarbeit. Darstellung und Diskussion des Ansatzes von Roland Burkart. Leipziger Skripten für Public Relations und Kommunikationsmanagement, Nr. 1. Leipzig.

*Bentele*, Günter / Peter *Szyszka* (Hrsg.)(1995): PR-Ausbildung in Deutschland. Entwicklung, Bestandsaufnahme und Perspektiven. Opladen: Westdeutscher Verlag.
*Blöbaum*, Bernd (1994): Journalismus als soziales System. Geschichte, Ausdifferenzierung und Verselbständigung. Opladen: Westdeutscher Verlag.
*Böckelmann*, Frank (1993): Journalismus als Beruf. Bilanz der Kommunikatorforschung im deutschsprachigen Raum von 1945 bis 1990. Konstanz: Universitätsverlag Konstanz.
*Bohn*, Rainer / Eggo *Müller* / Rainer *Ruppert* (Hrsg.)(1988): Ansichten einer künftigen Medienwissenschaft. Berlin: Sigma.
*Burkart*, Roland (1995): Kommunikationswissenschaft. Grundlagen und Problemfelder. Wien / Köln / Weimar: Böhlau.
*Dorer*, Johanna / Klaus *Lojka* (Hrsg.)(1991): Öffentlichkeitsarbeit. Theoretische Ansätze, Empirische Befunde und Berufspraxis der Public Relations. Wien: Braumüller [Studienbücher zur Publizistik- und Kommunikationswissenschaft, Bd. 7]
*Dovifat*, Emil / Jürgen *Wilke* (1976): Zeitungslehre, Bd. I. Berlin / New York: de Gruyter (6., neu bearb. Aufl.).
*Faulstich*, Werner (1992): Grundwissen Öffentlichkeitsarbeit: kritische Einführung in Problemfelder. Bardowick: Wissenschaftler-Verlag.
*Fischer*, Heinz-D. / Ulrike *Wahl* (Hrsg.)(1993): Public Relations. Öffentlichkeitsarbeit. Geschichte, Grundlagen, Grenzziehungen. Frankfurt a.M., etc.: Lang.
*Flieger*, Heinz (1995): Public Relations. Theorie und Praxis. Bibliographie der deutschsprachigen PR-Literatur mit Annotationen. Ergänzungsband 3. Wiesbaden: Verlag für deutsche Wirtschaftsbiographien.
*Groth*, Otto (1929): Die Zeitung. ein System der Zeitungskunde (Journalistik). 2. Band. Mannheim / Berlin / Leipzig: Bensheimer.
*Grunig*, James E. / Todd *Hunt* (1984): Managing Public Relations. New York, etc.: Holt, Rinehart and Winston, Inc.
*Grunig*, James E. (1992): „The Development of Public Relations Research in the United States and its Status in Communication Science." In: Avenarius / Armbrecht (Hrsg.)(1992), S. 103-132.
*Habermas*, Jürgen (1990): Strukturwandel der Öffentlichkeit. Untersuchungen zu einer Kategorie der bürgerlichen Gesellschaft. Mit einem Vorwort zur Neuauflage 1990. Frankfurt a.M.: Suhrkamp [1. Aufl. 1962].
*Hundhausen*, Carl (1951): Werbung um öffentliches Vertrauen. Essen: Girardet.
*Institut für Publizistik* (1996): Institutsbroschüre des Instituts für Publizistik, Johannes Gutenberg-Universität Mainz. Mainz: IfP (zit. als IfP (1996)).
*Jarren*, Otfried (1984): Kommunale Kommunikation. Eine theoretische und empirische Untersuchung kommunaler Kommunikationsstrukturen unter besonderer Berücksichtigung lokaler und sublokaler Medien. München: Minerva.
Jarren, Otfried (1994): „Medien- und Kommunikationspolitik in Deutschland. Eine Einführung anhand ausgewählter 'Problembereiche." In: Jarren, Otfried (Hrsg.) (1994), Medien und Journalismus 1. Eine Einführung. Opladen: Westdeutscher Verlag.
*Jonscher*, Norbert (1995): Lokale Publizistik. Theorie und Praxis der örtlichen Berichterstattung. Opladen: Westdeutscher Verlag.
*Kübler*, Hans-Dieter (1994): Kommunikation und Massenkommunikation. Ein Studienbuch. Münster / Hamburg: Lit.
*Kunczik*, Michael (1988): Journalismus als Beruf. Köln / Wien: Böhlau.
*Kunczik*, Michael (1993): Public Relations. Konzepte und Theorien. Köln / Wien: Böhlau.
*Kutsch*, Arnulf / Hans-Jörg *Stiehler* (1996): „...Weil die Dinge hier ganz anders funktionieren." Leipziger Studentenenquête 1994. Berlin: Vistas.
*Lieb*, Jutta (1991): P.R. Bibliographischer Überblick über Themenbereiche der Öffentlichkeitsarbeit. Bardowick: Wissenschaftler Verlag.
*Ludes*, Peter (1993): „Auf dem Weg zu einer 'fünften Gewalt'. Die Auflösung von Öffentlichkeit in Public Relations." In: medium 2 / 93, S. 8-11.
*Luhmann*, Niklas (1970): „Öffentliche Meinung." In: Politische Vierteljahresschrift, 11,1, S. 2-28.

*Marcinkowki*, Frank (1993): Publizistik als autopoietisches System. Politik und Massenmedien. Eine systemtheoretische Analyse. Opladen: Westdeutscher Verlag.
*McQuail*, Denis (1994): Mass Communication Theory. An Introduction. London, etc.: Sage (3rd edition).
*Meyn*, Hermann (1994): Massenmedien in der Bundesrepublik Deutschland. Berlin: Colloquium (überarb. u. aktualisierte Neuauflage).
*Neidhardt*, Friedhelm (Hrsg.)(1994): Öffentlichkeit, öffentliche Meinungen, soziale Bewegungen. Sonderheft 34 (1994) der Kölner Zeitschrift für Soziologie und Sozialpsychologie. Opladen: Westdeutscher Verlag
*Noelle-Neumann*, Elisabeth / Winfried *Schulz* / Jürgen *Wilke* (Hrsg.)(1989): Fischer Lexikon Publizistik Massenkommunikation. Frankfurt a.M.: Fischer.
*Pürer*, Heinz (1990): Einführung in die Publizistikwissenschaft, Systematik, Fragestellungen, Theorieansätze, Forschungstechniken. München: Olschläger (4., überarb. Aufl.)
*Pürer*, Heinz / Johannes *Raabe* (1994): Medien in Deutschland. Bd.1 Presse. München: Ölschläger.
*Ronneberger*, Franz / Manfred *Rühl* (1992): Theorie der Public Relations. Ein Entwurf. Opladen. Opladen: Westdeutscher Verlag.
*Rühl*, Manfred (1979): Die Zeitungsredaktion als organisiertes soziales System. Freiburg / Schweiz: Universitätsverlag.
*Rühl*, Manfred (1980): Journalismus und Gesellschaft. Bestandsaufnahme und Theorieentwurf. Mainz: v.Hase & Koehler.
*Rogers*, Everett M. (1983): Diffusion of Innovations. (3rd ed.). New York / London: The Free Press.
*Ruß-Mohl*, Stephan (1992): „Gefährdete Autonomie? Zur Außen- und Selbststeuerung von Public Relations." In: Avenarius, Horst / Wolfgang Armbrecht (Hrsg.)(1992), Ist Public Relations eine Wissenschaft? Opladen: Westdeutscher Verlag, S. 311-324.
*Saxer*, Ulrich (1992): „Public Relations als Innovation." In: Avenarius, Horst / Wolfgang Armbrecht (Hrsg.)(1992), Ist Public Relations eine Wissenschaft? Eine Einführung. Opladen: Westdeutscher Verlag, S. 47-76.
*Szyszka*, Peter (Hrsg.)(1996): Auf der Suche nach Identität. Annäherungen an eine Geschichte deutscher Öffentlichkeitsarbeit. Leipziger Skripten für Public Relations und Kommunikationsmanagement, Nr. 2 (1996). Leipzig: Universität Leipzig.
*Theis*, Anna Maria (1994): Organisationskommunikation. Theoretische Grundlagen und empirische Forschungen. Opladen: Westdeutscher Verlag.
*Tonnemacher*, Jan (1996): Kommunikationspolitik in Deutschland. Konstanz: UVK.
*Weischenberg*, Siegfried (1992): Journalistik. Bd.1. Opladen: Westdeutscher Verlag.
*Weischenberg*, Siegfried (1995):Journalistik. Bd. 2. Opladen: Westdeutscher Verlag.
*Westley*, Bruce H. / Malcolm S. *MacLean* Jr. (1957): „A Conceptual Model for Communications Research". In: Journalism Quarterly, 34, 1 (Winter), S. 31-38.
*Windahl*, Sven / Benno *Signitzer* (with Jean T. Olson)(1992): Using Communication Theory. An Introduction to Planned Communication. London, etc., Sage.
*Zedtwitz-Arnim*, Georg Volkmar Graf von (1961): Tu Gutes und rede darüber. Public Relations für die Wirtschaft. Berlin / Frankfurt / Wien: Ullstein.
*Zerfaß*, Ansgar (1996): Unternehmensführung und Öffentlichkeitsarbeit. Grundlegung einer Theorie der Unternehmenskommunikation und Public Relations. Opladen: Westdeutscher Verlag.

*Elisabeth Klaus*

# Neue Perspektiven der Kommunikatorforschung: Geschlecht als Erkenntnisstandpunkt

Vom „gendered journalism" sprechen die Kolleginnen in den angelsächsischen Ländern. In der Übersetzung heißt das so viel wie: Die Kategorie Geschlecht durchdringt den Journalismus. Der Journalismus, die Massenmedien sind mit dem Geschlecht verwoben. Den Zusammenhang und die Struktur seines Gewebes kann die Kommunikationsforschung nicht angemessen erfassen, wenn sie das Geschlecht und die Geschlechterforschung nicht wahrnimmt.

In der Weberei beginnt die Herstellung des Stoffs mit dem Aufspannen der Kette, die das Aneinanderfügen der verschiedenen Wollfäden ermöglicht. Die Kette ist im fertigen Produkt kaum mehr zu sehen. Das Endprodukt zeichnet sich vor allem durch seine Farben und Muster aus, die durch die Wahl der Schußfäden bestimmt wird. Hinter der Vielfalt der gewebten Stoffe verbirgt sich so, daß der Herstellungsprozeß immer gleich verläuft und seine Systematik und Struktur durch die spezifische Technik des Verbindens von Kette und Schuß erhält. Gendered Journalism, das bedeutet in dieser Metapher: Die Kategorie Geschlecht ist ein Teil der Kette und des Schuß, die das Gewebe des Journalismus zusammenhalten, durch die der Journalismus seine spezifische Struktur erhält.

Die Geschlechterforschung hat sich in den letzten Jahren ausdifferenziert und betrachtet heute ihren Gegenstand aus drei Blickwinkeln: Zunächst galt Geschlecht vor allem als *Merkmal der sozialen Subjekte*, als etwas, was Individuen haben. Das Verhalten von Männern und Frauen, die rollenspezifische Sozialisation steht im Mittelpunkt dieser Annäherung. Als Individualmerkmal allein kann Geschlecht jedoch nicht begriffen werden. Geschlechterdifferenz und Geschlechterungleichheit setzen sich unabhängig vom Willen und Wollen der einzelnen durch. Das Geschlecht enthält nicht nur Rollenvorgaben, sondern ist eine gesellschaftliche *Strukturkategorie*. „Gendering" meint noch mehr. Geschlecht ist etwas, mit dem wir denken, mit dem wir Dinge erklären und bedeuten. Geschlecht ist ein *kulturelles Zeichen*. Der Dualismus männlich /

weiblich dient zur Unterscheidung und Bewertung sozialer Phänomene. Geschlecht erhält seine gesellschaftliche Bedeutung als kulturelle Konstruktion, die das Denken strukturiert und beeinflußt, wie wir die Welt sehen, wie wir sie uns aneignen.

*Geschlecht als Erkenntnisstandpunkt* — Schaubild 1

| Blickwinkel der Geschlechterforschung Geschlecht als ... | Fokus der Forschung | Gegenstand der „Kommunikatorforschung" |
|---|---|---|
| **Individual- und Klassifikationsmerkmal** (Frauen und Männer) | Subjektorientierung | **KommunikatorInnen: Eigenschaften, Typen, Rollen** |
| **Strukturkategorie** (Geschlechterverhältnisse) | Strukturorientierung | **Prozesse der Aussagenentstehung: Strukturen und Funktionen** (• Organisationsforschung <br> • Systemtheorie) |
| **kulturelle Konstruktion und Ideologie** (Dualismus männlich/ weiblich) | Kulturorientierung | **Selbstverständigungsprozesse der Gesellschaft: Wirklichkeitsentwürfe und Ideologievermittlung** (• Konstruktivismus <br> • Cultural Studies) |

Die drei Ebenen der Geschlechterforschung behandeln das soziale und kulturelle Phänomen Geschlecht aus jeweils einer anderen Perspektive. Ich bezeichne diese sich nicht ausschließenden, sondern sich ergänzenden und sich gegenseitig kontrollierenden und korrigierenden Annäherungsweisen als Subjektorientierung, Strukturorientierung und Kulturorientierung. Im folgenden will ich begründen, daß diese Modellierung auch ein brauchbares Modell für die Kommunikatorforschung liefert. Wenn die Metapher von der Weberei stimmt, wenn Geschlecht in den Stoff der Kommunikatorforschung gewebt ist, dann kommt der Beobachtung des Geschlechts auf jeder Ebene des Modells ein hoher Erkenntniswert zu. Auch das will ich im folgenden beispielhaft verdeutlichen.

## 1. „Eine gewisse journalistische Begabung": zur Subjektorientierung

Nomen est Omen. Untersuchungsgegenstand der Kommunikatorforschung, so definiert es das „Handbuch der Massenkommunikation", „sind die Eigenschaften, Typen, Rollen und Interaktionen von Kommunikatoren" (Bohrmann 1981, 135). Am Beginn der disziplinären Entwicklung steht vor allem diese Frage: Welche spezifische Begabung befähigt zur Ausübung des journalistischen Berufs? Wer ist zu dieser Tätigkeit berufen? Begabung ist Bestimmung, ist Schicksal und ist so in letzter Konsequenz in der Natur, in der Biologie verankert. Ein Journalist dürfe keine Gehbehinderung haben, bemerkte Emil Dovifat einmal (vgl. Köhler 1989, 22). Zu einer gewissen Zeit hielt er alle, die nicht arischer Abstammung waren, für minderbegabt. Kein Zweifel auch: die „publizistische Persönlichkeit", der Vertreter eines „ständischen Sendungsbewußtseins", konnte nur „ein Mann der Öffentlichkeit" sein (vgl. Dovifat 1956, zit. nach 1990, 123). Frauen waren für Emil Dovifat zu jeder Zeit als wirklich bedeutende Kommunikatoren undenkbar, denn, so schrieb er 1937: „Jede echte Rede ist eine starke Preisgabe innerster Kräfte für eine leidenschaftlich verfochtene Sache. Frauen wollen wir öffentlich so nicht sehen! Irgendwie verletzt uns das." (zit. nach Köhler 1989, 23).

Unzweifelhaft: Der „kleine Unterschied" hatte auch in der Kommunikatorforschung große Folgen. Zwar schrieb Stiehler der Frau – von Natur aus neugierig und zu Klatsch und Tratsch allzeit bereit – schon 1695 eine „gewisse journalistische Begabung" zu, jedoch galt zugleich: „...der rückhaltlosen Hingabe an den Beruf hält die weibliche Natur immer noch schwer stand", wie es Otto Groth in seinem „System der Zeitungskunde" (1930, 74) formulierte. Die Kommunikatorforschung war entgegen ihres eigenen Selbstverständnisses nie „geschlechtsneutral", sondern androzentrisch: Nomen est Omen.

Noch 1971, als ich mich für meine beruflichen Perspektiven zu interessieren begann, stand in den „Blättern zur Berufskunde: Journalist": „Frauen fehlt für das kulturkritische Amt zumeist die unerläßliche und unablässige Härte für lobendes und verdammendes Urteil" (Haacke 1971, 22). Folgerichtig ergab sich: „Frauen verbleibt innerhalb sämtlicher Medien vor allem der Dienst im kulturellen oder unterhaltenden Bereich, ferner ist ihre Mitarbeit für Mode-, Jugend- und Kinderseiten erwünscht. Die Sparten Garten, Haushalt, Küche stehen ihnen offen." (ebd.) Der Verfasser dieser Zeilen war kein anderer als der etablierte Vertreter des Fachs Wilmont Haacke. Erstaunt vermerkt der Göttinger Professor: „Doch trotz ihrer wenigstens in solchen Sekundärsektoren garantierten

Unentbehrlichkeit haben sie (die Frauen – E.K.) im Bereiche der Medien-Angestelltenschaft nach wie vor gegen althergebrachte Vorurteile zu kämpfen." (ebd.) Wie wahr!

Irene Neverla und Gerda Kanzleiter (1984) kennzeichneten gut 10 Jahre später den Journalismus als Männerberuf, nicht trotz, sondern gerade wegen der Abdrängung von Frauen in den sekundären journalistischen Arbeitsmarkt. Im Journalismus, so die Schlußfolgerung der bis dato umfassendsten deutschen Kommunikatorinnenstudie, existiere eine *vertikale und horizontale Segregation* (vgl. dazu auch Neverla 1983).[1] Vertikal, weil Frauen sich vor allem auf den unteren Positionen in der Hierarchie befänden, geringere Aufstiegschancen hätten und ein niedrigeres Einkommen erhielten. Horizontal, weil es männliche Sperrbezirke einerseits und Beschäftigungsdomänen von Frauen andererseits gebe.

Nach weiteren zehn Jahren liegen nun die Ergebnisse der Hannoveraner und Münsteraner Kommunikatorstudien vor. Beide haben das Geschlecht als eine erklärende Variable für die journalistische Berufsrolle mit erhoben.[2] Unbeschadet der um die Studien entbrannten methodischen (oder ideologischen?) Kontroversen liefern sie ganz ähnliche Basisdaten zur Frauenbeschäftigung im Journalismus.[3] Wir wissen nun, daß Journalistinnen weiterhin eine Minderheit in ihrem Beruf sind. Mit einem Anteil von heute 30% sind aber auch ihre Fortschritte bemerkenswert. Wir wissen, daß es weiterhin eine deutliche vertikale Segmentierung im Journalismus gibt. Je prestigeträchtiger das Medium, je höher die hierarchische Position desto geringer der Frauenanteil. Auch verdienen Frauen im Beruf signifikant weniger als ihre Kollegen – trotz besserer

---

1  Zu ähnlichen Ergebnissen kam zeitgleich auch Ingrid Baldes (1984) in ihrer Untersuchung Schweizer Journalistinnen.
2  Zu den Ergebnissen der Hannover Untersuchung vgl. Schneider/ Schönbach/ Stürzebecher (1993a; 1993b; 1994). Zu den Ergebnissen der Münsteraner Erhebung vgl. Weischenberg (1995); Forschungsgruppe Journalistik (1994); Weischenberg u.a. (1994); Weischenberg / Löffelholz / Scholl (1993).
3  Neben den im Text angeführten Beispielen gilt das auch für die geringere durchschnittliche Beschäftigungsdauer von Journalistinnen im Vergleich zu ihren Kollegen, die prozentual höhere Zahl von Journalistinnen in den neuen Bundesländern, den besonders hohen Frauenanteil unter den Beschäftigten der Zeitschriftenverlage und den besonders niedrigen bei den Presseagenturen.

formaler Qualifikation. Die gut 10.000 festangestellten Journalistinnen in Deutschland werden jährlich um mehr als fünf Millionen Mark geprellt.[4]

Zweifellos haben die Hannoveraner und Münsteraner Erhebungen einige der blinden Flecken und Leerstellen der Kommunikatorforschung gefüllt, in dem sie das Geschlecht als eine unabhängige Variable ihrem Projektdesign additiv hinzugefügt haben. Die Erkenntnismöglichkeiten, die die integrative Einarbeitung der Geschlechterkategorie bereithält, wurden dabei jedoch nicht ausgeschöpft (vgl. Lünenborg 1996).[5] Beispielhaft will ich diese Behauptung an der Frage nach dem *journalistischen Selbstverständnis* verdeutlichen, die Kommunikatorstudien unweigerlich beschäftigt.

Sowohl die beiden Repräsentativerhebungen als auch eine Vollerhebung von Journalisten und Journalistinnen in West-Berlin, durchgeführt von Heike Amend und Ute Schulz (1993), finden übereinstimmend nur geringe Unterschiede im journalistischen Selbstverständnis von Männern und Frauen. Aber wie aussagekräftig sind die Ergebnisse? Ist es angesichts der fortschreitenden Professionalisierung noch zeitgemäß danach zu fragen, ob die Journalistinnen und Redakteure sich nicht doch eher als Pädagogen, Erzieher oder Politiker („mit anderen Mitteln") fühlen, wie in der Hannoveraner Studie praktiziert (vgl. Schneider / Schönbach / Stürzebecher 1993b: 371)? Würden nicht vielleicht ebenfalls gut 10% der Befragten sich als Anthropologen, Unternehmer, Ärzte oder Historiker („mit anderen Mitteln") sehen? Welche Schlüsse lassen sich daraus ziehen?

Ein differenzierteres Instrument hat die Münsteraner Forschungsgruppe entwickelt. Allerdings stellt sich auch dabei die Frage, ob die abgefragten Ziele und die daraus entwickelten Journalismuskonzepte angemessen und handlungsrelevant sind. Die Diskrepanzen zwischen den vorliegenden Studien nähren zumindest Zweifel an der Zuverlässigkeit der ermittelten Selbstaussagen. So sagen in der Münsteraner Studie weniger als 40% der Befragten, daß es ihnen überwiegend darum ginge, die Bereiche Politik, Wirtschaft und Gesellschaft zu kontrollieren. In der Westberliner Befragung messen aber 75% der Befragten

---

4   Die Münsteraner Forschungsgruppe geht von einer Nettodiskriminierung der Journalistin im Vergleich zu ihrem Kollegen von durchschnittlich monatlich 500 DM aus (Weischenberg u.a. 1994, 24).

5   Ausführlicher behandelt Margret Lünenborg diese Probleme in ihrer 1996 fertiggestellten Dissertation „Journalistinnen in Europa. Zustandsbeschreibung, Strukturanalyse und Ansätze zur Veränderung des *Gendering* im sozialen System Journalismus. Eine vergleichende Untersuchung in Dänemark, Deutschland, Italien und Spanien."

dieser Aufgabe sehr große Bedeutung zu – hier die höchste Zustimmung zu einer Kategorie überhaupt (Amend / Schulz 1993, 37; Weischenberg u.a. 1994, 32).

Margret Lünenborg (1996, 365) hat angemerkt, daß von den 21 Antwortvorgaben in der Münsteraner Erhebung sich 17 auf die Nachrichtenberichterstattung beziehen. Diese galt lange, und gilt teilweise bis heute, als Kern der journalistischen Tätigkeit. Fragwürdig, ob das die Arbeit der Frauen in den Redaktionen je angemessen traf; und mindestens ebenso fragwürdig, ob es der gegenwärtigen Berufsstruktur und dem heutigen Berufsbild gerecht wird. Mit dem Fokus auf den Nachrichtenjournalismus beschreibt die Münsteraner Erhebung allenfalls einen Teil, und zwar einen ständig kleiner werdenden Teil der Profession. Macht es Sinn die Feuilletonredakteurin, den Fachzeitschriftenjournalisten oder die Wissenschaftsberichterstatterin zu fragen, ob es ihre vorrangige journalistische Aufgabe ist, die politische Tagesordnung zu beeinflussen, sich als Gegenpart zur Wirtschaft zu verstehen oder politische Machtgruppen zu kontrollieren?

Wenn „journalistisches Rollenverständnis" mehr meint als den normativen Anspruch der Berufsgruppe, dann ist eine Differenzierung nach Arbeitsbereich und Tätigkeitsmerkmalen unerläßlich. Schon Irene Neverla und Gerda Kanzleiter (1984, 138) bezweifelten die Existenz eines „geschlechtsspezifischen", eines „weiblichen" und „männlichen" Rollenverständnisses. Ein spezifisches journalistisches Selbstverständnis entstehe vielmehr im Zusammenspiel von Struktur und Anforderungsprofil eines Arbeitsplatzes einerseits und der Geschlechtszugehörigkeit sowie weiterer Persönlichkeitsmerkmale der RolleninhaberInnen andererseits.

Bei allen Kommunikatorstudien fällt ins Auge, daß die Befragten einer Vielzahl verschiedener Ziele und Aufgaben zustimmen. Danach muß von einer Pluralität von Rollenvorstellungen ausgegangen werden, die das Handeln von Journalisten und Journalistinnen situations- und kontextabhängig beeinflussen (vgl. dazu Weischenberg / Bassewitz / Scholl 1989; Weaver / Wilhoit 1986). Im Rahmen der Geschlechterforschung wird heute über die Vielfalt und Variabilität von Geschlechter- und Arbeitsrollen diskutiert (vgl. dazu Angerer u.a. 1995; Klaus 1995). Abhängig von der gesellschaftlichen Situation, den beruflichen Bedingungen oder der konkreten Aufgabenstellung können unterschiedliche Rollenaspekte aktiviert, ganz verschiedene Zielvorstellungen handlungsrelevant werden.

Die journalistische Selbstverständnisdiskussion zeigt exemplarisch: Wer Geschlecht lediglich als ein demographisches Merkmal begreift, als eine zusätzlich in Kommunikatorstudien einzuführende Variable, vergibt Chancen einer methodischen und theoretischen Weiterentwicklung der Disziplin. Zwar kann man die Farben und Muster eines Gewebes korrekt bezeichnen ohne auf die Arbeitstechnik Bezug zu nehmen. Die Vorstellung vom Charakter des Stoffs bleibt dann aber unscharf und verschwommen. Die präzise Beschreibung, die genaue Analyse erfordert die Auseinandersetzung mit dem Herstellungsprozeß, nötigt zur Beachtung beider Fadensysteme, deren Verbindung das Spezifische der Weberei ausmacht. Geschlecht hat sich als Strukturmerkmal in die Organisationen der Massenmedien und den Prozeß der Aussagenentstehung eingeschrieben.

Die Geschlechterforschung verliert in ihrer Entwicklung das soziale Subjekt nicht aus den Augen, aber sie relativiert die Bedeutung der Persönlichkeit, die Signifikanz individuellen Handelns für die Aufrechterhaltung des Geschlechterverhältnisses. Fragen nach der geschlechtsspezifischen Sozialisation und der Geschlechtsrollenausübung werden durch strukturanalytische Betrachtungsweisen ergänzt. Analog gilt auch für die Kommunikatorforschung: Ab Mitte der 60er Jahre tritt neben die bis dato dominante Subjektorientierung die Strukturorientierung, die sie erweitert und partiell auch korrigiert.

## 2. Die Kommunikatoren treffen ihre Aussagen selbst, aber nicht aus freien Stücken: zur Strukturorientierung

Manfred Rühls (1965; 1979) systemtheoretisch fundierte Redaktionsbeobachtung markiert am deutlichsten die Verlagerung der kommunikationswissenschaftlichen Perspektive von der Individuenfixierung zur Strukturorientierung. „Kommunikatorforschung" – ab jetzt häufig in Anführungsstriche gesetzt – beschäftigt sich nun damit, wie Medienaussagen zustande kommen, fragt nach den regelmäßig ablaufenden Prozessen der Aussagenentstehung, untersucht die Routinen massenmedialer Produktion. Von Manfred Rühls „Die Zeitungsredaktion als organisiertes soziales System" lassen sich zwei Entwicklungslinien weiterverfolgen. Die erste bestimmt zum Gegenstand der Kommunikatorforschung die publizistische Organisation und ihre Arbeitsabläufe, ist Organisations- bzw. Redaktionsforschung.[6]

---

6 So schreibt etwa Peter Hunziker in seiner „Einführung in die Soziologie der Massenkommunikation" (1988, 6): „Die *Kommunikatoren* (Sender) sind in der Regel komplex aufgebaute

Die zweite beschäftigt sich mit der Systemtheorie. Sie fragt danach wie es dem System – das mal Massenmedien, mal Journalismus, mal Öffentlichkeit heißt – gelingt, seine gesellschaftliche Funktion wahrzunehmen und zu erfüllen. Seinen bildhaftesten Ausdruck findet diese Annäherung an den Medienprozeß im Weischenbergschen Zwiebelmodell. Gemessen an der Zahl der neueren Veröffentlichungen ist die Systemtheorie der derzeit wohl produktivste Theorieentwurf der deutschen Kommunikationswissenschaft (vgl. dazu auch Görke / Kohring 1996).

Auf den ersten Blick wird im Rahmen strukturorientierter „Kommunikatorforschung" über Geschlecht, wie auch über andere stratifikatorische Differenzierungen nicht gesprochen. Das System Journalismus, die massenmedialen Organisationen werden in ihrer Prozeßhaftigkeit, in ihren kommunikativen Beziehungen und ihrer Vernetzung mit anderen Systemen relativ wertneutral beschrieben. Es geht um Regelmäßigkeiten, Muster und Strukturen, nicht um so unordentliche Dinge wie unbequeme Traditionslinien, chaotische Entwicklungen, soziale Interessenkonflikte, gesellschaftliche Machtverhältnisse. Aber was sind soziale Institutionen anderes als im Laufe der Zeit zur Routine geronnene und habitualisierte soziale Beziehungen? Mit Theoriebildungen, in denen diese gesellschaftlichen Entstehungs-, Entwicklungs- und Rahmenbedingungen nicht integrativ eingearbeitet sind, stimmt etwas nicht.

Wir können den Journalismus als Zwiebel sezieren, aber wenn der Saft uns dabei nicht beißt, wenn uns davon nicht die Augen tränen, ist das Modell noch nicht ausgereift (vgl. dazu auch Keil 1996). Im Rahmen der subjektorientierten Kommunikatorforschung kann die Frauenforschung relativ leicht nachweisen, daß deren Gegenstand vor allem Männer waren. An launigen Zitaten besteht kein Mangel. Im Falle der Strukturorientierung ist das ganz anders. Trotzdem: Auch hier verbergen sich hinter neutralen Formulierungen geschlechtergebundene Phänomene.

Jürgen Gerhards und Friedhelm Neidhardt (1990; 1991) haben ausgeführt, daß nur wenige Regeln im Journalismus kanonisiert sind – anders als es etwa für die Kirchen oder das Rechtssystem gilt. Die journalistische Arbeitsweise hängt deshalb in hohem Maße von der sozialen Ordnung innerhalb der massenmedialen Organisation ab. Gerhards und Neidhardt (1990, 29): „Jedes soziale System konstituiert sich mit Ordnungsversuchen auf mindestens drei Ebenen. Es müs-

---

Organisationen, bestehend aus Spezialisten, die arbeitsteilig, sowie unter Einsatz vielfältiger technischer Hilfsmittel und fachlicher Kompetenzen routinemäßig Kommunikationsinhalte hervorbringen."

sen Entscheidungen getroffen werden (1) darüber, wer und was dem System zugehören soll und was nicht, (2) darüber, wer (von denen, die dazugehören) was zu tun hat, und (3) darüber, wer wieviel gilt und was zu sagen hat. Auf diese Weise werden Grenzen zwischen System und Umwelt eingerichtet, Arbeitsteilung geregelt sowie Schichtung und Herrschaft etabliert."

Mitgliedschaft, Aufgabenverteilung und Statuszuweisung – die Medienfrauenforschung hat gezeigt, daß auf allen drei Ebenen dem Geschlecht als stratifikatorischer Differenzierung Bedeutung zukommt. Historisch hatte das mindestens zwei gravierende Konsequenzen: Zum einen: zahlreiche Redaktionen etablierten sich als betriebliche Männeröffentlichkeiten. Das Vorherrschen eines männlichen Kommunikationsstils, die Dominanz einer Konkurrenzkultur und die Existenz von männlichen Seilschaften – was die Frauenmedienforschung an strukturellen Barrieren für Journalistinnen identifiziert hat, vermittelt wertvolle Einblicke in den Journalismus als Beruf (vgl. dazu Klaus 1996).

Zum anderen: Frauen waren an der Entwicklung der Systemregeln im Journalismus, an der Formulierung seiner Selektions- und Entscheidungsprogramme kaum beteiligt. Schon allein deshalb sollte sich niemand wundern, warum die steigende Zahl von Journalistinnen die Prinzipien, nach denen das System arbeitet, bisher kaum verändert hat. Ein signifikanter Unterschied in der Arbeit von Journalisten und Journalistinnen konnte empirisch bisher nicht nachgewiesen werden. Obwohl die Argumente noch nicht ausgereizt sind, spricht heute Vieles dafür, daß Männer und Frauen im Journalismus keine unterschiedlichen professionellen Gruppen bilden (vgl. Zoonen 1994, 65; für eine ausführliche Betrachtung Klaus 1996). Die Aufnahme in das System erfolgt nach dessen Zugangsregeln und erfordert die Übernahme seiner Programme.

Solche auf den ersten Blick geschlechterneutralen Entscheidungs- und Selektionskriterien erweisen sich auf den zweiten Blick häufig als hochgradig androzentrisch. Das verdeutlicht die im Rahmen der Geschlechterforschung geführte Diskussion über den Wert der „Nachrichtenwerte". Die Fixierung auf die öffentliche Sphäre, die Orientierung am Ereignis, der Vorrang für das Neue und Überraschende – all das wirkt sich zuungunsten einer Berücksichtigung des Alltäglichen, des sogenannten Privaten aus und gegen die Darstellung gesellschaftlicher Zusammenhänge und struktureller Probleme. Frauenrelevante Themen und frauenpolitische Fragestellungen fallen so durch das Selektionsraster in den Nachrichtenredaktionen (vgl. dazu den Beitrag von Margret Lünenborg in diesem Band; sowie Prenner 1992; 1994, 154-156; Huhnke 1995a, 47-50).

Die Geschlechter-Medien-Forschung zeigt aber noch etwas anderes: An den Nachrichtenwert eines Ereignisses werden höhere Anforderungen gestellt, wenn dieses Frauen und ihre Anliegen betrifft, das heißt erstens: Frauenbelange erfüllen die Kriterien der Nachrichtenselektion nicht so leicht und zweitens und zusätzlich: Für Frauen werden die Selektionskriterien enger ausgelegt als für Männer.[7] So sind Frauen allem Anschein nach in den diversen politischen und öffentlichen Funktionen tatsächlich heute besser vertreten als in den Fernsehnachrichten (Cornelißen / Küsters 1990).

Stellen solche Ergebnisse die Tragfähigkeit der Nachrichtenfaktoren prinzipiell in Frage (vgl. Huhnke 1995b) oder genügt es, diese um einen „Androzentrismus"-Faktor zu erweitern (vgl. Prenner 1994, 156)? Wie immer die Antwort darauf ausfallen mag: Die Nachrichtenfaktoren verdeutlichen, wie der Journalismus das kulturelle System der Zweigeschlechtlichkeit produziert und reproduziert, das die Welt in einen weiblichen und männlichen Teil spaltet, das wir – im Alltag wie in der Wissenschaft – als Krücke nutzen, um aus unseren Erfahrungen Sinn zu machen, sie zu erklären, zu ordnen und zu bewerten. Damit wäre ich beim dritten und letzten Teil meiner Ausführungen angelangt.

## 3. Wo Bedeutung und Macht zusammentreffen: zur Kulturorientierung

Mit der Thematisierung des Geschlechts als kultureller Konstruktion erhält die Metapher von der Weberei eine erweiterte Bedeutung. Nun geht es nicht mehr um eine technologie-immanente Beschreibung, sondern um das Verhältnis der „Kulturtechnik" Weberei zu der sie umgebenden sozialen und kulturellen Umwelt. In die Technologieentwicklung, -aneignung und -anwendung sind die in einer Gesellschaft wirkenden sozialen Beziehungen eingeschrieben. Das bedeutet insbesondere: In der Auseinandersetzung mit Technologien drücken sich die Geschlechterbeziehungen aus, werden geschlechtliche Identitäten ausgearbeitet, modifiziert, bestätigt. Denken wir, wenn wir über die Weberei reden an den Aufstand der schlesischen Weber, ihre blutig niedergeschlagene Revolte gegen den Hunger? „Deutschland, wir weben Dein Leichentuch, wir weben hinein den dreifachen Fluch – wir weben, wir weben." Oder erscheinen vor unserem geistigen Auge Reihen bezopfter Rücken von emsig über ihren Schulwebrahmen gebeugten Schülerinnen? „Du bist wie eine Blume, so hold und schön und

---

[7] Vgl. dazu Prenner (1992; 1994); Huhnke (1995a; 1995b am Beispiel der UN-Frauenkonferenz in China); Cornelißen / Küsters (1990; 1992).

rein," wie derselbe Dichter schrieb.⁸ Die Weberei als Klassenkampf oder Kunstgewerbe, als Revolution oder Reaktion, als Auflehnung oder Anpassung – das sind auch geschlechtlich markierte Scheidungen.

Das Verhältnis von Medien und Kultur wird im Rahmen zweier neuerer Theorieansätze – dem Konstruktivismus und den Cultural Studies – diskutiert. Beiden Annäherungen ist gemeinsam, daß die Medienorganisationen ihr Exklusivrecht auf die Darstellung und die Deutung des Weltgeschehens verlieren. Mediale Aussagen können keinen Anspruch auf Wahrheit, Wirklichkeit, Objektivität, Eindeutigkeit erheben, sondern sind Kommunikationen, ein Beitrag zur Verständigung der Gesellschaft über sich selbst. Im Rahmen der konstruktivistischen Medienforschung liefern Medien subjektabhängige Wirklichkeitsentwürfe, die mit anderen korrespondieren oder ihnen widersprechen.

Wirklichkeitskonstruktionen aber basieren ganz entscheidend auf dem schon Gewußten, dem Stereotypen, gründen sich in den Symbolen und Mythen der Gesellschaft. Geschlecht ist solch ein grundlegender gesellschaftlicher Mythos, der Dualismus männlich / weiblich hat sich in unsere Kultur und unsere Weltbilder tief eingegraben.⁹ Es existieren zahlreiche Metaphern, die den journalistischen Handlungszusammenhang gliedern und geschlechtlich konnotiert sind. Weiche / harte Interviewstile, subjektive / objektive Darstellungsformen, gefühlvolle / sachliche Beschreibungen, unterhaltende / informierende Produktionen, leichte / ernste Genres – wir haben keinerlei Schwierigkeiten solche Unterscheidungen in eine „weibliche" und eine „männliche" Hälfte zu ordnen. Daß auf der Seite des Weiblichen das Weiche, Gefühlvolle, Unterhaltende und Leichte steht, wäre kein gravierendes Problem, beinhaltete der Geschlechterdualismus nicht zugleich eine Höher- und Minderbewertung. Durch die Kopplung von Weiblichkeit an Frauen und Männlichkeit an Männer wird das Geschlechterverhältnis als Dominanzverhältnis zugleich naturalisiert und bestätigt. Anders formuliert: Geschlecht ist eine jener Ideologien, die zur Stabilität und Aufrechterhaltung der gesellschaftlichen Ordnung beitragen.

Ideologie, das Zusammentreffen von Bedeutung und Macht, steht im Zentrum jener Ansätze, die unter dem Oberbegriff „Cultural Studies" stehen.¹⁰ Ideologie

---

8   Beide Zitate stammen aus Gedichten von Heinrich Heine.
9   Sandra Harding (1990; 1991) hat das genauer ausgeführt und verdeutlicht, daß das Geschlecht anderen Dualismen unterlegt ist. Sie begründet die Skepsis der Geschlechterforschung gegenüber der „Politik der Unterscheidungen".
10  Für ausführliche Einführungen vgl. Morley (1992) und Moores (1993), sowie aus feministischer Perspektive Zoonen (1994).

wird in den Cultural Studies nicht mit Propaganda oder Verschleierung von Wirklichkeit übersetzt, sondern als eine umfassende kulturelle Erscheinung verstanden, die die Menschen nutzen, um ihre täglichen Erfahrungen in einer unbewußten aber konsistenten Weise zu interpretieren. So produzieren und reproduzieren die Gesellschaftsmitglieder Ideologien nicht frei, aber doch selbsttätig. Das von Stuart Hall (1973) auf dieser Basis entwickelte „Encoding / decoding"-Modell verweist darauf, daß Medienkommunikation ein sozialer Prozeß ist, der sich im Rahmen der bestehenden Machtverhältnisse und existierenden Diskursformen entfaltet. Sinn und Bedeutung von Medientexten – egal ob es sich dabei um Artikel, Radioprogramme, Fernsehnachrichten oder Krimiserien handelt – werden im ständigen Dialog zwischen ihrer Produktions- und Konsumtionsseite verhandelt.[11]

Auf Seite der Medienproduktion stellt sich dann die Frage, welche Ideologien wie in die Medientexte „enkodiert", eingeschrieben werden. Liesbet van Zoonen, Professorin in Amsterdam, hat das für die Geschlechterkategorie in „Feminist Media Studies" (1994) exemplarisch untersucht. Medientexte werden unter anderem mit Blick auf ein bestimmtes Publikum entworfen. Das Geschlecht ist dabei ein grundlegendes Unterscheidungsmerkmal. Die Bedeutung von Medien und Medienbotschaften ist aber nicht vorab gegeben, stellt kein Merkmal des Texts oder der Textproduktion dar. Rezipienten und Rezipientinnen können den Medientexten vielmehr im Prozeß der Dekodierung Bedeutungen verleihen, die der ursprünglichen Enkodierung entgegenlaufen. Empirisch ist das beispielsweise im Falle der Soap Operas gut belegt. So nutzen Rezipientinnen fiktionale Angebote zur Information und non-fiktionale Angebote zur Unterhaltung. Ihre Realitätskonstruktionen passen sich weder in die Konstruktionen von Journalistinnen noch von Medienwissenschaftlern nahtlos ein.

Mit der Kulturorientierung wird die bereits zuvor in Paranthese gesetzte „Kommunikatorforschung" weiter entgrenzt. Was Medientexte bedeuten und wie Realitätsentwürfe beschaffen sind, läßt sich letztlich nur in der Relation sagen, bedarf des Bezugs auf die Rezeptions- bzw. Konsumtionsseite. „Kommunikatorforschung" wird zur Forschung über Öffentlichkeit, beschäftigt sich also mit jenem gesellschaftlichen Verständigungsprozeß, in dem Wirklich-

---

11 „A crucial feature of the 'encoding/decoding model' is that media discourse is supposed to be produced by media institutions and audiences at the same time, not as an activity of single institutions or individuals but as a social process embedded in existing power and discursive formations." (Zoonen 1994, 8)

keitsentwürfe verhandelt und Gesellschaftskonstruktionen bestätigt oder modifiziert werden.

Massenmediale Öffentlichkeit erscheint dann in seiner Interdependenz mit anderen Formen und Foren gesellschaftlicher Sinnkonstituierung. So wird auch deutlich, daß Journalistinnen und Öffentlichkeitsarbeiter keineswegs die einzigen sind, die den Öffentlichkeitsprozeß beeinflussen und über seinen Ausgang entscheiden. Mediale Wirklichkeitsentwürfe können den Menschen nicht einfach entgegen ihren Interessen, Meinungen, Anschauungen, Bedürfnissen aufoktroyiert werden. Unter anderem resultiert daraus die nie beendete, weil nie gänzlich erfolgreiche Suche der Medienorganisationen nach ihrem Publikum. In den gesellschaftlichen Selbstverständigungsprozeß ist jedes Gesellschaftsmitglied als Kommunikator, als Kommunikatorin eingebunden, wenn auch die Mitgestaltungsmöglichkeiten nicht gleich verteilt sind. Kommunikatorforschung bedarf spätestens jetzt eines neuen Namens.[12]

## 4. Schlußbemerkung

Die Aufgabe, vor der die Kommunikationswissenschaft und Medienforschung steht, und die bisher nur von einigen Wissenschaftlerinnen und einzelnen Wissenschaftlern geleistet wird, ist die Einarbeitung des Geschlechts als vieldimensionale Kategorie in ihre theoretischen und empirischen Analysen. Eine Medienforschung ohne die Beachtung der Geschlechterkategorie weist nicht nur Lücken, blinde Flecken und Leerstellen auf, sondern hat Schwachstellen und verzichtet auf Möglichkeiten der Erkenntniserweiterung, die mit der Einarbeitung des Geschlechts in kommunikationswissenschaftliche Theorieansätze, Fragestellungen und Problembearbeitungen gegeben sind. Die Ergebnisse der kommunikationswissenschaftlichen Frauen- und Geschlechterforschung liefern dafür reichhaltiges, wenn auch noch viel zu wenig zur Kenntnis genommenes, Anschauungsmaterial.

---

12 Die Einengung von Öffentlichkeit auf die – nicht in Anführungsstriche gesetzte – Kommunikatorforschung, wie es bei der Leipziger Jahrestagung geschehen ist, erscheint aus dieser Perspektive als Anachronismus. Die neuen Informations- und Kommunikationstechnologien, die wie das Internet Individual- und Massenmedienkommunikation auf neue Weise verbinden, verdeutlichen auch praktisch, daß eine solche Position für die Kommunikationswissenschaften nicht länger haltbar ist, will sie sich an der Diskussion über die aktuellen Medienentwicklungen beteiligen.

Was ich mir und was andere Kolleginnen sich wünschen: daß die kommunikationswissenschaftliche Frauen- und Geschlechterforschung zum gleichwertigen und gleichwirklichen Bestandteil unserer Disziplin wird. Die Probleme, auf die die feministische Medienforschung hinweist, und die Fragestellungen, die sie aufwirft, können aber nicht von ihr allein in die Kommunikationswissenschaft systematisch eingearbeitet werden. Das ist nur im Rahmen der einzelnen Teildisziplinen befriedigend zu leisten. Daß die Medienforschung durch die Aneignung der empirischen Ergebnisse der Mediengeschlechterforschung und durch die streitbare und kommunikative Auseinandersetzung mit ihren Diskussionsprozessen viel zu gewinnen hat, steht für mich außer Frage.

## Literatur

*Angerer*, Marie-Luise u.a. (1995): „Frauen in der Audiovision". Kurzfassung der Studie „Frauen in der österreichischen Medien- und Kulturindustrie". In: Medien Journal, Jg. 19, 2, S. 3-20 (ebenfalls unter dem Titel: „Frauen in der österreichischen Medien- und Kulturindustrie. Zusammenfassung eines Projektberichtes". In: Medien & Zeit, Jg. 10, 1, S. 18-27).

*Baldes*, Ingrid (1984): Journalistin. Ein Traumberuf? Seminar für Publizistikwissenschaft der Universität Zürich. Zürich.

*Bohrmann*, Hans (1981): „Kommunikationswissenschaft, -forschung". In: *Koszyk*, Kurt / Karl Hugo *Pruys* (Hrsg.): Handbuch der Massenkommunikation. München: dtv, S. 132-137.

*Cornelißen*, Waltraud / Kirsten *Küsters* (1990): „Zur Rolle der Frau in Nachrichtensendungen". In: Frauenforschung, Jg. 8, 4, S. 108-119.

*Cornelißen*, Waltraud / Kirsten *Küsters* (1992): „Frauen und Nachrichten. Zum Frauenbild in Nachrichtensendungen". In: *Fröhlich*, Romy (Hrsg.): Der andere Blick. Aktuelles zur Massenkommunikation aus weiblicher Sicht. Bochum: Brockmeyer, S. 123-138.

*Dovifat*, Emil (1956): „Die publizistische Persönlichkeit. Charakter, Begabung, Schicksal". In: Gazette. Internationale Zeitschrift für Zeitungswissenschaft, Jg. 2, S. 157-172 (Nachdruck in *ders*. (1990), Die publizistische Persönlichkeit. Herausgegeben von Dorothee von Dadelsen. Mit einem Vorwort von Otto B. Roegele. Berlin / New York, S. 120-140).

*Dovifat*, Emil (1990): Die publizistische Persönlichkeit. Herausgegeben von Dorothee von Dadelsen. Mit einem Vorwort von Otto B. Roegele. Berlin / New York: de Gruyter.

*Forschungsgruppe Journalistik* (Münster) (1994): „Journalisten in Deutschland: Was sie denken – wie sie arbeiten". Sage & Schreibe special, 2 (April).

*Gerhards*, Jürgen / Friedhelm *Neidhardt* (1990): Strukturen und Funktionen moderner Öffentlichkeit. Fragestellungen und Ansätze. (=Veröffentlichungsreihe der Abteilung Öffentlichkeit und soziale Bewegung des Forschungsschwerpunkts Sozialer Wandel, Institutionen und Vermittlungsprozesse des Wissenschaftszentrums Berlin für Sozialforschung, FS III 90-101) Berlin.

*Gerhards*, Jürgen / Friedhelm *Neidhardt* (1991): „Strukturen und Funktionen moderner Öffentlichkeit. Fragestellungen und Ansätze". In: *Müller-Dohm*, Stefan / Klaus *Neumann-Braun* (Hrsg.): Öffentlichkeit – Kultur – Massenkommunikation. Oldenburg: WZB, Abt. Öffentlichkeit und Soz. Bewegung, S. 31-89.

*Görke*, Alexander / Matthias *Kohring* (1996): „Unterschiede, die Unterschiede machen: Neuere Theorieentwürfe zu Publizistik, Massenmedien und Journalismus". In: Publizistik, Jg. 41, 1, S. 15-31.
*Groth*, Otto (1930): Die Zeitung. Ein System der Zeitungskunde (Journalistik), Bd. 4. Mannheim / Berlin / Leipzig: Bensheimer.
*Haacke*, Wilmont (1971): „Journalist". (= Blätter zur Berufskunde, Bd. 2, hrsg. von der Bundesanstalt für Arbeit, Nürnberg) (5. Auflage) Bielefeld.
*Hall*, Stuart (1973): „Encoding and Decoding in the Television Discourse". (= CCCS Stencilled Paper 7. University of Birmingham) Birmingham.
*Harding*, Sandra (1990): Feministische Wissenschaftstheorie. Zum Verhältnis von Wissenschaft und sozialem Geschlecht. Hamburg: Argument.
*Harding*, Sandra (1991): Das Geschlecht des Wissens. Frauen denken die Wissenschaft neu. Frankfurt a.M. / New York: Campus.
*Huhnke*, Brigitta (1995a): „Ausgrenzung und Aggression in der politischen Berichterstattung über Frauen". In: beiträge zur feministischen theorie und praxis, Jg. 18, 40, S. 45-58.
*Huhnke*, Brigitta (1995b): „Stammtischgebaren unter grauen Medienmännern. Patriarchale Strukturen in der Fernsehwelt: oder warum für die Realität von Mädchen und Frauen kaum Platz ist". In: Frankfurter Rundschau, Nr. 269 vom 18.11. 1995, S. 15.
*Hunziker*, Peter (1988): Medien, Kommunikation und Gesellschaft. Einführung in die Soziologie der Massenkommunikation. (= WB-Forum, Bd. 18) Darmstadt: Wissenschaftliche Buchgesellschaft.
*Keil*, Susanne (1996): „Frauen in Führungspositionen im öffentlich-rechtlichen Rundfunk. Handlungsspielraum zwischen Politik, Ökonomie und Organisation". In: *Mast*, Claudia (Hrsg.): Markt – Macht – Medien. Publizistik im Spannungsfeld zwischen gesellschaftlicher Verantwortung und ökonomischen Zielen. Konstanz: Universitätsverlag, S. 375-392.
*Klaus*, Elisabeth (1997): Frauen - Medien - Forschung. Zur Bedeutung von Frauen in den Massenmedien und im Journalismus. Opladen: Westdeutscher Verlag.
*Klaus*, Elisabeth (mit Sylke *Lorenz*, Kerstin *Mahnke* und Michaela *Töpfer*) (1995): Zum Umbruch, Schätzchen. Lesbische Journalistinnen erzählen. Pfaffenweiler: Centaurus.
*Köhler*, Otto (unter redaktioneller Mitarbeit von Monika *Köhler*) (1989): Wir Schreibmaschinentäter. Journalisten unter Hitler - und danach. Köln: Pahl-Rugenstein.
*Lünenborg*, Margret (1996): „Geschlecht als soziales und kulturelles Konstrukt. Kritische Anmerkungen zur Geschlechterforschung in neueren Kommunikatorstudien". In: *Mast*, Claudia (Hrsg.): Markt – Macht – Medien. Publizistik im Spannungsfeld zwischen gesellschaftlicher Verantwortung und ökonomischen Zielen. Konstanz: Universitätsverlag, S. 363-373.
*Moores*, Shaun (1993): Interpreting Audiences. The Ethnography of Media Consumption. London / Thousand Oaks / New Delhi: Sage.
*Morley*, David (1992): Television, Audiences and Cultural Studies. London / New York: Routledge.
*Neverla*, Irene (1983): „Arbeitsmarktsegmentation im journalistischen Beruf". In: Publizistik, Jg. 28, 3, S. 343-362.
*Neverla*, Irene / Gerda *Kanzleiter* (1984): Journalistinnen. Frauen in einem Männerberuf. Frankfurt a.M. / New York: Campus.
*Prenner*, Andrea (1992): „Frauen und Nachrichten. Kurzmeldungen zu einem 'Nicht-Thema',,. In: Medien Journal, Jg. 16, 3, S. 147-151.
*Prenner*, Andrea (1994): „Die Nachricht ist 'männlich'. Zur Konstruktion von Männerrealität in den Nachrichtenmedien". In: *Angerer*, Marie-Luise / Johanna *Dorer* (Hrsg.): Gender und Medien. Theoretische Ansätze, empirische Befunde und Praxis der Massenkommunikation. Ein Textbuch zur Einführung. Wien: Braumüller, S. 152-160.
*Rühl*, Manfred (1965): „Zur sozialen Struktur des Zeitungsverlages". In: Publizistik, Jg. 10, 3, S. 391-403.
*Rühl*, Manfred (1979): Die Zeitungsredaktion als organisiertes soziales System. Freiburg, Schweiz.

*Schneider*, Beate / Klaus *Schönbach* / Dieter *Stürzebecher* (1993a): „Westdeutsche Journalisten im Vergleich: jung, professionell und mit Spaß an der Arbeit". In: Publizistik, Jg. 38, 1, S. 5-30.
*Schneider*, Beate / Klaus *Schönbach* / Dieter *Stürzebecher* (1993b): „Journalisten im vereinigten Deutschland. Strukturen, Arbeitsweisen und Einstellungen im Ost-West-Vergleich". In: Publizistik, Jg. 38, 3, S. 353-382.
*Schneider*, Beate / Klaus *Schönbach* / Dieter *Stürzebecher* (1994): „II. Ergebnisse einer Repräsentativbefragung zur Struktur, sozialen Lage und zu den Einstellungen von Journalisten in den neuen Bundesländern". In: *Böckelmann*, Frank / Claudia *Mast* / Beate *Schneider* (Hrsg.): Journalismus in den neuen Ländern. Ein Berufsstand zwischen Aufbruch und Abwicklung. Konstanz: Universitätsverlag, S. 143-230.
*Schulz*, Ute / Heike *Amend* (1993): Gebremste Karriere. Die berufliche Situation von Berliner Journalistinnen. Berlin: Spitz.
*Weaver*, David H. / G. Cleveland *Wilhoit* (1986): The American Journalist. A Portrait of U.S. News People and their Work. Bloomington, IN: Indiana University Press.
*Weischenberg*, Siegfried (1995): Journalistik. Theorie und Praxis aktueller Medienkommunikation, Bd. 2: Medientechnik, Medienfunktionen, Medienakteure. Opladen: Westdeutscher Verlag.
*Weischenberg*, Siegfried / Susanne von *Bassewitz* / Armin *Scholl* (1989): „Konstellationen der Aussagenentstehung". In: *Kaase*, Max / Winfried *Schulz* (Hrsg.): Massenkommunikation. Theorien, Methoden, Befunde. (= Kölner Zeitschrift für Soziologie und Sozialpsychologie, Sonderheft 30) Opladen: Westdeutscher Verlag, S. 280-300.
*Weischenberg*, Siegfried / Susanne *Keuneke* / Martin *Löffelholz* / Armin *Scholl* (1994): Frauen im Journalismus. Gutachten über die Geschlechterverhältnisse bei den Medien in Deutschland. Im Auftrag der Industriegewerkschaft Medien. Herausgegeben von der IG Medien Fachgruppe Journalismus (dju / SWJV). Stuttgart: IG Medien.
*Weischenberg*, Siegfried / Martin *Löffelholz* / Armin *Scholl* (1993): „Journalismus in Deutschland. Design und erste Befunde der Kommunikatorstudie". In: Media Perspektiven, Jg. 23, 1, S. 21-33.
*Zoonen*, Liesbet van (1994): Feminist Media Studies. London / Thousand Oaks / New Delhi: Sage.

# I. Öffentlichkeitsproduktion in der Kommunikationswissenschaft und in der Politik

## Politik und Medien - ein notwendig schwieriges Verhältnis?

*Otfried Jarren*

# Politik und Medien: Einleitende Thesen zu Öffentlichkeitswandel, politischen Prozessen und politischer PR

1. Die politische Öffentlichkeit ist eine Öffentlichkeit neben zahllosen anderen, ohne daß sie jedoch trennscharf von anderen Öffentlichkeiten abgegrenzt werden kann. Sie ist ein Teilbereich auf einem großen „Marktplatz", auf dem auch immer wieder neu definiert bzw. ausgehandelt wird, was denn *politisch* sein, was unter Politik verstanden werden soll. An diesem Definitions- bzw. Aushandlungsprozessen wirken Medien, politische Akteure und Teile der Bürgerschaft (aktive Öffentlichkeit) direkt sowie das Publikum (passive Öffentlichkeit) indirekt mit. Erstere engagieren sich aktiv für politische Angelegenheiten, letztere beobachten über die Medien diese Vorgänge - bilden sich eine Meinung, zeigen Interesse oder Desinteresse und werden von Fall zu Fall selbst aktiv. Dabei bedienen sie sich zunehmend weniger der vorhandenen und vor allem zunehmend weniger den traditionellen politischen Organisationen (wie bspw. Parteien), sondern verstärkt neuen - vielfach nur auf Zeit etablierten - Einrichtungen (Organisationen der Neuen Sozialen Bewegungen).

In der „Viel-Kanal-Öffentlichkeit" der *Mediengesellschaft* differenziert sich die politische Öffentlichkeit immer weiter aus, weil immer mehr (Zielgruppen-) Medien unterschiedliche Bezüge zur Politik herstellen und damit den Rezipienten unterschiedliche Perspektiven auf Politik ermöglichen. Zugleich entwickeln sich die Medien, nicht zuletzt aufgrund ökonomischer Verpflichtungen, mehr und mehr weg von der Politik und den traditionellen politischen Akteuren. Die Akteure im engeren politischen Bereich verfügen über kein eigenes Mediensystem (Partei- und Gesinnungspresse) mehr. Sie sind zur Vermittlung ihrer Anliegen, selbst zur Realisierung ihrer Binnenkommunikation, heute weitgehend auf das allgemeine Mediensystem angewiesen. Allenfalls bezogen auf bestimmte Gruppen, Orte oder Themen - beispielsweise im Rahmen von Wahlkämpfen oder Kampagnen - können sie eine eigene Gruppen- oder Themenöffentlichkeit herstellen. Das Bild von den Themen, Ereignissen oder Ereignisorten für das allgemeine Publikum und die Mehrzahl an Mitgliedern einer politischen Organisation wird von den allgemeinen Medien gezeichnet, die - falls überhaupt - nach ihren eigenen Regeln das wiedergeben, was sie für relevant erachten.

2. Die traditionelle Politik geht nach wie vor davon aus, daß sie für die Gesellschaft von großer Bedeutung ist, so daß dem System per se eine besondere Aufmerksamkeit zukommt, und daß politische Institutionen und politische Akteure eine Art *Vermittlungsprivileg* in der gesellschaftlichen Kommunikation, zumal in der medialen, genießen. Doch das ist weniger denn je der Fall: Politik vollzieht sich immer weniger als alles entscheidende und machtvolle „Staatspolitik", sondern als an Entscheidungsprozessen mitwirkende und in Aushandlungsprozessen moderierende „Gesellschaftspolitik". Sie hat an Erkennbarkeit und an Autorität eingebüßt. Politik und politische Akteure gewinnen heute Einfluß vor allem durch ihre informatorischen und kommunikativen Qualitäten im politischen Prozeß. Dabei handelt es sich um Eigenschaften, die nicht nur für die Akteure Relevanz haben, sondern um Kompetenzen, die auch Organisationen ausbilden müssen, wenn sie den politischen Handlungsrahmen und einzelne Prozesse mitgestalten wollen.

Zudem haben die traditionellen Organisationen, vor allem aber die politischen Parteien, Konkurrenz erhalten: Organisationen aus dem Bereich der „Neuen Sozialen Bewegungen" bieten sich den Bürgern als Problemlöser und moderne Dienstleister an. Sie sind als primär medienorientierte und inhaltlich spezialisierte Akteure zumeist nicht auf (dauerhafte) Mitglieder, wohl aber beständig auf (zahlende) Förderer angewiesen und sie ermöglichen das persönliche (Zugehörigkeits-) Bekenntnis, verlangen vielfach von den „Mitgliedern" jedoch kein direktes Engagement - geschweige denn eine formale Mitgliedschaft. So können sie als Konkurrenten zu den traditionellen politischen Organisationen auftreten. Und da sie „modern" sind, sich nicht entlang der traditionellen politischen Konfliktlinien bewegen (und insoweit „unpolitisch" scheinen) und da sie sich für einzelne, „gute" Sachen engagieren, erhalten sie die nötige öffentliche Aufmerksamkeit durch die Medien vielfach gratis - in Form von kostenlosen Anzeigen, Werbespots oder durch Kooperationsmöglichkeiten („Medienpartner"). Politische Parteien, insbesondere aber jene in der Oppositionsrolle, konkurrieren zunehmend mit diesen Organisationen um mediale Aufmerksamkeit, um Aufmerksamkeit beim politischen Publikum und um moralische Anerkennung.

Politik und politische Akteure büßen gesamtgesellschaftlich an Einfluß ein, sie verlieren insbesondere ihre Vermittlungsprivilegien gegenüber dem allgemeinen Mediensystem und damit ein Stück weit die Definitionsmacht über das, was Politik sein soll - und das geschieht unter Medieneinfluß. Während die traditionellen Medien eng verflochten mit politischen Organisationen (Presse) oder als gesellschaftlich kontrollierte Medien (öffentlich-rechtlicher Rundfunk) auf die gesellschaftlichen Großorganisationen sozial verpflichtet sind, ist dies bei den neu etablierten - stark marktverpflichteten - privaten (Rundfunk-) Medien nicht der Fall. Heute treten politische Themen mehr und mehr in Konkurrenz zu anderen Themen, und zwar sowohl auf Seiten der Medien (Themenauswahl) als auch auf Seiten des Publikums (Themenwahrnehmung). Durch die zunehmende Bedeutung elektronischer Medien in der Politikvermittlung unterliegen politische Themen außerdem anderen medienspezifischen Anforderungen (z. B. „Fernsehformate" der kommerziellen Anstalten).

3. Es ist anzuerkennen, daß in der modernen Gesellschaft „die Politik" für die meisten Bürger erst über die Medien - durch die Medienvermittlung - zur Politik wird. Allgemeiner formuliert: Politik „entsteht" erst im Zusammenhang mit den Vermittlungsleistungen spezieller Organisationen (wie Parteien). Aus Sicht der politischen Akteure dürfen daher „Politik machen" und „Politik darstellen", Politikprozeß und *Politikvermittlungsprozeß*, nicht als zwei getrennte Leistungsbereiche begriffen werden. Politisches Handeln und politische Kommunikation bilden - zumindest aus Sicht des allgemeinen politischen Publikums - eine mehr oder minder geschlossene Einheit. Politikvermittlung für politische Institutionen und ihre Akteure wird damit aufwendiger und erfordert im politischen Bereich ein hohes (ein höheres) Maß an Professionalität auch in Bezug auf die Organisation politischer Informations- und Kommunikationsprozesse.

4. Politische Öffentlichkeit muß von Fall zu Fall und von Thema zu Thema neu hergestellt werden, weil sich das allgemeine Verständnis von Politik, politischer Öffentlichkeit und von politischen Themen in der modernen Gesellschaft laufend wandelt. In unserer „Fundamental-" oder „Berechtigungsdemokratie" (Ulrich Saxer) läßt sich das, was die öffentlichen Angelegenheit betrifft und damit traditionell unter Politik verstanden wird, immer weniger institutionell und verstärkt nur noch *prozessual* festlegen. Daß ein neues Verständnis von Politik entstanden ist, daß sich ständig neue Anforderungen an das politische Institutionensystem und an politische Akteure ergeben, das ist zweifellos Ergebnis des Wertewandels, der von den Medien wesentlich mit beeinflußt wurde und wird. So nimmt, wie Daten aus der Meinungsforschung eindrucksvoll

belegen, der Anteil der sich als politisch interessiert einstufenden Bevölkerung im Zusammenhang mit der Ausbreitung des Fernsehens und des Fernsehkonsums zu - und das bei einer abnehmenden Bindung an die bestehenden politischen Institutionen. Die Schere zwischen politischem Interesse und politischer Bindungsbereitschaft gegenüber den traditionellen politischen Organisationen wird größer, auch weil das Politikverständnis immer breiter und vielfältiger wird.

5. Politische Organisationen und politische Akteure agieren in hoch komplexen, zudem sich ständig wandelnden sozialen Umwelten und sie sind zum Bestandserhalt und zu ihrer Weiterentwicklung auf vielfältige Informations- und Kommunikationsbeziehungen angewiesen. Komplexität und Wandel sind im Zusammenhang mit Modernisierungsprozessen nicht neu. Neu ist aber die Wandlungsgeschwindigkeit, sowie die Tatsache, daß Richtung und Folgen des Wandels kaum noch - zumindest für überschaubare Zeiträume - abgeschätzt werden können. Politische Organisationen müssen sich daher organisatorisch in die Lage versetzen, die Wandlungsprozesse systematisch zu beobachten, zu analysieren und zugleich auch zu beeinflussen. Sie müssen im Sinne eines *Prozeßmanagements* vor allem kommunikativ auf Prozesse einwirken können.

Die Politik insgesamt hat auf die hier nur knapp skizzierten sozio-kulturellen und medialen Veränderungen bislang unzureichend reagiert. Sie ist noch nicht hinreichend orientiert auf die Notwendigkeit, Informations- und Kommunikationsbeziehungen als eigenständige und andauernde *Managementaufgabe* innerhalb des politischen Systems aufzufassen. Dies meint nicht den Bereich der persuasiven Kommunikation bspw. in Wahlkampfzeiten, sondern den „Alltag" im politischen Geschäft.

6. Politische Organisationen, vor allem die politischen Volksparteien in der Bundesrepublik Deutschland, sind heute vor allem zur externen - aber zunehmend auch zur internen - Information und Kommunikation auf Medien angewiesen. Die zunehmend größer werdende kommerzielle Orientierung insbesondere bei den elektronischen Medien, die für die politischen Akteure an Bedeutung gewonnen haben, zwingt zu einer Anpassung an die Vermittlungsbedingungen. Die Akteure des politischen Systems müssen mehr und mehr unter den Bedingungen eines stark ökonomischen Zielsetzungen verpflichteten Mediensystems handeln („Publikumsinteresse"). Die damit verbundenen Problemlagen werden allerdings in der Politik bislang nur unzureichend berücksichtigt: Politische Akteure erkennen zwar mehrheitlich die Bedeutung der Presse- und Öffentlichkeitsarbeit (PR) für die Politik an, aber den Bedingungen, Erfordernis-

sen und Möglichkeiten von Politik als „Öffentlichkeitspolitik" - als *Organisationsaufgabe*: Management von Kommunikationsbeziehungen zu unterschiedlichen und wechselnden Umwelten wird, zum einen aufgrund kurzfristiger politisch-egoistischer Motive und zum anderen aus normativen Verpflichtungen heraus, noch wenig Anerkennung zuteil.

7. Hervorzuheben sind insbesondere die Leistungsdefizite bei den politischen Parteien (vor allem bei den großen bundesdeutschen „Volksparteien"), die ihren informatorischen und kommunikativen Aufgaben sowohl in der Binnen- als auch in der Außenkommunikation nur unzureichend nachkommen. Die Bürger nehmen die Angebote der Parteien immer weniger wahr (z. B. Beteiligung an öffentlichen Veranstaltungen).

Da sich vor allem die großen Volksparteien in ihren ideologischen Grundsätzen nur sehr wenig voneinander unterscheiden, nehmen im Konkurrenzkampf hingegen werbliche (persuasive) Aktivitäten (Personen- und Image-Kampagnen) zugunsten informatorisch-kommunikativer Bemühungen immer mehr zu. Eine Folge dieser Entwicklung ist, daß aufgrund der *Leistungsdefizite* der politischen Parteien in der Auseinandersetzung mit Ansprüchen von Seiten der Bürger sowie bei der Entwicklung, Begründung und Durchsetzung von politischen Zielen das Regierungssystem nicht hinreichend „entlastet" werden kann. So haben die zum intermediären System gehörenden politischen Parteien die Aufgabe, Ansprüche zu sammeln, in Streitfragen zuzuspitzen und Programme zu formulieren. Auf diese Weise wird der öffentliche Problemhaushalt definiert und politische Öffentlichkeit so (vor-)strukturiert, daß die Probleme dem politisch-administrativen Entscheidungshandeln zugeführt werden können. Die politischen Parteien können aufgrund ihrer schwächer werdenden „Basisverankerung" und ihrer kommunikativen Schwächen diese Aufgaben aber immer weniger effektiv wahrnehmen.

8. Da die Parteien ihren kommunikativen Aufgaben nur eingeschränkt nachkommen, entsteht auf Seiten der Bürger der Eindruck einer mangelnden *Handlungsbereitschaft* oder Problemlösungsfähigkeit im gesamten politischen System. Dieser Tatbestand kann als eine Ursache für die vielfach beobachtete und behauptete Parteien- und Politikverdrossenheit angenommen werden.

9. Die politische PR wird von den unter Streß geratenen großen Volksparteien (geringes aktives Mitgliedspotential, Mobilisierungsprobleme, Vertrauensverluste) zumeist als einseitig ausgerichtete, persuasive Aktivität (Werbung, Marketing) aufgefaßt. Dementsprechend werden vor allem in Wahlzeiten externe

Berater angeheuert und Agenturen für alle Öffentlichkeitsaktivitäten eingesetzt. Politische PR steht allein ob dieser punktuellen und massiven Aktivitäten bei den Bürgern nicht unbegründet im Verdacht, im Kern nur auf Werbung und Überredung angelegt oder sogar nur schlicht *Propaganda* zu sein. Innerhalb der Parteien selbst müssen die Ziele von „Kommunikations-Profis" (Bundesebene) und „Kommunikations-Laien" (örtliche Mitgliedschaft) zur Deckung gebracht werden.

10. In der Öffentlichkeitsarbeit wird faktisch eine auf Medienresonanz angelegte allgemeine Presse- und Medienarbeit betrieben. Durch Thematisierung und De-Thematisierung wird versucht, die durch Medienberichterstattung geprägte gesellschaftliche Tagesordnung an politischen Themen und an Problemlösungsansätzen zu beeinflussen. Mit der Strategie der *Thematisierung* wird das „Besetzen" von Themen verfolgt, das eine positive Verknüpfung mit einer Person oder Organisation ermöglichen soll (Gewinn an Zustimmung, Image). Mit der Strategie der De-Thematisierung wird vorrangig das Ziel verfolgt, ein Problem „herunterzuspielen" und ihm die öffentliche Aufmerksamkeit zu entziehen. Es sollen sich Vorstellungen und Meinungen zu dem Problem nach Möglichkeit gar nicht erst bilden können.

11. Öffentlichkeitsarbeit wird weitgehend als (aktuelles) und kurzfristig angelegtes *Ereignismanagement* aufgefaßt; reaktive Bemühungen dominieren. Der Charakter dieses öffentlich aufgeführten Spiels wird vom Publikum durchaus erkannt - und keineswegs akzeptiert: Die Glaubwürdigkeitsprobleme „der" Politiker und „der" Politik - im Sinne einer Gesamthaftung von Politik - nehmen zu.

12. Politische PR, insbesondere die der Volksparteien, ist weitgehend Bestandteil einer *angebotsorientierten* und am politischen Führungspersonal (Eliten) ausgerichteten Informations- und Kommunikationspolitik, und weniger ein Ansatz zum Management von Kommunikationsbeziehungen zwischen einer Organisation und seinen zahlreichen Umwelten. Es werden vor allem zu wenig auf relative Dauer angelegte Kommunikationsangebote gemacht. Die Dialogorientierung ist gering.

13. Politische PR-Stellen sind - selbst im politisch-administrativen Bereich - zumeist kleine Stabsstellen, die direkt Partei- oder Fraktionsvorsitzenden, Generalsekretären, Amts- und Mandatsinhabern zuarbeiten und in deren Auftrag sie tätig werden. Aufgrund dieser Zuordnung sind die Handlungsmöglichkeiten

der politischen PR-Akteure nur im geringen Umfang von den Zwecken des politischen Führungspersonals entkoppelt (Mangel an Handlungsautonomie). Die politische Öffentlichkeitsarbeit kann somit lediglich als ein Handlungsfeld innerhalb des politischen Systems aufgefaßt, aber nicht als eigenständige Organisation angesehen werden: Spezifische *Berufs- und Funktionsrollen*, verbunden mit entsprechenden Professionalisierungsmerkmalen, lassen sich empirisch nicht ausmachen. Der Grad an Organisations- und Rollendifferenzierung in der politischen PR ist also sehr gering. Das führt zu einem Mangel an Organisationsidentität.

14. Die Auswahl von Personen für die Öffentlichkeitsarbeit trifft zumeist eine mit einem Mandat oder einer Aufgabe auf Zeit betraute Führungsperson. Vielfach sind die Vertragszeiten der PR-Akteure an die Amts- oder Mandatszeiten des politischen Führungspersonals gebunden. Die Handlungsautonomie der PR-Mitarbeiter bezogen auf die *Gesamtorganisation* ist sowohl in sozialer als auch in zeitlicher Hinsicht gering. Vom Öffentlichkeitsarbeiter wird neben der Sach- und Fachkompetenz vorrangig eine persönlich-individuelle oder gruppenbezogene Loyalität erwartet. Aus diesem Rekrutierungsmechanismus für das PR-Personal resultieren Mängel in der Professionalität (Sach- und Fachdefizite).

15. Öffentlichkeitsarbeiter im politischen System sind in besonderer Weise auf Personen und deren Individualziele - und damit weniger auf Organisationen und deren allgemeine Ziele - verpflichtet. Die Personenverpflichtung ist im politischen Bereich deshalb besonders ausgeprägt, weil im Politiksystem die Konkurrenz um Ämter und Mandate auf Zeit groß ist. Aus dieser Orientierung resultieren Mängel hinsichtlich der Vertretung der *Gesamtorganisation* sowohl gegenüber der Mitgliedschaft als auch gegenüber den Bürgern sowie gesellschaftlichen Organisationen. Aufgrund der geringen personellen Ausstattung sowie der Verpflichtung auf Wahl- und Mandatszeiträume überwiegt in den PR-Stellen das tagesaktuelle „Ereignis-Management" im Sinne von klassischer Medienarbeit (Pressearbeit) und aktueller Organisationsbeobachtung (Binnenorientierung). Die Maßnahmen sind in hohem Maße reaktiv ausgerichtet und es werden vor allem kurzfristige und taktische Ziele verfolgt (Mangel an struktureller Einbindung).

16. Politische PR-Stellen, z. B. in einer Parteiorganisation oder innerhalb einer Parlamentsfraktion, verfügen zudem immer nur über Teilzuständigkeiten im Zusammenhang mit politischen Prozessen, so daß von keiner Stelle eine *PR-*

*Konzeption* „aus einem Guß" entwickelt und umgesetzt werden kann (Mangel an Konzeptionen).

Der Zeitraum für eine systematisch konzipierte und längerfristig angelegte Öffentlichkeitsstrategie ist zudem vielfach zu kurz. Je stärker politische Öffentlichkeitsarbeiter auf einzelne Personen verpflichtet sind, desto mehr dominieren kurzfristig-taktische Überlegungen beim PR-Handeln zu Lasten einer strategischen Orientierung zugunsten der Gesamtorganisation. Schließlich begreifen sich Politiker selbst als Öffentlichkeitsarbeiter „in eigener Sache" und nutzen Unterstützungs- und Beratungsmöglichkeiten nur selektiv (Mangel an strategischer Orientierung).

*Kurt Biedenkopf*

# Politik und Medien - ein notwendig schwieriges Verhältnis?
## Zum Strukturwandel politischer Öffentlichkeit

Magnifizenz, Herr Prof. Jarren, meine sehr verehrten Damen und Herren, liebe Kolleginnen und Kollegen, zunächst vielen Dank für die Einladung zu dieser Schlußveranstaltung Ihrer 41. Tagung. Der Gegenstand: „Politik und Medien - ein notwendig schwieriges Verhältnis? Zum Strukturwandel politischer Öffentlichkeit." So ist das, wie es akademischer Brauch ist, kompliziert ausgedrückt. Was dahinter steckt, ist die Frage des Verhältnisses von Politik und Medien.

### 1. Stellungnahme zu den Thesen von Jarren

Ich habe von Ihnen, Herr Kollege Jarren, Thesen bekommen, zu denen ich eingangs nur einige Bemerkungen machen möchte.

Mir ist aufgefallen, daß Ihre Thesen sich im wesentlichen mit Prozessen befassen, d.h. also, den Kommunikationsprozeß zwischen Politik und Medien zum Gegenstand haben; wobei Sie auf die sogenannte PR-Arbeit der politischen Parteien stark fokussieren und von einer ganzen Reihe von Annahmen ausgehen, die ich - zum Teil jedenfalls - für diskussionswürdig halte.

Weiter ist mir aufgefallen, daß die materiellen Probleme des Verhältnisses von Medien und Politik in Ihren Thesen so gut wie überhaupt nicht angesprochen werden. Möglich ist, daß man sich unter Kommunikationswissenschaftlern im wesentlichen mit Prozessen befaßt - was naheliegend wäre. Aber diese Prozesse sind ja kein Selbstzweck, sondern sie sollen ja ein inhaltlich bestimmtes Verhältnis gestalten. Und deshalb kommt es, wenn man über die Kommunikationsprozesse spricht, die das Agieren der PR-Abteilungen der politischen Parteien, der Regierenden oder überhaupt der Politiker im Verhältnis zur Öffentlichkeit und zu Medien betreffen, nach meiner Meinung doch sehr stark darauf an, was da eigentlich inhaltlich passieren soll. Wie sieht beispielsweise die inhaltliche Ausformung in bezug auf die jeweilige Wirklichkeit und ihre institutionellen Arrangements des Artikels 5 des Grundgesetzes aus? Wie realisiert sich Freiheit von Rundfunk und Presse konkret, und welche Auswirkungen haben die technologischen Veränderungen, die uns immer mehr veranlassen, von einer Informationsgesellschaft zu sprechen, auf diese inhaltliche Konkretisierung eines Grundrechts?

Darf ich hier nur einfügen, daß ich mit dem Begriff „Informationsgesellschaft" relativ wenig anfangen kann. Soweit ich mir das vorstellen kann, hat es nie eine menschliche Gesellschaft gegeben, die auf etwas anderem beruhte als auf der Information, die nämlich die Gesellschaftsfähigkeit erst begründet. Was wir heute haben, sind moderne Kommunikationsmittel, d.h. Instrumente der Kommunikation, die allerdings auch zu einer qualitativen Veränderung des Prozesses führen.

Dann ist mir es sehr wichtig, darauf hinzuweisen, was die Medien selbst im politischen Prozeß leisten, bewirken oder was wir von ihnen an Leistung erwarten müssen. Es wird im Zusammenhang mit dem Verhältnis von Politik und Medien in der Regel so diskutiert, daß es um die Freiheit der Medien und um die Kontrolle der Politik geht. Das ist eine Seite der Medaille und zwar eine sehr wichtige. Was relativ wenig diskutiert wird, ist die Frage, welche eigenständige Einwirkung die Medien auf die Entwicklung unserer Gesellschaft haben und in welchem Umfang sie auf politische Entscheidungen einwirken. Ich werde eine Reihe von Beispielen erwähnen, wo die Einwirkungen ganz evident sind, wenn auch möglicherweise gar nicht beabsichtigt.

Eine weitere Frage im Zusammenhang von Medien zur Politik ist: Welche Aufklärungsverpflichtung haben Medien, in welchem Umfang sind sie also zur eigenständigen Aufklärung und nicht nur zur Aufnahme fremder Aufklärungen und deren Übertragung in die Öffentlichkeit angehalten, bzw. nach ihrem eigenen Selbstverständnis verpflichtet? In ihren Thesen ist mehrfach die Rede von der Flüchtigkeit der Gegenstände, über die öffentlich diskutiert wird. Aber, auf wen ist die Flüchtigkeit der Gegenstände zurückzuführen? Wer bestimmt denn die Dauerhaftigkeit von Gegenständen, wer entscheidet darüber, ob ein Thema noch behandelt wird oder nicht, ob es im Auswahlprozeß eher unvermeidlich ist? Wer entscheidet darüber, ob ein Thema im Auswahlprozeß noch eine Chance hat oder nicht? Mir sind vielfache Aussagen von Journalisten bekannt, die ich gebeten habe, bestimmte Themen weiter zu verfolgen woraufhin sie erklärt haben, das sei bereits abgefrühstückt, d.h. der

Gegenstand sei gewissermaßen nicht mehr von öffentlichem Interesse. Ich bin mir nicht so sicher, ob er nicht mehr von öffentlichem Interesse oder nur nicht mehr von Medieninteresse war. Was keineswegs dasselbe sein muß.

Ich habe weiter den Eindruck – und das ist in der Tat eine in meiner jetzt ungefähr 25jährigen politischen Praxis von mir selbst erlebte Veränderung –, daß das Interesse an ausführlicher Darstellung politisch relevanter Sachverhalte zurückgetreten ist und der Unterhaltungszweck der Darstellung politischer Sachverhalte immer mehr in den Vordergrund tritt. Man könnte sagen: vom Disput über den Dialog zur Geschwätzigkeit. Jedenfalls dann, wenn man sich an die Fülle der Talkshows erinnert, zu denen ein wunderbarer Aufsatz in der „Zeit" unter der Überschrift „Die Geschwätzigkeitsmaschine" erschien. Wenn sie sechs oder sieben Personen zu einem Thema versammeln, ein- bis eineinhalb Stunden vorgeben und dann noch das Bestreben haben, die Behandlung des Themas so zu gestalten, daß die Zuhörer nicht durch den Inhalt des Mitgeteilten, sondern durch die Form der Auseinandersetzung gefesselt werden, dann bleibt das Thema in der Regel auf der Strecke.

Und schließlich eine für mich entscheidende Frage, auf die ich auch noch einmal zurückkommen werde: Wo kann man Politik wirklich erklären? Wir haben gerade in Ostdeutschland einen riesigen Erklärungsbedarf für Politik. Es ist jetzt ziemlich genau sechs Jahre und einen Monat her, daß ich hier an diesem Pult stand und meine Antrittsvorlesung gehalten habe. Diese Antrittsvorlesung befaßte sich damals – allgemein gesprochen – mit Fragen der deutschen Einheit, die auf uns zukam, viel mehr noch mit der Erklärung politischer und gesellschaftlicher Institutionen. Es war immerhin schon nach der Verabschiedung des ersten Staatsvertrages. Es besteht ein riesiger Erklärungsbedarf, denn die Medien setzen häufig bei ihren Darstellungen politischer Sachverhalte das Wissen über diese Institutionen und ihre Funktionsweise voraus. Ich verfolge im Augenblick beispielsweise mit großem Interesse die Äußerung der Medien über die Rentenfrage. Ich habe noch kaum eine Sendung miterlebt (was nicht bedeutet, daß es sie nicht gibt), in der der Bevölkerung das Wesen eines Umlagesystems erläutert wurde. Ohne das Verständnis über das Umlagesystem kann aber die Bevölkerung sich an der Diskussion überhaupt nicht beteiligen. Noch immer geht mehr als die Hälfte der Menschen in Deutschland davon aus, daß die Beiträge, die sie ins System einzahlen, später an sie zurückfließen, d.h. sie haben keine Ahnung von der Funktionsweise des Systems. Die Politik möchte das gerne erklären – zum Teil jedenfalls, zum Teil auch nicht. Aber es wäre nach meiner Auffassung eine eigenständige Aufgabe der Medien, solche Aufklärungsleistung zu bringen.

## 2. Eine funktionale Definition von „Politik"

Jetzt aber zu meinen Thesen. Zunächst einmal möchte ich mich gern eine Minute aufhalten bei der Frage, was Politik in dem Zusammenhang Politik und Medien eigentlich ist. Ich finde diese Formulierung deshalb sehr interessant, weil sich ja hier die Medien von der Politik distanzieren, sonst könnte es kein Verhältnis zwischen Politik und Medien geben. Die Medien sind aber Teil der Politik. Es ist völlig unzweideutig, daß die Medien eine zentrale Rolle im politischen Dialog spielen. Politik muß also hier enger definiert werden als z.B. das, was ich unter politischer Klasse verstehen würde. Daß ein Intendant oder ein Chefredakteur einer Rundfunk- oder Fernsehanstalt zur politischen Klasse gehört, steht völlig außer Frage. Im Unterschied zu der Diskussion, die wir Anfang und Mitte der siebziger Jahre geführt haben, wird ja auch von den Intendanten der Rundfunk- und Fernsehanstalten nicht mehr bestritten, daß sie politischen Einfluß ausüben. Damals wurde das bestritten. Sie waren der Meinung, sie hätten keinerlei politischen Einfluß oder vertraten diese Auffassung jedenfalls mit großer Nachdrücklichkeit. Nach meiner Auffassung gehören zur Politik natürlich in erster Linie die Politiker, d.h. diejenigen, die Politik von Berufs wegen wahrnehmen, sowohl die Abgeordneten in den Landtagen und Bundestagen, natürlich auch zumindest die hervorgehobenen Repräsentanten der kommunalen Ebene, sie werden alle als Politiker wahrgenommen und die Institutionen, derer sie sich bei der Durchführung ihrer Aufgabe bedienen, also die Exekutive, die Legislative, aber auch die Gerichte. Es gibt keinen Zweifel, daß die Gerichte bei ihren Entscheidungen, insbesondere bei der Verfassungsauslegung, Politik betreiben, deshalb werden sie ja auch zu Recht als dritte Gewalt bezeichnet. Sie definieren auf der rechtlichen Grundlage der Verfassung politische Inhalte, und zwar statten sie politische Inhalte mit verfassungsrechtlichen Verbindlichkeit aus. Das ist politische, wohlgemerkt nicht parteipolitische Tätigkeit. Ich möchte damit deutlich machen, daß ich unter Politik nicht nur Parteipolitik verstehe, eine in meinen Augen nachhaltig gefährliche Verkürzung des Politikbegriffs. Natürlich gehören die politischen Parteien auch zur Politik.

Wie ist es aber nun mit den organisierten Interessen? Gehören z.B. die großen organisierten Interessen in Deutschland, die die unterschiedlichsten Spezialinteressen in der Gesellschaft vertreten, zur Politik oder nicht? Daß sie an den politischen Entscheidungsprozessen beteiligt sind, kann kein Mensch bestreiten, der die Wirklichkeit unserer parlamentarischen Prozesse zur Kenntnis nimmt oder sich dafür interessiert. Natürlich wirken sich die politisch organisierten Interessen nachhaltig auf die politischen Entscheidungsprozesse aus und beeinflussen sie damit auch. Und das Gleiche gilt für die Medien. Sie sehen, daß ich hier nicht eine institutionelle, sondern eine funktionale Definition zugrunde lege. Man kann natürlich eine institutionelle, eine formal institutionelle Definition zugrunde legen, dann scheiden all diejenigen, die kein politisches Mandat haben oder ihre Funktion von einem politischen Mandat ableiten, wie z.B. die Exekutive oder die Bürokratie, möglicherweise sogar die Gerichte aus dem Politikbegriff aus. Nur – mit einem so verengten Politikbegriff würden wir nicht weit kommen. Denn es geht um die politischen Entscheidungsprozesse, und auf diese wirken mehrere Kräfte ein. Natürlich in erster Linie die professionelle Politik im institutionellem Sinne, aber auch die organisierten Interessen und – daran besteht für mich nach einer nun fast 25jährigen Praxis als Politiker auch kein Zweifel mehr – auch die Medien. Es kann sein, daß sie das gar nicht wollen, obwohl ich das nicht glaube. Aber selbst wenn sie es nicht wollten, würden sie es tun. Das ist ähnlich wie mit der Wirtschaftsmacht. Wenn eine Institution, ein Unternehmen Wirtschaftsmacht hat, dann kann es sich noch so wettbewerbsneutral bzw. wettbewerbsfolgsam verhalten, es wird immer als mächtig angesehen, und die anderen, die von dieser Macht beeinflußt werden, werden sich in ihrem Verhalten darauf einstellen. Also, es geht nicht so sehr um die subjektive Seite, sondern auch um die objektive Situation. Ich sage das auch überhaupt nicht kritisch, sondern einfach feststellend. Ich wüßte auch gar nicht, warum ein Journalist sich der Feststellung durch Verweigerung entziehen sollte, wenn er so ausreichend herausgehoben ist und ausreichend viel Einfluß ausüben kann, daß er am politischen Prozeß beteiligt ist. Wir kommen noch zu Fällen, wo Journalisten durchaus der Meinung waren, daß es richtig wäre, sich an politischen Prozessen offen zu beteiligen. Unterschiedlich ist allerdings die Mitwirkung und die Wirkung, vor allem gemessen am Grad der Verantwortung der jeweiligen Entscheidung. Die institutionelle Politik ist verantwortlich auch im Sinne von Sanktionen. Parteipolitiker, Abgeordnete, Regierungen können bei nachhaltigem Fehlverhalten abgewählt werden. Auf die Möglichkeit der Abwahl reagieren sie natürlich während ihrer ganzen politischen Tätigkeit, d.h.

ihr Verhalten wird sehr stark, stärker als viele glauben, von der jeweiligen Einschätzung der Erfolgsmöglichkeiten geprägt, und diese Erfolgsmöglichkeiten kulminieren in der Frage der Wiederwahl. Das ist ja auch der Zweck periodischer Wahlen, daß man über sie auf die politischen Entscheidungsprozesse einwirkt, nicht, indem man an jeder einzelnen Entscheidung mitwirkt – etwa durch Volksbegehren oder Volksentscheid –, sondern daß man allgemeiner mitwirkt, vermittelt über politische Parteien. Daß die Sanktionen für Fehlentscheidungen im wesentlichen bei der Politik landen, ist richtig, es entspricht unserer demokratischen Verfassungsordnung und wirkt sich auch als Begrenzung für die entscheidenden Spielräume der Politik aus – eine Begrenzung, die man nicht gänzlich aus dem Auge verlieren soll.

Ich werde immer wieder gefragt, warum denn die Parlamentarier nicht gewissermaßen Vorausabteilung für eine sich verändernde Wirklichkeit in der Gesellschaft sind, und ich antworte ihnen immer, daß die Parlamentarier den Fragestellern genauso viel Vorausabteilung sein können wie sie in der Lage sind, ihren Wählern in ihren Wahlkreisen das Vorausgehen zu erklären. D.h. dort, wo die Erklärungslast größer ist als die Fähigkeit zu erklären, wird es nichts mehr mit der Vorausabteilung. Die Abgeordneten sind im besten Sinne des Wortes repräsentativ für ihre Wähler, sie wollen sie ja auch repräsentieren, sie wollen ihre Interessen vertreten und werden von den Wählern und insbesondere von deren organisierten Interessen auch so gesehen. Diese Sanktion führt zu Begrenzungen. Diesen Begrenzungen unterliegen die organisierten Interessen nicht, diesen Begrenzungen unterliegen aber auch die Medien nicht. Dort verbreitet sich eine einmal ausgelöste Aktion mit unheimlicher Geschwindigkeit über die ganzen Medien, weil auch in der Medienlandschaft ein nachhaltiger Kopiereffekt auftritt. Wenn irgendjemand ein Thema hat und es ihm gelungen ist, dieses Thema in den Mittelpunkt der Aufmerksamkeit zu stellen, dann können Sie als Politiker ziemlich gewiß sein, daß Sie innerhalb kürzester Zeit von 20 oder 30 verschiedenen Medien zu dem gleichen Gegenstand befragt werden, meistens auch mit den gleichen Fragen. Dieser Effekt einer Thematisierung wirkt sich natürlich auf die politischen Entscheidungsprozesse aus. Ich kann mich noch an die Koalitionsverhandlungen im Spätherbst 1994 erinnern, als das Gutachten der Bareis-Kommission und einen Tag später das Gutachten der Streit-Kommission bei der Bundesregierung abgeliefert wurden und beide Gutachten sofort im Panzerschrank verschwanden und zwar als Reaktion auf Schlagzeilen der Boulevardpresse. Natürlich wollte die Boulevardpresse nicht das Verschwinden der Gutachten bewirken, aber sie hat die Gutachten in einer Weise inhaltlich verkürzt, daß sich die Politik außerstande sah, in der ihr nur ganz kurz verbliebenen Zeit, diese Verkürzungen zu differenzieren. Deshalb hat man gesagt, wir können das überhaupt nicht erklären, wir lassen das Gutachten verschwinden. Ich mache dafür niemanden verantwortlich, ich stelle nur die Zusammenhänge fest. Die Feststellung der Zusammenhänge, so hoffe ich jedenfalls, löst bei denen, die solche Zusammenhänge auslösen, vielleicht eigenständige Reflexionen aus. Wenn nicht, ist es auch nicht zu ändern. Aber wir sollten uns gegenseitig auf die Möglichkeit solcher Reflexionen aufmerksam machen.

Fazit zu diesem Verhältnis ist, daß es einen nicht formalen, aber politischen Zusammenhang in den Entscheidungsprozessen gibt. In der politischen Realität gibt es hinsichtlich der Entscheidungsinhalte eine Gemeinsamkeit, hinsichtlich der Entscheidungsverantwortung dagegen nicht. Daß organisierte Interessen auf politische Entscheidungen einwirken, liegt in der Natur der Sache, zum großen Teil werden sie deshalb organisiert. Man will durch die Organisation von Teilgruppen in der Gesellschaft deren besonderes Gewicht zur Geltung bringen, und das gelingt ja häufig auch. Allerdings sind diese organisierten Interessen untereinander durch den Wettbewerb der Interessen begrenzt, und deshalb ist es für die Politik in erster Linie dann gefährlich, wenn sich die organisierten Interessen gemeinsam, also in einer Art Kartellverhalten gegen die Politik „zusammenrotten". Das findet insbesondere bei Sparprogrammen statt. Denn Wettbewerb der organisierten Interessen und ihre Nacheinander-Bedienung setzt Wirtschaftswachstum voraus. Solange man in einer Gesellschaft Wirtschaftswachstum hat, ist die Bedienung organisierter Interessen relativ einfach. Man kann ein Interesse nach dem anderen bedienen und damit bei allen die Erwartung aufrechterhalten, daß sie eines Tages auch bedient werden, was ein Wohlverhalten oder zumindest doch ein Kooperationsverhalten zur Folge hat.

Auch die Medien können eigene Interessen vertreten. Bei den privaten Medien ist das verständlich, da geht es um ökonomische Interessen, die man allgemein kennt; bei den öffentlich-rechtlichen Medien würde das zunächst einmal zurückgewiesen. Welche eigenen Interessen sollten öffentlich-rechtliche Medien haben? Nun, sie haben sie in der Tat, es sind Beschäftigungsinteressen oder Kollektivinteressen derer, die dort wirken. Das ist besonders deutlich geworden, als der Kollege Stoiber und ich im vergangenen Jahr eine Diskussion über die Reform der ARD ausgelöst haben. Ich habe selten eine so unmittelbare, unverblümte Eigeninteressenvertretung erlebt wie nach dieser

Initiative im Bereich der ARD. Unter Inanspruchnahme der Nachrichtendienste und vieler anderer haben die ARD-Rundfunkanstalten diese Initiative mit zum Teil völlig unsinnigen Argumenten und Übertreibungen bekämpft. Natürlich haben sie diesen Kampf nicht um ihre Interessen geführt, sondern er war überlagert durch das Pathos des öffentlich-rechtlichen Auftrags, aber in Wirklichkeit ging es um sehr handfeste materielle Interessen.

## 3. Die Funktionen der Medien

Was sind nun die Funktionen im Bereich der Pressefreiheit? Das ist ja das eigentlich Entscheidende für das Verhältnis von Politik und Medien. Informations-, Vermittlungs-, Kritik- und Kontrollfunktionen werden häufig zusammengefaßt unter dem Stichwort „vierte Gewalt". Man sagt, die Medien sind eine weitere, mit Verfassungsschutz – zumindest was den Freiheitsraum anbetrifft – ausgestattete Einrichtung. Ich möchte dem nicht widersprechen. Zwar sind die Medien keine vierte Gewalt im institutionellen, aber sehr wohl im funktionalen Sinne. Man erwartet von ihnen, stellvertretend für eine sehr heterogene und nicht ausreichend informierte Bevölkerung und über das hinaus, was Parlamente oder Gerichte leisten können, eine ständige Kontrolle der Ausübung von Staatsgewalt. Und das ist gut so. Die Frage ist nur, wie man diese Aufgabe versteht, wie wird sie inhaltlich konkret? Viele haben mit der Kritik- und Kontrollfunktion dabei keine Schwierigkeiten. Was Kritik ist, weiß jedermann, trotzdem ist es keineswegs so eindeutig. Wenn z.B. über Streiks berichtet wird, sind die Medien nach ihrem eigenen Selbstverständnis nicht auch verpflichtet, den Hintergrund von Streiks aufzuklären? Sind sie verpflichtet, die Öffentlichkeit über die Zusammenhänge zu unterrichten, oder reicht es aus, die Agitation darzustellen und das, was die jeweils streitenden Parteien von sich geben, als Nachricht weiterzuvermitteln? Ich weiß es nicht, aber ich würde gern darüber diskutieren.

Wie ist es im Zusammenhang mit der Haushaltsproblematik, die uns in den nächsten Jahren, nicht nur in diesem Jahr, sondern auf absehbare Zeit beschäftigen wird? Gibt es eigenständige Analysetätigkeit, kritische, aufklärende Darstellung z.B. über das, was die Bürger vom Staat erwarten? Sehen die Medien ihre Aufgabe darin, die Bevölkerung darüber aufzuklären, was sie selbst vom Staat erwarten und was der Staat möglicherweise nur leisten kann? Es ist ja sehr interessant, daß in fast allen diesen Diskussionen die grundsätzliche Verpflichtung des Staates zur Leistung unbestritten bleibt. Es ist hier eine sehr interessante Umkehr im parlamentarischen System gegenüber seinen Ursprüngen eingetreten: Die Entstehung der Parlamente verdanken wir dem Umstand, daß Abgeordnete die Ausgabenpolitik der Exekutive kontrollieren wollten, um die Exekutive an der Geldverschwendung zu hindern. Im Augenblick befinden wir uns in der ziemlich absurden Situation, daß die Exekutive mit dem Versuch beginnt, die Parlamente an der Geldverschwendung zu hindern.

Ich komme gerade von einer Veranstaltung in Dresden – dem sogenannten Christival – einer Zusammenkunft von über 30.000 jungen Menschen. Ich habe in meinem Grußwort den dort versammelten jungen Christen gesagt, daß das, was sie da tun, einen wichtigen Beitrag zur Wertesicherung, zur Werteentwicklung und -erneuerung darstellt. Das hat aber auch eine große Bedeutung für das Verhältnis von Politik und Medien, wenn die Medien eine Schlüsselrolle haben, die wir ihnen recht schnell und kritiklos in der Informationsgesellschaft zuerkennen. In dem Sinne, daß die Medien zumindest an der Entwicklung und Befestigung oder auch Auflösung von Wertvorstellungen mitwirken, auf denen letztlich das staatliche Gemeinwesen beruht. Diese Zusammenhänge werden nach meiner Auffassung viel zu wenig diskutiert. Denn der freiheitliche, säkulare Staat kann die Wertvoraussetzungen, auf denen er beruht, nicht selbst postulieren. Wer konstituiert dann diese Wertesicherung in der Informationsgesellschaft? Vielfach Kirchen und Verbände. Aber auch Medien? Ich frage das nur.

Ich habe vor Jahren einmal in einer Diskussion mit Gerd Bacher die Auffassung vertreten, daß es für alle verfassungsrechtlich geschützten autonomen Zuständigkeiten, nicht nur für das Eigentum oder die Tarifautonomie eine – wenn auch im übertragenen Sinne verstandene – Sozialpflichtigkeit geben muß. Es muß für alle autonomen Befugnisse, die sich überhaupt nur institutionell darstellen lassen, z.B. die Zeitungsverlage, die Rundfunk- und Fernsehanstalten oder die privaten Sender eine besondere Verpflichtung geben. Es ist ja auch der Ursprung der Sozialpflichtigkeit des Eigentums, daß Eigentum nicht jedermann zur Verfügung stehen kann, also Abhängigkeiten von der Handhabung des Eigentums unvermeidlich sind, und daß aus diesen Abhängigkeiten eine besondere Bindung erwächst. Im Fall von Eigentum ist das eine Bindung, die man legislativ festzurren und mit Sanktionen bewerten kann. Im Falle der Rundfunk- und Fernsehautonomie ist das mit Sicherheit nicht der Fall. Aber es ist trotzdem notwendig, darüber zu sprechen, denn die freiheitliche Gesellschaft trägt sich gewissermaßen aus der zutreffend verstandenen verantworteten Freiheit. Das ist ja gerade ihre Einmaligkeit. Das heißt, sie kann sich in bezug auf ihre innere, aus Wertordnungen abgeleitete Legitimation nicht institutionell an irgendetwas Staatliches binden, ohne genau diese Freiheitlichkeit in Frage zu stellen.

## 4. Darstellung der Wirklichkeit

Und in diesem Zusammenhang möchte ich den letzten Punkt erwähnen. Das ist die Darstellung der Wirklichkeit. Ich bin mir völlig darüber im klaren, daß Medien nicht die ganze Wirklichkeit darstellen. Deshalb ist eine ganz entscheidende Frage, was stellen sie denn als Wirklichkeit dar? Allen, die an Medien- und Kommunikationsfragen arbeiten, werden die Diskrepanzen in Umfragen geläufig sein, die auftreten, wenn man die Leute nach ihrer eigenen Befindlichkeiten und nach der Befindlichkeit des Ganzen fragt. Es gibt fast keinen Bereich, ob das die Wohnungsversorgung ist, die Zufriedenheit mit der beruflichen Tätigkeit, die Zufriedenheit mit der eigenen wirtschaftlichen Lage, die Zukunftsaussichten und ähnliches, wo wir nicht z.T. signifikante Unterschiede zwischen der im eigenen Erleben wahrgenommenen Wirklichkeit und der Wirklichkeit feststellen müssen, die vermittelt wird. Das war nie anders. Nur in einer Informationsgesellschaft, d.h. in einer Gesellschaft, in der das Informieren und das Informiertwerden eine qualitativ neue Wichtigkeit erfahren hat, ist natürlich die Darstellung der Wirklichkeit durch die Medien eine wesentliche Qualität, nicht nur Quantität. Warum? Der entscheidende Grund liegt darin, daß Politik sich bei der Formulierung politischen Handlungsbedarfs in der Regel nicht an der erlebten Wirklichkeit der Individuen orientiert, sondern an der Wirklichkeit, wie die Menschen sie als Gemeinschaft, als Gesellschaft wahrnehmen. Wenn diese Wirklichkeit aber wesentlich abweicht von dem, was die Leute individuell in ihrer großen Mehrheit erleben, dann tritt ein Problem auf: Das Handeln der Politik, bezogen auf die wahrgenommene Wirklichkeit ist in bezug auf die Realität falsch, oder zumindestens verfehlt es die Realität beachtlich. Dieses Verfehlen der Realität führt zu Widersprüchen und diese Widersprüche wiederum führen zu Reaktionen der Politik.

Ich habe leider keine Zeit mehr für wissenschaftliche Arbeit. Eine der Fragen, die ich mir sonst im juristischen Bereich gestellt hätte, ist, ob es einen

Zusammenhang gibt zwischen der wachsenden Quantität an Gesetzgebung einerseits – von der nach Sachverständigenmeinung inzwischen gut die Hälfte korrigierende Gesetzgebung ist, d.h. Korrigieren früherer gesetzgeberischer Entscheidung – und der immer größer werdenden Lücke zwischen erlebter Wirklichkeit des Einzelnen und wahrgenommener Wirklichkeit der Gemeinschaft andererseits. Es könnte durchaus sein, daß ein nicht unwesentlicher Teil dieses Korrekturbedarfs in der Gesetzgebung deshalb auftritt, weil die Gesetzgebung bei ihren initialen Entscheidungen von Annahmen über die Wirklichkeit ausgeht, die nicht oder zumindest zu einem wesentlichen Teilen nicht stimmen und deshalb, nachdem die Reaktion kommt, korrigiert werden müssen. Und diese Reaktion kommt immer schneller. Wir haben inzwischen Gesetzgebungsverfahren, in denen bereits an den Novellen gearbeitet wird, noch ehe die Gesetze in Kraft getreten sind, weil man bereits in dem Prozeß merkt, daß man Wirkungen auslöst, die man nicht will. Nun kann man dafür die Politik verantwortlich machen, letztlich ist sie dafür verantwortlich zu machen. Nur, wenn es richtig ist, daß die Medien eine Schlüsselfunktion in der Vermittlung zwischen Politik und Bürgerschaft haben und daß auf die Medien zu einem wesentlichen Teil auch die Wahrnehmung der Wirklichkeit, soweit sie über den eigenen Wahrnehmungskreis hinausreicht, zurückzuführen ist, weil sie die Vermittler von gemeinschaftlicher Wirklichkeit sind, dann ergibt sich hier auch ein ganz interessantes Verhältnis zwischen Politik und Medien: die Frage einer gemeinsamen Aufgabe insoweit, als es um die Darstellung der Wirklichkeit geht. Ich kann Ihnen sagen, daß dies wahrscheinlich die härteste Nuß ist, denn an der Aufklärung der Wirklichkeit besteht ein weit geringeres Interesse als man annehmen sollte. Und die Zwischenschicht, die überhaupt kein Interesse oder jedenfalls ein sehr verhaltenes Interesse an der Aufklärung der Wirklichkeit hat, ist die Gesamtheit der organisierten Interessen. Diese organisierten Interessen reichen weit in die politischen Parteien und sind zum Teil kaum noch separierbar. Lassen Sie mich das an einem Beispiel deutlich machen, das ich hier ausdrücklich hypothetisch vortrage, weil ich es selbst noch nicht bis zum Ende durchdacht habe. Das ist das Beispiel des Arbeitsmarktes. Vielleicht ist Ihnen aufgefallen, daß sich die Nachrichten bei der monatlichen Darstellung der Arbeitslosenziffern ausschließlich mit reinen Arbeitslosenziffern, allenfalls regional aufgeteilt, befassen, daß es aber in der Darstellung keinerlei Versuche gibt, und zwar weder von der Bundesanstalt für Arbeit noch in den Medien, einmal zu erforschen, was sich hinter dieser Globalzahl verbirgt. Es ist sehr interessant, wenn man versucht, ein Interesse daran zu beleben, vor allen Dingen bei den

Beteiligten, also den Organisationen und den Ministerien, den Sozial- und Arbeitsmarktbürokratien. Wenn man den Versuch unternimmt, diese Arbeitslosenzahlen zu differenzieren und zwar mit keinem anderen Ziel als festzustellen, welche Maßnahme denn für welche Art von Arbeitslosigkeit notwendig ist, stößt man auf vehementen Widerstand. Es gibt ganz offensichtlich ein politisches Interesse an der Globalzahl, und es gibt offensichtlich ein nur verhaltenes Interesse an bzw. einen Widerstand gegen Differenzierung. Und das ist durchaus verständlich. Denn wenn man auf der Grundlage vorhandener Statistiken differenziert, wird man feststellen, daß die Zielgruppen höchst unterschiedlicher Art sind und deshalb auch die Politik unterschiedlicher Art sein muß.

Wenn sich z.B. herausstellt, daß ein Drittel der Arbeitslosigkeit im Jahr 1995 praktisch zu einem wesentlichen Teil Fluktuationsarbeitslosigkeit war, dann zeigt sich, daß zumindest in bezug auf dieses Drittel besondere strategische Maßnahmen des Staates gar nicht nötig sind. Denn diese Bewegungen im Arbeitsmarkt – wir haben seit Jahren im westdeutschen Arbeitsmarkt eine Fluktuationsrate von 20 Prozent pro Jahr – sind ein Zeichen für eine außerordentlich dynamische Veränderung. Diese weniger als drei Monate sind sozial voll abgedeckt und bestehen zu einem wesentlichen Teil aus Fluktuationsarbeitslosigkeit, so daß es völlig sinnlos wäre, in bezug auf dieses Drittel jetzt besondere Konjunkturmaßnahmen in Gang zu setzen oder sonst besondere Anstrengungen zu unternehmen. Wenn sich dann herausstellt, daß ein erheblicher Teil der Arbeitslosen, vor allem der Langzeitarbeitslosen, unter gesundheitlichen Einschränkungen leiden oder Schwerbehinderte sind, dann wird ganz deutlich, daß dieser Gruppe mit normalen konjunkturpolitischen Maßnahmen auch nicht geholfen werden kann, sondern da müssen sehr detailliert vor Ort, dezentral, ganz spezifische Vermittlungsanstrengungen stattfinden. D.h. wir haben drei Gruppen – sehr vereinfacht – von denen nur die mittlere, sicherlich nach wie vor eine große beachtliche Gruppe, auf eine normale Arbeitsmarktpolitik antworten kann, bzw. die Unternehmen, die sie beschäftigen sollen. Wenn ich diese Unterteilung vornehme, dann wird mir von vielen Seiten entgegengehalten, ich wolle die Arbeitslosigkeit verniedlichen. Und wenn das sozialpolitische Engagement noch stärker unter Beweis gestellt werden soll, dann wird das Argument nachgeschoben, dies entsolidarisiere auch die Arbeitnehmerschaft. Wenn dies so ist und die Politik keine Möglichkeit sieht, solche Sachverhalte zu transportieren, wer transportiert sie dann? Das sind Sachverhalte, meine sehr verehrten Damen und Herren, die nicht abstrakt sind.

Die Folgen von politischem Fehlverhalten in solchen Großräumen – dem Arbeitsmarkt, dem Sozialsystem – lassen sich nur in zweistelligen Milliardengrößen pro Jahr definieren. Hier sind Zusammenhänge zwischen Politik und Medien, jetzt mal aus der Sicht der Politik an die Medien gerichtet, die mich – das muß ich ganz offen sagen – mit Sorge erfüllen. Ich wünschte mir, daß man insbesondere den Grundversorgungauftrag in den öffentlich-rechtlichen Medien auch unter Einschluß solcher Funktionen definieren und sich nicht zunehmend sklavisch an die Entwicklungen anhängen würde, die im privatwirtschaftlichen Fernsehen stattfinden. Im Augenblick wird die Diskussion über die Grundversorgung im wesentlichen so geführt: Was die Privaten dürfen, müssen wir auch dürfen, sonst scheiden wir aus dem Markt aus.

Ich bin da ganz anderer Meinung. Ich bin der Meinung, wenn es überhaupt eine Rechtfertigung für die Arbeitsteilung zwischen Öffentlich-Rechtlichen und Privaten gibt, dann nur daraus, daß sich die öffentlich-rechtliche Legitimation z.T. aus Funktionen ableitet, die die Privat-Rechtlichen nicht erbringen. Hier muß eine Medienanalyse im Verhältnis zur Politik ansetzen, wenn sie wirklich in die Tiefe führen soll. Ich habe jetzt, Herr Prof. Jarren, diese prozessualen Fragen, die Sie in Ihren Thesen behandelt haben, über PR-Zusammenspiel, personalbezogene PR, institutionsbezogene PR, nicht mit angesprochen. Nicht, weil ich ein Kontrastprogramm zu Ihren Thesen darstellen wollte, sondern weil ich in diesem Kreis, der sich ja von Berufs wegen mit solchen Fragen beschäftigt, einige Überlegungen vortragen wollte, die mich bei der Frage nach dem Verhältnis von Politik und Medien immer wieder beschäftigt haben.

## II. Nachrichtenproduktion: Veränderungen in der journalistischen Informationsverarbeitung

*Armin Scholl*

# Autonomie und Information(sverhalten) im Journalismus

## 1. Erkenntnisinteresse und Vorgehensweise

Der Prozeß der Massenkommunikation wird gern mit Hilfe eines kybernetischen Input-Output Modells beschrieben. Dieses Modell ist intuitiv auch einleuchtend: Auf der Makroebene sorgen die Nachrichtenagenturen und andere Quellen für den Input in das System der Massenmedien. Die Journalisten verarbeiten diese Informationen und verbreiten sie über die Massenmedien an das oder ihr Publikum. Durch die konstruktivistische Debatte ist diese Modellierung jedoch angezweifelt worden. Die Umstellung von informationsverarbeitenden auf sich selbst organisierende, autopoietische, Systeme hat die Perspektive radikal verändert (vgl. Schmidt 1987, 79f.).

Die Rezeption dieser neuen Variante der Systemtheorie in der Journalismus- und Massenkommunikationsforschung belegt, daß sie ein enormes Erklärungspotential vorzuweisen hat (vgl. Blöbaum 1994, Marcinkowski 1993, Luhmann 1996). Zwei Probleme fallen in diesem Diskurs auf: Zum einen können sich die Theoretiker nicht einig werden, welches System sie überhaupt untersuchen sollen und welchem Leitcode dieses System folgt. Blöbaum optiert für Journalismus, Luhmann für Massenmedien, Marcinkowski für Publizistik, Gerhards für Öffentlichkeit. Blöbaum (1994, 16) und Luhmann (1996, 36) identifizieren Information/Nicht-Information als Leitcode der von ihnen beschriebenen Systeme, Marcinkowski (1993, 68) bevorzugt die Differenz von öffentlich/nicht öffentlich; Gerhards (1994, 89) hält Aufmerksamkeit/Nicht-Aufmerksamkeit für den kleinsten gemeinsamen Nenner.

Alle genannten Ansätze sind außerdem schwer operationalisierbar und (bisher?) abstinent in der empirischen Forschung. In diesem Beitrag soll das theoretische Postulat der Autonomie sozialer Systeme am Beispiel des Journalismus empirisch überprüft werden. Dabei kann nicht herauskommen, daß der Journalismus autonom ist oder nicht. Wenn man in Anlehnung an Blöbaum davon ausgeht, daß Journalisten hauptberuflich und hauptsächlich mit Informationen umgehen, dann kann der Grad an Autonomie in bestimmten Segmenten des Journalismus das Informationsverhalten der Journalisten beeinflussen. Damit gelangt Autonomie in den Status einer unabhängigen Variablen, von der zentrale Operationsweisen des Systems (hier: der Umgang von Journalisten mit Informationen) abhängen.

Zunächst will ich mich der theoretischen Grundlagen versichern, die als Anleitung für die empirische Umsetzung dienen sollen. Dazu sollen die Theorieansätze etwas anders gruppiert werden, als es in der aktuellen Diskussion üblich ist: Ich möchte zwischen der Systemtheorie Luhmanns, die ohne Akteursbezug auskommt, dem Konstruktivismus, der umgekehrt vom kognitiv aktiven Individuum ausgeht, und der Kritischen Theorie, die die Spannung zwischen individuellem Handeln und systemischen Zwängen zum Thema macht, unterscheiden.

## 2. Autonomie in der Systemtheorie

In der Systemtheorie Luhmann'scher Prägung ist Autonomie konstitutives Charakteristikum von Systembildung überhaupt. Nur autonome Systeme können sich selbst reproduzieren: Die Begriffe Selbstreferenz, Autopoiesis, Autonomie und Selbstorganisation bauen in diesen Ansätzen aufeinander auf.

> „Das System gewinnt seine Freiheit und seine Autonomie der Selbstregulierung durch Indifferenz gegenüber seiner Umwelt. Deshalb kann man die Ausdifferenzierung eines Systems auch beschreiben als Steigerung der Sensibilität für Bestimmtes (intern Anschlußfähiges) und Steigerung der Insensibilität für alles übrige - also Steigerung von Abhängigkeit und von Unabhängigkeit zugleich." (Luhmann 1984, 250).

Demzufolge setzt die Theorie immer an der Struktur des Systems an, die das Umweltverhältnis reguliert. „Autonomie heißt dann: wählen zu können in den Aspekten, in denen man sich auf Abhängigkeit von der Umwelt einläßt" (Luhmann 1984, 279), ist aber nicht mit Autarkie zu verwechseln.

Zu klären bleibt allerdings - nicht nur im Hinblick auf Journalismus - die Systemreferenz: Rekurriert Autonomie auf die Selbstbestimmung der einzelnen Journalisten (als Akteure), auf die Selbständigkeit einer Redaktion (als Organisation) oder gar auf die Eigenständigkeit des Journalismus (als funktionalem gesellschaftlichen Teilsystem)? Nach Luhmann (1984, 15f.) handelt es sich hierbei nicht um Interdependenzen, sondern um verschiedene Ebenen, die exakt zu trennen sind. Auf den Journalismus übertragen bedeutet dies: Auf der Ebene der *Akteure* interessieren nicht die Motive und Absichten der Journalisten, sondern deren Kommunikation(en) und tatsächliches Interaktionsverhalten. Die Redaktion als *Organisation* ist keine Ansammlung von Akteuren oder Subjekten, sondern ein soziales System mit eigenen Verhaltensregeln, und das *Funktionssystem* Journalismus besteht nicht aus der Summe der beteiligten Redaktionen, sondern aus den Kommunikationen, die das System produziert.

## 3. Autonomie im „Radikalen Konstruktivismus"

Obwohl der „Radikale Konstruktivismus" ohne Systemtheorie nicht denkbar ist, ergeben sich aus der Theoriebildung heraus einige (zentrale) Unterschiede. Wo die Luhmann'sche Systemtheorie radikal soziologisch bleibt und Individuen unter Umwelt subsumiert, geht der Konstruktivismus vom Individuum und seinen Kognitionen aus und versteht soziale Systeme als Emergenzen, deren notwendige Komponenten individuelle Kognitionen sind (vgl. Hejl 1987). Autonomie wird im Konstruktivismus unmißverständlich auf das kognitive System bezogen. Der Sprung zur sozialen Ordnung kann so jedoch nicht erklärt werden.

Einen Entwurf versucht Hejl: Sein Ausgangspunkt ist die (Selbst-) Organisation sozialer Systeme. Unter Organisation versteht er das „Muster der zum Systemverhalten beitragenden wiederkehrenden Interaktionen zwischen Komponenten, das ein Beobachter in dem von ihm gewählten Zeitintervall wahrnimmt." (Hejl 1994, 277). Komponenten sind die Individuen, die im Gegensatz zu Luhmanns Systemtheorie als Basiseinheiten einen zentralen Baustein darstellen.

Die Autonomisierung von Organisationen meint ihre Unabhängigkeit vom Verhalten einzelner Komponenten, nicht jedoch vom Verhalten aller Komponenten. Da diese Komponenten nicht alle Interaktionsbeziehungen realisieren können, ist Selektivität notwendig. Gerade diese Selektivität der Interaktionsbeziehungen zwischen den Komponenten macht die Spezifität der Organisation aus. Aufgrund der Autonomisierung und Selektivität von Organisationen läßt sich das Verhalten von Organisationen nicht auf das Verhalten einzelner Komponenten zurückführen. Im Gegensatz zu Luhmanns Version geht es im Bereich sozialer Systeme nicht primär um die Selbstreferentialität des sozialen Systems, sondern um Synreferentialität, also um „die Menge der selbstreferentiellen kognitiven Zustände ..., die ein Individuum zu einer Komponente in einem Sozialsystem macht." (Hejl 1994, 280). Diese „Synreferenz" ist das gemeinsame Realitätskonstrukt der Komponenten (Aktanten) eines sozialen Systems.

Die Systemkonzeption von Hejl läßt einige Fragen offen: Sein Organisationsbegriff ist nur scheinbar hinreichend abstrakt konzipiert, tatsächlich aber an konkrete Organisationen, genauer: an Institutionen angelegt. Denn wie sollte man sich die Interaktionen zwischen Komponenten (Individuen) in einem System vorstellen, in dem sich diese Komponenten (räumlich) gar nicht erreichen können? Die Emergenz funktionaler Teilsysteme der Gesellschaft ist mit dem Verweis auf institutionelle Organisationen noch nicht erschöpfend erklärt. Die Erklärungskraft dieses Ansatzes erreicht also nur zwei der drei Ebenen der sozialen Systembildung: Interaktions- und Organisationssysteme, nicht jedoch funktionale Teilsysteme der Gesellschaft.

## 4. Autonomie in der Kritischen Theorie

Der Autonomiebegriff ist in seiner alltäglichen Verwendung nicht nur deskriptiv oder analytisch gemeint, sondern beinhaltet stets auch einen wertenden - meist positiven - Aspekt. Diese positive Konnotation spielt in der kritischen Wissenschaft eine wichtige Rolle als regulierende Instanz.

In der Journalismusforschung thematisieren gesellschaftskritische Wissenschaftler den Konflikt zwischen der Redaktion, die ihre Autonomie bewahren will, und der wirtschaftlichen Organisation (repräsentiert etwa durch den Zeitungsverleger) als Konflikt zwischen lohnabhängig Beschäftigten (Volontäre, Redakteure) und Vertretern von Kapitalinteressen (Chefredakteure, Verleger). Die innerorganisationelle Hierarchie wird so zum Indikator für Klassengegensätze und Ausbeutungsverhältnisse deklariert. Autonomie (der Redaktion) ist der Abwehrkampf gegen wirtschaftliche und ideologische Kapitalinteressen (vgl. Prott 1976, 11f., 39 sowie Baum 1994, 186).

Diese ökonomische und politische Differenzziehung läßt eine Einheit des Journalismus unter den gegebenen Verhältnissen als ideologische Fiktion erscheinen. Das Aufkommen alternativer Medien kann aus dieser Perspektive als praktischer Versuch gelten, autonome, authentische Gegenöffentlichkeit auf der Basis einer selbstverwalteten, nicht-hierarchischen Organisationsform als utopisches Regulativ den durch einseitige wirtschaftliche Rationalität geprägten Verhältnissen entgegenzustellen.

Gleichermaßen gelten ein öffentlich-rechtlich organisierter Rundfunk ebenso wie der gewerkschaftliche Kampf um ökonomische und rechtliche Absicherung der Journalisten als notwendige Voraussetzungen für selbstbestimmte Berichterstattung und autonome Öffentlichkeit (vgl. Baum 1994, 189). Darüber hinaus ist das Bewußtsein von Selbstzensur ein Indiz für die kritische Distanz des Journalisten von den sozialen Bedingungen seiner Tätigkeit. Diese realistische Einschätzung des Berufs hält auch die Forderung nach Mitbestimmung wach und ermöglicht eine generelle Kritik an den institutionellen Gründen für die eingeschränkte Autonomie (vgl. Prott 1976, 156).

## 5. Operationalisierung von Autonomie und Informationsverhalten

Die gemeinsame Lehre, die aus den referierten Theorieansätzen zu ziehen ist, lautet: Autonomie des Journalismus ist keine einheitliche Größe, sondern muß in mehrere Dimensionen aufgefächert werden. Neben diesem theoretischen Grund für die Ausdifferenzierung journalistischer Autonomie kommt ein methodisches Argument hinzu: Journalismus ist nur über die Beschreibung, die die personalen Mitglieder vom System anfertigen (via Befragung oder Beobachtung), oder über die Beschreibung der massenmedial hergestellten Inhalte (via Inhaltsanalyse) zu beobachten. Beide Arten der Beschreibung sind notwendigerweise indirekt und reduktiv.[1] Bei einer Befragung wird Autonomie (in Luhmanns Verständnis) nicht direkt gemessen, sondern indirekt über die (von den Befragten selbsteingeschätzten) Einflußfaktoren auf die journalistische Arbeit, also über die Unabhängigkeit und Abhängigkeit journalistischer Tätigkeit. Was Luhmann als wechselseitiges Steigerungsverhältnis postuliert, wird dadurch scheinbar auf ein unidimensionales lineares Modell mit den Endpolen Unabhängigkeit und Abhängigkeit vereinfacht. Mit der Ausdifferenzierung kann dieses Problem zumindest entschärft werden.

---

1 Indirekt ist die Beschreibung, weil Journalismus als Kommunikationssystem nicht direkt beobachtbar ist, sondern über die am Journalismus teilnehmenden Personen oder über die Aussagen erschlossen wird. Reduktiv ist diese methodisch notwendige Vorgehensweise, weil Kommunikation auf Handlung (als Absicht bei der Befragung, als Produkt bei der Inhaltsanalyse) beschränkt wird.

Danach lassen sich folgende Autonomiebereiche bestimmen:

- Autonomie der Medienorganisationen gegenüber bestimmten Umwelten,
- Autonomie der Redaktion gegenüber nicht-redaktioneller Umwelt in der Medienorganisation,
- Autonomie des Ressorts gegenüber der Redaktion,
- Autonomie der Redakteure gegenüber der Ressortleitung.

Die folgende Analyse basiert auf dem von der DFG geförderten Projekt „Journalismus in Deutschland". Im Frühjahr bis Sommer 1993 wurden 1.498 repräsentativ ausgewählte Journalisten zu subjektiven und objektiven Dimensionen im Journalismus befragt (vgl. Weischenberg u.a. 1993). Folgende Fragekomplexe beziehen sich auf die oben erwähnten Autonomiebereiche:

- Subjektive Wahrnehmungen der Journalisten von inner- und außerredaktionellen Einflußquellen auf die journalistische Arbeit,
- von den Befragten berichtete tatsächlich erfolgte inner- und außerredaktionelle Reaktionen auf das Produkt der journalistischen Arbeit,
- Ausmaß und Praxis des Gegenlesens in der Redaktion.

Informationsverhalten wurde in der Studie „Journalismus in Deutschland" in erster Linie mit den journalistischen Tätigkeiten, die auf den Umgang mit Informationen bezogen sind, operationalisiert. Dazu zählen die Informationssuche (Recherche) und die Informationsverarbeitung (redigieren, Texte verfassen). Der Umgang mit Informationen ist eine zentrale theoretische Kategorie zur Beschreibung von Journalismus (vgl. Blöbaum 1994), die sich auch empirisch im beruflichen Selbstverständnis und im Ausmaß der journalistischen Tätigkeiten wiederfinden läßt (vgl. Weischenberg u.a. 1994, 160).

## 6. Empirische Dimensionen journalistischer Autonomie

Die Journalisten schätzten auf einer fünfstufigen Skala den Einfluß inner- und außerredaktioneller Faktoren auf ihre journalistische Tätigkeit ein. Mit Hilfe einer Hauptkomponentenanalyse lassen sich drei Dimensionen ermitteln, die über 60 Prozent der Varianz erklären (vgl. Tabelle 1):

Faktor 1 ist gekennzeichnet durch den Einfluß außerredaktioneller etablierter Institutionen (politische Parteien, Unternehmen, Gewerkschaften und Kirchen). Faktor 2 bilden die Instanzen innerhalb der Redaktion (Verleger/Intendanz, obere und mittlere Führungsebene sowie die Redakteure selbst). Faktor 3 setzt sich zusammen aus den unorganisierten, lebensweltlichen Einflußquellen (Publikum, Freunde/Bekannte) sowie erneut aus den Redakteuren selbst. Diese Doppelladung der Redakteure ist ein Indiz dafür, daß die strenge systemtheoretische Trennung der Journalisten in die redaktionelle Mitgliedsrolle und den lebensweltlichen Hintergrund (vgl. Rühl 1969, 39) empirisch nicht trägt.

*Subjektiv eingeschätzte Einflußquellen auf die journalistische Arbeit*  —  Tabelle 1

| Einflußquellen | Organisierte Einflußquellen | Redaktionelle Einflußquellen | Lebensweltliche Einflußquellen | Kommunalität |
|---|---|---|---|---|
| politische Parteien | .78 | | | .65 |
| Wirtschaft | .81 | | | .66 |
| Gewerkschaften | .83 | | | .73 |
| Kirchen | .77 | | | .60 |
| Verlag/Intendanz | .38 | .59 | | .50 |
| obere Führungsebene | | .87 | | .76 |
| mittlere Führungsebene | | .77 | | .64 |
| Redakteur | | .51 | .53 | .55 |
| Publikum | | | .68 | .50 |
| Freunde/Bekannte | | | .80 | .64 |
| Eigenwert/KMO | 3.3 | 1.7 | 1.2 | KMO = .75 |
| Erklärte Varianz (in %) | 32.6 | 17.3 | 12.3 | 62.2 |

Damit die subjektive Einschätzung der Einflußfaktoren auf die journalistische Arbeit nicht der einzige Indikator für Autonomie im Journalismus bleibt, wurden die Journalisten auch nach tatsächlichen Reaktionen auf ihre Arbeit von seiten der Redaktion ebenso wie von außerhalb gefragt. Mit Hilfe einer Hauptkomponentenanalyse konnten analog zu den subjektiven Einschätzungen von Einflußfaktoren drei Dimensionen von Reaktionen ermittelt werden, die zusammen über 50 Prozent der Varianz erklären (vgl. Tabelle 2).

| Inner- und außerredaktionelle Reaktionen auf journalistische Arbeit | | | | Tabelle 2 |

| Reaktionen von ... | organisierte Reaktionen | lebensweltliche Reaktionen | redaktionelle Reaktionen | Kommunalität |
|---|---|---|---|---|
| Politikern | .75 | | | .57 |
| Pressestellen | .69 | | | .51 |
| Informanten | .61 | .35 | | .49 |
| Freunden/Bekannten | | .83 | | .73 |
| Kollegen anderer Medien | .37 | .60 | | .60 |
| Publikum | | .43 | | .33 |
| Vorgesetzten | | | .77 | .59 |
| Kollegen im eigenen Betrieb | | | .74 | .56 |
| Eigenwert/KMO | 2.1 | 1.3 | 1.0 | KMO=.71 |
| Erklärte Varianz (in %) | 26.1 | 15.8 | 11.7 | 53.6 |

Der erste Faktor beschreibt die organisierten Reaktionen von Politikern, Pressestellen und Informanten. Reaktionen von Freunden und Bekannten, von Kollegen anderer Medien und vom Publikum erfolgen hauptsächlich aufgrund lebensweltlicher Kontakte der Journalisten. Interessant ist die Zweitladung der Variable „Reaktion von Kollegen anderer Medien" auf dem Faktor „organisierte Reaktionen". Offenbar handelt es sich hierbei um den professionellen Austausch über die eigene Arbeit. Einen eigenen Faktor bilden die innerredaktionellen Reaktionen, die a) unabhängig davon sind, welche Reaktionen ein bestimmter Artikel oder Beitrag in der redaktionellen Umwelt auslöst, und b) nicht nach hierarchischer Position in der Redaktion differieren.

Um diesen letztgenannten Befund weiter ausdifferenzieren zu können, wurde darüber hinaus eine Hauptkomponentenanalyse vom Ausmaß und von der Praxis des Gegenlesens durchgeführt (vgl. Tabelle 3).

*Ausmaß und Praxis des Gegenlesens* | Tabelle 3

|  | Hierarchisches Gegenlesen | Heterarchisches Gegenlesen | Kommunalität |
|---|---|---|---|
| Häufigkeit Gegenlesen | .79 | .38 | .77 |
| Gegenlesen durch Vorgesetzte | .64 |  | .43 |
| Gegenlesen durch Chefredakteur | .63 | -.33 | .51 |
| Gegenlesen durch Kollegen |  | .75 | .58 |
| Gegenlesen durch Redakteur selbst |  | .56 | .36 |
| Eigenwert/KMO | 1.8 | 1.1 | KMO=.37 |
| Erklärte Varianz (in %) | 29.6 | 18.7 | 48.3 |

Die Ergebnisse sind mathematisch nicht befriedigend, auch wenn sich inhaltlich eine deutliche Struktur abzeichnet. Die Faktoren erklären weniger als 50 Prozent der Varianz, und das KMO-Kriterium belegt, daß die Faktorisierung nicht gut gelungen ist. Dennoch läßt sich der Unterschied zwischen hierarchischer und nicht-hierarchischer Praxis des Gegenlesens klar erkennen. Daß die Analyse mathematisch unbefriedigend bleibt, kann inhaltlich erklärt werden: Gegenlesen ist nicht nur ein Indikator für Stabilisierung von Hierarchie in der Redaktion, sondern hat auch rein sachliche Funktionen, so daß die Differenzierung von hierarchischer und heterarchischer Praxis nur die eine Seite der Medaille beschreibt. Die Häufigkeit des Gegenlesens korrespondiert jedoch in erster Linie mit der hierarchischen Praxis.

## 7. Journalistische Autonomie und Recherchetätigkeit

Der Hauptthese dieses Beitrags folgend, werden die empirisch festgestellten Faktoren journalistischer Autonomie als unabhängige Variablen und das Informationsverhalten als abhängige Variable modelliert. Da nicht davon ausgegangen werden kann, daß nur Autonomie das Informationsverhalten erklärt, werden weitere unabhängige Variablen in das Modell einbezogen: Dabei handelt es sich a) um *medienstrukturelle bzw. organisationsbedingte Merkmale* wie Größe (Anzahl beschäftigter Journalisten) und Komplexität (Anzahl der Ressorts) der Medienorganisation, Medientyp, Ressortzugehörigkeit, Position in der Hierarchie sowie b) um *individuelle Merkmale* wie Anstellungsverhältnis und Berufserfahrung in der eigenen Medienorganisation.

Um die Effekte der unabhängigen Variablen simultan zu schätzen, ist eine multiple Regressionsanalyse geeignet.[2] Das Modell wird in zwei Blöcke aufgeteilt: Im ersten Block werden die Einflüsse der Autonomiefaktoren auf das Rechercheverhalten getestet; im zweiten Block sollen medienstrukturelle und individuelle Merkmale einen Teil der Varianz (der abhängigen Variablen) erklären, die nach Einbezug der Autonomievariablen unerklärt bleibt (vgl. Tabelle 4).

Die Autonomievariablen allein erklären 11 Prozent der Varianz des Rechercheverhaltens. Dabei ergibt sich ein scheinbar paradoxer Befund: Journalisten recherchieren mehr, wenn sie den Einfluß der Redaktion auf die Berichterstattung hoch einschätzen *und* wenn sie Reaktionen von organisierten Umwelten bekommen. Damit bestätigt sich empirisch, daß Autonomie im Journalismus keine unidimensionale Größe ist, sondern sich - analog zu Luhmann - in einem wechselseitigen Verhältnis von Abhängigkeit und Unabhängigkeit konstituiert. Inner- und außerredaktionelle Einflußfaktoren erklären das Ausmaß des Rechercheverhaltens jedoch nur zu einem Teil. Medienstrukturelle und individuelle Variablen sind mindestens genauso wichtig: In bestimmten Medienbereichen, Ressorts und in einer hohen Position in der Medienhierarchie wird generell weniger recherchiert. Freie und berufserfahrene Journalisten recherchieren dagegen mehr, ebenso wie Redakteure, die in Medienorganisationen mit höherer Ausdifferenzierung arbeiten. Damit bestätigen sich Befunde, die in bivariaten Analysen bereits ermittelt wurden (vgl. Weischenberg u.a. 1994, 158).

---

2   Im Vergleich zur Pfadanalyse ist sie weniger voraussetzungsreich im Hinblick auf Kausalitätsannahmen. So ist es nicht nötig, mehrere Kausalstufen hintereinander oder indirekte kausale Effekte zu modellieren.

| Einfluß von Autonomie, medienstrukturellen und individuellen Merkmalen auf das Ausmaß journalisischer Recherchetätigkeite | | | Tabelle 4 |
|---|---|---|---|
| Einflußfaktoren | Beta-Werte | T-Werte | erklärte Varianz |
| redaktionelle Einflußquellen | .14 | 5.4 | |
| redaktionelle Reaktionen | – | n.s. | |
| lebensweltliche Einflußquellen | .07 | 2.9 | |
| lebensweltliche Reaktionen | .08 | 3.5 | |
| organisierte Einflußquellen | .09 | 3.6 | |
| organisierte Reaktionen | .20 | 8.1 | |
| hierarchisches Gegenlesen | .07 | 2.4 | |
| heterarchisches Gegenlesen | – | n.s. | |
| 1. Block: Autonomievariablen | | | $R^2 = .11$ |
| Anzahl Ressorts | .08 | 2.1 | |
| beschäftigt bei Anzeigenblatt | .13 | 2.9 | |
| beschäftigt bei öffentl.-rechtlichem Hörfunk | -.10 | -2.1 | |
| beschäftigt bei privatem Hörfunk | -.10 | -2.4 | |
| beschäftigt in speziellen Ressorts | -.07 | -2.6 | |
| beschäftigt im Sportressort | -.06 | -2.1 | |
| freie Journalisten | .19 | 7.7 | |
| Position in der Hierarchie | -.26 | 9.6 | |
| Berufserfahrung | .07 | 2.4 | |
| 2. Block: Individuelle und Medienvariablen | | | $R^2 = .14$ |
| Gesamtmodell | | | $R^2 = .25$ |

## 8. Diskussion

Die Systemtheorie wird mittlerweile nicht nur in der Kommunikationswissenschaft allgemein, sondern auch in der Journalismusforschung intensiv diskutiert. Für eines ihrer zentralen Themen, für das Autonomieproblem von Systemen, hat sie jedoch kein Erklärungsmonopol. Konkurrierende Theorien haben sich mit dieser Frage ebenfalls beschäftigt und sind zu teilweise ähnlichen, teilweise abweichenden Befunden gekommen. Aus diesem Grund ist es sinnvoll, journalistische Autonomie aus mehreren Perspektiven zu behandeln.

Auch die empirische Umsetzung ist nicht mit einer einzigen Theorie zu bewerkstelligen, zumal das Theorieangebot nicht ohne weiteres direkt operationalisierbar ist. Die Vorgehensweise, Autonomie anhand von Einflußfaktoren auf den Journalismus, die aus der Selbstbeschreibung von befragten Journalisten resultieren, zu erforschen, erlaubt keine direkte Ableitung empirischer Indikatoren aus theoretischen Begriffen. Vielmehr sind Einflüsse auf die Arbeit nur Indizien für die Autonomie des gesamten Systems Journalismus.

Die empirische Analyse belegt allerdings, daß diese Indiziensammlung nicht unbegründet ist: Mit Hauptkomponentenanalysen lassen sich die Einflüsse auf den Journalismus empirisch dimensionieren, die theoretisch bereits herausgearbeitet wurden. Die Ergebnisse zeigen ferner, daß die theoretisch elegante Trennung von System und Umwelt empirisch besser mit Randzonen beschrieben werden kann. Damit muß die Systemtheorie zwar nicht falsifiziert, aber etwas relativiert werden. So läßt sich beispielsweise die strikte Unterscheidung zwischen Personalsystemen (etwa: einzelne Redakteure) und Sozialsysteme (etwa: Redaktionen) nicht durchhalten.

Schließlich läßt sich der Einfluß bestimmter redaktionsinterner wie -externer Faktoren auf das Ausmaß journalistischer Recherche nachweisen. Hoher externer Druck *sowie* starker innerredaktioneller Einfluß auf die Berichterstattung führen unabhängig voneinander und gleichermaßen zu erhöhtem Rechercheaufwand. Die Gründe für dieses Verhalten dürften je nach Konstellation unterschiedlich sein: Externe Einflüsse lassen auf hohe Relevanz der Berichterstattung schließen. Verstärkte Recherche könnte ein Mittel gegen Begehrlichkeiten von außen sein. Daß auch aufgrund des innerredaktionellen Einflusses viel recherchiert wird, kann durch interne Kontrolle von hierarchisch höher Positionierten oder durch hohes Verantwortungsgefühl der Redakteure selbst erklärt werden. Fragt man umgekehrt danach, unter welchen Bedingungen Journalisten viel recherchieren, stößt man neben der Autonomie auf weitere Bedingungsfaktoren, auf strukturelle Merkmale der Medienorganisationen.

## Literatur

*Baum*, Achim (1994): Journalistisches Handeln. Eine kommunikationstheoretisch begründete Kritik der Journalismusforschung. Opladen: Westdeutscher Verlag.
*Blöbaum*, Bernd (1994): Journalismus als System. Geschichte, Ausdifferenzierung und Verselbständigung. Opladen: Westdeutscher Verlag.
*Gerhards*, Jürgen (1994): „Politische Öffentlichkeit. Ein system- und akteurstheoretischer Bestimmungsversuch." In: *Neidhardt*, Friedhelm (Hrsg.): Öffentlichkeit, öffentliche Meinung, soziale Bewegungen. Opladen: Westdeutscher Verlag, S. 77-105.
*Hejl*, Peter M. (1987): „Konstruktion der sozialen Konstruktion: Grundlinien einer konstruktivistischen Sozialtheorie." In: *Schmidt*, Siegfried J. (Hrsg.): Der Diskurs des Radikalen Konstruktivismus. Frankfurt a.M.: Suhrkamp, S. 303-339.
*Hejl*, Peter M. (1994): „Selbstorganisation und Emergenz in sozialen Systemen." In: *Krohn*, Wolfgang / Günter *Küppers* (Hrsg.): Emergenz: Die Entstehung von Ordnung, Organisation und Bedeutung. Frankfurt a.M.: Suhrkamp, S. 269-292.
*Luhmann*, Niklas (1984): Soziale Systeme. Grundriß einer allgemeinen Theorie. Frankfurt a.M.: Suhrkamp.
*Luhmann*, Niklas (²1996): Die Realität der Massenmedien. Opladen: Westdeutscher Verlag.
*Marcinkowski*, Frank (1993): Publizistik als autopoietisches System. Politik und Massenmedien. Eine systemtheoretische Analyse. Opladen: Westdeutscher Verlag.
*Prott*, Jürgen (1976): Bewußtsein von Journalisten. Standesdenken oder gewerkschaftliche Solidarisierung. Frankfurt a.M., Köln: Europäische Verlagsanstalt.
*Rühl*, Manfred (1969): Die Zeitungsredaktion als organisiertes soziales System. Gütersloh: Bertelsmann Verlag.
*Schmidt*, Siegfried J. (1987): „Der Radikale Konstruktivismus. Ein neues Paradigma im interdisziplinären Diskurs." In: *Schmidt*, Siegfried J. (Hrsg.): Der Diskurs des Radikalen Konstruktivismus. Frankfurt a.M.: Suhrkamp, S. 11-88.
*Weischenberg*, Siegfried / Martin *Löffelholz* / Armin *Scholl* (1993): „Journalismus in Deutschland. Design und erste Befunde der Kommunikatorstudie." In: Media Perspektiven 1/1993, S. 21-33.
*Weischenberg*, Siegfried / Martin *Löffelholz* / Armin *Scholl* (1994): „Merkmale und Einstellungen von Journalisten. Journalismus in Deutschland II." In: Media Perspektiven 4/1994, S. 154-167.

*Bernhard Rosenberger / Sigrun Schmid*

## Die Konkurrenz fest im Visier

**Wettbewerbsstrategien von Nachrichtenagenturen im gewandelten Medienmarkt - ein systematischer Problemaufriß**

Wer sich mit den neuesten Entwicklungen auf dem deutschen Nachrichtenmarkt beschäftigt, stößt - neben der enormen Dynamik dieses Marktes - sehr schnell auf ein Phänomen: die intensive Konkurrenz zwischen den Anbietern. Kaum eine Marktschilderung läßt sich ausfindig machen, in der das Stichwort Wettbewerb nicht an herausragender Stelle auftaucht. An einschlägigen Zitaten ist daher kein Mangel. Hansjoachim Höhne, der langjährige Agenturkenner, schreibt: „Das Nachrichtengeschäft in Deutschland ist ein hartes Geschäft. In kaum einem anderen Land konkurrieren so viele Agenturen um die Kundschaft in der Medienbranche wie hierzulande. Und der Konkurrenzdruck wächst von Jahr zu Jahr" (Höhne 1995a, 19). Peter Zschunke, Auslandschef bei AP, drückt sich ähnlich aus: „In kaum einem Land der Welt herrscht ein so intensiver Wettbewerb auf dem Nachrichtenmarkt wie in Deutschland. Was manchem Chefredakteur die Sorgenfalten auf die Stirn treiben mag, ist im Interesse der publizistischen Vielfalt ein Gewinn." (Zschunke 1994, 50) Bereits 1993 hatte der Chef vom Dienst bei Reuters, Peter Ehrlich, prognostiziert, daß es im Markt für Nachrichtenagenturen in Zukunft enger werden" (Ehrlich 1993, 99) würde.

Der vorliegende Aufsatz soll der Versuch sein, dem vielschichtigen Phänomen des Wettbewerbs zwischen den Nachrichtenagenturen auf die Spur zu kommen. Dabei geht es primär darum, ein systematisches Analyseraster zu entwickeln. Wie die einzelnen Agenturen sich im Umfeld ihrer Konkurrenz jeweils strategisch positionieren, wird nicht im Detail, sondern lediglich beispielhaft verfolgt.[1] Wichtig ist auch, daß allein der Medienmarkt betrachtet wird.[2] Basis der

---

1   Eine erste Darstellung der Autoren ist bereits im Sommer 1996 in der Medienzeitschrift „Sage&Schreibe" erschienen (Vgl. Rosenberger / Schmid 1996).
2   In der Regel sind es hauptsächlich die Medienunternehmen, die zum Umsatzvolumen der Nachrichtenagenturen beitragen. Die große Ausnahme ist die Weltagentur Reuters, die in

folgenden Darstellung sind Leitfadengespräche mit Chefredakteuren, Geschäftsführern und Verkaufsmanagern von dpa, AP, Reuters, AFP und ddpADN im Frühjahr 1996 sowie verschiedene Inhaltsanalysen und Redaktionsbeobachtungen seit Ende der achtziger Jahre. Zum Vorgehen: Zunächst erfolgt eine theoretische makroökonomische Positionierung des Themas, die allerdings keinen Anspruch auf Vollständigkeit erhebt, sondern lediglich eine erste Skizze darstellt. Daran schließt sich eine kurze Beschreibung der Angebots- und Nachfrageseite an, um die Ausgangslage der Wettbewerbsintensität auf dem Nachrichtenmarkt besser verstehen zu können. Im dritten Teil des Aufsatzes wird ein Schema zur Analyse des Wettbewerbs von Nachrichtenagenturen präsentiert und in seinen einzelnen Bestandteilen diskutiert.

## 1. Makroökonomische Grundgedanken

Um zu verstehen, wie der Wettbewerb unter den Nachrichtenagenturen genau funktioniert bzw. was die relevanten Dimensionen dafür sind, ist zunächst eine Klärung dessen angebracht, was Wettbewerb generell ausmacht. Folgt man existierenden Marktübersichten zu Nachrichtenagenturen, dann scheint Wettbewerb nichts anderes zu sein als das bloße Nebeneinander mehrerer Agenturen, die mit unterschiedlichen Personalstärken einen unterschiedlich großen Kundenkreis bedienen (vgl. z. B. Höhne 1995a). Tatsächlich steckt mehr dahinter: eine besondere, sich selbst verstärkende Dynamik; ein täglicher Kampf um den besten Abdruck; ein permanentes Reagieren auf sich rasch ändernde Erfordernisse des Marktes; ein spürbarer, allgegenwärtiger Druck für die Redaktionsarbeit: Wird die Konkurrenz besser und schneller sein? Ist der gewählte „Lead" der beste? Ist die Nachricht sowohl für die Zeitungen als auch für den Rundfunk passend?

Nach wirtschaftswissenschaftlichen Definitionen zeichnet sich Wettbewerb durch folgende Merkmale aus (vgl. dazu z. B. Henrichsmeyer / Gans / Evers 1986, Wöhe 1993): Anbieter von Produkten, Kapital und Arbeitskraft konkurrieren um die Nachfrage nach diesen Leistungen auf einem Markt. Dabei versucht jeder Anbieter, unnachahmliche Vorteile für sich zu erringen. Jeder Anbieter ist gezwungen, sein Angebot so attraktiv wie möglich zu gestalten, um nicht durch Verlust an Nachfrage aus dem Markt auszuscheiden. Für die Nach-

---

Deutschland weniger als 10 Prozent ihres Umsatzes aus dem Geschäft mit Presse und Rundfunk erzielt. Das Schwergewicht liegt hier auf Finanzinstitutionen.

frager bedeutet dies, daß sie bei intaktem Wettbewerb unter mehreren Anbietern und Angebotsbedingungen auswählen können. Die Anbieter konkurrieren nicht nur auf dem Gesamtmarkt (alle Arten von Nachfragern, alle Arten von Produkten), sondern auch auf Teilmärkten (einzelne Gruppe von Nachfragern, einzelne Produkte), wobei sie Nischen besetzen bzw. Marktsegmentierung betreiben.

Ausgehend von diesem Grundverständnis wird eine Systematik entwickelt. Als Anbieter sind folglich die Agenturen verschiedener Größe und verschiedenen Spezialisierungsgrads zu sehen, Nachfrager sind die Medieninstitutionen in den Bereichen Zeitung, Zeitschrift, Hörfunk und Fernsehen sowie Industrieunternehmen, Behörden und Verbände. Diese konkreten Anbieter und Nachfrager (inter-)agieren auf dem Nachrichtenmarkt, dessen Struktur in Deutschland sich durchaus mit dem Begriff Polypol beschreiben läßt. Im Gegensatz dazu handelt es sich bei den meisten anderen nationalen Nachrichtenmärkten um Angebotsmonopole oder -oligopole, da dort einer bzw. wenige Anbieter vielen Nachfragern gegenüberstehen. In Deutschland ist die Deutsche Presse-Agentur (dpa) zwar klarer Marktführer, aber keinesfalls Monopolist, wie gelegentlich fälschlich angedeutet (vgl. Ruß-Mohl 1992). Ein Nachrichtenmarkt ist im Unterschied zu anderen Märkten durch mindestens fünf Besonderheiten geprägt:

*Erstens* ist das produzierte und verbreitete Gut ein Zwitterprodukt. Das liegt daran, daß Nachrichten sowohl einen wirtschaftlichen als auch einen publizistischen Charakter haben. Folglich können sie nicht wie Baumaschinen oder Seife behandelt werden. *Zweitens* gibt es eine eher investive als auf Ausschüttungen bedachte Gewinnorientierung auf dem Nachrichtenmarkt. Oftmals erfolgt statutengemäß - wie im Falle von AP oder dpa in Deutschland - eine Reinvestition der mit den Nachrichtendiensten erwirtschafteten Überschüsse in personelle und technische Verbesserungen. Eine auf den Gesamtkonzern bezogene investive Gewinnorientierung ist auch vorzufinden, wenn - wie vermutlich im Falle von Reuters gegeben - eine „Quersubventionierung" eines an sich nicht rentablen Medien-Nachrichtendienstes durch Überschüsse erfolgt, die in hoch erfolgreichen Geschäften erwirtschaftet worden sind. Ein solches Vorgehen, das in keinen Statuten steht und somit informell ist, wäre in erster Linie damit zu erklären, daß ein Nachrichtendienst aus Image- und Prestige-Gründen aufrechterhalten wird. *Drittens* war das Stichwort Globalisierung der Märkte, das heutzutage in aller Munde ist, auf dem Nachrichtenmarkt schon immer ein Thema, weil das Nachrichtengeschäft nur international funktioniert. Originärer Zweck von Nachrichtenagenturen war von jeher, nicht nur über das eigene Land, sondern auch über andere Regionen möglichst umfassend zu berichten.

Für den Nachrichtenmarkt ist *viertens* charakteristisch, daß er sich in enger Verzahnung mit den übrigen wirtschaftlichen Märkten entwickelt (hat). Schon im 19. Jahrhundert sind die ersten Nachrichtenagenturen im Gefolge der Entstehung von Banken und Börsen gegründet worden. Auch danach hat sich die von den Agenturen aufgebaute weltweite Kommunikationsarchitektur immer entlang der weltweiten Wirtschaftsströme entwickelt. *Fünftens* schließlich ist die Konkurrenzsituation zwischen den Anbietern auf dem Nachrichtenmarkt in sehr auffälliger Weise von Elementen der Kooperation überlagert. Strategische Allianzen, noch ein Schlagwort aus heutiger Zeit (vgl. Bleeke / Ernst 1994), gehörten für Agenturen schon früh zum Standardrepertoire ihres Geschäfts. Das beste Beispiel dafür ist das 1870 beschlossene und mehrfach verlängerte Nachrichtenkartell, mit dem sich die Agenturen gegenseitig exklusive Rechte in der Informationssammlung und -verbreitung formell zugestanden. Heutzutage gibt es solche Absprachen nicht mehr, dafür sind Austauschverträge über Wort-, Bild- und Tonnachrichten und über die Nutzung technischen Equipments wie etwa Satellitenleitungen eine Selbstverständlichkeit.

## 2. Die Angebotsseite: Fünf Agenturen mit einem klaren Marktführer

Im folgenden werden die Akteure der Angebotsseite kurz in ihrer Bedeutung vorgestellt.[3] Die Beschäftigung mit der wirtschaftlichen Stärke der Nachrichtenagenturen litt schon immer unter der sehr restriktiven Informationspolitik der Anbieter. Daten, die über andere Unternehmen der deutschen Wirtschaft selbstverständlich zur Verfügung stehen (z. B. Umsatz, Marktanteile), sind über Agenturen nur zum Teil erhältlich. Dahinter ist oft das Bemühen einer einzelnen Agentur erkennbar, sich selbst als die größte von allen darzustellen. Reuters hebt folglich auf den Umsatz ab, dpa zielt dagegen auf die Zahl ihrer Medienkunden. Bei den veröffentlichten Zahlen ist deshalb höchste Vorsicht geboten. Dies betrifft nicht nur die Eigenangaben der Agenturen, sondern auch die von Dritten publizierten Daten. Oftmals ist Vergleichbarkeit nicht gegeben: Umsatzzahlen sind nur teilweise verfügbar, Investitionen werden in manchen

---

3 Neben den hier interessierenden Anbietern eines thematisch umfassenden Nachrichtendienstes für die Medien gibt es eine Vielzahl von Spezialagenturen, die entweder auf einen Medientyp (z. B. Hörfunk) oder eine inhaltliche Sparte (z. B. Wirtschaft) festgelegt sind.

Fällen über die Muttergesellschaften abgerechnet, die Kundenzahlen variieren je nach Dienst (Basisdienst, Bilderdienst usw.), in den Umfang der Dienste fließen teilweise formale redaktionelle Hinweise mit ein u.v.m. Hinzu kommt, daß der Umgang mit den Zahlen nicht immer korrekt ist. Beispielsweise sind als Marktanteile apostrophierte Daten in Wirklichkeit nichts als reine Kundenlisten (vgl. Höhne 1995a, 21).

Doch sollte dies nicht einem Fatalismus Vorschub leisten. Statt fehlende Umsatzzahlen (und damit fehlende Marktanteilsangaben) ein weiteres Mal zu beklagen, wird hier eine Schätzung vorgestellt, in die ca. zehn verschiedene Parameter eingeflossen sind.[4] Mitte der neunziger Jahre stellt sich danach die Anbietersituation auf dem klar abgrenzbaren Markt der universellen Nachrichtenagenturen folgendermaßen dar: dpa erzielt in Deutschland mit seinen Mediendiensten einen Umsatz von ca. 120 Mio. DM. Mit weitem Abstand folgen AP (ca. 35 Mio. DM), Reuters (ca. 20 Mio. DM), AFP (ca. 5 Mio. DM) und ddpADN (ca. 5 Mio. DM). Dies entspricht einem Marktanteil von zwei Dritteln bei dpa. Dahinter stecken folgende Größenordnungen bei den Abnehmern: dpa hat ca. 200 Medienkunden, während es AP auf ca. 120 Presse- und Rundfunkunternehmen bringt. Die Agenturen Reuters (ca. 80), AFP (ca. 50) und ddpADN (ca. 50) folgen mit deutlich weniger Abnehmern aus dem Mediensektor. Diese Zahlen beziehen sich allesamt auf den jeweiligen Nachrichtendienst.

## 3. Die Nachfrageseite: Veränderungen durch Deregulierung, Deutsche Vereinigung und Digitalisierung

Die Situation auf der Nachfrageseite des Nachrichtenmarkts läßt sich durch die drei Faktoren Deregulierung, Vereinigung und Digitalisierung beschreiben. Diese sorgen seit Mitte der achtziger Jahre sowohl für quantitative als auch für qualitative Marktveränderungen. Deregulierung und Vereinigung haben den Abnehmerkreis der Agenturen vergrößert. Zu verweisen ist hier auf die entstandene private Rundfunklandschaft, die Ausweitung des Programmangebots

---

4 Die bei Höhne replizierten Daten einer Nürnberger Diplomarbeit führen in die Irre, da Reuters mit dem Gesamtumsatz einbezogen wird, der im Unterschied zu den anderen Agenturen primär auf Finanzdiensten beruht. Außerdem wird dpa mit seinem Weltumsatz betrachtet (vgl. Höhne 1995a, S. 20).

durch die öffentlich-rechtlichen Anstalten, auf den Zeitungsmarkt in den neuen Ländern sowie auf die dortigen Neugründungen bei Presse und Rundfunk.

Die Deregulierung hat zu einem intermedialen Wettbewerb geführt, auf den die Zeitungen inhaltlich und gestalterisch reagieren.[5] Um Redundanzen mit dem elektronischen Informationsangebot des Vorabends zu vermeiden, verstärken die Blätter die Hintergrundberichtestattung. Ratgeberinformationen und Serviceleistungen erhalten einen höheren Stellenwert, Sonderseiten sollen bestimmte Zielgruppen (insbesondere Jugendliche und Frauen) ansprechen und die Regionalberichterstattung erhält mehr Gewicht. Durch den erhöhten Farbeinsatz, mehr Bilder und Grafiken sowie kürzere Artikel findet in gestalterischer Hinsicht eine Visualisierung der Printmedien statt. All diese Tendenzen zeigen, daß sich das Informationsbedürfnis der Zeitungen differenziert hat. Seitens des privaten Rundfunks gibt es einen hohen Bedarf an unmittelbar verwertbaren Informationen, liegen hier doch aufgrund der begrenzten personellen Ressourcen die Steuerung des Programmablaufes, Redaktion und Moderation zumeist in einer Hand.

Schließlich ist die Digitalisierung als Einflußfaktor zu nennen. Die Möglichkeit der Transformation jeglicher Information in digitale Zeichen hebt die Grenze zwischen Text, Ton, Grafik, Fotografie und bewegtem Bild auf. Dies betrifft sowohl die Informationsübermittlung wie auch die Informationsverarbeitung. Auf dem derzeit entstehenden Multimedia-Markt kann zwischen Anbietern von Inhalten, von Telekommunikationsleistungen sowie Anbietern von Hard- und Software zur Aufbereitung der Informationen unterschieden werden (vgl. Bertelsmann-Briefe 1995, 4). Diese Unterscheidung macht deutlich, daß es sich hierbei um drei Bereiche handelt, die von jeher das originäre Tätigkeitsfeld der Nachrichtenagenturen umfassen. Im Hinblick auf die Lieferung publizistischer Inhalte bilden sich derzeit zwei Märkte aus: Einerseits elektronische Zusatzprodukte der klassischen Medien (elektronische Zeitungen, Textseiten der Rundfunkveranstalter), andererseits entstehen neue Informationsanbieter, wobei hier insbesondere die kommerziellen online-Dienste zu nennen sind.

---

5   Daß der intermediale Wettbewerb insbesondere zu Lasten der Zeitungen geht und mithin zu einer funktionalen Neubestimmung der Zeitung führen muß, dazu grundlegend die Langzeitstudie Massenkommunikation von 1990 und 1995 (vgl. Kiefer 1996)

Die Konkurrenz fest im Visier

## 4. Ein Schema zur Analyse des Agenturwettbewerbs

Nach den Einzelbetrachtungen der Angebots- und Nachfrageseite soll nunmehr untersucht werden, wie sich der Wettbewerb auf dem Nachrichtenmarkt vollzieht. Dafür haben wir ein Schema entwickelt, das eine systematische Analyse erlaubt. Grundlegende Voraussetzung ist dabei, daß es sich um umkämpfte Märkte handelt und keine Monopolsituation wie in der früheren DDR oder in einer Reihe von Dritte-Welt-Staaten gegeben ist. Unterschieden wird auf oberster Ebene zwischen einem formalen und einem inhaltlichen Aspekt des Wettbewerbs: Während der formale Aspekt auf den äußeren Umgang mit diesem Phänomen zielt, ist der inhaltliche Aspekt auf die Dimensionen bezogen, die Wettbewerb als solchen erst grundsätzlich konstituieren (Schaubild 1).

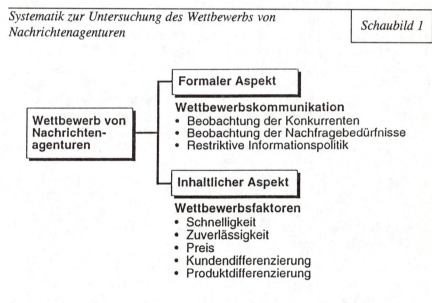

*Systematik zur Untersuchung des Wettbewerbs von Nachrichtenagenturen* — Schaubild 1

## 5. Umgang der Agenturen mit Wettbewerb: Nach innen reden, nach außen schweigen

Der formale Aspekt - hier Wettbewerbskommunikation genannt - läßt sich durch drei Verhaltensweisen charakterisieren: die Beobachtung der Wettbewerber, die Beobachtung der Abnehmer, eine restriktive Informationspolitik. Jede Agentur reagiert auf den Wettbewerb *erstens* mit einer systematischen Beobachtung der konkurrierenden Anbieter: Dies erfolgt zum einen durch eine gezielte Auswertung von Zeitungen. Die „Play Message" von AP beispielsweise untersucht täglich, wie häufig man selbst im Verhältnis zu dpa, Reuters, AFP oder ddpADN mit Berichten vertreten war. Zum anderen findet eine regelmäßige Mediennutzung der Agenturjournalisten statt, zu der die Dauerberieselung mit Fernsehinhalten, stündliches Abhören der Radionachrichten und das regelmäßige Lesen verschiedener Presseorgane gehören.

Der formale Aspekt des Wettbewerbs wird *zweitens* durch die Tatsache repräsentiert, daß die Nachrichtenagenturen ihre Abnehmer - also die Abonnenten ihrer Dienste - beobachten und analysieren: Genannt werden kann hier, daß mit der Einrichtung entsprechender Stellen bzw. Abteilungen (z. B. der „Media Sales Manager" bei Reuters oder das „Department for Strategic Planning" bei AP) dieser Gedanken jüngst stärker institutionell verankert worden ist. Außerdem betreiben Agenturen vor der Einführung neuer Produkte Marktforschung, wie etwa das Beispiel Infografikdienst von AFP zeigt. Schließlich gibt es vielfältige Kundenkontakte, die von telefonischen Bitten zur kurzfristigen Aufnahme eines Themas über persönliche Besuche der Agenturverantwortlichen bei den Presse- und Rundfunkunternehmen bis hin zu jährlichen Versammlungen des gesamten Kundenkreises (z. B. das AP-Redaktionskomitee) reichen. Zum formalen Aspekt des Wettbewerbs kann *drittens* die äußerst zurückhaltende Informationspraxis der Agenturen gerechnet werden. Als Beispiel sei erwähnt, daß dpa seinen ausländischen Umsatzanteil nach wie vor nicht veröffentlicht.

## 6. Schnelligkeit und Zuverlässigkeit: Die unverzichtbaren „Basics" der Agenturarbeit

Schnelligkeit und Zuverlässigkeit sind die beiden grundlegenden Wettbewerbsfaktoren. Hier können die Agenturen sich deshalb eine Differenzierung nicht leisten. Jede Agentur muß so schnell wie möglich Neuigkeiten liefern, bei jeder Agentur müssen außerdem die Fakten stimmen. In Anlehnung an ein klassisches Wort aus dem Journalismus hieße das: „Be first, but first be right". Zwar ist mal die eine, mal die andere Agentur schneller (Beispiel: das „Wettrennen" zwischen UPI und AP nach dem Kennedy-Attentat). Auch unterläuft jedem Anbieter hin und wieder ein Fehler (Beispiel: dpa-"Ente" über Chruschtschows

Tod). Mehr denn je müssen diese Grundanforderungen aber heutzutage erfüllt werden. Ansonsten droht das Ausscheiden aus dem Markt. Zuverlässigkeit wird hier allein im Sinne der Richtigkeit einer Meldung verstanden. Ein eigenes Thema wäre das weiter gefaßte Thema Qualität, das nicht nur für den Agenturjournalismus von großer Bedeutung ist. Hierzu sind in jüngerer Zeit eine Vielzahl von Publikationen erschienen (vgl. u. a. Schröter 1992, Hagen 1995).

## 7. Preis: Riesenunterschiede im Grundniveau mit generellem Trend nach unten

Bei der Betrachtung des Wettbewerbsfaktors Preis offenbart sich eine große Lücke zwischen dem, was die Wissenschaft für wichtig hält, und dem, was die Sichtweise von Medienpraktikern bestimmt. Der Preis als Regulativ zwischen Angebot und Nachfrage - bislang in der akademischen Agenturforschung kaum beachtet - scheint derzeit das bestimmende Merkmal auf dem deutschen Nachrichtenmarkt zu sein. Anzeichen für einen Preiskampf zwischen den Sekundäragenturen AP, Reuters, AFP sowie ddpADN sind unverkennbar. Aber auch dpa gerät in den Strudel. Die Differenzen zwischen den Abonnementpreisen für den Nachrichtendienst sind beträchtlich: Setzt man den dpa-Bezugspreis gleich 100, dann verlangt AP in etwa 50-60 Einheiten, Reuters 30-40, AFP 20-30 sowie ddpADN 15-20.[6] Und dies alles bei einer hohen Flexibilität in Preisverhandlungen.

Sicher sind die Nachrichtendienste unterschiedlich umfangreich. Doch ist zu fragen, ob ein doppelt so langer Meldungsstrom auch doppelt so teuer sein muß. Fest steht jedenfalls: Die Kunden spielen die Agenturen mittlerweile mit immer größerer Raffinesse gegeneinander aus, indem sie beispielsweise mit dem Hinweis auf die Bezugskosten der Konkurrenz individuelle Preisnachlässe durchzusetzen versuchen. Den gestiegenen Kostendruck im eigenen Haus wälzen sie überdies durch eine Verringerung der Agenturabonnements ab - von tendenziell drei auf zwei. Seitens der Agenturen hat der enorme Preisdruck praktisch zu einer Stagnation der Bezugspreise geführt, was bei gleichzeitig geplantem Ausbau der Leistungen längerfristig kritisch werden könnte. Bei dpa sinkt der Umsatz schon seit zwei Jahren hintereinander. Den Kunden der größten deutschen Agentur wurde 1995 ein besonderer Marketing-Rabatt einge-

---

6 Auf der Basis verschiedener Quellen war wiederum nur eine Schätzung möglich.

räumt, mit dem der Basisdienst zwölf Monate zum Preis von elf bezogen werden konnte.

## 8. Kundendifferenzierung: Das Spektrum erweitert sich

Betrachtet man die klassischen Kunden, Zeitung und Rundfunk, zeigt sich: dpa und AP sind mit ihrem nationalen Dienst eher auf die Printmedien ausgerichtet (dpa: 65 Prozent Zeitungen,, AP: 72 Prozent Zeitungen). Reuters und AFP, die erst seit 1971 bzw. 1987 direkt auf dem deutschen Markt präsent sind, haben von Anbeginn ihr Augenmerk explizit auf den Rundfunk gelegt (Reuters: 41 Prozent Rundfunk, AFP: 57 Prozent Rundfunk). Die Kundenstruktur von ddpADN kann derzeit noch als klassisches Erbe von ddp als Hörfunkagentur im Westen andererseits und der ehemaligen Monopolagentur in den neuen Ländern andererseits verstanden werden (61 Prozent Zeitungen, 39 Prozent Rundfunk). Trotz dieses Profils sind die Agenturen bestrebt, ihr Standbein in dem jeweils anderen Kundensegment auszubauen. Zu nennen wäre hier beispielsweise das Vordringen von ddpADN auf den westdeutschen Zeitungsmarkt.

Darüber hinaus erschließen sich die Agenturen im Medienbereich neue Kunden. AP beliefert in zunehmenden Maße auch Anzeigenblätter, für Werbeagenturen sind die elektronischen Bilddatenbanken attraktiv. Kommerzielle Online-Dienste übernehmen Teilangebote der Agenturen. Und es gibt den wachsenden Markt der elektronischen Zeitungsversionen.

## 9. Produktdifferenzierung: Neue Angebote und Veränderung bestehender Angebote

Das Angebot der fünf Agenturen hat sich seit Mitte der 80er Jahre praktisch verdoppelt. Grafik-, Audio- und Videodienste sind die wesentlichen Neuerungen.[7] Für die traditionellen Nachrichtendienste stellt die 1987 erfolgte Gründung einer deutschen Tochter der AFP und der damit verbundene Umzug der

---

7 Basis dieser Erhebung sind Untersuchungen über Nachrichtenagenturen, die ab 1989 am Institut für Publizistik in Mainz durchgeführt wurden (vgl. Wilke / Rosenberger 1991, Wilke 1993), Selbstdarstellungen und Geschäftsberichte der Agenturen sowie zahlreiche Einzelartikel in diversen Fachdiensten.

Redaktion des deutschen Dienstes von Paris nach Bonn die gravierendste Veränderung dar. Seitdem bietet AFP einen für den deutschen Medienmarkt zugeschnittenen Dienst mit In- und Auslandsnachrichten an. Abgeschlagen ist in dieser Hinsicht ddpADN, deren nationaler Dienst sich auf Inlandsmeldungen beschränkt. Regionale Dienste waren bis zur deutschen Vereinigung die Domäne von dpa. Derzeit bietet dpa 12 Landesdienste an, davon fünf in den neuen Ländern inklusive Berlin. ddpADN bietet einschließlich Berlin sechs Landesdienste sowie einen länderübergreifenden Regionaldienst Ost und neuerdings die beiden Regionaldienste Südwest und Nord an.

Auf den Bedeutungszuwachs des visuellen Angebotes für die Zeitungen wurde bereits hingewiesen. Sowohl dpa als auch AP bieten seit jeher einen Bilderdienst an. Reuters hat im Jahre 1985 einen Bilderdienst etabliert und damit an Attraktivität für die Zeitungskunden gewonnen. Hier manifestiert sich denn auch ein elementarer Wettbewerbsnachteil der deutschen AFP. Zwar hat die französische Mutter ebenfalls 1985 einen internationalen Bilderdienst ins Leben gerufen. Da jedoch die französische AFP mit dpa international kooperiert, ist dem deutschen Dienst dieses Angebot versagt. Bei ddpADN gibt es Planungen für einen Bilderdienst, das Ergebnis bleibt freilich abzuwarten. Im Zuge der Tendenz, Zusammenhänge zu visualisieren, kommt den Grafiken wachsende Bedeutung zu. In diesem Teilmarkt spielt AFP mit seinem seit 1991 angebotenen Infografie-Dienst eine gewisse Vorreiterrolle. Reuters und AP haben auf diesen Wettbewerbsvorteil kürzlich mit der Etablierung entsprechender Dienste reagiert. Mittelfristig ist daher mit einer Nivellierung dieses Wettbewerbsvorteils von AFP zu rechnen.

Gesprochene Korrespondentenberichte bietet derzeit nur dpa an. Wie bei den Bilderdiensten sind auch bei der Produktion von Nachrichtenfilmen erhebliche Investitionen nötig, da journalistisches Personal vor Ort eingesetzt werden muß. In diesem expandierenden Feld sind mit Angeboten für den deutschen Markt nur die beiden Weltagenturen Reuters mit der seit 1993 unter Reuters Television firmierenden Tochter und AP mit dem 1993 gegründeten APTV vertreten (vgl. Höhne 1995b, 8).

Soweit es der jeweilige Entscheidungsspielraum zugelassen hat, hat seit Mitte der 80er Jahre eine Angleichung in der Angebotserweiterung der Agenturen stattgefunden. Auffällig bleibt dabei das Vordringen von ddpADN auf den bisher dpa vorbehaltenen Markt des regionalen Informationsangebotes. Zumindest für ostdeutsche Medienkunden ist der Bezug von dpa nicht mehr eine notwendige Voraussetzung für eine Vollversorgung, auch andere Agenturkonstellationen sind denkbar.

Die Modifikation bestehender Produkte soll ausschließlich für das klassische Angebot, den nationalen Dienst untersucht werden. In quantitativer Hinsicht hat sich über alle Anbieter hinweg der Umfang des Dienstes vergrößert. Der Zuwachs an Wörtern pro Tag seit den letzten zehn Jahren bewegt sich zwischen rund 25 und 60 Prozent. Hierfür ausschlaggebend sind in erster Linie qualitative Veränderungen, die man nach vier Dimensionen unterscheiden kann:

*Erstens* ein verändertes Themenspektrum. Als Reaktion auf die Deregulierung ab Mitte der 80er haben zunächst die vermischten Meldungen zugenommen. Neuerdings zeichnet sich nun ein Kampf um die Wirtschaftsberichterstattung ab. Dabei lassen sich zwei Strategien beobachten. AP kooperiert seit dem Frühjahr 1996 mit dem vwd, indem täglich 20-30 Meldungen unter vwd-Kennung verbreitet werden. Damit versucht AP, in die Domäne der professionellen Wirtschaftsberichterstattung von Reuters einzugreifen. Den Weg einer serviceorientierten Wirtschaftsberichterstattung für die Zeitungskunden gehen dpa, ddpADN und AFP. AFP hat hierfür - ebenfalls im Jahre 1996 - sogar zwei neue Stellen geschaffen. Schließlich nehmen Spezialthemen, vornehmlich aus den Bereichen Unterhaltung/Kultur und Ratgeberinformationen zu.

*Zweitens* hat sich die Vielfalt der eingesetzten Darstellungsformen erhöht. Immer weniger Nachrichten firmieren als „klassische Meldungen" in dem Dienst. Stattdessen werden die Themen in spezifische Darstellungsformen wie bspw. Features, Hintergrundberichte, Stichworte oder sprechfertige Kurzmeldungen überführt. Die Aufbereitung eines Themas mittels verschiedener Darstellungsformen führt zu einer stärkeren Focussierung des Nachrichtenangebotes auf bestimmte „Top-Themen". Andere Themen werden entweder kürzer behandelt oder kippen hinten runter. Hier zeigt sich, daß die Agenturen zunehmend Themen gewichten. Überdies wird das Geschehen nicht nur sachlich weitervermittelt, sondern auch interpretiert und kommentiert. Schließlich verweist das zunehmend zielgruppengerechte Informationsangebot für die Zeitungen einerseits und den Rundfunk andererseits darauf, daß in immer stärkerem Maße originäre redaktionelle Aufgaben der nachgeschalteten Massenmedien als Dienstleistung in die Agenturen zurückverlagert werden.

*Drittens* kann man von einer zeitlichen Expansion sprechen, der Nachrichtenstrom über den Tag hinweg wird kontinuierlicher. Man nutzt die nächtliche Kanalkapazität für die Übermittlung semi-aktueller Beiträge wie bspw. Korrespondentenberichte. Auch wird in immer zunehmenderen Maße nachts Nachrichtenmaterial produziert. Der quantitative Zuwachs und die zielgruppenorientiertere Aufbereitung der Nachrichten führt *viertens* zu einer Erhöhung des dispositiven Anteils im Dienst. Also der Informationen, die den Nachrichtenstrom für die Bezieher strukturieren. Dies passiert durch Übersichten, Vorschauen, Ankündigungen oder auch Verweise auf Zusatzprodukte wie Bilder und Grafiken.

Insgesamt ist festzuhalten, daß die Agenturen ein ambivalentes Wettbewerbsverhalten zeigen: Da alle Agenturen auf die veränderte Nachfrage reagieren müssen, marschieren sie in der Produktentwicklung die gleiche Richtung. Andererseits bilden sie spezifische Profile aus, um potentielle Marktnischen zu erobern.

## 10. Schlußbemerkung

Verändert der Wettbewerb die Stellung der Agenturen im Medienmarkt? Darüber soll abschließend eine gegenläufige These formuliert werden: Einerseits gewinnen die Agenturen an Bedeutung gegenüber den nachgeschalteten Massenmedien, andererseits aber verlieren sie an Autonomie. Für den Bedeutungszuwachs spricht, daß sich die redaktionelle Aufbereitung von Nachrichtenmaterial als originäre Aufgabe der Massenmedien zunehmend zurück in die Agenturen verlagert, Zeitungen und Rundfunk im Extremfall also ohne redaktionelle Eigenleistung nur als Verbreitungsplattform des Agenturmaterials fungieren können.

Die Behauptung eines Autonomieverlustes gegenüber dem Medienmarkt stützt sich auf die erhöhte Orientierung der Agenturen bei der Nachrichtengebung an den Bedürfnissen der Massenmedien. Themen, die von den Massenmedien aufgegriffen werden, werden in der Berichterstattung sofort intensiviert. Themen, die auf keine Resonanz stoßen, werden fallengelassen. Diese nachfrageorientierte Nachrichtenauswahl hat zur Folge, daß sich die Selektionsentscheidung weniger an dem tatsächlichen Geschehen ausrichtet als vielmehr an den Nachrichtenbildern der nachgeschalteten Zeitungs- und Rundfunkjournalisten. Dies führt letztlich zu einer gesteigerten Zirkularität und damit auch zu einer thematischen Verengung des medialen Angebotes.

## Literatur

*Bertelsmann-Stiftung* (Hrsg.) (1995): Bertelsmann-Briefe - Dokumentation. Zukunft Multimedia. Globale Informationsstrukturen und neue Märkte. Herbst/Winter 1995.
*Bleeke*, Joel / David *Ernst* (Hrsg.) (1994): Rivalen als Partner: Strategische Allianzen und Akquisitionen im globalen Markt. Frankfurt a. M., New York: Campus.
*Ehrlich*, Peter (1993): „Journalismus bei einer Nachrichtenagentur". In: *Breunig*, Christian / Bernhard *Rosenberger* / Ralph *Bartel* (Hrsg,): Journalismus der 90er Jahre. Job-Profile, Einstieg, Karrierechancen. München: Ölschläger, S. 90 - 99.
*Hagen*, Lutz (1995): Informationsqualität von Nachrichten. Meßmethoden und ihre Anwendung auf die Dienste von Nachrichtenagenturen. Opladen: Westdeutscher Verlag.
*Henrichsmeyer*, Wilhelm / Oskar *Gans* / Ingo *Evers* (1986): Einführung in die Volkswirtschaftslehre. 7., verbesserte Auflage. Stuttgart: Ulmer.
*Höhne*, Hansjoachim (1995a): „Wenig Spielraum." In: Journalist, 4, S. 19 - 23.
*Höhne*, Hansjoachim (1995b): „Neuer Konkurrent." In: Medienspiegel, Jg. 19, 14, S. 8.
*Kiefer*, Marie-Luise (1996): „Massenkommunikation 1995." In: Media Perspektiven, 5, S. 234-248.
*Rosenberger*, Bernhard / Sigrun *Schmid* (1996): „Agenturen unter Druck". In: Sage und Schreibe, Jg. 3, 4, S. 48 - 49.
*Ruß-Mohl*, Stephan: „Infotainment." In: Die Zeit, 2.4.1992, S. 49.
*Schröter*, Detlef (1992): Qualität im Journalismus. München: Publicom.
*Wilke*, Jürgen / Bernhard *Rosenberger* (1991): Die Nachrichten-Macher. Eine Untersuchung der Strukturen und Arbeitsweisen am Beispiel von AP und dpa. Köln, Weimar, Wien: Böhlau.
*Wilke*, Jürgen (Hrsg.) (1993): Agenturen im Nachrichtenmarkt. Köln, Weimar, Wien: Böhlau.
*Wöhe*, Günter (1993): Einführung in die allgemeine Betriebswirtschaftslehre. 18., überarbeitete und erweiterte Auflage. München: Vahlen.
*Zschunke*, Peter (1994): Agenturjournalismus. Nachrichtenschreiben im Sekundentakt. München: Ölschläger.

*Susanne Keil*

# Neue Medieninhalte durch Frauen in Führungspositionen?

## Zur Programmgestaltung von Chefredakteurinnen, Hauptabteilungsleiterinnen und Direktorinnen

Seit der Vereinigung Deutschlands gibt es erstmals eine nennenswerte Zahl von Frauen in Führungspositionen im öffentlich-rechtlichen Rundfunk. Dies ist auf die Einrichtung öffentlich-rechtlicher Rundfunkanstalten in den neuen Bundesländern zurückzuführen. Es hat sich hier ein ganz neuer Medienmarkt eröffnet, der den Frauen Chancen geboten hat. Während es 1990 nur eine Programmdirektorin, eine Hauptabteilungsleiterin und zwei Chefredakteurinnen gab, bekleiden 1994, zum Zeitpunkt der Untersuchung, die Grundlage der folgenden Ausführungen ist, 14 Frauen eine Führungsposition im Bereich Hörfunk oder Fernsehen. Sieben von ihnen arbeiten in den neuen Bundesländern (vgl. Internationales Handbuch für Hörfunk und Fernsehen 1990, 1994).

Was bedeutet es nun aus feministischer theoretischer Sicht, daß Frauen zunehmend an maßgeblicher Stelle an der Gestaltung von Medieninhalten, von Programmen beteiligt sind? Zur Beantwortung dieser Frage ziehe ich die feminist cultural studies und die cultural studies heran, theoretische Überlegungen, die versuchen, Zusammenhänge von Gesellschaft, Medien und Geschlecht aufzuzeigen. Bindeglied zwischen den drei Ebenen ist die Kultur. In diesem Ansatz wird mit einem neuartigen und erweiterten Kulturbegriff gearbeitet, wobei besonders die politische Seite von Kultur betrachtet wird. Untersucht wird die Rolle, die Kultur bei der Herstellung, Aufrechterhaltung und Veränderung gesellschaftlicher Machtverhältnisse spielt. Unter Kultur wird daher der gesamte Prozeß verstanden, durch den Deutungen und Definitionen sozial konstruiert und historisch transformiert werden. In diesem Verständnis ist jeder Mensch ständig damit beschäftigt, Bedeutungen herzustellen und in kulturelle und soziale Praxen umzusetzen (vgl. Hall 1980). Das heißt, er/sie weist bestimmten Ereignissen, Bildern und Informationen vor seinem/ihrem Erfahrungshintergrund Bedeutung zu und verhält sich dementsprechend.[1] Daher gibt es nie nur eine, sondern immer mehrere Kulturen, abhängig von Faktoren wie Klasse, Ethnizität, Alter, sexueller Orientierung und natürlich auch Geschlecht. Geschlecht wird hier als Strukturkategorie verstanden, die grundlegend alle Gedanken, Handlungen und Institutionen strukturiert (vgl. v. Zoonen 1991, 3).

Obwohl damit von einer Vielzahl kultureller Praxen ausgegangen wird, gibt es dominante Bedeutungszuweisungen (vgl. Hall 1980, 136), d.h. bestimmte gesellschaftliche Gruppen setzen sich mit ihren Bedeutungszuweisungen durch. Kulturelle Praxen sind damit auch Ausdruck gesellschaftlicher Möglichkeiten bzw. Beschränkungen (vgl. Ellmeier 1992). Es wird davon ausgegangen, daß gesellschaftliche Machtverhältnisse in einem Prozeß ständigen Kämpfens um Bedeutungszuweisungen ausgehandelt werden, der nie abgeschlossen ist. Eine Veränderung von Herrschaftsverhältnissen, wie zum Beispiel des Geschlechterverhältnisses, ist daher nur durch eine sogenannte 'lange Revolution' möglich und kann sich nur dann vollziehen, wenn in die Symbole und Repräsentationen ebenfalls neue Bedeutungen eingegangen sind.[2] In diesem Szenario um Macht und Kultur gelten die Medien als zentrale Aushandlungsorte von Bedeutungen.

Bei einem Anteil von einem Drittel Frauen in den Medien insgesamt und einem Anteil von gut sieben Prozent der Frauen an Führungspositionen im öffentlich-rechtlichen Rundfunk kann davon ausgegangen werden, daß die dominanten Bedeutungszuweisungen in den Medien überwiegend durch die kulturellen Praxen von Männern geprägt sind. Kulturelle Praxen, die neben anderen Kategorien durch die des 'sozialen Geschlechts der Frau' markiert sind - so meine These-, haben sich bei der Verschlüsselung von Medienbotschaften bislang nicht grundlegend durchsetzen können. In dem Maße, wie nun aber Frauen in Führungspositionen vordringen und an zentraler Stelle Einfluß auf die Produktion von Wissen und Bedeutung nehmen, stellt sich die Frage, wie ihre kulturellen Praxen und Bedeutungszuweisungen aussehen.

Aus feministischer Sicht geht es darum, die Bedeutungszuweisungen von Frauen zunächst sichtbar zu machen und ihnen damit Wert zu verleihen. Dies werde ich im ersten Teil der folgenden Ausführungen tun und gleichzeitig aus Sicht der feminist cultural studies fragen, ob in der Programmgestaltung der

---

1 Eine *kulturelle* Praxis ist es beispielsweise, regelmäßig die Lindenstraße zu sehen. Ein Beispiel für eine Bedeutungszuweisung durch die Medien ist das Kriterium der Aktualität. Über aktuelle Ereignisse wird in den Nachrichten eher berichtet als über solche, die schon einige Zeit zurückliegen.
2 Vgl. Williams (1962).

Frauen Widerstand gegen dominante, überwiegend patriarchal geprägte Bedeutungszuweisungen erkennbar ist (vgl. Press 1989), d.h. ob Kritik an journalistischen Standards und Routinen geübt wird. Anschließend werden diese Ergebnisse kritisch diskutiert. Im zweiten Teil geht es um die Frage, ob die Frauen in Führungspositionen die kulturellen Praxen und Bedeutungszuweisungen von Frauen in ihrem Programm stärken.[3]

## 1. Allgemeine Ziele der Programmgestaltung

Unter Programmgestaltung verstehe ich im folgenden vor allem inhaltliche Kriterien, nach denen das gesamte Programm, für das die Frauen verantwortlich sind, sowie einzelne Sendungen gestaltet werden. Dazu gehören

- grundlegende Ziele, die die Frauen mit ihrem Programm verfolgen, und
- die Selektion von Themen, ihre Aufbereitung und Darstellung.

Da die Ziele der Programmgestaltung der befragten Frauen natürlich auch durch den Themenbereich, für den sie zuständig sind, beeinflußt werden, sei an dieser Stellen vorausgeschickt, daß eine Aufgabenverteilung entlang klassischer geschlechtsspezifischer Themenzuweisungen bei den Frauen in Führungspositionen nicht erkannt werden kann.[4]

Aus den Aussagen der Frauen zu ihrer Programmgestaltung haben sich folgende sieben Kriterien als wichtigste Ziele herauskristalisiert:[5]

---

3   Von den 14 Frauen, die 1994 eine Führungsposition bekleiden, habe ich mit dreizehn ein leitfadengestütztes Interview geführt, mit einer ist kein Termin zustande gekommen. Damit handelt es sich hier um eine Vollerhebung. Von sechs der Frauen sind noch einmal Mitarbeiterinnen interviewt worden, um auch Außenperspektiven auf die Frauen zu erhalten. Dennoch sind in die folgenden Ausführungen überwiegend die Selbstaussagen der Frauen in Führungspositionen eingegangen; die Aussagen der Mitarbeiterinnen wurden ergänzend hinzugezogen.
4   Auch nach der Stude 'Journalismus in Deutschland' (JOURiD) gibt es nach wie vor 'typisch weibliche' Ressorts (Unterhaltung, Ratgeber/Service, Soziales/Familie) und 'typisch männliche' (Politik, Wirtschaft, Wissenschaft, Lokales/Regionales, Sport) (vgl. Weischenberg u.a. 1994).
    Von den 13 Frauen bekleiden vier eine übergreifende Position und sind nicht für einen spezifischen Themenbereich zuständig, drei leiten Hauptabteilungen für Politik und Zeitgeschehen, eine ist für Innenpolitik, zwei sind für die Hauptabteilung Kultur, eine für Wissenschaft und Gesellschaft, eine für Kultur und Wissenschaft und eine für Kultur, Bildung und Unterhaltung zuständig.
5   Diese Ziele wurden, wenn nicht anders erwähnt, jewels von etwa vier Frauen verfolgt.

- Begleitung und Beeinflussung gesellschaftlicher Entwicklung,
- Bewertung von Informationen,
- Darstellung alltäglicher Auswirkungen von Ereignissen,
- intensive Bezugnahme auf das Publikum,
- Verständlichkeit in der Berichterstattung,
- Einbringen neuer Sichtweisen und
- ressortübergreifendes Arbeiten.

*Begleitung und Beeinflussung gesellschaftlicher Entwicklung*

Fast alle Frauen äußern ganz globale Ziele ihrer Programmgestaltung, mit denen sie sich auf die allgemeine gesellschaftliche Entwicklung oder auf das politische System der Bundesrepublik Deutschland beziehen. Im Zentrum steht dabei das Interesse, die Bevölkerung so zu informieren, daß sie politische Entscheidungen verantwortungsvoll treffen kann. Während es sich hier bei einigen Angaben um die eher klassischen journalistischen Funktionen der Information und Meinungsbildung handelt, sind die Frauen tendenziell doch noch eher daran interessiert, gesellschaftliche Entwicklungen nicht nur zu begleiten, sondern auch zu beeinflussen. Dies wird natürlich besonders deutlich bei den wesentlich konkreter auf die aktuelle politische Situation bezogenenen Aussagen der Frauen, die in den neuen Bundesländern arbeiten. Beispielhaft sei hier nur genannt:

- Aufbauarbeit leisten und die kulturelle Entwicklung fördern,
- eine eigene Identität im Land enwickeln, um dann über den Tellerrand zu schauen,
- zur Orientierung dienen und
- Lebensfreude bringen.

In diesen Aussagen wird zugleich ein besonderer Bezug auf die Bedürfnisse des spezifischen Publikums in den neuen Bundesländern deutlich. Orientierungshilfe anzubieten und die Menschen in ihrem Lebensgefühl aufzufangen und zu stützen sind zentrale Anliegen.

*Bewertung von Informationen*

In engem Zusammenhang mit dem Anspruch, gesellschaftliche Entwicklung zu begleiten und zu beeinflussen, steht das Interesse, Informationen einzuordnen und zu bewerten. So bezeichnet es eine Frau als eine Hauptaufgabe ihrer Arbeit, „Ordnung in das Informationschaos" zu bringen. Es geht ihr nicht nur darum, Fakten zu vermitteln, sondern diese einzuordnen, zu begründen und nachdenklich zu machen: „Ich denke, daß sie nicht nur, worauf sich das heute häufig reduziert, zur täglichen Lebensbewältigung Informationen brauchen, also das ist ja heute sehr stark so auf den Servicebereich eingeengt worden. Ich denke, sie brauchen neben Service allgemeine Orientierung. [...] Ein politisch bewußter Mensch kann einfach seine aktive Wählerschaft verantwortlich nicht ausüben, wenn er nicht oder sie ein bestimmtes Ausmaß an Kenntnissen hat und auch Einschätzungsvermögen. Also es ist nicht nur die Kenntnis von Fakten, sondern es ist auch das Einordnungsvermögen." In diesem Zitat wird Kritik an einer Informationsverarbeitung erkennbar, die sich auf die reine Vermittlung von Fakten konzentriert und keine Hilfe zu deren Bewertung anbietet.

*Darstellung alltäglicher Auswirkungen von Ereignissen*

In vielen Aussagen der Frauen zu ihrer Programmgestaltung wird der Anspruch deutlich, Alltäglichkeit zu thematisieren. Mehrere Chefredakteurinnen fordern ihre Mitarbeiterinnen und Mitarbeiter dazu auf, in ihre tägliche Umgebung zu gehen und die Menschen nach ihren Problemen zu fragen. Eine Frau betont auch, daß es immer darum geht, die Auswirkungen für die Betroffenen herauszuarbeiten. Am deutlichsten wird dieses Anliegen jedoch, wenn es um Kultur geht. Kultur gehört im Verständnis der meisten Frauen, die für diesen Bereich verantwortlich sind, zum täglichen Leben. Es geht ihnen darum, kulturelle Themen von ihrem hehren Anspruch herunterzuholen, und sie favorisieren ein sehr breites Verständnis von Kultur. So kritisiert eine Frau die „starren kulturträchtigen Formen, wo man immer einen schwarzen Anzug anziehen mußte, wenn man das Programm einschaltete". Sie versucht ihr Kulturprogramm durch Magazinsendungen zu lockern. Ein ähnliches Bemühen konstatieren auch die Mitarbeiterinnen einer Chefredakteurin. Während sich die Kulturredakteure immer für die Besseren hielten, versuche sie als erste in dieser Funktion die Trennung zwischen „Kultur und dem Rest der Welt" aufzuheben.

An diesem, von den Frauen geäußerten Kriterium ihrer Programmgestaltung wird eine deutliche Kritik an herkömmlichen journalistischen Standards sichtbar. Wenn mehrere Frauen betonen, Kultur von ihrem hehren Anspruch herunterholen zu wollen, distanzieren sie sich zugleich von der traditionellen Kulturberichterstattung, die eher durch ein elitäres und abgehobenes Kulturverständnis gekennzeichnet ist. Sie kritisieren die Trennung von Kultur und anderen Lebensbereichen und versuchen diese aufzuheben.

*Intensive Bezugnahme auf das Publikum*

Besonders auffällig ist, daß sich durch die meisten Äußerungen der Frauen eine intensive Bezugnahme auf das Publikum zieht. Es wird ein Verantwortungsgefühl gegenüber ihren ZuschauerInnen und HörerInnen deutlich, und dies nicht etwa nur bei den Frauen, die in den neuen Bundesländern arbeiten. Zudem wollen einige Frauen ihr Publikum an ihrem Programm direkt beteiligen. Eine Frau hat zum Beispiel eine Sendung eingeführt, in der Zuschauer zu Wort kommen und Experten und Politiker direkt fragen sollen. Ihr geht es darum, Medieninhalte dadurch authentischer zu machen, daß die Fragen, die die Menschen bewegen, auch von diesen gestellt werden. Eine ihrer Mitarbeiterinnen sieht hierin einen Unterschied zu der Programmgestaltung ihres Vorgängers. Bei dem letzten Chefredakteur sei es eher eine kleine ausgewählte Expertenrunde gewesen, die untereinander diskutiert hat. Ihm war nach der Mitarbeiterin nicht daran gelegen, Zuschauermeinungen abzufragen, sondern er sei davon ausgegangen, daß er die besseren Fragen stellt, weil er der Journalist ist. In diesem Fall wird Kritik an einem journalistischen Selbstverständnis sichtbar, das die Interessen und Fragen eines/r JournalistIn über die des Publikums stellt. Andere Frauen versuchen, zu den Zuschauern zu gehen und hier ihre Sendungen zu machen. Eine Frau hat eine Sendung ins Leben gerufen, die draußen vor Ort stattfindet und nicht im Studio.

*Verständlichkeit in der Berichterstattung*

Der Anspruch, sich auf das Publikum zu beziehen und den Alltag der Menschen zu thematisieren, wird auch in den unzähligen Aussagen der Frauen bezüglich einer verständlichen Berichterstattung deutlich. Hier fallen Äußerungen wie:

- wenn es geht, nochmal eine Erklärung einflicken, nicht zuviel voraussetzen, nicht so sehr über die Köpfe der Leute hinweg,
- ein brilliant formulierter Satz ist weniger wichtig als die Botschaft und das Verständnis oder
- die Programme lockerer, charmanter, menschlicher anbieten und nicht mit dem intellektuellen Holzhammer.

Zwar gehört die Erklärung komplexer Sachverhalte zu den klassischen journalistischen Aufgaben; darüberhinaus wird hier aber Kritik an einer Berichterstattung deutlich, die sich an Expertenwissen orientiert.

*Einbringen neuer Sichtweisen*

Auffallend häufig betonen die Frauen, mit ihrem Programm vom Gängigen abzuweichen und neue und unterschiedliche Perspektiven auf Themen werfen zu wollen. Dies reicht von der Forderung an die MitarbeiterInnen, sich nicht auf Pressemitteilungen oder -konferenzen zu verlassen, sondern selbst zu recherchieren, über den Anspruch, neue Themen zu entdecken und immer wieder andere Einstiege in Themen zu finden, bis hin zum grundsätzlichen Hinterfragen journalistischer Standards. So erwähnt eine Frau beispielsweise, daß sie sich selbst immer wieder dazu anhält, die Auswahlkriterien zu hinterfragen: „... daß man nicht sagt, das ist Profession, was alle machen." Sie problematisiert, daß Unglücksmeldungen oft in erster Linie aufgrund des Konkurrenzdrucks zu anderen Medien oder aufgrund „schöner Zahlen" gesendet werden und fordert dazu auf, Beiträge danach auszuwählen, inwieweit sie den Menschen zur Orientierung dienen. Eine andere Chefredakteurin bezieht das Einbringen neuer Sichtweisen auf die Themenfindung. Es kann ihrer Meinung nicht darum gehen „sich nur populistisch auf Themen zu setzen, die eigentlich schon da sind." Mehrere Frauen sprechen dezidiert davon, daß sie darauf achten, daß Arbeiten nicht der Routine unterliegen.

In diesem Punkt äußern die Frauen in Führungspositionen ganz direkt Unzufriedenheit mit journalistischen Standards und Routinen. Sie betonen, daß sie die verantworteten Medieninhalte immer wieder neu und anders gestalten wollen. Besonders deutlich wird dies anhand der oben erwähnten Selektionskriterien.

*Ressortübergreifende Berichterstattung*

Mehrere Frauen erteilen dem Ressortdenken eine Absage. Eine Frau, für die die Überwindung von Ressortgrenzen ein wichtiger Bestandteil ihrer Programmgestaltung ist, begründet dies so: „... daß ich eben immer schon der Auffassung war, es ist so unsinnig, diese Sparten zu machen, weil die Menschen in der Regel nicht spartenorientiert aufnehmen und schon gar nicht weiterdenken, sondern sie nehmen dann eher den Teil für das Ganze und es ist nicht das Ganze. Man kriegt z. B. nur die wirtschaftliche Nachricht und weiß gar nicht, was hat das für Konsequenzen und Hintergründe." In dem von ihr verantworteten Programm wird daher eine Verschränkung von Kultur und Politik stattfinden. Auch eine andere Frau berichtet, daß sie mit ihren Mitarbeiterinnen und Mitarbeitern intensiv daran gearbeitet hat, das Ressortdenken, das bei Antritt ihrer Position in ihrem Bereich vorherrschte, zu minimieren. Hier distanzieren sich die Frauen von einem engen Blick auf Themen, der durch die Ressorts jeweils stark in eine Richtung gelenkt wird.

Ich habe meinen Blick bei der Darstellung der Programmgestaltung der Frauen in Führungspositionen darauf gerichtet, wo sie die herkömmliche Berichterstattung kritisieren, und nicht darauf, wo sie diese reproduzieren, was überwiegend der Fall sein wird. Dennoch sind meines Erachtens Ansätze für eine mögliche Veränderung der Medieninhalte durch diese Frauen sichtbar. Wenn man alle politischen, organisatorischen und ökonomischen Bedingungen der Produktion von Programmen unberücksichtigt läßt und davon ausgeht, daß sie ihre Ziele auch umsetzen können, lassen sich angeregt durch diese Frauen in Führungspositionen folgende Veränderungen in den Medieninhalten prognostizieren:

- Themen werden stärker im Alltag der Menschen gesucht oder aus dieser Perspektive geschildert,
- Interessen und Fragen des Publikums gehen stärker in die Programmgestaltung ein,
- die Themenpalette wird erweitert und es werden neue Perspektiven auf Themen geworfen und
- es wird ein umfassenderer Blick auf die Welt geworfen.

## 2. Diskussion der Ergebnisse

Nicht eindeutig geklärt werden kann an dieser Stelle, wie groß hier der Zusammenhang zwischen der Kategorie Geschlecht und den geäußerten Zielen und Kriterien der Programmgestaltung ist. Zwar zeigt ein Vergleich mit einer der jüngsten Studien über Journalistinnen und Journalisten in Deutschland, daß die hier als wichtigste journalistische Aufgabe genannte neutrale Vermittlung von Informationen dem Anspruch der Frauen, Orientierungshilfe anzubieten und gesellschaftliche Entwicklung zu beeinflussen, nicht gerecht werden könnte (vgl. Weischenberg 1995, 443). Für diesen Unterschied sind aber andere Faktoren wie die hohe Position der Frauen oder auch der Ort, an dem sie arbeiten (neue Länder - alte Länder), mindestens ebenso ausschlaggebend wie ihr soziales Geschlecht. So ist in der JOURiD-Studie festgestellt worden, daß ChefredakteurInnen insgesamt ein etwas idealistischeres berufliches Selbstverständnis haben als das Gros der JournalistInnen: „In den Chefredaktionen wird mehr

Wert darauf gelegt, Ideale zu vermitteln und dem Publikum Lebenshilfe zu bieten ..." (Scholl 1995, 17). Die Tatsache, daß die Hälfte der Frauen in den neuen Bundesländern arbeitet, wird sich ebenfalls auf ihre Programmgestaltung auswirken. So hat die Sozialenquete über die JournalistInnen in den neuen Ländern gezeigt, daß sie sich wesentlich häufiger als die westdeutschen KollegInnen verstehen als „jemand, der den Leuten hilft und sie berät" (Schneider u.a. 1993, 370).

Aber auch Untersuchungen, die sich mit der Zukunft des Journalismus beschäftigen, kommen zu dem Ergebnis, daß Lebenshilfe und Orientierung zukünftig immer wichtigere Leistungen des Journalismus sein werden (vgl. Weischenberg 1995, 571, Pater 1993). Ebenso wird die bei den Frauen zu konstatierende intensive Bezugnahme auf die Interessen des Publikums nach der Aussage von ExpertInnen im Journalismus zukünftig eine größere Rolle spielen. Dies ist auf die zunehmende Komplexität und Informationsflut zurückzuführen sowie auf die Tatsache, daß die tradierten journalistischen Routinen brüchig werden und daher im Publikum nach einem neuen Anhaltspunkt gesucht wird (vgl. Pater 1993, 246). Etwa die Hälfte der Frauen in Führungspositionen selbst sieht allerdings durchaus einen Zusammenhang zwischen ihrem Frausein und ihrer Programmgestaltung. Diese Frauen betonen dezidiert, daß sie die Erfahrung gemacht haben, daß ihre Präferenzen in Themenauswahl und Darstellungsweise sich von denen ihrer männlichen Kollegen unterscheiden: „Also ich glaube, ohne daß ich das kultivieren will, daß es sehr wohl Unterschiede gibt in der Herangehensweise an Themen, Gegenstände zwischen Männern und Frauen. Und daß es eine Rolle spielen muß, sehen Sie daran, daß es ganz schwierig ist, wenn Frauen auf dem Bildschirm versuchen wollen, Wirklichkeit zu vermitteln. Es gibt ja wenige Frauen auf dem Bildschirm, die das tun. Das kann ja nur daran liegen, weil es möglicherweise auch eine anders vermittelte Wirklichkeit sein könnte und die Männerdomäne ein bißchen Furcht davor hat."

Legt man an die Ziele der Programmgestaltung der Frauen in Führungspositionen die empirisch ermittelten Informationsbedürfnisse von Frauen als Bewertungsgrundlage an, so zeigt sich hier, daß sie diesen durchaus entgegenkommen. Aus den Ergebnissen einer Befragung mit Nichtleserinnen von Tageszeitungen (Müller-Gerbes / Werner 1993, 161 f.) wird deutlich, daß Frauen sich einen 'anderen politischen Journalismus' und mehr 'Alltagsorientierung' wünschen. Weniger VertreterInnen etablierter Institutionen und stattdessen mehr 'normale' Menschen und Basisorganisationen sollten zu Wort kommen. Diese

Bedürfnisse müßten die Frauen in Führungspositionen mit ihrem Interesse, Themen im Alltag zu suchen und aus dieser Perspektive darzustellen sowie Menschen zu politischem Handeln zu befähigen, eigentlich befriedigen. Auch einigen der von Margret Lünenborg eher theoretisch entwickelten Kriterien für einen feministischen Journalismus entsprechen die erklärten Programmziele der Frauen in Führungspositionen. Lünenborg fordert unter anderem ebenfalls, den Alltag zum Thema zu machen und die Trennung zwischen Privatem und Politischem aufzuheben (vgl. Lünenborg 1992, 209). Sie betont zudem die Notwendigkeit einer ganzheitlicheren Berichterstattung, die Berücksichtigung von Kontext und Abhängigkeiten (vgl. Lünenborg 1992, 209). Das besondere Interesse der Frauen in Führungspositionen an ressortübergreifender Berichterstattung kommt dieser geforderten Ganzheitlichkeit entgegen.

### 3. Bezug von Frauen auf Frauen im Programm

Ebenso interessant für die Programmgestaltung der Frauen in Führungspositionen im öffentlich-rechtlichen Rundfunk ist die Frage, inwieweit diese Frauen in der Konzeption ihrer Sendungen konkret Bezug auf Frauen nehmen und damit die Bedeutungszuweisungen und kulturellen Praxen von Frauen stärken, sei es, indem sie versuchen

- Berichte und Themen zu forcieren, in denen Frauen Handlungsträgerinnen sind oder die Frauen in spezifischer Weise betreffen,
- Frauen bei ihren Vorstellungen vom Publikum zu berücksichtigen oder
- ihnen die Chance zu geben, zu Wort zu kommen.

Von den Frauen äußern nur einige wenige, daß sie bewußt versuchen, die Lebenswirklichkeit von Frauen in ihrem Programm zu thematisieren. Zwei weitere arbeiten immerhin daran, ein Frauenmagazin in der ARD zu plazieren, eine verläßt sich eher auf die in ihrem Verantwortungsbereich bereits bestehende Frauenredaktion, da sie persönliche Probleme mit typischen Frauenthemen bekundet. Von den restlichen Frauen lehnt es die Hälfte mehr oder weniger bewußt ab, sich mit klassischen Frauenthemen zu beschäftigen oder entsprechende Redaktionen einzurichten. Bei der anderen gibt es keine Anzeichen, sich mit dieser Frage überhaupt zu befassen. Eine stärkere Thematisierung der Lebenswirklichkeit von Frauen kann damit von diesen Frauen auch nur in Ansätzen erwartet werden.

Noch weniger Bezug auf Frauen ist bei ihren Vorstellungen vom Publikum erkennbar. Nur eine einzige Frau erwähnt ohne danach gefragt worden zu sein, daß sie auch die Bedürfnisse ihrer Hörerinnen befriedigen möchte: „Auch Frauen sollen sich angesprochen fühlen, aber nicht nur durch eine Frauensendung, das ist nicht mein Problem, [...] aber ich möchte, daß Hörerinnen und Hörer dieses Programm gleichermaßen irgendwo attraktiv und interessant finden, und das habe ich einmal dadurch, daß ich Frauen betraue mit Themen, und das habe ich natürlich auch in der Themenauswahl, daß ich bewußt auch Themen nehme, wo ich also genau weiß, das interessiert einen Mann vielleicht nicht immer ganz doll, aber das halte ich für sehr wichtig."

Im Vergleich zu den vorhergenden beiden Aspekten ist immerhin knapp die Hälfte der Frauen in Führungspositionen eindeutig darum bemüht, Frauen die Chance zu geben, zu Wort zu kommen. Sie tun dies z. B., indem sie versuchen, verstärkt Autorinnen für Themen zu gewinnen oder die Werke von Wissenschaftlerinnen vorzustellen, Frauen also die Möglichkeit geben, sich mit ihren Ideen im Programm zu präsentieren. Von den Mitarbeiterinnen von drei Frauen erfahre ich, daß sie die mangelnde Präsenz von Frauen auch in Sitzungen thematisieren und ihre Mitarbeiterinnen und Mitarbeiter dazu anhalten, diese verstärkt zu berücksichtigen.

## 4. Fazit

Im ersten Teil habe ich die Bedeutungszuweisungen von Frauen in Führungspositionen im öffentlich-rechtlichen Rundfunk sichtbar gemacht und ihnen damit Wert verliehen. Es wurde in den geäußerten Zielen der Programmgestaltung der Frauen Kritik an journalistischen Standards und Routinen erkennbar, die zu Veränderungen in den Medieninhalten führen könnte. Nicht geklärt werden kann indes, inwieweit ihre Kritik mit ihrem Geschlecht und ihren Erfahrungen als Frau in Zusammenhang zu bringen ist. Immerhin überschneiden sich die Ziele der Programmgestaltung der Chefredakteurinnen, Hauptabteilungsleiterinnen und Direktorinnen in wichtigen Punkten mit den empirisch ermittelten Informationsbedürfnissen von Frauen.

Eine deutliche Stärkung der kulturellen Praxen und Bedeutungszuweisungen von Frauen im öffentlich-rechtlichen Rundfunk ist von diesen Frauen allerdings nicht zu erwarten. Nur wenige bemühen sich darum, die Lebenswirklichkeit von Frauen zu thematisieren. Dennoch gibt es bei immerhin knapp der Hälfte das Bemühen, Frauen zu Wort kommen zu lassen.

Insgesamt sind also erste Anzeichen für mögliche Veränderungen im Sinne der eingangs angesprochenen 'langen Revolution' sichtbar, in der den kulturellen Praxen und Bedeutungszuweisungen von Frauen ein gesellschaftlich größerer Wert verliehen und somit die Enthierarchisierung des Geschlechterverhältnisses vorangetrieben werden könnte. In diesem Zusammenhang ist auch zu berücksichtigen, daß die Frauen erst seit kurzer Zeit in Führungspositionen sind, und eine 'lange Revolution' eben ihre Zeit braucht. Es gibt in einigen Interviews Hinweise darauf, daß mit größerer beruflicher Sicherheit der Frauen trotz der beruflichen Sozialisation und dem Gang durch die Institution das Vertrauen in die eigenen Bedeutungszuweisungen wächst. Schließlich ist es wichtig, daß mehr Frauen in Führungspositionen kommen. Heute machen die Frauen immer noch die Erfahrung, daß von ihnen entwickelte Projekte durch Männer gekippt werden. Eine Chefredakteurin und eine Hauptabteilungsleiterin haben mir davon berichtet, daß sie Pilotsendungen für eine Frauentalkshow, die in der ARD plaziert werden sollte, produziert haben. „Weibertalk" sollte diese Sendung heißen, in der jeweils drei Frauen einem Politiker gegenübersitzen und ihn ins Kreuzverhör nehmen sollten. Zur Sendung ist dieses Projekt nie gekommen, weil die Männer, die natürlich auch in den ARD-Gremien in der Überzahl sind, dagegen votiert haben. Für mich ist ein solcher Weibertalk eine wunderschöne Programmutopie, die durch mehr Frauen in Führungspositionen ja vielleicht doch einmal Wirklichkeit werden könnte.

**Literatur**

*Ellmeier*, Andrea (1992): „Special British Mix. Feminismus und Cultural Studies". In: Medien Journal, Jg. 16, 3, S. 141-146.
*Hall*, Stuart (1980): „Cultural Studies and the Centre: Some problematics and problems". In: *Hall,* Stuart / Dorothy *Hobson* / Andrew *Lowe* / Paul *Willis* (Hrsg.): Culture, Media, Language. London: Hutchinson, S. 15-47.
*Hall*, Stuart (1980): „Encoding/decoding". In: *Hall,* Stuart / Dorothy *Hobson* / Andrew *Lowe* / Paul *Willis* (Hrsg.): Culture, Media, Language. London: Hutchinson, S. 128-138.
*Internationales Handbuch für Hörfunk und Fernsehen* (1994) hrsg. vom Hans-Bredow-Institut für Rundfunk und Fernsehen an der Univ. Hamburg. Baden-Baden: Nomos Verlagsgesellschaft.
*Lünenborg*, Margret (1992): Feministischer Journalismus. Perspektiven einer Öffentlichkeit für Frauen. Bochum: Universitätsverlag Brockmeyer.
*Müller-Gerbes*, Sigrun / Petra *Werner* (1993): „Zur Zeit ohne Zeitung". In: Initiative Tageszeitung (Hrsg.): Redaktion 1994. Almanach für Journalisten. Bonn: Bundeszentrale für politische Bildung, S. 157-162.

*Pater*, Monika (1993): Ein besserer Journalismus? Informationsflut und Komplexität als Probleme und Chancen aktueller Medienberichterstattung. Bochum: Universitätsverlag Brockmeyer.

*Press*, Andrea (1989): „Class and gender in the hegemonic process: class differences in women's perceptions of television realism and identification with television characters". In: Media, Culture and Society, Jg. 11, 1, S. 229-251.

*Schneider*, Beate / Klaus *Schönbach* / Dieter *Stürzebecher* (1993): „Journalisten im vereinigten Deutschland. Strukturen, Arbeitsweisen und Einstellungen im Ost-West-Vergleich". In: Publizistik, Jg. 38, 3, S. 353-382.

*Scholl*, Armin (1995): „Schlüsselrolle Chefredakteur". In: journalist, Jg. 46, 2, S. 16-17.

*Weischenberg*, Siegfried / Susanne *Keuneke* / Martin *Löffelholz* / Armin *Scholl* (1994): Frauen im Journalismus. Gutachten über die Geschlechterverhältnisse bei den Medien in Deutschland. Im Auftrag der Industriegewerkschaft Medien. Stuttgart.

*Weischenberg*, Siegfried (1995): Journalistik. Medienkommunikation: Theorie und Praxis. Bd. 2. Opladen: Westdeutscher Verlag.

*Williams*, Raymond (1962): The long revolution. London.

*Zoonen*, Liesbet van (1991): „Feminist perspectives on the media". In: *Curran*, James / Michael *Gurevitch* (Hrsg.): Mass Media and Society. London: Arnold.

*Zoonen*, Liesbet van (1994): Feminist Media Studies. London / Thousand Oaks / New Delhi: Sage.

*Margret Lünenborg*

# Informationsverarbeitung als Ausschlußprogramm?

## Erforderliche Veränderungen zur Beschreibung der Lebenssssituation von Frauen

Die Vorstellung, Journalismus biete ein wie auch immer geartetes *Abbild* der Wirklichkeit, gilt in der Kommunikationswissenschaft seit den intensiven Auseinandersetzungen mit der Systemtheorie und dem Konstruktivismus als obsolet. Der Anspruch, Wirklichkeit lasse sich *objektiv*, also unabhängig von der Perspektive des Betrachters bzw. der Betrachterin erkennen, auswählen und darstellen, entspricht bereits lange nicht mehr dem Stand der erkenntnistheoretischen und soziologischen Forschung. Je mehr jedoch eine externe Instanz (also die außerhalb des Individuums liegende Wirklichkeit) an Erklärungs- und Legitimationskraft für die Auswahl von Information einbüßt, desto mehr gewinnen interne Instanzen (also Selektionskriterien, die interpersonell vereinbart werden) an Bedeutung und geraten unter Legitimationsdruck.

Mit diesen Selektionskriterien und ihren Auswirkungen auf die mediale Konstruktion von Wirklichkeit insbesondere mit Blick auf die Konstruktion der Geschlechterstruktur in den Medieninhalten - ein Prozeß, den ich als inhaltliche Dimension des *Gendering* im Journalismus bezeichne - beschäftigt sich dieser Vortrag.

Als *Gendering* verstehe ich dabei in Anlehnung an Gudrun-Axeli Knapp (1993) den Prozeß des Entstehens und der kontinuierlichen Ausgestaltung und Verhandlung der sozialen Geschlechterverhältnisse einer Gesellschaft bzw. eines Teilsystems der Gesellschaft - hier eben des Systems Journalismus. Das *Gendering* im Journalismus umfaßt zwei Dimensionen: die personale und die inhaltliche. Einerseits also die Geschlechterstruktur der im Journalismus Tätigen, andererseits die Geschlechterstuktur der medialen Konstruktionen und Konstrukte durch die Beschäftigten. Ein Zusammenhang zwischen diesen beiden Dimensionen besteht zwar, er gestaltet sich jedoch nicht so unmittelbar und eindimensional wie es die Frauenforschung in den 70er und 80er Jahren angenommen hatte. Allein ein höherer Anteil von Frauen in den Redaktionen (und vermutlich - aber darüber werden wir anschließend mehr erfahren - auch in den Chefredaktionen) garantiert nach kein verändertes Frauen- und Männerbild in den Medien. Dafür gibt es mittlerweile zahlreiche Belege (vgl. Prenner 1992, van Zoonen 1988, Gallagher 1989). Zugespitzt müßte die Frage heute vielmehr lauten: *Warum hat sich an der Darstellung von Frauen in den journalistischen Programmen (Print, TV, Radio) so wenig verändert, obschon der Frauenanteil in den Redaktionen (und partiell auch in den Chefetagen) in den vergangenen 20 Jahren deutlich angestiegen ist?* Dabei, das will ich ausdrücklich betonen, geht es mir hier um die Betrachtung von Journalismus - also der dezidiert als Informationsangebote angelegten Non-Fiction-Produkte.

Damit sind drei Schritte erforderlich:

1. Die Bestandsaufnahme: Wie sieht die Geschlechterstruktur in den Medieninhalten aus? Da die zahlreichen Befunde seit mehr als 20 Jahren keine allzu wesentlichen Veränderungen dokumentieren, werde ich Ergebnisse nur knapp und exemplarisch darstellen.

2. Die Ursachenforschung: Wie realisiert sich die Geschlechterstruktur in den Medieninhalten? Wie also kommt das Ausschlußprogramm, wie ich es benannt habe, zustande?

3. Geht es, wie im Titel angekündigt, um Ansätze für Veränderungen.

Neben einer Berücksichtigung der einschlägigen Literatur zur Beschreibung des Forschungsstandes, nehme ich dabei auf zwei empirische Projekte Bezug: In die Analyse der Ursachen werden erste Ergebnisse einer inhaltsanalytischen Auswertung der Presseberichterstattung zur Weltfrauenkonferenz in Peking und des NGO-Forums in Huairou im September 1995 eingehen. Diese Analyse wird von einer Gruppe Journalistinnen und Medienwissenschaftlerinnen bei der Heinrich-Böll-Stiftung durchgeführt und dauert noch an. Es sind deshalb nur erste Ergebnisse, die ich hier vorstelle. Im dritten Teil greife ich auf meine Dissertation. zurück, in der ein europäischer Vergleich zur Situation von Journalistinnen vorgenommen wird (vgl. Lünenborg 1997).[1]

---

[1] 32 biographische Interviews mit frauenpolitisch berichtenden Journalistinnen bilden im letzten Teil der Dissertation die Basis für eine Auseinandersetzung um Veränderungen der Selektionskriterien im Journalismus und damit für Veränderungen der inhaltlichen Dimension des Gendering in der Berichterstattung. Die Interviews wurden zwischen 1991 und 1995 in mehreren Phasen in vier europäischen Staaten von der Autorin durchgeführt. Entlang eines Leitfadens fanden die Gespräche angelehnt an dieTradition der Oral History statt.

## 1. Bestandsaufnahme

Gaye Tuchman beschrieb 1980 die Darstellung von Frauen in den Medien als „Verbannung in die symbolische Nicht-Existenz" (Tuchman 1980 im engl Original 1978). „Trivialisierung und Annullierung" sind die entscheidenden Begriffe, welche die Art des öffentlichen medialen Umgangs mit Frauen kennzeichneten. Im Bereich der non-fiktionalen Berichterstattung hat sich daran allenfalls graduell, nicht jedoch strukturell etwas verändert: Die Selektionsprogramme des Systems Journalismus führen auch heute zu einer verstärkten Darstellung der öffentlichen Handlungsräume von Männern und zur Nichtbeachtung der gesellschaftlichen Orte, die von Frauen in Anspruch genommen werden. Auf die umfangreiche Forschungsliteratur zu diesem Thema sei hier nur exemplarisch verwiesen. Andrea Prenner (1992) beschäftigt sich mit der tagesaktuellen Berichterstattung eines regionalen österreichischen Hörfunkprogramms (Radio Burgenland) und kommt zu dem Ergebnis, daß nur 7,7 Prozent der HandlungsträgerInnen weiblichen Geschlechts sind. 60 Prozent aller Themen stammen aus dem Bereich Politik und Wirtschaft, die sie als „traditionell 'männlich' definierte Themen und Probleme" beschreibt. Dagegen stellen Themen aus den Bereichen Familie, Haushalt, Partnerschaft und Sexualität nur 1,7 Prozent der Medienereignisse. Prenner spricht in diesem Zusammenhang von einem androzentrischen Bias der Nachrichten (vgl. Prenner 1992, 147 ff.). Monika Weiderer kommt bei der Analyse deutscher Fernsehprogramme (ARD, ZDF und RTL plus) zu dem Ergebnis, daß nur 2,7 Prozent aller Meldungen in den Nachrichten explizit frauenspezifische Belange aufgreifen. Sie fährt fort:

„In fast der Hälfte aller Meldungen sind überhaupt keine Frauen vorhanden, während lediglich vier Prozent der Nachrichtenmeldungen völlig ohne männliche Beteiligte auskommen. Männer sind in allen Funktionen, mit Ausnahme des Themas Frauenfragen/Emanzipation, anteilmäßig häufiger in den Meldungen vertreten als Frauen. Diese werden lediglich zu einem höheren Anteil in der Rolle der Ehepartnerin oder Familienangehörigen einer für die Meldung wichtigen Person gezeigt. (...) Frauen als gesellschaftlich bedeutsame Persönlichkeiten kommen in den Nachrichten nur sporadisch vor." (Weiderer 1993, 289).

Obschon die Autorin konstatiert, daß dieser Mangel von Frauen in der Berichterstattung mit der gesellschaftlichen Realität korrespondiert, stellt sie die Frage: „wieso Frauen, die in diesen Bereichen (denen von Politik und Wirtschaft, M.L.) tätig sind, und frauenrelevanten Themen ganz allgemein innerhalb der Nachrichtensendungen so wenig Beachtung geschenkt wird. Warum werden nicht politisch und gesellschaftlich aktive Frauen als Handlungsträgerinnen einer Nachrichtenmeldung gezeigt?" (ebd.).

Eine Untersuchung „Zum Wandel der politischen Kultur durch die Präsenz von Frauen in Führungspositionen" am Beispiel der acht (West)Berliner Senatorinnen, die von 1989 bis 1990 die Mehrheit der Exekutive stellten, zeigt, daß die mediale Beachtung der Frauen in der Regierungsmannschaft sich von der ihrer männlichen Kollegen unterschied. Aufgrund der inhaltsanalytischen Untersuchung des Berliner *Tagesspiegel* und der *tageszeitung* wird festgestellt:

„Trotz zahlenmäßiger Überlegenheit der Politikerinnen im Senat dominieren die Senatoren in beiden Zeitungen vor und nach dem 9. November 1989 (der Öffnung der Mauer, M.L.) durch häufigere und gut plazierte Nennungen in den Titeln und großen Artikeln auf den Lokalseiten. Wie und wann Handlungen der Senatorinnen ein Nachrichtenwert zugesprochen wurde, liegt zweifellos in erster Linie am Interesse der JournalistInnen, das wiederum durch Sozialisation, eigene Erfahrung und durch männlich dominierte Machtstrukturen in den Redaktionen bestimmt wird." (Schaeffer-Hegel 1995, 221).

Neben der Nichtbeachtung und Trivialisierung als Mittel der Berichterstattung wählen Berliner Medien vor allem Formen der Skandalierung, wenn sie denn über die Senatorinnen schreiben. „Die Botschaft, die in den Skandalierungen von Anne Klein und Anke Martiny transportiert wurde, lautete: Diese beiden Frauen sind aufgrund ihrer persönlichen und politischen Identität den Anforderungen professioneller Politik nicht gewachsen. Sie sind zu sehr Frau, um ihren Mann zu stehen." (ebd., 304).

Die oben genannten Untersuchungen beziehen sich auf den deutschen Sprachraum. Doch vergleichbare Trends lassen sich auch in anderen Ländern nachweisen. Eine Untersuchung, in der 77 Nachrichtensendungen aus zehn Ländern der Europäischen Gemeinschaft analysiert wurden, kommt zu dem Ergebnis, daß im Durchschnitt nur 1,4 Prozent der Nachrichten spezifische Frauenthemen behandelten. Außerdem stellen die Autorinnen fest: „Women were interviewed in 15.8 % of cases only. Out of the men and women in the street interviewed, 53.8 % were women, while 10 % of artists and stars interviewed were women, 10% of the experts and 8.8 % of the political personalities (although 28.6 % of the political activists were)." (Vogel-Polsky / Thoveron 1987, 5).

Zahlreiche Untersuchungen in den USA kommen zu ähnlichen Ergebnissen (vgl. zur Übersicht: Weiderer 1993, 32-40). Für die Weltfrauenkonferenz der

Vereinten Nationen in Peking im September 1995 wurde eine internationale Medienanalyse durchgeführt. Das *Global Media Monitoring Project* basiert auf einer Analyse der Titelseiten von Tageszeitungen sowie der zentralen Nachrichtensendungen in Hörfunk und Fernsehen aus 71 Staaten am Stichtag 18. Januar 1995. In insgesamt mehr als 25.000 Untersuchungseinheiten stellen Frauen 17 Prozent der Personen, die interviewt werden. In Westeuropa stellen bei einer Gesamtheit von etwa 5.000 Nachrichten Frauen 16 Prozent der erwähnten Personen. Eine regionale Aufschlüsselung der Daten dokumentiert eindrucksvoll, daß ein höherer Anteil von Journalistinnen als Autorinnen, Reporterinnen oder Moderatorinnen keineswegs einen höheren Anteil von Frauen als Subjekte der Nachrichten zur Folge hat. Während im südlichen Asien, und dort insbesondere in Indien, der Anteil von Journalistinnen in den kodierten Nachrichten mit 68 Prozent sehr hoch liegt, werden dort nur 13 Prozent aller Interviews mit Frauen geführt (vgl. MediaWatch 1995, 10 f.).

Die Nichtbeachtung und Trivialisierung von Frauen in den Medien erklärt sich somit nicht allein durch ihre geringe Präsenz in gesellschaftlich relevanten Positionen, sondern deutet auf einen *Gender Bias* im Selektionsprogramm des Systems Journalismus hin.

## 2. Zu den Ursachen - Wie gestaltet sich die Selektion?

Die Leitdifferenz Information/Nichtinformation gilt als Selektionscode im System Journalismus. Mittels dieses Code wird entschieden, was als Information gilt und damit berichtenswert ist, und was als Nichtinformation keine Berücksichtigung findet, weil es schon bekannt ist oder als irrelevant eingestuft wird (vgl. Luhmann 1995, 19 ff., Blöbaum 1994, 272-275). Ausgehend von dieser Leitdifferenz sind weitere Selektionsprogramme wirksam, die darüber entscheiden, ob eine Information veröffentlicht wird. Als wesentliche Nachrichtenfaktoren gelten dabei: Aktualität, Konflikthaftigkeit, Häufigkeit, Ereignishaftigkeit, lokaler Bezug, Bekanntheitsgrad/Prominenz, Normverstoß, Personalisierung, human interest (vgl. dazu Luhmann 1995, 26-30 unter Bezug auf Galtung / Ruge 1965 und Otway / Peltu 1985) Winfried Schulz formuliert „die Faktoren Thematisierung, Persönlicher Einfluß (Elitestatus), Ethnozentrismus, Negativismus, aber auch Erfolg als Determinanten für hohen Nachrichtenwert" (1990, 116). Diese Selektionsprogramme lassen sich nach einer Zeit-, Sach-

und Sozialdimension unterscheiden (vgl. Blöbaum 1994, 282). Die Zeitdimension erweist sich dabei als zentrales Auswahlkriterium:

„Die wohl wichtigste Besonderheit des Code Information/Nichtinformation liegt in dessen Verhältnis zur Zeit. Informationen lassen sich nicht wiederholen; sie werden, sobald sie Ereignis werden, zur Nichtinformation. Eine Nachricht, die ein zweites Mal gebracht wird, behält zwar ihren Sinn, verliert aber ihren Informationswert. Wenn Information als Codewert benutzt wird, heißt dies also, daß die Operationen des Systems ständig und zwangsläufig Information in Nichtinformation verwandeln. (...) Das System (...) zwingt sich dadurch selbst, ständig für neue Informationen zu sorgen. Mit anderen Worten: Das System veraltet sich selber." (Luhmann 1995, 19 f.).

Die Konsequenzen, die diese Priorität der Kriterien Aktualität und Ereignishaftigkeit für die Berichterstattung mit sich bringt, hat Lutz Hagen kritisch für die Informationsqualität von Nachrichtenagenturen analysiert und beurteilt. In seiner abschließenden Einschätzung bewertet er die spezifischen Leistungen der Agenturen im Verhältnis zu den Erwartungen der Chefredaktionen. Während die Nutzer und Nutzerinnen der Agenturen in zunehmendem Maße Hintergrundberichterstattung erwarten, beschränken sich die Agenturen ganz überwiegend auf die Sammlung von Äußerungen aus anderen Massenmedien und aus der Öffentlichkeitsarbeit. Eigene Recherche spielt nur eine untergeordnete Rolle. Hagen kommt zu dem Schluß: „Vielleicht tragen die Agenturen ihren Wettbewerb zu sehr über Schnelligkeit aus." (Hagen 1995, 283). Der Tatsache, daß in den ausgewählten Ereignissen, die Hagen einer Analyse unterzieht, ausschließlich Männer als Handelnde auftreten, hat er bei seiner Untersuchung übrigens keinerlei Bedeutung beigemessen. Die Qualität der Berichterstattung wird mit dieser Vorgehensweise - wie auch in den anderen Fällen reiner Output-Analyse - ausschließlich anhand dessen, was vorgefunden wird, nicht aber dessen, über das *nicht* berichtet wird, bemessen. Auslassungen, weiße Flecken - Androzentrismus und Ethnozentrismus sind so nicht meßbar.

## 3. Beispiel: Berichterstattung über die Weltfrauenkonferenz

Welche Konsequenzen die oben beschriebenen Nachrichtenfaktoren als Selektionskriterien für die Berichterstattung haben, soll nun exemplarisch an der Berichterstattung zur Weltfrauenkonferenz in Peking dargestellt werden. Es handelt sich dabei um vorläufige Ergebnisse. Ausgewertet wurde bislang die Berichterstattung *während* der Konferenz und des NGO-Forums aus FAZ, FR. Kölner Stadtanzeiger, Süddeutsche Zeitung, die taz, die Zeit. Im noch laufenden Projekt ist der Analysezeitraum weiter gefaßt, vom 1.5.1995 bis zum 15.10.1995, als zusätzliche Medien werden das Neue Deutschland, die Junge Welt, der Spiegel und dpa ausgewertet. Die Aussagen jetzt beziehen sich also nur auf den eingeschränkten Zeitraum. Das Kriterium „Ereignishaftigkeit" trifft auf Konferenz und Forum als Ganzes zu. Als größte UN-Weltkonferenz ist sie ein Ereignis, das planbar und zeitlich kalkulierbar von den Medien für die Berichterstattung wahrgenommen wird. Daß bei diesem Ereignis das eigentliche Thema - nämlich die weltweite Situation von Frauen, ihre Forderungen nach Veränderungen und die dazu formulierten Positionen - schnell an Relevanz verloren hat, zeigt eine erste quantitative Analyse. Die Auseinandersetzung um China als Veranstaltungsort, um Huairou als Ort des NGO-Forums, um chinesische Sicherheitsmaßnahmen während des Forums machen mit 44 Artikeln etwa ein Viertel der Berichterstattung aus. Betrachtet man den längeren Untersuchungszeitraum, so verstärkt sich dieser Eindruck deutlich. Denn die aktuelle Berichterstattung begann in allen Medien mit der Auseinandersetzung um Boykott oder Teilnahme in China - wohlgemerkt begann die Auseinandersetzung darum im Juli, als China Tibeterinnen die Teilnahme verweigerte. Der Beschluß für den Tagungsort Peking war bereits 1992 von der UNO gefaßt worden und löste damals *keine* öffentliche Auseinandersetzung aus (vgl. Huhnke 1995).

Simone Derix analysiert die Konzentration auf die Übergriffe chinesischer Sicherheitsbeamter, die vor allem zu Lasten einer angemessenen Berichterstattung über das NGO-Forum ging, so:

Die Forumsteilnehmerinnen werden „Rund um die Uhr verfolgt, gefilmt und bewacht" (FR 4.9.1995), „Bespitzelt, fotografiert, gestört" (Zeit 8.9.1995) und nehmen damit kollektiv die Rolle des Opfers der „Gedankenfeuerwehr in unermüdlichem Einsatz" (FR 1.9.1995) ein. In der Konsequenz wird dem Forum die Arbeitsfähigkeit und damit die Relevanz abgesprochen. (...) Das Forum wird nicht mehr ernst genommen, sondern ihm wird das Bild der „Spielwiese" (taz 1.9.95, SZ 8.9.95) zugewiesen (Derix 1995 o.S.).

Das Kriterium der Konflikthaftigkeit hat hier also die inhaltliche Berichterstattung verdrängt. Unter den analysierten Beiträgen finden sich ganze 23, die sich mit der Situation von Frauen in einzelnen Ländern bzw. Regionen; 12, die sich mit der Lage von Frauen in Deutschland beschäftigen (vgl. Derix 1995). Daß westliche Medien mit dieser Berichterstattung unwillentlich der chinesischen

Propaganda zugearbeitet haben, analysierte Anja Ruf, die für epd-Entwicklungsdienst in Peking war:

„Der Unterschied zwischen Nord und Süd manifestierte sich von Tag zu Tag deutlicher im Verhalten zu China. Während die geballte Macht der westlichen Medien nicht müde wurde, jeden Vorfall auf dem Forum unter Hinweis auf die Menschenrechte auszuschlachten, wuchs bei den Frauen Afrikas, Asiens und Lateinamerikas der Unmut über die Presse. Es häuften sich Danksagungen an China, seine Bevölkerung, an die Einwohner Huairous und an die chinesischen Freiwilligen, ohne deren Arbeitseinsatz das Gelingen des gigantischen Forums unmöglich gewesen wäre." (zit. nach Röben / Song 1996,78).

Bärbel Röben und Yi Song haben vergleichend die Berichterstattung deutscher (FR, FNP und BILD) und chinesischer Zeitungen (Volkszeitung, Chinesische Frauenzeitung, Pekinger Abendzeitung(Boulevard)) untersucht. Trotz fundamentaler ideologischer Unterschiede kommen sie im Hinblick auf das Frauenbild zu erschreckend ähnlichen Ergebnissen:

„Ob Nord, ob Süd - die Frauenbilder gleichen sich. (...) Ihre Individualität, die Vielfältigkeit und auch Widersprüchlichkeit ihrer Lebenswelten werden reduziert auf griffige, systemkonforme Bilder. Die pluralistische Presse Deutschlands hält ein Sortiment verschiedener Type bereit (vom blanken Sexismus der BILD bis zur kritischen Frauen-Opferrolle in der FR, M.L.), die sozialistische Presse Chinas bietet lediglich den Einheitslook ihrer Ideologie. Für beide gilt jedoch: Je weiter entfernt die Lebenswelten der Frauen, desto schemenhafter und inhaltsleerer erscheinen sie." (Röben / Song 1996, 84).

## 4. Veränderungsmöglichkeiten - Qualitätskriterien für einen erkundenden Journalismus

Wenn es also richtig ist, daß die als relevant geltenden Nachrichtenfaktoren wie Aktualität, Ereignishaftigkeit, Konflikthaftigkeit, Prominenz oder Negativismus zu einer Ausgrenzung der Lebenswirklichkeit von Frauen bzw. zu einer reduzierten Wahrnehmung in der Opferrolle führen, wie lassen sich dann Veränderungen in der Berichterstattung gestalten, die eine angemessene Wahrnehmung zur Folge haben? Oder anders gefragt: Welche Qualitätskriterien sind zu formulieren, damit Journalismus über die von Lutz Hagen kritisierte Sammlung von Statements hinausreicht? Wodurch ist ein „erkundender Journalismus" (Huhnke 1995, 15) - Irene Neverla spricht von „Tiefenschärfe in der Berichterstattung" - gekennzeichnet, der bewußt soziale Strukturen und damit Geschlechterstrukturen im Blick hat?

Biographische Interviews mit Journalistinnen, die in vier europäischen Staaten in unterschiedlichen Medien frauenpolitische Berichterstattung betreiben, geben Auskunft auf diese Frage. Sie reichen in ihrer Aussagekraft über die „Nische" der frauenpolitischen Berichterstattung hinaus und formulieren damit Qualitätskriterien für einen „erkundenden Journalismus". Die Berichterstattung dieser Journalistinnen basiert auf einer bewußt veränderten Formulierung des sachbezogenen Selektionsprogramms: „Das Erste ist natürlich der Bezug, was Frauen machen und tun. *Frauen im Mittelpunkt des Interesses* – das ist das Allererste. Das versteht sich von selbst." (Ute Remus, *WDR* in Köln).

Diese Prämisse für die Themenauswahl gilt für alle 32 frauenpolitisch berichtenden Journalistinnen. Mit dieser Voraussetzung unterscheiden sie sich im *sachbezogenen Selektionsprogramm* von den JournalistInnen anderer Medien und Redaktionen. Frauen in den Mittelpunkt der Berichterstattung zu rücken, hat Konsequenzen sowohl für die Auswahl von Themen als auch für die Wahl der Sichtweise auf vorgegebene Themen. Es kann einerseits bedeuten, Themen zu wählen, die in besonderem Maße mit dem Lebensalltag und den spezifischen Leistungen von Frauen zu tun haben. Damit wird der Fokus der medialen Betrachtung von den öffentlichen Feldern der traditionellen Politik- und Wirtschaftsberichterstattung hin zu den stärker privat strukturierten Lebensbezügen von Frauen gewendet bzw. die Sichtweise von Frauen den klassischen Politikfeldern additiv hinzugefügt.

In einem großen Teil der Interviews zeigt sich eine deutliche Differenz zwischen dem theoretischen Anspruch, alle Themen frauenpolitisch beleuchten zu wollen, und der praktischen Umsetzung. Der Schwerpunkt liegt bei sozialpolitischen Fragen. Wenn die Journalistinnen auch den Grundsatz formulieren: „Es gibt kein Thema, das kein Frauenthema ist", so beschränken sie sich in der Praxis doch zu einem hohen Maße auf solche Themen, die in den Bereich der Sozial- und Familienpolitik fallen.[2] Beispiele dafür sind Themen wie Erzie-

---

2 Diese Aussage über eine „Beschränkung in der Praxis" bezieht sich hier auf die konkreten Beispiele, die die Journalistinnen aus ihrer Arbeit nennen. Da ich keine Inhaltsanalyse der Produkte durchgeführt habe, ist hier ein Abgleich mit den tatsächlichen Medieninhalten nicht möglich. Ich gehe nicht davon aus, daß die erwähnten Beispiele im Verhältnis eins zu eins das tatsächlich in den Medien Berichtete widerspiegeln. Die Auswahl der Journalistinnen läßt jedoch m.E. den Schluß zu, daß es sich bei den von ihnen genannten Themen um Fragestellungen handelt, die ihnen im Kontext ihrer Arbeit besonders wichtig erscheinen.

hung, Schule, AusländerInnenpolitik, Sexualität, Prostitution oder die soziale Situation von Frauen in anderen Ländern. In Relation zu diesen Themen nehmen Fragen wie die Europapolitik oder die Militärpolitik am Beispiel des Golfkriegs ungleich weniger Raum ein. Für mich Beispiele für Selbstbeschränkungen, für die Wirksamkeit des *Gendering* auch im Denken der Journalistinnen selbst.

Eine zweite Unterscheidung der Themenstruktur läßt sich anhand der zugrunde gelegten Frauenrolle treffen. Wird auf der einen Seite „die Frau als handelndes Subjekt" (Ute Remus) dargestellt, so tritt auf der anderen Seite die Opferrolle von Frauen in den Vordergrund. Ob es um die Situation auf dem Arbeitsmarkt, um die Verteilung ökonomischer Macht oder gesellschaftliche Gewaltstrukturen geht, zu all diesen Themen gilt es, die Diskriminierung von Frauen zu beklagen und ihre ungleiche Teilhabe an den gesellschaftlichen Ressourcen zu kritisieren. So richtig diese Kritik sein mag – die ausschließliche Sicht auf die Beeinträchtigungen und Beschädigungen, die Frauen zugefügt werden, beschränkt ihre Identität auf die des Opfers und konstruiert eine kollektive Identität durch den Ausschluß von wesentlichen gesellschaftlichen Bereichen. Diese Konstruktion wird an der Einordnung des eigenen Arbeitsbereichs deutlich, wie sie beispielsweise Mercedes Conesa, Redakteurin bei *El Periódico* in Barcelona, vornimmt: „[Ich bin zuständig für] Informationen über gesellschaftliche Themen, soziale Themen, alles, was mit Randgruppen zu tun hat – also, Rentner zum Beispiel, Behinderte, Frauen...".

Eine andere Richtung schlagen jene Journalistinnen ein, die bewußt auch das aktive Handlungspotential von Frauen in ihrer Berichterstattung berücksichtigen wollen. Doris Bueso von *Radio Contrabanda* in Barcelona beschreibt diesen Weg exemplarisch. Sie fordert:

„Also zum Beispiel die Tatsache, daß nicht immer von der Frau als Opfer gesprochen wird, wenn von bestimmten Themen gesprochen wird. Das scheint mir schon wichtig. Wenn ich mich noch einmal beziehe auf die Vergewaltigungen in Jugoslawien: Wir haben da mit einer Frauengruppe gesprochen und die haben gesagt: 'Für die Medien war es nur wichtig, mit irgendeiner Frau zu sprechen, die eine Vergewaltigung erlitten hat. Und sie haben dann nach einer gesucht.' Also die Entscheidung, dieser Strömung nicht zu folgen, die Frauen nicht in jedem Zusammenhang immer nur als Opfer zu behandeln in solchen Situationen oder auch wenn es um Probleme bei der Arbeit geht, sie eben nie als aktives Subjekt, sondern immer nur passiv zu sehen. Das also nicht zu tun, das halte ich für sehr wichtig".

Die Sachdimension des Selektionsprogramms im System Journalismus verändert sich also, wenn das *Gendering* bewußt neu betrachtet wird. Zugleich gibt es dadurch auch Auswirkungen auf die Zeit- und die Sozialdimension des Selektionsprogramms.

Als wesentliche Nachrichtenfaktoren, die die Zeitdimension des Selektionsprogramms im System Journalismus bestimmen, wurden Aktualität und Ereignishaftigkeit genannt. In den Interviews zeigt sich, daß genau diese Faktoren frauenpolitische Berichterstattung beeinträchtigen bzw. für frauenpolitische Berichterstattung neu definiert werden müssen. Ausdrücklich weisen mehrere Interviewpartnerinnen darauf hin, daß Aktualität im traditionellen Sinne für sie kein relevantes Selektionskriterium ist. Die *taz*-Redakteurin Sonja Schock formuliert statt dessen in Anlehnung an die Arbeit der Journalistin Carmen Thomas, die sie als vorbildlich bezeichnet, folgenden Grundsatz: „ ... ein Aktualitätsbegriff, der eben besagt: Aktuell ist, was den Leuten unter den Nägeln brennt".

Ein Ereignis wird nicht deshalb zur Information, weil es jetzt stattfindet und damit Neuigkeitswert hat, sondern weil es eine Relevanz für das Publikum und dessen Handlungsmöglichkeiten hat. Andersherum verliert ein Ereignis nicht automatisch an Nachrichtenwert, weil es schon medial zur Kenntnis genommen wurde und deshalb nicht mehr 'neu' ist. Entscheidend für die Selektion Information/Nichtinformation ist der Bezug zum Publikum, das eine Information dann als relevant registriert, wenn sie im Kontext des eigenen Lebenszusammenhangs sinnvoll zugeordnet werden kann.[3]

Neben der Aktualität bestimmt die Ereignishaftigkeit das temporale Selektionsprogramm im System Journalismus. In den Interviews zeigt sich, daß dieses Kriterium in gleicher Weise wie die Aktualität frauenpolitische Berichterstattung behindert. Neus Bonet von *Radio Catalunya* in Barcelona schildert im März 1995 das Problem beispielhaft:

„Im Moment zum Beispiel laufen die Vorbereitungen für die Weltfrauenkonferenz in Peking, die im September stattfindet. In den Nachrichten hat es noch

---

3 Nur unter der Voraussetzung also, daß im Luhmannschen Sinne sinnvoll an die Kommunikation angeschlossen werden kann, indem sie Verhalten, Auseinandersetzung, Widerspruch o.ä. provoziert, gilt sie als Information. Unter dieser Prämisse würde sich die Masse an Informationen, der wir täglich ausgesetzt sind, tatsächlich beträchtlich vermindern. Der stete Zwang der Medien, Neues zu produzieren, den Luhmann selbst eindringlich geschildert hat, würde verringert und damit die Option bieten, Kontinuitäten in der Berichterstattung – also das genaue Gegenteil der Hetze nach Neuem – herzustellen.

keinen Tag gegeben, an dem sie über Peking gesprochen hätten. Sie sprechen nicht über diese Konferenz bis sie dann im September tatsächlich losgeht. Und schon seit etlichen Monaten laufen die Vorbereitungen, da sind schon eine Menge Anträge geschrieben worden. Damit wollen sie eben eine zahlreiche Teilnahme erreichen. Wenn Du jetzt nicht darüber sprichst, dann weißt Du zum Zeitpunkt der Konferenz nicht, was da losgewesen ist. Mit Monaten der Begleitung im Vorfeld kannst Du die Arbeit besser machen. Du kannst den Prozeß verfolgen, kontinuierlich darüber berichten und etwas zu der Sache beitragen, glaube ich. Oder eben etwas machen, damit die Leute sich dafür interessieren".

Dem Faktor 'Ereignishaftigkeit' setzt sie das Kriterium 'Prozeßhaftigkeit' entgegen. Nicht die Berichterstattung über das Ereignis, die Weltfrauenkonferenz in Peking 1995, sondern die prozeßhafte Begleitung der Vorbreitung, Durchführung und – so möchte ich ergänzen: die Überprüfung dessen, was aus den Entscheidungen der Konferenz geworden ist – erscheint ihr eine sinnvolle Weise, Information auszuwählen. Als relevantes Kriterium nennt sie dabei, ähnlich wie Sonja Schock zuvor, Reaktionen auslösen zu wollen, „die Leute zu interessieren". Die Qualität von Information wird gemessen an der Möglichkeit von Anschlußhandlungen des Publikums.

Differenzen zu den klassischen Nachrichtenfaktoren zeigen sich auch beim Kriterium der 'Konflikthaftigkeit', das der Sozialdimension des Selektionsprogramms zuzurechnen ist. Ein Zitat mag exemplarisch beleuchten, wie sich frauenpolitisch berichtende Journalistinnen bewußt von diesem Auswahlkriterium distanzieren:

„Vielleicht erinnerst Du Dich an diese letzte Konferenz in Kairo (die Weltbevölkerungskonferenz der UN, M.L.). In Kairo da gab es Ärger, weil der Vatikan bestimmte Sachen zur Abtreibung nicht in den UNO-Dokumenten haben wollte. Also für uns, für die Frauen, die sich damit beschäftigt haben im Ressort *sociedad* (Gesellschaft), war das ein sehr wichtiger Prozeß. Denn viele Frauen in der Welt haben eben keinen Zugang zu den notwendigen Mitteln zur Familienplanung. In dem Moment war das Thema dann auch für die Männer wichtig, aber nur deswegen, weil es sich um einen politischen Streit zwischen dem Vatikan und den übrigen Staaten handelte. Ich glaube, hier wird der Unterschied in der Sichtweise sehr deutlich. Für uns Frauen war es nicht so wichtig, daß es der Vatikan war, der diese Sache draußen haben wollte. (...) Aber für uns ging es vor allem um viele andere Fragen, zum Beispiel: Wie ist die Lage von Frauen in der Welt? Wie kommt es zur Verstümmelung, zur Zwangssterilisierung von homosexuellen Frauen? Wie kann das sein? Uns interessiert das Recht auf Reproduktion, das Recht auf Gesundheit, das Recht auf Bildung. Da sind so viele Sachen, und wir sind nur deshalb einmal auf die Titelseite gekommen, weil es da dieses politische Problem gab, das der Vatikan mit den anderen Staaten hatte." (Gabriela Cañas, *El País* in Madrid).

Nicht die Konflikthaftigkeit der Auseinandersetzung zwischen dem Vatikan und anderen Staaten erscheint der stellvertretenden Ressortleiterin von *El País* das entscheidende Auswahlkriterium, sondern die strukturellen Bedingungen, die diese öffentliche Auseinandersetzung ausgelöst haben. Der Konflikt zwischen dem Vatikan und anderen Mitgliedern der Vereinten Nationen lenkt vom eigentlichen Konfliktherd ab, meint Gabriela Cañas. Frauen als Akteurinnen in diesem Prozeß – nämlich der weltweiten Familienplanung – werden in der Reduktion auf die Konflikthaftigkeit bei der Kairoer Konferenz zu Statistinnen. Akteure sind hier die Sprecher des Vatikans sowie die Vertreter anderer Staaten.

Das Kriterium „Prominenz" rechne ich ebenfalls der Sozialdimension des Selektionsprogramms zu. Verstanden wird es hier in zweifacher Weise: Zum einen geht es darum, die Prominenz von Akteuren zum Auswahlkriterium für Nachrichten zu machen. Zum zweiten bedeutet es auch, Ereignisse durch die Stellungnahme prominenter Sachverständiger zur Nachricht zu machen. Gerade der zweite Gesichtspunkt findet in einigen Interviews kritische Erwähnung. Authentizität wird hier gegen Prominenz, verstanden als Expertenkult, gesetzt. Doris Bueso von *Radio Contrabanda* in Barcelona berichtet, daß ihr vor allem daran liege, Betrachtungen des Alltags zum Gegenstand der Berichterstattung zu machen, insbesondere des Alltags von Frauen, die in einem anderen kulturellen Kontext leben:

„Wir haben dann versucht, direktere Formen zu finden [um darüber zu berichten], zum Beispiel Musliminnen einzuladen, um sie zu fragen, was sie denken, wie es ihnen geht... Und nicht immer von Themen zu reden, die weit weg sind. Da geht viel verloren und Du endest auch immer damit, daß Du die Dinge stereotyp beschreibst. Denn schließlich wirst Du Deine westliche Sicht nicht los. Das ist schwierig, denn selbst wenn Du sagst, Du behandelst diese Leute mit allem Respekt, dann ändert das nichts daran, daß es letztlich einfach nicht hinhaut, was Du da sagst. Und das sind Sachen, die wir vermeiden wollen. Wenn wir niemanden gefunden haben, der sozusagen aus erster Hand über die Situation berichtet hat, dann haben wir es lieber ganz gelassen".

So rigoros wie hier beschrieben, wird der Grundsatz der Authentizität nicht von allen befragten Journalistinnen vertreten. Das Wissen von Auslandskorrespondentinnen zu nutzen, um etwas über die Lebenssituation von Frauen im jeweiligen Land zu erfahren, ist den meisten Redakteurinnen vielmehr ein wichtiges Element ihrer Arbeit. Teresa Aranguren von der Fernsehstation *Telemadrid* beschreibt sich selbst als Expertin für die Situation in arabischen Ländern und nimmt damit für sich in Anspruch, auch aus zweiter Hand – nämlich als Beobachterin der Lebensumstände – differenziert berichten zu können. Genau diese Transferleistung ist es schließlich, die das spezifische Vermögen von JournalistInnen ausmacht. Doch spiegelt sich in den Aussagen der meisten befragten Journalistinnen eine Präferenz für unmittelbare, authentische Äußerungen anstelle von Expertenmeinungen wider.

Am Beispiel der Nachrichtenfaktoren Ereignishaftigkeit, Konflikthaftigkeit und Prominenz ist deutlich geworden, daß eine Veränderung der Selektionskriterien erforderlich ist, um „erkundenden Journalismus" zu praktizieren, der Geschlechterstrukturen als gesellschaftliche Machtstrukturen wahrnimmt. Prozeßhaftigkeit, Relevanz für das Publikum und Authentizität werden dabei zu relevanten Auswahlkriterien für einen veränderten Blick auf die Wirklichkeit.

## Literatur

*Blöbaum*, Bernd (1994): Journalismus als soziales System. Geschichte, Ausdifferenzierung und Verselbständigung. Opladen: Westdeutscher Verlag.
*Derix*, Simone (1995): Dokumentation und Auswertung der Berichterstattung in Printmedien über die 4. Weltfrauenkonferenz in Beijing vom 4. bis zum 15. September 1995. unveröff. Studie der Heinrich-Böll-Stiftung.
*Gallagher*, Margret (1989): „A Feminist Paradigm for Communication Research". In: *Dervin*, Brenda u.a. (Hrsg.): Rethinking Communication. Vol 2 Paradigm Exemplars. Newbury Park, S. 75-87.
*Hagen*, Lutz M. (1995): Informationsqualität von Nachrichten. Meßmethoden und ihre Anwendung auf die Dienste von Nachrichtenagenturen. Opladen: Westdeutscher Verlag.
*Huhnke*, Brigitta (1995): „Stammtischgebaren unter grauen Medienmännern. Patriarchale Strukturen in der Fernsehwelt: oder warum für die Realität von Mädchen und Frauen kaum Platz ist". In: Frankfurter Rundschau vom 18.11.1995, S. 15.
*Knapp*, Gudrun-Axeli (1993): „Segregation in Bewegung: Einige Überlegungen zum „Gendering" von Arbeit und Arbeitsvermögen". In: *Hausen*, Karin / Gertraude *Krell* (Hrsg.): Frauenerwerbsarbeit. Forschungen zu Geschichte und Gegenwart. München/Mehring, S. 25 - 46.
*Luhmann*, Niklas (1995): Die Realität der Massenmedien. Vortrag an der Nordrhein-Westfälischen Akademie der Wissenschaften am 13. Juli 1994. Opladen: Westdeutscher Verlag.
*Lünenborg*, Margret (1997 [im Druck]): Journalistinnen in Europa. Eine international vergleichende Studie zum *Gendering* im sozialen System Journalismus. Opladen: Westdeutscher Verlag.

*MediaWatch* (1995): Global Media Monitoring Project. Women's Participation in the News. Toronto.
*Prenner*, Andrea (1992): „Frauen und Nachrichten. Kurzmeldung zu einem 'Nicht-Thema'". In: Medien-Journal Jg. 16, 3, S. 147 -152.
*Roeben*, Bärbel / Li *Song* (1996): „Die „Chefin der Bank von China" und „Kohls Ministerin". Die Weltfrauenkonferenz in deutschen und chinesischen Zeitungen". In: *Roeben*, Bärbel / Cornelia *Wilß* (Hrsg.): Verwaschen und verschwommen. Fremde Frauenwelten in den Medien. Frankfurt a.M., S. 71 - 84
*Schaeffer-Hegel*, Barbara u.a. (1995): Frauen mit Macht. Zum Wandel der politischen Kultur durch die Präsenz von Frauen in Führungspositionen. Pfaffenweiler: Centaurus.
*Schulz*, Winfried (1990[2]): Die Konstruktion von Realität in den Nachrichtenmedien. Analyse der aktuellen Berichterstattung. Freiburg / München:
*Tuchman*, Gaye (1980): „Die Verbannung von Frauen in die symbolische Nichtexisten durch die Massenmedien". In: Rundfunk und Fernsehen, 14, S. 10 - 43.
*Vogel-Polsky*, Elaine / Gabriel Thoveron (1987): How Women are Represented in Television Programmes in the EEC. Part Two. Positive action and strategies: Evaluation of and lessons to be learned from alternative programmes. Document of the Commission of the European Communities. Brussels.
*Weiderer*, Monika (1993): Das Frauen- und Männerbild im Deutschen Fernsehen. Eine inhaltsanalytische Untersuchung der Programme von ARD, ZDF und RTL plus. Regensburg: S. Roderer-Verlag.
van *Zoonen*, Lisbet (1988): Rethinking Women and the News. In: European Journal of Communication, Jg. 3, 1, S. 35 - 54.

# III. Die Quellen: Zur Interaktion von Öffentlichkeitsarbeit und Journalismus

*Martin Löffelholz*
# Dimensionen struktureller Kopplung von Öffentlichkeitsarbeit und Journalismus
Überlegungen zur Theorie selbstreferentieller Systeme und Ergebnisse einer repräsentativen Studie

## 1. Von der unilinearen Kausalisierung zur strukturellen Kopplung

Henry Ford und John D. Rockefeller, beide symbolträchtige Pioniere der Industriegesellschaft, erkannten frühzeitig, daß mit der zunehmenden Professionalisierung der journalistischen Informations*suche* auch eine Professionalisierung der Informations*bereitstellung* erforderlich werden würde. „Wenn sie einen Dollar in ihr Unternehmen stecken wollen, so müssen sie einen zweiten bereithalten, um das bekanntzumachen", sagte Ford und prägte damit ein Leitmotto moderner Öffentlichkeitsarbeit. Rockefeller, der sein Imperium aus Kohle, Eisen und Öl in mehr als anrüchiger Weise zusammenschmiedete, engagierte 1905 einige ehemalige Journalisten, die jedoch keineswegs Öffentlichkeit herstellen, sondern sein Imperium vor der Beobachtung durch Journalismus schützen, also „Nicht-Öffentlichkeit" (Westerbarkey 1995, 160) sichern sollten. Heute, an der Schwelle zum 21. Jahrhundert, hat sich aus diesen Ansätzen ein Apparat entwickelt, der zwar - im Sinne Fords - Öffentlichkeitsarbeit genannt wird, aber gleichzeitig - im Sinne Rockefellers - auch als Geheimhaltungsstrategie fungiert.

Diese Ambivalenz der Öffentlichkeitsarbeit stimuliert und erschwert ihre definitorische Durchdringung. Obgleich eine theoretisch wie empirisch gleichermaßen befriedigende Definition bislang nicht vorliegt, existieren vielfältige Definitionsversuche (vgl. u.a. Schweda / Opherden 1995; Merten / Westerbarkey 1994; Marcinkwoski 1993; Ronneberger / Rühl 1992; Westerbarkey 1991). Unter den zahlreichen Versuchen hervorzuheben ist eine PR-Definition, die im Kontext des ambitionierten Vorhabens steht, eine *Theorie der Public Relations* zu entwerfen: Die Public Relations werden danach als 'System' angesehen, das durchsetzungsfähige Themen herstellt, welche Anschlußhandlungen auslösen, die öffentliches Vertrauen stärken (vgl. Ronneberger / Rühl 1992, 252). Der Ansatz, Öffentlichkeitsarbeit in systemischer Perspektive zu betrachten, provozierte - wie zu erwarten - 'realistische' Kritik, löste aber auch ansatzimmanente Einwände aus. Problematisch erscheint in diesem Kontext vor allem die trennscharfe Identifikation der Primärfunktion und des Leitcodes der Public Relations, gerade in bezug auf die Abgrenzung zum System Journalismus (vgl. Schweda / Opherden 1995, 54 f.).

Innerhalb einer systemtheoretischen Perspektive ist es deshalb (vorläufig) plausibler, Öffentlichkeitsarbeit als operative Ausprägung von Systemen (wie Politik oder Wirtschaft) zu betrachten, die sich zusammengenommen „als kontextbezogene Steuerungsstrategie gegenüber dem System Publizistik darstellen." (Marcinkowski 1993, 224).[1] Public Relations fungieren demnach - ähnlich wie bestimmte organisationelle Teilsegmente im Journalismus - als 'Grenzstellen' zu anderen Systemen. Ihre zentrale (journalismusrelevante) Leistung besteht darin, im 'Interesse' des jeweiligen Muttersystems (d.h. orientiert an dessen Primärcode) liegende Resonanzen im Journalismus zu erzeugen. Diese Grenzstellen antizipieren und substituieren journalistische Selektionen, ohne freilich die Identität des Journalismus als selbstreferentielles System gefährden zu dürfen.

Vor diesem Hintergrund sind die Beziehungen von Public Relations und Journalismus determinationstheoretisch nicht plausibel erklärbar. Insofern verwundert es nicht, daß die Vertreter eines schlichten Determinationsansatzes im Zuge der Debatte über Interdependenz, Interpenetration und strukturelle Kopplung sozialer Systeme (vgl. Luhmann 1996, 117 ff.; Schweda / Opherden 1995, 82 ff.; Westerbarkey 1995, 152 ff.; Choi 1995, 101 ff.) zunehmend in eine Minderheitenposition geraten - sogar in der unternehmerischen Praxis, der die unilineare Kausalisierung lange Zeit 'einfache' Lösungen ihrer Imageprobleme versprach.[2]

---

1 Auf die Inkonsistenzen der Argumentation von Marcinkowski, beispielsweise in bezug auf die verschiedenen Systemebenen (Publizistik, Medien, Journalismus, Public Relations, Publikum) oder in bezug auf den gewählten Leitcode, wird an anderer Stelle eingegangen (vgl. Weischenberg / Löffelholz / Scholl 1997).
2 Nicht grundlos bekannte sich kürzlich der Vorstandsvorsitzende der Hoechst AG, hellsichtig wie einst Ford und Rockefeller, zu den Prämissen einer Theorie selbstreferentieller Systeme: „Es wäre jedoch eine Fehleinschätzung, die Medien nur in der Rolle der Vermittler zu sehen. Sie sind längst selber ein ausdifferenziertes System, mit eigenen Zwängen, Regeln und Interessen. Die Medien vermitteln nicht nur zwischen verschiedenen gesellschaftlichen Wirklichkeiten, sondern sie erzeugen eine eigene Wirklichkeit." (Dormann 1995, 3).

Ausgehend von der Theorie selbstreferentieller Systeme werden in diesem Beitrag zentrale Dimensionen der strukturellen Kopplung von Journalismus und Öffentlichkeitsarbeit entwickelt und - auf der Basis einer repräsentativen Befragung von 1.498 deutschen Journalistinnen und Journalisten[3] - geprüft. Journalismus wird dabei - anders als in inhaltsanalytisch angelegten Studien - nicht als in sich homogene *black box* betrachtet. Ganz im Gegensatz dazu wird gezeigt, wie unterschiedlich einzelne journalistische Teilsegmente den Einfluß und die Qualität der Public Relations wahrnehmen und bewerten.

## 2. Dimensionen struktureller Kopplung

Nach der Theorie selbstreferentieller Systeme konstituieren und erhalten sich soziale Systeme „durch Erzeugung und Erhaltung einer Differenz zur Umwelt, und sie benutzen ihre Grenzen zur Regulierung dieser Differenz. [...] In diesem Sinne ist Grenzerhaltung (boundary maintenance) Systemerhaltung" (Luhmann 1985, 35). Die Grenzen sozialer Systeme werden in einem Prozeß der funktionalen Differenzierung der Gesellschaft gezogen. Die Funktionen sozialer Systeme beschreiben das Verhältnis und die Differenz der Teilsysteme zur Gesellschaft und schaffen die Voraussetzung, Kommunikationen als systemzugehörig zu identifizieren und gegen nicht systemspezifische Operationen abzugrenzen.

Soziale Systeme wie der Journalismus erzeugen ihre Identität, indem sie eine Beschreibung ihrer selbst herstellen und dabei die Differenz von System und Umwelt wiederholen (vgl. Luhman 1985, 25).[4] Analog zu anderen sozialen Systemen beobachtet der Journalismus seine Umwelt, um seine Identität durch Differenz zur Umwelt herzustellen.[5] Seine Umwelt kann der Journalismus freilich nur selbstreferentiell beobachten, denn zwischen operational geschlossenen Systemen sind 'Grenzüberschreitungen' nicht möglich. Der Journalismus kom-

---

[3] Die Befragung erfolgte im Rahmen der von der Deutschen Forschungsgemeinschaft geförderten Studie „Journalismus in Deutschland" (Vgl. Weischenberg / Löffelholz / Scholl 1994 u. 1997).

[4] „Selbstreferenz kann in den aktuellen Operationen des Systems nur realisiert werden, wenn es ein Selbst (sei es als Element, als Prozeß oder als System) durch es selbst identifiziert werden und gegen ein anderes different gesetzt werden kann". (Luhmann 1985, 26).

[5] Eine Beobachtung liegt vor, wenn für das beobachtende System aus der Feststellung eines Unterschiedes eine Information zu gewinnen ist. Da es im Rahmen einer Beobachtung nicht möglich ist, beide Seiten einer Unterscheidung gleichzeitig zu bezeichnen, meint Beobachtung „die Bezeichnung einer Seite im Rahmen einer Unterscheidung." (Kneer / Nassehi 1993, 97).

muniziert also nicht mit seiner Umwelt, etwa dem politischen System, sondern beobachtet seine Umwelt, indem er über sie kommuniziert. Wegen dieser beobachterabhängigen Konstruktion bleibt die Referenz der Beobachtung der Beobachter, also der Journalismus. So gelingt es dem Journalismus, Fremdreferenz einzubeziehen, also Offenheit zu erzeugen, obwohl er selbstreferentiell arbeitet und operativ geschlossen ist (vgl. Willke 1987, 120 ff.).

Wenngleich die Beobachtung der Umwelt nur im Kontakt des Journalismus mit sich selbst möglich ist, basieren seine Beobachtungen nicht auf beliebigen internen Konstellationen, sondern auf einer plausiblen Relation zwischen dem Kommunikat (dem Ergebnis kognitiver und sozialer Konstruktionen innerhalb des Systems) und dem Anlaß der Konstruktion. Dabei sucht der Journalismus nach Anlässen zur aktuellen Wirklichkeitskonstruktion (Recherche), um seine Primärfunktion als System zur Selbstbeobachtung der Gesellschaft - und damit seine Identität in der Gesellschaft - aufrechtzuerhalten. Der Recherchejournalismus, präziser: seine normative und (infra-)strukturelle Erwartbarkeit, sichert die Kontingenz journalistischer Selektionsentscheidungen, erhält Glaubwürdigkeit als zentrales Kriterium für Selektionsentscheidungen des Publikums und bewahrt den Journalismus als eigenständiges Funktionssystem der Gesellschaft. Zu unterscheiden sind darüber hinaus der Verlautbarungsjournalismus (vgl. Dorsch 1982), also die Selektion nicht nachrecherchierter PR-Verlautbarungen als Nachrichten, sowie der Überprüfungsjournalismus, also die Selektion journalistisch geprüfter PR-Verlautbarungen (vgl. Haller 1991, 55 ff.).

Auf der 'anderen' Seite planen soziale Systeme bzw. ihre operativen Ausprägungen als Öffentlichkeitsarbeit auf unterschiedlichen Ebenen Anlässe zur medialen Wirklichkeitskonstruktion:[6] z. B. durch journalistisch aufbereitete (Presse-)Mitteilungen; durch die Ausdifferenzierung bestimmter Kommunikationsabsichten, die in 'PR-Rollen' gebündelt werden; sowie durch formalisierte und informelle Interaktionen (Pressekonferenzen, Hintergrundgespräche, Rückmeldungen auf veröffentlichte Beiträge, etc.). Pressekonferenzen als eine Dimension struktureller Kopplung bestehen aus formalisierten Kommunikationen, die dem Abgleich unterschiedlicher Codes dienen. Journalismus und PR bilden dabei, unterschiedlich motiviert, eine interaktive Einheit: Sie 'berühren'

---

6  Obgleich in diesem Beitrag die Beziehungen zwischen Journalismus und Öffentlichkeitsarbeit im Vordergrund stehen, zielen die Operationen der Öffentlichkeitsarbeit selbstverständlich nicht allein auf die Beeinflussung journalistischer Selektionsentscheidungen. Nicht zuletzt die Optimierung der Online-Kommunikation schafft immer günstigere Möglichkeiten zur direkten Ansprache von - mehr oder minder präzise definierten - anderen Zielgruppen.

sich (handlungstheoretisch gesehen), bleiben aber - zumindest normativ - innerhalb der jeweiligen Systemgrenzen. Denn Pressekonferenzen bestehen aus Kommunikationen, die sowohl zum Journalismus wie zur Öffentlichkeitsarbeit gehören.[7]

Im Unterschied dazu können Pressemitteilungen Journalismus und Öffentlichkeitsarbeit koppeln, weil sie zwar durch PR-Operationen entstehen, aber nicht dem dahinter stehenden 'Muttersystem', sondern dessen Umwelt zuzurechnen sind. Pressemitteilungen stellen „mustergeprägte Zeichenketten" (Schmidt 1994, 615) dar, deren Bedeutung an intersubjektiv geteiltes Wissen gebunden ist (z. B. über Berichterstattungsmuster, Darstellungsformen, konventionalisierte Bedeutungszuschreibungen, usw.). In diesem Sinn fungieren Pressemitteilungen als „extra-organisatorische Symbolmedien" (Ronneberger / Rühl 1992, 276), die konventionalisierte Anlässe für journalistische Selektionen liefern und diese damit substituieren sollen.

Freilich liegen der Selektion von Pressemitteilungen als Nachrichten keine einfachen Kausalitäten zugrunde, sondern kontingente Konstellationen systeminterner und systemexterner Variablen (vgl. u.a. Baerns 1985, Grossenbacher 1986, Fröhlich 1992, Schweda / Opherden 1995). Die Kontingenz journalistischer Selektionen kann - auch nach den Prämissen einer Theorie selbstreferentieller Systeme - durch die Antizipation und Simulation journalistischer Operationen, etwa durch die Art der Aufbereitung von Pressemitteilungen, reduziert werden. Mit Hilfe dieser 'geplanten Kopplung' übt die Öffentlichkeitsarbeit Einfluß aus, obwohl der Journalismus operational geschlossen bleibt.

Der Begriff 'PR-Rolle' schließlich bezeichnet ein Einstellungskonstrukt, das sich auf den selbstgesteckten Rahmen des Handelns in bezug auf die Öffentlichkeitsarbeit bezieht, also auf die Beobachtung der sich selbst zugeschriebenen Rolle. Es ist kein Ausdruck rein individueller Berufsvorstellungen, son-

---

7 Dies macht deutlich, daß in der Theorie selbstreferentieller Systeme keineswegs - wie beispielsweise Theis (1992) in bezug auf „funktionalistische Systemvorstellungen" unterstellt - die „in Grenzpositionen agierenden Akteure (z. B. Medienjournalisten) zeitweise einfach der jeweils anderen Organisation 'zugeschlagen'" (Theis 1992, 26) werden. Im Gegenteil werden die Akteure als Personen der Umwelt des Systems zugerechnet, wenngleich bestimmte Rollenausprägungen die Kommunikationen in Systemen nachhaltig prägen können (Kopplung von Bewußtsein und Kommunikation). Insofern ist dem Hinweis von Theis (1992, 27) auf die Notwendigkeit, System- und Akteursebene stärker aufeinander zu beziehen, zuzustimmen. Hierfür bieten sich konstruktivistische Ansätze an (vgl. z. B. Schmidt 1994).

dern ein Produkt beruflicher Sozialisation.[8] Die Beobachtung richtet sich dabei auf das beobachtende System selbst (doppelte Selbstreferenz); möglich wird diese Beobachtung zweiter Ordnung durch die Differenz von Handeln und Beobachten.[9] Mit Selbstbeobachtung erzeugt der Journalismus eine Beschreibung seiner Selbst (mindestens die Differenz von Journalismus und Umwelt), um diese intern als Orientierung zu verwenden.[10]

Die PR-Rollen von Journalisten müssen mit dem konkreten Handeln innerhalb dieser Rolle keineswegs identisch sein. Die Ergebnisse von Selbstbeobachtungen können aber genutzt werden, um Handlungen „in Anpassung an eine veränderte Situation etwas zu modifizieren oder gar durch ein andersartiges Arrangement mit demselben Erfolg zu ersetzen."[11] (Luhmann 1985, 408). Konsequenzen sind jedoch nur möglich, wenn die Beobachtung der eigenen Beobachtung zu Selbstthematisierung und Reflexion führen.[12] (vgl. Luhmann 1975, 73;

---

8 Als methodische Konsequenzen wurden neun Bewertungsmöglichkeiten von PR-Produkten vorgegeben, die mit Hilfe einer mehrstufigen Skala erhoben, also nicht dichotom abgefragt wurden. Damit wurde den befragten Journalistinnen und Journalisten eine situative Relativierung ermöglicht (siehe Abschnitt 3.3).

9 Die Konzepte und Strukturen journalistischer Selbstbeobachtung wurden bislang weder theoretisch noch empirisch hinreichend analysiert. In bezug auf das „publizistische System" hat Marcinkowski (1993) einen Versuch unternommen, Aspekte der Selbstbeobachtung in ein systemtheoretisch orientiertes Modell einzuordnen. Bekannte Strukturen sind vor allem die Messung von Einschaltquoten, die Akzeptanz- und Marktforschung, die Auswertung von Leserbriefen und Zuschauerpost, die chronometrische Erfassung des Zuwendungsniveaus von Rezipienten sowie Medien, die Medien beobachten. Daneben hat eine Strukturbildung zur Selbstbeobachtung des Journalismus bislang kaum stattgefunden: Der Deutsche Presserat als bekannteste journalistische Selbstbeobachtungs-Institution gilt als sinnvolle, aber unzureichende Reflexioninstanz (vgl. Löffelholz 1995, 171 ff.).

10 Denn der Journalismus kann auch im Hinblick auf sich selbst „nicht sehen, was er nicht sehen kann. Er kann auch nicht sehen, daß er nicht sehen kann, was er nicht sehen kann. Aber es gibt eine Korrekturmöglichkeit: die Beobachtung des Beobachters." (Luhmann / Fuchs 1989, 10 f.).

11 Beobachtet ein System sich selbst, findet innerhalb des Systems ein Perspektivenwechsel statt ('crossing'), der sich auf eine systeminterne Operation richtet. Die ursprüngliche Unterscheidung taucht dann im Unterschiedenen wieder auf (vgl. Luhmann 1990, 190). „Eine Unterscheidung markiert einen Bereich und wird dann in das durch sie Unterschiedene wiedereingeführt. Sie kommt dann doppelt vor: Als Ausgangsunterscheidung und als Unterscheidung in dem durch sie Unterschiedenen. Sie ist dieselbe und nicht dieselbe. Sie ist dieselbe, weil der Witz des re-entry gerade darin besteht, dieselbe Unterscheidung rekursiv auf sich selbst anzuwenden; sie ist eine andere, weil sie in einen anderen, in einen bereits unterschiedenen Bereich eingesetzt wird." (Luhmann 1990, 379 f.).

12 Selbstthematisierung macht ein System als System in einer Umwelt 'themafähig', d. h. es wird geeignet als Gegenstand thematisch integrierter Kommunikation. „Durch Selbst-Thematisierung wird ermöglicht, daß die Einheit des Systems für Teile des Systems - seien es Teilsy-

Willke 1987, 73). Gerade die journalistischen Selbstbeobachtung der Berichterstattung über Krisen zeigt, daß der Journalismus nur begrenzt in der Lage ist, seine Handlungen im Hinblick auf mögliche Auswirkungen für andere Systeme und für sich selbst zu analysieren und rückzukoppeln.[13]

## 3. Ergebnisse der Studie „Journalismus in Deutschland"

Ausgehend von der Theorie selbstreferentieller Systeme zielt die Studie „Journalismus in Deutschland" auf eine Analyse der Identität des deutschen Journalismus (vgl. Weischenberg / Löffelholz / Scholl 1994, 1997). In bezug auf die Kopplung von Journalismus und Öffentlichkeitsarbeit geht es dabei insbesondere um drei Dimensionen:

- die Beurteilung des generellen Einflusses der Öffentlichkeitsarbeit,
- die Rückmeldungen der PR auf journalistische Veröffentlichungen,
- die Beurteilung von Pressemitteilungen durch Journalisten.

### 3.1 Die Beurteilung des Einflusses von Öffentlichkeitsarbeit

Bei der Frage nach dem Einfluß der Öffentlichkeitsarbeit auf den Journalismus geht es um die Beurteilung der generellen Bedeutung dieser Form von Fremdreferenz.[14] Rund die Hälfte der befragten Journalistinnen und Journalisten spre-

---

steme, Teilprozesse, gelegentliche Akte - zugänglich wird. Reflexion ist insofern eine Form der Partizipation." (Luhmann 1975, 73) Reflexion bezeichnet die Fähigkeit von sozialen Systemen, die Wirkungen der eigenen Identität in der Umwelt (einschließlich der besonders relevanten Rückwirkungen dieser Wirkungen auf das System selbst) im Unterschied zu den Wirkungen, die andere Systeme in ihrer Umwelt erzeugen, zu beobachten. Reflexion setzt hochentwickelte Strukturen voraus - etwa in Form von Rollen, Positionen oder anderen Teileinheiten. Damit können Handlungen in Hinblick auf mögliche Auswirkungen und Folgeprobleme analysiert und mit der Absicht der Handlungssteuerung rückgekoppelt werden (vgl. Willke 1987, 74 f.).

13 Versagt die Selbstbeobachtung des Krisenjournalismus, ermöglicht sie also keine Reflexion als Bedingung der Möglichkeit einer Anpassung des Systems, dann weist dies einerseits auf eine zu niedrige Komplexität, andererseits auf eine Kolonialisierung des Journalismus hin (vgl. Löffelholz 1993 u. 1995).

14 Obwohl der Einfluß bestimmter Akteure sozial erwünschter sein kann (die Orientierung an den Interessen des Publikums ist nicht nur erlaubt, sondern erwünscht; die Orientierung an Vorgesetzten ist eher verständlich als die Orientierung an den Interessen der politischen Par-

chen der Öffentlichkeitsarbeit einen (sehr) geringen Einfluß auf ihre Arbeit zu.[15] Angesichts der durch Input-Output-Analysen nachgewiesenen Abhängigkeit von Public Relations scheint dies - wieder einmal - zu belegen, daß die selbstkritische Reflexion der Grenzen und Zwänge der eigenen Tätigkeit nicht zu den Primärtugenden vieler Journalisten gehört.

Betrachtet man jedoch die Ergebnisse im einzelnen, relativiert sich dieser (scheinbare) Idealismus des Journalismus. Wer in seinem Medienbereich oder in seinem Ressort direkter mit PR zu tun hat, vermutet einen größeren Einfluß der Öffentlichkeitsarbeit auf die eigene Arbeit. So konstatieren immerhin zwei von drei Agenturjournalisten einen mittleren bis sehr großen PR-Einfluß. Bei den Lokalredakteuren weisen ebenfalls nahezu zwei Drittel auf einen mittleren bis großen Einfluß hin. Im Politikressort ist es dagegen umgekehrt: Zwei Drittel der politischen Redakteure unterstellen einen geringen Einfluß der Öffentlichkeitsarbeit. Journalisten, die in erster Linie Agenturmaterial bearbeiten, schätzen den Einfluß der Öffentlichkeitsarbeit offenbar geringer ein, weil sie ihn nur indirekt - also z.B. vermittelt über die Agenturen - spüren (siehe Tabelle 1).

Neben formalisierten Beziehungen umfaßt das Repertoire der Öffentlichkeitsarbeit auch informelle Kontakte. Zu den probaten Methoden gehören hier vor allem Reaktionen auf veröffentlichte Beiträge. Dabei geht es auch um die Frage, welche Resonanzen der Journalismus in Systemen auslöst, die intentional auf Anschlußhandlungen im Journalismus gerichtet sind. Nach unseren Ergebnissen bekommt im Durchschnitt jeder vierte Journalist innerhalb von zwei Wochen zumindest eine Rückmeldung von einer PR-Abteilung. Die Aufmerksamkeit der Öffentlichkeitsarbeit verteilt sich jedoch keinesfalls gleichmäßig auf den gesamten Journalismus, sondern variiert in Abhängigkeit von Medientyp, Ressortzugehörigkeit und vertikaler Rollendifferenzierung.

---

teien), stellen die Angaben der Journalisten keine Artefakte dar. Gerade weil der Einfluß der Öffentlichkeitsarbeit eher als sozial unerwünscht gilt (da Journalisten frei von äußeren Interessen arbeiten sollten), kann unterstellt werden, daß der Teil der Journalisten, der einen großen Einfluß der Öffentlichkeitsarbeit auf die eigene Arbeit sieht, damit eine angemessene Beurteilung liefert. Insgesamt handelt es sich jedoch um eine konservative Beurteilung des PR-Einflusses.

15 Diese und die folgenden Aussagen basieren auf einer wissenschaftlichen Beobachtung der journalistischen Selbstbeobachtung (die Referenz der Beobachtung bleibt also die Wissenschaft). Dabei abstrahieren wir jedoch keineswegs vom Journalismus, sondern stellen im Gegenteil eine enge 'Passung' her, um eine möglichst präzise und im Journalismus viable Beschreibung zu ermöglichen.

*Beurteilung des PR-Einflusses*
*(Angaben in Prozent)*

Tabelle 1

| Bereiche | Zuweisung eines mittleren bis sehr großen PR-Einflusses |
|---|---|
| Agenturjournalisten | 67,3 |
| Anzeigenblattjournalisten | 53,1 |
| Zeitungsjournalisten | 51,4 |
| Rundfunkjournalisten (privat) | 51,1 |
| Zeitschriftenjournalisten | 46,5 |
| Rundfunkjournalisten (öff.rechtl.) | 39,9 |
| Lokaljournalisten | 63,5 |
| Sportjournalisten | 63,1 |
| Wirtschaftsjournalisten | 49,9 |
| Kulturjournalisten | 46,7 |
| Unterhaltungsjournalisten | 46,7 |
| Politikjournalisten | 34,1 |
| Redakteure | 52.2 |
| Gesamtleitungsrollen | 48.1 |
| Teilleitungsrollen | 43.8 |
| Volontäre | 40.7 |

Von den Zeitungsjournalisten erhält nahezu jeder Dritte innerhalb von zwei Wochen Reaktionen auf veröffentlichte Artikel. Die Redakteure von Anzeigenblättern bekommen dagegen in deutlich geringerer Zahl entsprechende Rückmeldungen. Weitere Differenzen zeigen sich in bezug auf die Positionen in der redaktionellen Hierarchie: Fast die Hälfte der Chefredakteure, Ressortleiter oder Programmgruppenleiter erhält zumindest einmal in zwei Wochen Reaktionen aus der Öffentlichkeitsarbeit (s. Tabelle 2).

| PR-Reaktionen auf journalistische Veröffentlichungen (Angaben in Prozent) | Tabelle 2 |
|---|---|

| Bereich | Innerhalb der letzten zwei Wochen PR-Reaktionen erhalten |
|---|---|
| Zeitungsjournalisten | 31.2 |
| Agenturjournalisten | 28.4 |
| Zeitschriftenjournalisten | 25.5 |
| Rundfunkjournalisten (öff.rechtl.) | 25.4 |
| Rundfunkjournalisten (privat) | 24.8 |
| Anzeigenblattjournalisten | 20.6 |
| Gesamtleitungsrollen | 45.0 |
| Teilleitungsrollen | 38.9 |
| Redakteure | 25.4 |
| Volontäre | 21.7 |
| Wirtschaftsjournalisten | 38.9 |
| Lokaljournalisten | 34.3 |
| Unterhaltungsjournalisten | 33.4 |
| Kulturjournalisten | 25.2 |
| Sportjournalisten | 24.6 |
| Politikjournalisten | 23.4 |

Neben der Führungsebene kümmern sich die PR am intensivsten um Lokal- und Wirtschaftsjournalisten: Gut ein Drittel aller Lokalredakteure und sogar nahezu zwei Fünftel der Wirtschaftsredakteure erhalten zweiwöchentlich mindestens einmal Reaktionen aus PR-Kreisen. Beim Lokalressort weist dies erneut auf die größere Nähe zu den Quellen hin; beim Wirtschaftsressort ist dies möglicherweise auch ein Indiz für die größere Professionalität der Wirtschafts-PR.

### 3.2 Die Beurteilung von Pressemitteilungen

Die Produkte der Öffentlichkeitsarbeit werden im Journalismus in sehr unterschiedlichen Dimensionen bewertet. In der Studie 'Journalismus in Deutschland' beurteilten die befragten Journalistinnen und Journalisten insgesamt neun Aspekte, die ihrerseits wiederum unterschiedlich stark auf drei Hauptkomponenten laden (s. Tabelle 3).

*Dimensionen zur Beurteilung von Öffentlichkeitsarbeit*  |  *Tabelle 3*

| Pressemitteilungen | Optimistische Beurteilung | Pragmatische Beurteilung | Kritische Beurteilung |
|---|---|---|---|
| sind zuverlässig | .07 | .82 | -.12 |
| sind gut aufbereitet | .16 | .79 | .07 |
| sparen Zeit | .45 | .61 | .12 |
| sind überflüssig | -.74 | -.04 | .19 |
| gibt es zu viele | -.46 | .31 | .31 |
| sind anregend | .75 | .10 | .16 |
| sind notwendig | .69 | .39 | .07 |
| ersetzen eigene Berichte | .09 | .34 | .77 |
| verführen zu unkrit. Bericht. | -.07 | -.21 | .80 |
| Eigenwert des Faktors | 1.46 | 3.16 | 1.03 |
| Erklärte Varianz (in %) | 16.2 | 35.1 | 11.4 |

Die neun einbezogenen Aspekte verweisen nicht allein auf die journalistische Beurteilung von PR-Produkten, sondern ermöglichen auch Schlußfolgerungen für die generelle Bewertung von Öffentlichkeitsarbeit durch Journalisten:

- Zuverlässigkeit: Stellen die Public Relations richtige Informationen bereit?
- Aufbereitung: Beachten die PR journalistische Qualitätsstandards?
- Zeitersparnis: Unterstützen die PR die journalistische Arbeit?
- Notwendigkeit: Braucht der Journalismus die PR?
- Substitution: Substituieren die PR den Journalismus?
- Verführung: Vermindern die PR die journalistische Qualität?
- Quantität: Lehnen Journalisten die Expansion der PR ab?
- Überflüssigkeit: Sind die PR für den Journalismus unnötig?
- Anregungen: Beeinflußen die PR den Journalismus inhaltlich?

Um Zusammenhänge zwischen diesen Dimensionen aufzudecken, wurde mit Hilfe einer Hauptkomponentenanalyse getestet, ob die Variablen voneinander unabhängig sind. Drei Dimensionen konnten dabei ermittelt werden:

- Optimistische Beurteilung der Öffentlichkeitsarbeit: Der erste Faktor bezieht Variablen ein, die einen optimistischen Umgang mit Pressemitteilungen signalisieren: Pressemitteilungen sind anregend und nicht überflüssig, sie sparen Zeit, keineswegs gibt es zu viele.

- Pragmatische Beurteilung der Öffentlichkeitsarbeit: Der zweite Faktor besteht aus Variablen, die einen pragmatisch-positiven Umgang mit Pressemitteilungen indizieren. Zuverlässigkeit, gute Aufbereitung und Zeitersparnis sind die wichtigsten Eigenschaften.
- Kritische Beurteilung der Öffentlichkeitsarbeit: Der dritte Faktor subsumiert Variablen, die auf einen abwehrend-kritischen Umgang mit Pressemitteilungen gerichtet sind. Zur Erstladung gehören die Verführung zu unkritischer Berichterstattung und die Substitution eigener Recherchen.

Die Einschätzung, ob es zu viele Pressemitteilungen gibt, wird ambivalent interpretiert; diese Variable lädt auf keinem Faktor sehr hoch, aber auf allen drei. Auch die Substitution eigener Recherchen besitzt mehrere Konnotationen, die im Zusammenspiel mit anderen Variablen deutlich werden: Pressemitteilungen reduzieren die Kontingenz journalistischen Handelns, solange der Journalismus sich diesem gleichermaßen hilfreichen wie identitätsgefährdenden Beziehungsspiel nicht verweigert.

Die Beurteilung von PR-Produkten ist insbesondere von den journalistischen Tätigkeitsfeldern (Medientypen, Ressortzugehörigkeit) abhängig. Vor allem Journalisten, die bei Agenturen und Anzeigenblättern tätig sind, sowie Sport-, Lokal- und Wirtschaftsredakteure neigen zu positiven Bewertungen (s. Tabellen 4 u. 5).

*Beurteilung von Pressemitteilungen (nach Medientyp) (Angaben in Prozent)* — Tabelle 4

| Pressemitteilungen ... | ZJ n=696 | AnJ n=163 | AgJ n=114 | ZeiJ n=225 | ÖJ n=208 | PJ n=92 |
|---|---|---|---|---|---|---|
| sind zuverlässig | 47.1 | 54.9 | 57.0 | 41.0 | 34.9 | 35.1 |
| sind gut aufbereitet | 30.6 | 49.8 | 48.8 | 27.9 | 18.3 | 20.3 |
| sparen Zeit | 50.7 | 56.9 | 75.2 | 43.8 | 40.4 | 42.2 |
| bieten Anregungen | 55.3 | 60.3 | 65.8 | 51.0 | 48.3 | 56.7 |
| sind notwendig | 56.3 | 56.1 | 66.2 | 48.1 | 48.7 | 51.9 |
| sind überflüssig | 6.6 | 14.8 | 2.1 | 9.7 | 7.9 | 3.8 |
| gibt es zuviele | 45.0 | 22.2 | 39.3 | 46.4 | 51.6 | 46.3 |
| ersetzen eigene Berichte | 27.4 | 35.0 | 27.3 | 27.2 | 20.1 | 21.4 |
| verführen zu unkrit. Berichter. | 28.1 | 18.6 | 31.0 | 37.8 | 30.1 | 34.5 |

ZJ = Zeitungsjournalisten; AnJ = Anzeigenblattjournalisten; AgJ = Agenturjournalisten; ZeiJ = Zeitschriftenjournalisten; ÖJ = Journalisten im öffentlich-rechtlichen Rundfunk; PJ = Journalisten im privaten Rundfunk

| Beurteilung von Pressemitteilungen (nach Ressorts) (Angaben in Prozent) | | | | | Tabelle 5 |
|---|---|---|---|---|---|
| **Pressemitteilungen ...** | PJ n=270 | WJ n=85 | KJ n=179 | SJ n=104 | LJ n=276 |
| sind zuverlässig | 35.7 | 49.0 | 39.3 | 62.4 | 46.2 |
| sind gut aufbereitet | 25.4 | 33.2 | 25.5 | 38.5 | 28.1 |
| sparen Zeit | 40.9 | 51.6 | 50.5 | 49.5 | 45.2 |
| bieten Anregungen | 50.4 | 57.0 | 54.2 | 54.4 | 57.1 |
| sind notwendig | 41.9 | 51.1 | 55.9 | 59.7 | 56.5 |
| sind überflüssig | 12.1 | 8.1 | 4.3 | 5.9 | 3.3 |
| gibt es zuviele | 55.7 | 49.6 | 43.6 | 35.7 | 42.7 |
| ersetzen eigene Berichte | 26.1 | 34.5 | 30.3 | 19.0 | 27.7 |
| verführen zu unkrit. Berichter. | 36.7 | 34.5 | 38.8 | 22.8 | 32.6 |

PJ = Politikjournalisten; WJ = Wirtschaftsjournalisten; KJ = Kulturjournalisten; SJ = Sportjournalisten; LJ = Lokaljournalisten

## 3.3 PR-Rollen im Journalismus

Um aus der heterogenen Gesamtheit der befragten Journalisten möglichst homogene Teilmengen zu identifizieren, wurde eine explorative Clusteranalyse durchgeführt.[16] Dabei konnten vier PR-Rollen identifiziert werden:

Cluster 1, die *PR-Pragmatiker*, besteht aus 470 Fällen. Es ist mit einem Konsistenzwert von .44 sehr homogen. Die PR-Pragmatiker stehen der Öffentlichkeitsarbeit positiv-aufgeschlossen gegenüber und glauben an das Gute im PR-Produkt, zumindest solange sie davon profitieren. Pressemitteilungen finden sie zumeist zuverlässig und gut aufbereitet, auf jeden Fall notwendig und ausdrücklich nicht überflüssig. Die Aktivitäten von PR-Leuten liefern ihnen Anregungen für neue Themen und sparen Zeit bei der Recherche. Zu dieser Gruppe können knapp ein Drittel der deutschen Journalisten (31.4 Prozent) gerechnet werden.

---

16 Relativ homogene Gruppen wurden bei der Vierer-Lösung erreicht. Der Anteil der erklärten Varianz (eta2) beträgt 34 Prozent. Fünf Variablen erwiesen sich als am besten trennend: Pressemitteilungen sind gut aufbereitet, sparen Zeit, sind überflüssig, sind notwendig, ersetzen Recherche.

Cluster 2, die *PR-Antikritiker*, besteht aus 355 Fällen. Es ist ebenfalls relativ homogen (Konsistenzwert = .32). Die Bezeichnung 'Antikritiker' wurde gewählt, um zu verdeutlichen, daß diese Journalisten der Öffentlichkeitsarbeit positiv gegenüberstehen, indem sie sie ausdrücklich gegen ihre Kritiker in Schutz nehmen. Nach der Auffassung der Antikritiker werden keineswegs zu viele Pressemitteilungen produziert. Public Relations sind weder überflüssig, noch verführen sie zu unkritischer Berichterstattung oder ersetzen gar die journalistische Recherche. Ein knappes Viertel aller Journalisten (23.7 Prozent) gehört zu dieser Gruppe.

*Dimensionen der PR-Rollen von Journalisten*[17]     Tabelle 6

| Pressemitteilungen ... | PR-Pragmatiker (n = 470; con = .44) | PR-Antikritiker (n = 355; con = .32) | PR-Skeptiker (n = 291; con = .28) | PR-Kritiker (n = 382; con = .30) |
|---|---|---|---|---|
| sind zuverlässig | + + | +- | - | +- |
| sind gut aufbereitet | + + | +- | -- | +- |
| sparen Zeit | + + | +- | -- | +- |
| sind notwendig | + + | +- | --- | +- |
| sind anregend | + | +- | -- | +- |
| gibt es zu viele | - | - | + + | + |
| sind überflüssig | - | - | + + | +- |
| ersetzen Recherche | + + | -- | - | + |
| verführen zu unkrit. Berichterst. | +- | - | +- | + + |

Cluster 3, die *PR-Skeptiker*, besteht aus 291 Fällen. Es ist mit einem Konsistenzwert von .28) noch relativ homogen. Die PR-Skeptiker stellen eine Art Antipoden der PR-Pragmatiker dar. Sie bewerten Öffentlichkeitsarbeit skeptisch-distanziert: Pressemitteilungen finden sie oft überflüssig und keineswegs notwendig; in jedem Fall werden zu viele produziert. Für die Skeptiker sind PR-Produkte weder zuverlässig noch gut aufbereitet, weder anregend noch zeit-

---

[17] Die Plus- bzw. Minuszeichen verdeutlichen, wie stark die jeweilige Antwortvariable auf die Cluster lädt. Der Konsistenzwert „con" des Clusters reicht von minus unendlich bis plus eins: Je näher er an eins ist, desto homogener ist das Cluster in bezug auf die Verteilung der Antworten. Die Fallzahlen beruhen auf der gewichteten Stichprobe. Davon abweichend wurde in zwei früheren Veröffentlichungen die ungewichteten Fallzahlen angegeben. Dadurch ändern sich jedoch die Gruppen nur marginal. Alle sonstigen Zahlen beruhen auf der gewichteten Stichprobe (vgl. Löffelholz 1994; Weischenberg 1995, 212 ff.).

sparend. Etwas mehr als ein Fünftel der Journalisten (19.4 Prozent) gehört zu dieser Gruppe.

Cluster 4 schließlich, die *PR-Kritiker*, besteht aus 382 Fällen. Es ist ebenfalls relativ homogen (Konsistenzwert = .30). Wichtigstes Merkmal dieser Gruppe: Die PR-Kritiker gehen in ihrer Ablehnung der Öffentlichkeitsarbeit deutlich über die PR-Skeptiker hinaus. So kritisieren sie nicht nur, daß zu viele Pressemitteilungen produziert werden, sondern sind außerdem davon überzeugt, daß Öffentlichkeitsarbeit die journalistische Recherche ersetzt und zu unkritischer Berichterstattung verführt. Zu dieser Gruppe zählt ein Viertel aller Journalistinnen und Journalisten (25.5 Prozent).

PR-Pragmatiker stützen sich bewußt auf Öffentlichkeitsarbeit, um die Komplexität der journalistischen Arbeit zu reduzieren - konkret: um sich den (oftmals durch schwierige Arbeitsbedingungen geprägten) Job zu erleichtern. Jeweils mehr als die Hälfte der Agentur- und Anzeigenblatt-Journalisten sind ihnen zuzurechnen. In allen anderen Medienbereichen gehört dagegen noch nicht einmal ein Drittel der Journalisten zu den Pragmatikern.

In diesem Zusammenhang bemerkenswert: Rund drei Viertel aller Journalistinnen und Journalisten, die für Nachrichtenagenturen tätig sind, glauben, mit Hilfe von Public Relations Zeit beim Recherchieren zu sparen; in den anderen Medienbereichen sind davon weitaus weniger Berichterstatter überzeugt. Insgesamt gilt: Wer viel recherchiert, findet Öffentlichkeitsarbeit eher hilfreich. Wer aber mehr Zeit fürs Redigieren fremder Beiträge aufwendet, also häufiger mit PR-Produkten zu tun hat, beurteilt die Public Relations eher kritisch und gehört zu den PR-Skeptikern.

Bei den PR-Skeptikern rangieren Journalisten vorn, die beim öffentlich-rechtlichen Hörfunk beschäftigt sind. Harsche Kritiker der Öffentlichkeitsarbeit finden sich jedoch keineswegs allein in den öffentlich-rechtlichen Rundfunkanstalten. Im Gegenteil: Entgegen alter Vorurteile arbeitet eine recht große Zahl (PR-)kritischer Journalistinnen und Journalisten ausgerechnet dort, wo nach dem Willen mancher Politiker ein unkritischer Unterhaltungsjournalismus entstehen sollte: beim privaten Hörfunk und Fernsehen.

Ressortspezifisch gesehen findet eine pragmatisch-positive Beurteilung der Öffentlichkeitsarbeit überdurchschnittlich viel Zustimmung in den Ressorts Sport, Wirtschaft und Lokales. Addiert man Pragmatiker und Antikritiker zusammen, dann liegen Journalistinnen und Journalisten vorn, die im Unterhaltungsbereich oder im Lokalressort tätig sind. Jeweils drei Fünftel der dort Tätigen stehen der Öffentlichkeitsarbeit aufgeschlossen gegenüber. PR-Skeptiker und PR-Kritiker dagegen findet man vornehmlich im Politikressort: Nahezu 60 Prozent aller Politikredakteure gehören zu einer der beiden Gruppen. In allen Ressorts gehört jeweils etwa jeder dritte Redakteur zu den Kritikern; nur im Sportressort kann lediglich jeder Neunte dazu gerechnet werden. Öffentlichkeitsarbeit bietet für Sportreporter offenbar - nach wie vor - kaum Anlaß zur Nachdenklichkeit (s. Tabelle 7).

*PR-Rollen von Journalisten nach Medientyp und Ressort (Angaben in Prozent)* — *Tabelle 7*

| Medientyp bzw. Ressort | PR-Pragmatiker (n = 470) | PR-Antikritiker (n = 355) | PR-Skeptiker (n = 291) | PR-Kritiker (n = 382) |
|---|---|---|---|---|
| Zeitungen | 29,4 | 23,4 | 19,7 | 27,5 |
| Anzeigenblätter | 52,1 | 19,6 | 11,9 | 16,4 |
| Agenturen | 54,4 | 11,2 | 8,3 | 26,1 |
| Zeitschriften | 24,8 | 25,3 | 23,4 | 26,5 |
| Hörfunk (ö.r.) | 17,1 | 29,7 | 29,8 | 23,3 |
| Fernsehen (ö.r.) | 27,5 | 27,8 | 21,6 | 23,1 |
| Hörfunk (priv.) | 20,3 | 28,4 | 22,5 | 28,8 |
| Fernsehen (priv.) | 17,6 | 40,4 | 14,7 | 27,3 |
| Politik | 19,1 | 21,3 | 28,1 | 31,4 |
| Wirtschaft | 33,8 | 14,8 | 19,4 | 32,0 |
| Feuilleton | 25,4 | 24,0 | 19,1 | 31,5 |
| Sport | 37,0 | 27,6 | 22,0 | 13,5 |
| Lokales | 30,2 | 28,5 | 12,8 | 28,5 |
| Unterhaltung | 28,1 | 31,2 | 10,9 | 29,8 |

Eine Korrelation der Beurteilung von Öffentlichkeitsarbeit mit dem Alter der Journalisten zeigt, daß die Jüngeren (unter 25), gleichzeitig aber auch die Älteren (über 55) jeweils zu mehr als zwei Dritteln die Aktivitäten der Public Relations positiv beurteilen. Von den 25- bis 54jährigen gibt dagegen nur etwa jeder Zweite ein positives Gesamturteil ab.

In bezug auf politische Orientierungen existieren zwischen sozialdemokratisch und christdemokratisch orientierten Berichterstattern kaum Unterschiede: Rund drei Fünftel der SPD- und zwei Drittel der CDU-Anhänger bewerten Öffentlichkeitsarbeit insgesamt als positiv. Die beiden moderaten Rollen der PR-Skeptiker und der PR-Antikritiker stehen sich dabei politisch recht nahe. Die

PR-Skeptiker sind allerdings stärker im grün-alternativen Spektrum verankert und in größerem Maß gewerkschaftlich organisiert. In diesem Kontext: DJV-Mitglieder beurteilen PR-Produkte positiver als Mitglieder der IG Medien, und noch positiver bewerten gewerkschaftlich nicht organisierte Journalisten die Aktivitäten der Öffentlichkeitsarbeit.

Im Vergleich zu den anderen PR-Rollen weisen die PR-Pragmatiker die auffälligsten Merkmale auf: Sie besitzen ein deutlich positiveres Publikumsbild, sind beruflich zufriedener und fühlen sich - intern wie extern (!) - weniger beeinflußt als die anderen Gruppen (s. Tabelle 8).

*Ausgewählte Merkmale von Journalisten nach PR-Rollen (Angaben in Prozent)* — Tabelle 8

| Von der jeweiligen Gruppe | PR-Pragmatiker (n = 470) | PR-Antikritiker (n = 355) | PR-Skeptiker (n = 291) | PR-Kritiker (n = 382) |
|---|---|---|---|---|
| haben ein positives Publikumsbild | 57.7 | 45.7 | 42.9 | 41.4 |
| sind in ihrem Beruf unzufrieden | 10.5 | 15.6 | 26.0 | 21.9 |
| fühlen sich weitgehend unbeeinflußt | 20.6 | 30.1 | 25.0 | 24.3 |
| gehören zu den 'ängstlichen Rechercheuren' | 33.0 | 33.2 | 22.7 | 22.2 |
| sind links(-liberal) orientiert | 22.3 | 28.1 | 28.6 | 24.2 |
| stehen Bündnis 90/ Die Grünen nahe | 10.2 | 20.5 | 28.1 | 14.9 |
| sind gewerkschaftlich organisiert | 45.8 | 55.7 | 68.2 | 57.6 |
| sind in Führungspositionen tätig | 10.6 | 19.1 | 22.0 | 16.5 |
| arbeiten als freie Journalisten | 44.2 | 24.1 | 27.3 | 33.8 |

Nahezu die Hälfte der PR-Pragmatiker arbeitet freiberuflich; in den anderen Gruppen variiert der Anteil der freien Journalisten dagegen lediglich zwischen einem knappen Viertel und einem Drittel. Insbesondere der hohe Anteil der Freiberufler (die zumeist nicht in Führungspositionen tätig sind) erklärt den größeren Zeitaufwand der PR-Pragmatiker für Recherche- und den geringeren Zeitaufwand für Redigiertätigkeiten (s. Tabelle 9).

*Zeitaufwand für journalistische Tätigkeiten (pro Tag) (Angaben in Prozent)* — Tabelle 9

| Tätigkeit | PR-Pragmatiker (n = 470) | PR-Antikritiker (n = 355) | PR-Skeptiker (n = 291) | PR-Kritiker (n = 382) |
|---|---|---|---|---|
| Recherche | 164 | 125 | 128 | 131 |
| Selektion | 51 | 50 | 48 | 47 |
| Texten | 125 | 112 | 110 | 121 |
| Redigieren eigen. Texte | 37 | 39 | 35 | 38 |
| Redigieren ande. Texte | 27 | 43 | 50 | 42 |
| Technische Tätigkeit | 47 | 60 | 50 | 45 |
| Organisationstätigkeit | 59 | 76 | 82 | 64 |

Auf der Grundlage einer Clusteranalyse zum journalistischen Rollenselbstverständnis können sechs journalistische Basisrollen identifiziert[18] und auf die vier PR-Rollen bezogen werden (s. Tabelle 10).

*PR-Rollen und journalistische Basis-Rollen (Ziele) (Angaben in Prozent)* — Tabelle 10

| Journalistische Basis-Rolle | PR-Pragmatiker (n = 470) | PR-Antikritiker (n = 355) | PR-Skeptiker (n = 291) | PR-Kritiker (n = 382) |
|---|---|---|---|---|
| Ratgeber (n = 322) | 28.2 | 24.6 | 15.5 | 15.0 |
| Ambitionierte (n = 290) | 16.6 | 22.9 | 20.1 | 19.0 |
| Kritische Beobachter (n = 287) | 18.0 | 17.3 | 17.4 | 23.6 |
| Kontrolleure (n = 228) | 7.0 | 15.9 | 24.3 | 17.8 |
| Anspruchslose (n = 188) | 14.8 | 12.1 | 11.3 | 11.0 |
| Unterhalter (n = 183) | 15.4 | 7.2 | 11.4 | 13.6 |

---

18 In die Befragung wurden 21 Dimensionen des journalistischen Rollenselbstverständnisses einbezogen (vgl. Weischenberg / Löffelholz / Scholl 1994). Die Sechs-Cluster-Lösung erklärt 33.5 der Gesamtvarianz, ein für eine Clusteranalyse mit sehr vielen Befragten und relativ vielen Variablen zufriedenstellendes Ergebnis.

Erneut weichen die PR-Pragmatiker vom 'Mainstream' ab: Sie gehören einerseits in größerem Maß zur Gruppe der Ratgeber und stehen einem unterhaltungsorientierten Journalismus aufgeschlossener gegenüber. Andererseits sind sie weniger ambitioniert und verfolgen in geringerer Zahl Ziele, die sich auf einen kontrollierenden Journalismus beziehen. Bei der Frage nach der Realisierbarkeit journalistischer Ziele[19] sind die PR-Pragmatiker oftmals optimistischer als die anderen Gruppen, ihre jeweiligen Ziele auch umsetzen zu können.

Die kritische Haltung der PR-Kritiker gegenüber der Öffentlichkeitsarbeit gründet offenbar auf einem generell kritischeren Berufsrollenverständnis, denn insbesondere bei Zielen, die auf einen anwaltschaftlichen, kritisch-kontrollierenden Journalismus gerichtet sind, erweisen sich die PR-Kritiker als pessimistischer, diese Ziele tatsächlich zu erreichen. Insofern beurteilen sie die ökonomischen und organisatorischen Imperative der redaktionellen Arbeit aber auch realistischer als die anderen Gruppen.

Bei einer Inhaltsanalyse journalistischer Produkte ließ sich bei der Gruppe der PR-Pragmatikern am ehesten ein Zusammenhang zwischen der Beurteilung von PR-Produkten und der tatsächlichen Ausübung der journalistischen Basisrolle feststellen. Die PR-Pragmatiker schaffen es am häufigsten, ihr Publikum tatsächlich neutral zu informieren. Im Unterschied zu den anderen Gruppen unterschätzen sie nicht, daß Journalisten in ihren Beiträgen oft eigene Ansichten präsentieren. Ihre Handlungsmöglichkeiten beim Informationsjournalismus beurteilen die PR-Pragmatiker also recht realistisch. Gleichzeitig zeigen sie sich aber idealistisch in bezug auf den kritisch-kontrollierenden Journalismus: Hier gibt es eine überdurchschnittlich große Kluft zwischen Einstellung und tatsächlich realisierten Zielen.

---

19 Die journalistische Einstellung wurde also nicht nur in ihrem voluntaristischen Aspekt abgefragt, sondern auch in der Konfrontation mit ihrer Realisierbarkeit: „Gelingt es Ihnen, dieses Ziel im journalistischen Alltag umzusetzen?" Die Befunde zeigen, daß die Schlußfolgerung vom Rollenselbstverständnis auf die tatsächliche Handlung vor allem davon abhängig ist, wie konsentiert eine Selbstbeschreibung im Mediensystem ist: Je umstrittener (oder anspruchsvoller) die journalistische Basisrolle, desto weniger ist es berechtigt, direkt auf die Handlung zu schließen (vgl. Weischenberg / Löffelholz / Scholl 1994, 1997).

## 4. Fazit

Öffentlichkeitsarbeit und Journalismus entwickeln sich als Berufs- wie als Forschungsfelder dynamisch (vgl. Bentele 1995; Löffelholz / Altmeppen 1994). Der Bedarf an Wissen über ihre Beziehungen ist ungebrochen - sowohl in bezug auf repräsentativ ermittelte Daten, als auch in bezug auf Analysen, die auf Mehrmethoden-Designs basieren und deshalb in der Regel als Fallstudien angelegt werden (vgl. u.a. Bentele et al. in diesem Band). Vor diesem Hintergrund schließen die vorliegenden Befunde eine Lücke in der Analyse der journalistischen Selbstbeobachtung von Fremdreferenz. Ausgehend von der Theorie selbstreferentieller Systeme ermöglichen die Ergebnisse einen dezidierten Einblick in die Kopplung von Journalismus und Öffentlichkeitsarbeit und ergänzen damit die bisherigen Studien um eine repräsentative 'Innensicht' des Journalismus.

Auch wenn die PR-Rollen von Journalisten - die 'PR-Pragmatiker', die 'PR-Antikritiker', die 'PR-Skeptiker' und die 'PR-Kritiker' - keineswegs identisch mit der tatsächlich ausgefüllten Rolle oder sogar mit dem konkreten Handeln innerhalb dieser Rolle sind, können sie - als *eine* Form der strukturellen Kopplung von Öffentlichkeitsarbeit und Journalismus - die Selektion von Pressemitteilungen als Nachrichten beeinflussen. Diese Rollendifferenzierung belegt, daß Öffentlichkeitsarbeit keineswegs pauschal mit *dem* Journalismus gekoppelt ist.

Die Unterschiede zwischen den verschiedenen Gruppen im Journalismus weisen darauf hin, daß enge Beziehungen zwischen Journalismus und Öffentlichkeitsarbeit den Einfluß der Public Relations vergrößern. Im Sinne eines strategischen Kommunikationsmanagements planen die Organisationen der Öffentlichkeitsarbeit sehr genau, welche Teilgruppen innerhalb des Journalismus wie intensiv zu 'betreuen' sind. Neben der redaktionellen Führungsebene kümmern sich die Öffentlichkeitsarbeiter am intensivsten um Lokal- und Wirtschaftsjournalisten.

Die journalistische Wirklichkeitskonstruktion basiert aber gewiß nicht allein auf individuellen Einstellungen von Journalistinnen und Journalisten: Soll der Journalismus seine Unabhängigkeit gegenüber der Öffentlichkeitsarbeit bewahren (oder wieder ausbauen?), benötigt er selbstverständlich die Ressourcen, welche Autonomie erst ermöglichen. Verfügen die Informationsbereitsteller über eine größere Professionalität als die Informationssammler, dann darf es nicht verwundern, wenn die PR-Pragmatiker den Journalismus dominieren.

## Literatur

*Baerns*, Barbara (1985): Öffentlichkeitsarbeit oder Journalismus? Zum Einfluß im Mediensystem. Köln: Verlag Wissenschaft und Politik.
*Bentele*, Günter (1995): Public Relations. Ein konstitutives Element demokratischer Kommunikationsgesellschaften. Thesen zu den Zukunftsperspektiven der Öffentlichkeitsarbeit. Düsseldorf: Heinrich Heine Universität.
*Dormann*, Jürgen (1995): Die andere Wirklichkeit - Zum Verhältnis zwischen Unternehmen und Medien. Rede zur Verleihung des Ernst-Schneider-Preises, Frankfurt, 24.10.1995 (= vervielf. Ms.).
*Dorsch*, Petra E. (1982): „Verlautbarungsjournalismus - eine notwendige Medienfunktion." In: Publizistik, 27. Jg., 4, S. 530-540.
*Fröhlich*, Romy (1992): „Qualitativer Einfluß von Pressearbeit auf die Berichterstattung: Die „geheime Verführung" der Presse?" In: Publizistik, Jg. 37, 1, S. 37-49.
*Grossenbacher*, René (1986): „Hat die „Vierte Gewalt" ausgedient?" In: Media Perspektiven, 11, S. 725-731.
*Haller*, Michael (1991): Recherchieren. Ein Handbuch für Journalisten. 4. überarb. Aufl., München: Ölschläger.
*Kneer*, Georg / Armin *Nassehi* (1993): Niklas Luhmanns Theorie sozialer Systeme. Eine Einführung. München: Fink.
*Löffelholz*, Martin (Hrsg.) (1993): Krieg als Medienereignis. Grundlagen und Perspektiven der Krisenkommunikation, Opladen: Westdeutscher Verlag.
*Löffelholz*, Martin (1994): „Pragmatiker, Skeptiker oder Kritiker. Was Journalistinnen und Journalisten über Öffentlichkeitsarbeit denken." In: M. Menschen machen Medien, Jg. 43, 10, S. 16-18.
*Löffelholz*, Martin (1995): „Beobachtung ohne Reflexion? Strukturen und Konzepte der Selbstbeobachtung des modernen Krisenjournalismus." In: Kurt *Imhof* / Peter *Schulz* (Hrsg.): Medien und Krieg - Krieg in den Medien. Zürich: Seismo, S. 171-191.
*Löffelholz*, Martin / Klaus-Dieter *Altmeppen* (1994): „Kommunikation in der Informationsgesellschaft." In: Klaus *Merten* / Siegfried J. *Schmidt* / Siegfried *Weischenberg* (Hrsg.): Die Wirklichkeit der Medien. Eine Einführung in die Kommunikationswissenschaft, Opladen: Westdeutscher Verlag, S. 570-591.
*Luhmann*, Niklas (1975): Soziologische Aufklärung 2. Opladen: Westdeutscher Verlag.
*Luhmann*, Niklas (1985): Soziale Systeme. Grundriß einer allgemeinen Theorie. 2. Aufl., Frankfurt a.M.: Suhrkamp.
*Luhmann*, Niklas (1990): Die Wissenschaft der Gesellschaft. Frankfurt a.M.: Suhrkamp.
*Luhmann*, Niklas (1996): Die Realität der Massenmedien. 2. durchges. Aufl., Opladen: Westdeutscher Verlag.
*Luhmann*, Niklas / Peter *Fuchs* (1989): Reden und Schweigen. Frankfurt a.M.: Suhrkamp.
*Marcinkowski*, Frank (1993): Publizistik als autopoietisches System. Politik und Massenmedien. Eine systemtheoretische Analyse. Opladen: Westdeutscher Verlag.
*Merten*, Klaus / Joachim *Westerbarkey* (1994): „Public Relations und Public Opinion." In: Klaus *Merten* / Siegfried J. *Schmidt* / Siegfried *Weischenberg* (Hrsg.): Die Wirklichkeit der Medien. Eine Einführung in die Kommunikationswissenschaft. Opladen: Westdeutscher Verlag, S. 188-211.
*Ronneberger*, Franz / Manfred *Rühl* (1992): Theorie der Public Relations. Opladen: Westdeutscher Verlag.
*Schmidt*, Siegfried J. (1994): Kognitive Autonomie und soziale Orientierung. Konstruktivistische Bemerkungen zum Zusammenhang von Kognition, Kommunikation, Medien und Kultur. Frankfurt a.M.: Suhrkamp.
*Schweda*, Claudia / Rainer *Opherden* (1995): Journalismus und Public Relations. Grenzbeziehungen im System lokaler politischer Kommunikation. Wiesbaden: Deutscher Universitätsverlag.

*Theis*, Anna M. (1992): „Inter-Organisationsbeziehungen im Mediensystem. Public Relations aus organisationssoziologischer Perspektive." In: Publizistik, Jg. 37, 1, S. 25-36.
*Weischenberg*, Siegfried (1995): Journalistik II. Theorie und Praxis aktueller Medienkommunikation. Bd. 2: Medientechnik, Medienfunktionen, Medienakteure. Opladen: Westdeutscher Verlag.
*Weischenberg*, Siegfried / Martin *Löffelholz* / Armin *Scholl* (1994): „Merkmale und Einstellungen von Journalisten. Journalismus in Deutschland II." In: Media Perspektiven, 4, S. 154-167.
*Weischenberg*, Siegfried / Martin *Löffelholz* / Armin *Scholl* (1997): Journalismus in Deutschland. Opladen: Westdeutscher Verlag [erscheint 1997].
*Westerbarkey*, Joachim (1991): Das Geheimnis. Zur funktionalen Ambivalenz von Kommunikationsstrukturen. Opladen: Westdeutscher Verlag.
*Westerbarkey*, Joachim (1995): „Journalismus und Öffentlichkeit. Aspekte publizistischer Interdependenz und Interpenetration." In: Publizistik, Jg. 40, 2, S. 152-162.
*Willke*, Helmut (1987): Systemtheorie. Eine Einführung in die Grundprobleme, 2. Aufl., Stuttgart / New York: G. Fischer.

*Peter Szyszka*

# Bedarf oder Bedrohung?

## Zur Frage der Beziehungen des Journalismus zur Öffentlichkeitsarbeit

## 1. Annäherung

Der Blick auf den noch eher spärlichen Fundus nicht nur kommunikationswissenschaftlicher Arbeiten zu Organisationskommunikation und Öffentlichkeitsarbeit im deutschsprachigen Raum zeigt, daß vergleichsweise viele Arbeiten der sogenannten „Determinationshypothese", d.h. der Frage nach einem Einfluß von Öffentlichkeitsarbeit auf die Informationsleistung des Journalismus' gewidmet sind. Dies läßt sich aus der Tatsache erklären, daß Kommunikationswissenschaft in Deutschland in großen Teilen eine eher auf den Gegenstandsbereich Massenkommunikation beschränkte Publizistikwissenschaft geblieben ist und es sich bei der Determinationshypothese *auch oder gerade um eine Problematik der Journalismusforschung* als dem zentralen Feld der Massenkommunikationsforschung handelt, nämlich der Frage nach den Bedingungen journalistischer Nachrichtenkonstruktion (vgl. Baerns 1979).[1] Arbeiten, die seit Mitte des letzten Jahrhunderts der Entwicklung des redaktionellen Journalismus gewidmet wurden, liefern darüber hinaus ausreichend Beispiele für außerjournalistische Einflüsse in jener frühen Entwicklungsphase.

So hat Wuttke bereits 1866 auf die weitreichende *Einflußnahme preußischer „Preßbüreaus"* auf die Tagespresse in *der Gründerzeit des redaktionellen Journalismus* verwiesen (1866, 124). Zwar waren die Methoden damals zumindest teilweise andere, die Zielsetzung allerdings gleich, nämlich maßgeblich Einfluß auf Themen und Tendenzen der Berichterstattung zu nehmen. Gut sechzig Jahre später sprach Schöne von verheerenden Auswirkungen des amtlichen Pressedienstes, die „das Ansehen der deutschen Presse auf das schwerste gefährdet"

---

[1] Dabei dürfte es sich weniger um „ein übersehenes Phänomen" handeln, wie es Grossenbacher eingeschätzt hat (1986, 18), als vielmehr um eine lange ausgeblendete und nur unzureichend rezipierte Dimension innerhalb der Journalismusforschung.

hätten (1928, 141). Dovifat beschrieb 1927 nach einer USA-Reise die Arbeit amerikanischer „Preßagenten", die sich mit „voll vorbereiteten Nachrichten" „wie ein Sieb zwischen die Zeitung und die Nachrichtenquelle" legten und mit „Diensteifrigkeit und Hilfsbereitschaft" Anreize für den Journalismus schafften (1927/1990, 209). Die Verhandlungen des 7. Deutschen Soziologentages 1930, um ein drittes Beispiel zu nennen, dokumentieren, daß *Pressearbeit in Politik und Wirtschaft weiter verbreitet* war, *als die gängige deutsche PR-Geschichtsschreibung vermuten läßt* (Szyszka 1996): „Diesen vielen Stellen gegenüber ist die Presse in sehr vielen Fällen einfach machtlos", konstatierte seinerzeit z.B. der Zeitungswissenschaftler Wilhelm Kapp (Verhandlungen 1931, 55).

## 2. Determinationshypothese

Arbeiten zum Einfluß von Öffentlichkeitsarbeit auf Journalismus reichen in Deutschland bis in die fünfziger Jahre zurück (Sodeikat 1953), haben aber erst *im Verlauf der achtziger Jahre mit Baerns' Studie »Öffentlichkeitsarbeit oder Journalismus?« eine gewisse Popularität* erlangt. Ihre aus einer Analyse der Berichterstattung zur nordrhein-westfälischen Landespolitik (1978) gewonnenen Befunde, wonach *Öffentlichkeitsarbeit Themen und Timing der Medienberichterstattung unter Kontrolle* habe (Baerns [2]1991, 98), *gelten gemeinhin als verallgemeinerungsfähig*. Arbeiten wie die von Grossenbacher (1985; 1986), Fröhlich (1992), Barth / Donsbach (1992) oder Rossmann (1993), alle in der Publizistik oder den Media Perspektiven und damit an prominenter Stelle veröffentlicht, werden als Belege für diese Verallgemeinerungsfähigkeit gewertet;[2] Baerns selbst hat in einer Replik auf ihre Studie 1991 festgestellt, daß der Vergleich zu Studien zur Wirtschafts-, Wissenschafts- und Lokalberichterstattung keine wesentlichen Abweichungen zu Tage fördere ([2]1991, 3).

Reaktionen auf die Rezeption dieser Ergebnisse finden sich in unterschiedlicher Form: Neben Polemiken (Scheidges 1982) und überzeichnenden Szenarien (Ludes 1993) hat vor allem Ruß-Mohl Bezüge zu amerikanischen Forschungsarbeiten hergestellt. Dessen Darstellung zufolge betreiben Öffentlichkeitsarbeiter mit einem Repertoire „ausgeklügelter PR-Tricks" „news management" und

---

2 Ausgeblendet bleibt dabei in aller Regel, daß es sich bei den journalistischen Feldern (hier: Politik, Wirtschaft, Umwelt), auf denen diese Untersuchungen durchgeführt wurden, um Felder unterschiedlicher öffentlicher Einsehbarkeit, unterschiedlichen öffentlichen Interesses und unterschiedlich ausgeprägter journalistischer Profession handelt, um nur drei Indikatoren anzuführen.

steuern als „unsichtbare Souffleure" die Medienberichterstattung (Ruß-Mohl 1989, 34; 1991, 58); publizistisch breit in politischer Wochenpresse (1989), journalistischer Fachpresse (1991) und auf wissenschaftlichen Fachtagungen (1990; 1992) gestreut, führte dies neben der Generalisierung auch zur Popularisierung der vereinfachten Basisannahme: „Öffentlichkeitsarbeit beeinflußt den Journalismus mit negativen Auswirkungen - Punkt". Daß diese in Journalismus und Journalistik verbreitete Position auch wissenschaftliche Urteile anderer Felder der Kommunikationswissenschaft prädisponiert, wird deutlich, wenn etwa Westerbarkey von einer „'parasitäre[n]' Nutzung medialer Betriebssysteme samt ihrer operativen Logik" durch die Öffentlichkeitsarbeit spricht (1995, 160).[3] Da *eine differenzierte Rezeption der Forschungsergebnisse in Wissenschaft und Praxis bislang kaum stattfand*, sorgten auch Arbeiten wie die von Saffarnia, der die Determinationshypothese in Frage stellte (1993), oder Schweda / Opherden, die dem Journalismus eine gewisse Resistenz gegenüber Umweltsteuerungsprozessen attestierten (1995), nur für wenig Resonnanz.

Es ist zweifellos das Verdienst von Baerns, mit der „Determinationshypothese" die Beziehungen zwischen Öffentlichkeitsarbeit und Journalismus in den Blickpunkt des Faches gerückt zu haben.[4] Die in der Leitfrage ihrer Studie seinerzeit angelegte Erwartung, über den Nachweis des Einflusses auf Medieninhalte die *Basis für eine Offenlegung von Strukturen und Beziehungen* zu schaffen (ebd., 14f), wurde indes *nur ansatzweise eingelöst*, da der Aussagegehalt der *Nachfolgearbeiten* (vgl. in Auswahl: ebd., 7ff) meist auf den Nachweis eines Einflusses auf Themen und Timing der Medieninhalte auf verschiedenen journalistischen Feldern und damit *auf Verifizierung und Verallgemeinerungsfähigkeit der Basisannahme* beschränkt blieb. Ruß-Mohl hat darauf hingewiesen, daß Baerns selbst die Gültigkeit ihrer Ergebnisse mittels *ceteris paribus-Klausel*, also die Voraussetzung , andere Faktoren existierten nicht (ebd., 2 u. 17) ein-

---

3  Im Gegensatz hierzu ist in der PR-Praxis die Vorstellung eines partnerschaftlichen Verhältnisses verbreitet (vgl. z.B.: DPRG (1986): Partner Journalist? Öffentlichkeitsarbeit und die Medien. Dokumentation der Jahrestagung. Bonn).
4  Der Begriff „Determinante" entstammt der Mathematik (Algebra), wo er den *bestimmenden Faktor* einer Gleichung ausweist. Der Begriff der „*Determinationshypothese*", den Baerns ursprünglich nicht benutzt hat, ist offenbar an den Titel ihrer ersten einschlägigen Publikation (1979) und eine Bemerkung in ihrer Studie „Öffentlichkeitsarbeit oder Journalismus?" angelehnt, wo sie von der „Einbeziehung von Öffentlichkeitsarbeit als hypothetische Determinante" spricht (²1991, 14). Der Begriff steht heute für die aus ihren Arbeiten abgeleitete und generalisierte Basisannahme eines hohen Einflusses der Öffentlichkeitsarbeit auf Themen und Timing der journalistischen Medien. Ob es sich dabei um *den bestimmenden Faktor* handelt, ist bislang zumindest offen.

schränkte (Ruß-Mohl 1994, 319); in der Rezeption ist dies allerdings kaum mitreflektiert worden. Anstatt nach der Relevanz dieser Determinante im Kontext anderer Einflußfakoren zu fragen, entstand der *Eindruck* eines spieltheoretischen Nullsummen-Spiels, bei dem zunehmender Einfluß der Öffentlichkeitsarbeit eine abnehmende Qualität des Journalismus bedeutet und *ein sehr zielgerichtet agierender Akteur (Öffentlichkeitsarbeiter) einen anderen (Journalist) in seiner beruflichen Autonomie bedrohe.* Diese Zuspitzung auf den Nachweis unmittelbarer und mittelbarer Einflüsse auf Nachrichteninhalte hat sich vor die erkenntnistheoretisch eigentlich interessanten Fragestellungen geschoben, nämlich:

1. Welche *Beziehungsstrukturen* bestehen zwischen beiden Berufsfeldern (Einfluß, Abhängigkeit)?
2. Welche *Konsequenzen* ergeben sich daraus für beide Akteursseiten (berufliches Ideal versus beruflicher Wirklichkeit)?
3. Welche *Störungen* können in dieser Beziehungsstruktur auftreten (Ausnutzung von Systemschwächen)?[5]

## 3. Hypothesendifferenzierung

Nur in wenigen Arbeiten ist bislang im Zusammenhang mit der Determinationshypothese auch auf die Funktion von Organisationskommunikation bzw.

---

5   Zu klären wäre für eine Bewertung der darzulegenden Beziehungsmerkmale auch, ob es sich bei Öffentlichkeitsarbeit und Journalismus - systemtheoretisch betrachtet - um Systeme auf einer Analogebene handelt, wie es Ronneberger / Rühl (1992) unter Bezug auf die Größe „öffentliche Kommunikation" verstehen oder Öffentlichkeitsarbeit als systemeigene Operation innerhalb verschiedener Teilsysteme und damit auf einer tieferen Hierarchieebene einzustufen ist? Zweifel zumindest an einer unmittelbaren Gleichsetzbarkeit beider Systeme erscheinen angebracht, wenn die grundlegenden Zielinteressen verglichen werden. Auch wenn Ruß-Mohl zuzustimmen ist, daß es problematisch erscheint, dem real existierenden Journalismus eine Gemeinwohlfunktion zuzumessen (1994, 318), so erbringt er doch eine Informierungsleistung in einem weiterreichenden Interesse und legitimiert sich durch eine rechtlich analog fundierte Aufgabenstellung; jeder Medienbetrieb richtet sich, bei ökonomischem Eigeninteresse, publizistisch an *gesellschaftlichen Informationsbedürfnissen aus (Befriedigung publizistischer Nachfrage).* Öffentlichkeitsarbeit dagegen agiert im Interesse der von ihr vertretenen Organisation und richtet sich an deren *Mitteilungsinteressen aus (Schaffung publizistischen Angebots).* Nur in der Summe und eingeschränkt auf die Abfrage durch das System Journalismus entsteht auch hier öffentliche Kommunikation im vergleichbaren Sinne. Da sich im politischen Bereich gesellschaftliche Interessen und partikulare Gruppeninteressen ineinanderschieben und Baerns' populäre Studie ([2]1991) eben diesem auch im Zentrum journalistischer Beobachtung stehenden Bereich untersuchte, fiel eine Notwendigkeit zur Differenzierung nicht weiter auf.

Öffentlichkeitsarbeit[6] *als einer Primärquelle* des Journalismus verwiesen worden (z.B. Ruß-Mohl 1994, 320; Bentele 1995, 485) und damit darauf, daß die journalistisch-idealtypische Suggestion der Möglichkeit einer Null-Determinierung ohnehin wirklichkeitsfremd und fiktiv ist. Ebenfalls wenige Arbeiten fragen nach *korrespondierenden Determinanten*, wie sie Barth / Donsbach in der Abhängigkeit des Diffusionsprozesses von der zugrundeliegenden *Kommunikationssituation* entdeckten (1992). Selten sind zudem Hinweise darauf, daß es sich bei den Beziehungen zwischen Öffentlichkeitsarbeit und Journalismus um *wechselseitige Einfluß- und Abhängigkeitsstrukturen* handelt (z.B. Fröhlich 1992, 47), also um von den Berufsfeldern aus horizontale Interpenetrationsprozesse (Weischenberg 1995, 11) und nicht um vertikal-einseitige Einflußnahme. So finden sich gleichermaßen *Determinanten des Journalismus in Richtung Öffentlichkeitsarbeit*, insbesondere indirekter Natur in Form der *Normen und Routinen*, an denen sich die Informationsproduktion der Öffentlichkeitsarbeit formal und inhaltlich orientiert, aber auch in *kommunikationspolitischen Entscheidungsvariablen*, die prognostisch wahrscheinliche mögliche Reaktionen (teil)öffentlicher Meinungsfelder auf angestrebte organisationspolitische Entscheidung in Rechnung stellen.

Das Grundmuster aufeinanderbeziehbarer Funktionserwartungen bzw. Leistungsangeboten macht dabei deutlich, daß es sich hierbei nicht um einen unmittelbaren Austauschprozeß, sondern um eine *mittelbare Verknüpfung* handelt:

| *Öffentlichkeitsarbeit* | *Journalismus* |
|---|---|
| ist *in Teilen ihrer Aufgabenstellung* an den *Multiplikations- und Wertungsfunktionen* journalistischer Massenmedien interessiert, um auf diesem Weg immer differentere Publika zu erreichen. | ist *in Teilen seiner Arbeit* an den Produkten und Leistungen von Öffentlichkeitsarbeit als einer *potentiell verfügbaren Quelle* interessiert, die ihnen Informationen und Orientierungshilfe anbietet oder vermittelt. |

Im Kontext der Determinationshypothese ist hierbei der Fokus auf mögliche Interessen des Journalismus an Produkten oder Dienstleistungen seitens der Öffentlichkeitsarbeit zu richten und damit nach systeminternen Beziehungen zu fragen, die diese Interessen und eine hieraus möglicherweise resultierende Abhängigkeit beeinflussen.

---

6  Öffentlichkeitsarbeit wird hier als eine von verschiedenen institutionalisierten Formen von Organisationskommunikation verstanden.

*Einschätzung von Pressemitteilungen nach Ressorts (nach: Weischenberg 1992/95 II, 214)*

Tabelle 1

| Pressemitteilungen ... (% der Zustimmung) | Gesamt | Lokales | Politik | Wirtschaft | Feuilleton | Sport |
|---|---|---|---|---|---|---|
| ... bieten Anregungen für neue Themen | 55,2 | 57,1 | 50,4 | 57,1 | 54,3 | 54,4 |
| ... stellen notwendige Informationen bereit | 54,6 | 56,6 | 41,9 | 51,1 | 55,9 | 59,7 |
| ... sparen Zeit beim Recherchieren | 50,3 | 45,1 | 40,9 | 51,6 | 50,5 | 49,4 |
| ... sind zuverlässig | 45,6 | 46,2 | 35,7 | 49,0 | 39,3 | 62,4 |
| ... werden zuviel produziert | 43,3 | 42,5 | 55,7 | 49,7 | 43,6 | 35,7 |
| ... sind gut aufbereitet | 31,4 | 28,2 | 25,3 | 33,2 | 25,6 | 38,5 |
| ... verführen zu unkritischer Berichterstattung | 29,4 | 32,6 | 36,7 | 34,6 | 38,7 | 22,7 |
| ... ersetzen die Recherche | 26,9 | 27,8 | 26,1 | 34,5 | 30,4 | 19,0 |
| ... sind überflüssig | 7,7 | 3,3 | 12,0 | 8,1 | 4,4 | 5,9 |

Bei der Generalisierung der Determinationshypothese blieb in der Vergangenheit weitgehend ausgeblendet, daß sich das *journalistische Mediensystem* in der Zeit, seit Baerns 1981 die Arbeiten an ihrer Studie abschloß, in seiner Struktur und dabei vor allem durch Publikums- und Funktionsdiversifizierung *stark verändert* hat (vgl. zu den Konsequenzen: Lerg 1981). Auf der Ebene von Medientypen etablierten sich neben öffentlich-rechtlichem Rundfunk privater Hörfunk und privates Fernsehen; im Zeitschriftensektor differenzierte sich zwischen den Polen Publikumspresse und Fachpresse eine kaum überschaubare Vielfalt von zielgruppen- bzw. themenorientierten Spezialtiteln aus. Nicht zu übersehen ist zudem, daß sich in diesem Prozeß auch die älteren Medien selbst verändert haben, wie beim Fernsehen etwa die Diskussion um Präsentationsformen wie „Infotainment" oder bei der Tages- und Wochenpresse die Einrichtung neuer Ressorts zeigt. Auf der Ebene der Akteure differenzieren sich im Informationsjournalismus neue Rollenselbstbilder aus,[7] wobei Saxer eine journalistische Funktionsschmälerung aufgrund fortschreitend abnehmender Leistungsfähigkeit des Journalismus' bei gleichzeitig zunehmender Potenz einer Informations-Zulieferindustrie attestiert (1994, 5f).

*Journalistische Selbsteinschätzung zum Umgang mit PR-Information (nach: Weischenberg 1992/95 II, 215)* — Tabelle 2
Hervorhebung der Abweichungen von mehr als +/- 5 Prozent

| Medien/Ressorts | PR-Pragmatiker | PR-Antikritiker | PR-Skeptiker | PR-Kritiker |
|---|---|---|---|---|
| gesamt | 25 % | 27 % | 22 % | 26 % |
| Agenturen/ Dienste | 54,4 | 11,2 | 8,3 | 26,1 |
| Anzeigenblätter | 52,1 | 19,6 | 11,9 | 16,4 |
| Zeitungen | 29,4 | 23,4 | 19,7 | 27,5 |
| öff.-rechtl. Fernsehen | 27,5 | 27,8 | 21,6 | 23,1 |
| Zeitschriften | 24,8 | 25,3 | 23,4 | 26,5 |
| privater Hörfunk | 20,3 | 28,4 | 22,5 | 28,8 |
| privates Fernsehen | 17,6 | 40,4 | 14,7 | 27,3 |
| öff.-rechtl. Hörfunk | 17,1 | 27,8 | 29,8 | 23,3 |
| Sport | 37,0 | 27,6 | 22,0 | 13,5 |
| Wirtschaft | 33,8 | 14,8 | 19,4 | 32,0 |
| Lokales | 30,2 | 28,5 | 12,8 | 28,5 |
| Unterhaltung | 28,1 | 31,2 | 10,9 | 29,8 |
| Feuilleton | 25,4 | 24,0 | 19,1 | 31,5 |
| Politik | 19,1 | 21,3 | 28,1 | 31,4 |

Journalismus ist heute „ein außerordentlich heterogenes Funktionssystem, das sich nicht auf einen einfachen Nenner bringen läßt" (Weischenberg 1992/95, II 449f). Es kann also *kaum generalisierend von dem Journalismus* gesprochen

---

[7] Objektiver Journalismus, interpretativer Journalismus, Präzisionsjournalismus, Recherchierjournalismus, investigativer Journalismus, Meinungsjournalismus, anwaltschaftlicher Journalismus und literarischer Journalismus.

werden, sondern nur von zum Teil sehr *unterschiedlichen journalistischen Feldern*, die unter zum Teil sehr *unterschiedlichen Systembedingungen* sehr *unterschiedliche Leistungen* zu erbringen haben und journalistisches Rollenselbstverständnis hieran binden. Weischenberg entfaltet deren Spektrum zwischen den Polen eines von der Marketingstrategie des Medienobjekts dominierten „Marketingjournalismus" und eines an journalistischen Ansprüchen ausgerichteten „Aufklärungsjournalismus" (1992/95, II 334ff). Innerhalb des Journalismus' ist damit von einer von den jeweiligen Rahmenbedingungen abhängigen, relativ individuellen Beziehungsstruktur auszugehen. Hinweise hierfür liefern Ergebnisse der Münsteraner Studie »Journalismus in Deutschland«, die in Abhängigkeit von unterschiedlichen Ressorts Hinweise auf Unterschiede in der Einschätzung von Pressetexten liefert (Tabelle 1) und in Abhängigkeit von Medientyp und Ressort quantitativ deutliche Unterschiede bei der Selbsteinstufung von Journalisten als „PR-Skeptiker", „PR-Pragmatiker", „PR-Kritiker" und „PR-Antikritiker" offenbart (Tabelle 2).

Sollen über den letztlich wenig aussagefähigen Basisbefund der Determinationshypothese hinaus differenzierte Erklärungen über Funktionen und Dysfunktionen einer *Vorleistung von Öffentlichkeitsarbeit* für ein journalistisches Teilsystem gefunden und bewertet werden, ist die ceteris paribus-isolierte Determinationshypothese in den jeweiligen Beziehungskontext verschiedener Determinanten einzubetten. Entwürfe, die Strukturbedingungen des Journalismus systematisieren, liefert die Journalistik in ausreichendem Maße. Soll die Determinationshypothese um *Indikatoren zu ihrer Bewertbarkeit* erweitert werden, ist, wie schon in der Forschung zur Nachrichtenkonstruktion, der Medieninhalt in den Mittelpunkt zu rücken, da sich hier potentiell Leistungen von Öffentlichkeitsarbeit 'systemfremd' niederschlagen. Modifiziert man Weischenbergs dem Zwiebelprinzip entlehnte Modellvorstellung (Weischenberg 1990, 53; 1992/95, I 68) entsprechend, so läßt sich der Beziehungsrahmen als gleichschenkliges Dreieck dreier voneinander abhängiger Faktoren („Medienakteur", „Medienarbeitsfeld",[8] „Medientyp") darstellen, die in den „Normenzusammenhang des Mediensystems" eingebunden sind und auf das Produkt „Medieninhalt" wirken (Schaubild 1).

---

8 Der Begriff ist hier bezogen auf alle im weitesten Sinne journalistischen Tätigkeiten innerhalb eines Mediums.

*Systemeigene Determinanten journalistischer Arbeit*  | Schaubild 1 |

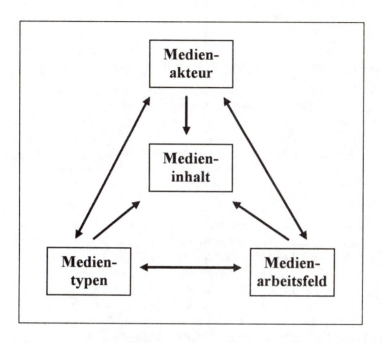

Bei der Frage nach Beziehungsvariablen zwischen Journalismus und Öffentlichkeitsarbeit kann der *Normenzusammenhang des Mediensystems* (gesellschaftliche Rahmenbedingungen, rechtliche Grundlagen, kommunikationspolitische und standesethische Vorgaben) als vergleichsweise konstante Größe *vernachlässigt* werden. Gleiches gilt für *ökonomische Determinanten* soweit sie nicht verallgemeinerungsfähige Determinanten eines Medientyps sind, sondern individuell oder situativ an ein Einzelmedium, die Arbeitsfeldbedingungen im Rahmen eines Einzelmediums oder die Fähigkeiten bzw. Grenzen eines Redakteurs geknüpft und damit *pauschal kaum bewertbar* sind. Eindeutig differente beziehungskonstituierende Merkmale, die als Variablen bei der Frage nach den Bedingungen für einen möglichen Einfluß von Öffentlichkeitsarbeit zu ermitteln sind, lassen sich dagegen an Medientyp, Medienarbeitsfeld und Medienakteur festmachen:

1. *Medientypen*: Fernsehen, Hörfunk, Zeitung und Zeitschrift befriedigen unterschiedliche Publikumsbedürfnisse, wobei sich jeder dieser Medientypen weiter ausdifferenzieren läßt; deutlich wird dies an den unterschiedlichen Rollen von Information und Unterhaltung, aber auch an der unterschiedlichen Universalität bzw. Spezifität der an bestimmte Medientypen gebundenen Medieninhalte und ihrer personellen Ressourcen (zentrale ökonomische Einflußvariable) sowie die Vielfalt der hieran geknüpften Medienarbeitsfelder. Jeder Medientyp unterliegt zudem bestimmten formalen Präsentationsbedingungen.

2. *Medienarbeitsfelder*: Aufgabengebiete oder Ressorts treffen auf unterschiedliche Publikumsinteressen, verfügen über unterschiedlich stark ausgeprägte Strukturen, haben innerhalb ihres Mediums einen unterschiedlichen Status (klassische Ressorts und neuere Ressorts, Einfluß publizistischer und ökonomischer Erwägungen), weisen Unterschiede in dem für ihr Arbeitsfeld spezifischen Informationsangebot auf; für die inhaltliche Präsentationsqualität spielen darüber hinaus personelle Ressourcen auf quanitativer und qualitativer Ebene eine Rolle.

3. *Medienakteure*: Journalisten als Akteure, die den Medieninhalt auswählen und gestalten, können ihr Rollenselbstverständnis nur in dem Maße verwirklichen, wie es das sie beschäftigende Medium, die mit einem Ressort verbundenen inhaltlichen Ansprüche, ihre konkrete Aufgabenstellung und das zu deren Erledigung zur Verfügung stehende Informationsmaterial als systemfremde Determinante zulassen. Journalistische Qualität von Medieninhalten ist damit schließlich das Resultat des jeweiligen journalistischen Handlungsspielraums und den tatsächlichen Möglichkeiten seiner Nutzung.

## 4. Konstellationsvariable Determinanten journalistischer Arbeit

*Öffentlichkeitsarbeit* bildet neben den Informationsangeboten von Nachrichtenagenturen, medieneigenen oder medienbeauftragten Korrespondenten und journalistischer Eigenrecherche *eine potentielle Quelle journalistischen Informationszugangs*. PR-Abteilungen und PR-Agenturen stellen hierzu entweder aufgrund eigener Mitteilungsbedürfnisse Pressemitteilungen unverlangt zur Verfügung oder befriedigen auf individuelle journalistische Anfrage hin gezielt deren

Informationsbedürfnis.[9] In beiden Fällen ist der Informationszugang für die Medien - im Gegensatz zu allen anderen Zugangsformen - *kostenfrei;* die zur Verfügung gestellten Informationen repräsentieren allerdings das Selbstbild des Absenders. Soll ihr quantitativer oder qualitativer Niederschlag in journalistischen Medien bewertet werden, ist die jeweils untereinander unterschiedlich gewichtete Determinantenkonstellation der Einflußgrößen Medientyp, Medienarbeitsfeld und Medienakteur als Basiskonstellationen systematisch zu ermitteln, auf Regelmäßigkeiten hin zu analysieren und hypothetisch zu fassen. Insgesamt muß die Determinantionshypothese dahingehend spezifiziert werden, daß *journalistisches Interesse an den Produkten von Öffentlichkeitsarbeit und damit quantitativer und qualitativer Einfluß auf Themen und Timing journalistischer Berichterstattung von den Produktions- und Präsentationsbedingungen des Medientyps, dem verfügbaren Informationsangebot des Medienarbeitsfeldes und einer problemadäquaten Ausprägung fachlicher und sachlicher Ressourcen des Medienakteurs abhängig ist.*[10]

Einige Beispiele machen dies deutlich:

- *Ressortbedingte Unterschiede im Informationszugang* lassen sich bei einem Vergleich der Kommunikationsräume „Politik" und „Wirtschaft" attestieren. Der politische Raum bindet breites öffentliches Interesse und ist in hohem Maße öffentlich einsehbar; seine Akteure suchen im Eigeninteresse Publizität. Publikumsinteresse, Transparenz und eigenes Publizitätsbedürfnis sind dagegen bei Wirtschaftskommunikation vergleichsweise gering; teilweise werden sogar Strategien entwickelt, um Publizität eigenen Interessen entsprechend zu fokussieren und weitergehende Publizität gering zu halten. Unter dem Strich lassen sich Informationen im Wirtschaftsraum in geringerem Maße durch journalistische Beobachtung gewinnen.

- *Räumliche Bindung zum Mitteilungsobjekt* hat Auswirkungen auf journalistisches Arbeiten. Im lokalen Raum hat der Journalist die Möglichkeit, Informationen aus eigenem Erleben einzuschätzen und zu bewerten - auch sol-

---

9   Presse- bzw. Medienarbeit stellt ein zentrales Arbeitsfeld der Öffentlichkeitsarbeit dar: Einer noch unveröffentlichten Studie des Verf. zur Arbeit von PR-Agenturen und -Beratern zufolge schätzten 81 % der Befragten Pressearbeit als „sehr wichtig" und weitere 8 % als „wichtig" ein.

10  Weischenberg unterscheidet bei den notwendigen Feldern journalistischer Kompetenz in *Fachkompetenz* (originär journalistisches Wissen), *Sachkompetenz* (Wissen um den Gegenstand der Bearbeitung) sowie journalistische Vermittlungskompetenz und soziale Orientierung (zuerst 1990, 58).

che von Öffentlichkeitsarbeit. Im überregionalen politischen und wirtschaftlichen Raum dagegen sind seine Kollegen weitgehend auf fremdvermittelte Information und Einschätzung angewiesen. Der vermeintliche Vorteil räumlicher Nähe verkehrt sich allerdings zum Nachteil, wenn persönliche Beziehungen zwischen Journalist und Berichterstattungsobjekt journalistische Handlungsspielräume einschränken.

- *Professionsstatus eines Ressorts* determiniert den Bedarf an PR-Information. Rossmann hat 1993 in einer Studie einen ganz allgemein und nicht nur kampagnebezogenen hohen Einfluß von Greenpeace auf den Umweltjournalismus nachgewiesen, der sich aus der Diskrepanz erklärt, daß das Thema Ökologie im gesellschaftlichen Diskurs einen hohen, innerhalb journalistischer Profession aber nur einen geringen Stellenwert hat. Da es nicht zu den klassischen Ressorts zählt, findet sich eine nur kleine Zahl wirklicher Fachjournalisten. Journalisten insbesondere bei der Tagespresse behandeln Ökologie punktuell als wechselnd relevanten Teilaspekt ihrer klassisch zugeschnittenen Ressorts. Da der geringen Zahl ausgewiesener Ökologie-Journalisten ein vergleichsweise großer Informationsbedarf gegenüber steht, wenden sich nur zeitweise mit dem Thema konfrontierte Journalisten an die Non-Governmental-Organisation Greenpeace als vermeintlich überparteiliche und glaubwürdige Instanz.

- *Publikums-/ Medieninteresse* beeinflussen als situative Determinante nach Barth / Donsbach die Aktivität bzw. Passivität von Journalisten gegenüber PR-Material. Ausgehend von den Hypothesen, daß (1) ein hoher Nachrichtenwert eines PR-Ereignisses zu größerer Medienbeachtung führt, (2) bei größerem Medieninteresse PR-Informationen weniger dominant verwertet und (3) die Verwendung von PR-Material von der Einstellung des Journalisten zur angebotenen Quelle abhängig ist, haben sie in die beiden Informierungssituationen „Krise" (Informationsinteresse der Medien) und „Aktion" (Mitteilungsinteresse einer Organisation) unterschieden (1992, 153). Diese binäre Darstellung einer Basisdeterminierung übersieht allerdings das gesamte Feld gesellschaftlicher Themen, bei denen einerseits Journalisten bei Organisationen recherchieren, andererseits aber auch von Organisationen unaufgefordert themenbezogenes Material als Presseinformation angeboten wird. Diese erweiterte situative Dimension der Determinationshypothese stellt Schaubild 2 dar.

*Situative Dimension der Determinationshypothese*  |  *Schaubild 2*

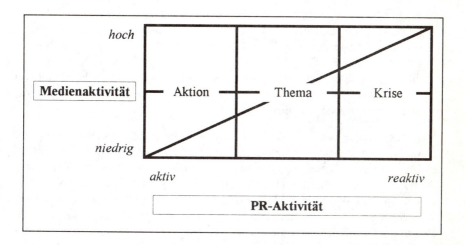

- *Marketingjournalismus* ist vor allem ressortbedingt zu verorten. Die ökonomische Dimension der Massenmedien schlägt sich nicht nur in Werbeseiten oder -zeiten, sondern auch in der Schaffung werbefreundlicher Umfelder wie Themen- oder Sonderseiten oder auch - leserbezogen ausgedrückt - Serviceteilen nieder. Tageszeitungen der Regional- und Heimatpresse beschäftigen hierfür eigene Redakteure, die in täglichem Wechsel Themen wie Auto, Reise, Gesundheit oder Bauen und Wohnen bearbeiten und sich hierzu häufig PR-Materials oder mit PR-Material vormontierter Materndienste bedienen. Im Zeitschriftensektor finden sich ähnliche Zusammenhänge z.B. in Reiseredaktionen der sogenannten Yellow-Press, die PR-Material zu Berichten über Reiseregionen verarbeiten, ihre Beiträge mit regionbezogenen Gewinnspielen ergänzen und dies natürlich nur dann ins Blatt rücken, wenn das Berichterstattungsobjekt parallel dazu Werbung schaltet.

- *Spezialisierung* findet insbesondere auf dem Feld der Zeitschriften statt, wobei enge Bindung an Thema und Zielgruppe Abhängigkeit journalistischer Handlungsspielräume von Informationskanälen, Informationsbereitschaft und bevorzugter Behandlung seitens der Berichterstattungsobjekte bedeutet. So beschäftigen sich die Computer-Zeitschriften »MAC Magazin«, die ausschließlich den Produkten und Produktideen eines zwar verbreiteten, aber auf ein integriertes Hard- und Software-System beschränkten Computerherstellers gewidmet ist, und »OS/2 Inside«, die sich an die Nutzer eines vergleichsweise gering verbreiteten Betriebssystems wendet, mit sehr gebundenen Themenfeldern. Ähnliche Abhängigkeiten finden sich sonst nur bei Handlungsmedien der Öffentlichkeitsarbeit, die aber ausdrücklich nicht als journalistische Handlungsmedien einzustufen sind, weil sie nicht journalistischen Selektions- und Präsentationsbedingungen unterliegen, sondern entprechend den Selbstdarstellungsinteressen der mittels ihnen repräsentierten Organisationen konzipiert sind.

- *Kommerzialisierung* und die damit verbundene Abhängigkeit bei Hörfunk und Fernsehen von Zuschauerquote und Publikumsgeschmack hat bei diesen Medien die Unterhaltungsfunktion immer stärker in den Vordergrund und die Unterrichtungsfunktion in den Hintergrund gerückt (eine Ausnahme bildet z.B. das »DeutschlandRadio«). Die zunehmende Formatierung von Hörfunkkanälen etwa bestimmt über eine Musikfarbe hinaus auch Nachrichtenauswahl, Nachrichtendarbietung und allgemeine Informationsauswahl eines Senders vor. Da mittels des Programmangebots ein möglichst attraktives Werbeumfeld geschaffen werden soll, finden sich in diesen Medien insbesondere immer mehr sogenannter Sonderwerbeformen, die sich auf der Schnittstelle zur Werbung bewegen.

## 5. Abschließende Überlegungen

Die vorstehenden Überlegungen, die *theoretische Ableitung und Praxisbeobachtung* verknüpfen, stellen die bislang vorliegenden Forschungsergebnisse zur Determinationshypothese nicht faktisch in Frage, sondern fordern deren problemgerechte Interpretation im Kontext anderer, beziehungs- und einflußkonstituierender Variablen. Die ceteris paribus im Sinne eines Nullsummenspiels vorgenommene Ableitung, *„je mehr Einfluß Öffentlichkeitsarbeit ausübt, um so weniger Einfluß kommt Journalismus zu und umgekehrt"*, muß, wie von Baerns selbst zunächst beabsichtigt, präzisiert werden ($^2$1991, 2): Journalismus wie Öffentlichkeitsarbeit bedürfen der Leistungen der jeweils anderen Seite, können sich also weder Einfluß noch Abhängigkeit entziehen; die Beziehung zwischen beiden Berufsfeldern wäre also auch auf Win-Win-Situationen hin zu untersuchen. Öffentlichkeitsarbeit kann zudem kaum die Absicht haben, den Journalismus zur Fassade zu degradieren. Sie muß vielmehr daran interessiert sein, daß ihre Informationen von funktionierenden journalistischen Medien geprüft und einer Weitervermittlung für Wert befunden werden, denn journalistische Information gilt in den Augen des Publikums als glaubwürdiger und objektiver als erkennbar partikulare Organisationsmeinung. Informationsmultiplikation durch Massenmedien lebt damit - für beide Seiten - vom journalistischen Wert, der durch die Glaubwürdigkeit eines Mediums maßgeblich mitbestimmt wird (vgl. Bentele 1988): Verliert das Medium fürs Publikum diesen Wert, verliert es auch den Wert für die Öffentlichkeitsarbeit; das symbiotische System von Öffentlichkeitsarbeit und Journalismus wird destabil und kippt.

Öffentlichkeitsarbeit liefert kein Substitut für journalistische Nachricht, sondern macht Informationsangebote, die an Aktualität, Gewichtigkeit und anderen journalistischen Kriterien gemessen werden und mit gleichwertigen Produkten anderer Informationsanbieter um Medienresonanz konkurriert. Wenn Journalismus unter ökonomischen Zwängen darauf angewiesen ist, Öffentlichkeitsarbeit als leicht zugängliche und leicht verarbeitbare Quelle zu nutzen, dann ist gleichzeitig darauf zu verweisen, daß Schätzungen zufolge 80 und mehr Prozent der in Redaktionen eingehenden Pressemitteilungen unbeachtet und unbearbeitet im Papierkorb landen. Öffentlichkeitsarbeit und ihre Produkte schon vor diesem Hintergrund per se als subversiv oder manipulativ einzustufen, ist als pauschale Aussage kaum haltbar und verstellt als Vor-Urteil den Blick für wissenschaftlich exakte und differenzierte Analysen.

## Literatur

*Baerns*, Barbara (1979): „Öffentlichkeitsarbeit als Determinante journalistischer Informationsleistung. Thesen zur realistischen Beschreibung von Medieninhalten." In: Publizistik Jg. 24, 3, S. 301-316.
*Baerns*, Barbara (²1991): Öffentlichkeitsarbeit oder Journalismus? Zum Einfluß im Mediensystem. Köln: Wissenschaft und Politik [2. Aufl. mit ergänzendem Vorwort].
*Barth*, Henrike/ Wolfgang *Donsbach* (1992): „Aktivität und Passivität von Journalisten gegenüber Public Relations. Fallstudie am Beispiel von Pressekonferenzen zu Umweltthemen." In: Publizistik Jg. 37, 2, 151-165.
*Bentele*, Günter (1988): „Der Faktor Glaubwürdigkeit. Forschungsergebnisse und Fragen für die Sozialisationsperspektive." In: Publizistik Jg. 33, 2/3, S. 406-426.
*Bentele*, Günter (1995): „Public Relations und Öffentlichkeit - ein Diskussionsbeitrag - oder: Über einige Fehlinterpretationen von PR. Zu Joachim Westerbarkeys Aufsatz „Journalismus und Öffentlichkeit"." In: Publizistik Jg. 40, 4, S. 483-486.
*Dovifat*, Emil (1927/1990): Der amerikanische Journalismus. Stuttgart u.a.: Deutsche Verlagsanstalt [Neuaufl.: Berlin: Colloquium 1990].
*Fröhlich*, Romy (1992): „Qualitativer Einfluß von Pressearbeit auf die Berichterstattung. Die geheime Verführung der Presse?" In: Publizistik Jg. 37, 1, S. 37-49.
*Grossenbacher*, René (1985): Die Medienmacher. Eine empirische Untersuchung zur Beziehung zwischen Public Relations und Medien in der Schweiz. Solothurn: Vogt-Schild [2. Aufl. 1989 mit ergänzendem Nachwort].

*Grossenbacher*, René (1986): „Hat die 'vierte Gewalt' ausgedient? Zur Beziehung zwischen Public Relations und Medien." In: Media Perspektiven 11/86, S. 725-731.
*Groth*, Otto (1928/30), Die Zeitung. Ein System der Zeitungskunde (Journalistik). 4 Bde. Mannheim u.a.: Bensheimer.
*Lerg*, Winfried B. (1981), Verdrängen oder ergänzen die Medien einander? Innovation und Wandel in Kommunikationssystemen. In: Publizistik Jg. 26, S.193-201.
*Ludes*, Peter (1993): „Auf dem Weg zu einer 'fünften Gewalt'. Die Auflösung der Öffentlichkeit in Public Relations." In: Medium Jg. 23, 2, S. 8-11.
*Ronneberger*, Franz / Manfred *Rühl* (1992): Theorie der Public Relations. Ein Entwurf. Opladen: Westdeutscher Verlag.
*Rossmann*, Torsten (1993): „Öffentlichkeitsarbeit und ihr Einfluß auf die Medien. Das Beispiel Greenpeace." In: Media Perspektiven 2/93, S. 85-94.
*Ruß-Mohl*, Stephan (1989): „Wohl dosiert und leicht verdaulich. Amerikanische PR-Agenturen steuern zunehmend die Nachrichtenauswahl der Massenmedien." In: Die Zeit 40/89, S.34.
*Ruß-Mohl*, Stephan (1990): „Öffentlichkeitsarbeit ante portas. Wissenschaftsjournalismus und Journalistenausbildung vor neuen Herausforderungen." In: Wissenschaftsjournalismus und Öffentlichkeitsarbeit. Tagungsbericht zum 3. Colloquium Wissenschaftsjournalismus 1988 in Berlin. Gerlingen: Bleicher, S. 11-22.
*Ruß-Mohl*, Stephan (1991): „Unsichtbare Souffleure." In: Journalist 3/91, S.58-60.
*Ruß-Mohl*, Stephan (1992): „Gefährdete Autonomie? Zur Außen- und Selbststeuerung von Public Relations. Das Beispiel USA." In: *Avenarius*, Horst / Wolfgang *Armbrecht* (Hrsg.), Ist Public Relations eine Wissenschaft. Opladen: Westdeutscher Verlag, S. 311-324.
*Ruß-Mohl*, Stephan (1994): „Symbiose oder Konflikt? Öffentlichkeitsarbeit und Journalismus." In: *Jarren*, Otfried (Hrsg.), Medien und Journalismus 1. Eine Einführung. Opladen: Westdeutscher Verlag, S. 313-327.
*Saffarnia*, Pierre A. (1993): „Determiniert Öffentlichkeitsarbeit tatsächlich den Journalismus? Empirische Belege und theoretische Überlegungen gegen die PR-Determinationsannahme." In: Publizistik Jg. 38, S. 412-425.
*Saxer*, Ulrich (1994): „Journalisten in der Medienkonkurrenz. Thesen aus kommunikationswissenschaftlicher Sicht." In: Publizistik Jg. 39, S. 4-12.
*Scheidges*, Rüdiger (1982): „Kommunikationsverschmutzung. Zur 'übergreifenden' Theorie der PR." In: Medium Jg. 12, 1, S. 9-12.
*Schöne*, Walter (1928): Die Zeitung und ihre Wissenschaft. Leipzig: Timm.
*Schweda*, Claudia / Rainer *Opherden* (1995): Journalismus und Public Relations. Grenzbeziehungen im System lokaler politischer Kommunikation. Wiesbaden: DUV.
*Sodeikat*, Ernst (1953): Sind Pressestellen notwendig? Die Auswertung von Informationen durch die Presse. Ergebnisse einer Untersuchung. München.
*Verhandlungen* des Siebenten Deutschen Soziologentages 1930 in Berlin (1931). Tübingen: Mohr.
*Szyszka*, Peter (1996): „Nur eine Frage der Perspektive? Überlegungen zum Problem einer PR-Geschichtsschreibung." In: *Szyszka*, Peter (Hrsg.): Auf der Suche nach einer Identität. Annäherungen an eine Geschichte deutscher Öffentlichkeitsarbeit. Leipzig: Leipziger Skripten für Public Relations und Kommunikationsmanagement Nr.2, S. 30-44.
*Weischenberg*, Siegfried (1990): „Das Paradigma Journalistik." In: Publizistik Jg. 35, 1, S.45-61.
*Weischenberg*, Siegfried (1995): „Vorwort." In: *Schweda*, Claudia / Rainer *Opherden* (1995): Journalismus und Public Relations. Wiesbaden: DUV, S. 9-11.
*Weischenberg*, Siegfried (1992/95): Journalistik. Medienkommunikation: Theorie und Praxis. 2 Bde. Opladen: Westdeutscher Verlag.
*Westerbarkey*, Joachim (1995): „Journalismus und Öffentlichkeit. Aspekte publizistischer Interdependenz und Interpenetration." In: Publizistik Jg. 40, 2, S. 152-162.
*Wuttke*, Heinrich (1866): Die Deutschen Zeitschriften und die Entstehung der öffentlichen Meinung. Hamburg: Hoffmann und Campe.

*Günter Bentele / Tobias Liebert / Stefan Seeling*

# Von der Determination zur Intereffikation

## Ein integriertes Modell zum Verhältnis von Public Relations und Journalismus

## 1. Public Relations in der öffentlichen Kommunikation

### 1.1 Das „Arenenmodell"

Das publizistische Teilsystem der Gesellschaft[1] ermöglicht das, was - prozessual - als „öffentliche Kommunikation" bezeichnet wird. Innerhalb der öffentlichen Kommunikation ist die massenmedial vermittelte Kommunikation, also die Massenkommunikation, ein zentraler Teilbereich. Massenmedien und die in diesen Organisationen tätigen Journalisten spielen neben den PR-Abteilungen und anderen Akteuren eine wichtige Rolle. Public Relations sind selbst kein Typ von Massenkommunikation, die Kommunikationsleistungen der PR sind für die Publizistik und die Massenkommunikation allerdings konstitutiv.

In unserem Kontext interessiert die Frage nach dem Verhältnis von Massenmedien (als sozialem System) bzw. deren Akteuren (den Journalisten) einerseits und Public Relations - ebenfalls verstanden als soziales System - und dessen Akteuren (den PR-Praktikern) andererseits. Um dieses Verhältnis etwas konkreter fassen zu können, scheint es sinnvoll zu sein, einen Schritt vorzuschalten und ein praktikables *Modell öffentlicher Kommunikation* zugrunde zu legen.

Im Kontext von Arbeiten des Wissenschaftszentrums Berlin (WZB) ist ein „Arenenmodell" der Öffentlichkeit entwickelt worden, das gut geeignet erscheint, als Basismodell für die Modellierung der Beziehungen zwischen Journalismus/ Medien und PR zu fungieren.[2] Das Arenenmodell wurde in Auseinandersetzung z.B. mit dem Habermasschen „Diskursmodell" und dem Luh-

---

[1] Dieses Teilsystem kann wiederum in das journalistische System und das PR-System ausdifferenziert werden.
[2] Vgl. dazu vor allem Gerhards / Neidhardt (1990), Neidhardt (1994) sowie andere Beiträge in dem von Neidhardt 1994 herausgegebenen Sonderband der Kölner Zeitschrift für Soziologie und Sozialpsychologie.

mannschen „Spiegelmodell" entwickelt: Öffentlichkeit wird hier als ein auf mehreren Ebenen (Encounters, öffentliche Veranstaltungen, Massenmedienkommunikation) differenziertes *Kommunikationssystem*, als „offenes Kommunikationsforum" verstanden, in dem Themen und Meinungen gesammelt, verarbeitet und weitergegeben werden. *Akteure* („Sprecher" und „Kommunikateure") agieren in diesem Forum bzw. in der *Arena* vor einer mehr oder weniger großen Zahl von Beobachtern, dem *Publikum*. *Öffentliche Meinung* entsteht nach diesem Modell dann, wenn sich eine gewisse Konsonanz zwischen den Akteuren herstellt. *Öffentliche Meinung* und *Bevölkerungsmeinung* werden als unterschiedliche Größen verstanden, die sich allerdings ebenfalls annähern oder decken können, wodurch relativ starker Druck auf die politischen Entscheidungsträger entsteht.

Im Rahmen der Entwicklung der modernen *Massenmedien* erhalten diese durch Ausdifferenzierung und Professionalisierungsprozesse eine relative *Autonomie* und prägen in ihrer Funktion als wichtige Akteure den Prozeß der öffentlichen Kommunikation selbst wiederum sehr stark. Sie agieren und konkurrieren unter *Marktbedingungen* miteinander, dadurch wird auch die *Werbewirtschaft* als Akteur wichtig. *Sprecher* und *Medien* werden im Arenenmodell als zentrale Akteure begriffen, das *Publikum* ist - als kontingente Größe - Adressat ihrer Kommunikation. Es werden mehrere *Sprechertypen* unterschieden: *Repräsentanten*, *Advokaten*, *Experten*, *Intellektuelle* und *Journalisten als Kommentatoren*.[3]

Mit einem solchen Öffentlichkeitsmodell scheint „unter dem Strich" eine gute Grundlage dafür gegeben, auch die *Kommunikationsleistungen von Organisationen* zu rekonstruieren und in den Kontext öffentlicher Kommunikation einzubetten.

---

3 Diese Differenzierung ist unter empirischen Zielsetzungen vermutlich sehr sinnvoll, weist jedoch insofern eine gewisse Inkonsistenz innerhalb des Gesamtmodells auf, als hier unterschiedliche analytische Einteilungen miteinander vermischt werden: Sprecher werden ebenso wie Medien als zentrale Akteure begriffen, dann werden jedoch Journalisten (die ja in der Regel Medien angehören) selbst als Sprechergruppe begriffen. Außerdem wird - und dies scheint gravierender - die unterschiedliche Funktionalität der verschiedenen Sprechergruppen nicht hinreichend herausgearbeitet: Während „Repräsentanten" und „Advokaten" eher mit unserem Begriff von PR-Kommunikatoren identifizierbar sind, sind „Journalisten als Kommentatoren" in jedem Fall journalistische Kommunikatoren und haben innerhalb der öffentlichen Kommunikation andere Funktionen als PR-Kommunikatoren oder die Gruppe der Experten und Intellektuellen.

## 1.2 Öffentliche Akteure und der Kommunikatorbegriff

Wenn man davon ausgeht, daß es sinnvoll ist, den kommunikationswissenschaftlichen Begriff „Kommunikator" weiterhin zu nutzen[4] und ihn als Bezeichnung für *Berufsrollen*, für *Angehörige von Berufsfeldern* und als Bezeichnung für Funktionen innerhalb des Systems der öffentlichen Kommunikation bzw. der Publizistik einzusetzen, so ist ein *erweiterter Kommunikatorbegriff* notwendig. „Kommunikator" in diesem erweiterten Sinn wäre dann ein Begriff zur Bezeichnung von *Akteuren*, die an der Herstellung von öffentlicher Kommunikation beteiligt sind. Der Begriff des *Akteurs* kann dann als Oberbegriff genutzt werden, der bestimmte *Funktionen* im Prozeß der öffentlichen Kommunikation bezeichnet. Die *Generierung*, *Verarbeitung* und *Weiterverbreitung* von Information und Themen für Öffentlichkeiten machen *Akteure* zu *Kommunikatoren*.[5] Diese *Kommunikatorfunktionen* gelten für beide publizistischen Teilsysteme, das Mediensystem und das PR-System. Schwerpunkte der *Generierung* sind - darauf weisen die vorliegenden empirischen Befunde hin - beim PR-System zu suchen, Schwerpunkte der *Weitervermittlung* beim Mediensystem.

Nach dem Kriterium der Zugehörigkeit zum sozialen Subsystem lassen sich drei Hauptgruppen von Kommunikatoren unterscheiden: *journalistische Kommunikatoren* , *PR-Kommunikatoren* und *Fachkommunikatoren* (politische, wirtschaftliche, kulturelle Kommunikatoren etc.).[6] Nach dem Kriterium der beruf-

---

4 Wenn heute wieder darüber nachgedacht wird, inwieweit der Kommunikatorbegriff innerhalb der modernen Kommunikationswissenschaft überhaupt noch *tragfähig* ist, so stößt eine positive Antwort nicht selten auf Skepsis. Rühl (1989, 257) spricht beispielsweise vom „ziemlich unsozialwissenschaftliche(n) Kollektivsingular 'Kommunikator'" und moniert die Gleichsetzung von „Redaktion" und medienspezifischen Gesamtheiten von Journalisten, die die erstere nur noch als soziales Randphänomen behandelt. Saxer (1997) fordert andererseits die Ausweitung der bisherigen Kommunikatorforschung zu einer integralen *Produktions*forschung und eine gleichzeitige Öffnung dieser Anstrengungen „der Totalität gesellschaftsrelevanter Kommunikationsprozesse" gegenüber. Vgl. dazu auch Langenbucher (1996).

5 Ronneberger / Rühl (1992, 297) sprechen von der Primärfunktion der *Herstellung* und *Bereitstellung* durchsetzungsfähiger Themen in bezug auf das PR-System, darüber hinaus von der *Annahme* und *Verarbeitung* von Themen für das Medienteilsystem. Diese Nomenklatur zeigt, wie schwierig es ist, hier wirklich eine trennscharfe Begrifflichkeit einzuführen: Sicher ist auch die Annahme und Verarbeitung von Themen für das PR-System gegeben, wenngleich - empirisch - vielleicht nicht in gleichem Maß wie für das Mediensystem.

6 Diese Differenzierung, die auch in Form eines graphischen Modells vorliegt (vgl. Bentele 1994), ist Grundlage für das empirische Design eines Projekts über kommunale Öffentlichkeitsarbeit in Leipzig und Halle.

lichen Involvierung lassen sich *Berufskommunikatoren* (Journalisten und PR-Praktiker) von *funktionalen Kommunikatoren* (Politikern, Wirtschaftsangehörigen, Sportlern etc.) unterscheiden. Darüberhinaus ist die Unterscheidung zwischen *personalen* und *korporativen* Kommunikatoren (z.B. Behörden, Unternehmen, Verbände, Vereine, Bürgerinitiativen etc.) sinnvoll. Diese sind jedoch in der Regel in einen *organisatorischen Zusammenhang* eingebettet, der die Rahmenbedingungen, die Ziele, das Budget oder die Instrumente vorgibt und definiert. Public Relations wird empirisch von personalen Kommunikatoren (z.B. Pressesprechern, Mitarbeitern der PR-Abteilung) vollzogen. PR-Produkte erscheinen jedoch als Leistung korporativer Kommunikatoren, also der Organisationen als ganzen. Die oft benutzte Unterscheidung zwischen *Primär-* und *Sekundär*kommunikatoren ist demgegenüber vor allem deshalb weniger sinnvoll, weil sowohl der innerorganisatorische Informationsfluß vormedialer Organisationen wie auch der Informationsfluß innerhalb von Medienorganisationen meist *mehrstufig* und nicht nur zweistufig verläuft.

## 2. Das Vier-Akteursmodell und die kommunale Kommunikation

### 2.1 Ein Vier-Akteursmodell

Aufgrund der vorangegangenen Überlegungen kann ein einfaches Vier-Akteursmodell Ausgangsbasis empirischer Studien sein (siehe Schaubild 1).

Zwischen allen drei Kommunikatorgruppen und dem Publikum bzw. den Rezipienten bestehen komplexe und differenzierte Beziehungen, die hier nur durch Doppelpfeile angedeutet werden können.

Neben den vier Akteursgruppen wurden außerdem drei weitere wichtige Elemente in das Modell aufgenommen:

a) die PR-Medien bzw. die (Medien-)Ereignisse, die die materielle und professionelle Verbindung zwischen den PR-Kommunikatoren und den Medienkommunikatoren bilden, also beispielsweise Presseerklärungen, Presseinformationen, Fotos, Broschüren (als Medien), Pressekonferenzen, Events etc. (als Medienereignisse),

b) die Publikumsmedien, die die materielle und professionelle Verbindung zwischen den Medienkommunikatoren und dem Publikum herstellen, also beispielsweise die Zeitungen, die Hörfunk- und Fernsehsendungen etc. Diese Medien sind jeweils inhaltsanalytisch untersuchbar und lassen Rückschlüsse über die Einflüsse der Berichterstattung auf das Publikum zu (z.B. Agenda-Setting). Die *direkten* Beziehungen zwischen Journalismus und Publikum sind hingegen auf vergleichsweise wenige Kontakte (persönliche Kenntnis, Leserbriefe, Anrufe etc.) beschränkt und aus diesem Grund nur durch eine gestrichelte Linie symbolisiert, sowie

c) die Ebene der „wirklichen" Sachverhalte und Ereignisse, die eng mit der Ebene der *Themen* interagiert. Dies ist innerhalb des Modells als *Bezugselement* angedeutet, auf die sich alle vier Akteursgruppen in jeweils unterschiedlicher Weise beziehen können bzw. müssen.

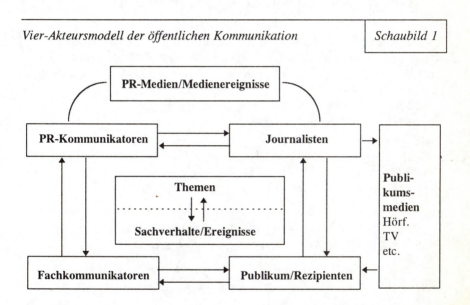

*Vier-Akteursmodell der öffentlichen Kommunikation* — Schaubild 1

Beobachtbare *Sachverhalte* und *Ereignisse* bilden meist die Basis für Beschreibungen, Interpretationen und Bewertungen dieser Sachverhalte und Äußerungen über die Sachverhalte von Kommunikatorgruppen und konstituieren so *Themen*. Es sind die drei Kommunikatorgruppen, die die Themen primär „machen", wobei Karriere, Dauer, Akzeptanz, Relevanz der Themen beim Publikum wohl stark davon abhängig sind, wie dieses das Verhältnis zwischen den den Themen zugrundliegenden Sachverhalten/Ereignissen und den Themen selbst wahrnimmt.[7]

Bevor wir uns vor allem dem Beziehungsgeflecht zwischen den PR-Kommunikatoren auf der einen Seite und den journalistischen Kommunikatoren bzw. den Medien auf der anderen Seite widmen, sollen hier das Beispielfeld „kommunale Kommunikation" und die dort zu unterscheidenden Kommunikatortypen thematisiert werden.

### 2.2 Kommunikatortypen in der kommunalen Kommunikation

Empirisch untersucht das Projekt „Bestandsaufnahme, Informationsfluß und Resonanz kommunaler Presse- und Öffentlichkeitsarbeit (Halle und Leipzig)"[8] die Informationsflüsse von Public Relations und ihre Resonanz an Beispielen aus der kommunalen Sphäre. Damit steht die kommunale Öffentlichkeitsarbeit der Städte Leipzig (ca. 480 000 Einwohner) und Halle (ca. 290 000 Einwohner) und die jeweilige lokale Medienberichterstattung im Zentrum der Untersuchung. Die PR-treibenden Organisationen sind die „kommunalen Selbstverwaltungen" dieser beiden mitteldeutschen Großstädte, sie stellen die „Fachkommunikatoren" und die „PR-Kommunikatoren". Was unterscheidet die Kommunen von anderen PR-treibenden Organisationen?

- Für „kommunale Selbstverwaltung" sind - im Gegensatz beispielsweise zu privaten Unternehmen - in hohem Maße *normative* (demokratietheoretische, juristische, historisch überkommene) Grundlagen maßgebend

- Der fachliche Aufgabenbereich städtischer Verwaltung, insbesondere in großen Städten, und damit auch ihr Kommunikationsbedarf ist *thematisch* nahezu *universell*.[9]

---

7 Die Unterscheidung zwischen „obtrusive" und „unobtrusive" Themen innerhalb der Kommunikationsforschung nimmt auf diesen Sachverhalt Bezug.
8 Das von den drei Autoren in Leipzig und Halle seit 1995 durchgeführte Projekt enthält als empirische Teile neben einer langfristigen Medienresonanzanalyse und verschiedenen Fallstudien die Befragung unterschiedlicher Kommunikatorgruppen: Fachkommunikatoren, PR-Kommunikatoren und journalistische Kommunikatoren. Die hier dargestellten Überlegungen sind im Kontext des Projekts entstanden.
9 Den Gemeinden steht prinzipiell das Recht zu alle Angelegenheiten der örtlichen Gemeinschaft in eigener Verantwortung zu regeln. „die Gemeinden sind auf keine speziellen Aufgaben begrenzt, sondern können grundsätzlich auf jedem lokalen Gebiet tätig werden" (vgl. Gi-

- Innerhalb der dualen Struktur von Gemeindevertretung und Verwaltung lassen sich *Unterschiede* in der Verteilung von Themengenerierungs- und Entscheidungskompetenzen feststellen.[10]
- Weiterhin bestehen zwischen Entscheidungsträgern und Meinungsführern von Gemeindevertretung (Ausschuß- und Fraktionsvorsitzende) und Verwaltung (Dezernenten, wichtige Amtsleiter und Referenten) vielfältige informelle Beziehungen, es entwickelt sich faktisch aus beiderseitigem Interesse heraus eine Gruppe von „Vorentscheidern".

Die hier dargestellten Besonderheiten „kommunaler Selbstverwaltung" für unser Projekt zu berücksichtigen, heißt das oben allgemein entwickelte Akteursmodell insbesondere auf der Ebene der „Fachkommunikatoren" weiter zu konkretisieren, es darf jedoch nicht zu weitgehend ausdifferenziert werden, soll das Modell seinen heuristischen Wert nicht verlieren. Folgende typisierende Unterteilung der „Fachkommunikatoren" innerhalb der „kommalen Selbstverwaltung" scheint praktikabel:

a) *Politische Fachkommunikatoren* (in die Gemeindevertretung gewählte und ehrenamtlich tätige Parteipolitiker bzw. Interessenvertreter). In einer „Sprecher"-Rolle (im Sinne von Neidhardt 1994a) treten sie vorwiegend als „Repräsentanten" auf.

b) *Administrierende Fachkommunikatoren* (hauptberufliche Verwaltungsfachleute). In einer „Sprecher"-Rolle treten sie vorwiegend als „Experten" auf.

c) *Leitende Fachkommunikatoren* (Oberbürgermeister, Dezernenten, „Kreis der Vorentscheider") lassen sich als Schnittmenge aus a) und b) begreifen und sprechen in der Regel als „Repräsentanten" und „Experten".

---

sevius 1994, S. 26, Hervorh. im Original). Sicher ist diese „Allzuständigkeit" durch staatliche Gesetze, faktische Zwänge und - nicht durch Gesetze gedeckte - Begehrlichkeiten von Bund und Ländern eingeschränkt.

10 „Empirische Untersuchungen bestätigen, daß von der Verwaltung - und nicht von der politischen Führung, den Fraktionen im Stadt- oder Gemeinderat oder den politischen Parteien - die Aufgaben der *Informationsbeschaf-fung*, der Identifizierung und Analyse von Problemen, der Entwicklung von Handlungsalternativen und der Initiierung von Programmen vermehrt wahrgenommen werden. ... Die dominierende Stellung der Verwaltung beinhaltet die latente Gefahr, daß herkömmliche Formen der Meinungs- und Willensbildung, zum Beispiel in den lokalen Parteiorganisationen und unter deren Mandatsträgern, außer Kraft gesetzt oder eingeschränkt werden." Vgl. Jarren (1984, 93, Hervorh. im Original), vgl. auch Kurp (1994, 58).

Eine der Information des Bürgers dienende *kommunale Presse- und Öffentlichkeitsarbeit* ist Pflichtaufgabe der Städte. Diese Verpflichtung bezieht sich grundsätzlich auf Verwaltung und Gemeindevertretung. Dabei gilt es aber zu beachten, daß in Übertragung eines Urteils des Bundesverfassungsgerichtes von 1977 die kommunale Dienststelle für Öffentlichkeitsarbeit parteipolitische Enthaltsamkeit üben muß, die Rats*fraktionen* dürfen sich für ihre Öffentlichkeitsarbeit nicht des Presseamtes bedienen. Gleichzeitig „repräsentieren die Presseämter, Pressestellen oder Abteilungen für Öffentlichkeitsarbeit meist nur den professionellen Teil des politisch-administrativen Systems, wodurch die eigentlich als aktiverer Teil (...) konzipierte Rolle der Stadt- und Gemeinderäte bei der Vermittlung ihres Wirkens nach außen deutlich benachteiligt wird." (Kurp 1994, 58). Die Verpflichtung zur Öffentlichkeitsarbeit wird empirisch nicht nur in unterschiedlichen Organisationslösungen realisiert (z.B. Stabsstellen wie das „Referat für Presse und Öffentlichkeitsarbeit" in Leipzig oder das „Presse- und Werbeamt" in Halle), sondern auch in anderen Bereichen der Verwaltung (z.B. Wirtschafts- oder Fremdenverkehrsämter) wird PR geleistet.

Folgende Typen von *PR-Kommunikatoren* können so unterschieden werden:

a) *Zentrale und koordinierende PR-Kommunikatoren* (Öffentlichkeitsarbeit für die kommunale Selbstverwaltung der jeweiligen Gemeinde insgesamt, „Amt für Presse- und Öffentlichkeitsarbeit" o. ä.)

b) *Dezentrale PR-Kommunikatoren* (Öffentlichkeitsarbeit für einzelne Fachaufgaben, Öffentlichkeitsarbeiter oder teilweise ÖA leistende „Persönliche Referenten" o. ä. in einzelnen Ämtern)

c) *Politische PR-Kommunikatoren* (Öffentlichkeitsarbeit für einzelne politische Fraktionen der Gemeindevertretung, die - u. U. ehrenamtlich - von nicht in der Verwaltung angestellten Personen geleistet wird).

Die PR-Kommunikatoren treten zumeist in einer Sprecherrolle als „Kommunikations-Experten" bzw. als „Repräsentanten" des leitenden Fachkommunikators auf (vgl. Neidhardt 1994, 15).

Wichtig ist - auch im Hinblick auf das o.g. Projekt - die Feststellung, daß die Fachkommunikatoren nicht in jedem Falle der PR-Kommunikatoren bedürfen, um Kommunikationsbeziehungen aus der kommunalen Selbstverwaltung in die lokale Öffentlichkeit bzw. Teile davon (z. B. „lokale Eliten") herzustellen: die Plenarsitzungen der Gemeindevertretung (Ratsversammlung) sind öffentlich, die politischen Fachkommunikatoren finden Foren in ihren jeweiligen lokalen

Parteiorganisationen und sind damit auch direkte Informationsgeber für die Presse, außerdem entwickeln sich „grenzüberschreitende" informelle Beziehungen und Kommunikationsflüsse.

Was die Rolle der *journalistischen Kommunikatoren* anbelangt, so ist diese durch die Problematik und die spezifische lokale Struktur der Informationsvermittlung gekennzeichnet: Machtverschiebung bei der Thematisierungsfunktion hin zum politischen System (vgl. Jarren 1993, 16 ff.), typische Nähe der Lokaljournalisten zum Geschehen, Nähe der Lokalredakteure zum Anzeigenmarkt und die daraus insgesamt entstehende Gefahr für die journalistischen Kommunikatoren, zum „*Sprachrohr der Verwaltung* zu werden oder zur *Hofberichterstattung* für die örtlichen Honoratioren" (Gisevius, 1994, 95). Es wird zu prüfen sein, wie sich die konkrete Situation in den beiden Großstädten Leipzig und Halle unter den Bedingungen jeweils einer einzigen regionalen Tageszeitung („Leipziger Volkszeitung" bzw. „Mitteldeutsche Zeitung" in Halle), aber auch im Blick auf komplementäre Angebote im städtischen „Amtsblatt" und im lokalen Rundfunk und sonstiger Stadtpublizistik darstellt.

Journalisten können in den Rollen als „Kommunikateure" (wenn sie als bloße Berichterstatter über andere „Sprecher", also in einer „Chronistenrolle" auftreten) oder auch als „Sprecher", insbesondere in den Sprecherrollen „Kommentator" (wenn sie eigene Meinungen vertreten), „Intellektueller" (wenn sie „am kritischen Maßstab kultureller Werte sozial-moralische Sinnfragen auf/zu/nehmen...", Neidhardt 1994 a,14) oder „Advokat" (v. a. bei anwaltschaftlichem Journalismus) agieren.

Angehörige des *Publikums* können potentiell von allen Akteuren angesprochen werden (und damit auch auf diese zurückwirken): von den Journalisten über die Medienberichterstattung, von den PR-Kommunikatoren via journalistische Medien oder auf direktem Wege (Bürgerbroschüren, Veranstaltungen u. a.), von den Fachkommunikatoren bei Ausübung ihrer politischen oder Verwaltungstätigkeit. Focus normativer Betrachtungen über kommunale Öffentlichkeitsarbeit ist der „Bürger". Modelle der kommunalen Öffentlichkeit bzw. des kommunalpolitischen Willensbildungs- und Entscheidungsprozesses (z.B. Jonscher 1995, 50) enthalten v. a. aber körperschaftliche Akteure. Folgende Differenzierung des Publikums scheint somit sinnvoll:

a) *Körperschaftliche/kollektive Akteure* (z.B. Parteien, Bürgerinitiativen, Vereine/Verbände und Wirtschaftsunternehmen und

b) *Individuelle Akteure* („der Bürger").

## 3. Das Verhältnis von Journalismus und PR in der bisherigen Forschung

### 3.1 Politische Kommunikation, Agenda-Setting und Agenda-Building

Sucht man in der Literatur nach theoretischen Beschreibungen des Verhältnisses von Public Relations und Journalismus, so finden sich Aussagen darüber in zumindest drei Forschungskontexten. Es ist dies einmal die Forschung zur *politischen Kommunikation*, die dieses Verhältnis vor allem als Verhältnis zwischen politischem System (bzw. politisch-administrativen System, PAS) und dem Mediensystem diskutiert. Zum zweiten wird in der Tradition der *Agenda-Setting*- bzw. *Agenda-Building*-Forschung dieses Problem angerissen, und drittens wird das Verhältnis zwischen PR und Medien in der Kommunikationswissenschaft als Beziehung zwischen den Berufs- und Tätigkeitsbereichen Journalismus und Öffentlichkeitsarbeit diskutiert.

In der Forschungsliteratur zur politischen Kommunikation, zur Politikvermittlung und zum Verhältnis zwischen politischem System und Mediensystem[11] lassen sich zwei unterschiedliche Extrempositionen unterscheiden: einmal die Position der *mächtigen* Medien und zum anderen eine Position, die eine relative *Ohnmacht der Medien* gegenüber den starken Instrumentalisierungskapazitäten des politischen Systems postuliert (Schmidt-Beck / Pfetsch 1994). Daß dieses Verhältnis einmal anders war und sich durch einen Prozeß des „Autonomieverlusts" der Medien (Jarren 1988) erst entwickelt habe, schwingt als impliziter Teil dieser Position mit. Das politische System - so die Position - *instrumentalisiert* das Mediensystem und *steuert* es nach seinen eigenen Bedürfnissen.[12]

Innerhalb der Position der „mächtigen Medien" wird ein aktives Mediensystem postuliert, das dem politischen System die Bedingungen seiner eigenen öffentlichen Darstellung diktiert. Das Mediensystem bestimme durch die eigene Medienlogik die Voraussetzungen und Formen der Kommunikation politischer Akteure, was letztlich auch als Medienwirkung interpretiert wird.

Neben diesen beiden Extremen existieren vermittelnde Positionen, die das Verhältnis zwischen beiden Systemen und deren jeweiligen Akteuren beispiels-

---

11 Vgl. statt vieler Jarren (1988) und Schmidt-Beck / Pfetsch (1994).
12 Daß diese „Instrumentalisierungsposition" zu einfach ist, zeigt schon die Tatsache, daß es innerhalb des politischen Systems auch gravierende Differenzen gibt (z.B. zwischen Regierung und Opposition) und sich so das Verhältnis zwischen Politik und Medien empirisch durchaus als komplexer Interaktionszusammenhang zeigt, der sich auf der personalen Ebene als „Beziehungsspiel" darstellen läßt (vgl. Donsbach et al. 1993).

weise als „Symbiose" (Sarcinelli 1987, 213) bzw. als „komplexe Interaktion zwischen zwei Gruppen von wechselseitig abhängigen und daher anpassungsbereiten Akteuren" (Schmidt-Beck / Pfetsch 1994, 115) sehen. Die Beziehungen zwischen Sprechern und den Medien werden in diesem Ansatz mit dem Begriff „generalisierter Tausch" (Neidhardt 1994a, 15) belegt, der den Rückgriff auf Theorien des symbolischen Interaktionismus signalisiert. Innerhalb genuin systemtheoretischer Ansätze wird dagegen eher von einer „strukturellen Kopplung" oder von einer „Interpenetra-tion"[13] gesprochen.

Im international umfangreich rezipierten Agenda-Setting-Ansatz wird ursprünglich die Frage gestellt, inwieweit die Massenmedien dadurch, daß sie die Themen der öffentlichen Kommunikation setzen, Wirkungen beim Publikum auslösen, die insgesamt vielleicht wichtiger sind als die noch in den sechziger Jahren primär untersuchten individuellen Einstellungsänderungen. In dieser Forschungstradition werden allerdings die Leistungen der PR - die Herstellung durchsetzungsfähiger Themen (Ronneberger / Rühl 1992) - bislang kaum bedacht.[14] Erst in jüngerer Zeit wird zwischen „medienbezogenem" Agenda-Setting (media agenda setting), „publikums-bezogenem" Agenda-Setting (public agenda setting) und „policy-Agenda-Setting" unterschieden. Damit können innerhalb der *medienbezogenen* Agenda-Setting-Forschung auch PR-Leistungen thematisiert werden: „The media agenda is con-structed through an interactive process between the news media and their sources, in the context of competing news organizations, news-handling conventions and routines, and issue interest groups."[15] Obwohl also mittlerweile die Einsicht in die Wichtigkeit des Entstehungskontexts von Themen vorhanden ist, trifft die Feststellung Schenks aus dem Jahr 1987, daß „gerade der Entstehungsprozeß der Themen noch zu den dunkelsten Flecken in der Agenda-Setting-Forschung zählt" (Schenk 1987, 227), auch heute noch weitgehend zu.[16]

---

13 Luhmann (1996, 124 ff.) verwendet den Begriff der „strukturellen Kopplung" im Hinblick auf das Verhältnis zwischen politischem System und Mediensystem, zum Begriff der „Interpenetration" vgl.z.B. Choi (1995).
14 Vgl. dazu die Forschungsüberblicke bei Ehlers 1983; Brosius 1994; McCombs 1993.
15 Vgl. Rogers / Dearing / Bregman (1993, 73). Vgl. insgesamt zur Richtung des medienbezogenen Agenda-Setting u.a. Shoemaker / Reese (1991). Auch McCombs (1993) hat ja in seiner Übersicht über 25 Jahre Agenda-Setting-Forschung herausgestellt, daß bislang vier Phasen unterschieden werden müssen, wobei erst innerhalb der letzten Phase auch das medienbezogene Agenda-Setting eine Rolle spielt.
16 Der Agenda-Setting-Ansatz reduziert sich in den ersten Phasen grundsätzlich auf die Untersuchung kausaler Beziehungen zwischen Medienagenda und Rezipientenagenda. Die Möglichkeit der umgekehrten Einflußnahme (sogenannte Reflexionshypothese) wird erst in jüngerer Zeit bedacht. Agenda-Setting-Untersuchungen blenden auch heute noch die Frage weitgehend

Einen Beitrag zu diesen Fragen versucht auch der Begriff und das Konzept des *Agenda-Building* zu bringen,[17] das den Herstellungsprozeß von Themen in den Vordergrund des Interesses rückt. Agenda-Building wird dabei sowohl auf der mikrosozialen Ebene der Organisationen beobachtet (Theis 1994), als auch auf der mesosozialen Ebene der publizistischen Teilsysteme (Lang / Lang 1981) sowie als *intermediales* Agenda Setting (McCombs 1993) untersucht. Aber auch diesen Studien zum Agenda-Building geht es meist nicht explizit um Public Relations, und das Verhältnis zwischen PR und Journalismus wird nicht eigentlich thematisiert.

### 3.2 Die Determinationshypothese

In der dritten Forschungstradition wird das Verhältnis zwischen Journalismus und Public Relations als *Verhältnis von Berufsfeldern* thematisiert. Dieses Verhältnis wurde sowohl in den USA als auch in Deutschland vor allem unter dem Blickwinkel einer sich verstärkenden Macht der Public Relations gegenüber dem Journalismus empirisch untersucht und in den vergangenen Jahren im deutschsprachigen Raum unter dem Namen „Determinationshypothese" diskutiert.[18]

Beispielsweise stellt schon die amerikanische Studie von Sigal (1973) fest, daß auch in Blättern wie der *New York Times* oder der *Washington Post* knapp 60 Prozent des redaktionellen Materials aus Routinekanälen stammen, also vor allem von Pressestellen und PR-Abteilungen erarbeitet worden sind. Die Studien von Baerns (1979, 1991) haben zum ersten Mal in Deutschland die Aufmerksamkeit auf dieses Problem funkussiert und die These formuliert, daß Öffentlichkeitsarbeit die Informationsleistung tagesbezogener Medienberichterstattung determiniere. Baerns kommt zu dem Schluß, daß in „den Einzelleistungen der Medien, seien es Primär- oder Sekundärmedien, Druck- oder Funkmedien, (...) sich konstant hohe Anteile von Beiträgen (zeigten), die auf Öffentlichkeitsarbeit basieren. Öffentlichkeitsarbeit dominierte nicht nur journalistische Recherche, sondern alle Quellentypen (...)" (Baerns 1991, 87).

---

aus, wie die Journalisten zu ihren Aussagen kommen (Brosius / Weimann 1995). Die Alternative „Medien oder Bevölkerung" (Brosius / Weimann 1995), auf die sich auch die neuere Agenda-Setting-Forschung weitgehend konzentriert, kann ja den Herstellungs- und Bereitstellungsprozeß von Themen zur öffentlichen Kommunikation (Rühl 1980) grundsätzlich nicht thematisieren.

17 Vgl. zum Begriff ursprünglich Cobb / Elder (1972)
18 Vgl. zusammenfassend dazu Burkart (1995, 282 ff.), vgl. auch Weischenberg (1995, 207 ff.).

Öffentlichkeitsarbeit habe sowohl die Themen der Medienberichterstattung als auch das Timing unter Kontrolle (Baerns 1991, 98).

Beide publizistischen Systeme werden demnach von Baerns als um Macht konkurrierende Systeme verstanden, untersucht worden ist allerdings nur der Einfluß von seiten der PR auf den Journalismus. Die Frage, ob das Verhältnis Public Relations-Journalismus nicht zumindest neutral formuliert werden könnte, stellt sich für Baerns offenbar nicht. Grossenbacher (1989) stellte in seiner Untersuchung von Pressekonferenzen die *Transformationsleistung* des PR-Inputs in den Vordergrund, wobei er zu ähnlichen Ergebnissen kommt wie Baerns. Grossenbacher (1989, 103) formuliert aber neutraler, daß Öffentlichkeitsarbeit ein „Hilfssystem" der Medien sei und daß Medien sich „offensichtlich auf die Leistungen von Öffentlichkeitsarbeit verlassen" (Grossenbacher 1989, 99, 103). Informationen würden zunehmend weniger durch Journalismus produziert als vielmehr durch Public Relations, beide Systeme seien aber voneinander abhängig.

Wird so auch oftmals eine wechselseitige Beziehung und wechselseitige Abhängigkeit zwischen Journalismus und Public Relations konstatiert, so wurde doch bislang in erster Linie der Einfluß von PR auf Journalismus untersucht. Analog der auch in der wissenschaftlichen Beschäftigung mit Public Relations verbreiteten eher negativen Beurteilung dieser explizit interessengebundenen Form öffentlicher Kommunikation, finden sich nur wenige Hinweise darauf, daß PR in der differenzierten Gesellschaft heute funktional und im Grunde unentbehrlich ist.[19] Es scheint eher, daß die Leistungen der Public Relations herausgestellt werden, um sie dann pejorativ als „Einfluß" oder „Determination" zu kennzeichnen oder gar zu behaupten, es sei nicht mehr daran zu rütteln, „daß Öffentlichkeitsarbeit in den westlichen Industrie- und Informationsgesellschaften Themen und Timing der Medienberichterstattung weithin zu *steuern* vermag" (Ruß-Mohl 1994, 318; Herv. durch d. Verf.).

Zumeist gehen Arbeiten, die Journalismus und Public Relations in Beziehung zueinander setzen, von einer *Konkurrenzsituation* der beiden Systeme aus: Während Journalismus um Wahrheit und um Objektivität bemüht sei und der Allgemeinheit diene, sei es Aufgabe der Public Relations, „Informationen in die Öffentlichkeit zu bringen, die den Interessen bestimmter Institutionen nützen" (Barth / Donsbach 1992, 151).[20] In der Studie von Barth und Donsbach

---

19 Vgl. aber z.B. Ronneberger (1977), Ronneberger / Rühl (1992), Bentele (1995).
20 Mag dies auf den ersten Blick richtig sein, so gehen solche Untersuchungen jedoch von einem eher vorwissenschaftlichen und häufig negativ besetzten Vorverständnis von Public Relations

(1992) wird allerdings die These von der Determination des Journalismus durch Public Relations dadurch differenziert, daß weitere intervenierende Variablen eingeführt werden: Nachrichtenwert und Krisensituation. Gilt die Determinationshypothese, wenn überhaupt, also hauptsächlich für journalistisch resp. gesellschaftlich eher unwichtige Sachverhalte, Ereignisse, Personen etc.?[21] Diese These wurde durch die Ergebnisse von vier Fallstudien gestützt: „Der Einfluß von PR auf Medieninhalte ist relativ groß, wenn PR für die Medien ein Ereignis inszeniert, das nicht aus einer akuten Krisensituation heraus entsteht (...). (...) der Einfluß von PR auf Medieninhalte (ist) deutlich geringer, wenn PR in einer Konflikt- oder Krisensituation an das Mediensystem herantritt (...)" (Barth / Donsbach 1992, 163).

In einer Hamburger Studie wurde ein großer Einfluß von Greenpeace-Pressemeldungen auf die Berichterstattung festgestellt (vgl. Rossmann 1993), in Input-Output-Studien zur Messeberichterstattung über die Frankfurter Messe (Mathes / Salazar-Volkmann / Tscheulin 1995, 167) wurde deutlich, daß - je nach Einzelmesse - zwischen 53 und 78 Prozent der Medienberichterstattung direkt PR-*induziert* waren. Ein anderes Ergebnis dieser Studie: Auch im Bereich der Bewertungen über Erfolg, Bedeutung und Nutzen der Messe war die Erfolgsrate der PR-Aktivitäten - gemessen an den von Journalisten übernommenen Informationselementen - überraschend hoch.

Differenziert wurden die Ergebnisse zur „Determinationshypothese" weiterhin von anderen Studien: Fröhlich (1992) untersuchte die Art und Weise der Verarbeitung von Material der Öffentlichkeitsarbeit, stellte dabei fest, daß es auch eine Anpassung der PR an das System Journalismus gibt, und Saffarnia (1993) konnte für eine Tageszeitung in Österreich innerhalb des Untersuchungszeitraums feststellen, daß der Prozentsatz von Artikeln, die auf Quellen der Öffentlichkeitsarbeit beruhen, mit 34 Prozent kleiner als in anderen Studien war. Saffarnia hat also den Befund einer „mächtigen PR" für das von ihm untersuchte Material relativieren können. In einer neueren Input-Output-Studie zur Lokalpolitik (Schweda / Opherden 1995) wird der PR-Einfluß ebenfalls relativiert, gleichzeitig konnte auch gezeigt werden, daß in einem Drittel bis vier Fünfteln

---

aus. Fragt man nach Funktionen und Leistungen beider Systeme in der Gesellschaft und will sich alle möglichen Resultate offenhalten, so erschweren solche Bewertungen - werden sie als Ausgangspunkte genommen - die Analyse.

21 Bei niedrigem Nachrichtenwert, also bei eher *unwichtigen* Sachverhalten und Ereignissen, übernehmen Journalisten die PR-Botschaften eher unverändert und vollständig in die Berichterstattung, während bei hohem Nachrichtenwert, also bei eher *wichtigen* Sachverhalten und Ereignissen, journalistische Recherche den Wahrheitsgehalt von PR-Botschaften überprüft.

der Berichterstattung die Zeitungen nicht deutlich machen, daß der Artikel auf Quellen der Öffentlichkeitsarbeit basiert.

Deutlich wird an den bisherigen Studien zur „Determinationshypothese",[22] daß bislang vor allem der PR-Einfluß auf den Journalismus untersucht wurde. Einflüsse von PR-Seite auf die Themenselektion und das Timing, d.h. den Zeitpunkt, zu dem die Themen für die Öffentlichkeit zur Verfügung gestellt werden, stellen aber nur *eine* Einflußrichtung dar. Obwohl dies bislang kommunikationswissenschaftlich-empirisch noch kaum untersucht ist, kann aufgrund vieler Erfahrungen aus dem praktischen Journalismus und vor allem der praktischen PR aber angenommen werden, daß auch eine Reihe von Einflüssen vom *Mediensystem in Richtung auf die PR* hin existieren. PR-Praktiker sind beispielsweise gezwungen, sich an *zeitliche Routinen* des Journalismus anzupassen oder sich bei der Selektionsentscheidung der dem Mediensystem zu präsentierenden Themen an *Nachrichtenfaktoren* wie Aktualität, Relevanz, Prominenz etc., also an der *Medienlogik,* zu orientieren, wollen sie erfolgreich sein. Auch *Präsentationsroutinen* und die *Qualität* von Pressemitteilungen beeinflussen (im Sinne der Medienlogik) die Erfolgschancen von PR-Information.

Zusammenfassend kann festgestellt werden, daß zunächst einmal ein differenzierteres *theoretisches Modell* notwendig scheint, um die *gegenseitigen Einflußbeziehungen* zu untersuchen, ohne allzuschnell Bewertungen in die Ausgangsannahmen einfließen zu lassen. Zweitens ist es eine *empirisch* zu untersuchende Frage, in welchem *Ausmaß*, in welchen *Situationen*, in welcher *Ausprägung* und in welchen *Berichterstattungsbereichen* (lokale Berichterstattung, politische, wirtschaftliche Berichterstattung, Sport- Kultur- oder Wissenschaftsberichterstattung) diese gegenseitigen Einflußnahmen ablaufen. Es ist durchaus wahrscheinlich - und wird von Journalisten so angenommen - daß der PR-Einfluß von Ressort zu Ressort, aber auch von Medium zu Medium differiert (vgl. Weischenberg 1995, 213).

Dabei sehen Journalisten selbst den PR-Einfluß - darauf weist auch eine Leipziger Befragung von Wirtschaftsjournalisten aus den neuen Bundesländern (Bentele / Liebert 1995) hin - entgegen vielen inhaltsanalytisch ermittelten Er-

---

22 Obwohl dieser Begriff mittlerweile Eingang zumindest in deutschsprachige Kommunikationswissenschaft gefunden hat, halten wir den Begriff „Determination" für sehr unglücklich, um diesen Einflußprozeß von seiten der PR auf den Journalismus zu kennzeichnen: Zum einen wird mit diesem Begriff häufig ein „totaler", ein „unbedingter" Einfluß assoziiert, zum anderen wird ja in Studien der Determinationshypothese von den umgekehrten Einflußbeziehungen - also den vom Journalismus in Richtung PR bestehenden - weitgehend abstrahiert.

gebnissen als nicht sehr gravierend an, sie rationalisieren ihn häufig oder sind sich des Einflusses teilweise auch gar nicht bewußt.

Im folgenden versuchen wir, die wechselseitigen Beziehungen der beiden publizistischen Systeme innerhalb eines neuen Modells - des „Intereffikations-Modells" - neutral zu formulieren und dies vor allem differenzierter zu tun, als bisher üblich.

## 4. Das Intereffikations-Modell

Das Verhältnis zwischen PR-System und journalistischem System, das ja bislang eher mit Metaphern wie dem der „Symbiose" oder dem der „siamesischen Zwillinge" bezeichnet wurde,[23] ist kommunikationswissenschaftlich besser als komplexes Verhältnis eines *gegenseitig vorhandenen Einflusses*, einer gegenseitigen *Orientierung* und einer gegenseitigen *Abhängigkeit* zwischen zwei relativ autonomen Systeme zu begreifen. Die Kommunikationsleistungen jeder Seite sind nur *möglich*, weil die jeweils andere Seite existiert und mehr oder weniger bereitwillig „mitspielt". Das PR-System insgesamt, die PR-Abteilung und der einzelne PR-Praktiker können ihre jeweiligen Kommunikationsziele (z.B. Publizität für bestimmte Themen, Bewertung von Sachverhalten, Einstellungs- und Verhaltensänderungen durch Kampagnen) in der Regel nur mit Hilfe des Mediensystems bzw. einzelner Medien/Redaktionen oder Journalisten erreichen. Umgekehrt ist die Existenz des Mediensystems und dessen Teile von der Zuliefer- und Kommunikationsbereitschaft des PR-Systems abhängig. Ohne PR-Kommunikationsleistungen könnte das Mediensystem seine verfassungsrechtlich geforderte Informationsfunktion, vermutlich aber auch die anderen Funktionen nicht aufrechterhalten.[24] Weil die Kommunikationsleistungen jeder Seite nur dadurch möglich sind, daß die Leistungen der anderen Seite vorhanden sind, ergibt sich die Feststellung, daß jede Seite so die Leistungen der anderen Seite *ermöglicht*. Dies führt zu dem Begriff *Intereffikation*.[25]

---

23 Vgl. dazu Bentele (1992) und Ruß-Mohl (1994).
24 Dies hat zu der Auffassung geführt, daß unter demokratietheoretischen Gesichtspunkten Public Relations und Journalismus als gleichermaßen „demokratiekonstitutiv" aufgefaßt werden müssen. Vgl. Ronneberger (1977), Bentele (1995).
25 Der Begriff ist abgeleitet aus lat. „efficare" = etwas ermöglichen. Der ursprünglich von Richard Münch (1991) entwickelte Begriff der „Interpenetration" hat eine ähnliche Zielsetzung, wenn er das Verhältnis zwischen politischem System und Mediensystem beschreiben

Mit dem Begriff „Interfeffikation" wollen wir die komplexe *Gesamtbeziehung* zwischen den publizistischen Teilsystemen Journalismus und Public Relations bezeichnen. Der Begriff kann aber auch zur Kennzeichnung des Verhältnisses auf der organisatorischen Ebene (z.B. der Abteilung für Presse- und Öffentlichkeitsarbeit einer Kommune und den Redaktionen, die über Angelegenheiten der Kommune berichten) und auf der individuellen Ebene zwischen Journalisten und PR-Praktikern innerhalb einzelner Berichterstattungsbereiche (z.B. Politik, Wirtschaft) dienen.[26] Innerhalb der Intereffikationsbeziehung sind weitere konkrete - und empirisch untersuchbare - Einflußbeziehungen festzustellen: Generell sind

a) kommunikative *Induktionen* und

b) *Adaptionen* zu unterscheiden.

*Induktionen* lassen sich als intendierte, gerichtete Kommunikations*anregungen* oder *-einflüsse* definieren, die beobachtbare Wirkungen im jeweils anderen System haben. Diese finden z.B. in Form von *Medienresonanzen* statt. Die (von PR-Seite intendierte) Aufnahme eines Themas von seiten einer Zeitung (Resonanz) wäre ein typisches Beispiel für eine solche Induktion, wir sprechen dann von „durch PR induzierter" Berichterstattung. Induktionen lassen sich empirisch beispielsweise durch *Medienresonanzanalysen* untersuchen.[27]

*Adaptionen* hingegen lassen sich als kommunikatives und organisatorisches *Anpassungshandeln* definieren, als Handeln, das sich bewußt an verschiedenen sozialen Gegebenheiten (z.B. organisatorischen oder zeitlichen Routinen) der jeweils anderen Seite *orientiert,* um den Kommunikationserfolg der eigenen Seite zu optimieren. Gegenseitige Adaption ist die Voraussetzung für gelingende Interaktion; geschieht sie nicht in ausreichendem Maße, wird die Interaktion behindert oder sogar unmöglich.

Nicht nur die jeweiligen Induktionsaktivitäten, sondern auch die Adaptionen bauen auf *Erwartungen* und *vergangenen Erfahrungen* auf, die sich in der beruflichen Praxis bilden und teilweise schon (als Regeln) innerhalb der Ausbildung vermittelt werden.

---

will. Er scheint uns aber derzeit noch vergleichsweise diffus zu sein. Vgl. dazu vor allem Choi (1995) und Westerbarkey (1995).

26 Es muß an dieser Stelle offenbleiben, ob auf mesosozialer Ebene, also - nach Ronneberger / Rühl (1992) - der Beziehung zwischen PR-System und anderen funktional ausdifferenzierten sozialen Subsystemen, ebenfalls eine Intereffikationsbeziehung besteht.

27 Vgl. zusammenfassend und als Überblick Baerns (1995).

Wichtig ist es, festzustellen, daß mit dem Intereffikationsmodell - obwohl es wegen der graphischen Form so scheinen könnte - kein Gleichgewichts- oder Symmetriemodell beabsichtigt ist: Induktionen und Adaptionen können in verschiedenen Bereichen bzw. Dimensionen durchaus unterschiedlich *stark* und unterschiedlich *intensiv* ausgeprägt sein. Das Modell ist deskriptiv und hat den Sinn, eine theoretisch-systematische Grundlage für empirische Studien bereit zu stellen.[28]

*Das Intereffikationsmodell*                                      *Schaubild 2*

a) **Sachdimension** (Selektion, Thematisierung/Agenda-Building; Plazierung, Bewertung; Präsentation)

b) **Zeitliche Dimension** (zeitliche Rahmen und Routinen)

c) **Sozial-psychische Dimension** (psychische Voraussetzungen; organisatorische Rahmen und Routinen)

Zu den Induktionsleistungen von seiten des PR-Systems in Richtung auf das journalistische System gehört die Themensetzung bzw. die Themengenerierung (Issue-building, Agenda-building), die Bestimmung über den Zeitpunkt der Information (Timing), also die beiden Dimensionen, die innerhalb der „Determinationshypothese" untersucht worden sind, aber auch die Bewertung von Sachverhalten, Personen, Ereignissen etc. Zu den Adaptionen des PR-Sy-

---

28 Ebenfalls ist festzustellen, daß die *historische* Gültigkeit des Modells relativiert werden muß: Das Modell kann volle Gültigkeit nur für entwickelte Industriegesellschaften mit einem demokratischen - und relativ autonomen - Mediensystem beanspruchen. Schon in obrigkeitsstaatlichen Gesellschaften wie dem Deutschen Kaiserreich (vgl. Seeling 1996, 138 ff.) oder gar in Gesellschaften autoritär-diktatorischen Typs ist die relative Autonomie des Mediensystems mehr oder weniger stark eingeschränkt.

stems gehören Anpassungen an zeitliche, sachliche und soziale (z.B. redaktionelle) *Regeln* oder *Routinen* des Journalismus, beispielsweise Anpassungen an die Zeiten des Redaktionsschlusses.

Von seiten des Journalismus sind Induktionsleistungen vor allem durch die *Selektion* der Informationsangebote, in der Entscheidung über *Plazierung* und *Gewichtung* der Information, der journalistischen *Eigenbewertung* dieser Information, weiter in der *Veränderung* (Vervollständigung, Nachrecherche) sowie in der journalistischen *Informationsgenerierung* (journalistisches Agenda-Setting) vorhanden. Journalistische *Adaptionsprozesse* finden durch die Orientierung an organisatorische, sachlich-thematische und zeitliche Vorgaben des PR-Systems statt.

Oberflächlich gesehen sind die Adaptionsleistungen des einen Systems mit den Induktionsleistungen des anderes Systems und vice versa identisch. Bei näherer Betrachtung aber läßt sich feststellen, daß dies nicht so ist: *auf beiden Seiten* finden Induktionsprozesse und gleichzeitig Adaptionsprozesse statt, die sich wiederum (auf jeder Seite) gegenseitig beeinflussen. Man kann so - zumindest auf einer analytischen Ebene - von einem *doppelten* und gleichzeitig *dualen* Kommunikationssystem sprechen, dessen zwei „Pole" nicht nur gegenseitig aufeinander angewiesen sind und ihre Ziele jeweils nur mit Hilfe des anderen erreichen können, sondern die damit tatsächlich in einer *Intereffikationsbeziehung* stehen.

Doch dieses doppelt-duale System läßt sich in *drei* unterschiedliche *Dimensionen* ausdifferenzieren: einer *psychisch-sozialen*, einer *sachlichen* und einer *zeitlichen* Dimension.[29]

Innerhalb der *psychisch-sozialen Dimension* können u.a. folgende Fragen gestellt werden: Welche psychischen und sozialen Induktions- und Adaptionsbeziehungen bestehen überhaupt? Welche dieser Beziehungen sind in Form von sozialen *Routinen* oder als sozialer *Rahmen* vorhanden? Welche sozialen Absichten bzw. Interessen existieren? In der *Sachdimension* sind etwa folgende Fragen zu stellen: Worüber, über welche Themen wird kommuniziert? Wer selektiert bzw. generiert die Themen auf welche Weise, in welchem Ausmaß, nach welchen Mechanismen und wer verändert sie wie? Wie werden Sachver-

---

29 Wir knüpfen hier an die aus der Luhmannschen Systemtheorie bekannte Unterscheidung zwischen einer sozialen, einer zeitlichen und einer sachlichen Dimension an. Während Luhmann (1987) diese Unterscheidung vor allem auf die Sinndimension bezieht, differenziert Rühl (1993) sowohl Humankommunikation wie auch öffentliche Kommunikation nach diesen drei Dimensionen. Dabei spricht er sinnvollerweise von einer „psychisch-sozialen" Dimension.

halte, Ereignisse, Personen oder die Themen generell *bewertet*? Wer bewertet in diesem Verhältnis wie bzw. in welcher Richtung? Wie werden die Themen *präsentiert?* Innerhalb der *zeitlichen* Dimension kann die Frage gestellt werden, nach welchen zeitlichen Mustern und Routinen die gegenseitigen Induktions- und Adaptionsprozesse ablaufen.

Innerhalb der *psychisch-sozialen Dimension* sind u.a. die persönlichen und organisatorischen sozialen Beziehungen zwischen PR- und Medienkommunikatoren zu nennen. Die Organisationsstrukturen beispielsweise einer Kommune oder eines großen Unternehmens beeinflussen auch die Kommunikation der jeweiligen Organisation nicht nur im Inneren, sondern auch nach außen. Bis zu einem gewissen Grad muß sich das Mediensystem an diese Strukturen anpassen: Journalisten können z.B. den Oberbürgermeister einer Stadt oder den Vorstandsvorsitzenden nur dann sprechen, wenn die Organisation es zuläßt; die internen, organisatorischen Entscheidungsstrukturen sind für das Mediensystem weitgehend vorgegeben.

Umgekehrt sind die Strukturen des Mediensystems insgesamt, ist aber auch die soziale Organisation der Redaktion ein wichtiger Einflußfaktor für den gesamtpublizistischen Informationsfluß und ein Faktor, den das PR-System im Rahmen ihrer Adaptionsleistungen in Rechnung stellen muß. Da soziale Systeme immer auch von den Handlungen personaler Akteure mitkonstituiert werden, kommt hier naturgemäß auch die psychische Dimension mit ins Spiel. Diese zeigt sich wesentlich in der Form sozialer Routinen und läßt sich empirisch auch so untersuchen.[30] Die Verfügbarkeit journalistischer Ressourcen innerhalb des organisatorischen Rahmens, z.B. die Anzahl und die Verfügbarkeit der Journalisten oder die persönlichen Beziehungen zwischen journalistischen und PR-Kommunikatoren, sind weitere Faktoren der Sozialdimension.

In der *zeitlichen Dimension* besteht die Induktionsleistung des PR-Systems z.B. in der Möglichkeit der Definition des Aktualitätszeitpunkts von Themen. Dies gilt sicher nicht absolut, sondern ist z.B. abhängig von der sozialen Situation (z.B. Krise oder Normalsituation), in der die Kommunikation stattfindet. Wie die Studie von Barth / Donsbach (1992) gezeigt hat und die Erfahrungen der PR-Praxis in Krisenfällen oftmals demonstrieren, kann den Organisationen in solchen Situationen die Möglichkeit, Aktualitätszeitpunkte zu bestimmen, weitgehend entgleiten und auf das Mediensystem übergehen. Weitere zeitliche Induktionsleistungen bestehen in der Fähigkeit, Kampagnen zeitlich zu strukturie-

---

30 Vgl. dazu den „Routineansatz" von Saxer et. al. (1986).

ren, den Zeitpunkt von Pressemitteilungen, Pressekonferenzen, Jahresberichten, Events etc. festzulegen.

Die *Adaption* der PR-Seite besteht u.a. darin, daß die zeitliche „Medienlogik", z.B. die Periodizität der Medien, die zeitlichen Routinen des Mediensystems, in Rechnung gestellt werden müssen, soll PR-Kommunikation erfolgreich sein. Der Zeitpunkt und die Dauer von Pressekonferenzen beispielsweise muß sich an diesen Routinen (Redaktionsschlüsse; Erscheinungstermine) orientieren. Auch „Aktualität" als journalistischer Qualitätsfaktor stellt eine Adaptionsvorgabe für das PR-System dar. Soll ein Thema PR-seitig kommuniziert werden, das dieses journalistische Kriterium nicht erfüllt, muß es z.B. dadurch adaptiert werden, daß ein „Aufhänger" gesucht wird. Auch die „Punktualität" eines Themas, d.h. die erwartbare oder tatsächliche zeitliche Dauer eines Themas, muß in diesem Kontext genannt werden.

Die zeitlichen PR-Adaptionsleistungen sind in diesem Fall weitgehend identisch mit den journalistischen Induktionsleistungen: der Beginn oder das Ende des journalistischen Arbeitstages, der Redaktionsschluß oder die Periodizität des jeweiligen Mediums etc. Nicht nur in Krisensituationen ist es auch für das journalistische System und für bestimmte Medien (z.B. Leitmedien wie den *Spiegel*) möglich, den Zeitpunkt für die Veröffentlichung eines Themas zu bestimmen. Auch die „Macht", ein bestimmtes Thema gar nicht oder nicht auf einmal, sondern „häppchenweise" zu publizieren (auch wenn zu einem frühen Zeitpunkt die gesamte Information zum Thema vorhanden ist) und damit beispielsweise eine stärkere und länger anhaltende Wirkung beim Publikum zu erzielen, gehört zu den Induktionsmöglichkeiten des journalistischen Systems in zeitlicher Hinsicht. Wohl die meisten der Induktions- und Adaptionsleistungen in der Zeitdimension sind heute in Form von organisatorischen oder *Arbeitsroutinen* bzw. *Arbeitslogiken* vorhanden.

Innerhalb der *Sachdimension* sind vor allem vier Bereiche wichtig: a) die *Themen und deren Selektion*, b) die Festlegung von *Relevanzen*, c) die *Bewertungen* von Sachverhalten, Personen und Themen und d) die *Präsentation* der Information. Was die Thematisierungsleistungen des PR-Systems anbelangt, so liegen hier - auf die Quantität der Themen bezogen - die bekannten Ergebnisse im Rahmen der Forschung zur „Determinationshypothese" vor. Themen können vom PR-System aber nicht „beliebig" generiert werden, sondern müssen sich an die jounalistischen *Nachrichtenfaktoren* anpassen. Nachrichtenfaktoren können als relativ stabiler Orientierungsrahmen verstanden werden, der sich historisch herausgebildet hat, der sich aber durchaus kulturell und intermediär differenziert: Boulevardzeitungen arbeiten z.B. nach einem anderen „Nachrichtenfaktorenmix" als überregionale Qualitätszeitungen. Nachrichtenfaktoren wie Relevanz, Konflikt, Negativismus, Prominenz, Überraschung etc. können bei der PR-seitigen Themengenerierung *angeboten* werden. Inwieweit das journalistische System die Angebote akzeptiert, entscheidet es weitgehend autonom.

Es sind nicht nur thematische Induktionsleistungen, sondern auch thematische Adaptionsleistungen auf PR-Seite vorhanden: ein Thema „liegt in der Luft", „läuft im Moment gut" etc. Während bei der Themenselektion und -definition sowie bei der Definition der Aktualität eher das PR-System dominiert, ist bezüglich der Entscheidung über die *Themenrelevanz* meist das Mediensystem im Vorteil. Natürlich kann sich umgekehrt das PR-System bezüglich seiner Themenauswahl schon im vorhinein an journalistische Relevanzkriterien anpassen und wird dies in der Regel auch tun.

Auf der Ebene der *Bewertungen* liefert das PR-System Vorgaben, in „Normalsituationen" hält sich der Journalismus häufig an diese Vorgaben, schwächt allerdings oft positive Bewertungen ab und bewertet zusätzlich eigenständig, darauf weisen z.B. die Ergebnisse von Mathes / Salazar-Volkmann / Tscheulin (1995) hin. Nicht nur durch die dafür vorgesehenen journalistischen Formen (z.B. Kommentare), sondern auch innerhalb anderer Formen sowie durch Selektion und Plazierung bestimmter Themen[31] hat aber das journalistische System ebenfalls die Möglichkeit, zu bewerten und somit Publikumswirkungen zu erzielen.

Die im Mediensystem vorhandenen *Präsentations*routinen (z.B. die Nachrichten*form:* das Wichtigste an den Anfang, Verständlichkeits- und stilistische Kriterien etc.) haben Einfluß auf die PR und zwingen sie zur Adaption, wollen diese erfolgreich sein. Hier dürfte die Richtgröße eher das journalistische System sein.

## 5. Schlußbemerkung

Das hier skizzierte Intereffikationsmodell stellt einen Versuch dar, die Beziehungen zwischen Journalismus und Public Relations als Beziehung zwischen relativ autonomen Systemen sowie als Beziehung zwischen Redaktionen/Abteilungen und zwischen Kommunikatoren modellhaft zu rekonstruieren. Das Mo-

---

31 Vgl. den Ansatz der „instrumentellen Aktualisierung" von Kepplinger et.al. (1989).

dell, das den Anspruch hat, eine - gegenüber der Determinationshypothese - differenziertere theoretische Grundlage für empirische Studien zur Verfügung zu stellen, sollte einerseits in der Lage sein, die bisherigen empirischen Ergebnisse über die Einflüsse von PR auf Journalismus zu integrieren, andererseits die Beschränktheit bzw. Einseitigkeit dieses Ansatzes aufzeigen. Gleichzeitig sollen Bereiche von Forschungsdesideraten aufgezeigt und begrifflich dingfest gemacht werden, z.B. das Phänomen der Adaption. Adaptionsprozesse sind bislang empirisch so gut wie nicht untersucht. Experimentelle Designs könnten hier weiterhelfen: Variationen von Nachrichtenfaktoren, Variationen von Relevanz, Aktualität etc.

Empirisch untersucht sind aber bislang vor allem die Induktionsprozesse, beispielsweise als Input-Output-Studien oder in Form von Medienresonanzanalysen. Beeinflussungsquotient, Durchdringungsquotient etc. sind statische Indikatoren, die Aussagen über die unterschiedliche Stärke und Ausprägung von PR- und Journalistischen Induktionen zulassen (vgl. z.B. Baerns 1995). Medienresonanz-analysen und Input-Output-Fallstudien sind auch Teil des o.g. Forschungsprojekts zur kommunalen Öffentlichkeitsarbeit.

Das Intereffikationsmodell soll letztlich einen Beitrag leisten zum Verständnis des komplexen Prozesses der Themengenerierung und Themengestaltung auf Kommunikatorseite, also zu den Mechanismen, nach denen die in der öffentlichen „Arena" agierenden Akteure - bewußt oder unbewußt - arbeiten und damit zu ihrer Rolle für die öffentliche Meinungsbildung und die öffentliche Kommunikation insgesamt.

## Literatur

*Baerns*, Barbara (1979): „Öffentlichkeitsarbeit als Determinante journalistischer Informationsleistungen. Thesen zur realistischeren Beschreibung von Medieninhalten." In: Publizistik, 24, 3, S. 301-316.
*Baerns*, Barbara (1991): Öffentlichkeitsarbeit oder Journalismus? Zum Einfluß im Mediensystem. Köln: Verlag Wissenschaft und Politik. [1.Aufl. 1985]
*Baerns*, Barbara (Hrsg.)(1995): PR-Erfolgskontrolle. Messen und Bewerten in der Öffentlichkeitsarbeit. Verfahren, Strategien, Beispiele. Frankfurt a.M.: IMK.
*Barth*, Henrike / Wolfgang *Donsbach* (1992): „Aktivität und Passivität von Journalisten gegenüber Public Relations. Fallstudie am Beispiel von Pressekonferenzen zu Umweltthemen." In: Publizistik 37, 2, S.151-165.
*Bentele*, Günter (1992): „Journalismus und PR. Kontaktpflege." In: Der Journalist, 7/92, 11-14.
*Bentele*, Günter (1994): „PR und Wirklichkeit." In: *Bentele*, Günter / Kurt R. *Hesse* (Hrsg.)(1994), Publizistik in der Gesellschaft. Festschrift für Manfred Rühl. Konstanz: Universitätsverlag Konstanz.

*Bentele*, Günter (1995): „Public Relations und Öffentlichkeit - ein Diskussionbeitrag - oder: Über einige Fehlinterpretationen von PR." In: Publizistik, 40, 4, S. 483-486.

*Bentele*, Günter / Tobias *Liebert* (1996): „Ostdeutsche Wirtschaftsjournalisten über PR. Umfrage zu Berichterstattung und Informationsquellen." In: Public Relations Forum 1/1996, S.26-31.

*Brosius*, Hans-Bernd (1994): „Agenda-setting nach einem Vierteljahrhundert Forschung. Methodischer und theoretischer Stillstand?" In: Publizistik 39, 3, 269-288.

*Brosius*, Hans-Bernd / Gabriel *Weimann* (1995): „Medien oder Bevölkerung: Wer bestimmt die Agenda? Ein Beitrag zum Zwei-Stufen-Fluß von Agenda-Setting." In: Rundfunk und Fernsehen 43, 3, 312-329.

*Burkart*, Roland (1995): Kommunikationswissenschaft. Grundlagen und Problemfelder. Wien / Köln / Weimar: Böhlau.

*Choi*, Yong-Joo (1995): Interpenetration von Politik und Massenmedien. Eine theoretische Arbeit zur politischen Kommunikation. Münster: Lit.

*Cobb*, Roger W. / Charles D. *Elder* (1972): Participation in American Politics. The Dynamics of Agenda-Building. Baltimore, London: The Johns Hopkins University Press.

*Donsbach*, Wolfgang / Otfried *Jarren* / Hans Mathias *Kepplinger* / Barbara *Pfetsch* (1993): Beziehungsspiele - Medien und Politik in der öffentlichen Diskussion. Fallstudien und Analyse. Gütersloh: Verlag Bertelsmann-Stiftung.

*Ehlers*, Renate (1983): „Themenstrukturierung durch Massenmedien. Zum Stand der empirischen Agenda-setting-Forschung." In: Publizistik 28, 2, 167-186.

*Fearing*, Franklin (1953): „Toward a psychological theory of human communication." In: Journal of Personality, 22, S. 71-88.

*Fröhlich*, Romy (1992): Qualitativer Einfluß von Pressearbeit auf die Berichterstattung: Die „geheime Verführung" der Presse? In: Publizistik, 37, 1, S. 37 - 49.

*Gerhards*, Jürgen / Friedhelm *Neidhardt* (1990): „Strukturen und Funktionen moderner Öffentlichkeit." Diskussion Paper FS III, S. 90-101. Wissenschaftszentrum Berlin.

*Gisevius*, Wolfgang (1994): Leitfaden durch die Kommunalpolitik. Bonn: Dietz.

*Grossenbacher*, René (1989): Die Medienmacher. Eine empirische Untersuchung zur Beziehung zwischen Public Relations und Medien in der Schweiz. 2. Aufl., Solothurn: Vogt-Schild.

*Jarren*, Otfried (1988): „Politik und Medien im Wandel: Autonomie, Interdependenz oder Symbiose?" In: Publizistik, 33, 4, S. 619-632.

*Jarren*, Otfried u. a.(1993): „Medien und Politik - eine Problemskizze." In: *Donsbach*, Wolfgang / Otfried *Jarren* u.a. (Hrsg.)(1993): Beziehungsspiele - Medien und Politik in der öffentlichen Diskussion. Gütersloh: Bertelsmann.

*Jarren*, Otfried (1984): Kommunale Kommunikation. Eine theoretische und empirische Untersuchung kommunaler Kommunikationsstrukturen unter besonderer Berücksichtigung lokaler und sublokaler Medien. München: Minerva.

*Jonscher*, Norbert (1995): Lokale Publizistik. Theorie und Praxis der örtlichen Berichterstattung. Opladen: Westdeutscher Verlag.

*Kepplinger*, Hans Mathias u.a. (1989): „Instrumentelle Aktualisierung. Grundlagen einer Theorie publizistischer Konflikte." In: *Kaase*, Max / Winfried *Schulz* (Hrsg.)(1990), Massenkommunikation. Theorien, Methoden, Befunde. Kölner Zeitschrift für Soziologie und Sozialpsychologie, Sonderheft 30/1989. Opladen. Westdeutscher Verlag, S. 199-220.

*Kurp*, Matthias (1994): Lokale Medien und kommunale Eliten. Partizipatorische Potentiale des Lokaljournalismus bei Printmedien und Hörfunk. Opladen: Westdeutscher Verlag, 1994.

*Lang*, Gladys Engel / Kurt *Lang* (1981): „Watergate. An Exploration of the Agenda-Building Process." In. Mass Communication Review Yearbook 1981, pp. 447-468.

*Langenbucher*, Wolfgang R. (1996): „Auf der Suche nach den unbekannten Kommunikatoren. Scheuklappen der Journalismusforschung." In: Aviso Nr. 17 (August 1996), S. 7-10.

*Luhmann*, Niklas (1987): Soziale Systeme. Grundriß einer allgemeinen Theorie. Frankfurt a.M.: Suhrkamp.

*Luhmann*, Niklas (1996): Die Realität der Massenmedien. Opladen: Westdeutscher Verlag (2., erweiterte Auflage).

*Mathes*, Rainer / Christian *Salazar-Volkmann* / Jochen *Tscheulin* (1995): „Medien-Monitoring - Ein Baustein der Public Relations-Erfolgskontrolle. Untersuchungen am Beispiel Messe und Medien." In: Baerns, Barbara (Hrsg.)(1995), S. 147-172.
*McCombs*, Maxwell E. (1993): „The Evolution of Agenda-Setting Research: Twenty-Five Years in the Marketplace of Ideas." In: Journal of Communication 43, 2 (Spring), S. 58-67.
*Münch*, Richard (1991): Dialektik der Kommunikationsgesellschaft. Frankfurt a.M.: Suhrkamp.
*Neidhardt*, Friedhelm (Hrsg.)(1994): Öffentlichkeit, öffentliche Meinungen, soziale Bewegungen. Sonderheft 34 (1994) der Kölner Zeitschrift für Soziologie und Sozialpsychologie. Opladen: Westdeutscher Verlag.
*Neidhardt*, Friedhelm (1994a): „Öffentlichkeit, öffentliche Meinung, soziale Bewegungen." In: Neidhardt, Friedhelm (Hrsg.)(1994), S. 7-41.
*Rogers*, Everett / James W. *Dearing* / Dorine *Bregman* (1993): „The Anatomy of Agenda-Setting-Research." In: Journal of Communication 43, 2 (Spring), S. 68-84.
*Ronneberger*, Franz (1977), Legitimation durch Information. Ein kommunikationstheoretischer Ansatz zur Theorie der PR. Wien / Düsseldorf: Econ.
*Ronneberger*, Franz / Manfred *Rühl* (1992): Theorie der Public Relations. Ein Entwurf. Opladen: Westdeutscher Verlag.
*Rossmann*, Torsten (1993): „Öffentlichkeitsarbeit und ihr Einfluß auf die Medien. Das Beispiel Greenpeace." In: Media Perspektiven 2/93, S.85-94.
*Rühl*, Manfred (1980): Journalismus und Gesellschaft. Bestandsaufnahme und Theorieentwurf. Mainz: v.Hase & Koehler.
*Rühl*, Manfred (1989), „Organisatorischer Journalismus." In: *Kaase*, Max / Winfried *Schulz* (Hrsg.)(1989), Massenkommunikation. Theorien, Methoden, Befunde. Sonderheft 30/1989 der Kölner Zeitschrift für Soziologie und Sozialpsychologie. Opladen: Westdeutscher Verlag, S. 253-268.
*Rühl*, Manfred (1993): „Kommunikation und Öffentlichkeit. Schlüsselbegriffe zur kommunikationswissenschaftlichen Rekonstruktion der Publizistik." In: *Bentele*, Günter / Manfred *Rühl* (Hrsg.)(1993), Theorien öffentlicher Kommunikation. Problemfelder, Positionen, Perspektiven. München: Ölschläger.
*Ruß-Mohl*, Stephan (1994): „Symbiose oder Konflikt: Öffentlichkeitsarbeit und Journalismus." In: Jarren, Otfried (Hg.): Medien und Journalismus 1. Eine Einführung. Opladen: Westdeutscher Verlag, 1994. S. 314 - 327.
*Saffarnia*, Pierre A. (1993): „Determiniert Öffentlichkeitsarbeit tatsächlich den Journalismus? Empirische Belege und theoretische Überlegungen gegen die PR-Determinierungsannahme." In: Publizistik, 38, 3, S. 412-125.
*Sarcinelli*, Ulrich (1987): Symbolische Politik. Zur Bedeutung symbolischen Handelns in der Wahlkampfkommunikation der Bundesrepublik Deutschland. Opladen: Westdeutscher Verlag.
*Saxer*, Ulrich u.a. (1986), Massenmedien und Kernenergie. Journalistische Berichterstattung über ein komplexes, zur Entscheidung anstehendes, polarisiertes Thema. Bern / Stuttgart: Haupt.
*Saxer*, Ulrich (1997): „Kommunikationsforschung und Kommunikatoren - Konstitutionsprobleme einer publizistikwissenschaftlichen Teildisziplin." In diesem Band.
*Schenk*, Michael (1987): Medienwirkungsforschung. Tübingen: Mohr.
*Schmidt-Beck*, Rüdiger / Barbara *Pfetsch* (1994): „Politische Akteure und die Medien der Massenkommunikation. Zur Generierung von Öffentlichkeit in Wahlkämpfen." In: Neidhardt, Friedhelm (Hrsg.)(1994), S. 106-138.
*Schweda*, Claudia / Rainer *Opherden* (1995): Journalismus und Public Relations. Grenzbeziehungen im System lokaler politischer Kommunikation. Wiesbaden: Deutscher Universitäts Verlag.
*Seeling*, Stefan (1996): Organisierte Interessen und öffentliche Kommunikation. Eine Analyse ihrer Beziehungen im deutschen Kaiserreich. Opladen: Westdeutscher Verlag.
*Shoemaker*, Pamela / Stephen *Reese* (1991): Mediating the Message. Theories of Influence on Mass Media Content. New York: Longman.
*Sigal*, Leon V. (1973): Reporters and Officials. The Organization and Politics of Newsmaking. Lexington,Mass. / Toronto / London: D.C.Heath and Co.

*Theis*, Anna Maria (1994): Organisationskommunikation. Theoretische Grundlagen und empirische Forschungen. Opladen: Westdeutscher Verlag.
*Weischenberg*, Siegfried (1995): Journalistik. Bd. 2. Opladen: Westdeutscher Verlag.
*Westerbarkey*, Joachim (1995): „Journalismus und Öffentlichkeit. Aspekte publizistischer Interdependenz und Interpenetration." In: Publizistik, 40, 2, S. 152-162.

*Christian Salazar-Volkmann*

# Gutes tun! Aber wie darüber reden?
## Zur Öffentlichkeitsarbeit entwicklungspolitischer Hilfsorganisationen

Das Kommunikationsverhalten von Hilfsorganisationen wird seit einigen Jahren in Frage gestellt. Erst jüngst wurde beispielsweise Greenpeace vorgeworfen, durch eine fahrlässige Emotionalisierung der öffentlichen Diskussion um „Brent Spar" Bombendrohungen, Briefbombenattentate auf Tankstellenpächter, Brandanschläge, Überfälle und Schüsse auf Tankstellen ausgelöst zu haben (Mantow 1995). Die Kritik richtete sich in diesem Zusammenhang auch generell an die Öffentlichkeitsarbeit von Hilfsorganisationen. Ein Vorwurf: Hilfsorganisationen verfolgten in der Öffentlichkeit politische Ziele, ohne dafür ein demokratisch legitimiertes Mandat zu besitzen. Denn schließlich seien viele private Hilfsorganisationen undemokratisch strukturiert (Adam 1995). Mehr noch: Den Hilfsorganisationen wird eigennütziger Mißbrauch des öffentlichen Vertrauens und Wohlwollens unterstellt. Dies sei eine Folge der Größe und Professionalisierung gemeinnütziger Organisationen: „Der Charme solcher Verbände liegt in ihrer Uneigennützigkeit, die jedoch mit steigendem Organisationsgrad entsprechend abnimmt. Helden unterhalten keine Werbeabteilungen. Wohltäter schreiben keine Mahnbriefe" (Allmeier 1996).[1]

Diese Kritik verweist letztlich auf das Spannungsverhältnis zwischen den finanziellen Eigeninteressen der Hilfsorganisationen und ihrer Verpflichtung auf das Allgemeinwohl. Dieses Spannungsverhältnis ist in den vergangenen Jahren gewachsen und beeinflußt das Kommunikationsverhalten der Hilfsorganisatio-

---

1   Dem gegenüber vertrat der Münchner Soziologe Ulrich Beck die Ansicht, daß „Brent Spar ein Zeichen für den gestiegenen Einfluß der Zivilgesellschaft sei und verdeutliche, daß Menschen noch für politische Ziele zu mobilisieren seien. Brent Spar sei ein Ausdruck der „Politisierung der Weltgesellschaft"." (Adam 1995). Und Krista Sager, damals Sprecherin von Bündnis 90/Die Grünen hob hervor: „Wer, wenn nicht die Umweltverbände führte die Klimakonferenz in Rio zum Erfolg? Wer, wenn nicht die Frauengruppen, machte auf der Weltfrauenkonferenz in Peking auf die Menschenrechtsverletzungen aufmerksam. Und wenn den Protest niemand gefilmt hätte, wären diese Frauen nicht geschützt gewesen, noch hätte die Welt vom direkten Eingreifen der Sicherheitskräfte erfahren." (Heimlich 1996)

nen. 1995 schätzte das Deutsche Zentralinstitut in Berlin, daß die Deutschen rund vier Milliarden DM für humanitäre und karitative Zwecke gespendet haben. Unter den insgesamt ca. 20.000 Organisationen und Vereinen, die für karitative und humanitäre Zwecke Geld sammelten, erreichten zwischen 200 und 250 Organisationen Einnahmen von über einer Million DM. Dabei flossen 1995 rund 29 Prozent der Spenden an Entwicklungsorganisationen.[2]

Diese Gruppe unter den privaten Hilfsorganisationen will ich im folgenden näher untersuchen. Einnnahmenvolumen, Personalmenge und -qualität haben unter diesen Hilfsorganisationen zu einem Professionalisierungsschub geführt, der Mißtrauen erregt hat. Professionelle „Fundraiser" gewinnen in vielen Organisationen an Bedeutung für die Existenzsicherung der Hilfsorganisationen und die Bereitstellung von sozialen Dienstleistungen in den Ländern des Südens. Sie treten mit ihren werblich ausgerichteten Kommmunikationsformen und -inhalten in Widerspruch zu den politischen Anliegen der Informationsarbeiter. Diese wollen bei möglichst vielen Menschen Problembewußtsein über soziale Gerechtigkeit, über Frieden, Umwelt und Entwicklung fördern, Einfluß auf die politischen Rahmenbedingungen nehmen und von Fall zu Fall Spender, Anhänger und Sympathisanten für politische Aktionen und Kampagnen mobilisieren.

## 1. Das Informationsproblem

Den kommunikativen Basisfunktionen von entwicklungspolitischen Hilfsorganisationen - Bewußtseinsbildung und Mittelbeschaffung - ist eines gemeinsam. Beide treffen in Deutschland mittlerweile auf ein eher geringes Interesse der Bevölkerung an der Entwicklungszusammenarbeit. Umweltzerstörung, Rezession, Wiedervereinigung und das Ende des Kalten Krieges führen dazu, daß sich das Interesse der Bügerinnnen und Bürger verstärkt auf innenpolitische und innereuropäische Fragen verlagert. Nach einer Meinungsumfrage der Europäischen Kommission von 1989 belegte die Entwicklungspolitik den achten Platz auf der politischen Themenagenda der Deutschen. Wichtigste Themen waren der Umweltschutz (77%), Terrorismusbekämpfung (73%), Arbeitslosigkeit

---

2  Eine Untersuchung aus dem Jahre 1992 ergab, daß 11 Marktführer den Markt bestimmen: SOS-Kinderdörfer, Missio, Adveniat, Brot für die Welt, Misereor, das Deutsche Rote Kreuz, die Christoffel Blindenmission, die Caritas, die Kindernothilfe, die Deutsche Krebshilfe und UNICEF. (BSB 1992)

(70%), Energiesicherung (52%), soziale Kluft (42%) und regionale Kluft (38%) (Claypole 1992). Diesen Bedeutungsverlust der Entwicklungshilfe bestätigen auch neuere Umfragen des Bundesministeriums für wirtschaftliche Zusammenarbeit. In einem Protokoll der öffentlichen Anhörung des parlamentarischen Ausschusses für wirtschaftliche Zusammenarbeit am 29.11.1995 über die entwicklungspolitische Bildungs- und Öffentlichkeitsarbeit heißt es: „Das öffentliche Interesse an der Entwicklungspolitik und das Engagement für die Entwicklungspoltik ließen offenbar in den letzten Jahren nach. Dies sei der Fall, obwohl entwicklungspolitische Bildungs- und Öffentlichkeitsarbeit in Deutschland durch öffentliche Mittel gefördert werden, obwohl Bund, Länder und Gemeinden insoweit engagiert seien und obwohl Schulen und Hochschulen sowie der Berufsbildungs- und der Weiterbildungsbereich sich mit dieser Thematik beschäftigen. Hinzu komme noch, daß sich auch die Medien mit der Lage in den Entwicklungsländern und mit Themen der Entwicklungszusammenarbeit befaßten und daß vielfach Volkshochschulen Kurse zu all dem anböten." (Ausschuß für wirtschaftliche Zusammenarbeit 1995). Ein weiterer Indikator für das nachlassende Interessse der Deutschen an Entwicklungspolitik: 1980 wendeten sich jährlich rund 83.000 Bundesbürger mit Fragen zur Entwicklungspolitik an das Ministerium, 1985 waren es 30.000, 1995 nur noch 15.000 Anfragen (ebd.).

Zugleich befinden sich Entwicklungsforschung, Entwicklungshilfe und entwicklungspolitische Pädagogik in einer umfassenden Krise. Die in den sechziger und siebziger Jahren entstandenen Paradigmen und akademischen Schulen haben die Entwicklungen in Lateinamerika, Asien und Afrika nicht hinreichend prognostiziert (Menzel 1992). Die Entwicklungspolitik hat in den Augen der deutschen Bevölkerung nicht zu der versprochenen Verbesserung der Lebensverhältnisse in Entwicklungsländern geführt.[3] Und auch die in der entwicklungspolitischen Bildungsarbeit tätigen Pädagoginnen und Pädagogen ziehen angesichts von Entsolidarisierung und Fremdenfeindlichkeit in Deutschland ein überwiegend negatives Fazit ihrer Arbeit (Treml 1992).

---

3 Dies ist im Grunde eine tragische Entwicklung, wenn man die Sozialindikatoren der Entwicklungsländer betrachtet: in den vergangenen dreißig Jahren konnte die Kindersterblichkeit halbiert werden und die Einschulungsrate stieg von 50 Prozent auf 75 Prozent. (UNICEF 1996) Christian Willmsen hat darauf hingewiesen, daß die Entwicklungshilfe in der Öffentlichkeit gleichsam als Allheilmittel präsentiert worden sei. Dadurch seien Enttäuschungen in der Bevölkerung geradezu vorprogrammiert gewesen. (Willmsen 1996)

## 2. Das Profilierungsproblem

Die Hilfsorganisationen stehen damit vor der Frage, wie sie innerhalb einer insgesamt ungünstigen öffentlichen Interessenlage für Entwickungshilfe dennoch Aufmerksamkeit erregen und Unterstützung erhalten können. Das geht im Grunde nur über die öffentliche Profilierung der eigenen Organisation. Dabei stehen die Hilfsorganisationen vor dem Problem, daß heute in vielen Fragen der Entwicklungs- und Menschenrechtspolitik Übereinstimmung herrscht. Folglich ähneln sich Ziele, Strategien, Leistungsspektrum und politische Positionen der Organisationen. Doch ohne deutliche Unterscheidungsmerkmale bleibt die Positionierung der Organisationen auf dem Spendenmarkt schwach. Inhaltliche Ziele stehen hier also im Widerspruch zu finanziellen Eigeninteressen. Wie aber sollen Hilfswerke mit gleichen entwicklungspolitischen Zielen und Strategien unterschiedliche Profile herausbilden?

Die Antwort auf diese Kernfrage lautet: über das Besetzen von spezifischen Themen und die Durchführung von öffentlichkeitswirksamen Kampagnen. Die Hilfsorganisationen versuchen durch öffentliche Themen-Kommunikation ein eigenständiges Profil, ein möglichst unverwechselbares Image aufzubauen. Neben den Hilfsprogrammen selbst ist deshalb das öffentliche Ansehen, das Image der Hilfsorganisationen zum entscheidenden Erfolgsfaktor geworden. Die Hilfsorganisationen messen ihrer Kommunikationsarbeit auch aus diesem Grund strategische Bedeutung zu: „Die Qualität der Entwicklungszusammen- und Solidaritätsarbeit mit der Dritten Welt hängt ab von der Art der Bilder und Inhalte, die die NRO (Nicht-Regierungsorganisationen) in ihrer Bewußtseinsbildungs- und Öffentlichkeitsarbeit vermitteln." (NGO-EC-Liaison Committee 1989). Allerdings erleben viele Öffentlichkeitsarbeiter im Zuge des oben beschriebenen Bedeutungszuwachses der Mittelbeschaffung für die Existenzsicherung ihrer Organisationen Spannungen zwischen dem ökonomischen Eigeninteresse an werbeträchtigen Kommunikationsbotschaften und den politischen Aufklärungs- und Profilierungsabsichten. Dies führt zu Abgrenzungskonflikten zwischen „Fundraisern" und „Informationsarbeitern" und hat dazu beigetragen, daß in vielen Hilfsorganisationen kommunikationsethische Leitlinien formuliert wurden (NGO-EC-Liaison Committee 1989; Keehn / VanderWerf 1990/1, Save the Children Fund 1991, VSO o.J; Oxfam o.J.; Cafod et al 1990).

## 3. Das Aufklärungsproblem: Verhaltenscodex für die Kommunikationsarbeit

Im europäischen „Code of Conduct. Images and messages relating to the Third World" werden beispielsweise Ziele definiert, wie: Bewußtsein über wechselseitige Abhängigkeiten zwischen Ländern des Südens und des Nordens zu schaffen, Diskussionen um die Entwicklungshilfe zu fördern, die Nord-Süd-Solidarität zu stärken und strukturelle Veränderungen zugunsten von Unterprivilegierten zu fördern. Um diese Ziele zu erreichen, müßten sich die Organisationen selbst von „alten Vorstellungen" in der Kommunikation verabschieden. Dazu zählt beispielsweise die Methode des „emotionalen Schocks". Das heißt die Verwendung von Elendsbildern und die Konzentration auf Nothilfe. Außerdem wird in den Leitlinien zur entwicklungspolitischen Öffentlichkeitsarbeit die Medienberichterstattung über Entwicklungsländer als emotionsgeladen, sensationsorientiert und oberflächlich kritisiert. Dies führe dazu, daß die Europäer falsche Vorstellungen von der Situation in Entwicklungsländern und dem Umfang internationaler Abhängigkeiten hätten. Die Medienberichterstattung fördere entwicklungspolitischen Fatalismus und untergrabe dadurch die Aufklärungs- und Bildungsarbeit der Hilfsorganisationen. Die europäischen Kommunikationsleitlinien der entwicklungspolitischen Hilfsorganisationen definieren gewünschte und unerwünschte Kommunikation: Unerwünscht sind

- die Darstellung von Menschen aus Entwicklungsländern als abhängige Almosenempfänger,
- Verallgemeinerungen,
- Stereotypen: Idealisierungen, Diskriminierungen, Exotismus,
- Vorurteile,
- die Darstellung von Menschen oder Institutionen des Nordens als „überlegen",
- Weltuntergangs-Bilder,
- die stereotype Darstellung von Frauen als „schwach".

Gewünscht werden:
- Informationen über Armutsursachen und gesellschaftliche Komplexität,
- Informationen über historischen und kulturellen Kontext,
- Darstellung des Eigenengagements der Menschen in Ländern des Südens,
- spezifische Berichte,
- Informationen über Maßnahmen und Ergebnisse der Entwicklungshilfe,
- Berichte von Betroffenen und Partnerorganiationen in Entwicklungsländern,
- objektive, vollständige und realistische Informationen.[4]

---

4 Die deutsche Übersetzung der europäischen Leitlinien ist problematisch, da hier vielfach der Begriff „Education" mit „Öffentlichkeitsarbeit" übersetzt wird, so, daß nicht klar ist, ob vor

Die Hilfsorganisationen werden aufgefordert, ihre Publikationen und Spendenaufrufe gemäß dieser Leitlinien zu überprüfen. Als ein Mittel zur Durchsetzung der kommunikationsethischen Standards fordern die Hilfsorganisationen, die Europäische Kommission möge bei der Vergabe von Projektgeldern publizistisches Verhalten als Kriterium berücksichtigen.

## 4. Die Inhaltsanalyse

Die anspruchsvollen Kommunikationsmoral der Hilfswerke wirft die Frage auf, ob die Organisationen diese selbstgesteckten Normen auch selbst erfüllen? Eine umfassende Inhaltsanalyse von 2.242 Beiträgen aus den Publikationen von acht deutschen Hilfsorganisationen erlaubt es, dieser Frage nachzugehen. Die untersuchten Beiträge erschienen in der Zeit zwischen Oktober 1987 und August 1993 und enthielten 12.208 Abschnitte. Sie wurden auf ihre formalen Qualitäten wie Textumfang, Fotoanteil und Quellentransparenz untersucht. Außerdem wurden inhaltliche Merkmale wie Länder- und Themenschwerpunkte, Darstellung von Handlungsträgern und Entwicklungshilfe erhoben. Die Publikationen stammten von Brot für die Welt, Kindernothilfe, Medico International, Misereor, SOS-Kinderdörfer, terre des hommes, UNICEF und der Welthungerhilfe. Im vorliegenden Beitrag beschränke ich meine Darstellung auf die geografische Struktur der Texte, die Themenschwerpunkte und die Handlungsträger.[5]

## 5. Länder- und Themenstruktur

Die regionale Berichterstattung in den Publikationen der Hilfsorganisationen ist insgesamt ausgeglichen. Auf Lateinamerika entfielen 27 Prozent der insgesamt 3.127 Ländernennungen, auf Afrika und Asien je 31 Prozent und auf die Industrieländer 11 Prozent. Betrachtet man jedoch die regionale Struktur der Be-

---

allem publizistische opder pädagogische Aktivitäten gemeint sind. (siehe: Leitlinien zur Darstellung der Dritten Welt in der Bildungs- und Öffentlichkeitsarbeit europäischer Nichtregierungsorganisationen)

5  Im Untersuchungssample stammten überdurchschnittlich viele Beiträge von UNICEF (23 %) und Misereor (20%). Daher ist zu berücksichtigen, daß die Struktur der Gesamtdaten wesentlich von den Publikationen dieser Organisationen mit geprägt wurde. Insbesondere die Textgestaltung von terre des hommes (18 % aller untersuchten Beiträge) weicht häufiger vom „Durchschnitt" der Publikationen anderer Organisationen ab.

richterstattung genauer, dann fällt auf, daß sich die Informationen insgesamt auf wenige Länder konzentrierten: 45 Prozent aller länderbezogenen Informationen konzentrierten sich auf 10 Staaten, einschließlich Deutschland und die USA (Schaubild 1). Dabei entsteht ein Trend zur Stigmatisierung einzelner Länder, denn bestimmte Ländern werden immer wieder mit bestimmten Themen in Bezug gesetzt. Z.B. Thailand und Prostitution, Brasilien und Straßenkinder, Südafrika und Apartheid.

*Länderbezug der Berichterstattung*
*Summe: 3127 Nennungen*

Schaubild 1

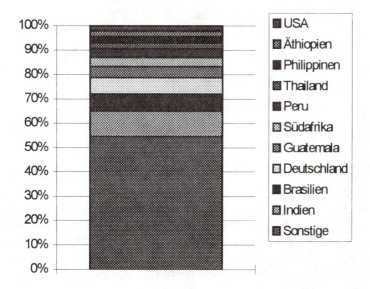

Die Themen spiegeln das Leistungsspektrum der untersuchten Organisationen wider: es dominieren Informationen über die soziale Grundversorgung in den Sektoren Gesundheit, Ernährung und Bildung. Außerdem sticht ein hoher Anteil an politischen, wirtschaftlichen, sozialen und ökologischen Hintergrundinformationen hervor. Offenbar erfüllen die Hilfsorganisationen hier den selbst gesteckten Anspruch, umfassend Kontext herzustellen (Schaubild 2).

*Die zehn wichtigsten Einzelthemen
Summe: 3037 Nennungen*

*Schaubild 2*

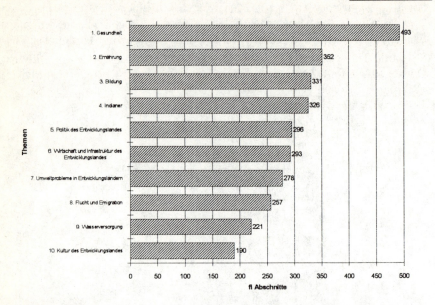

In der Berichterstattung über bestimmte Länder- und Themen gibt es kaum Überschneidungen zwischen den Hilfsorganisationen. Beispiel: terre des hommes informiert vor allem über Kinderschutzthemen wie Kinderarbeit, Kinderprostitution und Straßenkinder, während UNICEF einen Themenschwerpunkt auf Kindersterblichkeit und Kinder im Krieg legt. Gleiches gilt für die Länderinformationen - mit Ausnahme von Indien und Brasilien. Die Organisationen haben in ihrer öffentlichen Berichterstattung offenbar eigenständige Themen- und Länderprofile entwickelt.

## 6. Werbung für Entwicklungshilfe?

Überraschend ist in diesem Zusammenhang, daß die Hilfsorganisationen relativ selten über ihre konkreten Hilfeleistungen schreiben. Nur in 15 Prozent (1.195) aller untersuchten Abschnitte erwähnen die Hilfsorganisationen, was sie konkret in Entwicklungsländern tun.

Wenn in den Berichten auf die Leistungen der Hilfsorganisation ausdrücklich Bezug genommen wird, dann lediglich deskriptiv - politisch oder moralisch begründet werden die Hilfeleistungen so gut wie gar nicht. Nur in vier Prozent (312) aller untersuchten Abschnitte erläutern die Hilfsorganisationen ausdrücklich, warum ihre Hilfe aus sachlichen oder moralischen Gründen notwendig ist (Schaubild 3). Kooperationspartner treten nur selten als entwicklungspolitische Akteure auf, obwohl die meisten Hilfsorganisationen keine „eigenen" Projekte durchführen, sondern vielmehr die Arbeit örtlicher Wohlfahrts- und Selbsthilfeorganisationen finanzieren.

*Begründung der Hilfe*
*Summe: 352 Nennungen*

Schaubild 3

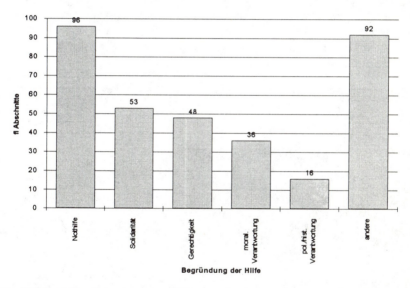

Die PR-Veröffentlichungen der Hilfsorganisationen promoten also die eigenen Leistungen nicht offensiv. Das läßt darauf schließen, daß die Kommunikationsstrategie der Hilfsorganisationen nicht der platten Logik von Produkt-PR, wie sie häufig in Wirtschaft und Politik anzutreffen ist folgt. Vielmehr sollen die Leser offenbar über Kontextbildung überzeugt werden. Damit wollen die Öffentlichkeitsarbeiter in den Hilfsorganisationen vermutlich der von ihnen selbst antizipierten Erwartungshaltung einer entwicklungspolitisch interessierten und überdurchschnittlich gebildeten Leserschaft Rechnung tragen. Die Vermarktung der eigenen Organisation erfolgt insofern subtil über die Struktur der Berichterstattung: den Lesern wird über Länder und Themen ein Ausschnitt der Wirklichkeit präsentiert, der im wesentlichen durch die Interessenlage der jeweiligen Organisation geprägt ist.

## 7. Handlungsträgeranalyse: klassische Hilfskonstellation

Dieser Eindruck wird durch die Ergebnisse der Handlungsträgeranalyse untermauert. In den Publikationen der Hilfsorganisationen dominiert eindeutig eine klassische Hilfskonstellation: „die Guten" helfen „den Schwachen". In den Publikationen der Hilfsorganisationen agieren vor allem zwei Handlungsträger: *Institutionen* aus Industrieländern (über 35 Prozent aller Handlungsträger) und *Personen* aus Entwicklungsländern (fast 40 Prozent) (Schaubild 4). Bei den Institutionen handelt es sich in der Regel um die eigene Hilfsorganisation („Die Guten"), die Personen in Entwicklungsländern sind hauptsächlich Kinder, Jugendliche und Frauen („Die Schwachen").

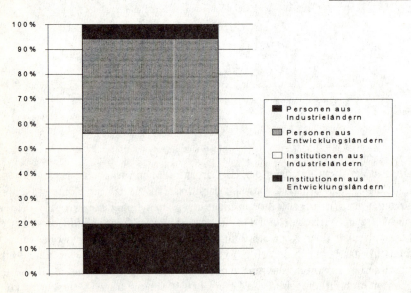

*Handlungsträgerstruktur*
*Summe: 4625 Nennungen*

**Schaubild 4**

Dieser Eindruck wird dadurch verstärkt, daß Institutionen aus Industrieländern in den untersuchten Beiträgen fast ausschließlich aktiv dargestellt werden, während rund 57 Prozent aller Personen aus Entwicklungsländern passiv erscheinen (Schaubild 5).

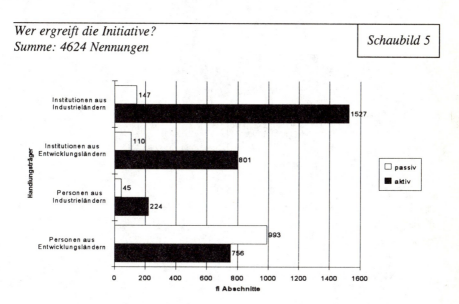

*Wer ergreift die Initiative?*
*Summe: 4624 Nennungen*

Schaubild 5

## 8. Helfer sind organisiert, Hilfeempfänger personalisiert

Akzentuiert wird diese „klassische" Hilfskonstellation durch die Tatsache, daß 48 Prozent aller wörtlichen Zitate in den untersuchten Texten von Personen aus Entwicklungsländern stammen (Schaubild 6). Die Personalisierung der Hilfeempfänger suggeriert dem deutschen Spender, „seine" Hilfsorganisation würde Einzelfallhilfe leisten - was bekanntermaßen spendenfreundlich wirkt, weil damit Mitleid und Solidarität für konkrete Empfänger mobilisiert werden. Wie oben bereits beschrieben, arbeiten Hilfsorganisationen jedoch tatsächlich in der Regel mit Partnerorganisationen vor Ort zusammen, die das Geld wiederum zur Finanzierung von lokalen Hilfsprojekten einsetzen.

*Wer kommt zu Wort?*
*Summe: 524 Nennungen*

**Schaubild 6**

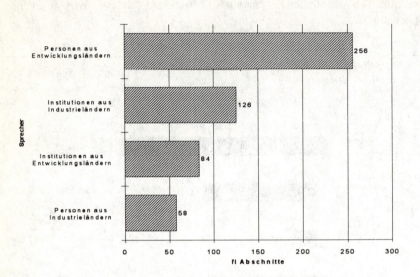

## 9. Das Menschenbild der Hilfsorganisationen

Anhand einer umfangreichen Liste mit Adjektiven wurde schließlich untersucht, mit welchen Eigenschaften die Akteure in den Berichten dargestellt werden. Dabei wurde deutlich, daß die Öffenktichkeitsarbeiter der Hilfsorganisationen ihren „Textfiguren" insgesamt eher selten Attribute zuschreiben. Lediglich 16 Prozent aller Abschnitte enthielten Adjektive, welche die Handlungsträger z.B. als „arm", „hilfsbedürftig" oder „unwissend" bezeichneten. Dabei unterscheiden sich die einzelnen Organisationen jedoch erheblich in ihrer „Attributionsintensität". So benutzte Misereor in 35 Prozent aller untersuchten Textabschnitte die gesuchten Attribute - Medico international hingegen nur in 3 Prozent aller Fälle.

Wenn die Texter der Hilfsorganisationen Adjektive benutzen, dann ist ihr Repertoire überrraschend begrenzt. Nur wenige Akteure werden mit wenigen Attributen belegt. Die Hilfsorganisationen zeichnen dabei typischerweise folgendes Bild: die eigene Organisation hilft Menschen in Entwicklungsländern, vor allem durch Ausbildung und Hilfe zur Selbsthilfe. Menschen in Entwicklungsländern gehen in der Regel einer beruflichen Tätigkeit nach und sind arm. Kinder und Jugendliche in Entwicklungsländern leiden Not, Frauen in Entwicklungsländern sind engagiert. Beiden Bevölkerungsgruppen wird geholfen.

## 10. Zusammenfassung und Bewertung

Zusammenfassend läßt sich feststellen: Die Struktur der Berichterstattung spiegelt die regionalen Interessen und Tätigkeitsschwerpunkte der jeweiligen Hilfsorganisation wieder. Dies ist nur deshalb besonders erwähnenswert, weil es zeigt, daß die Öffentlichkeitsarbeit der Hilfsorganisationen der gleichen Darstellungslogik wie Organisationen in anderen gesellschaftlichen Bereichen folgt. Formal gesehen unterscheidet sich die PR der Hilfsorganisationen also nicht von der PR der Parteien oder Unternehmen. Spezifisches Merkmal der analysierten Texte - gerade auch im Vergleich zu PR-Publikationen in der Privatwirtschaft - ist der breit gefächerte Informationsgehalt. Interessant sind ferner die geschlechtsspezifischen Merkmale der Texte. Frauen werden von den Hilfsorganisationen als engagiert und entscheidungsfreudig präsentiert. Die Texte reflektieren die finanziellen Interessen der Hilfsorganisationen nicht direkt. Es hat sich aber gezeigt, daß die Publikationen prononciert das Bild klassischer Nord-Süd-Abhängigkeit - zwischen Institutionen aus „Geberländern" und hilfsbedürftigen Personen in „Nehmerländern" - reproduzieren. Insofern verwirklichen die Hilfsorganisationen ihre eigenen publizistischen Leitlinien nur teilweise.

Die Frage ist, ob aus dem Vergleich zwischen publizistischen Normen und konkreten Leistungen der Organisationen sinnvolle Schlußfolgerungen für eine Neuausrichtung der Kommunikationsarbeit von Hilfsorganisationen gezogen werden können. Aus meiner Sicht wäre es wenig fruchtbar darüber zu klagen, daß die Texte vieler Hilfsorganisationen nicht den selbstgesteckten Erwartungen entsprechen. Solch eine Diskussion über „publizistische Korrektheit" würde ins Leere zielen, weil die normativen Bezugspunkte einer solchen Diskussion - die publizistischen Leitlinien der Hilfsorganisationen - auf unrealistischen Annahmen beruhen. Die „Codes of Conduct" implizieren nämlich, durch „richtige" Inhalte würde „richtiges" Bewußtsein und damit „richtiges" Handeln entstehen - und zwar sowohl auf der Ebene des Individuums als auch auf der Ebene des Staates. Derartige Reiz-Reaktionsmodelle sind in der Kommunikationswissenschaft zu Recht seit Jahren ad acta gelegt. Die Wirksamkeit der Kommunikationsarbeit einer Organisation hängt nicht nur von den Inhalten ab. Neben der Rezeptionssituation sowie den psychologischen und soziologischen Eigenschaften der Rezipienten spielen Prominenz und Prestige des Kommunikators eine große Rolle. Denn Organisationen, die öffentlich bekannt sind und als seriös gelten, können eher damit rechnen, daß die Rezipienten ihre publizistischen Aussagen glaubwürdig und damit akzeptabel finden (Neidhard 1994). Deshalb müssen sich die Hilfsorganisationen darüber Gedanken machen, ob ihre althergebrachte Inhaltszentrierung nicht den Kommunikationszielen auf dem Spenden- und dem Meinungsmarkt zuwiderläuft (Baum 1994). Es ist auch zu bezweifeln, ob die gängigen Kommunikationsleitlinien der Hilfsorganisationen zum selbst gesteckten Ziel der breiten Aufklärung faktisch beitragen, wenn sie tatsächlich in die Tat umgesetzt würden. Denn die aufgestellten Informationskriterien spiegeln das Rezeptionsideal akademisch gebildeter Sozialwissenschaftler und Sozialpädagogen wider, weniger das konkrete Kommunikationsverhalten der Mehrheit der Rezipienten. Dadurch bleiben Erfolgsfaktoren im Kommunikationsprozeß, wie die Aufnahmefähigkeit und -bereitschaft der Rezipienten sowie die Prominenz und das Prestige der Kommunikatoren außer acht. Damit wird ein zentrales PR-Problem der Hilfsorganisationen ignoriert: Wie lassen sich Menschen in einer Phase des generellen Relevanzverlustes von Nord-Süd-Themen überhaupt wieder für entwicklungspolitische Probleme interessieren? Oder anders ausgedrückt: wie erreicht man diejenigen, die noch nicht bekehrt sind?

## Literatur

*Adam*, Konrad (1995): „Kein Hirt und eine Herde." In: Frankfurter Allgemeine Zeitung vom 11.09.
*Allmaier*, Michael (1996): „Die Speerspitze der guten Gesinnung stumpft ab." In: Frankfurter Allgemeine Zeitung 29.03.
*Ausschuß für wirtschaftliche Zusammenarbeit* (1995): Öffentliche Anhörung über entwicklungspolitische Bildung und Öffentlichkeitsarbeit. Bonn, S. 21/1.
*Baum*, Holger (1994): Spendenmarkt Deutschland: Aktuelle Situation und Trends. Bensheimer Kreis. Fachgespräche zum Spendenmarkt Deutschland. (Schwerpunkt Dritte Welt) am 14.11. in Bonn.
*BSB* (1992): UNICEF Basisinformationen für die Entwicklung einer Imagekampagne. September
*Cafod / Christian Aid / Oxfam / Save the Children Fund* (1990): Questioning Fundraising. Guidelines for school teachers and governors. London.
*Claypole*, Andrew (1992): Attitudes towards the Developing World in Germany. UNICEF, New York.
*Heimlich*, Rüdiger (1996): „Wer nutzt wen aus?." In: Kölner Stadt-Anzeiger 29.03., S. 33.

*Keehn*, Thomas B. / Nate *VanderWerf*: Guidelines for PVO's: An Aid to the Development of Public Information, Fund Raising and Education Materials about Africa. In: Development Education Annual 90/91.
*Mantow*, Wolfgang (1995): Die Ereignisse um Brent Spar in Deutschland. Deutsche Shell AG: Hamburg.
*Menzel*, Ulrich (1992): Das Ende der Dritten Welt und das Scheitern der großen Theorie. Frankfurt am Main: Suhrkamp Verlag.
*Neidhardt*, Friedhelm (1994): „Öffentlichkeit, öffentliche Meinung, soziale Bewegungen." In: *Neidhardt*, Friedhelm (Hrsg): Offentlichkeit, öffentliche Meinung, soziale Bewegungen. Kölner Zeitschrift für Soziologie und Sozialpsychologie. Sonderheft 34. Opladen: Westdeutscher Verlag, S. 7-41.
*NGO-EC-Liaison Committee* (1989): Code of Conduct. Images and messages relating to the Third World. Brüssel.
*Oxfam* (o.J.): Guidelines on images. London.
*Save the Children* (1991): Focus on images. o.O., VSO: In the Picture. Some Guidelines for our use of images at VSO. VSO: London o.J.
*Treml*, Alfred (1992): „Desorientierung überall oder Entwicklungspolitik und Entwicklungspädagogik in neuer Sicht." In: *Scheunpflug*, Annette / Klaus *Seitz* (Hrsg.): Selbstorganisation und Chaos. Tübingen: Schöppe und Schwarzenbart, S. 15-36.
*UNICEF* (1996): The Progress of Nations 1996. UNICEF, New York.
*VSO* (o.J.): In the Picture. Some Guidelines for our use of images at VSO. VSO: London.
*Willmsen*, Christian (1996): „Omnipotenzfalle. Zur Erosion der Entwicklungspolitik in der deutschen Öffentlichkeit." In: epd Nr. 3.

*Ulrike Röttger*

# Journalistische Qualifikationen in der Öffentlichkeitsarbeit
## Inhaltsanalyse von PR-Stellenanzeigen

Aktuelle und zugleich umfassende empirische Erkenntnisse über das Berufsfeld Öffentlichkeitsarbeit/Public Relations[1] existieren für die Bundesrepublik Deutschland bis heute nicht. Dies gilt sowohl in der quantitativen Dimension - so sind beispielsweise keine empirisch abgesicherten Daten über die aktuelle Zahl der hauptberuflichen PR-Fachleute verfügbar - als auch in der qualitativen Dimension: Welche Qualifikationsanforderungen PR-Expertinnen und Experten erfüllen sollen oder sollten, wird zwar z.B. seitens der PR-Berufsverbände und PR-Ausbildungseinrichtungen engagiert diskutiert, ist aber bislang nicht hinreichend untersucht. Informationen über die qualitative und quantitative Ausgestaltung des PR-Arbeitsmarktes liefert die vorgestellte Analyse[2] von PR-Stellenanzeigen. Sie ermöglicht unter anderem Antworten auf Fragen nach den PR-Arbeitgebern, nach den Qualifikationsanforderungen, die in der Praxis an PR-Fachleute gerichtet werden und sie gibt Aufschluß über die Tätigkeitsfelder, für die PR-Fachleute gesucht werden. Dabei muß jedoch berücksichtigt werden, daß veröffentlichte Stellenangebote immer nur einen Ausschnitt des gesamten Arbeitsmarktes abbilden; hausinterne Stellenbesetzungen bleiben ebenso wie informelle, nicht-öffentliche Stellenbesetzungen unberücksichtigt. Und nicht jede ausgeschriebene Stelle wird tatsächlich besetzt. Trotz dieser Einschränkung läßt die Analyse von Stellenanzeigen zuverlässige Aussagen über die Anforderungen an die Fähigkeiten und Kenntnisse der zukünftigen PR-Mitar-

---

1   Die Begriffe Öffentlichkeitsarbeit und Public Relations bzw. „PR" werden im weiteren synonym verwendet.
2   Die Inhaltsanalyse wurde im Auftrag der Fachhochschule Hannover durchgeführt. Eingebunden in ein Set von unterschiedlichen qualitativen und quantitativen empirischen Verfahren unterstützte sie die Evaluation der Ausbildungsinhalte eines grundständigen Studienangebots Öffentlichkeitsarbeit/Public Relations. Die Schwierigkeiten, aufgrund der Analyse des Ist-Zustands der Praxis - hier anhand von Stellenanzeigen - Ausbildungsanforderungen zu formulieren, sind bekannt. Sie sollen an dieser Stelle aber nicht diskutiert werden, zumal die vorgestellte Inhaltsanalyse nur ein ergänzendes Instrument im Rahmen der Studiengangplanung an der Fachhochschule Hannover darstellte (vgl. Röttger 1995).

beiterInnen und das Tätigkeitsfeld Public Relations zu. In Stellenangeboten spiegeln sich die Erwartungen und Einstellungen der PR-Arbeitgeber wider, die Rückschlüsse auf den PR-Arbeitsmarkt und den Grad der Professionalisierung des Berufs zulassen. (vgl. Altmeppen/Roters 1992, 40; Szyszka 1990, 30)

Die bisherigen Leerstellen in der PR-Berufsfeldforschung sind - wie bekannt - auch darauf zurückzuführen, daß Public Relations in der Bundesrepublik Deutschland kein Beruf im Sinne der Arbeitsverwaltung ist und amtliche Statistiken für dieses Tätigkeitsspektrum entsprechend nicht existieren. Umfassende, wissenschaftlich fundierte Kenntnisse über das Berufsfeld Öffentlichkeitsarbeit sind aber sowohl aus Perspektive der Praxis wie auch der Wissenschaft nötig,

- um eine Bestimmung der Funktionen und Leistungen der PR für die Gesellschaft und einzelne Teilsysteme leisten zu können (vgl. Ronneberger / Rühl 1992, 279f);
- um eine Abgrenzung der PR gegenüber benachbarten Berufen (z.B. gegenüber der Werbung oder dem Journalismus) zu begründen;
- um ein konsensualisiertes Selbstverständnis der Public Relations ausbilden zu können;
- um die Professionalisierungsbestrebungen des Berufes zu stützen (vgl. Signitzer 1994).

Und nicht zuletzt sind umfassende Kenntnisse über die Praxis der PR unerläßlich bei der Erarbeitung eines anerkannten Curriculums für die PR-Ausbildung.

## 1. Untersuchungsanlage

Untersucht wurden Stellenangebote für den Bereich Public Relations/Öffentlichkeitsarbeit, die in für den anzeigenvermittelten Stellenmarkt bedeutsamen überregionalen Zeitungen oder in relevanten Fachzeitschriften erschienen sind: *Die Zeit, Frankfurter Allgemeine Zeitung* (FAZ), *Journalist, Medium-Magazin, pr-magazin* und *Süddeutsche Zeitung* (SZ). Zusätzlich wurde mit *der Hannoverschen Allgemeinen Zeitung* (HAZ) eine Regionalzeitung in die Analyse einbezogen. Untersucht wurde der komplette Anzeigenteil der sieben Medien im Zeitraum vom 1. Januar 1993 bis zum 31. August 1994. Ausgewählt wurden nicht nur Anzeigen, in denen sich die Stellenbezeichnung explizit auf das Tätigkeitsfeld Public Relations bezieht, sondern auch solche, in denen nur aus der Tätigkeitsbeschreibung hervorgeht, daß Öffentlichkeitsarbeit der zentrale oder ausschließliche Inhalt der zu besetzenden Stelle ist.

## 2. Ergebnisse

Für den Untersuchungszeitraum wurden 633 unterschiedliche PR-Stellenangebote in 614 Anzeigen ermittelt.[3] Wer eine Stelle in der Öffentlichkeitsarbeit sucht, sollte vor allem den Anzeigenteil der FAZ, der SZ und der Zeitschrift Journalist regelmäßig lesen: Knapp drei Viertel aller Angebote (71,7%) erschienen in diesen drei Medien. Überraschend hoch ist dabei mit 20,8 Prozent der Anteil der *Public Relations*-Stellenangebote, die im Journalist, der Fachzeitschrift für *Journalisten*, veröffentlicht wurden. Demgegenüber ist die deutschsprachige Fachzeitschrift für Public Relations, das pr-magazin, mit nur 9,6 Prozent der Stellenangebote relativ unbedeutend. Bereits die Analyse der Fundorte der Stellenanzeigen legt die Vermutung nahe, daß vergleichsweise häufig JournalistInnen als die geeigneten KandidatInnen für die ausgeschriebenen PR-Stellen betrachtet werden. Welche Bedeutung journalistische Qualifikationen tatsächlich in der Öffentlichkeitsarbeit einnehmen - zumindest aus Sicht der Stellenanbieter - zeigt die dezidierte Analyse der in den Angeboten formulierten Qualifikationsanforderungen.

Zuvor jedoch noch einige Rahmendaten zu den Stellenanbietern, zum Status und zur Bezeichnung der ausgeschriebenen Stellen: Die Mehrzahl der Stellen wird von Wirtschaftsunternehmen (42,4%) angeboten, gefolgt von privaten Non-Profit-Organisationen und Agenturen mit je 20 Prozent der Nennungen. Relativ unbedeutend sind demgegenüber öffentliche Institutionen, von denen 10,1 Prozent der Stellen inseriert wurden. Die Bedeutung der einzelnen Branchen für den PR-Arbeitsmarkt entspricht im wesentlichen den Ergebnissen früherer Untersuchungen (vgl. Altmeppen / Roters 1992; Szyszka 1990). Vakante PR-Stellen finden sich vor allem in den Metropolen bzw. Ballungsräumen München, Köln/Bonn, Düsseldorf und Frankfurt. Deutlich mehr als der Hälfte der ausgeschriebenen Stellen sind auf der Mitarbeiter-Ebene angesiedelt (63,8%). Mit großem Abstand folgen Führungspositionen (Leitung, stellvertretende Leitung) mit 23,1 Prozent. PR-Ausbildungsplätze sind über den Stellenmarkt kaum zu erhalten. Lediglich neun Volontariatstellen (1,4%) wurden im Untersuchungszeitraum angeboten; sechs der neun Stellen wurden von Agenturen ausgeschrieben. Vergleichende Aussagen über die quantitative Entwicklung

---

3 Mehrfach zeitlich versetzt oder zeitgleich in unterschiedlichen Medien erschienene, inhaltlich identische Angebote wurden jeweils nur einmal berücksichtigt, ohne dabei allerdings den Anteil der einzelnen Medien an der Grundgesamtheit zu verändern. Die 633 untersuchten Stellenangebote repräsentieren entsprechend 633 unterschiedliche vakante Stellen.

des anzeigenvermittelten PR-Stellenmarktes sind für die Jahre 1991 (Altmeppen / Roters 1992) und 1993 möglich. Für das Jahr 1993 wurden in der hier dargestellten Untersuchung 361 Stellenangebote ermittelt; 1991 waren es 344 Anzeigen (Altmeppen / Roters 1992). Die allgemein prognostizierten Wachstumstendenzen der PR können also für die Jahre von 1991 bis 1993 nicht bestätigt werden.

Kennzeichnend für das Berufsfeld Public Relations ist eine Offenheit und unscharfe Konturierung; Public Relations ist eine „Sammelbezeichnung für ein ausgesprochen heterogenes Spektrum von Betätigungsfeldern und Tätigkeitsbereichen" (Szyszka 1995, 318). Diese Heterogenität oder auch Orientierungslosigkeit spiegelt sich unter anderem in einer Vielzahl von unterschiedlichen Stellenbezeichnungen in den Angeboten wider. Eindeutige Schwerpunkte in der Begrifflichkeit lassen sich kaum feststellen. Am gebräuchlichsten ist noch die Bezeichnung „PR-ReferentIn", die in rund einem Fünftel der Angebote verwendet wird (20,5%). Etwa gleich häufig findet sich die Bezeichnung „(stellvertretende/r) PR-LeiterIn" (17,1%) - Bezeichnungen, die stärker auf die hierarchische Ansiedlung der Stelle als auf inhaltliche Aspekte der Tätigkeit verweisen. In 15 Prozent der Stellenangebote wurde ein/e „PR-MitarbeiterIn" gesucht. Im Hinblick auf die Bedeutung journalistischer Qualifikationen in der Öffentlichkeitsarbeit ist das folgende Ergebnis interessant: In einem Fünftel der inserierten Angebote (135 Stellen; 21,3%) werden explizit Berufsbezeichnungen aus dem Journalismus verwendet; 74 mal werden „(PR-)RedakteurInnen" und in 61 Fällen „(PR-)JournalistInnen" via Anzeige gesucht. Die häufige Verwendung journalistischer Berufsbezeichnungen in den PR-Stellenangeboten kann wiederum als ein Hinweis auf die hohe Bedeutung journalistischer Qualifikationen für Public Relations gewertet werden.

### 2.1. Qualifikationsanforderungen für Public Relations

Wie wichtig journalistische Fähigkeiten, Fertigkeiten und Kenntnisse tatsächlich für Public Relations sind und welchen Stellenwert ihnen PR-Arbeitgeber zuweisen, zeigt die Analyse der in den Stellenangeboten formulierten Qualifikationsanforderungen. Die Merkmale, Eigenschaften, Fähigkeiten und Kenntnisse, die von den BewerberInnen gefordert werden, lassen sich systematisch in drei Kategorien aufteilen:

- *Persönliche Merkmale und Qualifikationen*: Hierzu zählen in der Person verankerte Eigenschaften und Merkmale wie z.b. Alter, Geschlecht oder auch Charaktereigenschaften und zudem Eigenschaften, die zwar stark an die Persönlichkeit gebunden sind, aber durchaus erlernbar sind, wie z.b.: Fähigkeit zur Teamarbeit, sicheres Auftreten oder Verhandlungsgeschick.
- *Sachqualifikationen* umfassen erlernbare Fähigkeiten und Kenntnisse (z.b. Fremdsprachenkenntnisse, Berufserfahrung), die sich häufig in formalen Bildungsabschlüssen ausdrücken (z.b. abgeschlossenes Studium).
- *PR-Qualifikationen* beinhalten die Fähigkeiten, Fertigkeiten und Kenntnisse, die als PR-spezifisch gelten können (z.b. Kenntnisse in PR-Konzeptionstechnik, Investor Relations).

In den 633 Stellenangeboten wurden insgesamt 4.829 Qualifikationen bzw. Merkmale formuliert. Die Anforderungen verteilen sich relativ gleichmäßig auf die drei Kategorien: Am häufigsten werden dabei persönliche Merkmale/Qualifikationen mit 1.687 Nennungen genannt, gefolgt von 1.581 PR-Qualifikationen und 1.561 Sachqualifikationen. Die Analyse der persönlichen Merkmale und Qualifikationen zeigt: PR-ExpertInnen müssen vor allem engagiert (254 Nennungen), teamfähig (189 Nennungen) und kreativ (140 Nennungen) sein und außerdem bereit sein, Verantwortung zu übernehmen (133 Nennungen). Last but not least sollten sie in hohem Maße kontaktfähig sein und über besondere Fähigkeiten im Umgang mit Menschen verfügen (115 Nennungen).

Journalistische Qualifikationen und journalistisches Know-how haben aus Sicht der PR-Arbeitgeber eine zentrale Bedeutung für die Öffentlichkeitsarbeit (siehe Schaubild 1). In rund der Hälfte der inserierten Stellen - in 327 von 633 Angeboten - werden explizit BewerberInnen mit journalistischer Berufserfahrung und/oder journalistischer Ausbildung gesucht. Journalistische Vorerfahrung wird gleichermaßen von allen Stellenanbietern und für PR-Stellen auf allen Hierarchiestufen gefordert. Auf Platz zwei der Sachqualifikationen liegt das Hochschulstudium: In 231 Angeboten (36,5%) wird ein (abgeschlossenes) Studium von den BewerberInnen verlangt. Die Fachrichtung scheint dabei zweitrangig zu sein: 16,1 Prozent (102 Angebote) verzichten ganz auf die Angabe von „Wunschfächern". In den restlichen Stellenangeboten werden relativ gleich verteilt sozial-, geistes- und wirtschaftswissenschaftliche Fachrichtungen angegeben; Naturwissenschaften haben hier nur eine marginale Bedeutung. Zu den zentralen Sachqualifikationen, über die die BewerberInnen verfügen sollten, zählen weiterhin: „besondere" sprachliche Fertigkeiten (z.B. Stilsicherheit und Beherrschung der deutschen Grammatik) (33,5%), Fremdsprachenkenntnisse (31,9%), „allgemeine" Berufserfahrung (hier ohne journalistische Berufserfahrung) und besondere Kenntnisse aus dem Fachgebiet des Bereiches, in dem die PR-Stelle angesiedelt ist (gemäß des Mottos: „Für ein Gericht kann nur ein Jurist Öffentlichkeitsarbeit machen") (zusammen 29,8%).

*Anforderungen an die Sachqualifikationen der BewerberInnen (n=1561)* — Schaubild 1

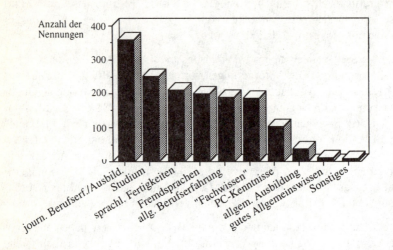

Von den PR-Arbeitgebern werden eher Generalisten als Spezialisten gesucht: In rund neun von zehn Angeboten wird von den BewerberInnen „allgemeine PR-Erfahrung" (88,8%) gefordert, zugleich werden nur wenige PR-Spezialkenntnisse - z.B. Kenntnisse im Bereich Grafik/Multi Media, in Investor oder Financial Relations - benannt (siehe Schaubild 2). Die häufige Verwendung solch allgemeiner Formulierungen wie „Sie beherrschen die Mittel und Instrumente der Öffentlichkeitsarbeit" oder „Sie haben Erfahrungen in praktischer PR" kann aber auch als Indiz dafür gewertet werden, daß viele PR-Arbeitgeber offenbar kaum in der Lage sind, konkrete PR-Qualifikationen und Kriterien für PR-Kompetenz zu benennen.

*Anforderungen an die PR-Qualifikationen der BewerberInnen (n=1581)*  Schaubild 2

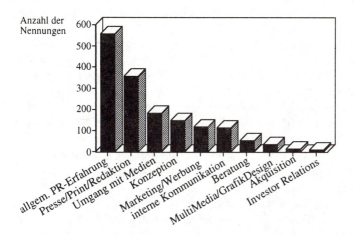

Public Relations scheinen in der Praxis nach wie vor in erster Linie Pressearbeit zu sein: In mehr als der Hälfte der Stellenangebote (56,1%) werden von den BewerberInnen Kenntnisse im Bereich Pressearbeit, Print, Redaktion erwartet. Entsprechend werden relativ häufig auch spezielle Kenntnisse im Umgang mit Medien gefordert (28,9%). Gegenüber den journalistisch-handwerklichen Kompetenzen (Pressearbeit) fallen weitere PR-spezifische Qualifikationen in den Stellenangeboten kaum ins Gewicht: Kenntnisse in konzeptioneller PR werden in rund jeder vierten Stellenausschreibung gewünscht (23,1%), bedeutsam sind zudem noch Erfahrungen mit interner Kommunikation (18,2%; 115 Nennungen). In den formulierten PR-Qualifikationen spiegelt sich nicht nur die in der Praxis vorhandene Nähe der PR zum Berufsfeld Journalismus, sondern auch zu Werbung und Marketing, wider: So werden in fast jedem fünften Stellenangebot (18,3%) spezielle Kenntnisse aus den Bereichen Marketing und / oder Werbung gefordert.

## 3. Diskussion der Ergebnisse und Ausblick

Journalisten werden für die besseren PR-Experten gehalten - ein wenig überspitzt formuliert lassen die vorgestellten Ergebnisse diese Schlußfolgerung zu. Journalistische Qualifikationen nehmen - zumindest aus Perspektive der Stellenanbieter - einen zentralen Stellenwert in der Öffentlichkeitsarbeit ein. Ob journalistische Vorerfahrung tatsächlich eine entscheidende Rolle bei den Stellenbesetzungen spielt, ob entsprechend in der Praxis ein hoher Anteil von ehemaligen JournalistInnen unter den PR-ExpertInnen zu finden ist, kann angenommen, aber nicht endgültig empirisch belegt werden. Denn die jüngsten Untersuchungsergebnisse stammen aus den Jahren 1988 und 1989 (Riefler 1988; Böckelmann 1991) und betreffen zudem nur einzelne Tätigkeitsfelder der PR. Böckelmann untersuchte die Leiter von Pressestellen und ermittelt hier einen Anteil von PR-Experten mit journalistischer Vorerfahrung von 22 Prozent bei Wirtschaftsunternehmen, 42 Prozent bei Organisationen und 28 Prozent bei öffentlichen Einrichtungen (Böckelmann 1991, 86). Riefler befragte Agenturleiter und selbständige PR-Berater, die vor ihrer PR-Tätigkeit zu 69 Prozent im Journalismus gearbeitet hatten (Riefler 1988, 34f). Daß häufig JournalistInnen für Aufgaben der Öffentlichkeitsarbeit gesucht werden, ist vor dem Hintergrund folgender struktureller Aspekte des Tätigkeitsfeldes Public Relations verständlich und nachvollziehbar:

In der Praxis ist PR - dies unterstützen die Ergebnisse dieser Inhaltsanalyse wie die anderer Studien (vgl. z.B. Pracht 1991) - nach wie vor in erster Linie Pressearbeit und weit entfernt von der geforderten konzeptionellen Öffentlichkeitsarbeit oder einem „Kommunikationsmanagement" (vgl. z.B. Haedrich 1994; Dörrbecker / Rommerskirchen 1990). Entsprechend liegt es nahe, JournalistInnen, die das Handwerk des Recherchierens, Schreibens, Redigierens beherrschen, mit Öffentlichkeitsarbeit im Sinne von Pressearbeit zu beauftragen. JournalistInnen sind zudem eine der zentralen Zielgruppen der PR. Mit der Einstellung von JournalistInnen als PR-ExpertInnen mag somit die Erwartung verbunden sein, diese Zielgruppe besser und zielgerichteter zu erreichen - schließlich sind JournalistInnen bestens mit den Regeln und Routinen der Redaktionen vertraut. Die Übernahme journalistischer Standards und die Orientierung an journalistischen Produktionsroutinen der Öffentlichkeitsarbeit dient der Optimierung des Kommunikationserfolges der PR; das Verhalten bzw. die Berichterstattung der Medien soll möglichst weitreichend prognostiziert werden können. Die Übertragung von PR-Aufgaben an JournalistInnen dient der Kontrolle der Ungewißheitsquelle Medien (vgl. Theis 1992). In gewissem Sinne ist die Logik nachvollziehbar, nach der JournalistInnen für PR-Aufgaben engagiert werden, sie ist aber dennoch nicht schlüssig. Denn nach der gleichen Logik müßten FernsehnutzerInnen die besten ProgrammplanerInnen und KonsumentInnen die besten WerbestrategInnen sein. Das Wissen als Zielgruppe - in diesem Fall das Wissen der JournalistInnen als Zielgruppe der Öffentlichkeitsarbeit - reicht aber allein nicht aus, um professionelle Arbeit leisten zu können.

Nicht nur das Insiderwissen der JournalistInnen über Entscheidungsprogramme und Auswahlkriterien in Redaktionen mag sie aus Sicht der PR-Arbeitgeber für PR-Aufgaben besonders qualifizieren: Auch das deutlich bessere Image von JournalistInnen könnte von Bedeutung sein. Journalismus erfüllt Normen glaubwürdiger Kommunikation - dies kann im wesentlichen immer noch als Konsens angesehen werden. PR ist dazu aus Sicht der Öffentlichkeit und Teilöffentlichkeiten nicht oder kaum in der Lage. PR wird zu Recht in erster Linie als Auftraggeberkommunikation und als Vertretung von Partikularinteressen wahrgenommen (vgl. Saxer 1994, 204). Public Relations haben, zumindest in Deutschland, ein Imageproblem; PR und PR-Experten gelten als wenig glaubwürdig (vgl. z.B. Avenarius 1995, 5ff). Vielleicht, so die These, ist mit der Einstellung von JournalistInnen für Aufgaben der Öffentlichkeitsarbeit der Versuch verbunden, die Glaubwürdigkeitsdefizite der PR über die Person und Persönlichkeit des Akteurs auszugleichen. JournalistInnen haben nicht nur das Handwerk der Pressearbeit gelernt, sie verkörpern zudem, vermittelt über ihre Ausbildung und journalistische Berufspraxis, die Kriterien nachvollziehbarer, glaubwürdiger und objektiver Informationsfindung und -vermittlung. Ob JournalistInnen in der Rolle des PR-Experten von den Zielgruppen der Öffentlichkeitsarbeit als besonders glaubwürdig wahrgenommen werden, ist dabei durchaus fraglich. Deutlich wird an der These jedoch, daß PR auf die Optimierung persuasiver Techniken setzt und kaum eigenen Regeln und Normen ausbildet oder gegenüber den Journalisten erkennen lassen kann.

Unbestritten haben journalistisch-handwerkliche Fähigkeiten und Kenntnisse in der Praxis der Öffentlichkeitsarbeit Relevanz, ist journalistisches Handwerkszeug für die Ausübung des PR-Berufes - und zwar sowohl in der Rolle des Managers als auch in der des „Technicians" - hilfreich. Die Konsequenz, daß in relativ hoher Zahl JournalistInnen für PR-Aufgaben gesucht werden, deutet jedoch auf erhebliche Defizite in der PR-Ausbildung und Berufskultur hin, denn schließlich sind journalistisch-handwerkliche Fähigkeiten und Kenntnisse nur *ein* Element im Set der für die PR bedeutsamen Qualifikationen.

Public Relations mangelt es wie vielen Berufen mit freiem, nicht formalisiertem Zugang an einer eindeutigen, von außen identifizierbaren Kontur und Struktur. Eine deutliche Abgrenzung gegenüber benachbarten Berufen, hier insbesondere gegenüber dem Journalismus, ist nicht vorhanden. Zum Teil scheint es, daß Public Relations als eine (moralisch geringerwertige) Spielart des Journalismus angesehen wird, dies deuten Stellenbezeichnungen wie „PR-Redakteur" oder „PR-Fachjournalist" an. Zugleich fehlen den Public Relations identitätsstiftende eindeutige Orientierungen und typische Charakteristika, wie sie z.B. in einheitlichen Berufsbezeichnungen auszumachen wären. Die Konturlosigkeit und wenig entwickelte Identität der Public Relations ist unter anderem auf fehlende berufsspezifische Grundlagen zurückzuführen: „Das Tätigkeitsspektrum der ÖA (...) umfaßt wenige berufsspezifische Komponenten, aber viele fachfremde Anforderungen, und es ist insgesamt eher generalistisch als spezialisiert." (Altmeppen / Roters 1992, 49). Fehlende exklusive und spezialisierte Kenntnisse und Fertigkeiten gehen Hand in Hand mit einer nicht oder nur in Ansätzen erkennbaren systematischen Ausbildung und den diesbezüglich erforderlichen theoretischen Grundlagen. Folglich verwundert es nicht, daß Stellenanbieter häufig PR-fremde (= journalistische) Qualifikationsanforderungen an die BewerberInnen richten: Sie verlassen sich aus Mangel an definierten PR-Qualifikationen auf bekannte und in gewisser Weise verläßliche Qualifikationen und auf das Fachwissen aus anderen, benachbarten Berufen und Fächern.

Festzuhalten bleibt, daß es der PR an exklusiver Problemlösungskompetenz fehlt oder diese zumindest nicht hinreichend nach außen dargestellt werden kann. Ein exklusives Kompetenzmonopol, klar definierte Funktionen und Leistungen der PR für die Gesellschaft und einzelne Teilsysteme sind aber nötig, um eine Abgrenzung gegenüber anderen Berufen sicherzustellen, die auch von den Auftraggebern und Zielgruppen der Öffentlichkeitsarbeit wahrgenommen werden kann. Dies stellt die Grundvoraussetzung für eine eigenständige PR-Identität dar. Die Frage bleibt, ob die PR-Praxis und Wissenschaft in der Lage sein kann und wird, spezifisches Fachwissen, das aus mehr besteht als journalistischen Kompetenzen und guter Menschenkenntnis, zu definieren und nach außen hin überzeugend darzustellen. Angesichts der Heterogenität des Berufsfeldes bezüglich der Vielfalt der Organisationsformen, der Ziele und der Strukturen von Öffentlichkeitsarbeit erscheint es zumindest ausgesprochen schwierig, wenn nicht gar unmöglich, ein Kompetenzmonopol aufzubauen, auf das sich eine übergreifende Identität und verbindende Berufskultur aufbauen könnte. Denn PR ist und bleibt immer Auftraggeberkommunikation und als solche kaum in der Lage, eigene Normen und Regeln auszubilden (vgl. auch Saxer 1994). Öffentlichkeitsarbeit ist primär gebunden an die normative Basis ihrer Auftraggeber. Deren Organisationsstruktur und -philosophie bestimmen die Handlungsspielräume, das Berufshandeln und das letztendlich auch das Rollenverständnis der PR-Akteure und legen den Grad der organisatorischen und inhaltlichen Autonomie PR fest. Deshalb ist es auch kein Zufall, daß die PR-Berufskultur mit eigenen normativen, ethischen Grundlagen entsprechend schwach entwickelt ist und den PR-Akteuren in bezug auf ihr Berufshandeln und Rollenverständnis keine verbindliche und berufsrelevante Handlungsorientierungen und Rollenvorbilder bieten kann.

## Literatur

*Altmeppen*, Klaus-Dieter / Gunnar *Roters* (1992): „Weder ÖA noch PR? Notizen zu einem diffusen Berufsfeld." In: pr-magazin Heft 10/92, S. 39-50.

*Avenarius*, Horst (1995): Public Relations. Die Grundform der gesellschaftlichern Kommunikation. Darmstadt: Wissenschaftliche Buchgesellschaft.

*Böckelmann*, Frank (1991): Pressestellen der öffentlichen Hand. (Pressestellen III). München: UVK Medien.

*Dörrbecker*, Klaus / Klaus *von Rommerskirchen* (Hrsg.) (1990): Blick in die Zukunft. Kommunikationsmanagement. Perspektiven und Chancen der Public Relations. Remagen-Rolandseck: Rommerskirchen.

*Haedrich*, Günther (1994): Die Rolle von Public Relations im System des normativen und strategischen Managements. In: *Armbrecht*, Wolfgang / Ulf *Zabel* (Hrsg.): Normative Aspekte der Public Relations. Opladen: Westdeutscher Verlag, S. 91-107.

*Pracht*, Petra (1991): „Zur Systematik und Fundierung praktischer Öffentlichkeitsarbeit. Ein Soll-Ist-Vergleich." In: pr-magazin, Heft 5/91, S. 39-46.

*Riefler*, Stefan (1988): „Public Relations als Dienstleistung." In: pr-magazin. Heft 5/88, S. 33-44.

*Ronneberger*, Franz / Manfred *Rühl* (1992): Theorie der Public Relations. Ein Entwurf. Opladen: Westdeutscher Verlag, S. 279 ff.

*Röttger*, Ulrike (1995): Der PR-Arbeitsmarkt. Inhaltsanalytische Untersuchung von PR-Stellenanzeigen der Jahre 1993 und 1994. Hannover. (unveröffentlichtes Gutachten im Auftrag der Fachhochschule Hannover).

*Saxer*, Ulrich (1994): „Norm und Gegennorm. Probleme und Normenverträglichkeit in der PR-Arbeit." In: *Armbrecht*, Wolfgang / Ulf *Zabel* (Hrsg.): Normative Aspekte der Public Relations. Opladen: Westdeutscher Verlag, S. 195-224.

*Signitzer*, Benno (1994): „Professionalisierungstheoretische Ansätze und Public Relations: Überlegungen zur PR-Berufsforschung." In: *Armbrecht*, Wolfgang / Ulf *Zabel* (Hrsg.): Normative Aspekte der Public Relations. Opladen: Westdeutscher Verlag, S. 265-280.

*Szyszka*, Peter (1990): „Der Mythos vom „anderen" Journalisten. Ein Berufsbild zwischen Schein und Sein." In: pr-magazin, Heft 4/90, S. 27-38.

*Szyszka*, Peter (1995): „Öffentlichkeitsarbeit und Kompetenz: Probleme und Perspektiven künftiger Bildungsarbeit." In: *Bentele*, Günter / Peter *Szyszka* (Hrsg.): PR-Ausbildung in Deutschland. Opladen: Westdeutscher Verlag, S. 317-342.

*Theis*, Anna Maria (1992): „Inter-Organisationsbeziehungen im Mediensystem: Public Relations aus organisationssoziologischer Perspektive." In: Publizistik, Heft 1, 37. Jg., S. 25-35.

# IV. Die Inhalte: Veränderungen von Qualitätskriterien und ethisch-moralischen Standards

*Bernhard Debatin*

# Ethische Grenzen oder Grenze der Ethik?

## Überlegungen zur Steuerungs- und Reflexionsfunktion der Medienethik

Das in den letzten Jahren gewachsene Interesse der Kommunikationswissenschaft an medienethischen Fragen hat auch in Deutschland eine beachtliche Fülle an fall- und anwendungsorientierten Veröffentlichungen mit sich gebracht. Einschlägige theoretisch-philosophische Arbeiten sind dagegen eher selten anzutreffen, und wenn doch, dann sind sie interessanterweise theologisch dominiert (z.B. Funiok 1996, Holderegger 1992 und Wunden 1989). Der mehrfach angemahnte Dialog zwischen Ethikern und Kommunikationswissenschaftlern hat offensichtlich gerade erst begonnen (vgl. Wunden 1996, Holderegger 1992a). Ich möchte dies zum Anlaß von theoretischen Überlegungen zu Funktion, Begründung und innerer Differenzierung der Medienethik nehmen.

Eine allgemeine Bestimmung der Medienethik kann *gegenstandsorientiert* entwickelt werden, also mit Blick auf ihre Inhalts- und Anwendungsbereiche (so bei Loretan 1994), oder nach *funktionalen* Gesichtspunkten, also mit Rücksicht auf die von der Medienethik erwarteten Leistungen. Ich halte eine funktionale Bestimmung für die sinnvollere, da umfassendere Herangehensweise, denn durch sie werden Funktionen, Aufgaben und Inhaltsbereiche von vorne herein systematisch einander zugeordnet. Ich unterscheide zwei grundlegende Funktionen der Medienethik, nämlich die Steuerungsfunktion und die Reflexionsfunktion: In der *Steuerungsfunktion* ist Medienethik ist als integrierendes, legitimierendes und motivbildendes Moment zu verstehen, und zwar auf der institutionellen und organisatorischen Ebene wie auch auf der Ebene des individuellen Handelns. In der *Reflexionsfunktion* hat Medienethik zum einen die medienkritische Aufgabe, die Operationen und Selektionen des Mediensystems und seiner Akteure unter ethischem Hinblick zu reflektieren, zum anderen hat sie die moralphilosophische Aufgabe, die medienethischen Prinzipien selbst zu begründen.

Meine These ist nun, daß Medienethik nur dann mehr sein kann als bloßes Beschwichtigungsritual und nachgereichte Legitimationserzeugung, wenn die

Steuerungs- und die Reflexionsfunktion miteinander verbunden werden. Solange Medienethik nur als *Steuerungsmechanismus* auf der Grundlage des eingelebten Ethos sowie organisations- und individualmoralischer Normen betrachtet wird, fehlt ihr der kritische Maßstab, anhand dessen diese Normen und das Ethos zu beurteilen und gegebenenfalls zu verändern wären.[1] Beschränkt sich die Medienethik hingegen ganz auf die *Reflexionsfunktion* und vernachlässigt dabei ihre praktische Umsetzung, so läuft sie Gefahr, zur rein akademischen Übung zu verkümmern. Angesichts des derzeitigen Übergewichtes der kommunikationswissenschaftlichen Position halte ich aber eine verstärkte Hinwendung zur moralphilosophischen Begründungs- und Reflexionsebene für sinnvoll.

Im folgenden sollen nun die beiden Grundfunktionen der Medienethik genauer betrachtet und im Blick auf ihre Aufgaben und Inhaltsbereiche differenziert werden.

## 1. Die Steuerungsfunktion der Medienethik: Ethos und Moral

Die Steuerungsfunktion als integrierendes, legitimierendes und motivbildendes Moment ist auf zwei Ebenen von Bedeutung, nämlich auf der institutionell-organisationsinternen Ebene und auf der individuellen Ebene.

a) Auf der *institutionell-organisationsinternen Ebene* gehört hierzu *erstens* im weitesten Sinne die an ethischen Prinzipien orientierte institutionelle Verfaßtheit der Massenmedien,[2] hinzu kommen Satzungen, Programmgrundsätze und Geschäftsordnungen, in denen Normen wie wahrheitsgemäße Berichterstattung, Sorgfaltspflicht, Menschenwürde, Diskriminierungsverbot und Recht auf Kritik öffentlicher Personen und Vorgänge niedergelegt sind; schließlich sind hier auch ethische Institutionen und Kontrollgremien, wie etwa der Deutsche Presserat oder der Deutsche Werberat, zu nennen. *Zweitens* gehören zu dieser

---

1 Die Verkürzung der Medienethik auf den Bereich von Individualmoral und gesellschaftlicher Sittlichkeit scheint in der kommunikationswissenschaftlichen Diskussion dazu geführt zu haben, daß das Hauptproblem der Medienethik im Konflikt zwischen individueller Gesinnung und organisationeller Verantwortung verortet wird (vgl. etwa Saxer 1988; Ruß-Mohl / Seewald 1992; Haller 1992). Das Problem der moralphilosophischen Begründung und Reflexion medienethischer Werte und Normen wird dabei häufig mit dem Verweis auf empirisch vorfindliche Normen aus dem journalistischen Ethos, dem Pressekodex oder dem Verfassungsrecht umgangen (so bei Bentele 1988; Wollig 1996).
2 Also z.B. gesetzliche Bestimmungen wie die im Grundgesetz garantierte Presse- und Meinungsfreiheit, Rundfunkgesetze, Staatsverträge und die sogenannten Rundfunkurteile.

Ebene medienspezifische Berufsnormen, die in berufsständischen Ethikkodizes, wie dem Pressekodex des deutschen Presserates, verankert sind, sowie das tradierte Ethos journalistischer Berufskultur, das in professionsspezifischen Werten wie Wahrheit, Objektivität, Richtigkeit, Sorgfaltspflicht, Kritik und Fairneß zum Ausdruck kommt. Hinzu kommen *drittens* ethische Selbstverpflichtungen auf Organisationsebene, die in formellen Organisationssatzungen niedergelegt sind oder informell als Organisationskultur gepflegt werden.[3]

b) Auf der *individuellen Ebene* finden wir *erstens* die allgemeinen moralischen Überzeugungen und Gewissensnormen des Individuums, also jene moralische Intuitionen, Werte und Normen, die als motivationale Handlungsorientierung und interne Steuerung des Individuums fungieren. Die hier vorfindliche individuelle Moralität läßt sich moralphilosophisch in Kategorien der Entwicklung des moralischen Urteils rekonstruieren (vgl. Habermas 1983, 127-206). Hinzu gehören *zweitens* die medienspezifischen moralischen Normen und Werte des Individuums, etwa der 'kritische Anspruch', die Selbstverpflichtung auf freie Information und Gegeninformation, die Norm der richtigen Berichterstattung oder die Idee der kritschen Öffentlichkeit. Diese zu einer professionellen Ethik zusammenfließenden Werte und Normen stehen in direktem Zusammenhang mit dem Weltbild und den allgemeinen moralischen Überzeugungen des Individuums. Schließlich gehören *drittens* konkrete journalistische Praktiken und Verhaltensweisen dazu, die vom Ethos des jeweiligen Individuums abhängen (z.B. individuelle journalistische Sorgfalt, Arbeits- und Recherchepraktiken, Unbestechlichkeit, Fairneß und Rücksichtnahme etc.). Sie meist durch eine Art 'osmotischen Sozialisationsprozeß' während der Ausbildung erworben.

Die institutionellen Werte und Normen und das organisationsintern praktizierte journalistische Ethos sind als *Steuerungspotential* des Mediensystems tatsächlich eher schwach und indirekt. Ihre Stärke liegt darin, daß sie eine notwendige Bedingung für ein an moralischen Prinzipien und Werten orientiertes journalistisches Handeln darstellen. In diesem Sinne ist es auch im Bereich der Medien die Aufgabe der institutionellen Ethik, den Rahmen und die Bedingungen der Möglichkeit für individuelles Handeln zu schaffen (vgl. Hubig 1993). Umgekehrt müssen die in diesem Rahmen handelnden Individuen aber auch über eine hinreichende moralisch motivierte Innensteuerung verfügen, denn der beste institutionelle Rahmen bleibt sinn- und folgenlos, wenn er nicht durch

---

3   Z.B. der Verzicht auf Gewalt- und Pornographiedarstellungen, der Verzicht auf Sensationalismus im Stile des Reality-TV, die Verpflichtung auf bestimmte Informations- und Recherchepraktiken oder allgemeiner die Verpflichtung auf den demokratischen Wertekonsens.

eine moralische Handlungspraxis der Individuen ausgefüllt wird. Analog dazu läuft aber auch die Moralität des Einzelnen ins Leere oder wird zum Kampf gegen Windmühlen, wenn den moralisch geleiteten Handlungen des Individuums keine entgegenkommenden institutionellen Strukturen unterliegen. Erst im Zusammenspiel von institutioneller und individueller Ebene kann die Medienethik als Steuerungspotential wirksam werden.

Freilich ist hier zu bedenken, daß auch bei optimalen medienethischen Rahmenbedingungen die Steuerungsfunktion der Medienethik durch konfligierende Systemfunktionen oft stark eingeschränkt wird. Systemische Imperative wie Rentabilität, Markt- und Zielgruppenorientierung, Konkurrenz-, Zeit- und Erfolgsdruck, aber auch strukturelle Zwänge der Organisation, wie Organisationsroutinen, Redaktionsmanagement, Arbeitsverteilung und 'redaktionelle Linie' können einem an medienethischen Werten und Normen ausgerichteten Handeln entgegenstehen. In der Medienpraxis sind Gewissenskonflikte und betriebsinterne Auseinandersetzungen damit vorprogrammiert. Solche Konflikte aber sind, wenn auch im Einzelfall belastend, im ganzen gesehen produktiv, da sie die je empirischen Grenzen der Ethik durch das Setzen ethischer Grenzen überschreiten. Wenn auf diese Weise ethisch geleitetes journalistisches Handeln zur Herausbildung einer anerkannten professionellen Ethik führt, kann dies zur Verbesserung und Sicherung von Qualitätsstandards beitragen, denn eine professionelle Ethik ermöglicht es den Journalisten „ihre Mühen als Dienst an der Öffentlichkeit zu verstehen, dies als Rechtfertigung von Autonomieansprüchen und als Grund für Interessenneutralität aufzufassen und dafür kritische Standards und professionellen Konsens zu institutionalisieren" (Luhmann 1996, 189).

## 2. Die Reflexionsfunktion der Medienethik: Kritik und Ethik

Eine weitere Voraussetzung für die Wirksamkeit der Medienethik ist schließlich eine nicht nur in bildungs- und medienpolitischen Appellen postulierte, sondern tatsächlich praktizierte medienethische Reflexion. Medienethische Reflexion ist eine Beobachtung zweiter Ordnung, die nicht nur philosophische Begründungs- und Reflexionsleistungen erbringt, sondern zugleich Bildung von Öffentlichkeit über Öffentlichkeit ist. Auch bei der Reflexionsfunktion unterscheide ich zwei Ebenen, nämlich die Ebene der ethischen Reflexion des Mediensystems und die Ebene der ethischen Begründung und Reflexion der Medienethik.

a) Bei der *ethischen Reflexion des Mediensystems* geht es *erstens* um eine ethische Kontingenzreflexion, d.h. um die Reflexion der durch die medialen Operationen und Selektionen erzeugen Kontingenzen. Hierbei kann das Mediensystem gleichsam seine eigenen Beobachtungen unter ethischen Gesichtspunkten beobachten und reflektieren. Konkreter ausgedrückt ist hier etwa zu analysieren, warum, von wem, wie und mit welchen Folgen etwas ausgewählt und thematisiert wird; dabei geht es auch um die allgemeinere Problematik der Realitätskonstruktion durch die Medien (vgl. Luhmann 1996, Schulz 1990). *Zweitens* ist hier die kritische Reflexion von ethisch problematischen Inhalten, Vorgängen und Handlungen im Mediensystem zu nennen - diese öffentliche Reflexion der Öffentlichkeit ist das klassische Feld der fallstudienorientierten kommunikationswissenschaftlichen Medienethik.[4] Im weiteren Sinne geht es hier aber auch um die kritische Analyse von problematischen medialen Formen wie z.B. Unterhaltung, Werbung oder Gewaltdarstellungen, und auch um kritische Diskurs- und Sprachanalyse, wie z.B. die Analyse von geschlechtsspezifischen Kommunikationsformen oder von Rhetorik und Demagogie in den Massenmedien. *Drittens* gehört hierzu auch die kritische Reflexion und Bewertung der technischen, institutionellen, wirtschaftlichen und gesellschaftlichen Strukturen und Prozesse des Mediensystems. Hier ist kritische Strukturanalyse gefragt, also etwa die Auseinandersetzung mit und die Bewertung von neuen Informations- und Kommunikationstechnologien, die Analyse von medienpolitischen Prozessen und massenmedialen Organisationsformen (z.B. Rundfunkräte in den Sendeanstalten), die Untersuchung von Konzentrations- und Kommerzialisierungsbewegungen im Medienbereich, oder auch der Markt- und Machtabhängigkeit der Medien (z.B. Einschaltquoten, politische Einflußnahme).

b) Im Blick auf die *ethische Begründung und Reflexion der Medienethik* ist zunächst festzuhalten, daß Medienethik philosophisch betrachtet keine Sonderethik eigenen Rechts ist, sondern eine auf einen besonderen Gegenstands- und Handlungsbereich angewandte Ethik, und damit Teil der praktischen Philosophie. Allerdings muß die Medienethik (im Unterschied zur reinen Individualethik) immer schon mit Systemstrukturen rechnen. Massenkommunikation als

---

4 Erinnert sei an die medienkritischen Aufarbeitungen des Skandals um die 'Hitler-Tagebücher' im *Stern*, des Gladbecker Geiseldramas, und der gefälschten Berichte im *Stern-TV*, - oder allgemeiner: an die Kritik an der medialen Kriegsberichterstattung, an Reality-TV etc.

durch technische Medien mehrstufig vermittelte und meist einseitige Kommunikation erfordert (ähnlich wie die Technikethik) ein systemisches Ethikverständnis und eine „Fernethik" (vgl. Gehlen 1986, 137 ff.), die individuelle Handlungsverantwortung mit den systembedingten Folgeproblemen[5] vermittelt.

Das philosophische Reflexionsgeschäft der Medienethik läßt sich dabei folgendermaßen umreißen: *Erstens* geht es darum, verschiedene Ansätze und Begründungsstategien der Ethik für die Medienethik fruchtbar machen.[6] Für die Medienethik sind m.E. Ansätze aus der *kommunikativen Ethik* besonders interessant, da diese Ethikbegründung und ethisches Entscheidungsverfahren aus den Strukturen der Kommunikation selbst herleiten. So kann, wie Arens (1996) gezeigt hat, aus der Diskursethik nicht nur eine allgemeine Begründung für die Medienethik gewonnen werden, sondern es lassen sich aus ihr in Anknüpfung an die universalen Prinzipien Wahrheit, Wahrhaftigkeit und Gerechtigkeit auch konkrete, normativ gehaltvolle Prinzipien für die Medienethik ableiten. Der Geltungsanspruch der Medienethik beruht damit also auf einer geltungskritischen Reflexion und einer situationsbezogenen Applikation universeller Normen. In diesem Zusammenhang gehört es auch zum Reflexionsgeschäft der Medienethik, ihre gesellschaftlichen Wirkungen und ihre eigenen Unterscheidungen zu thematisieren sowie die Grenzen dieser Unterscheidungen zu bestimmen (vgl. Brieskorn 1996).[7] Die philosophische Begründung von medienethischen Grundsätzen kann so den gerade der Medienethik oft anhaftenden Verdacht der bloßen Zufälligkeit und Willkür überwinden. Aufbauend auf der allgemeinen Begründung der Medienethik kann dann an demokratietheoretische und gesellschaftlich-historische Elemente der Medienethik angeschlossen werden, etwa durch die Rekonstruktion der Ideen und normativen Gehalte von Aufklärung und Öffentlichkeit (vgl. Habermas 1990; 1992, 349-467; Hirschfeld / Debatin 1989). *Zweitens* geht es darum, den Bezug zu anderen Teilethiken herstellen, hier ist v.a. die Technikethik zu nennen. Da nämlich die Kommunikationstechniken die Strukturen, Funktionen und Prozesse der öffentlichen Kommunikation erheblich beeinflussen, muß Medienethik angesichts fortschreitender Technisierung der Kommunikation zugleich auch Technikethik sein. Die

---

5  Also etwa die Trennung von Handlungs- und Verantwortungssubjekten, synergetische Handlungseffekte, Unüberschaubarkeit systemischer Handlungsfolgen etc.; vgl. Lenk / Ropohl 1993.
6  Z.B.: Folgenethik vs. Prinzipienethik, formale vs. materiale Ethik, ontologische vs. deontologische Ethik, intuitionistische vs. rationalistische Ethik usw.
7  Übrigens geht es hierbei nicht allein, wie man mit Luhmann meinen könnte, um die Differenz gut/schlecht: Im Bereich der *Handlungsnormen* folgen diese Unterscheidungen der Differenz richtig/falsch während sie im Bereich der *Werte* aus der Differenz gut/schlecht hervorgehen.

großen Schübe in der Entwicklung der Kommunikationsmedien haben ja immer auch große Veränderungen im System der gesellschaftlichen Kommunikation mit sich gebracht (vgl. Luhmann 1990). Andere Teilethiken, wie Wirtschafts- und Umweltethik oder Medizin-, Wissenschafts- und Computerethik, sind vor allem dann für die Medienethik von Bedeutung, wenn es um die Frage geht, ob und auf welche Weise über ein bestimmtes Thema berichtet werden soll. In diesem Sinne ist es anstrebenswert, daß insbesondere angehende Fach- und Wissenschaftsjournalisten nicht nur im Blick auf ihr mediales Handeln, sondern auch im Blick auf ihren fachlichen Gegenstandsbereich ethisch sensibilisiert werden. Schließlich geht es *drittens* darum, medienethisch fundierte Perspektiven für die Kommunikationswissenschaft und die öffentliche Kommunikation zu entwerfen. Hierzu gehören zunächst Überlegungen, wie ethische Prinzipien und Werte in die Institutionen und Organisationen des Mediensystems implementiert werden können. Dies fängt bei der medienethischen Konzeption der Journalistenausbildung an und geht über die Entwicklung ethischer Grundlagen der Kommunikations- und Medienforschung bis hin zu medienethisch orientierten Konzepten im Bereich von Corporate Identity, Marketing und Öffentlichkeitsarbeit. Hinzu kommen aber auch Untersuchungen zu Demokratisierung und Dezentralisierung von elektronischen Kommunikationsmedien und zur Kommunikationsökologie, sowie die Beschäftigung mit Fragen der Verrechtlichung und der Formalisierung von informellen medienethischen Normen und Werten. Letzteres betrifft nicht nur Probleme wie die Darstellung von Gewalt und Pornographie, was ja derzeit im Zusammenhang mit dem Internet eine heftige ethische und juristische Debatte entfacht hat, sondern auch die Frage, ob medienethische Kodizes, wie etwa der Pressekodex, Rechtkraft und damit ein höheres Sanktionspotential erhalten sollen.[8] Schließlich gehört in diesen Bereich auch die Analyse von Rezeptionsverhalten und Medienkompetenz auf der Nutzerseite, wobei Ansätze zur Rezipienten- und Publikumsethik mit der Medienpädagogik zu verbinden wären: Medienethik ist hier „eine Basiswissenschaft der Medienpädagogik" (Funiok 1996a).

Wie bei der Steuerungsfunktion müssen auch bei der Reflexionsfunktion die unter a) und b) genannten Aufgaben einander ergänzen: Die kritische Analyse der Selektionsprozesse, Vorgänge und Strukturen im Mediensystem bezieht ja die Maßstäbe ihrer Kritik aus den normative Gehalten der in der geltungskritischen Reflexion gewonnenen universellen Normen und ihrer Übertragung auf

---

8 Eine solche Verrechtlichung fordert z.B. Buchwald (1992). Damit würde freilich das selbstregulative Potential des Mediensystems aufgegeben, der subtile Mechanismus einer normativen Innensteuerung also nur durch eine rechtsförmige Außensteuerung ersetzt.

die Medienethik, sowie aus ihrer Umsetzung in kommunikationswissenschaftliche Konzepte. Erst dann kann das Spannungsverhältnis zwischen Steuerungs- und Reflexionsfunktion zu einem Verhältnis wechselseitiger Ergänzung werden. Dabei ist medienethische Reflexion in doppelter Hinsicht eine Beobachtung zweiter Ordnung: Zum einen *selbstreflexive Theoriebeobachtung*, insofern Medienethik sich selbst und ihre normativen Unterscheidungen reflektiert und begründet, und zum anderen *selbstreflexive Praxisbeobachtung*, insofern Medienethik eine kritische Öffentlichkeit über öffentliche Kommunikation herstellt. Die medienethische Reflexion ist dabei natürlich selbst auf Medien der Kommunikation angewiesen, um praktisch wirksam zu werden. Deshalb sind hier die wissenschaftliche Öffentlichkeit und ihre Fachmedien ebenso wichtig wie die Medien der allgemeinen Öffentlichkeit - und risikobereite Journalisten ebenso notwendig wie kritische Medienwissenschaftler.

### 3. Grundlagen der medienethischen Praxis: Öffentlichkeit und Ausbildung

Kritische Öffentlichkeit kann allerdings immer nur ein regulatives Prinzip und Leitbild darstellen, das erst durch den öffentlichen Gebrauch der kommunikativen Vernunft und im praktischen Diskurs mit Leben erfüllt wird (vgl. die Beiträge in Wunden 1994). Deshalb ist Arens zuzustimmen, wenn er Medienethik und Öffentlichkeit in ein wechselseitiges Voraussetzungsverhältnis stellt und als Konsequenz für die medienethische Praxis formuliert:

Die Medienethik bzw. die Ethik massenmedialer Kommunikation müßte so konzipiert werden, daß sie sich selbst als diskursiv versteht, d.h. daß sie in ihren eigenen Begründungs- und Anwendungsdiskursen die Bedingungen, Beschränkungen und Möglichkeiten medialer Kommunikation eruiert, nicht zuletzt mit dem Ziel, ihrerseits massenmediale Diskurse zu initiieren, zu stimulieren und im Blick auf ihre partizipatorischen, emanzipatorischen und advokatorischen Möglichkeiten und Grenzen zu reflektieren (Arens 1996, 96).

Ähnliches gilt für die Ausbildung im Medienbereich: Sie kann und soll zwar nicht Medienschaffende mit 'moralischem Prüfsiegel' produzieren. Medienethische Urteils- und Einbildungskraft können jedoch durch die Ausbildung stimuliert und trainiert werden, etwa indem journalistische Zwänge, Handlungsspielräume und Konfliktsituationen simuliert und durch Fallstudien medienethisch analysiert und bewertet werden. Dadurch können moralisch-praktische Handlungorientierungen für die Medienpraxis gewonnen, das ethische Bewerten und

Beurteilen im Medienbereich eingeübt und die Grundlagen für einen verantwortlichen und kritischen Journalismus gelegt werden. Umgekehrt erfüllt aber auch die kritische und mutige Medientätigkeit eine wichtige Leitbildfunktion für das journalistische Berufsbild.

Freilich kann ethisch motiviertes Handeln nicht aufoktroyiert werden, es kann allenfalls vor- und eingelebt werden. Selbst wenn es von meinem Gegenüber eingefordert wird, kann ich es doch verweigern, denn es beruht auf innerer Einsicht und moralischer Intuition. Deshalb ist es notwendigerweise ein eher schwaches und informelles, gleichwohl aber unverzichtbares Steuerungsmedium. Medienethik hat denn auch mehr Orientierungs- als Kontrollfunktion, und sie wird stets im Vorfeld von und im Streit mit rechtlichen, monetären und polischen Steuerungsmechanismen liegen. In der Realität der Medien stößt medienethisches Handeln ständig auf ihre Grenzen - Grenzen, die freilich durch beharrliche ethische Kritik verschoben werden können. Hervorheben möchte ich schließlich auch, daß ethische Kompetenz die journalistische Kompetenz nicht ersetzen kann: Medienethisch reflektiertes Handeln ist noch kein *hinreichendes* journalistisches Qualitätskriterium, es bezeichnet aber wohl eine *notwendige* Bedingung für publizistische Qualität.

## Literatur

*Arens*, Edmund (1996): „Die Bedeutung der Diskursethik für die Kommunikations- und Medienethik." In: *Funiok*, Rüdiger (Hrsg.): Grundfagen der Kommunikationsethik. Konstanz: UVK Medien/Olschläger, S. 73-96.
*Bentele*, Günter (1988): „Wie objektiv können Journalisten sein?" In: *Erbring*, Lutz, et al. (Hrsg.): Medien ohne Moral. Variationen über Journalismus und Ethik. Berlin: Argon, S. 196-225.
*Brieskorn*, Norbert (1996): „Ethik" und „Systemtheorie" bei Niklas Luhmann. In: *Funiok*, Rüdiger (Hrsg.): Grundfagen der Kommunikationsethik. Konstanz: UVK Medien/Olschläger, S. 59-72.
*Buchwald*, Manfred (1992): „Ist Ethik eine journalistische Handlungsmaxime?" In: *Haller*, Michael / Helmut *Holzhey* (Hrsg.): Medien-Ethik. Beschreibungen, Analysen, Konzepte. Opladen: Westdeutscher Verlag, S. 178-187.
*Funiok*, Rüdiger (1996a): Grundfragen einer Publikumsethik. In: *Funiok*, Rüdiger (Hrsg.): Grundfagen der Kommunikationsethik. Konstanz: UVK Medien/Olschläger, S. 107-122.
*Funiok*, Rüdiger (Hrsg.) (1996): Grundfagen der Kommunikationsethik. Konstanz: UVK Medien/Olschläger.
*Gehlen*, Arnold (1986): Anthropologische und sozialpsychologische Untersuchungen. Reinbek: Rowohlt.
*Habermas*, Jürgen (1983): Moralbewußtsein und kommunikatives Handeln. Frankfurt a.M.: Suhrkamp.
*Habermas*, Jürgen (1990): Strukturwandel der Öffentlichkeit. Frankfurt a.M.: Suhrkamp (erweiterte Neuauflage).
*Habermas*, Jürgen (1992): Faktizität und Geltung. Frankfurt a.M.: Suhrkamp.

*Haller*, Michael (1992): „Die Journalisten und der Ethikbedarf." In: *Haller*, Michael / Helmut *Holzhey* (Hrsg.): Medien-Ethik. Beschreibungen, Analysen, Konzepte. Opladen: Westdeutscher Verlag, S. 196-211.
*Haller*, Michael / Helmut *Holzhey* (Hrsg.) (1992): Medien-Ethik. Beschreibungen, Analysen, Konzepte. Opladen: Westdeutscher Verlag.
*Hirschfeld*, Dieter / Bernhard *Debatin* (Hrsg.) (1989): Antinomien der Öffentlichkeit, Hamburg: Argument.
*Holderegger*, Adrian (1992a): „Einführung. Ethik in einer Mediengesellschaft." In: *Holderegger*, Adrian (Hrsg.): Ethik der Massenkommunikation. Grundlagen. Freiburg: Herder, S. 7-17.
*Holderegger*, Adrian (Hrsg.) (1992): Ethik der Massenkommunikation. Grundlagen. Freiburg: Herder.
*Hubig*, Christoph (1993): Technikbewertung auf der Basis einer Institutionenethik. In: *Lenk*, Hans / Günter *Ropohl* (Hrsg.): Technik und Ethik, Stuttgart: Reclam, S. 282-307.
*Lenk*, Hans / Günter *Ropohl* (Hrsg.) (1993), Technik und Ethik, Stuttgart: Reclam.
*Loretan*, Matthias (1994): „Grundrisse der Medienethik." In: ZOOM – Kommunikation und Medien. Nr 4, Themenheft „Ethik des Öffentlichen", S. 56-62:
*Luhmann*, Niklas (1990): „Gesellschaftliche Komplexität und öffentliche Meinung." In: „Soziologische Aufklärung" 5. Opladen: Westdeutscher Verlag, S. 170-182.
*Luhmann*, Niklas (1996): Die Realität der Massenmedien. Opladen: Westdeutscher Verlag (2. erw. Aufl.).
*Ruß-Mohl*, Stephan / Bertold *Seewald* (1992): Die Diskussion über journalistische Ethik in Deutschland - eine Zwischenbilanz. In: *Haller*, Michael / Helmut *Holzhey* (Hrsg.): Medien-Ethik. Beschreibungen, Analysen, Konzepte. Opladen: Westdeutscher Verlag, S. 22-36.
*Saxer*, Ulrich (1988): „Journalistische Ethik im elektronischen Zeitalter - eine Chimäre?" In: *Erbring*, Lutz, et al. (Hrsg.): Medien ohne Moral. Variationen über Journalismus und Ethik. Berlin: Argon, S. 267-283.
*Schulz*, Winfried (1990): Die Konstruktion von Realität in den Nachrichtenmedien. Analyse der aktuellen Berichterstattung. Freiburg / München: Alber.
*Wollig*, Jens (1996): „Wunsch versus Wirklichkeit." In: *Mast*, Claudia (Hrsg.): Markt - Macht - Medien. Publizistik zwischen gesellschaftlicher Verantwortung und ökonomischen Zielen. Konstanz: UVK Medien, S. 231-248.
*Wunden*, Wolfgang (1996): „Kommunikationswissenschaftler und Ethiker - Plädoyer für einen Dialog." In: *Hömberg*, Walter / Heinz *Pürer* (Hrsg.): Medien-Transformation. Zehn Jahre dualer Rundfunk in Deutschland. Konstanz: UVK Medien, S. 316-321.
*Wunden*, Wolfgang (Hrsg.) (1989): Medien zwischen Markt und Moral. Beiträge zur Medienethik. Stuttgart: GEP/Steinkopf.
*Wunden*, Wolfgang (Hrsg.) (1994): Öffentlichkeit und Kommunikationskultur. Beiträge zur Medienethik, Bd. 2, Stuttgart: GEP/Steinkopf.

*Barbara Thomaß*

# Ethik in der Journalistenausbildung

**Ein Vergleich französischer und deutscher Ausbildungsgänge**

Im journalistischen Handeln und den darin notwendigen Entscheidungsprozessen sind die ethische Reflexion und die daraus erwachsenden Argumente nur ein Aspekt neben anders begründeten Argumenten, zum Beispiel jenen, die sich aus technischen, juristischen, hiearchischen oder marktorientierten Überlegungen begründen. Sie muß aber ihren Platz finden, wenn der Journalist oder die Journalistin der Aufgabe, die seine Berufsrolle stellt, gerecht werden soll. Ethik ist, wenn sie wirksam werden soll, ein Akt der Reflexion. Eine berufsspezifische ethische Reflexion bedarf entsprechender Orte an denen sie sich entfalten kann. Sie bedarf der Ausbildung und der Übung in den Instanzen der beruflichen Sozialisation, sowie der Anwesenheit im beruflichen Diskurs.

Fragt man nach den Möglichkeiten, das Bewußsein um und die Realisierung einer journalistischen Ethik bei den Betroffenen zu heben, so spielen die Journalistenschulen und andere Ausbildungsinstitutionen des Berufes eine nicht geringe Rolle, weil sie die Möglichkeit und das Anliegen haben, angehenden Journalisten eine Auffassung von ihrem Beruf mitzugeben, der seiner gesellschaftlichen Bedeutung gerecht wird. Dem folgenden Beitrag liegt eine Untersuchung zugrunde, in der Vertreter deutscher und französischer Institutionen der Journalistenausbildung im Rahmen von Experteninterviews zu dieser Thematik befragt wurden.

Wesentlich für Journalistenschulen in Frankreich ist die Anerkennung durch den Berufsstand. Sie wird in einem nationalen Tarifvertrag zwischen den französischen Journalisten und den Arbeitgebern niedergeschrieben. Acht Schulen werden dort derzeit genannt, davon drei privatrechtlich organisierte,[1] eine weitere hat ihre Anerkennung beantragt,[2] drei universitär angebundene[3] sowie

---

1 Centre de formation des journalistes, Paris; Ecole supérieure des journalistes, Lille, und Institut pratique des journalistes, Paris
2 Ecole supérieure des journalistes, Paris

zwei Universitätsinstitute[4] (Rémond 1994, 144). Sowohl die universitären Journalismus-Studiengänge als auch die Journalistenschulen setzen in der Regel ein mindestens zweijähriges Universitätsstudium voraus. Alle anerkannten Ausbildungsinstitutionen sind stark praxisorientiert ausgerichtet. Entsprechend diesen Bedingungen wurden von den neun genannten Schulen fünf ausgewählt, davon sind zwei universitär angebundene Journalistenausbildungen, die anderen vier private Schule. Die Auswahl kann also als repräsentativ gelten. In Deutschland war die Auswahl mangels solcher Entscheidungsinstanz schwieriger. Für die vorliegende Auswertung wurden zwei Vollzeitstudiengänge Journalismus, je einen Aufbau- und einen Ergänzungs- bzw. Nebenfachstudiengang sowie zwei Journalistenschulen ausgewählt. Damit kann den auf deutscher Seite gewonnen Ergebnissen lediglich eine Trendcharakter zugebilligt werden.

Mit jeweils einem Vertreter dieser Schulen bzw. Institute - in Ausnahmefällen waren zwei bzw. drei Vertreter beteiligt - wurden Experteninterviews geführt, die einem 15 Fragen umfassenden Gesprächsleitfaden folgten. Dieses Vorgehen wurde ausgewählt, weil es mit Experteninterviews und der dafür geeigneten Auswertungsmethode möglich ist, „das Überindividuell-Gemeinsame herauszuarbeiten, Aussagen über Repräsentatives, über gemeinsam geteilte Wissensbestände, Relevanzstrukturen, Wirklichkeitskonstruktionen, Interpretationen und Deutungsmuster zu treffen" (Meuser / Nagel 1991, 452). Es geht also um eine Reduktion, die gleiche und ähnliche Aussagen zusammenfassen will, um zu Aussagen über Kernvariablen von Deutungsmustern zu kommen (vgl. Flick 1991, 165 f.), und dies in vergleichender Perspektive.

## 1. Stellenwert ethischer Reflexion in der Ausbildung

Zunächst soll der Stellenwert beschrieben werden, den Ethik in der Journalistenausbildung einnimmt. Sind ethische Komponenten überhaupt in den allgemeinen Lernzielen enthalten? In Frankreich ist auffällig, daß vor allem die Fachkompetenz, und hier wiederum die instrumentellen Fertigkeiten in den Mittelpunkt gestellt werden. Ethische Komponenten finden sich in der Formulierung dieser Ausbildungsziele nur vereinzelt, sei es, daß als Ziel genannt wird

---

3  Centre universitaire d'enseignement du journalisme, Straßburg, CELSA Ecole des hautes études en scineces de l'information et de la Communication, Paris, und CTMC Centre transméditerranéen de la communication, Aix-Marseille
4  IUT Instituts universitaire de technologie Bordeaux und Tours

„faire des journalistes compétents, conscients", daß der humanistische Charakter der Allgemeinbildung betont würde, die im Studium vermittelt wird, oder, wenn von den angehenden Journalisten erwartet wird, daß sie die Verantwortung für den Umgang mit der Wirklichkeit in den Vordergrund stellen. Auch in Deutschland sind ethische Komponenten in der Beschreibung der Lernziele nur vereinzelt zu finden, und zwar einmal, wenn die Vermittlungs- und die Reflexionskompetenz angestrebt wird, oder wenn, wie es ein Experte ausdrückte, neben der perfekten Beherrschung des Handwerkes die Verinnerlichung eines moralisch-ethischen Gerüstes erreicht werden soll.

Im weiteren Verlauf der Interviews treffen die Experten dann sehr wohl Aussagen zu Relevanz und Stellenwert, den sie der Vermittlung von Ethik beimessen. Die entsprechenden Kriterien, die dazu ausgewertet wurden, waren:

- die curriculare Repräsentanz von Ethik,
- die Prüfungsrelevanz der Thematik,
- ethikbezogene Kriterien bei der Dozenten- und Bewerberauswahl,
- geplante oder gewünschte Veränderungen hinsichtlich der Berücksichtigung der Thematik,
- Kooperationen zur Thematik, die über die Institution hinausreichen.

Über weite Strecken stellten sich dabei Gemeinsamkeiten zwischen den französischen und den deutschen Ausbildungsinstitutionen heraus, sowohl hinsichtlich des Gewichtes, das Ethik in der Journalistenausbildung haben soll, als auch der Bemühungen, dies umzusetzen.

Die Ziele, die mit der Befassung mit Ethik verfolgt werden, stellen sich voneinander abweichend für die beiden Länder folgendermaßen dar: Diese Ziele sind in Deutschland entweder an grundlegenden ethischen Prinzipien orientiert - die „Achtung vor der Würde des Menschen" erscheint als ein zentrales Prinzip - oder sie beschreiben eine Qualität im Verhalten des einzelnen Journalisten. Die Benennung von Prinzipien spielt in den französischen Aussagen nur eine untergeordnete Rolle. Vor allem sind Aussagen zur Qualität des intellektuellen Vermögens des einzelnen Journalisten bedeutsam. Während in Deutschland vorwiegend auf Eigenschaften wie „Rückgrat", Widerstandsfähigkeit, einen aufrechten Gang oder Konfliktfähigkeit Wert gelegt wird, liegt der Schwerpunkt bei den Zielen, die die französischen Experten verfolgen, auf intellektuellen Fähigkeiten: eine problemorientierte Denkungsart, die Reflexions- und Argumentationsfähigkeit in ethischen Fragen.

## 2. Inhaltliche Aspekte

Während der Antworten auf die Frage nach den Inhalten der ethik-bezogenen Seminare bzw. den Aspekten journalistischer Ethik, die vermittelt werden, gab es in vielen Antworten Selbstdarstellungen zum Verständnis des Themas und zu grundlegenden Auffassungen, die man als Konzeptionen zur Ethik im Journalismus, über die die Befragten verfügen, bezeichnen kann. Sie sind für die Frage der Vermittlung von Ethik bedeutsam, weil sie den Hintergrund abgeben, vor dem die Lehrenden die Inhalte präsentieren.

Zwei Dimensionen stellen sich dabei als prägend für die Mehrheit der Konzeptionen in Deutschland heraus: die Konzentration auf das Individuum und die Betonung der Verantwortung. In fast allen Interviews lassen sich Textstellen finden, die - in Kombination beider - die Verantwortung des Einzelnen als gegeben sehen und ihre Wahrnehmung massiv einfordern - auch gegen Widerstände und auch, wenn die Verantwortung des Einzelnen durch die Gegebenheiten, unter denen sie einzulösen ist, relativiert wird. Doch geprägt durch die Aufgabe, Journalisten für ihre künftige Berufstätigkeit vorzubereiten, liegt der Focus der Aufmerksamkeit innerhalb der Ethik-Debatte auf dem Individuum.

Die Betonung der individuellen Verantwortung ist auch in Frankreich das herausragende Merkmal fast aller Antworten. Die individuelle Verantwortlichkeit wird auch stark herausgestellt, wenn zwar von einer Berufsmoral die Rede ist, ihre inhaltliche Ausgestaltung jedoch dem Einzelnen anheimgestellt wird. Gleichzeitig wird das Postulat der individuellen Verantwortlichkeit jedoch stark relativiert, sei es, daß vor allem leitenden Redakteuren die größte Verantwortung zugemessen wird, sei es, daß der kollektive Prozeß journalistischer Entscheidungen, die ethische Fragen berühren, betont wird, oder sei es, daß die gegenseitige Abhängigkeit und Wechselwirkung von individueller und kollektiver Verantwortung in einer Redaktion herausgehoben werden.

Ethik-Normen im Journalismus liegen ethische Theorien zugrunde, seien sie philosophischer oder kommunikationswissenschaftlicher Provenienz. Sie zu kennen, kann das Verständnis der Begründung und Legitimität von Berufsnormen vertiefen und deswegen einen sinnvollen Bestandteil der Inhalte ethikbezogener Lehrveranstaltungen darstellen. Das ist aber in Deutschland nur in den Vollstudiengängen berücksichtigt, die nach Auskunft der Befragten auf die Philosophiegeschichte der Ethik eingehen und normative Aspekte des Journalismus darin einbetten. Von den anderen Ausbildungsinstitutionen wird das strikt abgelehnt, bzw. auf kommunikationswissenschaftliche Texte beschränkt.

Die starke praxisorientierte Ausrichtung der befragten französischen Ausbildungsgänge ließ ebenfalls vermuten, daß wenig Raum für eine theoretische Befassung mit Ethik gegeben sein würde, die einen vertieften Zugang zur Philosophie nimmt. Dies ist auch der Fall. Alle Experten lehnten es strikt ab, die Studierenden bzw. Schüler mit entsprechenden Texten zu befassen.

## 3. Ethische Problemstellungen in der journalistischen Praxis

Der bedeutende Anteil innerhalb der ethikbezogenen Lehrveranstaltungen ist ethischen Problemstellungen innerhalb der journalistischen Praxis gewidmet. Deshalb wurde nach der Bedeutung gefragt, die diversen solcher praktischen Problemen innerhalb der Lehre beigemessen wird. Die vergleichenden Ergebnisse hierzu können hier nur in aller Kürze dargestellt werden.

In den deutschen Ausbildungsgängen rangiert die Behandlung der Frage der Korruption von zentral bis marginal, und auch die Ansprüche, die die Lehrenden dabei an die zukünftigen Journalisten stellen, sind sehr unterschiedlich. Gemeinsam ist der Mehrheit der Aussagen, daß sie darauf Wert legen, anhand konkreter Fälle eine präzise Grenze zu ziehen, wo denn die Korruption beginnt. Während in der wissenschaftlichen Diskussion in Frankreich die Korrumpierbarkeit von Journalisten als ein massives Problem benannt wird, das die Glaubwürdigkeit des Journalismus stark beschädigt habe, spielt dieses Thema in der Ausbildung keine solche herausragende Rolle. Vorherrschendes Muster ist, daß nur das Empfinden des einzelnen Journalisten, ob er sich durch die Annahme eines Geschenkes verpflichtet fühle, darüber entscheide, ob überhaupt Korruption vorliege. Der Zugang zum Thema verbleibt auf einer unreflektiert subjektiven Ebene.

Wesentlich engagierter fallen die Antworten in Frankreich zum Thema Persönlichkeitsschutz aus, der zunächst und vor allem in Hinblick auf Personen des öffentlichen Lebens verstanden wird. Die Befragten benennen und verteidigen die in Frankreich geltende ungeschriebene Regel, daß über das Privatleben von

Politikern nicht berichtet werden solle. In den deutschen Antworten taucht hingegen im Umgang mit dem Persönlichkeitsschutz wieder das Problem der Grenzziehung auf, wenn nämlich sich die Frage stellt, welche Sphäre überhaupt schützenswert sei. Und wie zuvor ist das Meinungsspektrum dafür wieder breit zwischen uneingeschränkter Geltung des Grundsatzes, daß der Privatbereich von Personen für Journalisten tabu sein solle, und dem Postulieren, daß die Privatheit sich ohnehin aufgelöst habe. Die Relevanz des Themas wird für beide Personengruppen, Personen der Zeitgeschichte wie unbekannte Bürger, gleichermaßen wahrgenommen. Alle Befragten messen der Thematik einen hohen Stellenwert bei.

Bei den Methoden der Recherche wird in Deutschland nach eigenem Bekunden ein hoher Standard angestrebt, nach dem Motto: in einer gegebenen Zeit soviel wie möglich mit fairen Mitteln zusammentragen. Wie Maßstäbe für diesen Standard gesetzt werden können, wird allerdings sehr unterschiedlich gesehen. Klare Orientierungen wie das Ablehnen solcher Methoden wie „Witwenschütteln", „Papparaziverhalten" wurden selten ausgesprochen, häufiger dagegen war das Eintreten für eine strengen Güterabwägung bei den Anwendung umstrittener Methoden. Sie spielt allerdings dort kaum eine Rolle, wo in der Behandlung der Frage der Recherchemethoden praktische Tips im Vordergrund stehen. Mindestens gleichgewichtig neben der Verantwortbarkeit gewisser Methoden problematisieren die deutschen Experten hinsichtlich der Recherche jedoch die Frage, ob überhaupt recherchiert würde und ob die angehenden Journalisten eine Recherchekompetenz erwerben würden.

In Frankreich sind die befragten Experten überwiegend der Auffassung, daß sich die ethischen Probleme, die sich bei der Recherche stellen, am besten innerhalb der praktischen Übungen behandeln lassen. Damit ist dann die Auffassung verbunden, daß ein Journalist, der die Regeln des Handwerks befolgt, ohnehin nicht in die Gefahr ethischer Verfehlungen gerate. Insbesondere die Verifikation recherchierter Fakten und der Umgang der Journalisten mit der Realität seien Dimensionen, die sich angemessen innerhalb der praktischen Übungen behandeln ließen und wofür es zu sensibilisieren gelte. Darüberhinaus behandeln andere Schulen Fallbeispiele von Recherchepraktiken, von denen anzunehmen ist, daß sie den Studierenden in ihrer Ausbildungspraxis noch nicht begegnen, die aber dennoch von Relevanz sind, zum Beispiel die unrechtmäßige Beschaffung von Dokumenten oder die Verschleierung der Identität des Journalisten. Keiner der Befragten ist geneigt, anläßlich solcher Problemstellungen Richtlinien auszugeben. Auch gegen die durch die französische

Journalistencharta vorgegebenen Regeln dürfe, so ein Experte, im Einzelfall verstoßen werden, wenn solch eine Entscheidung genau abgewogen und innerhalb der Redaktion kollektiv entschieden würde.

Angesichts des vergleichsweise schwierigen Zugangs zu staatlichen Informationen in Frankreich ist es naheliegend, davon auszugehen, daß der Informantenschutz für die journalistische Praxis und also auch für die Ausbildung eine bedeutende Rolle spielt. Dies widerspiegelt sich aber kaum in den Antworten der Befragten. Alle geben an, daß sie dieses Thema wichtig finden und behandeln; der Tenor der Antworten entspricht allerdings der einer Aussage, nach der es genüge, die Studierenden über die entsprechenden Rechtsvorschriften aufzuklären. Völlig uneinheitlich stellt sich demgegenüber das Bild zur Bedeutung des Informatenschutzes in Deutschland dar. Oberstes Gebot im Journalismus, unabdingbar und somit den Studierenden mit hoher Priorität zu vermitteln, ist er für drei Experten. Dem gegenüber stehen Auffassungen, nach denen der Informantenschutz für die Lehre marginal sei.

An den deutschen Journalistenschulen spielen die Publizistischen Grundsätze des Deutschen Presserates in der Ausbildung eine geringe Rolle, auch wenn man sich in einem Fall zugute hält, im Geiste dieser Grundsätze zu lehren. Innerhalb der Studiengänge werden sie in jedem Fall behandelt, auch wenn die Einschätzung ihrer Bedeutung von „unabdingbar, aber nicht ausreichend" bis hin zu „es wird darauf Bezug genommen" reicht. Die Beschäftigung mit den Kodizes in den französischen Ausbildungen verweisen eher auf einen symbolischen Gehalt, den man ihnen bestenfalls zubilligt. Die Antworten vermitteln den Eindruck, daß die Behandlung dieser Texte als notwendige Pflicht verstanden wird, daß man ihnen aber keine besondere Bedeutung im Sinne einer Wirksamkeit auf die Handlungsorientierungen der Studierenden beimißt.

## 4. Didaktische Aspekte

„Ethik kann man nicht lehren" - diese Auffassung tauchte wiederholt in den französischen Interviews auf. Sie erhält besondere Brisanz, wenn es darum geht, angesichts der dennoch existierenden Überzeugung, daß die Befassung mit Ethik in der Ausbildung notwendig ist, didaktische Formen für die Vermittlung ethischer Frage und Normen zu finden.

Weil ethische Entscheidungen abhängig von einer Fülle von konkreten Umständen seien, müsse ethische Reflexion immer wieder praktisch angebunden sein, ist die überwiegende Überzeugung. Die Methodik der Vermittlung journalistischer Ethik in den befragten französischen Schulen ist durchweg auf die praxis- bzw. erfahrungsorientierte Behandlung von Ethikthemen einerseits sowie auf die Diskussion aktueller Beispiele und Fallstudien andererseits gerichtet. Neben den praktischen Übungen, die in allen Ausbildungen einen Großteil der Zeit ausmachen, sind es vor allem die ebenfalls in allen Ausbildungen verlangten Praktika, über die die Studierenden in der Regel schriftlich berichten müssen, und die Anlaß zu Erfahrungen geben, über welche dann innerhalb der Schule diskutiert wird.

Wie eingangs bereits erwähnt, bietet nur eine Minderheit der untersuchten Ausbildungsgänge in Deutschland eigene Lehrveranstaltungen zur journalistischen Ethik an, bzw. hält das für sinnvoll. Aber auch hier war der Konsens festzustellen, daß die Thematik in die gesamte Ausbildung integriert werden müsse. Abhängig vom Charakter der jeweiligen Ausbildung liegt der Schwerpunkt der Befassung mit Ethik vorwiegend im Bereich der praktischen Übungen oder im Bereich der Seminararbeit. Mit den von einem Experten aufgeführten vier didaktischen Formen der Vorlesung, der Erarbeitung spezifisch ethischer Themenfelder in Seminarform, der Fallarbeit und der produktbezogenen Umsetzung ist die größte Methodenvielfalt innerhalb der befragten Ausbildungsinstitution erreicht worden. Den Schwerpunkt auf Übungen zu instrumentell journalistischen Fertigkeiten zu legen und dies durch Vorträge von externen Praktikern mit Diskussionen zu ergänzen, ist ein Spezifikum der Journalistenschulen, die Seminarformen zum Ziel einer theoretisch vertieften Befassung mit den Gegenständen der Ausbildung ablehnen. Als durchgängige Einstellung fand sich die Überzeugung, daß die Befassung mit Ethik vor allem fallbezogen erfolgen müsse. Die Weise, wie mit Fällen und die Art der Fälle, mit denen gearbeitet wird, variiert mehrfach.

Eine weitere Form der Ethik-Vermittlung auch in Deutschland ist die Nutzung der Erfahrung der Studierenden, bzw. Schüler, die diese während Praktika, Hospitationen oder freier journalistischer Arbeit sammeln. Systematisch erfolgt dies, wenn über die erforderlichen Praktika Berichte erstellt werden oder wenn dazu eigene Diskussionsrunden organisiert werden. Weitestgehend randständig ist die Bedeutung der subjektiven Erfahrungen der Studierenden, wo die Teilnehmerzahl der Seminare und die Art der Seminararbeit ein individuelles Eingehen auf persönlich entwickelte Fragestellungen verhindert.

Betrachtet man die Möglichkeiten, die Vermittlung von Ethik in die Journalistenausbildung aufzunehmen, zeigen die hier geschilderten Vorgehensweisen, daß in Deutschland wie in Frankreich noch eine relative Bescheidenheit in der Methodenvielfalt zu beobachten ist.

## 5. Zusammenfassung

Bei dem Versuch, auf der Ebene einer relativ starken Verallgemeinerung den Vergleich zwischen den beiden Ländern zu ziehen, ist zunächst festzustellen, daß die Unterschiede geringer sind, als man zunächst annehmen mag. Es scheint, als ob sich die anstehenden Probleme als auch der Erkenntnisstand über die Art und Weise, wie man ihnen in der Journalistenausbildung gerecht werden will, weitestgehend angenähert haben.

Französische wie deutsche Ausbildungsinstitutionen messen der Ethik in der Journalistenausbildung ein vergleichbares Gewicht bei und zeigen ein ähnlich intensives Bemühen, dies in der Lehre auch umzusetzen. Unterschiede lassen sich bei den Zielen, die mit der Vermittlung von Ethik verfolgt werden, feststellen: In Deutschland sind sie eher auf verhaltensorientierte Dimensionen gerichtet, wie „Rückgrat" oder einen aufrechten Gang zeigen; in Frankreich werden nachdrücklicher intellektuelle Fähigkeiten genannt. Bei der Auswahl der Dozenten spielt in Frankreich ihre „ethische" Verläßlichkeit eine wichtige Rolle, während an deutschen Instituten das Kriterium der Praxiserfahrung vordringlicher ist. Und: In Deutschland ist die Neigung, sich mit dem Erreichten nicht zufriedenzugeben, deutlicher erkennbar, während in Frankreich (nach einer vor zwei - drei Jahren heftig geführten öffentlichen Debatte über die ethischen Standards der Journalisten und ihre sinkende Glaubwürdigkeit) offenbar eine gewissen Selbstzufriedenheit eingetreten ist (vgl. Thomaß 1996).

Bei den Inhalten, die im Rahmen der Ethik-Vermittlung innerhalb der Ausbildungsinstitutionen zum Tragen kommen, ist eine Verallgemeinerung noch schwieriger. Sie läßt sich am ehesten an folgenden zwei Dimensionen entwickeln:

1) Während französische Ausbildungsexperten Entscheidungen angesichts berufspraktischer ethischer Probleme eher in das Belieben des Individuums stellen, bemühen sich ihre deutschen Kollegen immer wieder auf's Neue, durch Kriterien für Grenzziehungen eine stärkere Objektivierung solcher Entschei-

dungen zu erreichen. Es ließe sich an dieser Stelle jetzt der Schluß ziehen, daß die französischen Journalistenausbilder durch das Setzen auf intellektuelle Fähigkeiten bei der Ethik-Vermittlung glauben können, die Voraussetzungen für solche individuell zu treffenden Entscheidungen geschaffen zu haben. In deutschen Journalistenausbildungen hingegen will man offenbar durch die Objektivierung der Grundlagen für ethische Entscheidungen die Voraussetzungen schaffen, mit denen sich das Streben nach dem aufrechten Gang der angehenden Journalisten realisieren läßt.

2) Ein zweites Ergebnis des Vergleiches der Aussagen zu den Inhalten der Ethik-Vermittlung ist folgendes: Es läßt sich in Deutschland eine größere Bandbreite in der Bewertung der jeweils anstehenden Problematik finden, während die französischen Experten hier eine größere Einigkeit zeigten.

Der Vergleich der Methoden, die Deutsche und Franzosen bei der Ethik-Vermittlung nutzen, ergab, daß an deutschen Ausbildungsinstitutionen eine größere Methodenvielfalt als in den französischen vorherrscht, was aber vermutlich der größeren Heterogenität der untersuchten Journalismusausbildungen hier geschuldet ist. Ebenso verweist das stärkere Gewicht, daß französischen Schulen auf erfahrungsorientierte Methoden im Vergleich zu den deutschen Ausbildungsgängen legen, auf den homogeneren Charakter der ausgewählten Institutionen. In den deutschen spielt demgegenüber der systematisch-theoretische Zugang, der durch die starke Repräsentanz der universitären Journalistenausbildung gegeben ist, eine größere Rolle.

Wiederum läßt sich hier ein Umkehrschluß ziehen, der immerhin einige Plausibilität besitzt: Das stärkere Geltenlassen einer individuellen Beliebigkeit bei ethischen Entscheidungen paßt in das Bild der erfahrungsorientierten Herangehensweise, in der die eine Erfahrung und die daraus folgende Entscheidung so viel wert ist wie die andere. Andererseits erlaubt ein systematisch-theoretischer Zugang eher eine Entwicklung hin zu Fundierung und Objektivierung ethischer Entscheidungen.

Nationale Besonderheiten, die - wie andere Teile der umfassenderen Untersuchung zeigen[5] - noch bei der Problemwahrnehmung der Lehrenden deutliche Unterschiede erbrachten, spielen also offenbar bei der Ausgestaltung der Ethik-Vermittlung in der Journalistenausbildung eine geringere Rolle als zuvor angenommen.

---

5   Diese Ergebnisse sind Teile einer umfassenderen Untersuchung, die noch nicht veröffentlicht worden ist.

## Literatur

*Flick*, Uwe et. al. (Hrsg.) (1991): Handbuch Qualitative Sozialforschung. München: Psychologische Verlagsunion.
*Meuser*, Michael / Ulrike *Nagel* (1991): „ExpertInneninterviews - vielfach erprobt, wenig bedacht. Ein Beitrag zur qualitativen Methodendiskussion". In: *Garz*, Detlef / Klaus *Kraimer* (Hrsg.), Qualitativ-empirische Sozialforschung. Konzepte, Methoden, Analysen. Opladen: Westdeutscher Verlag, S. 441-471.
*Rémond*, Edith (1994): „A propos de la formation des journalistes". In: Le supplément. Revue d'éthique et théologique morale Nr. 190. S. 143-146.
*Thomaß*, Barbara (1996): „Journalistische Ethik. Die französische Diskussion um die déontologie." In: Publizistik, Jg. 41, 2, S. 172-186.

*Joachim Westerbarkey*

# Banalitätenbühne: Zur Publizität des Privaten

## Vorspiel

Das war fast so gut wie die legendäre „Invasion vom Mars", oder noch viel besser, weil niemand ernsthaft zu Schaden kam: Als der Saarländische Rundfunk am 8. April 1995 seine fingierte *„Private Life Show"* ausstrahlte, in der am Schluß ein entnervter Kandidat (Schauspieler) den Moderator (Schauspieler) erstach, hatten die Telefonisten des Senders lt. Pressemeldung „nie gekannte Anrufermassen" zu bewältigen, und bei der örtlichen Polizei gingen diverse Notrufe ein (dpa 1995). Die meisten Anrufer waren ganz offensichtlich auf diese groteske Parodie hereingefallen, die als „hemmungsloser Seelenstriptease" eines Pärchens angekündigt worden war und in der ein (echter) Pornostar assistierte; jedenfalls saß ein Heer von Zuschauern gespannt auf der Lauer.

Bei allem Spaß vor und hinter den Kulissen sind doch zwei Erkenntnisse beunruhigend, nämlich daß Medienpublika immer noch so leichtgläubig sind wie in den 30er Jahren und daß ein unvermindert breites Interesse an der Publikation von *Intimitäten* und *Banalitäten* besteht. Denn was hier am Ende als singuläre Satire enttarnt wurde, wird in kommerziellen Kanälen längst talktäglich vermarktet, weil „lautstarke Konfrontationen, Tränen, Prügeleien, peinliche Geständnisse vor allem aus dem Sexualbereich" die Einschaltquoten hochtreiben (vgl. Räther 1995).

## 1. Zur Faszination des Banalen

In seinem Buch „Aufstand der Dinge" markiert Erhart Kästner 1973 den historischen Bedeutungssprung von „banal", das als Feudalwort zunächst Verbotenes und Vorgeschriebenes bezeichnete, bevor es zu einer eher abfälligen Qualifikation des „All-Erlaubten", „Allzu-Zugänglichen", „Alles Allen Zugänglichen", also des Öffentlichen im konventionellen Sinne wurde (vgl. Kästner 1973). Folgt man dem Autor, dann entsteht durch Massenkommunikation *not-*

*wendig* Banales, weil Publizität Besonderes gemein macht. Doch nun scheiden sich die Geister: Aus elitekultureller Sicht sind solche Gemeinheiten nicht der Rede wert, während „das Volk" seine Gemeinplätze liebt und feiert, dienen sie doch der allseitigen Orientierung aneinander, die die Reflexivität von Öffentlichkeit begründet. Ganz unversehens scheint hier der frühere Gebotscharakter des Banalen wieder auf: Dabeisein und Dazugehören ist Bürgerpflicht, d.h. die soziale Relevanz von Öffentlichkeit beruht offenbar nicht auf der Wichtigkeit von Ereignissen und Themen, sondern auf deren Publizität. Was alle irgendwie betrifft, ist für alle gleich gültig und hat alle zu interessieren, auch wenn sie nur symbolisch daran teilnehmen können. Belangvoll wird, was „die anderen" wissen, meinen und tun, also eigentlich alles, was in der Zeitung steht oder im Fernsehprogramm passiert. Und der trügerische Umkehrschluß, die Medien brächten stets *alles* Wichtige, begünstigt diese kollektive Kommunikationsstrategie zusätzlich.

Der Nimbus des Bedeutsamen resultiert vor allem aus medienvermittelter Öffentlichkeit und sozial-reflexiven Publikumsstrukturen, denen sich bekanntlich auch die Kommunikatoren nicht verschließen: hohe Publizität hat allemal Nachrichtenwert. Deshalb widerspricht die dauerhafte Hochkonjunktur veröffentlichter Banalitäten nur scheinbar der journalistischen Aktualitätsnorm, denn ihr geringer Informationswert wird durch andere Nachrichtenfaktoren mehr als kompensiert.

## 2. Cronique Scandaleuse

Eine besondere Rolle spielen dabei Enthüllungen des Privaten, diese schier unendliche *cronique scandaleuse*, die zur Zeit in den täglichen Talkshows unserer Fernsehsender grassiert. Zu fragen ist in der Tat, warum es da „eine endlose Parade von Leuten [gibt], die 15 Minuten Ruhm wollen, egal, wie schlimm sie sich erniedrigen müssen"[1] und warum Millionen von Menschen offenbar neugieriger auf private Präferenzen, Praktiken und Beziehungsprobleme ihrer Mitbürger sind als auf politische Entscheidungsprozesse, kulturelle Ereignisse oder soziale Entwicklungen. Die offensichtliche Attraktivität solcher Sendungen ist kommunikationswissenschaftlich erklärungsbedürftig, denn enthüllt wird hier Alltägliches, also Banales, und das gilt gemeinhin nicht gerade als besonders spannend.

---

1 Roger Ailes (Fernsehproduzent), zit. n. Räther (1995).

Spannend ist freilich der Möglichkeitsreichtum hinter den Enthüllungen, also die *Kontingenz* des Privaten und Intimen, die durch fortschreitende soziale Differenzierung längst gegen unendlich geht: Das scheinbar unerschöpfliche Reservoir noch unentdeckter lebensweltlicher Varianten nährt unsere Neugier, läßt Orientierungshilfen erhoffen und bietet immer neue Chancen, das beschränkte eigene Sein imaginär zu transzendieren oder sich ganz einfach zu amüsieren.[2] Und weil viele schon lange nicht mehr verstehen, was auf der großen Weltbühne beschlossen und gespielt wird und wie die daran beteiligten Organisationen und Funktionäre arbeiten (woran auch eifrige PR nichts ändert), schauen sie lieber zu, was Leute wie du und ich so treiben, denn da kann jeder mühelos mithalten und kompetent mitreden, ganz abgesehen von vielfältigen Möglichkeiten der Identifikation, parasozialen Interaktion und (zumindest virtuellen) Integration.

Doch vor allem zählt, daß wir leibhaftigen Wesen begegnen, die sich nicht wie jene abstrakten Institutionen und Prozesse dem Visuellen entziehen, denn Menschen sind im Wortsinn *schaulustig*. Sehen und gesehen werden sind bekanntlich die Grundprinzipien jeder Gemeinschaftspflege, die ohne gelegentliche Präsenz, Selbstdarstellung und mutuelle Beobachtung und Achtung scheitert. Chronische Beachtungsdefizite und Orientierungsprobleme, wie sie typisch für moderne Singlegesellschaften sind, provozieren daher zunehmend exhibitionistische und voyeuristische Tendenzen und Praktiken, und die Medien fördern diese, weil sie ausgezeichnet daran verdienen.

### 3. Mediale Mehrbeachtung

Nicht beachtet zu werden und nicht "anzukommen", ist emotional und existentiell derart bedrohlich, daß Selbstdarstellung notfalls exaltierte Formen annimmt. Dabei werden auch die besonderen Chancen zur "Mehrbeachtung" genutzt, die publizistische Medien bieten (vgl. McCall / Simmons 1974, 198; Determeyer 1975, 244, 435). Ein in der Tat *merkwürdiges* Beispiel für die publizistische Verwertbarkeit unbefriedigter Beachtungsbedürfnisse ist der Film "Deutschland privat" von Robert van Ackeren, der jedem Interessenten freiwillig gewährte Einblicke in sonst sorgsam abgeschirmte Intimbereiche vermittelt (vgl. Greiner 1980). Banales wird erst zur Sensation, wenn Höhepunkte des Privatlebens für beliebige Voyeure audiovisuell zugänglich sind, die ursprüng-

---

[2] Zu funktionalen Dimensionen des Fernsehens vgl. Bruns (1996, 20 f.).

lich nur für das eigene "Heimkino" oder bestenfalls zwecks medialer Selbstdarstellung im Freundeskreis inszeniert und konserviert wurden. Dabei mag zwar eine besondere Lust am Exhibitionismus als Motiv der Mitwirkenden eine wichtige Rolle spielen, doch muß auch der *soziale Nutzen* berücksichtigt werden, der durch die publizistische Kompensation von Beachtungsdefiziten, durch möglichen Prestigegewinn in Bezugsgruppen oder durch finanzielle Vergütung entsteht. Leute, die sich um fast jeden Preis vor Kameras und Mikrophone drängen und von professionellen Entertainern vorführen lassen, haben nach Ansicht der Soziologin Vicky Abt "nichts zu verlieren".[3] Aber was erklärt die *anhaltende* Attraktivität ihrer Auftritte und Geständnisse für Millionen von Zuschauern, die unverdrossen Spiel- und Talkshows aller Art konsumieren?

## 4. Wir Voyeure

Die schier unersättliche menschliche Schaulust dürfte ebenso genetisch programmiert sein wie das vorsorgliche Bemühen, sich beim Beobachten zu verstecken.[4] Das Verhaltensprinzip, potentielle Beutetiere, Konkurrenten oder Feinde auszumachen, ohne von diesen entdeckt zu werden (zumindest nicht vorher), schuf schlichte Überlebensvorteile. Folglich bevorzugte der *archaische Voyeur* als Siedlungsgebiete Anhöhen oder geographische Randlagen, und wohl aus diesem Grunde schätzen wir auch heute noch Fensterplätze und Balkons, die uns einen geschützten Blick in den "öffentlichen Raum" ermöglichen.

Den *Alltagsvoyeur* unterscheidet davon seine Passion, heimlich herein- statt herauszuschauen. Er ist der "Lauscher an der Wand", der Spion, den das erhöhte Risiko reizt und erregt, "erwischt" zu werden, der Spanner, der die Spannung und Angstlust des Abenteuers sucht. Unbemerkt in fremde Reservate einzudringen, kann außerdem Machtgefühle hervorrufen bzw. Ohnmachtgefühle kompensieren helfen, und es kann zur normativen Entlastung beitragen, wenn man bei anderen findet, was man sich selbst versagt. So ist der öffentlich Prüde nicht selten ein geheimer Voyeur, der sich lautstark über seine eigenen uneingestandenen Neigungen entrüstet, die er allenthalben aufzuspüren bemüht ist.

---

3   Vicky Abt (Soziologin), zit. n. Räther (1995).
4   Zu den anthropologischen Aspekten des Privaten vgl. Hall (1966), Goffman (1974).

In der komfortabelsten Situation ist schließlich der *Medienvoyeur*, weil dessen unbeobachtetes Beobachten nicht nur nicht sanktioniert werden kann, sondern sogar erwartet und erbeten wird. Die Welt spielt eigens für ihn auf, und seine Quasi-Abwesenheit, Anonymität und Spurenlosigkeit sichern ihm optimalen Schutz und entlasten ihn von Verantwortung und Engagement. Von ihm leben professionelle Schausteller und Exhibitionisten, und ihn brauchen auch jene beachtungshungrigen Zeitgenossen, von denen oben die Rede war. So regrediert er genußvoll zum Abonnenten einer Laienspielschar, die die moderne Medienbühne mit Banalitäten am laufenden Band füllt.

### Exkurs: Banales, Triviales und Unterhaltung

Ein auch unter Wissenschaftlern verbreiteter Irrtum ist, daß Banales und Triviales dasselbe sei und daß beides grundsätzlich unterhalte und nichts anderes; nicht selten wird sogar Banales oder Triviales mit Unterhaltung gleichgesetzt. Auf jeden Fall aber gilt diese Trias als nichtinformativ und kulturell minderwertig, was auch erhebliche Forschungslücken auf diesen Gebieten erklären hilft. Hier ist zwar nicht der Ort, dieses Dilemma zu beseitigen, doch soll zumindest ein kleiner Beitrag zur Klärung der Begriffe geleistet werden. Dazu empfiehlt es sich, zwischen *Themen*, *Formen* und *Funktionen* zu unterscheiden (vgl. auch Westerbarkey 1994, 25 f.):

- Banal ist das Alltägliche, Selbstverständliche, Erwartbare oder Belanglose und läßt sich vielleicht am besten mit dem Charakteristikum *Differenzmangel* qualifizieren.
- Triviales betrifft dagegen die ästhetische Dimension von Kommunikaten und bezeichnet oberflächliche, stereotype und schematische Darstellungen, die das Authentische und die Komplexität eines Geschehens oder einer Vorstellung verfehlen. Auf der semantischen Ebene ist Triviales *ambiguitätsarm*, auf der syntaktischen *variationsarm* und auf der pragmatischen *distanzlos*.
- Unterhaltung schließlich ist abwechslungsreiche und lustvolle Erregung, über deren Zustandekommen maßgeblich der *Rezipient* entscheidet, auch wenn es etliche konventionelle Codes gibt, die Unterhaltungsangebote kennzeichnen. Dazu gehören auch banale Gegenstände und triviale Präsentationsformen, denn beide erleichtern Kommunikationen, weil sie vom Publikum wenig intellektuelle Anstrengungen und emotionalen Aufwand

verlangen, also raschen und ungetrübten Lustgewinn ermöglichen, sofern sie nicht langweilen. Freilich schließen sich Unterhaltung und Information keineswegs aus, sondern bedingen einander sogar, denn Abwechslungsreichtum ist höchst informativ, und Überraschungen können uns wiederum aktivieren, motivieren und (nach dem dramaturgischen Prinzip wechselnder Spannung und Entspannung) der "Abfuhr" von Triebdruck dienen. Halten wir lustvolle Erregungszustände durch Reizvariation aufrecht, unterhalten wir uns meistens prächtig.

## 5. Schausteller und Fassaden

Eigentlich sucht der Exhibitionist vor der Kamera allgemeine Akzeptanz für sein vermeintlich Besonderes, und der Voyeur ist gespannt auf alternative und erregende sekundäre Erfahrungen, doch werden sie letztlich beide von den publizistischen Schaustellern betrogen, denen sie sich anvertrauen, denn die einen werden durch Publizität um ihr Intimes gebracht, durch dessen „Mit-allen-Teilung" um ihr Privates, und die andern um den Reiz außergewöhnlicher Erlebnisse, da nicht nur für sie allein, sondern eben für alle aufgespielt wird (wobei nicht selten alles nur *gespielt*, also eigens inszeniert ist).

Als bester Schutz vor Banalisierung erweisen sich folglich bewährte Kommunikationsstrategien wie Geheimhaltung und Ignoranz, zu denen auch Takt und Tabus gehören (vgl. Simmel 1968, 257). Deren ärgster Feind ist das publizierte Bild eines Menschen, weil uneingeschränkte Sichtbarkeit unsere personale *Würde* bedroht und aus diesem Grunde auch Gegenstand besonderer juristischer Sorge ist (vgl. Wunden 1994, 168 ff.). Die vielzitierte Feststellung Walter Benjamins, daß ein technisch vervielfältigtes Kommunikat seine „Aura" verliert (vgl. Benjamin 1989), betrifft die visuelle Reproduktion und Multiplikation des Privaten in besonderem Maße: Unser Exhibitionist wähnt in seiner unerhörten Publizität das Extravagante, opfert dabei jedoch sein Arkanum dem „Volkseigentum" - es sei denn, er ist ein sehr guter Schauspieler, der sich geschickt zu maskieren weiß, denn es gehört viel Versiertheit dazu, überzeugend eine „öffentliche Intimrolle" zu spielen. Daher setzen Laien und Profis auf das Prinzip, daß die Unterstellbarkeit interessanter Informationsmöglichkeiten durch Vermittlung diskreter Inhalte Intimitäten zu begehrten Objekten symbolischer Interaktion und zu Kommunikationsthemen von beträchtlichem Tauschwert macht (vgl. Hagemann 1966, 123). Und beide helfen damit den Medien, virtuelle *Fassaden* der Wirklichkeit zu bauen und profitabel zu vermarkten.

## 6. Fazit

- Die Komplexität sozialer, politischer und kultureller Strukturen und Prozesse überfordert die meisten Mitbürger, was verbunden mit Erfahrungen eigener *Ohnmacht* ein schwindendes Interesse am „großen Weltgeschehen" begünstigt.
- Die *rituelle* Publizität immergleicher Themen und Argumente, Konflikte und Katastrophen verliert ihre ursprüngliche Faszination.
- Die scheinbare Transparenz unserer „Informationsgesellschaft" läßt scheinbar keine Frage mehr offen, kein Rätsel ungelöst, kein Geheimnis unaufgeklärt und provoziert daher eher *Langeweile* als Neugier.
- Die Konturen von Faktizität und Fiktion, von Wirklichkeit und Spiel lösen sich in einer zunehmend *virtuellen* Medienrealität allmählich auf.
- Vielleicht werden deshalb die letzten Arkana beim *Nachbarn* gesucht, hinter Zäunen und Schlafzimmertüren, im Privatleben und Intimbereich all der anderen, bei denen man ein unerschöpfliches Reservoir spannender Varianten eigener Wünsche und Nöte zu finden hofft.
- Und „Life ist Trumpf": In der Talkshow gelingt womöglich die perfekte Illusion *authentischer* Begegnungen und Primärerfahrungen, an denen es im Single-Alltag nicht selten mangelt.
- Nicht zu unterschätzen ist aber auch der simple *Lustfaktor*: Mit minimalem eigenen Aufwand und Risiko sehen und hören wir zu, solange es Spaß macht, und lassen uns unverbindlich und fast zum Nulltarif von Unterhaltungen anderer über Dinge unterhalten, die wir mühelos verstehen.

## 7. Epilog

Eigentlich ist die Publizität des Privaten eine Normalität. Wer spricht nicht gern über seine Träume und Sorgen, seine Kinder und seine Krankheiten, sein Haus und seinen Garten, was er sich wünscht und was er sich leisten kann, und wer trägt dabei nicht gerne etwas auf, um zu imponieren? Wo *Besitz* einen so überragenden Wert darstellt wie in unserer Gesellschaft, muß man ihn fast zwangsläufig zur Schau stellen, wenn man etwas gelten will. Die demonstrative Öffentlichkeit des Privaten wird hier zum Imperativ, dessen Kehrseite die Verheimlichung und erhoffte Ignoranz nichtakklamationsfähiger Peinlichkeiten ist, zu denen etwa Armut gehört.

Doch auch die kostspieligsten Statussymbole werden wertlos, wenn sie massenhaft gezeigt werden, und der Jahrmarkt der Eitelkeiten verliert an Attraktivität, je mehr Anbieter sich darauf tummeln. Daher richtet sich unsere Aufmerksamkeit verstärkt auf Kurioses und Verschwiegenes, auf bisher verborgene Begierden, Privilegien und Praktiken, und sie werden uns prompt rund um die Uhr und gewinnbringend von den publizistischen Medien geliefert. Doch auch diese trivialen Spielarten naiver Selbstentblößung und kalkulierten Bluffs werden das Abendland nicht zugrunde richten, denn mit den letzten Tabus würden wir uns der letzten spannenden Kommunikationschancen berauben, so daß wir wohl eines Tages zur bewährten Rationalität von Diskretion und Takt zurückkehren dürften.

## Literatur

*Benjamin*, Walter (1989): „Das Kunstwerk im Zeitalter seiner technischen Reproduzierbarkeit." In: *Tiedemann*, Rolf / Hermann *Schweppenhäuser* (Hrsg.): Walter Benjamin. Gesammelte Schriften. Bd. 7(1), Frankfurt a.M.: Suhrkamp, S. 350-384.
*Bruns*, Thomas u.a. (1996): „Das analytische Modell." In: *Schatz*, Heribert (Hrsg.): Fernsehen als Objekt und Moment sozialen Wandels. Opladen: Westdeutscher Verlag, S.19-55.
*Determeyer*, Ralf (1975): Personale Publizitätsdynamik. Münster: Regensberg.
dpa (1995): Reingefallen: „ARD foppte Zuschauer." In: Neue Westfälische vom 10.April 1995 (Fernsehen).
*Goffman*, Erving (1974): Das Individuum im öffentlichen Austausch. Frankfurt a.M.: Suhrkamp.
*Greiner*, Ulrich (1980): „Sie wissen nicht, was sie tun." In: Die Zeit vom 14. November 1980, S.46.
*Hagemann*, Walter (1966): Grundzüge der Publizistik. 2. Aufl., Münster: Regensberg.
*Hall*, Edward T. (1966): The Hidden Dimension. Garden City / New York: Doubleday.
*Kästner*, Erhart (1973): „Das Weltbanale." In: *Kästner*, Erhart (Hrsg.): Aufstand der Dinge. Frankfurt a.M.: Insel, S.32-33.
*McCall*, George J. / L. *Simmons* (1974): Identität und Interaktion. Düsseldorf: Schwann.
*Räther*, Helmut (1995): „Mord nach der Talkshow." In: Neue Westfälische vom 11.April 1995 (Fernsehen).
*Simmel*, Georg (1968): „Das Geheimnis und die geheime Gesellschaft." In: *Simmel*, Georg: Soziologie. (5.Aufl.), Berlin: Duncker & Humblot, S.256-304.
*Westerbarkey*, Joachim (1994): „Unterhaltungsliteratur: das Triviale als hegemonialer Diskurs." In: Communications, Jg. 19, 1, S. 23-31.
*Wunden*, Wolfgang (1994): „Grenzen öffentlichen Zeigens." In: *Wunden*, Wolfgang (Hrsg.): Öffentlichkeit und Kommunikationskultur. Hamburg / Stuttgart /Frankfurt a.M.: Steinkopf, S.165-179.

*Christoph Neuberger*

# Was ist wirklich, was ist wichtig?

## Zur Begründung von Qualitätskriterien im Journalismus

### 1. Der Dualismus von Tatsachen und Entscheidungen

Es wäre vermessen, in einem kurzen Beitrag Antwort auf die beiden im Titel genannten Fragen „Was ist wirklich, was ist wichtig?" geben zu wollen. Das Ziel ist bescheidener: Es geht vorerst nur darum, in welchen Bereichen es angemessen ist, diese beiden Fragen zu stellen. Die Ausführungen bleiben also gewissermaßen im Vorfeld möglicher Antworten.

Die Frage „Was ist wirklich?" betrifft das erkenntnistheoretische Problem, wie die Objektivitätsnorm im Journalismus erfüllt werden kann bzw. ob dies überhaupt möglich ist. Hier wäre auf den Konflikt zwischen „Radikalen Konstruktivisten" und Vertretern einer realistischen Position einzugehen. „Was ist wichtig?" ist hingegen die Frage, die sich der „Gatekeeper" stellen muß, wenn er Nachrichten nach ihrer Relevanz auswählt und gewichtet. Hier könnte man an die „Nachrichtenwerttheorie" und ähnliche Ansätze anknüpfen. Die beiden Fragen kennzeichnen also zwei Probleme journalistischer Kommunikation: das Objektivitätsproblem und das Relevanzproblem. Ihnen kann man sich deskriptiv und normativ nähern. Im Rahmen der Diskussion über Qualität im Journalismus haben wir die normative Variante gewählt: Worüber *sollten* Journalisten berichten? Und was *sollten* sie tun, um objektiv zu sein?

Nun fällt auf, daß man sich im Journalismus wie in der Kommunikationswissenschaft meistens nicht mit der schlichten, in der Wissenschaftstheorie gebräuchlichen Definition zufrieden gibt, daß Objektivität dann gegeben sei, wenn eine Behauptung mit den Tatsachen übereinstimmt (Popper 1993, 47). Wenn also vorliegt, was man als „Richtigkeit" oder „Wahrheit" einer Aussage bezeichnet. Vielmehr gibt es einen ganzen Katalog sogenannter „Objektivitätskriterien", die Journalisten helfen sollen, objektiv zu berichten - wobei fast alles, was im Journalismus als gut und wünschenswert erscheint, unter diese

Norm subsumiert wird (Hemánus 1976, 106; Bentele 1982, 137-143; 1988, 404-408; Weterståhl 1983, 405; La Roche 1991, 117-130). Neben der Richtigkeit findet man in der einschlägigen Literatur als weitere Objektivitätskriterien: Maßstabsgerechtigkeit (Repräsentativität), Vollständigkeit, Ausgewogenheit, Vielfalt, Wichtigkeit, Neutralität sowie die Trennung von Nachricht und Meinung.[1] Auf die genannten Kriterien wird auch in neueren Veröffentlichungen zur Qualität im Journalismus zurückgegriffen (McQuail 1992, 203; Schatz / Schulz 1992, 702-705; Ruß-Mohl 1992, 86; Rager 1994, 201; Hagen 1995, 48-52).

Die hier vertretene These lautet: Der überstrapazierte Objektivitätsbegriff führt zu unangemessenen Erwartungen über den Bereich des Erkennbaren. In dieser Begriffsfassung findet der „Dualismus von Tatsachen und Entscheidungen" (Popper 1980, 98) bzw. die *„Unterscheidung* zwischen Erkennen und Beurteilen" (Weber 1968, 155) keine Berücksichtigung. Objektivitäts- und Relevanzproblem werden nicht klar voneinander geschieden. Etwas vereinfacht geht es um die Frage: Können Journalisten Aussagen „objektiv" auswählen? Man stelle sich einen Nachrichtenredakteur vor, der an einem Tag Hunderte von Agenturmeldungen auf den Schreibtisch (oder auf den Bildschirm) bekommt und entscheiden muß, welche Nachrichten er ins Blatt nimmt und welche er draußen läßt. Kann man die Auswahl danach beurteilen, ob sie „objektiv" oder nicht-"objektiv" ist?

## 2. Kritik der Wertobjektivität

Die Wissenschaftstheorie hat sich im Prinzip mit genau derselben Frage befaßt. Die Antwort, die Karl R. Popper und Max Weber darauf gefunden haben, läßt sich in drei Schritten skizzieren:

Erstens scheint es für Forscher wie Journalisten unmöglich zu sein, die Realität vollständig zu beobachten und zu beschreiben: „Nun bietet uns das Leben ... eine schlechthin unendliche Mannigfaltigkeit von nach- und nebeneinander auftauchenden und vergehenden Vorgängen, 'in' uns und 'außer' uns. [...] Alle denkende Erkenntnis der unendlichen Wirklichkeit 'durch den endlichen Men-

---

[1] Dies ist bereits eine Systematisierung der sogenannten „Objektivitätskriterien". Die Wörter werden nicht einheitlich verwendet, und es sind Synonyme im Gebrauch. Sie werden einzeln belegt und diskutiert in Neuberger 1996, 100-123. Kursivierungen in Zitaten entsprechen dem Originaltext.

schengeist beruht deshalb auf der stillschweigenden Voraussetzung, daß jeweils nur ein endlicher Teil derselben den Gegenstand wissenschaftlicher Erfassung bilden ... solle." (ebd., 171). Die Unendlichkeit der Aspekte, unter denen man die Realität betrachten kann, und die Endlichkeit der Wahrnehmungs-, Verarbeitungs- und Vermittlungskapazität von psychischen und sozialen Systemen, auch des Journalismus, zwingen zu einer begrenzten Auswahl, zur Reduktion von Umweltkomplexität (Luhmann 1970, 116). „[J]ede Beschreibung ist notwendig selektiv." (Popper 1987, 62).

Zweitens ist die Entscheidung darüber, welche Aspekte der Realität auszuwählen sind, keine Sache der Erkenntnis: „Wenn immer wieder die Meinung auftritt, jene [Auswahl-]Gesichtspunkte könnten dem 'Stoff selbst entnommen' werden, so entspringt das der naiven Selbsttäuschung des Fachgelehrten, der nicht beachtet, daß er von vornherein kraft der Wertideen, mit denen er unbewußt an den Stoff herangegangen ist, aus einer absoluten Unendlichkeit einen winzigen Bestandteil als *das* herausgehoben hat, auf dessen Betrachtung es ihm allein *ankommt*." (Weber 1968, 181) Die Realität sagt nicht aus sich heraus, welche ihrer Aspekte relevant sind und welche nicht. Die Bedeutung läßt sich nicht an den Dingen selbst ablesen. Vielmehr tragen die Beobachter ihre Fragen an die Realität heran. „*Wir* sind es, die der Natur unsere Maßstäbe aufzwingen ..." (Popper 1980, 96; vgl. Popper 1987, 117 f.). Wir haben ein bestimmtes Interesse an der Realität, und wir richten unsere Aufmerksamkeit auf jene Aspekte der Realität, von deren Beachtung wir uns einen Nutzen versprechen.

Auch wenn es keine erkennbaren Relevanzunterschiede in der Realität gibt, könnte man drittens immer noch behaupten, daß die Maßstäbe der Auswahl, bestimmte Werte, die Beobachter oder Berichterstatter akzeptieren, „objektiv" sein könnten. Eine Position, die etwa die sozialistische Journalistik vertrat; sie sah „keinen Widerspruch zwischen Objektivität und Parteilichkeit" (Budzislawski 1966, 135). Die Geltung von Werten ist aber eine „Sache des *Glaubens*, daneben *vielleicht* eine Sache spekulativer Betrachtung und Deutung des Lebens und der Welt auf ihren Sinn hin, sicherlich aber nicht Gegenstand einer Erfahrungswissenschaft" (Weber 1968, 152). Werte lassen sich nicht im empirischwissenschaftlichen Sinne „objektiv" bestimmen (Kraft 1951, 203). Wertungen sind relativ zum Wertungssubjekt. Empirisch kann nur festgestellt werden, welche Werte Akzeptanz finden (Albert 1991, 76). So läßt sich feststellen, daß in der modernen Gesellschaft der Wertekonsens schwindet und es statt dessen zu einer „Pluralisierung der gesellschaftlichen Wertordnung und eine[r] Individualisierung des Umgangs mit Wertordnungen" (Lau 1988, 226) gekommen ist.

Scheitern müßte schließlich auch der Versuch, die Realität ohne ein bestimmtes Auswahlinteresse zu erfassen. Daraus resultierte ein „Chaos von 'Existenzialurteilen' über unzählige einzelne Wahrnehmungen" (Weber 1968, 177 f.). Wer jeden Standpunkt vermeiden will, macht „sich gewöhnlich einen Standpunkt zu eigen, ohne sich dessen bewußt zu sein" (Popper 1987, 119).

## 3. Der „Gatekeeper" als Entscheidungsträger im Journalismus

Was sagen diese Feststellungen einer kritisch-rationalen Wissenschaftstheorie über die vorhin beschriebene klassische „Gatekeeper"-Situation? Man kann die einzelne Behauptung in einer Nachricht nach ihrer Richtigkeit oder Falschheit beurteilen. Die Nachricht, daß sich ein Ereignis zu einem bestimmten Zeitpunkt an einem bestimmten Ort in bestimmter Weise und unter Beteiligung bestimmter Personen zugetragen hat, kann man Tatsache für Tatsache überprüfen. Nicht auf ihre Objektivität überprüfen kann man hingegen die Auswahl der Behauptungen, die zusammen eine Nachricht ergeben, und die Auswahl der Nachricht selbst. Dafür gibt es institutionalisierte Entscheidungsvorgaben, die berühmten „W"-Fragen und die Nachrichtenfaktoren etwa. Sie aber lassen sich nur nach ihrer Nützlichkeit beurteilen. Der Nutzen bemißt sich an einem Interesse, das ein bestimmter Akteur - ob Rezipient, Kommunikator oder Interessent - verfolgt. Entscheidungen über die Auswahl und Gewichtung von Behauptungen enthalten also implizite Wertungen. Für sie läßt sich ebensowenig wie für explizite Wertungen, also Meinungsäußerungen, ein Wahrheitsanspruch erheben.

Der hier vertretene Standpunkt ist übrigens nicht ganz neu. Walter Lippmann hat bereits darauf aufmerksam gemacht, daß eine Zeitung „das Endergebnis einer ganzen Reihe von Auswahlvorgängen" ist und daß es für diese Auswahl „keine objektiven Regeln" (1964, 241) gibt, sondern nur Konventionen. Manfred Heun kritisierte vor über zwanzig Jahren den „vielschichtig und ungenau" gebrauchten Objektivitätsbegriff der Rundfunkgesetze und schlug vor, die Objektivitätsnorm „*auf die erkenntnistheoretische Dimension zu beschränken*" (1975, 77 f.). Bei Hans Mathias Kepplinger findet sich die Bemerkung, daß „[d]as Erkenntnisproblem ... von der Selektionsproblematik unterschieden werden" müsse: „Die Behauptung, das Ereignis sei so wichtig gewesen, daß man darüber habe berichten müssen, ist eine Scheinerklärung, die nur die Frage verdeckt, weshalb man es für so wichtig gehalten hat." Es gebe „keine sozusagen 'natürliche', sondern immer nur eine soziale Rechtfertigung von Nachrichtenauswahl" (1989, 9 f.).

## 4. Diskussion der sogenannten „Objektivitätskriterien"

Bei den sogenannten „Objektivitätskriterien" handelt es sich - mit Ausnahme der Richtigkeit - eigentlich um Relevanzkriterien, welche die von Interessen bestimmte Selektion und Gewichtung von Aussagen anleiten sollen. Den Standpunkt, der hier in Frage gestellt werden soll, vertritt exemplarisch Günter Bentele: Ihm genügt es nicht, wenn eine „journalistische Aussage ... mit der Realität übereinstimm[t], sie muß *wahr* sein, um überhaupt objektiv sein zu können". Richtigkeit sei nur „ein *notwendiges*, aber kein *hinreichendes* Kriterium" für Objektivität. So könne „ein Sachverhalt ausschnittsweise durchaus richtig wiedergegeben werden, die einzelnen Aussagen sind richtig und dennoch ist der gesamte Text, der den Sachverhalt darstellt, nicht oder nur wenig objektiv, dann nämlich, wenn er Informationen verschweigt, wenn er also *unvollständig* ist" (Bentele 1982, 138 f.; vgl. Bentele 1988, 404 f.).

*1. Maßstabsgerechtigkeit:* Forscher verlangen von Journalisten oft Repräsentativität, ein „'maßstabgetreu' verkleinertes Abbild der Realität" (Schönbach 1977, 50), etwa wenn sie die Berichterstattung mit Extra-Media-Daten vergleichen. Die Grundgesamtheit ist eine erste Selektion, nämlich einer Klasse von Fällen; die Stichprobe, die repräsentativ sein soll, ist eine zweite Selektion. Nun ist aber die Entscheidung darüber, ob eine Stichprobe repräsentativ gezogen werden soll oder ob, einem bestimmten Interesse folgend, eine „gezielte Auswahl" (Lamnek 1988, 223) bevorzugt wird, keine Sache, die sich „objektiv" entscheiden ließe, sondern hängt in der empirischen Sozialforschung vom Forschungsinteresse ab - nichts anderes gilt für den Journalismus. Journalisten wählen meistens „anti-repräsentativ" (Hofstätter 1969, 50) aus, treffen eher eine bewußte, am Nachrichtenwert oder an ihrem Publikum orientierte Auswahl.[2]

---

2 Um dies am Beispiel einer Untersuchung zu illustrieren, die oft als Beleg für nicht-repräsentative und damit angeblich nicht-„objektive" Fernsehdarstellungen zitiert wird: Die Studie von Kurt Lang und Gladys Engel Lang über den „MacArthur Day" in Chicago 1951 zeigt zwar, daß die Ausschnitte des Fernsehens nicht repräsentativ waren, legt man die direkte Wahrnehmung von Beobachtern des Ereignisses zugrunde. Doch dürfte kaum ein Zweifel bestehen,

Die Gefahr ist nicht von der Hand zu weisen, daß der Rezipient einen Repräsentativschluß mit seinem „quasi-statistischen Organ" (Noelle-Neumann 1979, 172) zieht, obwohl er keine repräsentative Stichprobe vorgelegt bekommen hat. Allerdings neigen Rezipienten eher dazu, anschaulich dargestellte Einzelfälle zu verallgemeinern (Brosius 1995, 108 f.).

2. *Vollständigkeit*: So wie nicht „objektiv" entschieden werden kann, ob repräsentativ ausgewählt werden soll, läßt sich auch keine „objektive" Antwort auf die Frage finden, ob eine Voll- oder Teilerhebung durchzuführen ist. Auch die Frage der Vollständigkeit kann sich nicht im direkten Vergleich mit der Realität stellen, weil die Realität unter unendlich vielen Aspekten beobachtet und beschrieben werden kann. Deshalb leitet die Spiegelmetapher in die Irre, die eine vollständige Wiedergabe der Realität vom Journalismus fordert: „Will man trotz alledem das Bild verwenden, so vergesse man nie, daß die periodische Presse ein Spiegel ist, der immer nur einen subjektiv, vom Publikum her bestimmten Ausschnitt aus der Wirklichkeit und diesen nur in bestimmter Perspektive bieten kann." (Groth 1960, 161).

Da die Medien nicht alles spiegeln können, muß es wie bei der Maßstabsgerechtigkeit auch bei der Vollständigkeit eine Einschränkung auf eine Klasse von Fällen geben, wobei die Wahl der Klasse wertend ist. Ob eine am Nachrichtenwert ausgerichtete Selektion zu Vollständigkeit führt, hängt von der gewählten Klasse ab: Besitzen die Fälle per definitionem einen hohen Nachrichtenwert, kann mit Vollständigkeit gerechnet werden - wenn nicht, müssen zusätzliche Merkmale vorhanden sein, die (einigen) Fällen einen hohen Nachrichtenwert verleihen.

3. *Ausgewogenheit*: Was Max Weber über die Politik festgestellt hat, gilt auch für den Journalismus: „Die 'mittlere Linie' *ist um kein Haarbreit mehr wissenschaftliche Wahrheit* als die extremsten Parteiideale von rechts oder links." (1968, 154) Ausgewogenheit ist wie Vielfalt ein Meta-Relevanzkriterium: Sie regeln, für wie wichtig gehalten wird, was andere für wichtig halten. Hinter beiden steht der Wert „Gleichheit": Demokratietheoretisch wird die Gleichbehandlung, die kommunikative Chancengleichheit für verschiedene Interessenten im politischen Willensbildungsprozeß gefordert. Selbst wenn ein breiter

---

daß die Beobachter in der Menge, die kaum etwas vom Geschehen mitbekamen, die privilegierte Position der Fernsehkameras vorgezogen hätten, die das Sehenswerte zeigen konnte. Auch hier wird nur eine Selektion (der Zuschauer am Straßenrand) mit einer anderen Selektion (des Fernsehens) verglichen, ohne daß für eine von beiden beansprucht werden könnte, sie sei im Verhältnis zur Realität „objektiver" als die andere (Lang/Lang 1973).

gesellschaftlicher Konsens über die Anerkennung des Wertes „Gleichheit" besteht, haben wir es dennoch mit keiner „objektiven" Wertentscheidung zu tun.

4. *Vielfalt*: Reguliert Ausgewogenheit nur das Gewicht, das Interessenten erhalten sollen, welche die Aufmerksamkeitsschwelle bereits überwunden haben, ist Vielfalt auf die Selektion, diese Schwelle selbst bezogen. Die Vielfaltsnorm fordert, möglichst viele Interessenten als Wertungssubjekte im politischen Willensbildungsprozeß zu berücksichtigen. Vielfalt wird aber auch so verstanden, daß eine Annäherung an die Wahrheit durch eine möglichst große Zahl unterschiedlicher Aspekte eines Ereignisses erreicht werden könnte: „Je mehr unterschiedliche Aspekte und Auffassungen zu einem Ereignis veröffentlicht werden, um so größer ist die Chance, sich der Realität zu nähern." Dabei sei eine „vollständige ... Erfassung des Sachverhalts" (Meister/Reith/Vogel 1980, 91) das angestrebte Ziel. Dies widerspricht aber der Prämisse, daß die Realität stets unter unendlich vielen Aspekten erfaßt werden kann, Vollständigkeit daher unerreichbar bleibt. Auch dürfte es kaum einen Nutzen bringen, wenn eine Vielzahl unwichtiger Einzelheiten mitgeteilt wird.

Vielfalt kann in kritisch-rationaler Perspektive auch Objektivitätskriterium sein - dafür bedarf es allerdings einer anderen Begründung: Wenn nicht entscheidbar ist, welche von mehreren widersprüchlichen Behauptungen über denselben Sachverhalt am ehesten als wahr gelten kann, sollten möglichst alle Versionen vermittelt werden, da unvorhersehbar ist, welche sich später als wahr erweisen könnte. Allgemeiner gefaßt fordert der „Kritische Rationalismus" stets das Infragestellen einmal gewonnener Erkenntnisse, die Suche nach Alternativen (Albert 1991, 59-65).

5. *Wichtigkeit*: Wie Wichtigkeit „objektiv" bestimmbar sein soll, ist umstritten: Ulrich Saxer spricht sich für eine Reduktion von Umweltkomplexität aus, die „nach allgemeinem Konsens als wirklichkeitstreu gilt, als maßstabsgerechte Verkürzung aller nach der gemeinsamen Wirklichkeitserfahrung und dem gemeinsamen Sinnhorizont relevanten Dimensionen der Realität" (1974, 211). Einen ähnlichen konsensuellen Objektivitätsbegriff vertritt der „Radikale Konstruktivismus". „Objektive" Anhaltspunkte für Wichtigkeit sehen andere Autoren in journalistischen Berufsnormen; immer wieder genannt werden die „W"-Fragen und die Nachrichtenfaktoren. Karl Erik Rosengren etwa behauptet: „[T]here is a relationship between the objective importance and volume of report." Ereignisse besäßen „[a] degree of objective importance" (1970, 106) - aber selbst die Zahl der Toten eines Zugunglücks, dieses Beispiel wählt Rosen-

gren, ist kein „objektiver" Relevanzmaßstab. Winfried Schulz kritisiert zu Recht, daß auch Extra-Media-Daten nur aus „Selektionen und Interpretationen" resultieren und daß sich Medien und medienexterne Beobachter „unterschiedlicher Selektionsregeln bedienen können, die jedoch nur als Differenz, nicht als 'richtig' oder 'falsch' zu interpretieren sind" (1976, 25).

Dieser Einwand läßt sich auch gegen das Kausalmodell der Nachrichtenauswahl von Friedrich Joachim Staab erheben. Darin werden „die Nachrichtenfaktoren von Ereignissen bzw. Meldungen als Ursachen, journalistische Selektionsentscheidungen als Wirkungen betrachtet" (1990, 93). Staab spricht von „objektiven Nachrichtenfaktoren, die man als ereignisinhärent bezeichnen könnte" (ebd., 64), von „ereignisimmanente[n] ('objektive[n]') Kriterien" (ebd., 173), so als könne man die Wichtigkeit an den Dingen selbst ablesen. Statt nach der „objektiven" Wichtigkeit müßte man aber nach der Nützlichkeit von Relevanzkriterien für bestimmte Akteure fragen.

6. *Neutralität/Trennung von Nachricht und Meinung*: Hinter den Kriterien „Neutralität" und „Trennung von Nachricht und Meinung" verbirgt sich die aus der Wissenschaftstheorie bekannte Forderung nach „Werturteilsfreiheit". Da zumindest implizite Wertungen in der Kommunikation unvermeidlich sind - nämlich bei der Nachrichtenauswahl -, kann Neutralität nicht den Verzicht auf jeden Standpunkt bedeuten. Was möglich bleibt, ist erstens die Reduzierung der Forderung auf die getrennte Präsentation von expliziten Wertungen und Behauptungen, also die Trennung von Nachricht und Meinung. Weber wandte sich analog in der Wissenschaft gegen „Kathederwertungen": Ein Forscher müsse „unerbittlich klar ... machen: *was* von seinen jeweiligen Ausführungen entweder rein logisch erschlossen oder rein empirisch Tatsachenfeststellungen [sind] und *was* praktische Wertung ist" (1968, 490).

Zweitens kann die Neutralität des Journalisten gegenüber einzelnen Interessenten durch ihre Gleichbehandlung gefordert werden, also der Gebrauch der Meta-Relevanzkriterien „Ausgewogenheit" und „Vielfalt". In beiden Fällen ist aber - wie erwähnt - eine andere Begründung erforderlich als der Anspruch auf Objektivität. Und drittens ist mit der Forderung nach Neutralität die Erwartung verbunden, daß Journalisten nicht lügen, keine falschen Behauptungen aufstellen, weil dies jemandem einen Vorteil verschafft - nur in diesem Fall berührt das Interesse die Erkenntnis. Entsprechend bezieht sich die Forderung nach „Werturteilsfreiheit" in der Wissenschaft auch nur auf den Begründungszusammenhang, nicht auf den Entdeckungs- und den Verwertungszusammenhang (Dahrendorf 1968).

## 5. Verdinglichte Normen als Reflexionssperre

Die bisherigen Ausführungen könnten den Eindruck erweckt haben, sie seien nur einem begrifflichen Problem gewidmet, ließen aber die Sache unberührt. Der Streit über den Gebrauch von Wörtern ist ja bekanntlich meistens recht unfruchtbar. Im vorliegenden Zusammenhang scheint es aber anders zu sein. Im weiten Gebrauch des Objektivitätsbegriffes kann man nämlich ein Indiz für einen Vorgang sehen, den Peter L. Berger und Thomas Luckmann als „Verdinglichung" bezeichnet haben. Zur Verdinglichung kommt es, wenn Institutionen nicht mehr als Produkt des Menschen bewußt werden, sondern als „fremde Faktizität [erscheinen] ..., über das er keine Kontrolle hat" (1980, 95) - wenn sie dem Anschein nach einen ontologischen Status besitzen.[3] Hans Albert spricht in ähnlichem Sinne über die „Dogmatisierung" (1991, 91) von Problemlösungen, die als offenbarte Wahrheiten und damit als unumstößlich gelten.

Vielleicht ist dies ein Ansatzpunkt, um erklären zu können, weshalb auch journalistische Normen, die das nur wertend zu lösende Relevanzproblem betreffen, aber verdinglicht sind, unzutreffend als „Objektivitätskriterien" bezeichnet werden: Die Normen sind scheinbar als wahr erkannt, ihre Einhaltung scheint die „objektive" Darstellung der Realität zu garantieren, ohne daß weiter nach Nutzen und Schaden ihres Gebrauchs gefragt werden müßte. Verdinglichte Normen bilden deshalb eine Reflexionssperre. Sie sind aber auch ein Mittel zur Immunisierung gegenüber Kritik, da sie offenbar keiner Rechtfertigung mehr bedürfen.

Tatsächlich sind die sogenannten „Objektivitätskriterien" weitgehend unumstritten. Gleichzeitig fällt auf, wie vage und ungenau sie definiert sind (vgl. u.a. Deetz 1989, 44). Dazu paßt die Berufsideologie der Journalisten, die auf „Kategorien wie Kunst, Gespür, Gefühl und Konsensus" rekurriert, die „alles und nichts erklären können" (Schulz 1976, 8). Was könnte die Kommunikationswissenschaft in dieser Situation leisten?

---

3   „Je entfernter die Anfänge der Institution liegen, umso routinehaft-selbstverständlicher werden auch die festgelegten Handlungsweisen (vom 'So machen wir es' zum 'So macht man es' zum 'So macht man es schon immer'). Allerdings treten dadurch die Lebensprobleme, für welche die tradierten Handlungsweisen Lösungen darstellten, in den Hintergrund; die auf sie bezogenen Bedürfnisse werden gewohnheitsmäßig abgedeckt. Je weniger sich die Probleme noch erkennen lassen und je weniger die Bedürfnisse drängen, umso 'sinnloser' können deshalb die Institutionen für spätere Generationen werden ..." (Luckmann 1992, 162 f.)

Eine praktizistische Haltung - wie sie Manfred Rühl an der Kommunikationswissenschaft kritisiert hat (1980, 36) - reicht jedenfalls nicht aus, also die bloße Übernahme von Normen aus der Berufspraxis und aus dem Medienrecht in den wissenschaftlichen Kontext, ohne daß ausreichend geprüft wäre, ob sie geeignet sind, die Erfüllung gesellschaftlicher Funktions- oder Leistungserwartungen an den Journalismus zu fördern. Statt dessen sollte das Fach „Entverdinglichung" (Berger/Luckmann 1980, 98) betreiben, Normen präzisieren und nach ihrem Nutzen befragen, offenlegen, wie „unter dem Deckmantel der Objektivität ... besondere Formen der Subjektivität versteckt" (Heun 1975, 78) sind, und alternative Lösungen erwägen.

Nur auf diesem Wege lassen sich geeignete Qualitätsmaßstäbe für den Journalismus finden. Jetzt müßte die Suche nach Antworten auf jene Fragen beginnen, die dem Beitrag vorangestellt sind: Was ist wirklich, was ist wichtig? (vgl. Neuberger 1996).

## Literatur

*Albert*, Hans (1991): Traktat über kritische Vernunft. 5., verbesserte und erweiterte Auflage, Tübingen: Mohr (Siebeck).
*Bentele*, Günter (1982): „Objektivität in den Massenmedien - Versuch einer historischen und systematischen Begriffsklärung". In: Günter *Bentele* / Robert *Ruoff* (Hrsg.): Wie objektiv sind unsere Medien? Frankfurt a.M.: Fischer, S. 111-155.
*Bentele*, Günter (1988): Objektivität und Glaubwürdigkeit von Medien. Eine theoretische und empirische Studie zum Verhältnis von Realität und Medienrealität. Habilitationsschrift, Berlin: (unveröff. Manuskript).
*Berger*, Peter L. / Thomas *Luckmann* (1980): Die gesellschaftliche Konstruktion der Wirklichkeit. Eine Theorie der Wissenssoziologie. Frankfurt a.M.: Fischer.
*Brosius*, Hans-Bernd (1995): Alltagsrationalität in der Nachrichtenrezeption. Ein Modell zur Wahrnehmung und Verarbeitung von Nachrichteninhalten. Opladen: Westdeutscher Verlag.
*Budzislawski*, Hermann (1966): Sozialistische Journalistik. Eine wissenschaftliche Einführung. Leipzig: Bibliographisches Institut.
*Dahrendorf*, Ralf (1968): „Sozialwissenschaft und Werturteil. Nachwort zum Werturteilsstreit". In: Ralf *Dahrendorf*: Pfade aus Utopia. Arbeiten zu Theorie und Methode der Soziologie. Gesammelte Abhandlungen I. München: Piper, S. 74-88.
*Deetz*, Werner (1989): Rundfunkinformation als soziales Ergebnis. Rekonstruktion für verfassungsrechtliche Prüfungen. Bochum: Brockmeyer.
*Groth*, Otto (1960): Die unerkannte Kulturmacht. Grundlegung der Zeitungswissenschaft (Periodik). 7 Bde., Bd. 1, Berlin: de Gruyter.
*Hagen*, Lutz M. (1995): Informationsqualität von Nachrichten. Meßmethoden und ihre Anwendung auf die Dienste von Nachrichtenagenturen. Opladen: Westdeutscher Verlag.
*Hemánus*, Pertti (1976): „What is News? Objectivity in News Transmission". In: Journal of Communication, Jg. 26, 4, S. 102-107.
*Heun*, Manfred (1975): „Die Subjektivität der öffentlich-rechtlichen Nachrichten". In: *Straßner*, Erich (Hrsg.): Nachrichten. Entwicklungen – Analysen – Erfahrungen. München: Fink, S. 66-82.

*Hofstätter*, Peter R. (1969): „Dynamik der Kommunikation". In: Karl *Becker* / Karl-August *Siegel* (Hrsg.): Dynamik der Kommunikation. Referate von der Jahrestagung der Katholischen Rundfunk- und Fernseharbeit in Deutschland 1966 in Hamburg. Frankfurt a.M.: Knecht, S. 42-56.
*Kepplinger*, Hans Mathias (1989): „Theorien der Nachrichtenauswahl als Theorien der Realität." In: Aus Politik und Zeitgeschichte, Jg. 39, B 15, S. 3-16.
*Kraft*, Viktor (1951): Die Grundlagen einer wissenschaftlichen Wertlehre. 2., neu bearbeitete Auflage, Wien: Springer.
*La Roche*, Walther von (1991): Einführung in den praktischen Journalismus. 12., neubearbeitete Auflage, München / Leipzig: List.
*Lamnek*, Siegfried (1988): Qualitative Sozialforschung. 2 Bde., Bd. 1: Methodologie. München / Weinheim: Beltz, Psychologie-Verlag-Union.
*Lang*, Kurt / Gladys Engel *Lang* (1973): „Mac Arthur Day in Chicago: Die Einseitigkeit des Fernsehens und ihre Wirkungen". In: *Aufermann, Jörg* / Hans *Bohrmann* / Rolf *Sülzer* (Hrsg.): Gesellschaftliche Kommunikation und Information. Forschungsrichtungen und Problemstellungen. Ein Arbeitsbuch zur Massenkommunikation II. Frankfurt a.M.: Fischer Athenäum, S. 498-525.
*Lau*, Christoph (1988): „Gesellschaftliche Individualisierung und Wertwandel." In: *Luthe*, Heinz Otto / Heiner *Meulemann* (Hrsg.): Wertwandel - Faktum oder Fiktion? Bestandsaufnahme und Diagnose aus kultursoziologischer Sicht. Frankfurt a.M. / New York: Campus, S. 217-234.
*Lippmann*, Walter (1964): Die öffentliche Meinung. München: Rütten & Loening.
*Luckmann*, Thomas (1992): Theorie sozialen Handelns. Berlin / New York: de Gruyter.
*Luhmann*, Niklas (1970): „Soziologie als Theorie sozialer Systeme". In: *Luhmann*, Niklas: Soziologische Aufklärung. Aufsätze zur Theorie sozialer Systeme. Köln / Opladen: Westdeutscher Verlag, S. 113-136.
*McQuail*, Denis (1992): Media Performance. Mass Communication and the Public Interest. London / Newbury Park / New Delhi: Sage.
*Meister*, Ulla / Manuela *Reith* / Karl *Vogel* (1980): Probleme publizistischer Einseitigkeit. Analyse der politischen Berichterstattung der Frankenpost/Hof. Nürnberg: Nürnberger Forschungsvereinigung.
*Neuberger*, Christoph (1996): Journalismus als Problembearbeitung. Objektivität und Relevanz in der öffentlichen Kommunikation. Konstanz: UVK Medien.
*Noelle-Neumann*, Elisabeth (1979): Öffentlichkeit als Bedrohung. Beiträge zur empirischen Kommunikationsforschung. 2., durchgesehene Auflage, Freiburg / München: Alber.
*Popper*, Karl R. (1980): Die offene Gesellschaft und ihre Feinde. Der Zauber Platons. 6. Auflage, Tübingen: Francke.
*Popper*, Karl R. (1987): Das Elend des Historizismus. 6., durchgesehene Auflage, Tübingen: Mohr (Siebeck).
*Popper*, Karl R. (1993): „Zwei Seiten des Alltagsverstandes: ein Plädoyer für den Realismus des Alltagsverstandes und gegen die Erkenntnistheorie des Alltagsverstandes". In: *Popper*, Karl R.: Objektive Erkenntnis. Ein evolutionärer Entwurf. Hamburg: Hoffmann und Campe, S. 32-108.
*Rager*, Günter (1994): „Dimensionen der Qualität. Weg aus den allseitig offenen Richter-Skalen?" In: *Bentele*, Günter / Kurt R. *Hesse* (Hrsg.): Publizistik in der Gesellschaft. Festschrift für Manfred Rühl. Konstanz: Universitätsverlag, S. 189-209.
*Rosengren*, Karl Erik (1970): „International News: Intra and Extra Media Data". In: Acta Sociologica, Jg. 13, 2, S. 96-109.
*Rühl*, Manfred (1980): Journalismus und Gesellschaft. Bestandsaufnahme und Theorieentwurf. Mainz: von Hase & Koehler.
*Ruß-Mohl*, Stephan (1992): „Am eigenen Schopfe ... Qualitätssicherung im Journalismus - Grundfragen, Ansätze, Näherungsversuche". In: Publizistik, Jg. 37, 1, S. 83-96.
*Saxer*, Ulrich (1974): Die Objektivität publizistischer Information. In: *Langenbucher*, Wolfgang R. (Hrsg.): Zur Theorie der politischen Kommunikation. München: Piper, S. 206-235.

*Schatz*, Heribert / Winfried *Schulz* (1992): „Qualität von Fernsehprogrammen. Kriterien und Methoden zur Beurteilung von Programmqualität im dualen Fernsehsystem". In: Media Perspektiven, 11, S. 690-712.
*Schönbach*, Klaus (1977): Trennung von Nachricht und Meinung. Empirische Untersuchung eines journalistischen Qualitätskriteriums. Freiburg / München: Alber.
*Schulz*, Winfried (1976): Die Konstruktion von Realität in den Nachrichtenmedien. Analyse der aktuellen Berichterstattung. Freiburg / München: Alber.
*Staab*, Friedrich Joachim (1990): Nachrichtenwert-Theorie. Formale Struktur und empirischer Gehalt. Freiburg / München: Alber.
*Weber*, Max (1968): „Die 'Objektivität' sozialwissenschaftlicher und sozialpolitischer Erkenntnis. 1904". In: *Weber*, Max: Gesammelte Aufsätze zur Wissenschaftslehre. 3., erweiterte und verbesserte Auflage. Herausgegeben von Johannes Winckelmann. Tübingen: Mohr (Siebeck), S. 146-214.
*Westerståhl*, Jörgen (1983): „Objective News Reporting. General Premises". In: Communication Research, Jg. 10, 3, S. 403-424.

*Georg Schütte / Joachim Friedrich Staab / Peter Ludes*

# Die Visualisierung von Politik

## Auf der Suche nach neuen Qualitätsstandards[1]

### 1. Einführung

Die Qualität von publizistischen Angeboten wurde bisher vornehmlich für größere Untersuchungseinheiten analysiert und diskutiert, etwa im Hinblick auf die Funktion der Massenmedien in modernen Industriegesellschaften für das Gemeinwohl (McQuail 1992), im Hinblick auf Qualitätsdimensionen von Tageszeitungen (Rager / Haase / Weber 1994), von Hörfunkprogrammen (Schönbach 1994) und Fernsehprogrammen (Schatz / Schulz 1992), im Hinblick auf die Informationsqualität des Nachrichtenagentur-Outputs (Hagen 1995) oder auf die Infrastruktur der Qualitätssicherung im Journalismus (Ruß-Mohl 1994). Auch die Qualitätsmaßstäbe der Film- und Fernsehkritik in der Presse sind inzwischen Gegenstand medienwissenschaftlicher Forschung (vgl. Schanze 1994). Die Debatte in der Medien- und Kommunikationswissenschaft gewann jedoch an Intensität, als Ende der 80er Jahre deutlich wurde, welche Auswirkungen die Dualisierung des Rundfunksystems in der Bundesrepublik Deutschland auf die Programmstrukturen des Fernsehen, auf einzelne Programmangebote, insbesondere auch auf die politischen Informationsangebote, und auf das Rezeptionsverhalten der Zuschauer hat (vgl. Schulz 1996, 45-46). Qualität wird von Schulz (im Anschluß an Rosengren) definiert als „eine Eigenschaft (...), die bestimmten Normen entspricht. Diese sind in einem Wertesystem verankert" (Schulz 1996, 47).

Aus den Rechtsgrundlagen hat man vier Qualitätsdimensionen für Fernsehprogramme abgeleitet: *Vielfalt, Relevanz, Professionalität* und *Rechtmäßigkeit*.

---

1  Diese Arbeit entstand im Teilprojekt A7 „Die Entwicklung von Fernsehnachrichtensendungen in den USA, der Bundesrepublik Deutschland und der DDR" im DFG-Sonderforschungsbereich 240 „Bildschirmmedien" der Universität-GH Siegen (Leiter: Prof. Dr. R. Geißler; apl. Prof. Dr. P. Ludes).

Mit Blick auf andere Länder wird darüber hinaus auch *Publikumsakzeptanz* genannt (Schatz / Schulz 1992; Schulz 1996). Empirisch wurden diese Qualitätsdimensionen in unterschiedlichem Maß operationalisiert und überprüft. Relativ gute Daten liegen zur Vielfalt in den Programmen einzelner Sender vor. Zugleich gibt es auch Operationalisierungen von Relevanz und Professionalität für die Qualitätsevaluierung von Printmedienangeboten. Weiterhin scheint es jedoch ein Desiderat zu sein, Qualitätskriterien für die audiovisuelle, d.h. für das Medium Fernsehen spezifische Art der Darstellung zu finden (vgl. McQuail 1992, 233, 313; Schulz 1996, 53). Studien, die die Frage nach der Qualität medialer Angebote in einen größeren historischen Kontext stellen, sind ebenfalls relativ selten. Derartige Untersuchungen böten den Vorteil, nicht nur statische bzw. kurzfristige Qualitätsaussagen zu treffen, sondern Entwicklungstendenzen zu erkennen und zukünftige Entwicklungsspielräume zu benennen. Pragmatisch bieten längerfristige medienspezifische Untersuchungen den Vorteil, kurz- und mittelfristige medienrechtliche und medienpolitische Regelungen bzw. Codifizierungen besser der Medienentwicklung anzupassen. Auf diese Weise würde die Verfallszeit dieser Regelungen vergrößert.

Am Beispiel von Fernsehnachrichtensendungen aus den USA und der Bundesrepublik Deutschland aus ausgewählten Jahren zwischen 1949-1995 werden im folgenden einige Überlegungen zu Qualitätsstandards der visuellen Darstellung entwickelt. Diese Überlegungen beziehen sich auf eine Befragung von Journalisten und Journalistinnen zu Schlüsselbildern in Fernsehnachrichtensendungen und auf eine Analyse solcher Schlüsselbilder bzw. Schlüsselbildsequenzen. Hierunter verstehen wir Bilder und Bildsequenzen, die den 'Schlüssel' zu den dargestellten Ereignissen bieten, die ein Ereignis auf eine kurze Formel bringen. Für jeden Beitrag einer Nachrichtensendung, so die Annahme, lassen sich ein oder mehrere Schlüsselbilder erfassen. Einige dieser Bilder, das zeigen die Ergebnisse von Interviews mit Fernsehnachrichten-Journalisten, werden aufgrund der Exklusivität und der historischen Bedeutung eines Ereignisses besonders lange erinnert, beispielsweise Aufnahmen von leeren Autobahnen während der Ölkrisen in den 70er Jahren. Andere Schlüsselbilder werden weniger bewußt in der Routineberichterstattung konventionalisiert.

## 2. Visuelle Qualitätsstandards aus der Perspektive der Forschung

Spezifische Leistungen des Fernsehens werden in der Rezeptionsforschung insbesondere im Hinblick auf das Verhältnis von Worttext und Bildern untersucht. Im weitesten Sinne problematisieren sie eine grundlegende Qualitätsdimension der gestalterischen Professionalität von Fernsehnachrichtensendungen: ihre Verständlichkeit. Implizit wird vielfach von einer Priorität des Worttextes für die Informationsvermittlung in Fernsehnachrichtensendungen ausgegangen (vgl. z.B. Brosius / Birk 1994). Nimmt man den verbalsprachlich vermittelten Inhalt von Fernsehnachrichtenmeldungen als Standard, dann ist der Beitrag visueller Darstellungselemente - in diesem Fall auf die Erinnerungsleistung - allenfalls moderat (vgl. Graber 1990, 152).

Diese Einschätzung ändert sich jedoch, sobald man nach den spezifischen visuell vermittelten Inhalten fragt, wie mehrere US-amerikanische Studien von Graber zeigen: Über Gesichts- und Körperbewegungen, die Stimmqualität, die Geschwindigkeit und Genauigkeit bei der Beantwortung von Fragen beurteilten Zuschauer das Handeln von politischen Akteuren. Nahaufnahmen von Gesichtern erwiesen sich als besonders geeignet, um die Aufmerksamkeit der Zuschauer zu wecken und zu halten. Symbolische Hintergründe für Reden, Statements und Interviews vermittelten zusätzliche Informationen. Aus der Perspektive der Zuschauer machten Bilder die Informationsvermittlung realistischer, genauer und emotional berührender als reine Worttexte. Sie erhöhten die Glaubwürdigkeit der Beiträge. Die Zuschauer erinnerten sich zudem in stärkerem Maße an Bildinhalte als an die Inhalte der verbalsprachlichen Texte (Graber 1985, 33; 1988, 114-115, 168-172; 1990, 145, 153). Fernsehpublika aus einem Kulturraum teilen, so Graber, ein Repertoire visueller Schlüsselelemente („cues"). Fernsehnachrichten-Journalisten, die in begrenzter Zeit einem heterogenen Publikum eine Fülle von Informationen vermitteln wollen, müssen auf dieses einfache, gemeinsam geteilte audiovisuelle Vokabular zurückgreifen. Die Folge sind mehr oder minder stereotype Präsentationsformen. Eine lexikonartige Zusammenstellung solcher visuellen Stereotypen würde es ermöglichen, deren längerfristigen Wandel nachzuvollziehen (Graber 1989, 151).

Verständlichkeit ist in diesem Sinne zwar ein zentrales Merkmal und eine zentrale Qualitätsdimension der audiovisuellen Informationsvermittlung im Fernsehen. Im Hinblick auf die funktionale Vielfalt audiovisueller Gestaltungsmerkmale erfaßt sie jedoch primär kognitive Funktionen. Verständlichkeit setzt jedoch Aufmerksamkeit für das Dargestellte, d.h. Motivation der Zuschauer und Interesse voraus. Die Gestaltungskonventionen von Fernsehnachrichten-Journalisten versuchen, u.a. auch diesen Akzeptanzfaktoren Rechnung zu tragen.

## 3. Visuelle Qualitätsstandards aus journalistischer Perspektive

Auf der Basis von Experteninterviews mit U.S.-amerikanischen und bundesdeutschen Journalisten in den Jahren 1989 und 1991 (und bis 1996 fortlaufend ergänzt durch weitere Gespräche) wurden auch professionelle Qualitätsansprüche spezifiziert. In historischer Perspektive verdeutlichen die Interviews Entwicklungen, die zu Konflikten zwischen unterschiedlichen Qualitätsansprüchen und deren organisationsinternen und -externen Verfechtern führten. Verkürzt läßt sich ein zentrales Element der Fernsehnachrichten-Entwicklung als Aktualisierung und Visualisierung von Fernsehnachrichtensendungen beschreiben (vgl. Ludes 1993a; Schütte 1993). Die Verringerung der zeitlichen Distanz zwischen einem Ereignis und dessen Berichterstattung im Fernsehen sowie die Ausweitung des räumlichen und teilweise des sozialen Berichterstattungsraumes waren über mehrere Jahrzehnte wirksame Strategien der Macher, um die Attraktivität der Fernsehinformationsvermittlung zu steigern.

Die befragten Journalisten thematisierten eine Reihe verschiedener audiovisueller Gestaltungskonventionen und Funktionen von visuellen Präsentationselementen. Programmlogos, Embleme für wiederkehrende Sendungssegmente, aber auch die wiederkehrenden Bilder der 'anchorpersons' und Korrespondenten sollen dem Publikum die Orientierung erleichtern. Darüber hinaus sollen sie helfen, Themensprünge, die zugleich auch Sprünge von einer geographischen Region zur anderen und von einem Set von Darstellern zu einem anderen sind, nachzuvollziehen (*Orientierungs- und Strukturierungsfunktion*). Im Zusammenspiel mit der Wortkomponente sollen visuelle Grafiken außerdem helfen, Sachverhalte verständlich zu machen (*Erklärfunktion*). Als pars pro toto sollen ausgewählte Bilder Situationen charakterisieren, die entweder gar nicht oder nur mit größerem Zeitaufwand verbal zu beschreiben sind. Als Beispiel nannte ein US-amerikanischer Nachrichtenproduzent das Bild eines chinesischen Studenten, der sich während der Studentenunruhen im Frühjahr 1989 auf dem Tiananmen Platz allein einem Panzer in den Weg gestellt hatte. Die Symbolkraft dieses Bildes mache seine besondere Qualität als „gutes Bild" aus (*Symbolisierungsfunktion*). Zugleich sollen in Bildern die Atmosphäre einer Situation und die Stimmungen von Personen dargestellt werden (*Darstellung von Emotionen*). Mit ungewöhnlichen Kameraeinstellungen oder visuellen Detailaufnahmen versuchen Journalisten zudem, Interesse für ein Thema oder einen Themenaspekt zu wecken (*Motivationsfunktion*). Ein Teil der amerikanischen Journalisten betont darüber hinaus, Bilder müßten den dramatischen

Aspekt von Ereignissen zum Ausdruck bringen. Probleme werden als Auseinandersetzung zweier Kontrahenten personalisiert oder - in ähnlicher Weise - auf die Auseinandersetzung zweier Kontrahentengruppen reduziert (*Dramatisierungsfunktion*) (vgl. Schütte 1994, 207-215; Huth / Sielker 1989).

Aus der Perspektive von Journalisten verläuft die Diskussion um die Qualität von Bildern auf mehreren Ebenen: (1) Professionelle Standards des Printjournalismus zur Prüfung der Sachgerechtigkeit lassen sich nicht ohne weiteres auf den Bild-, Film- und Videojournalismus übertragen. (2) Medienspezifische audiovisuelle Darstellungsformen des Fernsehens werden in ihrer funktionalen Vielfalt beschrieben und in unterschiedlicher Form eingesetzt. (3) Unter kommerziellem Wettbewerbsdruck gerät insbesondere die Überbetonung der Dramatisierungs- und Emotionalisierungsfunktion in Konflikt mit professionellen Ansprüchen, die sich an demokratietheoretisch hergeleiteten Normen orientieren und in diesem Sinne auf gesellschaftliche Funktionen des Fernsehjournalismus verweisen (z.B. Aufklärung und die Konstitution einer pluralistischen Öffentlichkeit). Aktualitätsdruck führt zur Vernachlässigung analytischer Qualität, beispielsweise durch Hintergrundberichterstattung. (4) Diese Konfliktsituation ergab sich zeitlich eher in den USA und wird dort durch andere Bezugsgruppen journalistischen Handelns modifiziert als in der Bundesrepublik.

## 4. Schlüsselbilder in Fernsehnachrichtensendungen

In einer Inhaltsanalyse untersuchten wir ausgewählte Fernsehnachrichtensendungen aus den USA, der Bundesrepublik Deutschland und der DDR bzw. den neuen Bundesländern im Hinblick auf historisch längerfristige Trends. Die gezielte Auswahl der Sendungen richtete sich nach medienhistorischen Erwägungen, war jedoch bis Ende der 60er Jahre durch deutlich begrenzte Archivbestände geprägt. Sie wurde ergänzt durch zwei ereignisbezogene Sonderstichproben aus den Jahren 1969 und 1989. Untersucht wurde ab 1969 je eine natürliche 5-Werktage-Woche (Tabelle 1).

*Anzahl der analysierten Sendungen* | Tabelle 1

Basis der Produktanalyse von historischen Trends der Entwicklung von Fernsehnachrichtensendungen aus den USA, der Bundesrepublik Deutschland und der DDR (bzw. der neuen Bundesländer) von 1949 bis 1995.

| | USA | BRD (West) | | DDR (Neue Länder) | | |
|---|---|---|---|---|---|---|
| | CBS Evening News | ARD Tagesschau | RTL aktuell | DDR-Fernsehen / DFF Aktuelle Kamera | ORB Brandenburg aktuell | **Alle Sender** |
| 1949 | <u>1</u> | - | - | - | - | 1 |
| 1952 | - | 2 | - | - | - | 2 |
| 1953 | - | 12 | - | - | - | 12 |
| 1960 | <u>10</u> | 1 | - | 7 | - | 18 |
| 1962 | <u>1</u> | - | - | - | - | 1 |
| 1963 | <u>2</u> | 5 | - | 10 | - | 17 |
| 1969* | 5 | 5 | - | - | - | 10 |
| 1976 | 5 | <u>5</u> | - | 4 | - | 14 |
| 1983 | 5 | <u>5</u> | - | 5 | - | 15 |
| 1989* | 5 | <u>5</u> | - | 5 | - | 15 |
| 1990 | 5 | 5 | 5 | 4 | - | 19 |
| 1995 | 5 | 5 | 5 | - | 5 | 20 |
| **Alle Jahre** | **44** | **50** | **10** | **35** | **5** | **144** |

<u>Unterstrichen</u>: doppelt codiert für Reliabilitäts-Tests.
* Bei den Jahren 1969 und 1989 handelt es sich um ereignisbezogene Sonderstichproben (Vietnamkrieg bzw. Fall der Mauer); die Befunde der Produktanalyse aus diesen Jahren lassen sich daher nur mit Vorbehalt verallgemeinern.

Operationalisiert man Visualisierung vereinfachend als Anstieg des Filmanteils an der Gesamtsendezeit, so zeigt sich für die CBS Evening News aus den USA (bei Vernachlässigung der Sonderstichproben) ein deutlicher Visualisierungstrend. Die Tagesschau brachte bis 1954 ausschließlich Filmmaterial der Wochenschau, bis 1959 sendete sie überwiegend Filmbeiträge mit kommentierendem Text. Seit den 60er Jahren bleibt der Filmanteil immer auf niedrigerem Niveau als in den CBS Evening News, ohne daß eine deutliche Tendenz zu erkennen ist. Während der Filmanteil der RTL aktuell-Sendungen 1990 kaum über dem der Tagesschau liegt, befindet er sich 1995 auf ähnlich hohem Niveau wie in den CBS Evening News. Auch in formaler Hinsicht bestätigt sich so die Orientierung des Senders an US-amerikanischen Vorbildern. Über mehr als vier Jahrzehnte haben die CBS Evening News der audio-*visuellen* Informationspräsentation eine deutlich höhere Bedeutung beigemessen als dies in der Tagesschau der Fall war. Diese Entwicklung soll nicht als Qualitätsunterschied interpretiert werden. Vielmehr verdeutlicht sie unterschiedliche Ausgangspositionen, wenn die Qualität der visuellen Informationsvermittlung diskutiert wird (Tabelle 2).

*Anteil der Filmbeiträge an der Gesamtdauer (in Prozent; Basis: Sekunden)* — Tabelle 2

|  | USA | BRD (West) | | DDR (Neue Länder) | |
|---|---|---|---|---|---|
|  | CBS Evening News | ARD Tagesschau | RTL aktuell | DDR-Fernsehen / DFF Aktuelle Kamera | ORB Brandenburg aktuell |
| 1949 | 61 (n=701) | - | - | - | - |
| 1952 | - | 100 (n=1351) | - | - | - |
| 1953 | - | 100 (n=6933) | - | - | - |
| 1960 | 67 (n=6514) | 58 (n=742) | - | 99 (n=8540) | - |
| 1962 | 62 (n=638) | - | - | - | - |
| 1963 | 63 (n=2872) | 55 (n=3816) | - | 70 (n=10689) | - |
| 1969 | 65 (n=6939) | 53 (n=4564) | - | - | - |
| 1976 | 79 (n=6950) | 54 (n=4102) | - | 92 (n=12772) | - |
| 1983 | 79 (n=6610) | 58 (n=3685) | - | 81 (n=9301) | - |
| 1989 | 69 (n=6700) | 65 (n=4303) | - | 72 (n=7658) | - |
| 1990 | 84 (n=6412) | 60 (n=4018) | 62 (n=5718) | 64 (n=4417) | - |
| 1995 | 77 (n=6040) | 62 (n=4145) | 76 (n=5287) | - | 66 (n=5529) |
| **Alle Jahre** | **73** (n=50376) | **67** (n=37659) | **69** (n=11005) | **82** (n=53377) | **66** (n=5529) |

Verschiedene Beschreibungen, Systematisierungen und Analysen von Schlüsselbildern können beispielhaft einige weitere Qualitätsveränderungen verdeutlichen. Technische Verbesserungen ermöglichten es im Laufe der Jahrzehnte, Wortbeiträge in Fernsehnachrichten mit korrespondierenden visuellen Darstellungen zu präsentieren. Die dominierende Rolle der Präsentatoren, d.h. anchormen in den USA und Nachrichtensprecher in der Bundesrepublik wurde dadurch modifiziert. Neben diesem formalen Aspekt von Vielfalt zeigt sich, daß auf der inhaltlichen Ebene von Fernsehnachrichtensendungen eine möglichst gleichgewichtige Verteilung der Berichterstattung über eine wie auch immer zu bestimmende Grundmenge an Sachthemen weder dem professionellen Selbstverständnis der Macher noch den regulativen Vorgaben oder den Erwartungshaltungen des Publikums entspricht. Vielfalt steht in diesem Sinne teilweise in Konkurrenz zu den Ansprüchen auf Aktualität und Relevanz. Im Umkehrschluß läßt sich jedoch fragen, welche Themen systematisch ausgeblendet oder weniger ausführlich dargestellt werden. Neben einer deutlichen Eingrenzung von Fernsehnachrichtensendungen auf die Themengebiete Politik, Krieg/gewalttätige Auseinandersetzungen und Katastrophen/Sensationen zeigt sich dann, daß auf der Ebene der Einzelbeiträge Wirtschaftsthemen weniger häufig in Filmberichten dargestellt werden (vgl. Ludes 1992).

Während in den CBS Evening News Korrespondentenberichte als Kurzdramen präsentiert werden, dokumentiert die Tagesschau tendenziell stärker Kurzausschnitte des Geschehens. Inhaltlich führt dies zu jeweils spezifischen perspektivischen Beschränkungen. In den USA stehen die konflikthaften Aspekte des Geschehens im Vordergrund und werden unter Aktualitätsdruck auch in ihrer zeitlichen Dimension auf stunden- bzw. minutenaktuelles Geschehen beschränkt. In der Tagesschau perspektivieren die Korrespondentenbeiträge das Geschehen stärker auf offizielle Verlautbarungen von Politikern und Vertretern anderer organisierter Interessen. RTL aktuell orientiert sich auch in dieser Hinsicht stärker an U.S.-amerikanischen Vorbildern. Filmbeiträge schildern tendenziell dramatisiertes, personalisiertes, aktionsreiches Geschehen und übernehmen als Einzelfallschilderungen die Perspektive der Betroffenen (vgl. Huh 1996, 180-201). Diese Art der Darstellung bei RTL geht auf Kosten der Differenziertheit von Erklärungen. Primär orientiert sich die Darstellung am ungewöhnlichen, emotionsgeladenen Sonderfall. Intendiert ist nicht das Verständnis von Kontexten, sondern emotionale Betroffenheit beim Zuschauer.

In Modifikation von Kepplinger, Brosius und Staab (1991) läßt sich dieser instrumentelle Einsatz visueller Symbole, deren allgemeine Verständlichkeit unterstellt und bewußt eingesetzt wird, von einer ungeplanten, situativen Entstehung neuer Bildsymbole unterscheiden (Claßen 1996, 282-285). Derartige Instrumentalisierungsstrategien sind nicht exklusiv auf den Bereich der Journalisten beschränkt. Bewußt werden sie vielmehr von Kommunikationsexperten für unterschiedliche Interessengruppen, insbesondere für Politiker und politische Parteien eingesetzt. Eine Analyse der Selbstdarstellung amerikanischer Präsidentschaftskandidaten in U.S.-amerikanischen Network-News verdeutlicht, wie Journalisten teilweise ihre professionelle Analysekompetenz zurückgewonnen haben, indem sie derartige Instrumentalisierungstechniken thematisiert und offengelegt haben (vgl. inklusive einer Videodokumentation Ludes 1993b).

## 5. Qualitätsentwicklungen

Auf der Basis eines internationalen, historischen Vergleichs lassen sich so unterschiedliche Visualisierungsstrategien, u.a. für politisches Geschehen, in Fernsehnachrichtensendungen spezifizieren. Sie ergänzen die Diskussion um die Qualität von Fernsehprogrammen. Diese Qualitätsdiskussion kann nur begrenzt an journalistische Qualitätsstandards anknüpfen, die aus der Berufstradition der Printmedien abgeleitet sind (und teilweise auch Regelungen für Fernsehprogramme zugrunde liegen). Inhaltsanalysen und Rezeptionsstudien verweisen auf die spezifischen Leistungen audiovisueller Informationsvermittlung. Neben kognitiven Funktionen erfüllen Fernsehnachrichtensendungen auch affektive und interaktive Kommunikationsfunktionen. Eine Begrenzung der normativen Bewertung von Nachrichtensendungen auf nur eine Funktion erscheint aus dieser Perspektive als wenig realitätsadäquate Setzung. Beispielhafte Beschreibungen und Analysen von Schlüsselbildern und Schlüsselbildsequenzen in Fernsehnachrichtensendungen können verdeutlichen, welche längerfristigen Veränderungen zu Veränderungen medialer Wirklichkeitskonstruktionen führen, die weder den Machern, dem Publikum noch professionellen Beobachtern zunächst bewußt sind. Sie wird in Zukunft durch eine systematische Zusammenstellung und Analyse von Schlüsselbildsequenzen zu ergänzen sein, wie sie sich z.Z. in Siegen im Aufbau befindet. Eine derartige Zusammenstellung kann die Basis für eine qualitätsorientierte Medienkritik bilden, die auch pragmatisch relevant ist. Denn erst wenn die Entwicklung von Schlüsselbildern und Schlüsselbildsequenzen klarer erkannt wird, lassen sich Aussagen darüber treffen, was Journalisten, aber auch politische Akteure, die sich in der medialen Öffentlichkeit darstellen, als visuell bekannt unterstellen können. Auf der Basis eines solchen Wissens ließe sich beispielsweise fragen, welchen spezifischen Beitrag einzelne, wiederkehrend verwendete Bildsequenzen für das Verständnis von politischem Geschehen leisten können. Oder allgemeiner: Es ließe sich fragen, wie angemessen einzelne visuelle Darstellungs- und Selbstdarstellungsformen für das politische Geschehen sind, welche Ausschnitte des politischen Handelns sichtbar, welche verborgen bleiben oder verborgen gehalten werden sollen. Für die USA liegt hierzu bereits ein Theorieentwurf vor, erste empirische Ergebnisse gibt es auch zur (Selbst-)Darstellung amerikanischer Präsidenten und Präsidentschaftskandidaten und zu audiovisuellen Orientierungsmitteln im vereinten Deutschland (Jamieson, 1988; Ludes 1993b; Schütte / Ludes 1996).

Die hier fallstudienartig genannten Beobachtungen deuten die Richtung einer qualitätsorientierten Medienkritik an: Eine vollständige und realitätsangemessene Informationsvermittlung, die funktional für das Gemeinwesen ist, basiert auf organisatorischen Prämissen in den Medienorganisationen. Dazu gehören u.a. Experten und Beobachter, die über einen längeren Zeitraum und in räumlicher Nähe ein Geschehen verfolgen. Sie integrieren Fachkompetenz und journalistische Vermittlungskompetenz. Der Abbau von Korrespondentenstellen bzw. deren Fehlen birgt neben dem Verlust analytischer Kompetenz die Gefahr, daß Journalisten visuelle Versatzstücke für die publikumsattraktive Dramaturgie der Darstellung instrumentalisieren. Gleiches gilt für Interessenvertreter unterschiedlicher gesellschaftlicher Bereiche, die Journalisten medienattraktive Versatzstücke für ihre Eigeninszenierung zur Verfügung stellen. Während im ersten Fall Journalisten bewußt eine professionelle Gemeinwohlverpflichtung den kurzfristigen Gewinnmaximierungsstrategien ihres Unternehmens opfern, geben sie im zweiten Fall einen Teil ihrer analytischen Kompetenz Preis, ohne daß dies für einen Großteil des Publikums durchschaubar wäre.

**Literatur:**

*Brosius*, Hans-Bernd / Monika *Birk* (1994): „Text-Bild-Korrespondenz und Informationsvermittlung durch Fernsehnachrichten". In: Rundfunk und Fernsehen, Jg. 42, 2, S. 171-183.
*Claßen*, Elvira (1996): „Kriegsberichterstattung als Indikator gesamtgesellschaftlichen Wandels". In: *Ludes*, Peter (Hrsg.): Informationskontexte für Massenmedien. Theorien und Trends. Opladen: Westdeutscher Verlag, S. 264-316.
*Graber*, Doris (1985): „Approaches to Content Analysis of Television News Programs." In: Communications, Jg. 11., 2, S. 25-36.
*Graber*, Doris (1988): Processing the News. How People Tame the Information Tide. 2. überarbeitete Auflage, New York, London: Longman.

*Graber*, Doris (1989): „Content and Meaning. What's it all about?" In: American Behavioral Scientist, Vol. 33, 2, S. 144-152.
*Graber*, Doris (1990): „Seeing is Remembering: How Visuals Contribute to Learning from Television News". In: Journal of Communication, Vol. 40, 3, S. 134-155.
*Hagen*, Lutz (1995): Informationsqualität von Nachrichten. Opladen: Westdeutscher Verlag.
*Huh*, Michael (1996): Bild-Schlagzeilen. Wie das Fernsehen Nachrichten erfolgreich vermarktet. Konstanz: UVK.
*Huth*, Lutz / Klaus *Sielker* (1988): „TV-Nachrichten im Wettbewerb". In: Rundfunk und Fernsehen, Jg. 36, 4, S. 445-464.
*Jamieson*, Kathleen H. (1988): Eloquence in an Electronic Age. The Transformation of Political Speechmaking. New York, Oxford: University Press.
*Kepplinger*, Hans Mathias / Hans-Bernd *Brosius* / Joachim F. *Staab* (1991): „Instrumental Actualization. A Theory of Mediated Conflicts." In: European Journal of Communication, Jg. 6, 3, S. 263-290.
*Ludes*, Peter (1992): „Visuelle Analysen: Schlüsselbilder aus Politik und Wirtschaft in U.S.-amerikanischen und deutschen Fernsehnachrichtensendungen". In: *Breunig*, Gerhard (Hrsg.): Internationalisierung versus Regionalisierung. Offenbach: BVM, S. 161-166.
*Ludes*, Peter (1993a): „Visualisierung als Teilprozeß der Modernisierung der Moderne". In: *Hickethier*, Knut (Hrsg.): Institution, Technik und Programm. Rahmenaspekte der Programmgeschichte des Fernsehens. Bd. 1 zur Geschichte des Fernsehens in der Bundesrepublik Deutschland, München: Fink, S. 353-370.
*Ludes*, Peter (1993b): „Die (Selbst-)Darstellung amerikanischer Präsidenten und Präsidentschaftskandidaten in Fernsehnachrichtensendungen." In: *Goetsch*, Paul / Gerd *Hurm* (Hrsg.): Die Rhetorik amerikanischer Präsidenten seit F.D. Roosevelt. Tübingen: Narr, S. 97-114.
*McQuail*, Denis (1992): Media Performance. Mass Communication and the Public Interest. London, Newbury Park, New Dehli: Sage.
*Rager*, Günther / Helga *Haase* / Bernd *Weber* (Hrsg.) (1994): Zeile für Zeile - Qualität in der Zeitung. Münster: LIT-Verlag.
*Ruß-Mohl*, Stephan (1984): Der I-Faktor. Zürich, Osnabrück: Edition Interform AG.
*Schanze*, Helmut (1994): „Der unwiederholbare Augenblick. 'Der Film', „Die Zweite Heimat" und das Dilemma des 'Qualitätsfernsehens'". In: *Kreuzer*, Helmut / Helmut *Schanze*: Bausteine III. Beiträge zur Ästhetik, Pragmatik und Geschichte der Bildschirmmedien. Arbeitshefte Bildschirmmedien 50, Siegen: Universität-GH Siegen, S. 141-146.
*Schatz*, Heribert / Winfried *Schulz* (1992): „Qualität von Fernsehprogrammen. Kriterien und Methoden der Beurteilung von Programmqualität im dualen Fernsehsystem." In: Media Perspektiven, 11, S. 690-712.
*Schönbach*, Klaus (1994): „Lokale Hörfunksender in Baden-Württemberg" In: *Schönbach*, Klaus / Sabine *Feierabend* / Wiebke *Möhring* (Hrsg.): Lokale Hörfunkprogramme in Baden-Württemberg. LfK-Dialog 7. Stuttgart: Landesanstalt für Kommunikation Baden-Württemberg.
*Schulz*, Winfried (1996): „Qualität von Fernsehprogrammen." In: *Hömberg*, Walter / Heinz *Pürer* (Hrsg.): Medientransformation. Zehn Jahre dualer Rundfunk in Deutschland. Konstanz: UVK, S. 45-59.
*Schütte*, Georg (1993): „Aktualisierung und Visualisierung aus der Perspektive der Journalisten." In: *Ludes*, Peter: Von der Nachricht zur Newsshow. München: Fink, S. 119-145.
*Schütte*, Georg (1994): Informationsspezialisten der Mediengesellschaft. Wiesbaden: Deutscher Universitäts Verlag.
*Schütte*, Georg / Peter *Ludes* (1996): „Traditionen und Chancen audiovisueller Orientierungsmittel im vereinten Deutschland." Vortrag auf dem 22. New Hampshire Symposium, Conway, NH, 24. Juni 1996.

*Horst Pöttker*

# Aktualität und Vergangenheit

## Zur Qualität von Geschichtsjournalismus

Die folgenden Überlegungen gelten der Spannung, die sich zwischen der allgemeinen *Aktualitätserwartung* an die journalistische Arbeit einerseits und der besonderen Berichterstattung zu historischen, also eo ipso *inaktuellen* Themen andererseits ergeben muß.

## 1. Geschichte in den Medien

Der journalistische Umgang mit Vergangenheit bildet kein klassisches Ressort wie Feuilleton, Politik, Wirtschaft oder Sport. Aber er ist bei allen öffentlichen Medien institutionalisiert: In der Presse, zumal in Wochenzeitungen und Wochenendbeilagen, werden Historisches thematisierende Beiträge, die oft von entsprechend spezialisierten freien Autoren stammen, durch feste Rubriken wie „Griff in die Geschichte"[1] kenntlich gemacht. In den Programmen des öffentlich-rechtlichen Rundfunks gibt es regelmäßige Sendungen mit eigenen Redaktionen zur (Zeit-)Geschichte, z. B. das seit 1972 täglich vom WDR und anderen Sendern ausgestrahlte „ZeitZeichen" (vgl. Pöttker u. a. 1989, 46-48). Und das ZDF hat 1984 eine Redaktion Zeitgeschichte in der Hauptredaktion Gesellschafts- und Bildungspolitik eingerichtet (vgl. Knopp / Quandt 1988, 1-9).

Die Geschichte steht also an der Schwelle zur Institutionalisierung als Ressort. Dazu paßt, daß es an der Universität Gießen auch einen Ansatz zur Institutionalisierung der wissenschaftlichen Ausbildung zum Geschichtsjournalisten gibt (vgl. Quandt / Schichtel 1995), ein Studiengebiet, das dort zum Fachbereich Geschichtswissenschaften gehört.

Journalistische Berichterstattung über vergangene Ereignisse und Zustände, so ein wiederkehrender Befund, wird oft dadurch angeregt, daß sich ein „ histori-

---

[1] So heißt z. B. die ständig von Hans-Georg Erzmoneit gefüllte historische Rubrik in der Wochenendbeilage des „Gießener Anzeigers".

sches" Datum zum -zigsten Male jährt. Das Phänomen der Gedenktage-Agenda ist einerseits leicht zu erklären: Jubiläumsdaten sind vorhersehbar und erleichtern die Organisation der geschichtsjournalistischen Arbeit.[2] Andererseits wird angesichts der Gedenktage-Agenda häufig Unbehagen artikuliert. So meint Regina Holler zu der Häufung der Zeitungsberichte über den 20. Juli 1944 im Dekaden-Abstand um die „runden" Jahrestage 1954, 1964 usw.: „Es ist umstritten, ob Gedenktage einem historisch vorgeprägten 'Bedürfnis nach Jubiläumsbegehung' entspringen, wobei dieses Bedürfnis von jeweils Herrschenden ausgenutzt werden kann, oder ob Jubiläen von den Medien 'gemacht' und geprägt werden." (Holler 1994, 35) Und Guido Knopp meint zur Themenauswahl für Sendungen, bei denen es der ZDF-Redaktion Zeitgeschichte um innovative Darstellungsformen geht: „Hier ist es geboten, sich nur bedingt an Jahrestagen zu orientieren." (Knopp / Quandt 1988, 3) Selten gewinnt das Unbehagen über die Gedenktage-Agenda schärfere Konturen.[3] Im Falle der Dissertation von Regina Holler zur Darstellung des 20. Juli geht es in die Vorstellung über, historische Berichterstattung dürfe keinen Aktualitätsbezug haben, weil sie damit politisch instrumentalisierbar werde. Dem halte ich die später zu begründende These entgegen, daß im expliziten Gegenwartsbezug gerade die besondere Qualität des Geschichtsjournalismus liegt.

Die Diffusität des Unbehagens über die Gedenktage-Agenda zeigt, wie notwendig es ist, für das Ressort Geschichte klare Qualitätsmaßstäbe zu entwickeln. Was soll, was kann der Journalismus im Themenfeld Vergangenheit, und was soll, was kann er dort nicht? Ob man den Versuch, diese Fragen wissenschaftlich zu beantworten, vom Fach Geschichte oder vom Fach Journalistik aus startet, macht einen Unterschied. Ich versuche es hier aus der *publizistikwissenschaftlichen* Perspektive, wobei meine Erfahrungen mit Geschichtsjournalismus sich vor allem auf das Medium Presse erstrecken. Meine Prämisse ist, daß Journalismus ein *Beruf* mit einer bestimmten, gesellschaftlich generierten *Aufgabe* ist. Daraus ergibt sich die Methode, Antworten auf Qualitätsfragen auch des Geschichtsjournalismus aus der Reflexion dieser Aufgabe abzuleiten.

---

2   Auf Geschichte spezialisierte Journalisten können z. B. bei der Deutschen Presse-Agentur eine Vorausschau auf die Gedenktage des übernächsten Monats abonnieren, was ihnen erlaubt, sich zu den für die Bearbeitung ausgewählten Jubiläen rechtzeitig mit dpa-Material zu versorgen.
3   Einen Versuch dazu macht Pöttker u. a. 1989 mit Beiträgen von Hans Abich, Dorothea Hollstein, Martin Loiperdinger, Ludger Lütkehaus, Thomas Rothschild, Wolf Dieter Ruppel u. a.

## 2. Öffentlichkeit und Aktualität

Der Journalismus entstand, als unmittelbare Erfahrung aufgrund der gesellschaftlichen Entwicklung nicht mehr ausreichte, um sich in der Welt zurechtzufinden. Die geographische Ausdehnung des Handels, vor allem aber die fortschreitende Arbeitsteilung und funktionale Differenzierung machten es notwendig, daß zunächst die Kaufleute und Herrscher, später alle Wirtschaftssubjekte und Bürger sich über Vorgänge informieren, die außerhalb des Horizonts ihrer direkten Wahrnehmung liegen (vgl. Baumert 1927, 18 ff.).

Die konstitutive Aufgabe des Journalismus ist demnach das *Vermitteln* (vgl. Everth 1927, 22) zwischen auseinanderdriftenden Erfahrungswelten, der *Transfer* des in jeder Funktionsparzelle für sich isolierten Wissens in eine allen zugängliche, „offene" Späre, damit jedes Handlungssubjekt am gesellschaftlichen Ganzen partizipieren kann. Kurz: Die Hauptaufgabe des Journalistenberufs ist die Herstellung von *Öffentlichkeit*.

Diese Aufgabe verlangt, daß alle Mißstände, die es politisch zu bearbeiten, alle Probleme, die es gesellschaftlich zu lösen gilt, allgemein bekannt gemacht werden. Die Grundnorm des Journalismus und anderer Öffentlichkeitsberufe ist deshalb das An-den-Tag-bringen, das Publizieren.

Leitet man die Öffentlichkeitsaufgabe des Journalismus aus der Komplexität der modernen Gesellschaft und der damit vermachten Borniertheit der unmittelbaren Erfahrung ab,[4] dann bedeutet konsequente Orientierung an dieser beruflichen Aufgabe nicht zuletzt die Anstrengung, der Leserin, dem Zuschauer gerade das zu vermitteln, was ihnen unbekannt und fremd ist, ja befremdlich und bedrohlich erscheint.

Mit welchen Eigenschaften sollten Journalisten die Information versehen, um sie für das Ankommen bei einem keineswegs a priori dafür aufgeschlossenen Publikum zu qualifizieren? Qualitäten dieser Art lassen sich in vier Dimensionen ausmachen:

Eine erste Qualitätsdimension, die auch für die Wissenschaft gilt und dort die mit Abstand wichtigste ist, nennen wir im allgemeinen *Wahrheit*. Sie setzt sich aus (mindestens) vier Komponenten zusammen, die als Richtigkeit, Vollständigkeit, Unabhängigkeit und Wahrhaftigkeit (im Sinne von Deklaration unver-

---

[4] Dieses Konzept habe ich zuerst Anfang der achtziger Jahre skizziert (vgl. Pöttker 1984) und seitdem auf unterschiedliche Anwendungsfelder bezogen.

meidlicher Wahrheitsbeeinträchtigungen) bezeichnet werden können. Pragmatisch betrachtet ist Wahrheit der Kern an unbestreitbarer Gültigkeit, der jenseits divergierender Erfahrungen und Interessen akzeptiert werden muß. Insofern ist sie eine notwendige Voraussetzung für das Ankommen der Information bei einem parzellierten Publikum.

Eine zweite Qualitätsdimension, die das journalistische Gesamtprodukt betrifft, kann *Heterogenität, Pluralität* oder auch *Universalität* heißen. Um die Chance zu bekommen, durch die Rezeption eines journalistischen Produkts Unbekanntes und Unvertrautes kennenzulernen, muß dieses Produkt natürlich auch Unvertrautes enthalten. Da aber aufgrund der selektiven Zuwendung zu den Medien kaum erwartet werden kann, daß Rezipienten sich eine Zeitschrift kaufen oder ein Programm einschalten, die ihren Vorverständnissen und Interessen gar nicht entsprechen, sind diejenigen journalistischen Produkte noch am besten für die Öffentlichkeitsaufgabe geeignet, die sich mit gemischtem Inhalt („Binnenpluralität") an das Gesamtpublikum wenden (vgl. Pöttker 1996).

Eine dritte Qualitätsdimension ist die *Allgemeinverständlichkeit*. Ihr Zusammenhang mit der Aufgabe, Öffentlichkeit als Überbrückung komplexitätsbedingter Borniertheiten herzustellen, dürfte evident sein. Verständlichkeit im Sinne von Rezipierbarkeit läßt sich weiterentwickeln in Richtung aktive Rezeptionsanregung. Insofern kann auch Unterhaltsamkeit zu dieser Qualitätsdimension gehören.

Ähnlich wie die Allgemeinverständlichkeit ist auch die *Aktualität* als vierte Qualitätsdimension für den Journalismus besonders spezifisch. Jenseits aller Parzellierung hat das Publikum mindestens eines gemeinsam: daß es in der Gegenwart lebt. Der Gegenwartsbezug der Information ist daher ein naheliegendes Hilfsmittel, um mit ihr die Leistung der Komplexitätsüberbrückung zu erbringen. Im übrigen ist mit Aktualität auch gemeint, daß Probleme vom Journalismus an den Tag gebracht werden, solange sie noch lösbar sind (Rechtzeitigkeit). Aktualität ist also nicht bloß ein notwendiges Übel, das die Arbeitsbedingungen von Journalisten mit sich bringen, sondern ein originärer, von der Berufsethik erhobener Qualitätsanspruch. Rechtzeitigkeit und Gegenwartsbezug sind nicht gleichbedeutend mit Tagesaktualität. Der Zeitschriften- und erst recht der Buch-Journalismus haben ihre eigenen Konzepte von Aktualität, die ebenfalls von entsprechenden Arbeitsroutinen begleitet werden.

## 3. Aktualität und Vergangenheit

Einerseits sind *alle* genannten Qualitätsmaßstäbe für den *ganzen* Journalismus relevant, also auch für das Ressort Geschichte. Der Wahrheitsanspruch legt z.B. nahe, daß Geschichtsjournalisten eng mit den auf diese Qualitätsdimension spezialisierten Geschichtswissenschaftlern kooperieren. Andererseits bilden die professionellen Standards des Journalismus keinen starren Kanon, der für jedes Medium, jedes Ressort, jedes Genre oder jede Situation *in gleicher Weise* relevant und deshalb schematisch anzuwenden wäre. Vielmehr ist beim Umgang mit dem Qualitäten-Katalog Flexibilität geboten, u. a. indem seine jeweils besonders wichtigen oder problematischen Anteile bestimmt werden.

Konstitutiv für historische Berichterstattung ist ein bestimmtes Zeitverhältnis zwischen Bericht und Berichtetem. Je länger ein vergangenes Ereignis zurückliegt, desto unzweifelhafter ist sein Status als „Geschichte".[5] Unter den vier Qualitätsdimensionen hat die Zeit nur für die Aktualität eine ähnliche Bedeutung. (Hier verhält es sich allerdings umgekehrt: Je geringer der Zeitabstand zwischen Bericht und Berichtetem, desto aktueller der Journalismus.) Es ist also die *Aktualität*, die in bezug auf den Geschichtsjournalismus besondere Aufmerksamkeit verdient.

Wenn guter Journalismus aktuell, d. h. gegenwartsbezogen sein soll, muß es dann nicht eine Qualitätseinbuße bedeuten, über Vergangenheit zu informieren? Ist Geschichte eo ipso ein unprofessionelles Ressort?

Aus dem Begriff von Öffentlichkeit als einer Sphäre, die alle partikularen Erfahrungsbereiche der komplexen Gesellschaft zueinander vermittelt, folgt im Prinzip, daß kein Gegenstand von ihr ausgeschlossen sein darf, besonders dann nicht, wenn er problematisch ist und gesellschaftlicher Verarbeitung bedarf. Gerade in Deutschland ist evident, daß Vergangenheit höchst problematisch sein und destruktive Energien entwickeln kann, wenn sie nicht öffentlich gemacht, sondern verdrängt wird. Es kann also nicht darum gehen, historische Themen wegen des professionellen Aktualitätsgebots vom Journalismus auszuschließen.

---

5  Allerdings kursiert noch ein anderer Begriff von Geschichte. Wenn deutsche Politiker 1990 die Wiedervereinigung als „historisches Ereignis" gefeiert haben, meinten sie damit ein *gegenwärtiges* Ereignis. Sie betrachteten sich sozusagen selbst von der Zukunft aus: Historie auf Pump.

Damit tritt eine andere Frage in den Vordergrund: Läßt sich über Vergangenes berichten, ohne das Aktualitätsgebot zu verletzen? Offenbar ist das der Fall, denn man kann Geschichte ja so erzählen, daß sie einen Bezug zur Gegenwart hat. Wer über das NS-Regime berichtet, kann die Frage behandeln, was aus dieser Vergangenheit zu lernen ist, um Ähnliches zu vermeiden. Wer das Buch eines Althistorikers zur pax romana rezensiert, kann dabei nach Gemeinsamkeiten und Unterschieden zur heutigen „pax americana" Ausschau halten. Und wer sich mit den bürgerlichen Revolutionen des 18. Jahrhunderts befaßt, kann das Zeitalter der Aufklärung als einen Ursprung der demokratisch verfaßten Gegenwartsgesellschaften des Westens behandeln.

Wegen des für den Geschichtsjournalismus besonders relevanten Aktualitätsgebots liegt es nahe, in der Herstellung solcher *Gegenwartsbezüge* die spezifisch publizistische Qualität der historischen Information zu erblicken, die die Arbeit des Geschichtsjournalisten beispielsweise von der des Fachhistorikers unterscheidet.

Schon Friedrich Nietzsche hat in seiner unzeitgemäßen Betrachtung „Vom Nutzen und Nachteil der Historie für das Leben" vor einem Geschichtsbewußtsein ohne Aktualitätsbezüge als totem Bildungsballast gewarnt (vgl. Nietzsche 1937). Heute mag diese Kritik als emphatische Gegenreaktion auf die romantisch-historizistischen Tendenzen des deutschen Bildungsbürgertums im 19. Jahrhundert erscheinen. Aber noch heute werden ähnliche Ideen von der Historik formuliert, wenn auch in anderer, rational-distanzierter Form. Jörn Rüsen betont in seiner Theorie des historischen Erzählens den lebenspraktischen Sinn, den sowohl die alltägliche als auch die wissenschaftliche Beschäftigung mit Vergangenheit hat (vgl. Rüsen 1990).

Menschen brauchen Erinnerung, weil sie Vergangenheit, Gegenwart und Zukunft zu einem Kontinuum verschmilzt, in dem das bedrohliche Bewußtsein von der Begrenztheit der selbstgeschaffenen Kulturwelt und von der Endlichkeit der individuellen Existenz aufgehoben wird. Wer sich, beispielsweise als Glied in der Generationenkette, in dieses Kontinuum stellt, entgrenzt die Gegenwart. Damit wird wiederum der Gegenwartsbezug als spezifische Leistung des historischen Erzählens bestimmt.

Der Journalismus macht sich mancherlei Bedürfnisse zunutze, um beim Publikum anzukommen, z. B. den naturgeschichtlich verankerten und deshalb besonders zuverlässigen, aber ethisch fragwürdigen und kulturgeschichtlich zu überwindenden Gewaltinstinkt.[6] Warum sollte er sich nicht auch das weniger fragwürdige Grundbedürfnis nach sinnstiftenden, vor Anomie schützenden Kulturkonstruktionen (vgl. Berger 1973, 3-51) zunutze machen, um seine Öffentlichkeitsaufgabe zu erfüllen? Dies erscheint jedenfalls so lange geboten, wie andere professionelle Standards, besonders die Richtigkeit der Information, darunter nicht leiden.

Es hat sicher etwas mit arbeitserleichternder Routine zutun, wenn der Geschichtsjournalismus sich gern von Gedenktagen anregen läßt. Außerdem kommt darin aber auch das professionelle Gespür zum Ausdruck, daß historische Information, die beim Publikum Interesse finden soll, nicht ohne aktuelle Anknüpfung auskommt. Das Aufgreifen der runden Jahreszahl ist eine probate Technik, um Vergangenheit mit geringem Aufwand auf Gegenwart zu beziehen. Man kann in der Gedenktage-Agenda also einen Beleg dafür sehen, daß der Gegenwartsbezug die für den Geschichts*journalismus* spezifische Qualität ist.[7]

## 4. Qualität und Themenwahl

Wo liegt nun aber das *Problematische* der für den praktizierten Geschichtsjournalismus typischen Gedenktage-Agenda? Es dürfte weniger daran liegen, wie mit Vergangenheit umgegangen wird, als am Verständnis von *Gegenwart*, das dieser Praxis zugrundeliegt. Bei der Illustration dieser These werden die Konturen eines wichtigen Unterschieds zwischen den Begriffen Gegenwart und Aktualität erkennbar.

Was macht die Gegenwart aus, zu der sich eine Schlacht, die Geburt einer „historischen" Persönlichkeit, eine bahnbrechende Entdeckung zum 50. oder 200. Male jährt? Es kann durchaus aktuelles Geschehen geben, das an solchen runden Daten mit dem vergangenen Ereignis korrespondiert. Als im August 1995 die Atombombenabwürfe auf Hiroshima und Nagasaki genau 50 Jahre

---

6 „Es wird immer Geschäftsleute in der Presse geben, die auf die niederen Leidenschaften der Menschen spekulieren." So Karl Bücher bereits 1915 (Bücher 1926, 298).

7 Wenn gerade in Qualitätsmedien, deren Geschichtsjournalismus oft Fachhistorikern überlassen wird, eklatante Verstöße gegen das Aktualitätsgebot vorkommen (vgl. z. B. Dörte von Westernhagens Beitrag über die Zerstörung Ratzeburgs durch den Dänenkönig Christian V. anno 1693 in: „Die Zeit", Nr. 51, 15.12.1995, S. 19 f.), spricht das nicht gegen diese These, sondern gegen den publizistischen Qualitätsanspruch der betreffenden Medien.

zurücklagen, wurde gerade in der Weltöffentlichkeit über die vom französischen Präsidenten Chirac angekündigte neue Atomversuchsserie im Pazifik diskutiert.[8]

Solches Zusammentreffen ist jedoch nicht die Regel. Der Aufwand, mit dem z. B. das „bicentennaire" der Französischen Revolution in den und für die Medien inszeniert wurde, legt folgende Vermutung nahe: Je weniger das Jubiläum eines historischen Ereignisses mit einem dazu passenden aktuellen Geschehen korrespondiert, desto mehr muß die Gegenwart, mit der der Journalismus dies Ereignis gemäß seinem Aktualitätsgebot verknüpft, unter den Vorgaben der Vergangenheit (re)konstruiert werden. Auch Spiele in historischen Kostümen gehören im zeitlichen Sinn zur Gegenwart, aber es mangelt ihnen an Aktualität im Sinne von Handlungsrelevanz. Wenn überhaupt, dann gehören sie nur marginal zur gegenwärtigen Erfahrungswelt des Publikums, in deren Verschmiedung mit Vergangenheit (und Zukunft) die lebenspraktische Bedeutung des Geschichtsbewußtseins besteht. Allerdings kann das Interesse des Publikums an einem historischen Thema im Verborgenen schlummern (vgl. Knopp 1988, 3). Solche latente Aktualität aufzuspüren gehört zu den besonderen Leistungen des Geschichtsjournalismus.

Die Fragwürdigkeit der Gedenktage-Agenda liegt also offenbar am Ausmaß der Künstlichkeit, mit der der Geschichtsjournalismus den von ihm geforderten Gegenwartsbezug unter Zuhilfenahme der runden Zahl und unter Mitnahme des arbeitserleichternden Vorteils der Vorhersehbarkeit konstruiert. Denn dies kollidiert mit der anderen, in der Qualitätsdimension Wahrheit angelegten Erwartung an ihn, einer nicht durch ihn selbst konstruierten Erfahrungssphäre gerecht zu werden.[9]

Was folgt daraus für die Praxis des Geschichtsjournalismus? Muß die Gedenktage-Agenda ganz aufgegeben werden? Ist auf die arbeitserleichternden Routinen und Hilfsmittel, die mit dieser Art von Themenfindung verbunden sind, grundsätzlich zu verzichten?

Mindestens zwei Gründe sprechen dagegen: Erstens läßt sich das Zusammentreffen von Jubiläumsdaten und dazu passenden aktuellen Vorgängen nutzen. Ein Geschichtsjournalist, der seine Beiträge lang- und mittelfristig vorbereiten

---

8   Diese aktuelle Anknüpfungsmöglichkeit wurde von Qualitätszeitungen auch genutzt. Vgl. „Le Monde", 3.8.1995, Frontseite.
9   Hier deutet sich eine Differenz zum „radikalen Konstruktivismus" an, der diese traditionelle Erwartung an den Journalismus aufgegeben zu haben scheint.

will, hat z. B. die Möglichkeit, sich aus dem Gedenktage-Dienst von dpa die Daten mit den stärksten Aktualitätsbezügen herauszusuchen. Aktualität, die mit Gedenktagen korrespondiert, kann durchaus vorhersehbar sein, wie beispielsweise die Olympischen Spiele 1996 zeigen, zu denen schon vorher Rückblicke auf ihre hundertjährige Geschichte in der Neuzeit und historische Ausflüge in die Antike möglich waren und auch realisiert worden sind.[10]

Zweitens konstruieren ja nicht nur Journalisten an Gedenktagen Gegenwart. Von Politikern wurden z. B. an den markanten Punkten beim Durchlauf des Nationalsozialismus im 50-Jahres-Abstand Reden von aktueller Bedeutung gehalten. Auch solche Ereignisse kann der Geschichtsjournalismus als Gegenwart nutzen, auf die die Information über die Vergangenheit bezogen wird.

Ungeachtet differenzierender Einschränkungen ergibt sich aus der skizzierten Kritik an der Gedenktage-Agenda aber jedenfalls eine der Aktualitätsqualität dienende Empfehlung: Geschichtsjournalisten sollten bei der Themensuche nicht zuerst auf die Vergangenheit blicken, sondern sie sollten von der *Gegenwart* ausgehen und fragen, welche heutigen Vorgänge dazu herausfordern, im Licht mit ihnen korrespondierender historischer Vorgänge beleuchtet zu werden.

## 5. Aktuelle Bezüge - aber wie?

Wer danach fragt, *wie* Vergangenheit und Gegenwart durch Geschichtsbewußtsein miteinander verknüpft werden (können), findet schon bei Friedrich Nietzsche Antworten: „In dreierlei Hinsicht gehört die Historie dem Lebendigen: sie gehört ihm als dem Tätigen und Strebenden, ihm als dem Bewahrenden und Verehrenden, ihm als dem Leidenden und der Befreiung Bedürftigen. Dieser Dreiheit von Beziehungen entspricht eine Dreiheit von Arten der Historie: sofern es erlaubt ist, eine *monumentalische*, eine *antiquarische* und eine *kritische* Art der Historie zu unterscheiden." (Nietzsche 1937, 16) Jörn Rüsen unterscheidet „vier Typen des historischen Erzählens" (Rüsen 1990, 153): einen *traditionalen*, einen *exemplarischen*, einen *genetischen* und wiederum einen *kritischen*. Als Beispiele für die traditionale Art, bei der „eine Vergangenheit als gegenwärtig (normativ) wirksame Tradition" präsentiert wird, nennt er

---

10 Vgl. z. B. die dreiteilige Serie „100 Jahre Olympische Spiele" in der „Neuen Zürcher Zeitung" ab 6./7.4.1996.

Mythen vom unmittelbaren Ursprung des Gegenwärtigen im Handeln von Göttern oder Heroen, „ferner Herrschergenealogien, die Herrschaftsansprüche legitimieren" (Rüsen 1990, 855). Dieser Typus kommt für einen rationalen, an das Richtigkeitsgebot gebundenen Geschichtsjournalismus nicht in Frage. Beschränkt man sich auf Rüsens drei andere Weisen des historischen Erzählens, ergeben sich frappante Parallelen zur Typologie Nietzsches.

Daß zwei so unterschiedliche Autoren im wesentlichen auf dieselben Arten der kontinuierenden Verbindung von Gegenwart und Vergangenheit durch historisches Erzählen kommen, weist auf den *archetypischen* Charakter dieser Arten hin. Wenn Menschen im (Unter)Bewußtsein Gegenwart mit Vergangenheit (und möglicherweise auch noch Zukunft) verschmelzen, dann geschieht das entweder *analogisch*, durch (Re)Konstruktion von Ähnlichkeiten, *genetisch*, durch Interpretation der Vergangenheit als Ursprung der Gegenwart, oder *kritisch*, durch Negation der Vergangenheit von der Gegenwart aus (bzw. umgekehrt).

Grundsätzlich kann jeder historische Gegenstand auf jede der drei Arten, die ja nur mögliche Aspekte seiner Betrachtung sind, mit Gegenwart verknüpft werden. Dennoch eignet sich nicht jedes Ereignis oder jede Epoche für jeden Aktualisierungstyp in gleicher Weise. Beispielsweise erscheint es wenig sinnvoll, das NS-Regime durch Akzentuierung von Ähnlichkeiten auf die deutsche Gegenwartsgesellschaft zu beziehen. Beim Nationalsozialismus bietet sich vielmehr der gegenüber der Vergangenheit kritische Typ des historischen Erzählens an; daneben kommt auch noch der genetische, die Gegenwart nach den Muttermalen der NS-Vergangenheit absuchende Blick in Frage.

Welcher Aktualisierungstypus am besten zu einem Thema paßt, ist für den Geschichtsjournalisten eine wichtige Frage und für die Journalistik nahezu ein Forschungsprogramm. Hier nur thesenartig einige Faustregeln:

- Der *kritische* Erzähltyp erscheint besonders angebracht, wenn die zu aktualisierende Vergangenheit mit eklatanten Menschenrechtsverletzungen einherging. Damit ist die Frage verbunden: Gibt es überhaupt universale, also überhistorische Maßstäbe zur moralischen Beurteilung von Geschichte?

- Die *genetische* Erzählweise dürfte je weniger geeignet sein, desto länger die zu aktualisierende Vergangenheit zurückliegt. Z. B. wäre es keine tragfähige journalistische Idee gewesen, die Olympischen Spiele der Antike als Ursprung des Gegenwartsereignisses von Atlanta zu schildern. Hierfür kam eher ein vergleichender, nach Ähnlichkeiten wie Unterschieden suchender Blick in Betracht.

- Beim *analogischen* Erzähltyp ist grundsätzlich Vorsicht geboten, weil damit die Gefahr undifferenzierter und leicht instrumentalisierbarer Gleichsetzungen einhergeht. Die Evidenz von Ähnlichkeiten überdeckt leicht Differenzen zwischen Gegenwart und Vergangenheit, die ein sensibel gehandhabtes Analogieverfahren aber durchaus erkennbar machen kann. Die mit der aktuellen Berichterstattung über die ehemalige DDR fast stereotyp verbundene Rückblende auf die NS-Diktatur kann als Beispiel für diese Gefahr gelten (vgl. Reimers u. a. 1995).

Im Unterschied zu den Geschichtswissenschaftlern, für die das Wahrheitsgebot und damit das Gebot zur maximalen Vielfalt der Aspekte alle anderen Qualitätsmaßstäbe in den Schatten stellt, gehört es bei Geschichts*journalisten* zum Qualitätsbewußtsein, sich bei einem Thema für einen der drei Grundtypen des historischen Erzählens zu entscheiden. Z. B. gewinnt eine Geschichte der BRD, die als Geschichte des Volkswagens erzählt wird,[11] an Prägnanz und damit an Attraktivität für das Publikum, wenn sie konsequent genetisch (also chronologisch) strukturiert wird.

Fragwürdig sowohl im Hinblick auf die Verständlichkeits- als auch im Hinblick auf die Wahrheitsdimension wäre es allerdings, wenn ein Thema so in ein Strukturierungsschema gepreßt würde, daß wesentliche Aspekte abhanden kämen. Den Nationalsozialismus *nur* auf kritische Weise zu aktualisieren, birgt z. B. die Gefahr, über der distanzierenden Negation der Vergangenheit die Frage zu vergessen, was uns heute noch mit dieser Epoche der deutschen Geschichte verbindet.

Ich fasse meine Überlegungen zu drei Qualitätskriterien für den Geschichtsjournalismus zusammen:

*Erstens*: Historische Berichte sollten einen expliziten Gegenwartsbezug aufweisen. *Zweitens*: Gegenwart, auf die Geschichtsjournalismus Vergangenes bezieht, sollte nicht von dieser aus konstruiert werden, sondern aktuell (handlungsrelevant) für das Publikum sein. *Drittens*: Es ist bewußt eine dem Gegenstand angemessene Art des historischen Erzählens zu wählen: die genetische, die analogische oder die kritische.

---

11 Diese einleuchtende Idee hatte Jürgen Gößling in dem zweisemestrigen Seminar über Geschichtsjournalismus, das ich 1995/96 an der Universität Dortmund veranstaltet habe.

## Literatur

*Baumert*, Dieter Paul (1928): Die Entstehung des deutschen Journalismus. Eine sozialgeschichtliche Studie. München / Leipzig: Duncker und Humblot.
*Berger*, Peter L. (1973): Zur Dialektik von Religion und Gesellschaft. Elemente einer soziologischen Theorie. Frankfurt a. M.: S. Fischer.
*Bücher*, Karl (1926): Gesammelte Aufsätze zur Zeitungskunde. Tübingen: Laupp'sche Buchhandlung.
*Everth*, Erich (1927): Zeitungskunde und Universität. Antrittsvorlesung gehalten am 20. November 1926, Jena: Gustav Fischer.
*Holler*, Regina (1994): 20. Juli 1944 - Vermächtnis oder Alibi? Wie Historiker, Politiker und Journalisten mit dem deutschen Widerstand gegen den Nationalsozialismus umgehen. Eine Untersuchung der wissenschaftlichen Literatur, der offiziellen Reden und der Zeitungsberichterstattung in Nordrhein-Westfalen vom 1945-1986. München / New Providence u. a: K. G. Saur.
*Knopp*, Guido / Siegfried *Quandt* (Hrsg.) (1988): Geschichte im Fernsehen. Ein Handbuch. Darmstadt: Wissenschaftliche Buchgesellschaft.
*Nietzsche*, Friedrich <1937>: Vom Nutzen und Nachteil der Historie für das Leben. M. e. Nachw. v. Hans Freyer. Leipzig: Insel.
*Pöttker*, Horst (1984): „Was erwartet der Leser von der Zeitung?" In: *Dirks*, Walter (Hrsg.): Überlegungen zum Selbstverständnis journalistischer Arbeit. München/Zürich: Schnell und Steiner, S. 32-46.
*Pöttker*, Horst u. a. (1989): „Gedenktage - Medien - Geschichtsbewußtsein." In: medium, Jg. 19, 3, S. 19-50.
*Pöttker*, Horst (1996): „Grenzen und Chancen der Forums-Publizistik im sich weiter differenzierenden Medienmarkt." In: *Mast*, Claudia (Hrsg.): Markt - Macht - Medien. Publizistik zwischen gesellschaftlicher Verantwortung und ökonomischen Zielen. Konstanz: UVK, S. 249-259.
*Quandt*, Siegfried / Horst *Schichtel* (Hrsg.) (1995): Fachjournalismus Geschichte. Das Gießener Modell. Marburg: Hitzeroth.
*Reimers*, Karl Friedrich u. a. (1995): „Weggespült: die DDR als journalistisches Objekt." In: transparent, Jg. 2, 2, S. 12-43.
*Rüsen*, Jörn (1990): Zeit und Sinn. Strategien historischen Denkens. Frankfurt a. M.: Fischer Taschenbuch.

# V. Die Rezipienten: Auflösung traditioneller Rezeptionsweisen

*Patrick Rössler*

# Agenda-Designing als individuelle Realitätsrekonstruktion

## Massenmedien, soziale Netzwerke und die politische Tagesordnung der Rezipienten

„J'accuse" - am 13. Januar 1898 beschuldigte der Schriftsteller und Journalist Emile Zola auf der Titelseite der Tageszeitung „L'Aurore" den französischen Präsidenten, er halte den wegen Hochverrats verurteilten Offizier Dreyfuss zu Unrecht in Haft (Schaubild 1). Die exponierte Präsentation dieser bis dahin wenig publiken Ereignisse durch einen berühmten Autor setzten den vertuschten Skandal auf die öffentliche Tagesordnung. Mit seinem spektakulären Mediencoup löste Zola einen Aufschrei der öffentlichen Meinung aus, der Fall mußte wieder aufgerollt und Dreyfuss rehabilitiert werden (vgl. Weischenberg 1990, 37). Dieses historische Beispiel für eine bewußte Thematisierung durch die Massenmedien illustriert, daß die Themenpräsentation der Massenmedien einen erheblichen Einfluß auf die Wahrnehmung der Rezipienten besitzen kann, welche gesellschaftlichen Themen gerade wichtig, diskussionswürdig und damit auch lösungsbedürftig sind.

Titelseite des L'Aurore vom 13.1.1898    Schaubild 1

Die Kommunikationsforschung untersucht diesen Medieneffekt seit der grundlegenden Arbeit von McCombs & Shaw aus dem Jahr 1972 unter dem Stichwort *Agenda-Setting*. Nach eigenen Angaben entwickelte Maxwell McCombs aufgrund seiner nachmittäglichen Zeitungslektüre im Century Plaza Hotel von Los Angeles diese Forschungshypothese über den Zusammenhang zwischen der Medienbeachtung eines Themas und dessen Relevanz für die Bevölkerung (vgl. Tankard 1990, 280). Möglicherweise, so die Annahme der Agenda-Setting-Hypothese, besteht eine Wirkung der Massenmedien darin, daß sich die Bedeutung, die sie einzelnen Themen in ihrer Berichterstattung zumessen, auf die Bedeutung überträgt, die das Publikum diesen Themen beimißt - die Tagesordnung der Medien somit die Tagesordnung der Bevölkerung beeinflußt (vgl. McCombs / Shaw 1972, 177). Zuvor wurde diese Vermutung (sogar unter Verwendung der Agenda-Metapher) schon in einer Studie zum britischen Pressewesen aus dem Jahr 1938 formuliert (vgl. PEP 1938, 263), und die erste empirische Überprüfung findet sich 1961 in einer ebenfalls britischen Wahlstudie (vgl. Trenaman / McQuail 1961, 178). Somit können McCombs und Shaw aus heutiger Sicht wohl weniger als „Erfinder" der Agenda-Setting-Hypothese gelten; viel eher haben sie einen in der angelsächsischen Kommunikationsforschung latent vorhandenen Gedanken aufgegriffen, ihn mit einer griffigen Metapher getauft und mit einer bestehenden Forschungsstrategie verknüpft. Gewissermaßen haben sie Agenda-Setting auf die Agenda der Kommunikationswissenschaft gesetzt - und zwar ganz oben auf deren Agenda, wie die bislang über 200 dazu publizierten Studien belegen (vgl. Brosius 1994, 271).[1]

## 1. Der „Ökologische Fehlschluß" in Aggregatanalysen

Der überwältigenden Mehrheit dieser Arbeiten liegt dabei ein Zweimethodendesign zugrunde: Die in einer Medieninhaltsanalyse ermittelte Themenbeachtung wird der Publikumsrelevanz dieser Themen gegenübergestellt, die in einer Befragung erhoben wird. Das Ausmaß der Übereinstimmung gilt als Gradmesser für den Agenda-Setting-Effekt, wobei der Vergleich dieser Daten meist auf aggregierter Ebene erfolgt. Diese Vorgehensweise steht jedoch im Widerspruch zur ausdrücklich individuellen Wirkungsvermutung, die der Agenda-Setting-

---

1 Für eine ausführlichere Auseinandersetzung mit der Agenda-Setting-Hypothese, die an dieser Stelle aus Platzgründen unterbleiben muß, sei verwiesen auf die Gesamtdarstellungen von Rogers / Dearing (1989) und Schenk (1987, 194-228) sowie die Sammlung zentraler Aufsätze zum Thema von Protess / McCombs (1991).

Hypothese zugrundeliegt: „Es wird letztendlich nur die Größe des Publikumssegments, das ein bestimmtes Thema nennt, mit der dem Thema gewidmeten bedruckten Fläche in der Zeitung in Relation gesetzt. Sinnvolle Interpretationen solcher Konstrukte dürften nicht ganz einfach zu finden sein" (Ehlers 1983, 169). Denn Studien, die der geschilderten Grundkonzeption folgen, laufen Gefahr, bei der Interpretation einem *ökologischen Fehlschluß* zu unterliegen. Dieses aus der Soziologie bekannte Phänomen besteht darin, daß aus Gruppendurchschnitten oder Gruppeneigenschaften errechnete Assoziationen unzulässigerweise als gültige Schätzungen der Assoziation angesehen werden, die man aus individuellen Daten erhalten würde. Klassisches Beispiel für einen ökologischen Fehlschluß sind die Suiziduntersuchungen von Emile Durkheim, der aus dem Zusammenhang zwischen einerseits Selbstmordrate und andererseits demographischen Kennzahlen in einer Region auf die individuellen Bedingungen für einen Selbstmord geschlossen hatte (vgl. Selvin 1958; 1980).

Analog ist die Verwendung aggregierten Zahlenmaterials - einerseits die Ergebnisse der Inhaltsanalyse, andererseits die Ergebnisse der Umfrage - zur Analyse einer individuellen Wirkungsvermutung wie der Agenda-Setting-Hypothese wenig geeignet. Folgerichtig wurde daher bereits in der ersten Agenda-Setting-Studie gefordert, zukünftige Untersuchungen müßten von der gesellschaftlichen zur sozialwissenschaftlichen Ebene übergehen und die *individuelle Themenwahrnehmung* auf die jeweilige *individuelle Mediennutzung* beziehen (McCombs / Shaw 1972, 184 f.). Schließlich ist der Grundgedanke von Agenda-Setting am Rezipienten orientiert, denn er vermutet Auswirkungen auf die persönliche Agenda des Einzelnen, in Abhängigkeit der von ihm wahrgenommenen Medienberichterstattung.

Erstaunlicherweise zeigt die Durchsicht bisheriger Agenda-Setting-Arbeiten, daß zwar eindeutig individuelle Wirkungen postuliert werden, diese in fast allen einschlägigen Studien aber nicht individuell untersucht, sondern Daten auf aggregiertem Niveau aufeinander bezogen werden (Rogers / Dearing 1988, 573; McCombs 1981, 124 f.). Oft handelt es sich hier um Sekundäranalysen, beispielsweise wenn in der amerikanischen Forschung Daten aus routinemäßig durchgeführten Medieninhaltsanalysen (z.B. der sogenannte Greenfield-Index) mit Ergebnissen der Gallup-Polls verglichen werden. Die stattliche Zahl empirischer Belege für die Agenda-Setting-Funktion der Massenmedien auf aggregiertem Niveau kann somit nur bedingt zur Formulierung individueller Wirkungsvermutungen herangezogen werden (Zhu 1992, 836).

## 2. Publikumszentrierte Forschungsansätze zur Agenda-Setting-Hypothese

Die hierfür verantwortliche fundamentale Bruchstelle im empirischen Design resultiert aus dem Vergleich unterschiedlicher Untersuchungseinheiten in zwei Erhebungen, nämlich zum einen die Medieninhalte (mit dem einzelnen Artikel als Codiereinheit) und zum anderen das Publikum (mit dem einzelnen Befragten als Fall). Um diese Bruchstelle zu überwinden, muß die Medienagenda in quasi-individuelle Daten überführt werden, so daß entsprechende Analysen tatsächlich auf Basis des einzelnen Individuums beruhen. Erste Forschungsansätze aus den 70er Jahren, die solchermaßen ein dezidiert publikumszentriertes Konzept verfolgten, konnten die Agenda-Setting-Hypothese nicht bestätigen und blieben unveröffentlicht (vgl. Stevenson / Ahern 1979; dies. 1982).[2] Seither wurden zwei weitere Studien auf individuellem Analyseniveau durchgeführt, die beide sehr differenzierte Wirkungsmechanismen aufzeigen, in denen die Medienberichterstattung nur einen von mehreren Faktoren repräsentiert, die die Themenrelevanz des Einzelnen determinieren.

So dokumentiert die bahnbrechende Arbeit von Erbring et al. (1980) nur für eines von insgesamt sieben untersuchten Themen einen direkten Zusammenhang zwischen der Zahl der Zeitungsartikel auf der Titelseite der Tageszeitung, die die Befragten gelesen hatten, und ihrer persönlichen Einschätzung, wie wichtig dieses Thema für sie sei. Andere Variablen wie etwa die bereits bestehende Themensensibilisierung des Einzelnen, aber insbesondere seine interpersonale Kommunikation über Politik besitzen hingegen eine wesentlich höhere Erklärungskraft für die individuelle Themenrelevanz: „We propose a model of 'audience effects', which assumes that media coverage interacts with the audience's pre-existing sensitivities to produce changes in issue concerns. Media effects are contingent on issue-specific audience characteristics [...] Thus media effects are, essentially, audience effects." (Erbring et al. 1980, 46).

In der Tradition dieses publikumszentrierten Agenda-Setting-Ansatzes realisierte eine deutsche Forschergruppe um Rolf Hügel eine Sekundäranalyse, die eine ganze Reihe individuell erhobener Variablen in ein Strukturgleichungsmodell integriert. Die Befunde zeigen erneut, daß „der Agenda-Setting-Effekt der Massenmedien hochgradig sensibel und störanfällig [ist]. Von einem Transfermodell als Basistheorem oder gar als Basisresultat der Agenda-Setting-For-

---

2 Die in diesem Zusammenhang häufig zitierte Individualanalyse von McLeod / Becker / Byrnes (1974) weist, wie aufgrund der methodischen Hinweise nachvollzogen werden kann, eine fundamentale Index-Fehlberechnung auf und kommt daher zu unsinnigen Ergebnissen.

schung kann nicht die Rede sein" (Hügel et al. 1989; 1992, 156). Analog zu den Befunden von Erbring et al. sei für den Agenda-Setting-Prozeß vielmehr entscheidend, ob das jeweilige Sachproblem vom einzelnen Individuum als subjektiv nah oder fern erlebt wird. Auch interpersonelle Kommunikationsprozesse beeinflussen in dieser Studie die Wirkungschancen der Massenmedien, da sie als Alternative zur medialen Befriedigung politischer Informationsbedürfnisse dienen (vgl. ebd., 156 f.).

## 3. Die Studie „Massenmedien und interpersonale Kommunikation"

Angelehnt an diese beiden Vorläuferstudien wurde im Rahmen des von der DFG geförderten Projekts „Massenmedien und interpersonale Kommunikation" ein Untersuchungsschwerpunkt zur Agenda-Setting-Hypothese integriert.[3] Die eigens hierfür konzipierte Erhebung wichtiger Einflußvariablen kann dabei Kompromißlösungen vermeiden, die das Analysepotential früherer Sekundäranalysen teilweise erheblich einschränkten (vgl. z.B. Hügel et al 1989; 1992, 149). Zielvariable der Analysen ist die intrapersonale Relevanz von neun aktuellen politischen Themen, ermittelt anhand einer fünfstufigen Antwortskala.[4] Die wahrgenommene Medienberichterstattung als im Sinne der Agenda-Setting-Hypothese zentrale Determinante dieser Relevanz fließt durch die Zuspielung quasi-individueller Daten aus einer Medieninhaltsanalyse ein. Mittels einer sehr detaillierten Abfrage der Mediennutzung jedes Respondenten wurde hier jedem einzelnen Befragten ein individueller Indexwert dafür zugeordnet, wie wichtig ein Thema in den von ihm persönlich genutzten Medien war.[5] Durch diese

---

3   Weitere Befunde aus dem Kontext dieses von Prof. Dr. Michael Schenk an der Universität Hohenheim durchgeführten Projekts liegen vor zur Analyse egozentrierter Netzwerke (vgl. Schenk 1995) und zur Persuasionsforschung (vgl. Schenk / Rössler 1994).

4   Der Fragetext folgt dabei der in der Agenda-Setting-Forschung gebräuchlichen Formulierung „Für wie wichtig halten Sie persönlich das Ereignis [...]". Die neun abgefragten Themen berücksichtigen innen- wie außenpolitische Probleme und entstammen - anders als in den meisten früheren Agenda-Setting-Studien - nicht der politischen Ausnahmesituation eines laufenden Wahlkampfes.

5   Die Medienanalyse beinhaltet alle Tageszeitungen, die von mehr als fünf Prozent der Befragten genutzt wurden (5 Tageszeitungen und ein Boulevardblatt), sowie die Hauptnachrichtensendungen und Nachrichtenmagazine in ARD, ZDF, RTL plus und SAT 1 und schließlich eine Morgen- und eine Abendnachrichtensendung von jeweils einem öffentlich-rechtlichen und einem privaten Hörfunkanbieter; insgesamt 16.358 codierte Artikel und Beiträge. Grunddaten für die spätere Zuspielung der Medienrelevanz sind die hieraus gewonnenen integrierten Indexwerte zum Beachtungsgrad eines Beitrags in diesen Medien. In diesen Index fließen über die Länge eines Beitrags hinaus auch dessen Plazierung, zusätzliche Illustrationen und weitere

Vorgehensweise wurde eine möglichst weitgehende Annäherung an die vom Befragten potentiell wahrgenommenen Medieninhalte angestrebt. Diese Kopplung der unterschiedlichen Datensätze erfolgte ferner unter Berücksichtigung des jeweiligen Interviewdatums des Befragten, so daß für alle Untersuchungseinheiten eine identische Verzugszeit zwischen Medienberichterstattung und Relevanzerhebung vorliegt (zur Problematik des „time-lag" vgl. Eyal et al. 1981, 212 f.). Außerdem konnte aufgrund der Anlage des Gesamtprojekts in der vorliegenden Studie erstmals eine adäquate Messung alternativer Wirkungserklärungen zu den Medieneinflüssen integriert werden, die über die übliche Sichtweise einer intervenierenden oder „Stör"variable hinausgeht – nämlich die Relevanz des Themas im interpersonalen Kommunikationsnetzwerk des Befragten (vgl. Hügel et al. 1989, 206).

Die Erstbefragung umfaßte 899 Personen in drei Orten in Baden-Württemberg; derselbe Personenkreis wurde nach vier Wochen erneut mit einem kurzen Recall-Fragebogen angeschrieben.[6] Die Rücklaufquote von über 50% ergibt ein verwertbares Panel von 476 Personen, die an beiden Befragungen teilgenommen haben. Außerdem waren im Erstinterview 422 Befragte bereit, uns die Adressen von insgesamt 976 ihrer Netzpersonen zu überlassen, die ebenfalls mit einem etwas ausführlicheren Fragebogen angeschrieben wurden.[7] Aus diesen Kommunikationsnetzwerken haben 550 Personen geantwortet, woraus schließlich eine Schnittmenge von genau 180 Personen (Kernsample) resultiert, für die sowohl (1) die Erstbefragung, (2) die Recall-Befragungen und (3) Antworten aus dem persönlichen Netzwerk vorliegen, wie Schaubild 2 illustriert.

---

    Aufbereitungsmerkmale ein. Zusätzlich wurde pro Thema und Befragtem nicht nur ein Pauschalwert für die Medienrelevanz generiert, sondern unterschieden einmal nach den drei Medienarten Print, Hörfunk und Fernsehen, und dort jeweils nach drei unterschiedlichen Wirkungszeiträumen für die Berichterstattung (2, 4 und 6 Wochen im Vorfeld der Befragung).

6   Nach einem gemeindetypologischen Auswahlverfahren wurden Stuttgart als Oberzentrum, Geislingen a.d.St. als Mittelzentrum und Wäschenbeuren als dörfliche Gemeinde ermittelt. Innerhalb dieser Orte erfolgte eine Zufallsauswahl auf Basis des offiziellen Melderegisters. Feldzeit der Studie war Januar bis März 1990 für die beiden Umfragen; mit einer Medieninhaltsanalyse entsprechend im Vorfeld.

7   Die Netzpersonen rekrutieren sich aus dem Kreis jener Menschen, mit denen der Befragte nach eigenen Angaben wichtige persönliche Dinge bespricht, sich über politische Themen unterhält oder öfter einmal etwas in der Freizeit unternimmt (vgl. zu diesen Netzwerkgeneratoren Schenk 1995, 95 ff.).

*Stichprobenaufbau des Forschungsprojekts*  | Schaubild 2

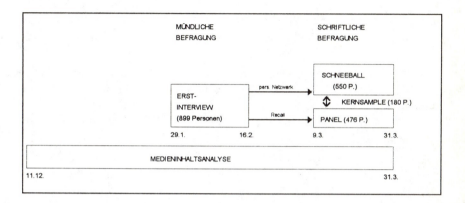

In Schneeball- und Panelbefragung wurde dieselbe Themenliste zur Beurteilung vorgelegt, so daß in die Studie die tatsächliche Bedeutung der Themen für die interpersonalen Kommunikationspartner des Befragten als konkurrierender Einfluß zu den potentiellen Medieneffekten eingebunden werden kann. Die individuelle Übereinstimmung der 180 Befragten des Kernsamples mit ihrem persönlichen Netzwerk wird für jedes Thema - analog zur Medienrelevanz - ebenfalls als quasi-individuelles Datum zugespielt. Weitere rezipientenspezifische Konstrukte, die den Agenda-Setting-Effekt möglicherweise modifizieren, sind unter anderem

- die generellen Mediennutzungsmuster des Befragten (Dauer und Regelmäßigkeit des Fernsehkonsums);
- seine potentielle Themensensibilisierung (individueller Bezug zum Thema; vgl. Erbring et al. 1980)
- seine persönliche Betroffenheit (subjektiv wahrgenommener Einfluß auf das eigene Leben; vgl. Lasorsa 1991), sowie
- das Ausmaß der interpersonalen Kommunikation über das jeweilige Thema (vgl. Hügel 1989; 1992).

Im Vergleich zu den erwähnten Agenda-Setting-Individualanalysen von Erbring et al. (1980) und Hügel et al. (1989; 1992) konnten mit dieser methodischen Konzeption einige wesentliche Fortschritte erzielt werden. Beispielsweise

- besitzt die Zielvariable nicht - wie bei den für Sekundäranalysen verfügbaren Datensätzen meist der Fall, nur nominales Datenniveau (ein Thema auf offene Frage nach den wichtigsten Themen der Zeit genannt oder nicht genannt), sondern ist intervallskaliert;
- wird die Medienrelevanz zeitlich und inhaltlich umfassender erhoben (nicht nur Titelseiten einer Tageszeitung oder Berichterstattung in den sieben Tagen vor der Befragung) und nicht anhand einer reinen Kumulation (Anzahl der Beiträge) ermittelt, sondern aufgrund von Gestaltungsmerkmalen gewichtet;
- erfährt das interpersonale Kommunikationsnetzwerk als zentrale Einflußvariable durch die Daten aus der Schneeballbefragung eine differenziertere Beachtung; und
- wird der in beiden Studien als relevanter Einfluß identifizierte persönliche Bezug des Einzelnen zum Thema über die aus Merkmalen erschlossene Themensensibilisierung hinaus zusätzlich durch eine direkte Messung der individuell empfundenen Betroffenheit vom jeweiligen Thema ergänzt.

## 4. Pfadanalyse zum Thema „Wiedervereinigung"

Die skizzierte Untersuchungsanlage birgt eine Vielzahl von Analyseoptionen, aus denen im folgenden nur ein kleiner Ausschnitt vorgestellt werden kann. Analog zur Vorgehensweise von Hügel et al. (1989; 1992) besteht die zentrale Auswertungsstrategie in der Formulierung und Berechnung von Strukturgleichungsmodellen als Spezialfall der Pfadanalyse.[8] Exemplarisch für die gefundenen Variablenbeziehungen wurden zwei Pfaddiagramme zum seinerzeit im Mittelpunkt des öffentlichen Interesse stehenden Themas „Diskussion um die

---

8 Die Berechnungen erfolgten mit Hilfe des LISREL-Moduls für SPSS-X; für weitere Hinweise zur Methode vgl. etwa Backhaus et al. (1990, 221-316), Jöreskog / Sörbom (1989), Giegler (1984) sowie spezieller Long (1984, 25 f.). Die ausgewiesenen Pfadkoeffizienten können in etwa wie ß-Koeffizienten einer Regressionsanalyse interpretiert werden, wobei die vorliegenden Überlegungen weniger auf die absolute Größe der einzelnen Koeffizienten abheben, sondern die grundsätzliche Struktur der Variablenbeziehungen beschreiben.

Wiedervereinigung der beiden deutschen Staaten" ausgewählt. Schaubild 3 zeigt eine Analyse für die Befragten der ersten Welle, wobei sich im linken Teil des Diagrammes der schon in mehreren Studien beobachtete indirekte Einfluß des *themenbezogenen Orientierungsbedürfnisses* manifestiert (vgl. zusammenfassend McCombs et al. 1995, 287 f.). Diesem Konstrukt wird ein mittelbarer Einfluß auf die Themenwichtigkeit zugeschrieben: Als Kombination aus politischem Interesse und themenspezifischer Unsicherheit wird davon ausgegangen, daß politisch interessierte Menschen, die sich bisher noch keine feste Meinung zu einem Thema gebildet haben, ein größeres Bedürfnis nach Orientierung verspüren und sich demnach auch verstärkt politischen Medieninhalten zuwenden. Dieses erhöhte Maß an Mediennutzung kann dann in einem zweiten Schritt zu stärkeren Agenda-Setting-Effekten führen: „Increased need for orientation leads to increased mass media use, which in turn leads to increased agenda-setting effects by media." (Weaver 1977, 108).

*Strukturgleichungsmodell für das Thema „Wiedervereinigung"*  Schaubild 3

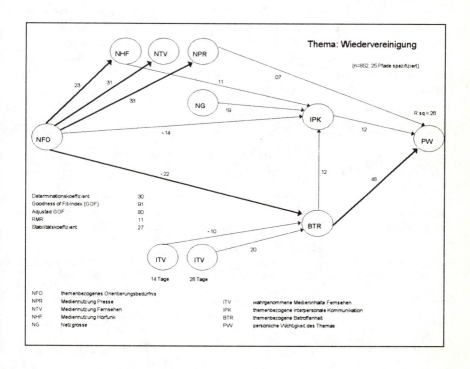

Die starken Beziehungen zwischen Orientierungsbedürfnis und den Mediennutzungsvariablen im oberen Teil des Schaubilds belegen den ersten Teil dieser Vermutung: Printmedien, Fernsehen und Hörfunk werden umso stärker genutzt, je mehr sich der einzelne für Politik interessiert, und je weniger er sich gleichzeitig eine Meinung zum Thema Wiedervereinigung gebildet hat. Darüber hinaus bestätigen sich die zu erwartenden negativen Beziehungen zwischen Orientierungsbedürfnis und themenbezogener Betroffenheit sowie der interpersonalen Kommunikation - der Einzelne ist sich noch zu unsicher, um sich betroffen zu fühlen und hat auch mit anderen Menschen bislang kaum über die Wiedervereinigung gesprochen. Oder umgekehrt ausgedrückt, bei einem geringen Orientierungsbedürfnis sind Betroffenheit und interpersonale Kommunikation zum Thema höher.

Dagegen finden sich in der Analyse (und dies gilt analog für die anderen acht untersuchten Themen) nur geringe Hinweise auf die eigentliche individuelle Wirkungsvermutung des Agenda-Setting-Ansatzes. Die persönliche Wichtigkeit des Themas für den Befragten als letztendliche Zielvariable im rechten Teil des Schaubilds wird von der Relevanz des Themas in den von ihm potentiell wahrgenommenen Medieninhalten nicht unmittelbar beeinflußt. Am unteren Rand des Schaubilds erscheint von allen entsprechenden Medienvariablen lediglich die individuelle Relevanz der Wiedervereinigung in der rezipierten Fernsehberichterstattung mit zwei signifikanten Einflüssen.[9] Diese Wichtigkeit des Themas in den rezipierten politischen TV-Sendungen schlägt sich jedoch nicht direkt auf die Wichtigkeit der Wiedervereinigung für den Befragten nieder, sondern auf dessen Betroffenheit vom Thema.

## 5. Einflüsse von subjektiver Betroffenheit und interpersonaler Kommunikation

Erst diese *subjektive Betroffenheit* übt einen erheblichen Einfluß auf die persönliche Wichtigkeit des Themas aus - je eher der Einzelne dem Thema einen Ein-

---

9  Andere Studien (vgl. Semetko / Schoenbach 1994, 100) vermuten im vergleichbaren Zeitraum einen „Decken"-Effekt, wonach aufgrund der ohnehin schon hohen Relevanz des Themas keine ausreichende Varianz mehr gegeben sein könnte, um überhaupt signifikante Medieneffekte feststellen zu können. Unabhänig hiervon ist festzustellen, daß in der vorliegenden Studie auch für die anderen acht Themen nur ein eher schwach ausgeprägter Zusammenhang zwischen der Prominenz des Themas in den rezipierten Massenmedien und der individuellen Themenrelevanz besteht.

fluß auf sein eigenes Leben zuschreibt, für umso wichtiger hält er das Thema. Diese Betroffenheit verkörpert eine rezipientenorientierte Variante des „obtrusiveness"-Konzepts, das im Zusammenhang mit der Agenda-Setting-Hypothese bereits seit längerem diskutiert wird (vgl. Zucker 1978; Demers et al. 1989). Die zutreffende Beobachtung, daß manche politische Probleme für den Einzelnen auch unmittelbar erfahrbar sind,[10] resultierte zunächst in dem Versuch, generell solche Themen, die direkt erfahrbar sind, von anderen Themen zu unterscheiden, die eher nicht unmittelbar erfahrbar sind. Fast zwangsläufig mußten sich hierzu jedoch widersprüchliche empirische Ergebnisse einstellen - mal zeitigten die aufdringlichen Themen stärkere Agenda-Setting-Effekte, mal schwächere (vgl. Swanson 1988, 607 f.). Die Erklärung hierfür liefert wiederum das Phänomen des ökologischen Fehlschlusses, denn Aufdringlichkeit ist gerade kein objektives Merkmal eines Themas, sondern individuell abhängig vom jeweiligen Menschen, der sich das Thema aufdrängen läßt oder nicht (vgl. Weaver et al. 1981, 105).

Das von Erbring et al. (1980) eingeführte publikumszentrierte Konstrukt der *individuellen Themensensibilisierung* berücksichtigt diesen Einwand. Sensibilisierung bedeutet hier, daß eine Person aufgrund allgemeiner persönlicher Charakteristika für ein Thema, das diesen Kontext anspricht, besonders empfänglich ist. Hierbei handelt es sich aber immer noch um ein Hilfskonstrukt, das auf der Vermutung beruht, daß die (mit den vom Forscher gewählten Indikatoren) gemessenen Sachverhalte tatsächlich eine Sensibilisierung des Einzelnen hervorrufen. So wurde in der vorliegenden Studie eine Sensibilisierung für das Thema „Wiedervereinigung" unterstellt, wenn ein Befragter selbst aus den neuen Ländern stammt, dort Verwandte oder Bekannte hat oder der älteren (Kriegs-)Generation angehört. Die Analyse zeigt jedoch keinen Einfluß dieser potentiellen Themensensibilisierung auf die persönliche Relevanzeinschätzung, im Gegensatz zum bereits erwähnten großen Einfluß der unmittelbar erhobenen persönliche Betroffenheit auf die Einschätzung, wie wichtig ein Thema ist.

Dieser enge Zusammenhang legt zunächst den Verdacht nahe, daß beide Variablen möglicherweise dasselbe messen und lediglich verschiedene Operationalisierungen eines Sachverhalts darstellen. Eine ganze Reihe ergänzender Analysen, die an dieser Stelle nicht im Detail vorgestellt werden können, widerlegen jedoch diesen Verdacht. Insbesondere in der Panelerhebung erweist sich

---

10 Als Beispiel seien „aufdringliche" Themen wie Arbeitslosigkeit oder Steuern angeführt, bei denen die Medienberichterstattung in Konkurrenz zu den unmittelbaren Erfahrungen des Rezipienten treten kann.

die Themenrelevanz als das stabilere Konstrukt, während die subjektiv empfundene Betroffenheit variiert und nicht notwendigerweise mit der persönlichen Wichtigkeit konform geht.

Schaubild 3 illustriert ferner signifikante Einflüsse der *interpersonalen Kommunikation* über das Thema Wiedervereinigung auf die persönliche Relevanzeinschätzung, womit erstere sich als ein mit den Medienwirkungen unmittelbar konkurrierender Einfluß erweist. Übereinstimmend mit früheren Arbeiten (vgl. Hügel et al. 1989; 1992) bestätigt sich, daß das, worüber man spricht, dadurch persönliche Relevanz gewinnt. Die umgekehrte Annahme, daß die persönlich wichtigen Dinge in der Folge Gegenstand der persönlichen Kommunikation werden, bestätigt die Panelerhebung dagegen nur ausnahmsweise.

## 6. Pfadanalyse unter Einschluß der Netzwerkdaten

Um den Einfluß der interpersonalen Kontakte auf die individuelle Themenrelevanz zu präzisieren, zeigt Schaubild 4 ein Strukturgleichungsmodell zu demselben Thema, diesmal allerdings für das Kernsample aus der zweiten Welle. Aufgrund der nunmehr deutlich geringeren Stichprobengröße identifiziert die Analyse weniger signifikante Pfade als zuvor. Und offenkundig gewinnt die Übereinstimmung des Einzelnen in seiner Themeneinschätzung mit dem persönlichen Netzwerk, die themenbezogene Netzkongruenz, einen herausragenden Einfluß.

Das Thema ist dann umso wichtiger für den Einzelnen, wenn es auch für die anderen Menschen in seiner Umgebung wichtig ist. Zusätzlich löst dies auch ein Gefühl persönlicher Betroffenheit aus und beeinflußt auf diese Weise indirekt die intrapersonale Themenrelevanz. Diese starken statistischen Zusammenhänge verdrängen den Einfluß der interpersonalen Kommunikation und anderer Variablen vollkommen.

Kurioserweise kann sich für diesen Zeitpunkt jedoch ein negativer Effekt der Bedeutung der Wiedervereinigung in der Fernsehberichterstattung der letzten vier Wochen auf die persönliche Wichtigkeit des Themas durchsetzen. In diametralem Gegensatz zur Agenda-Setting-Hypothese überträgt sich die Bedeutung, die der Diskussion um die Wiedervereinigung in den individuell rezipierten TV-Nachrichten zukommt, nicht auf die subjektive Relevanzeinschätzung - im Gegenteil: Je *wichtiger* das Thema in seinen Informationssendungen präsentiert wurde, für umso *unwichtiger* hält es der Einzelne. Dieser auf Anhieb eher überraschende Befund läßt sich möglicherweise durch eine gewisse Übersättigung der Rezipienten durch die seit Oktober 1989 überbordende Berichterstattung zum Thema erklären.

*Strukturgleichungsmodell „Wiedervereinigung" mit Netzwerkdaten*  Schaubild 4

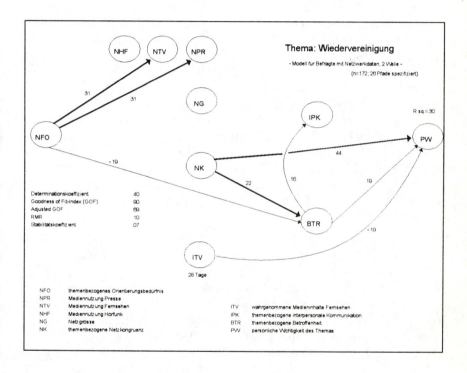

Nicht unerwähnt soll bleiben, daß sich für die drei berücksichtigten außenpolitischen Themen zwar ähnliche Variablenzusammenhänge einstellten, das Vorzeichen für den Koeffizienten zwischen themenbezogener Netzkongruenz und persönlicher Themenrelevanz wird jedoch durchweg *negativ*. Dieser konterkarierende Einfluß des Kommunikationsnetzwerks läßt sich möglicherweise dahingehend interpretieren, daß die Respondenten gerade die außenpolitischen Themen, die ihre Bezugspersonen als wenig relevant erachten, zur persönlichen

Profilierung verwenden: Außenpolitische „Prestigethemen" werden dann als persönlich relevant bezeichnet, um sich durch ein ausgeprägtes Problembewußtsein von anderen abzuheben.

## 7. Individuelles Agenda-Designing vs. Soziales Agenda-Setting

Dieser Ausschnitt aus den vielfältigen empirischen Befunden des Projekts verdeutlicht, daß sich die Agenda-Setting-Hypothese - in vielen Lehrbüchern wie eine bewiesene Tatsache gehandelt - auf individueller Untersuchungsebene nur schwer nachweisen läßt. Hier müssen statt dessen vielschichtige Verarbeitungsprozesse berücksichtigt werden, insbesondere die Verknüpfung eines Themas mit dem eigenen Leben des Respondenten und die Themeneinschätzungen in dessen interpersonalem Kommunikationsnetzwerk. Damit kann der Agenda-Setting-Ansatz gerade nicht, wie ursprünglich einmal erhofft, als übergreifendes Dachkonzept für bestehende Medienwirkungstheorien fungieren (vgl. McCombs / Shaw 1977, 152). Da gleichzeitig das Soziale Agenda-Setting, verstanden als die Diffusion von Medienthemen in die kollektiven Themenpräferenzen einer Gesellschaft, von der Forschung weitgehend bestätigt wird, erscheint die Auflösung des pauschal angewendeten Begriffs Agenda-Setting unvermeidlich.

Im Gegensatz zu diesem *Sozialen Agenda-Setting* stellt sich das *Individuelle Agenda-Designing* als ein komplexer Prozeß dar, in dem die persönlich wahrgenommene Medienrelevanz von Themen modifiziert, durch individuelle Prädispositionen und alternative Wahrnehmungen im persönlichen Umfeld gebrochen wird. Im Einklang mit der kognitionspsychologischen Schematheorie läßt sich der Medieneinfluß dahingehend interpretieren, daß die Berichterstattung beim Rezipienten in der Regel auf bereits bestehende kognitive Strukturen trifft, in diese eingegliedert und verarbeitet wird (vgl. ausführlich Eichhorn 1996, 64-110). Die persönliche Themenrelevanz ergibt sich letztlich aus dem Zusammenspiel zahlreicher Faktoren dieses intra-transaktionalen Prozesses. Gemeinsam mit der Inter-Transaktion zwischen Individuum und Medien bzw. Individuum und persönlichem Netzwerk bestätigt sich in geradezu idealtypischer Weise ein transaktionaler Prozeß, der durch den ständigen Strom neuer Ereignisse und Themen auch eine dynamische Komponente aufweist.[11] Als

---

11 Zum dynamisch-transaktionalen Modell vgl. Früh / Schönbach (1982), Schönbach / Früh (1984) sowie Eichhorn (1996, 95) mit Bezug zum Agenda-Setting-Ansatz.

theoretisches Rahmenkonzept für das Individuelle Agenda-Designing bietet sich der Ansatz der *Realitäts-Rekonstruktion* aufgrund von Medieninhalten (vgl. Bentele 1992, 69) an: Die individuellen Vorstellungen von der Wirklichkeit - hier: der gerade dringenden politischen Probleme - beruhen demnach auf einer persönlichen Rekonstruktionsleistung des Einzelnen. Hier fließen mediale Inhalte ein, aber genauso persönliche Erfahrungen, Botschaften aus anderen Kommunikationskanälen und bestehende frühere Rekonstruktionen.

Platons berühmtes Höhlengleichnis, das bei der Diskussion um die Agenda-Setting-Hypothese gerne erwähnt wird, ist somit keine treffende Metapher: Weder sind die Menschen alleine in der Höhle, noch vor die Schattenbilder gefesselt. Wir unterhalten uns mit anderen über das, was wir sehen, wir verknüpfen die Schattenbilder miteinander und mit unserem Dasein - und wir erlauben es uns, auch manchmal wegzuschauen.

**Literatur:**

*Backhaus*, Klaus / Bernd *Erichson* / Wulff *Plinke* / Rolf *Weiber* (1990): Multivariate Analysemethoden. Eine anwendungsorientierte Einführung. 6. Aufl., Berlin u.a.: Springer.
*Bentele*, Günter (1992): „Fernsehen und Realität. Ansätze zu einer rekonstruktiven Medientheorie." In: *Hickethier*, Knut / Irmela *Schneider* (Hrsg.): Fernsehtheorien. Dokumentation der GFF-Tagung 1990. Berlin: Ed. Sigma Bohn, S. 45-67.
*Brosius*, Hans-Bernd (1994): „Agenda-Setting nach einem Vierteljahrhundert Forschung: Methodischer und theoretischer Stillstand?" In: Publizistik, Jg. 39, 3, S. 269-288.
*Demers*, David P / Denis *Craff* / Yang-Ho *Choi* / Beth M. *Pessin* (1989): Issue Obtrusiveness and the Agenda-Setting Effects of National Network News. In: Communication Research Jg. 16, 6, S. 793-813.
*Ehlers*, Renate (1983): „Themenstrukturierung durch Massenmedien. Zum Stand der empirischen Agenda-Setting-Forschung." In: Publizistik Jg. 28, 2, S. 167-186.
*Eichhorn*, Wolfgang (1996): Agenda-Setting-Prozesse. Eine theoretische Analyse individueller und gesellschaftlicher Themenstrukturierung. München: Reinhard Fischer.
*Erbring*, Lutz / Edie N. *Goldenberg* / Arthur H *Miller* (1980): „Front-Page News and Real-World Cues: A New Look at Agenda-Setting by the Media." In: American Journal of Political Science, Jg. 24, 1, S. 16-49.
*Eyal*, Chaim H. / James P. *Winter* /. William F. *DeGeorge* (1981): „The Concept of Time Frame in Agenda-Setting." In: *Wilhoit*, G. Cleveland / Harold de *Bock* (Hrsg.): Mass Communication Review Yearbook Vol.2. Beverly Hills, London: Sage, S. 212-218.
*Früh*, Werner / Klaus *Schönbach* (1982): „Der dynamisch-transaktionale Ansatz. Ein neues Paradigma der Medienwirkungen." In: Publizistik, Jg. 27, 1-2 S. 74-88.
*Giegler*, Helmut (1984): LISREL - kritisch gesehen aus soziologischer und politologischer Anwenderperspektive. Universität Giessen, Soziolog. Forum 9.
*Hügel*, Rolf / Werner *Degenhardt* / Hans-Jürgen *Weiss* (1989): „Structural Equation Models for the Analysis of the Agenda-setting Process," In: European Journal of Communication (4), S. 191-210. Überarbeitete dt. Übersetzung: „Strukturglei-

chungsmodelle für die Analyse des Agenda Setting-Prozesses." In: *Schulz*, Winfried (Hrsg.) (1992): Medienwirkungen. Weinheim: VCH, S. 144-159.
*Jöreskog* Karl G. / Dag *Sörbom* (1989): LISREL 7. A Guide to the Program and Applications. Chicago, Gorinchem, 2. Aufl.
*Lasorsa*, Dominic L. (1991): „Political Outspokenness: Factors Working Against the Spiral of Silence." In: Journalism Quarterly, Jg. 68, 1/2, S. 131-140.
*Long*, Scott J. (1984): Covariance Structure Models. An Introduction to LISREL. Beverly Hills, London, New Delhi: Sage.
*McCombs*, Maxwell E. (1981): „The Agenda-Setting Approach." In: *Nimmo*, Dan D. /Keith R. *Sanders*, (Hrsg.): Handbook of Political Communication. Beverly Hills, London, S. 121-140.
*McCombs*, Maxwell / Lucig *Danielian* / Wayne *Wanta* (1995): „Issues in the News and the Public Agenda: The Agenda-Setting Tradition." In: *Glasser*, Theodor L. / Charles T. *Salmon* (Hrsg.): Public Opinion and the Communication of Consent. New York, London: The Guilford Press, S. 281-300.
*McCombs*, Maxwell E. / Donald L. *Shaw* (1972): „The Agenda-Setting Function of Mass Media." In: Public Opinion Quarterly, Jg. 36, 2, S. 176-187.
*McCombs*, Maxwell E. / Donald L. *Shaw* (1977): „Agenda-Setting and the Political Process." In: *Shaw*, Donald L. / Maxwell E. *McCombs* (Hrsg.): The Emergence of American Political Issues: The Agenda-Setting Function of the Press. St. Paul usw., S. 149-156.
*McLeod*, Jack / Lee *Becker* / James *Byrnes* (1974): „Another Look at the Agenda-Setting Function of the Press." In: Communication Research Jg. 1, 2, S. 131-165.
*Political and Economic Planning* (PEP) (1938): Report on the British Press. London: PEP.
*Protess*, David L. / Maxwell *McCombs* (Hrsg.) (1991): Agenda Setting. Readings on Media, Public Opinion, and Policymaking. Hillsdale: Lawrence Erlbaum Associates.
*Rogers*, Everett M. / James W. *Dearing* (1988): „Agenda-Setting Research: Where Has It Been, Where Is It Going?" In: *Anderson*, James A. (Hrsg.): Communication Yearbook Vol.11, London, S. 555-594.
*Schenk*, Michael (1987): Medienwirkungsforschung. Tübingen: Mohr.
*Schenk*, Michael (1995): Soziale Netzwerke und Massenmedien. Untersuchungen zum Einfluß der persönlichen Kommunikation. Tübingen: Mohr.
*Schenk*, Michael / Patrick *Rössler* (1994): „Das unterschätzte Publikum. Wie Themenbewußtsein und politische Meinungsbildung im Alltag von Massenmedien und interpersonaler Kommunikation beeinflußt werden." In: *Neidhardt*, Friedhelm (Hrsg.): Öffentlichkeit, Öffentliche Meinung, Soziale Bewegungen. Opladen: Westdeutscher Verlag, S. 261-295.
*Schönbach*, Klaus / Werner *Früh* (1984): „Der dynamisch-transaktionale Ansatz II: Konsequenzen." In: Rundfunk und Fernsehen, Jg. 32, 2, S. 314-329.
*Selvin*, Hanan C. (1958): „Durkheim's suicide and problems of empirical research." In: American Journal of Sociology, Jg. 63, S. 607-619. Dt. Übersetzung: „Durkheims „Suicide" und Probleme empirischer Forschung." In: *Topitsch*, Ernst (Hrsg.) (1980): Logik der Sozialwissenschaften. Königstein: Athenaeum, S. 332-351.
*Semetko*, Holli A. / Klaus *Schoenbac*h (1994): Germany's „Unity Election". Voters and the Media. Cresskill NJ: Hampton Press.
*Stevenson*, Robert L. / Thomas J. *Ahern* (1979): Individual Effects of Agenda-Setting. Konferenzpapier zur AEJ-Tagung, Houston.
*Stevenson*, Robert L. / Thomas J. *Ahern* (1982): Agenda-Setting and the Individual. Konferenzpapier zur AEJ-Tagung, Athens.
*Swanson*, David L. (1988): „Feeling the Elephant: Some Observations on Agenda-Setting Research." In: *Anderson*, James A. (Hrsg.): Communication Yearbook Vol.11. Beverly Hills, London, S. 603-619.
*Tankard*, J.W. (1990): „Maxwell McCombs, Donald Shaw, and Agenda-Setting." In: *Sloan*, William D. (Hrsg.): Makers of the media mind. Hillsdale: Erlbaum, S. 278-286.
*Trenaman*, Joseph / Denis *McQuail* (1961): Television and the Political Image. London: Methuen.

*Weaver*, David H. (1977): „Political Issues and Voter Need for Orientation." In: *Shaw*, Donald L. / Maxwell E. *McCombs* (Hrsg.): The Emergence of American Political Issues: The Agenda-Setting Function of the Press. St. Paul usw., S. 107-120.

*Weaver*, David H. / Doris A. *Graber* / Maxwell E. *McCombs* / Chaim H. *Eyal* (1981): Media Agenda-Setting in a Presidential Election. Issues, Images, and Interest. New York: Praeger.

*Weischenberg*, Siegfried (1990): „Der Kampf um die Köpfe. Affären und die Spielregeln der Mediengesellschaft." In: *Merten*, Klaus / Siegfried J. *Schmidt* / Siegfried *Weischenberg* (Hrsg.): Medien und Kommunikation. Konstruktion von Wirklichkeit Bd.1. Weinheim, Basel, S. 11-49.

*Zhu*, Jian-Hua (1992): „Issue Competition and Attention Distraction: A Zero-Sum Theory of Agenda-Setting." In: Journalism Quarterly, Jg. 69, 4, S. 825-836.

*Zucker*, Harold Gene (1978): „The Variable Nature of News Media Influence." In: *Ruben*, Brent D. (Hrsg.) Communication Yearbook Vol.2. New Brunswick, S. 225-240.

*Werner Früh / Werner Wirth*

# Positives und negatives Infotainment

## Zur Rezeption unterhaltsam aufbereiteter TV-Information

## 1. Theorie

Infotainment - ein Schlagwort hat Karriere gemacht. In der Medienpraxis ist es schon seit einigen Jahren ein geläufiger Begriff, der nunmehr auch in die empirische Medienforschung Eingang gefunden hat. Doch wird er keinesfalls eindeutig und vor allem nicht konsequent verwendet. Gemeinhin ist heute mit Infotainment eine negative Konnotation verbunden: Werden Informationen im Fernsehen quasi als Unterhaltung präsentiert oder werden solche Informationen ausgewählt, die in sich bereits einen gewissen Unterhaltungswert besitzen (soft news), dann spricht man von Infotainment.

Fragt man Journalisten etwas genauer, weshalb eine bestimmte TV-Sendung Infotainment sein solle, werden in der Regel einige charakteristische Merkmale aufgezählt, die bei genauerem Hinsehen aber auch in anderen Sendungen zu finden sind. Bei weiterem Nachfragen erweist sich, daß ganz bestimmte Wirkungshypothesen hinter der Kombination von Unterhaltung und Information stehen. Vor allem wird unterstellt, daß durch die unterhaltsame Aufbereitung Informationsangebote für die Zuschauer attraktiver würden. Wenn Kritiker dann massive Gegenargumente ins Feld führen, wie etwa, daß dadurch Informationen ihre Glaubwürdigkeit verlieren könnten, dann wird mit dem Argument dagegengehalten, man könne auf diese Weise Zielgruppen erreichen, die sonst Informationssendungen kaum nutzen würden. Gegner kontern wiederum, daß das alles nichts nütze, wenn das hektische Aneinanderreihen von Unterhaltungseffekten einen effizienten Informationstransfer verhindere.

Dieser fiktive Dialog ließe sich sicher noch weiterführen. Aber schon jetzt sind vor allem zwei Dinge ersichtlich: Erstens ist es relativ spekulativ und zudem nur von geringer Relevanz, ob Infotainment ein klassifikatorisches Angebotsmerkmal der Journalisten ist, denn das eigentliche Argument ist auch dort eine, zunächst unbewiesene, Wirkungsunterstellung. Letztlich entscheidet der Zuschauer, ob er eine Fernsehsendung als Information oder aber als Unterhaltung rezipieren will. Infotainment ist also primär eine Rezeptionskategorie, die in einer bestimmten Beziehung zu unterhaltenden und informierenden Inhalts- und Gestaltungselementen steht. Zweitens kann man aus der Diskussion entnehmen, daß es offenbar positive wie negative Argumente bzw. genauer: positive und negative Wirkungs*erwartungen* gibt.

Beide besitzen nicht nur eine gewisse Plausibilität, sondern können sich auch auf eine solide Basis sowohl theoretischer Erkenntnisse als auch empirischer Befunde stützen. Allerdings muß man dazu den Sachverhalt analytischer und damit abstrakter betrachten. Zwar wurde in kaum einer der unter diesem Blickwinkel einschlägigen Theorien und empirischen Studien der Begriff Infotainment verwendet, aber doch betreffen sie in allgemeiner Form den hier gemeinten Sachverhalt sehr direkt.

Das positive Argument, die Vermischung von Information mit unterhaltenden Elementen erhöhe die Aufmerksamkeit und fördere damit das Verstehen, läßt sich unter anderem auf das Vividness-Konzept von Nisbett und Ross (1980) zurückführen. Nach diesem aufmerksamkeitsorientierten Erklärungsansatz werden besonders lebhafte Sprach- und Bildreize besser behalten. Eine andere, elementarere Erklärung lautet, daß jeder neue Reiz einen Orientierungsreflex hervorrufe, wodurch Aufmerksamkeit geweckt und damit die unmittelbar darauffolgende Information besser behalten würde (Sokolov 1960; Anderson / Lorch 1983; Reeves u.a 1985). Visuelle Reize und schnell wechselnde Bilder sind offenbar besonders gut geeignet, immer wieder neue Orientierungsreflexe und damit permanente Aufmerksamkeit hervorzurufen. Ohne hier auf einzelne Studien näher eingehen zu wollen, kann empirisch bestätigt davon ausgegangen werden, daß ein anschaulich und dynamisch dargestelltes Ereignis mehr Aufmerksamkeit erzeugt und damit einprägsamer ist als eine reine Sprechermeldung (vgl.Berry 1988). Voll visualisierte Beiträge werden besser behalten als teilbebilderte (vgl. Brosius / Kayser 1991). Von Vorteil ist es auch, wenn sich Sprechermeldung und Filmbericht abwechseln (Brosius 1991).

Auf der *negativen* Seite hat Bernward Wember (1976) in einer Art Indizienbeweis gezeigt, daß der erhöhte Reizwert von Fernsehbildern, der "Augenkitzel", eine optimale Informationsverarbeitung verhindere. Auch Hertha Sturm berichtet analoge empirische Befunde (1984; 1989). Sie spricht von der fehlenden Halbsekunde, die dem Zuschauer die Möglichkeit der effektiven und intensiven Verarbeitung des Gezeigten nehme. Tatsächlich sind offenbar kurze

Schnitte langen unterlegen, wenn es um die Aufnahme von Informationen geht. Dies gilt selbst dann, wenn keine Text-Bild-Schere besteht (Davies / Berry / Clifford 1985). Auch Hintergrundmusik, ein weiteres typisches Infotainmentmerkmal, scheint das Behalten verbaler Information nicht eben zu fördern (vgl. Boeckmann u. a. 1990).

Diese kritischen Einwände und Befunde können ebenfalls theoretisch erklärt werden. Zum Beispiel legen sich die Fernsehzuschauer nach der "Filtertheorie" von Broadbent (1958) auf eine Darbietungsschiene (also Text oder Film) fest und richten darauf den größten Teil ihrer Aufmerksamkeit. Ist die Bildebene sehr reizintensiv, bindet sie die meiste Aufmerksamkeit. Das ist jedoch gerade für Informationssendungen, in denen die Kerninformationen in der Regel immer über den Text vermittelt werden, sehr nachteilig. Andere Theorien stützen sich stärker auf die Annahme einer insgesamt begrenzten Verarbeitungskapazität. Aber auch danach bestimmt unter anderem die Art der Reize, was vorzugsweise, was nachrangig und was möglicherweise gar nicht mehr verarbeitet wird (vgl. Kahneman 1973; Drew / Grimes 1987). Der oben erwähnte Vorteil einer Orientierungsreaktion kann sich aber auch in einen Nachteil verwandeln: Ist der Reiz, der die Orientierungsreaktion auslöst, formaler Natur, lenkt er möglicherweise von den Inhalten ab. Zwar dauert das Ganze nur Sekundenbruchteile, wenn aber kurz darauf schon der nächste Orientierungsreflex ausgelöst wird, bleibt keine Zeit zur Verarbeitung der Inhalte (vgl. Lang 1990).

Diese auf den ersten Blick widersprüchlichen empirischen Ergebnisse und Theorien lassen sich durchaus vereinen. Infotainment ist, wie der Name schon sagt, eine Vermischung von Information und Unterhaltung. Damit sind auch verschiedene Mischungs*verhältnisse* möglich. Es handelt sich also von der Medienseite her nicht um eine dichotome Kategorie, sondern um ein Kontinuum, das durch das Verhältnis zweier Variablen bestimmt ist. Aus wissenschaftlicher Sicht ist längst unstrittig, daß Information und Unterhaltung keine direkten Gegensätze sind. Es kann eigentlich immer nur um Art und Umfang der informativen bzw. unterhaltenden Anteile in einer Sendung gehen. Ein Filmbeitrag in der Tagesschau mit Live-Aufnahmen einer Geiselbefreiung ist dann ebenso ein Schritt in Richtung Infotainment wie die lockere Moderation von Ulrich Wickert oder die Kuriosa als Schlußmeldungen der Tagesthemen.

Aus der Rezeptionsperspektive handelt es sich jedoch nicht einfach um eine bloße Addition zweier selbständiger Variablen. Die Theorien und empirischen Befunde legen nahe, daß sich informierende und unterhaltende Elemente bzw. genauer Informations- und Unterhaltungsempfinden wechselseitig beeinflussen.

Mit der Veränderung einer Komponente verändert sich gleichzeitig auch die andere. Damit handelt es sich im rezeptionstheoretischen Sinne um Transaktionen (Früh / Schönbach 1982, Schönbach / Früh 1984, Früh 1991). Aus dynamisch-transaktionaler Sicht rückt zudem der Wirkungsverlauf und damit die Möglichkeit von Sprüngen und "Umkippeffekten" besonders ins Blickfeld.

Genau solche nonlinearen Wirkungsverläufe sind im Zusammenhang mit Infotainment sehr naheliegend, denn sie könnten die vordergründig widersprüchlichen empirischen Befunde und Wirkungshypothesen schlüssig integrieren. Möglicherweise hat die Vermischung von Information mit unterhaltenden Elementen tatsächlich zunächst positive Effekte. Bei einer moderaten Unterhaltungsverpackung könnten die negativen Aspekte wie z.B. oberflächliche Rezeption, Ablenkung oder Glaubwürdigkeitsverlust noch gar nicht zum Tragen kommen. Erst an einem bestimmten Punkt schlägt möglicherweise die positive Wirkung in eine negative um und zieht dann all die befürchteten Konsequenzenzen nach sich, vom verminderten Informationstransfer bis hin zu einer Rezeptionshaltung, die weniger mit Informieren als mit Spaß, Spannung und Unterhaltung zu tun hat. Dieser Umkehrpunkt, sofern es ihn tatsächlich gibt, wird keine absolute und fixe Größe sein. Auf der Medienseite wird er je nach Art und Kombination der Infotainmentdimensionen wie etwa Dynamisierung, Emotionalisierung oder Narrativisierung variieren. Auf der Rezipientenseite sind es unterschiedliche Erwartungshaltungen, Vorkenntnisse und Interessen, die ihn in die eine oder die andere Richtung hin verschieben werden.

Damit ließe sich ein positives und ein negatives Infotainment identifizieren. Beim positiven Teil unterstützen sich unterhaltende und informierende Effekte eines Medienbeitrags, während bei der negativen Variante ein Übermaß unterhaltender Aspekte die Informationsfunktion mehr und mehr beeinträchtigt.

## 2. Methode

Wir haben empirisch auf experimentellem Wege geprüft, ob es ein positives und negatives Infotainment tatsächlich gibt. Formal heißt die Forschungsfrage: Gibt es einen kurvilinearen Wirkungszusammenhang zwischen Infotainmentmerkmalen und Rezeptionserfolg? Wir untersuchen auf der Medienseite ein Bündel von Gestaltungsmerkmalen, die häufig als die wichtigsten Charakteristika von Infotainment angesehen werden. Es sind dies Merkmale wie schnelle Schnitte, Kamerabewegung, viele bewegte Objekte (Action), Musikeinsatz oder

Spezialeffekte, die vermutlich alle die Dynamik der Darstellung erhöhen. Dynamik ist eine Wahrnehmungskategorie. Formal gesehen ist damit die Reizdichte gemeint, also die Zahl der Wahrnehmungsimpulse pro Zeiteinheit. Sie wurde als Indikator für die Dynamik der Beiträge benutzt.

Um eine möglichst große Realitätsnähe zu erreichen, benutzten wir für das Experiment Originalsendungen. Insgesamt wählten wir dreizehn Beiträge aus unterschiedlichen politischen Fernsehmagazinen aus, die zwischen den Polen "sehr statisch" und "sehr dynamisch" variierten. Die Themen waren waren weit gestreut: Sie betrafen die Sicherheitspolitik, Umweltpolitik, Wirtschaftspolitik und Sozialpolitik, um nur einige zu nennen. Insgesamt handelte es sich um sieben innenpolitische, drei außen- und ein weltpolitisches Thema. Was die auflockernden formalen Stil- und Gestaltungselemente anbelangt, sollte eine möglichst große Bandbreite des deutschen Fernsehalltags abgedeckt werden. Die Palette reichte von der Farbgestaltung und Möblierung des Studios über die Kleidung des Moderators, seiner Sprechgeschwindigkeit und seinem Sprachstil, weiter über die Schnittechnik des Magazinbeitrags, den Kamera- und Objektbewegungen, der Art der Einstellungswechsel und dem Einsatz von Musik bis hin zur Verwendung von Zeitraffern, Animationen, Clip-Arts und anderen, noch exotischeren Spezialeffekten wie geteilten Bildflächen, sich überlagernden Filmebenen und Farbfiltern. Alle diese auflockernden, dynamisierenden bzw. aktivierenden Stil- und Gestaltungselemente erfaßten wir detailliert mit einer Inhaltsanalyse und bildeten sie anschließend auf einer Dynamikskala ab. Nachrichtenwert, Informationsgehalt und Informationskomplexität sowie die Text-Bild-Diskrepanz erfaßten wir ebenfalls, um die Einflüsse dieser Beitragsmerkmale kontrollieren zu können.

Was die Themen anbetrifft, so wählten wir solche von latenter Aktualität aus, d.h. die Beiträge behandelten politische Themen, die im Untersuchungszeitraum in den Medien nicht intensiv behandelt wurden, jedoch jederzeit hätten Aktualität erlangen können. In Nachrichtenwerten gesprochen, waren die Themen von mittlerer Relevanz. Die dreizehn Beiträge wurden mit Hilfe der erwähnten Dynamik-Skala in vier, etwa gleich große Blöcke eingeteilt.

*Dynamikgruppe 1*
Beiträge mit einer sehr niedrigen formalen Dynamik kennen wir alle noch sehr gut, weil er bis vor wenigen Jahren in allen Magazinsendungen vorherrschend war: Ruhig, langatmig und trocken werden die Informationen präsentiert, keinerlei auffällige Gestaltungsmittel lenken von den Inhalten ab. In langen Interviews kommen Politiker oder Experten zu Wort, die Kamera wechselt dabei

allenfalls zwischen dem Interviewten und dem Reporter hin und her. Die Einstellungen sind oft über 20 Sekunden lang. Häufig werden Standbilder wie Fotos oder Textdokumente eingeblendet. Insgesamt dominiert klar der Text, das Bild ist Nebensache. Wir erwarten hier, daß bei den Zuschauern Langeweile dominiert und der Wissenstransfer daher eher schlecht ist.[1]

*Dynamikgruppe 2*
Der zweite Typus ist insgesamt schon nicht mehr ganz so statisch und langatmig. Beiträge dieser Gruppe haben oft am Anfang oder auch einmal zwischendurch einen kurzen, dafür recht flotten Abschnitt mit mehreren Einstellungswechseln, schnellen Kamera- oder Objektbewegungen und rhythmischer Musik. Je nach Thema sieht man dann fahrende Autos auf einer Schnellstraße, belebte Straßenszenen mit vorbeieilenden Passanten oder ratternde Fließbänder einer Autofabrik.

Während dieser kurzen Abschnitte erfährt der Zuschauer meist nur relativ allgemeine und redundante Informationen, die mit dem eigentlichen Thema allenfalls am Rande zu tun haben. Die kurzen, dynamischen Zwischeneinlagen sollen die vielleicht schon erlahmte Aufmerksamkeit des Zuschauers erneut wecken und ihn animieren, sich auch noch den Rest der Sendung anzusehen. Obwohl dieser Typus also bereits deutliche Unterhaltungselemente enthält, würde man ihn nach dem derzeitig vorherrschenden Sprachgebrauch noch kaum als echtes Infotainment bezeichnen. Für unsere Analysen ist jedoch das Label auch nicht wesentlich, da wir die "Infotainisierung" als Kontinuum betrachten. Darauf ist dieser Typus noch in einem Bereich geringer Ausprägung anzusiedeln, weshalb wir ihn als "geringes Infotainment" bezeichnen wollen. Wir vermuten, daß die gezielt verwendeten Dynamikelemente von den Zuschauern auch als Motivierungshilfen angenommen werden, so daß die Beiträge insgesamt verständlich und informativ erscheinen und der Wissenserwerb relativ gut gelingt.[2]

---

1 Die Beiträge stammten aus „WiSo", „Kennzeichen-D", „ZAK" und „Monitor" und berichteten über die Entwicklung der Firma „Nestlé" zum Weltkonzern, die Räumung besetzter Häuser in Berlin, Probleme bei der Polizeiausbildung und um den Korruptionsverdacht für den Oberbürgermeister einer ostdeutschen Großstadt.
2 Die Beiträge dieser Gruppe entstammten den Magazinsendungen „Länderspiegel", „Akut" und „Report" und behandelten die Themen: „Verseuchung des ehemaligen Aufbereitungsanlage für Uranerz in Wismut", „Militäraktionen von Exilcubanern" und „Neue Erkenntnisse in der Barschelaffäre". Zur Feldzeit war die Barschelaffäre *nicht* in den Schlagzeilen..

*Dynamikgruppe 3*
Die Beiträge dieses Typs haben nun schon deutlich erhöhte Dynamikwerte. Auch nach Allgemeinverständnis würde dieser Typus wohl überwiegend das Label Infotainment erhalten. Die Beiträge wechseln entweder mehrfach zwischen statischen und dynamischen Abschnitten oder halten insgesamt ein relativ hohes Tempo durch. Musik begleitet den Zuschauer während des größten Teils des Beitrags, wobei auch gelegentlich das Musikthema wechseln kann. Der Moderator spricht vielleicht aus einem bunten Studio mit scheinbar unbeabsichtigt umherliegenden Gegenständen. Sprechweise und Stil des Moderators sind betont umgangssprachlich "locker" und angereichert mit sprachlichen Gags. Wir bezeichen diesen Typus als "mäßiges Infotainment".[3]

*Dynamikgruppe 4*
Dieser letzte Typus weist hohe und höchste Dynamikwerte auf. Das Tempo von Kamera- und Objektbewegung ist durchgängig rasant; kaum eine Einstellung ist länger als vier Sekunden, manche dauern nicht einmal eine Sekunde. Hinzu kommen noch sich überlagernde Filmebenen, Animationen, Spezialeffekte und ständig wechselnde Musikthemen. Die Sprache ist meist kurzatmig, schnell und laut, um andere Toneffekte zu übertönen; häufig benutzt man nur Andeutungen oder Ausdrücke verschiedener "Szenensprachen". Mitunter haben solche Beiträge schon mehr Gemeinsamkeiten mit einem Musik-Videoclip als mit einem politischen Magazinbeitrag. Nach dem derzeitigen Sprachgebrauch ist es völlig unstrittig, daß es sich bei diesem Typus um Infotainment handelt. Wir nennen ihn "starkes Infotainment".[4]

*Durchführung:* Jeder der insgesamt 13 Beiträge wurde etwa 30 Personen über 18 Jahren vorgeführt. Anschließend sollten die Befragten die Beiträge anhand eines Fragebogens beurteilen. Die Interviewer erfaßten dann noch, wie umfangreich und zusammenhängend sich die Versuchspersonen an den Beitrag erinnerten. Dieser Abschnitt umfaßte Fragen zu mehreren Wissenstypen, also sowohl Fakten- als auch Strukturwissen, gestützte und ungestützte Erinnerung sowie Verstehen. Mit einigen offenen Fragen forderten wir die Befragten zu-

---

3   In dieser Gruppe wurden Beiträge aus „Stern-TV" und „ZAK" zusammengefaßt. Die Themen waren „Deutsche Spitzenpolitiker verletzen Verkehrsregeln", „Rechtsradikalismus in der CSFR" und „Krise bei Daimler-Benz". Die Feldphase lag zeitlich noch vor der Häufung deutscher rechtsextremer Anschläge.
4   Die Beiträge dieser Gruppe entstammten sämtlich dem Magazin „ZAK" und behandelten die Themen „Großbritannien nach dem Rücktritt Margaret Thatchers", „Finanzierung der Wiedervereinigung" und „Nord-Süd-Konflikte in der Weltpoplitik".

sätzlich auf, Gedanken und Assoziationen zum Beitrag sowie besondere Auffälligkeiten bzgl. Inhalt und Form anzugeben. Wir erhielten insgesamt 424 Fälle, wobei die Stichprobe alle Alters- und Bildungsstufen sowie beiderlei Geschlechter umfaßte.

Die zentrale Forschungsfrage war, ob sich bei diesen vier Typen zunehmender "Infotainisierung" tatsächlich positives und negatives Infotainment finden läßt bzw. ob es einen kurvilinearen Zusammenhang zwischen zunehmender Dynamik und der Wahrnehmung und Vermittlung von Information gibt. Dementsprechend konzentrierten wir uns auf drei Fragekomplexe:

1. Werden die Beiträge so dynamisch empfunden, wie sie von uns gemessen wurden? (Evaluation der unabhängigen Variable)
2. Wie wird die Informationsqualität der Beiträge beurteilt? Im einzelnen: Wie informativ, klar, verständlich, kompetent und glaubwürdig erscheint der Beitrag in den Augen der Zuschauer? Wie wichtig, interessant und beeindruckend finden sie ihn?
3. Wie gut wird der Beitrag vom Zuschauer verstanden? Wie zusammenhängend und wie vollständig kann er die wesentlichen Informationen des Beitrags wiedergeben?

Zur Beantwortung der Forschungsfragen entwickelten wir je einen Index für die wahrgenommene Dynamik, die wahrgenommene Informationsqualität und den Wissenserwerb.

## 3. Ergebnisse

### 3.1 Wahrgenommene Dynamik

Wie erwartet werden die Beiträge umso schwungvoller und abwechslungsreicher wahrgenommen, je mehr dynamische und aktivierende Gestaltungselemente sie enthalten. Der Zusammenhang bleibt auch dann erhalten, wenn man eine Reihe potentieller Drittfaktoren kontrolliert, gleichgültig ob es sich dabei um Medienmerkmale wie Informationsmenge und -komplexität, um soziodemographische Variablen oder um andere Personmerkmale wie das Interesse für bzw. das Vorwissen über das Beitragsthema handelt[5] (n=424; F=16.5, p=.000)(vgl. Schaubild 1).

---

5 Konkret wurden in dieser wie auch in den folgenden Varianzanalysen politisches Interesse, Themeninteresse und Vorwissen, Geschlecht, Alter, Bildung, semantische Stimuluskomplexität sowie die individuelle Meinung darüber, wie unterhaltend Informationssendungen sein soll-

Dieses Ergebnis ist zunächst als Beleg für die Validität unseres inhaltsanalytischen Instumentariums zu werten. Die Linearität des Anstiegs zeigt deutlich, daß der Einsatz von Dynamikelementen in den Augen der Zuschauer auf jedem Niveau für zusätzliches Tempo sorgt.

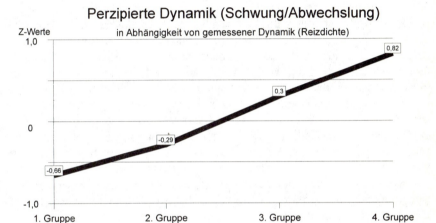

*Schaubild 1*

### 3.2 Wahrgenommene Informationsqualität

Als nächstes prüfen wir, ob die zunehmende Dynamik einen zunächst positiven, später aber negativen Einfluß auf die Wahrnehmung der Informationsqualität hat.

---

ten, als Kovariaten einbezogen und damit der Einfluß dieser Variablen auf das Ergebnis statistisch kontrolliert. Speziell für die Analyse der wahrgenommenen Dynamik wurde noch das Globalurteil „gut" vs. „schlecht" als Kovariate einbezogen. Zugrunde lag die Annahme, daß ein negatives Gesamturteil auch auf die Wahrnehmung der Dynamik ausstrahlt, diese jedoch als rein deskriptives Konstrukt von Qualitätsurteilen unbeeinflußt bleiben sollte. In den Analysen zur Informationsqualität und zum Nachwissen wurde zusätzlich die Themenrelevanz (inhaltsanalytisch gemessen) als Kovariate einbezogen. Damit sollten neben individuellen (Vorinteresse, Vorwissen) auch etwas objektivere Themeneffekte kontrolliert werden.

Die Ergebnisse belegen einen solchen kurvilinearen Zusammenhang. Die Kurve der sujektiv wahrgenommenen Informationsqualität steigt zunächst langsam und stetig an. Beiträge mit sehr hohem Dynamikgehalt werden dann allerdings als deutlich weniger informativ wahrgenommen. Die Kurve sinkt klar ab und erreicht ein absolutes Tiefstniveau (n=424, F=17.8; p=.000). Insgesamt stellt sie eine umgekehrte U-Kurve dar, wie sie schon von Berlyne (1974) postuliert wurde (vgl. auch Früh 1980 für die Rezeption von Zeitungsartikeln). Allerdings liegt die Umkehrzone vom positiven zum negativen Infotainment bereits in einem relativ hohen Dynamikbereich. Beiträge mit einer schon deutlich erhöhten Dynamik führen zunächst immer noch zu einer weiter verbesserten subjektiven Informationsqualität (Dynamikgruppe 3). Bei näherer Betrachtung zeigt sich, daß die Beiträge dieser Gruppe ungefähr gleich informativ, kompetent, gut, beeindruckend und interessant empfunden wurden wie die benachbarten Beiträge mit schwächerer Dynamik, aber deutlich bessere Noten im Hinblick auf Verständlichkeit, Klarheit und Leichtigkeit erhielten. Da Informationsmenge und -komplexität jedoch kontrolliert wurden und zudem auch nicht sonderlich stark zwischen den einzelnen Beiträgen variierten, ist also vor allem der *Eindruck* entstanden, die Beiträge seien besonders einfach, klar und verständlich. Sehr wahrscheinlich ist dies darauf zurückzuführen, daß der Abwechslungsreichtum und das hohe Darbietungstempo die Aufmerksamkeit und damit die Konzentration der Zuschauer auf einem recht hohen Niveau stabilisieren konnten, *ohne* von den Inhalten abzulenken. Wir interpretieren dies als mäßiges positives Infotainment.

Werden die Beiträge über dieses Niveau hinaus noch weiter mit Dynamikelementen angereichert, dann schlägt die Wirkung ins Negative um. Dieser Effekt zeigt sich in der Gruppe mit der höchsten Dynamik. Die Beiträge erhalten hier nun nahezu durchgängig deutlich schlechtere Noten, sowohl was ihre Informativität als auch was ihre Verständlichkeit angeht. Sie wurden als vergleichsweise schlecht, uninformativ, inkompetent, schwierig, unglaubhaft und unverständlich bezeichnet. Einzig die wahrgenommene Bedeutsamkeit bleibt ungefähr auf dem gleichen Niveau wie bei den anderen Beiträgen. Auch diese Beiträge wurden noch als relativ wichtig und beeindruckend empfunden, ein Zeichen dafür, daß sich die Zuschauer für die Themen durchaus interessierten. Die Machart der Filme hat aber verhindert, daß sich eine informationsorientierte Rezeptionsweise etablierten konnte. Hier liegt eindeutig negatives Infotainment vor.

*Schaubild 2*

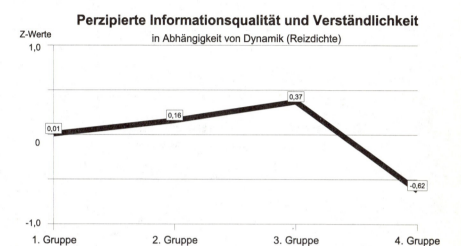

### 3.3 Wissen

Bei den bislang besprochenen Ergebnissen handelt es sich um die *subjektive* Einschätzung der Informativität und Verständlichkeit des Beitrags, die noch nicht zwangsläufig mit einer realen Verbesserung der Wissensvermittlung einhergehen muß (vgl. Früh 1980). Deshalb stellen wir nunmehr die sujektive Informationsqualität dem objektiven Informationstransfer gegenüber.

In Schaubild 3 sieht man, daß die umgedrehte U-Kurve, die wir bei der subjektiven Informationskomponente fanden, bei der objektiven Wissensvermittlung eine recht ähnliche Entsprechung hat (n=424; F=15.7; p=.000). Allerdings gibt es einen bemerkenswerten Unterschied zur Informationswahrnehmung. Die Beiträge mit nahezu keiner oder einer nur geringen Dynamik können etwa genauso erfolgreich Wissen vermitteln wie die Beiträge mit bereits deutlich erhöhter Dynamik. Offenbar scheint es einen gewissen Toleranzbereich des "Anything goes" zu geben, einen Bereich also, innerhalb dessen eine Dynamikveränderung keine oder nur geringe Auswirkungen auf den Wissenserwerb hat. Dieser Bereich ist sogar relativ groß, so daß hier vermutlich die meisten derzeit gesendeten Magazinbeiträge einzuordnen sein dürften.

*Schaubild 3*

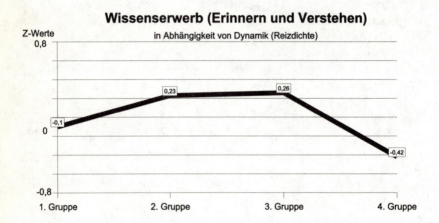

Jenseits dieses Bereichs gelingt es den Zuschauern jedoch nur noch schlecht, sich an die Inhalte der Beiträge zu erinnern. Die Wissenstests ergaben enttäuschende Resultate. Die Unterscheidung in positives und negatives Infotainment findet also auf der Ebene der objektiven Informationsleistung ihre Fortsetzung.

## 4. Diskussion

- Es gibt positives wie auch negatives Infotainment, und die Dynamisierung von Informationsbeiträgen im Fernsehen ist ein wirksames Gestaltungsmittel, das diesen kurvilinearen Zusammenhang hervorbringt.

Der Befund wirft eine Reihe neuer Fragen auf: Wo genau ist bei einzelnen Zielgruppen der Umkippunkt? Auf welche Gestaltungselemente reagiert der Zuschauer besonders sensibel? Unsere Untersuchung war bewußt global angelegt, um zunächst die Existenz der beiden diametral entgegengesetzten Rezeptionsmuster nachzuweisen. Uns kam es darauf an, möglichst viele der unterschiedlichsten dynamisierenden Gestaltungsmittel in einem authentischen Mischungsverhältnis zu untersuchen. Daher können wir zu diesen Fragen keine detaillierten Vorschläge unterbreiten. Auch wäre unsere Gruppenbildung dafür etwas zu grobmaschig. Hier sind sicherlich weitere Studien notwendig. Allerdings können wir einige Eckdaten nennen: So mußte der Zuschauer, alle Bildebenen zusammengenommen, beim negativen Infotainment (Dynamikgruppe 4) etwa alle eineinhalb Sekunden einen Schnitt und alle drei Sekunden einen weiteren plötzlichen oder ungewohnten visuellen Effekt verarbeiten, wobei Musik und Sprachstil noch nicht einmal berücksichtigt sind. Beim mäßigen, positiven Infotainment (Dynamikgruppe 3) kommt jedoch immerhin auch noch alle drei Sekunden ein Schnitt vor und alle fünf Sekunden ein zusätzlicher visueller Effekt. Dagegen beträgt die Schnittfolge in den beiden ersten Dynamikgruppen (keine bzw. geringe Dynamik) 16 Sek. bzw. 8 Sek. und der Abstand der sonstigen visuellen Effekte beträgt durchschnittlich 13 bzw. 6 Sek.

Eine andere Frage schließt sich unmittelbar an. Welche Anteile an positivem und negativem Infotainment finden sich im deutschen Fernsehen, und welche Tendenzen ergeben sich im Zeitverlauf? Unsere Auswahl garantiert zwar eine angemessene Bandbreite, aber Aussagen über die Verteilung der Dynamiktypen im aktuellen Fernsehangebot ist damit natürlich nicht möglich.

Wie steht es schließlich um andere Infotainmentaspekte und deren Wirkung? Mit der Dynamik untersuchten wir zwar ein ganz zentrales Merkmal, aber es gibt noch andere, für Infotainment charakteristische Darstellungsmittel wie etwa Emotionalisierung oder Narrativisierung. Hierzu gibt es Erkenntnisse, die eher die These vom negativen Infotainment zu stützen scheinen. Gibt es, so muß man nach unseren Ergebnissen fragen, auch hier noch darüber hinaus ein positives Infotainment?

Weiter ist es wichtig, die Bedeutung von Rezipientenmerkmalen zu erschließen. Die vorgestellten Ergebnisse sind gewissermaßen von individuellen Differenzierungen befreit. Sie waren entweder egalisiert oder statistisch kontrolliert. Bei einer anderen Betrachtungsweise ergaben sich jedoch deutliche Hinweise für beispielsweise bildungstypische Rezeptionsunterschiede. Demnach scheinen besonders Höhergebildete eine geringere Toleranz für extremes Infotainment aufzubringen (vgl. Wirth 1995; analog für die Rezeption von Zeitungsartikeln vgl. Früh 1980).

Auf diese Differenzierungen kam es uns zunächst nicht an. Wir erwarten auch gar nicht, daß die absolute Position des Umkehrpunktes auf Dauer festgeschrieben wäre. Man wird sich wohl im Publikum an bestimmte Darbietungsweisen ebenso auf Dauer gewöhnen, wie man im Journalismus, ähnlich wechselnder Modetrends, von Zeit zu Zeit auf andere Effekte umsteigen wird. Was bleibt, ist erstens die Erkenntnis, daß Infotainment rezeptionstheoretisch durchaus kein originäres Phänomen darstellt, sondern nur als aktuelle Erscheinungsform eines längst bekannten Stimulus- bzw. Rezeptionsmusters gelten kann. Zweitens bleibt zumindest für den Dynamikaspekt festzuhalten, daß ungeachtet künftiger Modetrends und Habitualisierungen auch bei späteren neuen Erscheinungsformen des Infotainment grundsätzlich mit einem kurvilinearen Wirkungszusammenhang gerechnet werden muß. Damit haben die Befürworter ebenso teilweise recht wie die Kritiker. Es stellt sich nicht mehr die Frage, ob man Infotainment fördern oder besser darauf verzichten soll, sondern man muß herausfinden, wann positives Infotainment in negatives umschlägt.

## Literatur

*Anderson*, Daniel R. / Elizabeth P. *Lorch* (1983): „Looking at Television: Action or Reaction?" In: *Bryant*, Jennings / Daniel R. *Anderson* (Hrsg.) (1983): Children's Understanding of Television. Research on Attention and Comprehension. London, New York: Academic Press, S. 1-33.
*Berlyne*, Daniel E. (1974): Konflikt, Erregung, Neugier. Stuttgart: Klett-Cotta.
*Berry*, Colin (1988): „Rundfunknachrichtenforschung. Ein Beitrag zur Klärung von Präsentation und Motivation." In: Media Perspektiven Heft 3, S. 166-175.
*Boeckmann*, Klaus / Karl *Nessmann* / Monika *Petermandl* / Hannes *Stückler* (1990): „Zum Einfluß von Hintergrundmusik in Bildungsfilmen auf Behaltensleistung und Beurteilung." In: Rundfunk und Fernsehen, Jg. 38, S. 37-47.
*Broadbent*, Donald E. (1958): Perception and Communication. New York: Pergamon Press.
*Brosius*, Hans-Bernd (1991): „Format Effects ob Comprehension of Television News." In: Journalism Quarterly, Jg. 68, S. 396-401.
*Brosius*, Hans-Bernd / Susanne *Kayser* (1991): „Der Einfluß von emotionalen Darstellungen im Fernsehen auf Informationsaufnahme und Urteilsbildung." In: Medienpsychologie, Jg. 3, S. 236-253.
*Davies*, Maire Messenger / Colin *Berry* / Brian *Clifford* (1985): „Unkindest Cuts? Some Effects of Picture Editing on Recall of Television News Information." In: Journal of Educational Television, Jg. 11, S. 85-98.
*Drew*, Dan / Thomas *Grimes* (1987): „Audio-Visual Redundancy and TV News Recall." In: Communication Research, Jg. 14, S. 452-461.
*Früh*, Werner (1980): Lesen, Verstehen, Urteilen. Untersuchungen über den Zusammenhang von Textgestaltung und Textwirkung. Freiburg, München: Alber.
*Früh*, Werner (Hrsg.) (1991): Medienwirkungen: Das dynamisch-transaktionale Modell. Theorie und empirische Forschung. Opladen: Westdeutscher Verlag.

*Früh*, Werner / Klaus *Schönbach* (1982): „Der dynamisch-transaktionale Ansatz." In: Publizistik, Jg. 27, S. 74-88.
*Kahneman*, Daniel (1973): Attention and Effort. Englewood Cliffs, New Jersey: Prentice Hall.
*Lang*, Annie (1990): „Involuntary Attention and Physiological Arousal Evoked by Structural Features and Emotional Content in TV Commercials." In: Communication Research, Jg. 17, S. 275-299.
*Nisbett*, Richard E. / Lee *Ross* (1980): Human Inference: Strategies and Shortcomings of Social Judgment. Englewood Cliffs: Prentice Hall.
*Reeves*, Byron u.a. (1985): „Attention to Television: Intrastimulus Effects of Movement and Scene Change on Alpha Variation Over Time." In: International Journal of Neuroscience, Jg. 25. S. 241-255.
*Schönbach*, Klaus / Werner *Früh* (1984): „Der dynamisch-transaktionale Ansatz II: Konsequenzen." In: Rundfunk und Fernsehen, Jg. 32, S. 314-329.
*Sokolov*, Evgenij N. (1960): „Neuronal Models and the Orienting Reflex." In: *Brazier*, M. (Hrsg.): The Central Nervous System and Behavior. New York: Macy. S. 187-276.
*Sturm*, Hertha (1984): „Wahrnehmung und Fernsehen: Die fehlende Halbsekunde." In: Media Perspektiven Heft 1, S. 58-65.
*Sturm*, Hertha (1989): „Wissensvermittlung und der Rezipient: Die Defizite des Fernsehens." In: *Klett*, Michael (Hrsg.): Wissensvermittlung, Medien und Gesellschaft. Ein Symposium der Bertelsmann Stiftung. Gütersloh: Bertelsmann Stiftung. S. 47-75.
*Wember*, Bernwart (1976): Wie informiert das Fernsehen. München: List.
*Wirth*, Werner (1995): „Bildungsspezifische Rezeption politischer Fernsehbeiträge: Ein Beitrag zur Wissenskluftthese." In: *Jarren*, Otfried / Bettina *Knaup* / Heribert *Schatz* (Hrsg.): Rundfunk im politischen Kommunikationsprozeß. Münster, Hamburg: LIT, S. 197-241.

*Joachim Friedrich Staab*
# Nachrichtenrezeption und emotionale Stimmung
Eine experimentelle Studie zur Verarbeitung von Fernsehinformationen

In den letzten Jahren legen empirische Untersuchungen der Wirkung von (politischen) Informationen in den Massenmedien zunehmend komplexere theoretische Modellen zugrunde (vgl. z. B. die Beiträge in Kaase / Schulz 1989; Schulz 1992), die sich - stark vereinfacht - auf zwei Paradigmen zurückführen lassen. Beide betrachten Medienwirkung nicht als linearen Stimulus-Response-Prozeß, sondern als das Resultat der Wechselbeziehung verschiedener eng miteinander verknüpfter Komponenten.

Das *Paradigma der selektiven Medienwirkungen* (Severin / Tankard 1979; Donsbach 1991) erklärt die potentielle Wirkung der Massenmedien als Funktion des Zusammenspiels von Merkmalen der Medieninhalte mit Merkmalen der Rezipienten: Systematische Darstellungseffekte (Kepplinger 1987), Bedürfnisstrukturen (vgl. u. a. Blumler 1979; Rubin / Perse 1987) und Informationsverarbeitungsprozesse (Graber 1988; Jensen 1988) interferieren in dieser Betrachtungsweise. Medienwirkungen resultieren damit erst aus der Interaktion von spezifischen Aspekten des Medieninhalts mit spezifischen Charakteristika des jeweiligen Rezipienten (Brosius / Staab 1989; Brosius u. a. 1991). Ein Beispiel hierfür ist etwa das dynamisch-transaktionale Modell (vgl. Früh 1991).

Das *Paradigma der kognitiv-affektiven Medienwirkungen* (Kepplinger u. a. 1991) erklärt die potentielle Wirkung der Massenmedien als Funktion des Zusammenspiels von intersubjektiv prüfbaren Informationen mit subjektiven Meinungen und Einstellungen: Die Medienberichterstattung konstruiert einen Bezugsrahmen, den die Rezipienten unter anderem zur Beurteilung von Problemen und Personen heranziehen. Medienwirkungen resultieren damit erst aus den kausalen Verknüpfungen und Schlußfolgerungen, die ein Rezipient aufgrund der ihm von den Medien verfügbar gemachten Informationen zieht (Staab 1992). Beispiele hierfür sind etwa die „Priming"- und „Framing"-Ansätze (Kinder / Kiewiet 1979; Fincham / Jaspers 1980; Bartels 1985; Higgins u. a.

1985; Iyengar / Kinder 1986; 1987; Iyengar 1987; 1989; 1990; 1991; Iyengar / Simon 1993).

Beide Paradigmen gehen nicht davon aus, daß Rezipienten Medieninhalte abbildhaft reproduzieren, sondern daß sie diese vielmehr aufgrund ihrer individuellen und situationsbedingten Prädispositionen in einen Sinnzusammenhang rücken. Diese informationsverarbeitenden Prozesse bei der Medienrezeption kann man attributionstheoretisch erklären: Rezipienten schreiben Ereignissen, über die die Medien berichten, Ursachen, Eigenschaften und Folgen zu, wobei diese Ursachen-, Eigenschafts- und Folge-Attributionen durch situative und personale Faktoren verzerrt sind (Staab 1992; 1996). Eine wesentliche Rolle spielt hier auch die emotionale Erregung (Schachter 1964; Tannenbaum / Zillmann 1978; Huth 1978).

Im Kontext dieser theoretischen Ansätze prüft die vorliegende explorative Studie, ob und gegebenenfalls wie eine negative, neutrale oder positive emotionale Stimmung die Wahrnehmung von negativen, neutralen oder positiven Fernsehnachrichten beeinflußt. Als abhängige Variablen fungieren hierbei die Erinnerung an die einzelnen Nachrichten sowie die Einschätzung ihrer Wichtigkeit und die Wahrnehmung ihrer Tendenz. Aufgrund der vorliegenden Forschungsergebnisse zur Wirkung von Fernsehunterhaltung (Tannenbaum 1980; Bryant / Zillmann 1991) läßt sich zwar schließen, daß die emotionale Stimmung auch die Rezeption von Fernsehnachrichten wesentlich beeinflussen dürfte, über die Richtung dieses Einflusses kann man aber allenfalls Vermutungen anstellen, weshalb auf die Formulierung expliziter Hypothesen verzichtet wird. Schaubild 1 zeigt die Untersuchungsanlage.

*Untersuchungsanlage* *Schaubild 1*

|  | Emotionale Stimmung | | |
|---|---|---|---|
|  | negativ | neutral | positiv |
| negative Nachrichten | E r i n n e r u n g | | |
| neutrale Nachrichten | W i c h t i g k e i t s e i n s c h ä t z u n g | | |
| positive Nachrichten | T e n d e n z w a h r n e h m u n g | | |

## 1. Methode und Durchführung

Es war ausgesprochen aufwendig, ein *Instrument zur Emotionsinduktion* zu entwickeln. In umfangreichen Vortests wurden verschiedene Verfahren erprobt, um die emotionale Stimmung von Personen zu beeinflussen. Als besonders schwierig erwies es sich, emotionsinduzierende Stimuli zu konzipieren, die stark genug waren, um innerhalb kurzer Zeit Verärgerung bzw. Euphorie hervorzurufen, ohne dabei unglaubwürdig zu wirken und einen konträren Effekt auszulösen oder gar einen Versuchsabbruch zu verursachen. Dabei ließen sich die Versuchspersonen leichter frustrieren als positiv stimmen. Aus einer Vielzahl von Modifikationen resultierten zwei, jeweils etwa 15 Minuten beanspruchende Versuchsanordnungen, mit denen sich bedeutsame Stimmungsänderungen in die jeweils intendierte Richtung hervorrufen ließen. Unter anderem geschah dies mit unlösbaren bzw. leicht lösbaren Denksportaufgaben. Die Vorgehensweise ist an anderer Stelle ausführlich beschrieben (Staab 1996).

Als *Versuchsmaterial* diente eine elfminütige Fernsehnachrichtensendung mit Beiträgen aus der „tagesschau" (ARD, 20 Uhr) vom Sommer 1993. Die konstruierte Sendung umfaßte 10 Meldungen, deren Tendenzen 15 Testpersonen übereinstimmend klassifiziert hatten. Vier Nachrichten waren negativ, zwei neutral und vier positiv. In der Reihenfolge ihrer Plazierung handelte es sich um folgende Meldungen:

1. Deutsche Bundesbank senkt Leitzinsen (positiv);
2. Vorschau auf den Weltwirtschaftsgipfel in Tokio (neutral);
3. Verzicht der USA auf Atomtests (positiv);
4. Schiffsunglück in Manila (negativ);
5. Kämpfe um Mostar (negativ);
6. Rückkehr Haitis zur Demokratie (positiv);
7. Wahl des Rebellenführers Husseinow zum Ministerpräsidenten von Aserbaidschan (negativ);
8. Busunglück in Tirol (negativ);
9. Entscheidung des Bundesgerichtshofs verpflichtet deutsche Banken zur Haftung bei der Anlagenberatung (positiv);
10. Auf Kunststoffplanen gemalte Attrappe des 1950 gesprengten Berliner Stadtschlosses für 100 Tage aufgestellt (neutral).

Mit *zwei standardisierten Fragebögen*, deren Beantwortung 5-10 Minuten dauerte, wurden Wahrnehmung und Rezeption der einzelnen Beiträge in der konstruierten Fernsehnachrichtensendung schriftlich ermittelt. Die Zweiteilung erfolgte, um Ausstrahlungseffekte zu vermeiden. Die drei abhängigen Variablen wurden wie folgt erhoben:

- Auf zehn vorgegebenen Linien sollten die Versuchspersonen alle Meldungen notieren, an die sie sich erinnerten. Die Anweisung lautete: „An welche Nachrichtenbeiträge können Sie sich noch erinnern? Bitte notieren Sie nur den Titel bzw. eine Kurzbeschreibung der Meldung." Die *Erinnerung* an eine Nachricht ließ sich somit in zwei Abstufungen bestimmen: 1 = auf eine Nachricht wird mit mindestens einem Stichwort bezug genommen, 0 = keine Bezugnahme auf eine Nachricht.

- Auf drei vorgegebenen Linien sollten die Probanden die drei wichtigsten Meldungen notieren. Die Anweisung lautete: „Schreiben Sie bitte die Ihrer Meinung nach drei wichtigsten Beiträge auf." Die Ziffern 1, 2 und 3 vor den drei vorgegebenen Antwortlinien sollten eine hierarchische Abfolge der Nennungen gewährleisten. Die *Einschätzung der Wichtigkeit* einer Nachricht ließ sich somit in vier Abstufungen indizieren: 3 = als wichtigste Nachricht genannt, 2 = als zweitwichtigste Nachricht genannt, 1 = als drittwichtigste Nachricht genannt, 0 = nicht genannt.

- Anhand von siebenstufigen Skalen mit den Extrempolen „sehr negativ" und „sehr positiv" sollten die Versuchspersonen die Tendenzen der einzelnen Meldungen, die jeweils mit einer Kurzschlagzeile etikettiert waren, einschätzen. Die *wahrgenommene Tendenz* einer Nachricht ließ sich somit in sieben Abstufungen (von -3 bis +3) ermitteln.

Die Untersuchung wurde von der Deutschen Forschungsgemeinschaft unterstützt, in Zusammenarbeit mit Mirjam Bühl, Michael Hertl und Uli Korn konzipiert und von November 1993 bis Mai 1994 in Ludwigshafen und Mainz durchgeführt. Der Versuch bestand im Fall der negativen und positiven Experimentalbedingungen aus drei Teilen - Emotionsinduktion, Vorführung der Nachrichtensendung, Fragebogen zu den Nachrichten - und dauerte 30-35 Minuten; im Fall der neutralen Kontrollbedingung entfiel der erste Teil und der Versuch dauerte 15-20 Minuten. Insgesamt nahmen 60 Personen an der Untersuchung teil.

## 2. Ergebnisse

Die Probanden gaben rund sieben der 10 Nachrichten ungestützt wieder, wobei zwischen den drei Gruppen allerdings deutliche Unterschiede bestanden. Positiv gestimmte Versuchspersonen erinnerten sich an deutlich mehr Meldungen als Probanden, deren Stimmungslage nicht manipuliert worden war, und negativ gestimmte Versuchspersonen. Berücksichtigt man die Tendenzen der einzelnen Nachrichten, ergibt sich ein bemerkenswerter Befund: Alle Versuchsgruppen erinnerten sich gleichermaßen an neutrale Nachrichten, wohingegen positiv gestimmte Probanden besonders häufig negative, negativ gestimmte Versuchspersonen vergleichsweise selten positive Meldungen erwähnten. Dies deutet auf eine grundlegende Asymmetrie hin: Während eine positive Grundstimmung das Wirkungspotential negativer Meldungen steigert, reduziert eine negative Stimmung das Wirkungspotential positiver Nachrichten. Diese auf den ersten Blick überraschende Asymmetrie entspricht Befunden von Untersuchungen der Informationsselektion aus konsistenztheoretischer Perspektive (Mills u. a. 1959; Donsbach 1991): Eine negative emotionale Befindlichkeit bewirkt offensichtlich eine Immunisierung gegenüber positiven Informationen, während eine positive emotionale Befindlichkeit zu einer Öffnung gegenüber negativen Informationen führt (Tabelle 1).

*Erinnerung an negative, neutrale und positive Fernsehnachrichten:* — Tabelle 1

| | Emotionale Stimmung | | | Alle Probanden | |
|---|---|---|---|---|---|
| | negativ (n=20) | neutral (n=20) | positiv (n=20) | (n=60) | F-Wert |
| Negative Nachrichten (n=4) | 2.65[a] (.75) | 2.50[a] (.95) | 3.20 (.83) | 2.78 (.88) | 3.80 $p < .05$ |
| Neutrale Nachrichten (n=2) | 1.50[a] (.51) | 1.50[a] (.51) | 1.50[a] (.61) | 1.50 (.54) | - |
| Positive Nachrichten (n=4) | 2.30[a] (.66) | 2.85[b] (.88) | 2.85[ab] (.75) | 2.67 (.80) | 3.45 $p < .05$ |
| Alle Nachrichten (n=10) | 6.45[a] (1.00) | 6.85[ab] (1.53) | 7.55[b] (1.47) | 6.95 (1.41) | 3.38 $p < .05$ |

(Durchschnittliche Anzahl erinnerter Meldungen, Standardabweichungen, Varianzanalysen mit Student-Newman-Keuls-Test)

Die Einschätzungen der Wichtigkeit der einzelnen Meldungen waren nicht unabhängig von deren (vorgetesteten) Tendenzen: Die Probanden in allen Versuchsgruppen sahen die negativen Nachrichten als deutlich weniger wichtig an als die neutralen und positiven Meldungen. Paarweise t-Tests ergaben hochsignifikante Differenzen zwischen der Einschätzung der Wichtigkeit negativer und neutraler (t=5.68, p<.001) sowie negativer und positiver (t=7.02, p<.001) Beiträge; neutrale und positive Meldungen sahen die Probanden dagegen als ähnlich wichtig an (t=.36, p>.72). Diese Struktur zeigte sich auch in jeder der drei Versuchsgruppen. Dies dürfte vor allem auf die Unterrepräsentanz von politischen Themen bei den negativen Meldungen zurückzuführen sein, so daß es offensichtlich nicht gelungen war, die Relevanz der Nachrichten mit unterschiedlichen Tendenzen konstant zu halten.

In der Einschätzung der Wichtigkeit negativer, neutraler und positiver Nachrichten unterschieden sich die drei Versuchsgruppen nur schwach: Positiv gestimmte Versuchspersonen nahmen negative Meldungen etwas wichtiger als Probanden, deren Stimmungslage nicht manipuliert worden war, und negativ gestimmte Versuchspersonen. Diese wiederum sahen neutrale und positive Nachrichten als wichtiger an. Die Unterschiede waren allerdings in keinem Fall statistisch signifikant. Eine positive emotionale Befindlichkeit führte folglich zu einer größeren Bereitschaft, sich auf gegenläufige, im konsistenztheoretischen Sinn dissonante, Informationen einzulassen. Eine negative emotionale Befindlichkeit bewirkte dagegen ein in sich widersprüchliches Selektionsverhalten: man erinnert sich zwar seltener an gegenläufige Informationen, hält sie aber für wichtiger (Tabelle 2).

Die Versuchspersonen in allen drei Gruppen beurteilten die Tendenzen der 10 Meldungen entsprechend den Vortests, wie paarweise t-Tests bestätigten, die hochsignifikante Differenzen zwischen der Wahrnehmung der Tendenz negativer und neutraler (t=14.51, p<.001), negativer und positiver (t=19.01, p<.001) sowie neutraler und positiver (t=6.98, p<.001) Meldungen ergaben. Diese Unterschiede zeigten sich in jeder der drei Versuchsgruppen. Vergleicht man die ermittelten (empirischen) Tendenz-Mittelwerte der Nachrichten mit ihren vorgetesteten (theoretischen) Einordnungen, ist eine markante Abweichung zu verzeichnen: Die Versuchspersonen nahmen die Tendenzen positiver Meldungen deutlich weniger extrem wahr als die Tendenzen negativer Nachrichten, was sich vermutlich auf die Dominanz politischer Themen bei den positiven Nachrichten zurückführen läßt, da politische Ereignisse und Sachverhalte einen breiteren Interpretationsspielraum eröffnen als Unglücke und Katastrophen (Kepplinger u. a. 1991).

*Einschätzung der Wichtigkeit negativer, neutraler und positiver Fernsehnachrichten*  Tabelle 2

|  | Emotionale Stimmung | | | Alle Probanden | |
| --- | --- | --- | --- | --- | --- |
|  | negativ (n=20) | neutral (n=20) | positiv (n=20) | (n=60) | F-Wert |
| Negative Nachrichten (n=4) | .18 [a] (.26) | .20 [a] (.35) | .33 [a] (.37) | .23 (.33) | 1.18 p > .31 |
| Neutrale Nachrichten (n=2) | .90 [a] (.42) | .75 [a] (.64) | .65 [a] (.59) | .77 (.56) | 1.03 p > .36 |
| Positive Nachrichten (n=4) | .84 [a] (.33) | .79 [a] (.40) | .79 [a] (.43) | .80 (.39) | .11 p > .89 |

(Index-Mittelwerte, Standardabweichungen, Varianzanalysen mit Student-Newman-Keuls-Test)

Empirische und theoretische Tendenz-Werte unterschieden sich vor allem bei den Beiträgen zur Leitzinssenkung der Bundesbank und zur Wahl Husseinows zum Ministerpräsidenten von Aserbaidschan. Insbesondere im letzten Fall handelte es sich offensichtlich nicht um eine in ihrer Tendenz eindeutige Meldung. Dies könnte darauf zurückzuführen sein, daß die Untersuchung sechs Monate nach den Vortests durchgeführt wurde. Innerhalb dieses Zeitraums fanden vermutlich Ereignisse statt, die eine modifizierte Sichtweise der berichteten Sachverhalte nahelegten. Rechnet man die Varianzanalysen zur Auswirkung von emotionaler Stimmung und Nachrichten-Tendenz unter Ausschluß der beiden Nachrichten über die Leitzinssenkung und die Wahl in Aserbaidschan, zeigen sich jedoch ohne Ausnahme die gleichen Ergebnisse.

Die Probanden in den drei Versuchsgruppen stuften die Tendenzen negativer, neutraler und positiver Nachrichten nur geringfügig unterschiedlich ein. Versuchspersonen, deren emotionale Stimmung manipuliert worden war, neigten zu einem extremeren Urteil, indem sie die Tendenzen negativer wie positiver Meldungen überschätzten, wobei erneut eine Asymmetrie zu konstatieren ist. Diese läßt sich mit Hilfe der Assimilations-Kontrast-Theorie (Sherif / Hovland

1961) erklärten: Positiv gestimmte Probanden schrieben negativen Beiträgen noch negativere Tendenzen zu als Versuchspersonen, deren Stimmungslage nicht manipuliert worden war, und frustrierte Probanden, die ihrerseits die Tendenzen positiver Nachrichten noch positiver einschätzten als die beiden Vergleichsgruppen. Die Differenzen waren allerdings in keinem Fall statistisch signifikant. Insgesamt betrachtet somit (Tabelle 3).

Insgesamt betrachtet (Tabellen 1 bis 3) lassen die Befunde zwei Grundmuster erkennen: Eine positive emotionale Befindlichkeit führt zu einer Öffnung gegenüber gegenläufig-dissonanten Informationen, die extremer wahrgenommen, als wichtiger eingestuft und besser erinnert werden; eine negative emotionale Befindlichkeit bewirkt dagegen ein komplexes Abwehrverhalten gegenüber gegenläufig-dissonanten Informationen, die zwar extremer wahrgenommen und als wichtiger eingeschätzt, aber seltener erinnert werden. Es ist folglich davon auszugehen, daß sich die emotionale Stimmung asymmetrisch auf Informationsselektion und Informationsverarbeitung auswirkt: Je nach Grundstimmung rezipieren Fernsehzuschauer in sich werthaltige Informationen offensichtlich instrumentell, wobei diese Prozesse vermutlich weitgehend unbewußt ablaufen.

*Wahrnehmung der Tendenz negativer, neutraler und positiver Fernsehnachrichten* — Tabelle 3

|  | Emotionale Stimmung | | | Alle Probanden | |
| --- | --- | --- | --- | --- | --- |
|  | negativ ($n=20$) | neutral ($n=20$) | positiv ($n=20$) | ($n=60$) | F-Wert |
| Negative Nachrichten ($n=4$) | -1.83 [a] (.96) | -1.59 [a] (.75) | -2.03 [a] (.39) | -1.81 (.75) | 1.76 $p > .18$ |
| Neutrale Nachrichten ($n=2$) | .45 [a] (.71) | .33 [a] (.95) | .88 [a] (1.09) | .55 (.94) | 1.93 $p > .15$ |
| Positive Nachrichten ($n=4$) | 1.89 [a] (1.07) | 1.30 [a] (.75) | 1.78 [a] (.70) | 1.65 (.88) | 2.67 $p < .10$ |
| Alle Nachrichten ($n=10$) | .12 [a] (.45) | -.05 [a] (.31) | .08 [a] (.36) | .05 (.38) | 1.04 $p > .36$ |

(Skalen-Mittelwerte, Standardabweichungen, Varianzanalysen mit Student-Newman-Keuls-Test)

## 3. Zusammenfassung

Die vorliegende Studie belegt die zentrale Rolle, die die emotionale Stimmung bei der Rezeption von Fernsehnachrichten spielt. Die Zuschauer reproduzieren Informationen, die ihnen die Massenmedien liefern, nicht abbildhaft, sondern stellen sie in einen von ihren individuellen und situationsbedingten Prädispositionen bedingten Bezugsrahmen. Die Rezeption von Fernsehnachrichten ist somit als Konstruktionsprozeß zu verstehen, der jedoch nicht subjektiv willkürlich verläuft, sondern systematisch verzerrt ist. Einen zentralen Verzerrungsfaktor bildet hierbei die emotionale Befindlichkeit, so daß die Rezeptionschance negativer, neutraler und positiver Meldungen wesentlich von der Stimmungslage des Fernsehzuschauers abhängt: Je nachdem, ob Rezipienten schlecht oder gut gelaunt, zufrieden oder verärgert, frustriert oder euphorisch sind, nehmen sie Fernsehnachrichten anders wahr. Die Ergebnisse der vorliegenden Untersuchung deuten auf acht Zusammenhänge hin:

- Positiv gestimmte Fernsehzuschauer erinnern sich an mehr Nachrichten (unabhängig von deren Tendenz).
- Positiv gestimmte Fernsehzuschauer erinnern sich insbesondere an negative Nachrichten.
- Negativ gestimmte Fernsehzuschauer erinnern sich seltener an positive Nachrichten.
- Positiv gestimmte Fernsehzuschauer halten negative Nachrichten für wichtiger.
- Negativ gestimmte Fernsehzuschauer halten positive Nachrichten für wichtiger.
- Negativ wie positiv gestimmte Fernsehzuschauer überschätzen die Tendenzen werthaltiger Informationen.
- Positiv gestimmte Fernsehzuschauer nehmen die Tendenzen negativer Informationen noch negativer wahr.
- Negativ gestimmte Fernsehzuschauer nehmen die Tendenzen positiver Informationen noch positiver wahr.

## Literatur

*Bartels*, Larry M. (1985): „Expectations and preferences in presidential nominating campaigns". In: American Political Science Review, Jg. 79, 3, S. 804-815.
*Blumler*, Jay G. (1979): „The role of theory in uses and gratifications studies." In: Communication Research, Jg. 6, 1, S. 9-36.
*Brosius*, Hans-Bernd / Joachim Friedrich *Staab* (1989): „Messung und Wahrnehmung politischer Tendenzen in der Berichterstattung der Massenmedien." In: Publizistik, Jg. 34, 1-2, S. 46-61.
*Brosius*, Hans-Bernd / Joachim Friedrich *Staab* / Hans-Peter *Gaßner* (1991): „Stimulusrezeption und Stimulusmessung. Zur dynamisch-transaktionalen Rekonstruktion wertender Sach- und Personendarstellungen in der Presse". In: *Früh*, Werner (Hrsg.): Medienwirkungen: Das dynamisch-transaktionale Modell. Theorie und empirische Forschung. Opladen: Westdeutscher Verlag, S. 215-235.
*Bryant*, Jennings / Dolf *Zillmann* (Hrsg.) (1991): Responding to the screen. Reception and reaction processes. Hillsdale, NJ: Lawrence Erlbaum Associates.
*Donsbach*, Wolfgang (1991): Medienwirkung trotz Selektion. Einflußfaktoren auf die Zuwendung zu Zeitungsinhalten. Köln: Böhlau.
*Fincham*, Frank D. / Joseph M. *Jaspars* (1980): „Attribution of responsibility: From man the scientist to man as lawyer." In: *Berkowitz*, Leonhard (Hrsg.): Advances in experimental social psychology, vol. 13, S. 81-138.
*Früh*, Werner (1991): Medienwirkungen: Das dynamisch-transaktionale Modell. Theorie und empirische Forschung. Opladen: Westdeutscher Verlag.
*Graber*, Doris A. (1988): Processing the news. How people tame the information tide. New York: Longman.
*Higgins*, E. Tory / John A. *Bargh* / Wendy *Lombardi* (1985): „Nature of priming effects on categorization." In: Journal of Experimental Psychology. Learning, Memory and Cognition, Jg. 11, 1, S. 59-69.
*Huth*, Silvia (1978): „Emotionale Wirkungen von Film und Fernsehen". In: Fernsehen und Bildung, Jg. 12, 1/2, S. 235-290.
*Iyengar*, Shanto (1987): „Television news and citizens' explanations of national affairs". In: American Political Science Review, Jg. 81, 3, S. 815-831.
*Iyengar*, Shanto (1989): „How citizens think about national issues: A matter of responsibility." In: American Journal of Political Science, Jg. 33, 4, S. 878-900.
*Iyengar*, Shanto (1990): „The accessibility bias in politics: Television news and public opinion." In: International Journal of Public Opinion Research, Jg. 2, 1, S. 1-15.
*Iyengar*, Shanto (1991): Is anyone responsible? How television frames political issues. Chicago: University of Chicago Press.
*Iyengar*, Shanto / Donald R. *Kinder* (1986): „More than meets the eye: TV news, priming, and public evaluations of the president." In: *Comstock*, George (Hrsg.), Public communication and behavior. Vol 1. Orlando: Academic Press, S. 135-171.
*Iyengar*, Shanto / Donald R. *Kinder* (1987): News that matters. Chicago: University of Chicago Press.
*Iyengar*, Shanto / Adam *Simon* (1993): „News coverage of the Golf crisis and public opinion. A study of agenda-setting, priming and framing". In: Communication Research, Jg. 20, 3, S. 365-383.
*Jensen*, Klaus Bruhn (1988): „News as social resource: A qualitative empirical study of the reception of danish television news." In: European Journal of Communication Research, Jg. 3, 3, S. 275-301.
*Kaase*, Max / Winfried *Schulz* (Hrsg.) (1989): Massenkommunikation. Theorien, Methoden, Befunde. Opladen: Westdeutscher Verlag.
*Kepplinger*, Hans Mathias (1987): Darstellungseffekte. Experimentelle Untersuchungen zur Wirkung von Pressefotos und Fernsehfilmen. Freiburg/München: Alber.
*Kepplinger*, Hans Mathias / Hans-Bernd *Brosius* / Joachim Friedrich *Staab* (1991): „Opinion formation in mediated conflicts and crises: a theory of cognitive-affective media effects." In: International Journal of Public Opinion Research, Jg. 3, 2, S. 132-156.

*Kinder*, Donald R. / D. Roderick *Kiewiet* (1979): „Political behavior: The role of personal grievances and collective economic judgments in congressional voting." In: American Journal of Political Science, Jg. 23, 4, S. 495-527.
*Mills*, Judson / Elliot *Aronson* / Hal *Robinson* (1959): „Selectivity in exposure to information". In: Journal of Abnormal Social Psychology, Jg. 59, 3, S. 250-253.
*Rubin*, Alan M. / Elisabeth M. *Perse* (1987): „Audience activity and TV news gratifications." In: Communication Research, Jg. 14, 1, S. 58-85.
*Schachter*, Stanley (1964): „The interaction of cognitive and physiological determinants of emotional state." In: *Berkowitz*, Leonard (Hrsg.): Advances in experimental social psychology. Vol 1. New York: Academic Press, S. 49-80.
*Schulz*, Winfried (Hrsg.) (1992): Medienwirkungen. Einflüsse von Presse, Radio, Fernsehen auf Individuum und Gesellschaft. Untersuchungen im Schwerpunktprogramm „Publizistische Medienwirkungen". Forschungsbericht. DFG, Deutsche Forschungsgemeinschaft. Weinheim: VCH Acta Humaniora.
*Severin*, Werner / James W. *Tankard* (1979): Communication theories. Origins, methods, uses. New York: Hastings House.
*Sherif*, Muzafer / Carl I. *Hovland* (1961): Social judgment: Assimilation and contrast effects in communication and attitude change. New Haven: Yale University Press.
*Staab*, Joachim Friedrich (1992): „Ausstrahlungseffekte von Beiträgen in Fernsehnachrichten. Zur Ursachenattribution bei der Rezeption politischer Medieninhalte." In: Rundfunk und Fernsehen, Jg. 40, 4, S. 544-556.
*Staab*, Joachim Friedrich (1996): „Emotionale Stimmung und Rezeption von Fernsehnachichten. Eine exerimentelle Studie zur Informationsverarbeitung." In: *Ludes*, Peter (Hrsg.): Informationskontexte für Massenmedien. Theorien und Trends. Opladen: Westdeutscher Verlag 1996, S. 149-168.
*Tannenbaum*, Percy H. (Hrsg.) (1980): The entertainment functions of television. Hillsdale, NJ: Lawrence Erlbaum Associates.
*Tannenbaum*, Percy H. / Dolf *Zillmann (1978)*: „Emotional arousal in the facilitation of aggression through communication." In: *Berkowitz*, Leonard (Hrsg.): Advances in experimental social psychology. Vol. 8. New York: Academic Press, S. 150-192.

*Lutz Goertz*

# Nachrichten für Generationen?

## Ergebnisse zweier Feldexperimente zur Rezeption von Fernseh- und Hörfunknachrichten

Nachrichtensendungen im Rundfunk bilden ein Genre, das bisher nur selten für bestimmte Zielgruppen konzipiert wurde. So wenden sich Hauptnachrichtensendungen im Fernsehen oder die stündlichen Nachrichten im Hörfunk zunächst einmal an alle Altersstufen und alle Bildungsschichten.[1] Dies bedeutet für die „Nachrichtenmacher" eine Gratwanderung: Sie müssen ihre Nachrichten so verständlich präsentieren, daß sie das Publikum weder unter- noch überfordern.

Noch vor zwölf Jahren - vor der Einführung des Dualen Rundfunksystems - war die Konzeption von Nachrichtensendungen für ein breites, heterogenes Publikum unerläßlich, da die Zahl der terrestrischen Kanäle und damit der Programmalternativen sehr beschränkt war. Doch mittlerweile wären zumindest die technischen und organisatorischen Grundlagen für zielgruppenorientierte Nachrichten gegeben. Andere Genres exerzieren dies vor: Vor allem die privaten Sender wenden sich mit Talk- und Gameshows an spezielle Alterszielgruppen - ein Trend, der beim Hörfunk mit seinen Musikformaten sogar noch stärker ausgeprägt ist als beim Fernsehen.

Warum sollten die Sender also nicht auch Nachrichten auf einzelne Altersgruppen abstimmen - und zwar nicht nur durch die Wahl der Meldungsthemen, sondern durch die gesamte Präsentation der Sendung?

Diese Frage erfordert einen Wechsel in die Rezipientenperspektive: Existiert beim Publikum überhaupt ein Bedürfnis nach zielgruppengerechten Nachrichtensendungen? Dieser Beitrag soll die Frage für *altersspezifische* Zielgruppen klären, denn das Alter ist zur Zeit die demographische Variable, an der sich Rundfunkformate am stärksten orientieren.

---

1  Eine Ausnahme bildet die Kindernachrichtensendung „Logo", die vom ZDF ausgestrahlt wird (vgl. hierzu die Studie von Winterhoff-Spurk 1990).

Die Forschungsfragen lauten:

- Unterscheiden sich die Nachrichten-Rezeptionsgewohnheiten verschiedener Altersgruppen voneinander?
- Wünschen sich ältere Rezipienten eine andere Nachrichtenpräsentation als jüngere?
- Wie wird die Gestaltung von bereits existierenden Nachrichtensendungen in verschiedenen Altersgruppen bewertet?

## 1. Stand der Forschung: Reichweiten von Nachrichtensendungen

Bislang gibt die Forschungsliteratur nur wenig Auskunft über das Nachrichtenrezeptionsverhalten unterschiedlicher Altersgruppen. Bekannt ist, daß Nachrichten generell für ältere Zuschauer einen höheren Stellenwert haben als für jüngere. In einer Studie zum Rezeptionsverhalten älterer Leute in Hamburg (vgl. Kübler, Burkhardt und Graf 1991, 132) bezeichneten 95% aller Über-60jährigen Nachrichtensendungen als beliebtestes Fernsehgenre, noch vor Naturfilmen (89%) und Regionalsendungen (80%).

Den Vergleich mit jüngeren Altersgruppen, den die Hamburger Untersuchung aus methodischen Gründen nicht leisten kann, zieht die Studie „Massenkommunikation IV" von Berg und Kiefer (1992, 347), in der 4000 Befragte über ihre Medienrezeption am Vortrag („Hörer/Zuschauer gestern") Auskunft geben. Die auf diese Weise ermittelten Reichweiten zeigen, daß Fernsehnachrichten in den Altersgruppen über 60 Jahren von mehr als 80% der Befragten gesehen wurden, während andere Altersgruppen deutlich darunter liegen (zwischen 40% und 72%, vgl. Schaubild 1). Beim Hörfunk liegen hingegen die Befragten zwischen 20 und 70 Jahren in ihrem Nachrichtenkonsum beinahe gleichauf (zwischen 61 und 70% Reichweite), was auf die stärkere Integration von Radionachrichten in das übrige Programm zurückzuführen ist. Nachrichten im Radio werden eben einfach „mitgehört" und seltener gezielt eingeschaltet.

*Reichweite der Nachrichten pro Tag 1990
(Montag bis Sonntag, alte Bundesländer) in Prozent*

Schaubild 1

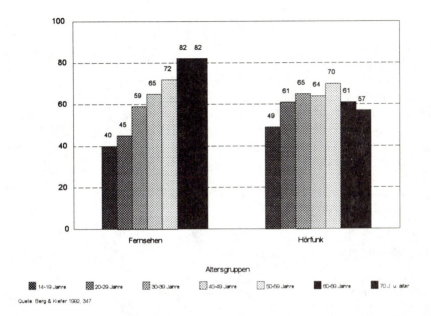

Über die bloße Reichweite hinaus liefert die Forschungsliteratur allerdings keine Befunde zur Nachrichtenrezeption einzelner Altersgruppen. Zur Beantwortung der Forschungsfragen sollen deshalb in einer Sekundäranalyse Daten aus zwei Nachrichtenprojekten zur Gestaltung von Fernseh- und Hörfunknachrichten herangezogen werden. (vgl. Schönbach / Goertz 1993 und Schönbach / Goertz 1995). Die beiden Studien kombinieren jeweils eine *Inhaltsanalyse* als Bestandsaufnahme des Gestaltungsinventars existierender Nachrichtensendungen mit einem *Feldexperiment*, in dem die Versuchspersonen eine aktuelle Nachrichtensendung eines Senders bewerten sollten.

Studie 1 beschäftigt sich mit den Hauptnachrichtensendungen von fünf Fernsehsendern; das Feldexperiment fand im Februar/März 1993 mit n=270 Versuchspersonen statt. Studie 2 betrifft die Hörfunknachrichten von acht Hamburger Radiosendern, die im Mai 1994 von 480 Personen beurteilt wurden.[2]

## 2. Die Aufmerksamkeit bei der Nachrichtenrezeption im Fernsehen und im Hörfunk

Allgemein, also unabhängig von bestimmten Sendungen oder Sendern, wurden die Teilnehmer des Feldexperiments mittels einer Itembatterie befragt, wie aufmerksam sie Nachrichten in Fernsehen und Hörfunk verfolgen. Wie schon bei den Reichweiten zeigt sich auch hier der höhere Stellenwert von Nachrichten für ältere Zuschauer und Hörer: Nachrichten sind demnach bei der älteren Generation nicht nur beliebter, sondern werden auch aufmerksamer rezipiert (vgl. Tabellen 1 und 2).

*Bedeutung des Nachrichtensehens (TV)* — Tabelle 1

| Frage: „Wenn man Nachrichten im Fernsehen anschaut, dann gibt es ja verschiedene Möglichkeiten, wie man diese Nachrichten verfolgt - jetzt man ganz unabhängig davon, wie oft man Fernsehnachrichten sieht. Ich lese Ihnen einmal verschiedene Möglichkeiten vor. Würden Sie mir bitte jedesmal sagen, ob das **zur Zeit** auf Sie zutrifft?" Antwort „ja" auf die folgenden Vorgaben | 14 - 29 Jahre % | 30 - 59 Jahre % | über 60 Jahre % |
|---|---|---|---|
| Was die Leute in den Fernsehsendungen sagen, ist meist gar nicht so wichtig. Auf das **Bild** kommt es an. | 3 | 5 | 6 |
| Die Nachrichten sind meistens so interessant, daß ich nichts anderes nebenher tun möchte.* | 45 | 61 | 62 |
| Bei Nachrichten im Fernsehen kommt es mir vor allem auf die wichtigsten Meldungen an, beim Rest braucht man nicht so aufzupassen. | 41 | 42 | 43 |
| Bei Fernsehnachrichten muß ich nicht zuschauen. Es genügt mir, wenn ich den Ton höre. ** | 23 | 29 | 11 |
| N | 90 | 90 | 90 |

---

2  Bei beiden Studien wurden die Befragten nach Alter und Bildung quotiert.

## Bedeutung des Nachrichtenhörens (Hörfunk)  Tabelle 2

| Frage: „Wenn man Nachrichten im Radio anhört, dann gibt es ja verschiedene Möglichkeiten, wie man diese Nachrichten verfolgt - jetzt mal ganz unabhängig davon, wie oft man sie hört. Ich lese Ihnen einmal verschiedene Möglichkeiten vor. Würden Sie mir bitte jedesmal sagen, ob das zur Zeit auf Sie zutrifft?"<br>Antwort „ja" auf folgende Vorgaben: | 14 - 29 Jahre % | 30 - 49 Jahre % | über 50 Jahre[3] % |
|---|---|---|---|
| Wenn Nachrichten im Hörfunk laufen, tue ich nichts anderes als zuzuhören. *** | 17 | 29 | 40 |
| Ich passe häufig nur beim Anfang der Nachrichten auf, um zu sehen, ob sich das Weiterhören lohnt. * | 53 | 40 | 40 |
| Bei Nachrichten wechsle ich meistens den Sender. | 15 | 10 | 9 |
| Meistens bin ich beim Radiohören anderweitig so beschäftigt, daß ich gar nicht mitbekomme, was in den Nachrichten gesagt wird. | 23 | 26 | 22 |
| N | 160 | 160 | 160 |

Sowohl beim Hörfunk als auch beim Fernsehen zeichnet sich ab, daß ältere Rezipienten Nachrichten aufmerksamer sehen bzw. hören. Nebentätigkeiten sind bei ihnen seltener; junge Zuschauer und Zuhörer rezipieren Nachrichten hingegen eher selektiv. Die Tendenz, Nachrichten sogar ab- oder umzuschalten, ist zwar bei allen Altersgruppen noch sehr gering ausgeprägt, allerdings liegt der Anteil der „Umschalter" in der jüngsten Altersgruppe etwas höher.[4]

Diese Unterschiede in der Bedeutung der Nachrichten könnten auch auf verschiedene Rezeptionsbedürfnisse der einzelnen Altersgruppen hinweisen. Welche Ansprüche sie an die Nachrichten stellen, zeigt die folgende Analyse.

### 3. Ansprüche der Altersgruppen an Fernsehnachrichten

Auf die Frage, wie „gute Nachrichtensendungen im Fernsehen" für die Teilnehmerinnen und Teilnehmer am Feldexperiment aussehen sollten, ergaben sich einige altersspezifische Unterschiede. Danach wollen ältere Fernsehzuschauer

---

3 Für die Hörfunkstudie wurden aus methodischen Gründen die Altersgruppen anders gebildet: Hier umfaßt die älteste Gruppe bereits Personen über 50 Jahre.
4 Der Unterschied ist allerdings statistisch nicht signifikant. Es würde sich lohnen, diesen Trend in späteren Studien weiterzuverfolgen.

Nachrichten, die einen prominenten, seriös gekleideten, etwas älteren Sprecher in den Mittelpunkt stellen. Weitere Ansprüche der älteren Generation an die Gestaltung sind ein sachlich-kühles Studio und eine geringe visuelle Unterstützung durch Inserts. Insgesamt dominiert der Wunsch nach Seriosität und Übersichtlichkeit (vgl.Tab. 3).

| *Elemente einer „guten" Nachrichtensendung im Fernsehen* | | | Tabelle 3 |
|---|---|---|---|
| Frage: „Jetzt interessiert uns noch einmal ganz allgemein, wie gute Nachrichtensendungen im Fernsehen für Sie persönlich aussehen sollten. Ich lese Ihnen ein paar Möglichkeiten vor. Bitte sagen Sie mir jedesmal, ob Sie das eher wollen oder nicht." Antwort „ja" auf die folgenden Vorgaben | 14 - 29 Jahre % | 30 - 59 Jahre % | über 60 Jahre % |
| Mehrere Sprecher sollten sich die Arbeit teilen. | 50 | 48 | 38 |
| Die Sprache der Nachrichten sollte locker und humorvoll sein. | 38 | 43 | 36 |
| Der Nachrichtensprecher sollte ein bekanntes Gesicht sein. *** | 21 | 38 | 56 |
| Das Nachrichten-Studio sollte kühl und sachlich aussehen. ** | 47 | 61 | 69 |
| Die Sprecher sollten seriös gekleidet sein. *** | 62 | 63 | 87 |
| In Nachrichtensendungen sollte man nicht so oft die Sprecher sehen, sondern möglichst viele Filme, Fotos und Zeichnungen. | 62 | 56 | 58 |
| Nachrichtensprecher sollten grundsätzlich Männer sein. | 3 | 5 | 6 |
| Nachrichtensendungen sollten aus klar voneinander abgegrenzten Blöcken bestehen - also z. B. Wirtschaft und Außenpolitik -, statt die Themen zu mischen. | 87 | 78 | 86 |
| In den Nachrichten sollte nicht soviel zusätzliche Schrift im Bild erscheinen.* | 33 | 38 | 52 |
| Die Nachrichtensprecher sollten nicht soviel miteinander reden. | 49 | 40 | 52 |
| Die Nachrichtensendungen sollten nicht zu lang sein. | 50 | 53 | 57 |
| Nachrichtensprecher sollten etwas älter sein. ** | 4 | 9 | 22 |
| Lieber weniger Nachrichten, dafür die aber jeweils etwas länger. | 30 | 35 | 30 |
| N | 90 | 90 | 90 |

Die Inhaltsanalyse zeigt allerdings, daß praktisch alle Hauptnachrichtensendungen des Jahres 1993 diese Kriterien erfüllten, denn sie besitzen ein sehr ähnliches Erscheinungsbild. Innerhalb dieser Ähnlichkeiten ergab die Bestandsaufnahme drei Präsentationstypen (vgl. Goertz 1996, 208-209): Typ 1 setzt einen verlesenden, seriös wirkenden Moderator ein (ARD-Tagesschau), Typ 2 verwendet ein abgemildertes Infotainment-Konzept mit mehreren Moderatoren, die „locker" miteinander umgehen (SAT.1-News, RTL aktuell, mit Abstrichen auch ZDF-heute), Typ 3 schließlich baut auf einen seriösen, verlesenden Moderator, der aber mehr die Funktion eines „anchorman" hat (Pro7-Nachrichten).

Vergleicht man diese Konzepte mit den Bedürfnissen älterer Zuschauer, so müßten ARD und Pro7 bei ihnen am besten ankommen, während die Infotainment-Konzepte schlechter bewertet werden. Die Bewertung für die Präsentation erfolgte mittels einer Schulnotenskala durch die Teilnehmer des Feldexperiments, die gerade eine Sendung des entsprechenden Senders gesehen hatten.

Dabei zeigten sich zwei Dinge:

1. Das Urteil fiel bei allen Altersgruppen für die fünf Sender sehr homogen aus - die Werte lagen durchweg zwischen den Noten zwei und drei.

2. Versuchspersonen über 60 Jahre haben im Schnitt alle Sendungen besser bewertet als Angehörige anderer Altersgruppen. Um die Werte für die Gruppen vergleichbar zu machen, wurde deshalb die „Bewertung der Präsentation" als Differenz der Durchschnittsnote aller Bewertungen innerhalb einer Altersgruppe und der individuellen Note berechnet.

Wie zu erwarten war, gefielen älteren Zuschauern die ARD-Tagesschau besonders gut. Entgegen der Annahme wurden von ihnen aber die Pro7-Nachrichten noch schlechter bewertet als die Newsshows von SAT.1 und RTL (vgl. Schaubild 2), während die heute-Nachrichten des ZDF wie die ARD-Sendung positiv bewertet wurden.

Wie läßt sich diese Abweichung erklären? Möglicherweise wurden die älteren Zuschauer durch die Nachrichtensendungen, die sie schon immer gesehen haben und die ihr Format im Laufe der Jahre kaum verändert haben, nämlich ARD und ZDF, *sozialisiert*. Die Pro7-Nachrichten hingegen sind für sie noch sehr neu und wirken daher fremd - immerhin haben einige der Versuchspersonen diese Sendung noch nie zuvor gesehen.

*Bewertung der Nachrichtenpräsentation
Fernsehnachrichten nach Altersgruppen*

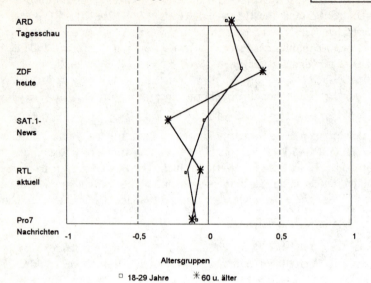

Schaubild 2

n= 180, pro Altersgruppe 90 Fälle
Durchschnittsnote der Altersgruppe - individuelle Bewertung

Diese Befunde lassen sich überprüfen, indem man die „Gegenprobe" mit der Altersgruppe zwischen 18 und 29 Jahren vornimmt. Läßt man die Bedürfnisse dieser Gruppe Revue passieren (vgl. Tab. 3), so legen junge Rezipienten weniger Wert auf ein sachliches Studio und auf seriöse Kleidung der Moderatoren. Wenn auch der Unterschied nicht signifikant ist, so sind jüngere Zuschauer tendenziell eher mit einem Mehr-Moderatoren-Konzept einverstanden. Dies klingt wie eine Absage an traditionelle Formate, wie wir sie von ARD und ZDF kennen. Auch die Pro7-Nachrichten müßten eher unbeliebt sein, da sie sich mit ihrem Ein-Moderatoren-Konzept eher an die Tagesschau der ARD anlehnen (vgl. Schönbach / Goertz 1992, 23). Zustimmung finden müßte hingegen die Präsentationsweise von SAT.1 oder RTL.

Das Ergebnis widerlegt diese Hypothese. Wenn auch die Bewertung für die einzelnen Sendungen bei den jungen Zuschauern zwischen 18 und 29 Jahren sehr gleichförmig ausfällt, so tendieren auch sie wie die älteren Zuschauer zu den Sendungen der öffentlich-rechtlichen Sender. Auch sie empfinden neue

Nachrichtenformate als eher „fremd". Der Sozialisationseffekt durch etablierte Nachrichtenformate scheint demnach für alle Generationen zuzutreffen. Dies bestätigt auch das folgende Regressionsmodell, in dem die Indikatoren für „Vertrautheit"[5] ein höheres Beta-Gewicht aufweisen als das Alter.

*Bewertung der Nachrichtenpräsentation*
*Regressionsmodell für Fernsehnachrichten*[6]

Schaubild 3

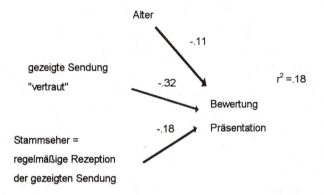

n=270 (alle Altersgruppen)

## 4. Ansprüche der Altersgruppen an Hörfunknachrichten

Im Gegensatz zum Fernsehen ergab die inhaltsanalytische Bestandsaufnahme von acht Nachrichtensendungen im Hamburger Raum (Studie 2) größere Unterschiede in der Nachrichtenpräsentation als dies bei den Fernsehnachrichten der

---

5 „Vertrautheit" wurde auf zweierlei Weise gemessen - einerseits als subjektive Vertrautheit in einem siebenstufigen semantischen Differential „fremd" - „vertraut", andererseits aufgrund der tatsächlichen Sehgewohnheiten: Wer eine Sendung mindestens einmal pro Woche sieht, wird als „Stammseher" betrachtet.
6 In die Regressionsanalyse gehen lediglich die Variable „Alter" sowie die Indikatoren für „Vertrautheit" ein. Andere Variablen hätten wahrscheinlich insgesamt mehr Varianz der abhängigen Variable „Bewertung" erklärt.

Fall war. Darüber hinaus läßt die Einbettung in bestimmte Musikformate den Schluß zu, daß sich auch die Nachrichten an spezielle Zielgruppen wenden.

Die Ansprüche der Generationen an die Nachrichtenpräsentation im Hörfunk, die wir im Feldexperiment ermittelt haben, unterscheiden sich hingegen nur gering. Der einzige nennenswerte (signifikante) Unterschied besteht in der Ablehnung einer lockeren und humorvollen Sprache durch die Über-50jährigen. Alle anderen Unterschiede sind nur tendenziell: Der Wunsch älterer Hörer nach einer langsamen Nachrichten-Sprache, klaren Meldungsabgrenzungen und längeren Sendungen (vgl. Tab. 4).

| Elemente einer „guten" Nachrichtensendung im Hörfunk | | | Tabelle 4 |
|---|---|---|---|
| Frage: „Jetzt interessiert uns noch einmal ganz allgemein, wie gute Nachrichten im Radio für Sie persönlich sein sollten. Ich lese Ihnen ein paar Möglichkeiten vor. Bitte sagen Sie mir jedesmal, ob Sie das persönlich eher wollen oder nicht." Antwort „ja" auf die folgenden Vorgaben: | 14 - 29 Jahre % | 30 - 49 Jahre % | über 50 Jahre % |
| Nachrichten sollten nur von einem einzigen Sprecher gesprochen werden. | 42 | 48 | 47 |
| Die Sprache der Nachrichten im Radio sollte locker und humorvoll sein. ** | 44 | 41 | 27 |
| Nachrichten sollten langsam vorgetragen werden. | 65 | 67 | 76 |
| In Radio-Nachrichten sollten neben dem Sprecher öfter die Reporter zu Wort kommen. | 62 | 63 | 63 |
| Nachrichtensendungen sollten aus klar voneinander abgegrenzten Themenblöcken bestehen – also z. B. Wirtschaft und Außenpolitik –, statt die Themen zu mischen. | 74 | 68 | 80 |
| Radio-Nachrichten sollten nicht mit Musik untermalt werden. | 67 | 75 | 70 |
| Werbung sollte nicht direkt vor den Nachrichten laufen, sondern eher zu einer anderen Zeit. | 51 | 54 | 49 |
| Die Nachrichtensendungen im Radio sollten nicht zu lang sein. | 70 | 64 | 57 |
| Man sollte immer klar erkennen können, wann Nachrichten beginnen und aufhören. | 94 | 92 | 90 |
| Lieber *weniger* Nachrichtenmeldungen, dafür die aber jeweils etwas *länger*. | 44 | 41 | 42 |
| N | 160 | 160 | 160 |

Welche Nachrichtensendungen passen nun am besten zu den Ansprüchen älterer Hörer? Die Bestandsaufnahme zeigt: Eine eher seriöse und ruhige Sprache verwenden die Nachrichten von NDR 1 Hamburg-Welle, NDR 2 und R.SH, während OK Radio[7] und N-Joy Radio eher eine lockere Umgangssprache aufwiesen. Ein langsames Sprechtempo zeichnete AlsterRadio, NDR 1, NDR 2 und Radio Hamburg aus.

*Bewertung der Nachrichtenpräsentation Hörfunknachrichten nach Altersgruppen* — Schaubild 4

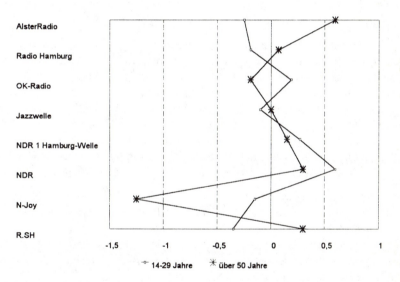

n = 320, pro Altersgruppe 160
Durchschnittsnote der Altersgruppe - individuelle Bewertung

Zunächst einmal fällt auf, daß die Bewertungen für die einzelnen Nachrichtensendungen anders als beim Fernsehen deutlich weiter auseinander liegen. Positiv bewertet werden von der älteren Generation erwartungsgemäß die Sendungen, die nach der Inhaltsanalyse als eher seriös und ruhig galten: NDR 1 Hamburg Welle, NDR 2, AlsterRadio und die Nachrichten von R.SH, mit Abstri-

---

7 Das Hamburger OK-Radio hatte 1994 noch ein stark jugendorientiertes Format mit Musik aus den 80er und 90er Jahren.

chen auch noch Radio Hamburg. Diesmal sind es allerdings nicht nur alteingesessene öffentlich-rechtliche Sender, sondern auch die Nachrichtenpräsentationsformen zweier Privatsender.

Wahrscheinlich ist der Erfolg dieser Nachrichtenformate auf drei Faktoren zurückzuführen: Erstens lehnen sie sich sehr stark an die traditionellen Präsentationsweisen der öffentlich-rechtlichen Sender an, zweitens wenden sie sich (im Falle von AlsterRadio) gezielt an ein älteres Publikum und drittens haben sich diese Sender mit ihren Formaten bereits seit längerer Zeit in Hamburg etabliert. Immerhin hatte AlsterRadio im Vergleichszeitraum 1994 eine Reichweite („Hörer gestern") von 12% (vgl. N.N. 1994, 38). Erwartungsgemäß werden die dynamischen und stark ins Programm eingebetteten Nachrichten des jugendorientierten Senders N-Joy Radio eher abgelehnt.

Bei den Fernsehnachrichten hat sich gezeigt, daß junge Zuschauer trotz anderer Bedürfnisse traditionelle Nachrichtenformate präferieren. Können sich im zielgruppenorientierten *Hörfunk* neue Formate bei jungen Hörern besser durchsetzen? Es war zu erwarten, daß Jugendliche eher kurze Nachrichten mit salopper Sprache bevorzugen, wie sie beispielsweise N-Joy Radio oder OK Radio anbieten. In der Tat kommen die Nachrichten dieser Sender bei den Jugendlichen und jungen Erwachsenen besser weg als bei der älteren Generation, aber die besten Werte erhalten auch hier die Nachrichten von NDR 2 und NDR 1 Hamburg-Welle. Lediglich AlsterRadio wird schlechter bewertet (vgl. Schaubild 4).

Offenbar ist das ungewöhnliche Format von N-Joy Radio mit seiner übergangslosen Einbettung ins sonstige Programm, mit der Unterlegung durch Musik und einem hektischen Sprachstil auch dann noch gewöhnungsbedürftig, wenn es in einigen Punkten den Bedürfnissen der Jugendlichen entspricht. Der Bewertungsmaßstab für eine gute Nachrichtensendung wird aber offenbar eher durch die Vertrautheit mit Nachrichtenformaten bestimmt.

Dies zeigt auch das Regressionsmodell (vgl. Schaubild 5), in dem die Tatsache, daß einem Rezipienten die Sendung vertraut vorkommt, eine größere Rolle spielt als das Alter der Befragten. Auch das regelmäßige Hören des Senders (mindestens einmal pro Woche) begünstigt die Bewertung. Selbst wenn diese Faktoren kontrolliert werden, besitzen die Nachrichten von NDR 1 und NDR 2, aber auch die der Jazzwelle plus noch Qualitäten, die ihre Bewertung verbessern, die aber von uns nicht gemessen wurden. Das Alter hingegen trägt nicht zur Klärung der abhängigen Variable „Bewertung" bei.

*Bewertung der Nachrichtenpräsentation
Regressionsmodell für Hörfunknachrichten*

Schaubild 5

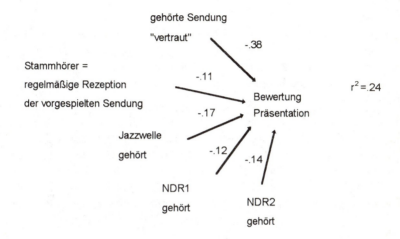

n=480, alle Altersgruppen

## 5. Fazit: Der Einfluß von Rezeptionsgewohnheiten

Ausgehend von der Frage, ob Personen aus verschiedenen Altersgruppen auch unterschiedliche Bedürfnisse an die Präsentation von Nachrichten stellen und deshalb Nachrichtensendungen unterschiedlich bewerten, lassen sich folgende Ergebnisse resümieren:

- Es sind nicht so sehr die altersbedingten Ansprüche an Nachrichten, die die Bewertung einer Sendung beeinflussen, sondern vielmehr die Sozialisation. In allen Altersgruppen haben die Präsentationsformate, mit denen die Rezipienten aufgewachsen sind, „Referenzcharakter".
- Auch Sendungen, die sich an traditionellen Präsentationsformaten orientieren, haben in der Beurteilung deutliche Vorteile.
- Neue Präsentationsformen haben es hingegen schwer: Wenn Hörer oder Zuschauer Neues nach erstem Hören oder Sehen ablehnen, besteht auch keine Chance mehr auf eine spätere Akzeptanz.

Für Nachrichtenmacher kann dies bedeuten: Die spezielle Zielgruppe muß durch andere Anreize zum Hören oder Sehen eines neuen Nachrichtenformats geweckt werden. Denkbar sind für die Zielgruppe interessante Meldungsinhalte, ein dem Generationengeschmack entsprechendes Rahmenprogramm (z. B. ohne Werbung) oder ein durch PR-Aktionen geschaffenes Image des Senders.

Bei N-Joy Radio deutet sich ein solcher Wandel an: Die Jugendlichen, die wegen der Musik („Der Sound der Neunziger") regelmäßig N-Joy Radio hören, könnten sich bald so sehr an das Nachrichtenformat gewöhnen, daß dieses zum Maßstab für die Beurteilung anderer Nachrichtensendungen wird.

Ähnliche Beobachtungen lassen sich auch bei anderen Genres machen: Wie eine gute Sportsendung auszusehen hat, bestimmte sich früher durch das samstägliche Ritual der „Sportschau". Als der inhaltliche Anreiz ausblieb - die frühe Berichterstattung über die Fußball-Bundesliga -, wechselten viele Zuschauer notgedrungen zur Konkurrenz „Anpfiff" auf RTL und später zu „ran" auf SAT.1 und akzeptierten allmählich das neue Format. Doch bis eine solche Gewöhnung eintritt, braucht ein Sender einen langen Atem.

**Literatur**:

*Berg*, Klaus / Marie-Luise *Kiefer* (Hrsg.) (1992): Massenkommunikation IV. Eine Langzeitstudie zur Mediennutzung und Medienbewertung 1964-1990. Baden-Baden: Nomos.
*Goertz*, Lutz (1996): „Zwischen Nachrichtenverkündung und Infotainment. Die Gestaltung von Hauptnachrichtensendungen im privaten und öffentlich-rechtlichen Fernsehen." In: *Hömberg*, Walter / Heinz *Pürer* (Hrsg.): Medien-Transformation. Zehn Jahre dualer Rundfunk in Deutschland. Konstanz: UVK Medien, S. 200-209.
*Kübler*, Hans-Dieter / Wolfgang *Burkhardt* / Angela *Graf* (1991): Ältere Menschen und neue Medien. Eine Rezeptionsstudie zum Medienverhalten und zur Medienkompetenz älterer Menschen in Hamburg und Umgebung. Berlin: Vistas.
*N.N.* (1994): „Hörfunk: Die Reichweiten-Hitliste aller Bundesländer". In: tendenz, II '94, S. 38.
*Schönbach*, Klaus / Lutz *Goertz* (1992): Fernsehnachrichten: Formen und ihre Leistungen. Zweite Teilstudie: Eine Bestandsaufnahme gegenwärtiger Formen deutschsprachiger Fernsehnachrichten. Hannover: Selbstverlag.
*Schönbach*, Klaus / Lutz *Goertz* (1995): Radio-Nachrichten: bunt und flüchtig? Eine Untersuchung zu Präsentationsformen von Hörfunknachrichten und ihren Leistungen. Berlin: Vistas.
*Winterhoff-Spurk*, Peter (1990): „Begleitforschung zur ZDF-Sendung für Kinder ‚logo'. Panelstudie: Wirkungsansätze von 'logo'". In: Media Perspektiven, 7, S. 448-450.

*Tibor Kliment*

# Programmwahl und alltagskulturelle Orientierungen

## Zur Tragfähigkeit von Lebensstilanalysen bei der Analyse des Fernsehverhaltens

## 1. Einleitung

Die Perspektive, aus der Media-Analysen gewöhnlich durchgeführt werden, richtet sich auf das Messen von Reichweiten. So wird in der elektronischen Fernsehforschung mit hohem methodischem und logistischem Aufwand täglich neu die Frage beantwortet, wieviel und welche Zuschauer von einem Programm jeweils erreicht werden. Während für den Fernsehzuschauer die Angebote der verschiedenen Sender oftmals sehr nahe stehen, die Fernsehnutzung beiläufig und das Umschalten schnell und nur mit geringem Involvement erfolgt, ist für die Rundfunkveranstalter das Einschalten und möglichst lange Verbleiben im Programm entscheidend. Haushaltsquoten, Marktanteile und Reichweiten in den richtigen Zielgruppen sind zentrale Bewertungsmaßstäbe für die Programmakzeptanz und von entscheidender Bedeutung für den Verkauf von Werbezeiten. Erforscht wird, was Quote macht. Der unter Legitimationsdruck stehende, öffentlich-rechtliche Rundfunk bildet hier keine Ausnahme mehr.

Diese, auf die Interessen der Programmanbieter gerichtete Forschung, ist eine Abstraktion von der Wirklichkeit des Fernsehverhaltens, wie sie sich auf Seiten der Fernsehzuschauer darstellt. Sie legitimiert sich aus dem Druck heraus, alltäglich die Stellung am Markt zu dokumentieren, ignoriert jedoch die aus Sicht des Rezipienten wichtige Frage, welchen Stellenwert die Mediennutzung im Kontext seiner alltäglichen Lebensvollzüge besitzt, d.h. in welchen Kombination unterschiedliche Medien wie Radio, Zeitung und Fernsehen zur Befriedigung von Informations-, Bildungs- und Unterhaltungsbedürfnissen eingesetzt werden. In Bezug auf das Medium Fernsehen wird die Frage aufgeworfen, wie bestimmte Programme gewählt und Sparten miteinander kombiniert werden. Wieviel Nachrichten, Action oder Kulturelles führen sich die Zuschauer zu, in welchen Konstellationen werden öffentlich-rechtliche oder private Fernsehprogramme gesehen, und in welche soziale Lagen und alltagskulturelle Kontexte sind solchermaßen selektierte „Fernsehmenüs" eingebettet?

Nun sind rezipientenorientierte Ansätze in der Kommunikationswissenschaft nicht neu. Unter dem Dach interaktionistischer Handlungstheorien und des sich immer weiter verfeinernden „Uses-and-Gratifications" Ansatzes findet sich mittlerweile auch im deutschsprachigen Bereich eine stattliche Zahl von Untersuchungen, welche das Medienverhalten insgesamt und wie auch die speziellen Formen des Fernsehkonsums in Beziehung setzen mit den individuellen Bedürfnissen, Werten und Zwecksetzungen des Rezipienten.

Interessant sind dabei u.a. solche Studien, welche individuenbezogene Ansätze mit Konzepten des Lebensstils oder der Lebenswelt des Rezipienten in Beziehung setzen. Seit den achtziger Jahren erleben diese Ansätze auch im deutschsprachigen Raum einen steilen Aufstieg, und dieses sowohl in der akademischen wie auch in der kommerziellen Forschung. In der universitären Forschung wurde das Lebensstil-Konzept vorangetrieben durch die Arbeiten von Pierre Bourdieu (1987), soziologische Gegenwartsdiagnosen vom Individualisierungsschub in modernen Gesellschaften oder das speziell in der Kommunikationsforschung erstarkende Interesse, den Rezipienten „wiederzuentdecken" und ihn in der Analyse von Kommunikationsprozessen vor die Medien zu stellen. Im kommerziellen Bereich waren die Gründe pragmatischerer Natur. In der Marktforschung gewann schon recht früh die Auffassung an Boden, daß die klassischen Merkmale vertikaler sozialer Ungleichheit wie Bildung, Beruf oder Einkommen zur Beschreibung des Konsumentenhandelns zunehmend fragwürdig wurden. Beobachtet wurde das steigende Ausmaß an Statusinkonsistenz sowie die zunehmende Unsicherheit bei der Verwendung demographischer Merkmale als Prädiktoren für Einstellungen und Verhaltensweisen. Und nicht zuletzt verdankt der schillernde Begriff vom „Life-Style" seine Karriere wohl seiner modischen Verwendung in den Medien selbst.

In theoretischer Hinsicht steht das Lebensstilkonzept bislang auf eher schwachen Füßen. Obwohl bereits Durckheim, Simmel, Veblen und Weber über den „Stil der Lebensführung" schrieben, besteht bis heute weder über Art und Zahl der Dimensionen des Lebensstilkonzepts Einigkeit, noch über dessen Ursprung und Operationalisierung. Wegen der Unterschiedlichkeit der verwendeten Analysemethoden sind die Ergebnisse derart vielfältig, daß sie kaum aufeinander bezogen werden können. Es entwickelte sich eine Vielzahl von kaum kompatiblen und mehr oder weniger elaborierten Operationalisierungen, die zuweilen in banal anmutenden Typologien enden. So etwa, wenn in der, auf über 120 Merkmalen basierenden Fernsehzuschauer-Typologie des GfK-Panels, 13 verschiedene Zuschauergruppen identifiziert werden, einschließlich des Typs der „jungen Mutter", „Väter großer Familien" oder der „arbeitenden Ehefrau" (Klebe 1994).

Die sozialwissenschaftliche Lebensstilforschung läßt sich Luger (1992) folgend grob in vier Hauptströmungen differenzieren: Die von Arnold Mitchell (1983) entwickelte *Value and Lifestyle-Typologie* basiert auf einer Typisierung von Werten und Bedürfnissen und einer daraus ableitbaren Beschreibung des Lebensstils. Der *quantitativ-sozialstrukturelle Ansatz* beschreibt Lebensstile als Strukturen von Konsummustern und orientiert sich an dem Zusammenhang zwischen sozioökonomischer Struktur und Konsumausgaben. Die Erfassung der Lebenswelt über die subjektiven Deutungen, Aspirationen und Beschreibungen ist die Ausgangsidee der *milieuorientierten Lebensstilforschung*, die insbesondere mit den Arbeiten des SINUS-Instituts (1993; Flaig / Meyer / Ueltzhoeffer 1994) in Zusammenhang gebracht wird. Ein vierter, von Pierre Bourdieu (1987) entwickelter, *strukturalistischer Ansatz*, stellt schließlich die Beziehungen zwischen Geschmackskulturen und Klassenstruktur in den Mittelpunkt der Analyse. Lebensstile gelten bei ihm nicht als frei wählbar, sondern sind systematische Produkte des „Habitus". Die wenigen Beispiele deuten zugleich das unklare Spannungsverhältnis zwischen sozialstrukturellen und soziokulturellen Merkmalen im Lebensstilkonzept an. Nach wie vor ist die Frage strittig, ob ein gewählter Lebensstil Folge sozialer Ungleichheit ist, ob er soziale Positionen bestimmt, die mit sozialer Ungleichheit korrelieren oder gar ob gewählte Lebensstile unabhängig von vertikalen Ungleichheitskategorien sind.

Die in der Marktforschung entwickelten Instrumente basieren weniger auf ausgearbeiteten theoretischen Konzepten als auf pragmatisch zu handhabenden Werkzeugen. Zu den bekanntesten Segmentationstechniken rechnen neben den seit den 70er Jahren erhobenen „*SINUS-Milieus*" u.a. die „*Typologie der Wünsche*" von Burda oder die „*EURO-Styles*" der Fessel-GfK-Institute. Zu erwähnen sind darüber hinaus die auf spezifische Verhaltens- und Konsumbereiche adaptierten Erhebungsinstrumente, wie etwa „*Wohnwelten in Deutschland*", „*Outfit*", „*Wohnen und Leben*" oder die Anwendung von Milieu-Konzepten bei der Erforschung politischen Verhaltens (Gluchowski 1987). Darüber hinaus werden Konsum- und Lebensstilmerkmale mittlerweile in den meisten großen Standardstudien der Markt- und Sozialforschung zumindest in rudimentärer Form erhoben. Während diese Studien zunächst von Großverlagen in Auftrag gegeben wurden, setzen sich mittlerweile auch in der elektronischen Medienforschung lebensstilfundierte Rezipientenanalysen durch. Hierzu rechnen etwa die für RTL unternommenen „*Psychographics*"-Untersuchungen des IFM-Instituts/Köln (vgl. RTL Trendletter 1994), die vom Deutschen SportFernsehen unternommenen Lifestyle-Untersuchungen (SINUS 1994) oder die Integration von Lebensstildaten in das Zuschauerpanel der GfK (vgl. dazu Klebe 1994). Und selbst die öffentlich-rechtlichen Rundfunkanstalten gehen mittlerweile dazu über, soziale Milieus in ihre Erhebungsinstrumente zu integrieren.

Wenn im folgenden von „Lebensstil" die Rede sein soll, so wird das Konzept hier als den Teil sozialer Ungleichheit angegangen, den die Individuen bewußt inszenieren. Life-Style gilt als das Muster der Alltagsorganisation im Rahmen gegebener Lebenslagen, verfügbarer Handlungsspielräume und eines geplanten Lebensentwurfs, mit dem man sich identifizieren möchte. Zweifellos gilt, daß weder die Bedingungen und die Art des Güterkonsums mit Lebensstil allein gleichzusetzen sind, noch das Lebensstilisierung allein auf der Beliebigkeit des individuellen Geschmacks basiert. Lebensstil besitzt ein materielles und ein ideelles Substrat, Wahlfreiheiten wie auch sozialstrukturell vorgegebene Zwänge, ohne daß hier entschieden werden soll, in welchen Gewichtungen sich diese Dimensionen zueinander verhalten. Hinsichtlich der hier interessierenden voluntaristischen Komponenten wird „Lebensstil" verstanden als Teil eines umfassenden Systems von Zeichen und Symbolen, das Ausdruck, Instrument und Resultat sozialer Orientierungen und das Ergebnis gezielter Aktivitäten in Richtung auf eine kulturelle Überhöhung des Alltags ist. Stilanalyse ist daher weniger die additive Auflistung einzelner Stilelemente oder das Paraphrasieren der Selbsteinschätzungen der Befragten, sondern die Decodierung des nach außen verlegten Selbstbildnisses einer Gruppe (Luger 1992, 430ff).

Mediale Angebote können als ein Kompositum von Lebensstilentwürfen gedeutet werden. Ihr Nutzung bildet eine Facette expressiven Verhaltens, mit denen spezifische Lebensauffassungen ästhetisch zum Ausdruck gebracht werden. Sie sind Bausteine eines Stilrepertoires, als sie Wahlmöglichkeiten symbolischer Ausdrucksweisen anbieten, die für die Aneignung, Variation, Verbreitung oder auch die Distanzierung gegenüber Stilcodes benutzt werden können. Auch von Seiten der Medien werden diese Funktionen durch die fortschreitende Konzentration auf immer spezifischere Zielgruppen vorangetrieben. Selbst der auf Reichweitenmaximierung ausgerichtete Rundfunk zielt außerhalb der Prime-Time weniger auf die Integration eines heterogenen Massenpublikums als auf die Diversifikation seines Angebots und das präzise Bedienen von Zielgruppenbedürfnissen. Einzelne Programme oder Programmelemente können und sollen vom Zuschauer so selektiert und miteinander kombiniert werden, daß für jeden etwas dabei ist.

Fragt man nun, wie die Rolle der Medien in der ästhetischen Alltagsorganisation genauer zu fassen ist, stößt man auf folgende wesentliche Funktionen (vgl. Luger 1992; Weiß / Hasebrink 1995; Krotz 1991). Medien fungieren zum einen als Kolporteure von Lebensstilentwürfen, indem sie Stilfragmente zur Anschauung bringen, mit denen eine spezifische Lebensauffassung sowohl innerhalb eines Milieus wie auch milieuübergreifend zum Ausdruck gebracht werden soll. So verhilft etwa das demonstrative Lesen der FAZ in der Öffentlichkeit zu Distinktionsgewinnen, indem es dem Gegenüber vermittelt, wer man ist oder zumindest, was die gewählte Bezugsgruppe ist. Medien sind des weiteren Spiegel von Lebensstilentwürfen, indem sie lebensweltliche Orientierungen in erlebnishafter Weise inszenieren. Sie bieten Leitbilder und Muster der Identifikation, die in die jeweiligen Milieus hineingetragen, von diesen angeeignet und variiert werden. Hierzu rechnen auch die über die Werbung transportierten Images prestigeträchtiger Marken mit ihren Identifikationswerten oder auch die im Gegenzug vorgenommene, oftmals spöttisch-ironische Verfremdung von bekannten Labels in den Stilen jugendlicher Subkulturen. Medien fungieren schließlich als Instrument zur Realisierung von Lebensstilentwürfen, in dem mit ihrer Hilfe Informationen, Ablenkung und Spannung in alltagspraktische Handlungsfelder hineingetragen werden. Dieser Funktionskatalog ließe sich unschwer fortsetzen.

Wirft man einen Blick in die Literatur, so gewinnt man allerdings den Eindruck, daß diese Funktionszuschreibungen an die Medien eher als selbstverständlich vorausgesetzt denn empirisch abgeleitet werden. Inwieweit es sich beim Lebensstil-Konzept um ein Instrument handelt, das nach seinem heuristischem Potential traditionellen Kriterien und Segmentierungstechniken, insbesondere den bekannten demographischen Kriterien (Bildung, Alter, Geschlecht, Einkommen etc.) tatsächlich überlegen ist, scheint im allgemeinen (vgl. Kirchberg 1994) wie auch speziell im Bereich Mediennutzung nicht geklärt. Zwar findet sich eine Reihe von aufschlußreichen Studien, in denen die Nutzung der (elektronischen) Medien auf der Basis von Lebensstil-Konzepten untersucht wird (Espe / Seiwert / Lang 1985; Frank / Greenberg 1980; Klebe 1994; Krotz 1991; Kubitschke / Trebbe 1992; SINUS 1994; Weiß 1991; Weiß / Hasebrink 1995). Vielfach werden diese Konzepte allerdings eher impressionistisch und ohne theoretische Fundierung verwendet. Zudem werden oft nur Freizeitverhalten und Konsummuster (Einkommen, Haushaltsausstattung, Konsum u.ä.) herangezogen, um auf dieser Basis die alltagskulturellen Orientierungen interpretatorisch zu erschließen. Damit werden jedoch nur die auf der Oberflächenebene angesiedelten, wechselnden Moden unterliegenden Zeichen erfaßt, die zugrunde liegenden, „trägen" Tiefenstrukturen ästhetischer Wahlen jedoch nicht. Nur so ist es wohl zu erklären, daß in den SINUS-Studien innerhalb weniger Jahre ganze Milieus plötzlich nicht mehr aufzufinden sind.[1] In der angewandten Medienforschung werden Lebensstilkategorien ohnehin vornehmlich als erweiterte Zielgruppenbeschreibungen eingesetzt. Die Nutzer spezifischer Medien oder Programme interessieren hier als Repräsentanten der verschiedenen Milieus, wohingegen die soziale und psychische Kontextualisierung des Mediengebrauchs aus der Perspektive des Rezipienten nur am Rande bedeutsam ist. Als ein generelles Desiderat fällt darüber hinaus auf, daß empirische Überprüfungen der Segmentationsfähigkeit von Lebensstilkategorien kaum vorgenommen werden (vgl. Kirchberg 1994).

In der hier vorzustellenden Untersuchung sollen kontextuelle Bezüge des Medienhandelns auf umfassende Weise deutlich gemacht werden. In einem ersten Schritt wird zu fragen sein, in welchen Kombinationen sich die programmlichen Präferenzen der Fernsehzuschauer bündeln, wie sich diese typologisieren lassen und was die strukturbestimmenden Merkmale dabei sind. Anschließend werden die spezifischen Muster des Programmwahlverhaltens mit dem sozialen und kulturellen Kontext des Rezipienten in Beziehung gesetzt. Es wird gezeigt, wie die Selektion bestimmter Fernsehmenüs in das mediale und nicht-mediale Freizeitverhalten, die alltagskulturellen Orientierungen sowie die spezifischen Motiven der Fernsehnutzung eingebettet ist. Im dritten und letzten Schritt wird die Segmentationsfähigkeit der einzelnen Merkmalsbereiche systematisch geprüft. Dabei geht es insbesondere um die Frage, inwieweit sich Lebensstilvariablen gegenüber herkömmlichen Segmentierungsmerkmalen bewähren.

## 2. Methode

Die hier verwendeten Daten wurden aus einer größeren, im Rahmen der ARD durchgeführten Untersuchung ausgekoppelt. Es handelt sich um eine repräsentative Bevölkerungsstichprobe von ca. 1000 Befragten, die Erhebung erfolgte im Jahr 1995. In den Fragebogen wurden neben der Soziographie umfangreiche

---

[1] Vgl. die Kritik an den SINUS-Milieus bei Voigt (1994, S. 67ff).

Itembatterien zum Freizeitverhalten, der Fernsehnutzungsmotivation und den alltagskulturellen Orientierungen der Befragten aufgenommen. Sämtliche Items wurden einer Faktorenanalyse unterzogen und die entsprechenden Faktorwerte berechnet.

## 3. Ergebnisse

### 3.1 Strukturen der Fernsehprogrammwahl

Die Beschreibung des Programmwahlverhaltens erfolgte durch die Vorgabe von 17 verschiedenen Fernsehsparten. Die Nutzung wurde in der Weise abgefragt, daß die Befragten auf einer 4-Skala angeben sollten, wie häufig sie die jeweiligen Sparten sehen (häufig/4, gelegentlich/3, selten/2, nie/1). Ganz oben in den Antworten rangieren die Nachrichten, dicht gefolgt von Berichten und Reportagen aus aller Welt, Spielfilmen sowie den sich ebenfalls großer Beliebtheit erfreuenden Natur- und Tierfilmen (Mittelwerte 3,78-3,05). Am Ende der Prioritätenliste liegen Kultursendungen, Jugendsendungen und die Werbung (Mittelwerte 2,55-1,94).[2]

Eine explorative Faktorenanalyse der Programmwahl ergab die nachstehende Struktur (Tab. 1). Insgesamt wurden sieben verschiedene Faktoren extrahiert, die mehr als zwei Drittel der Gesamtvarianz aller verwendeten Variablen aufklären. Die Faktoren selbst sind relativ homogen und lassen sich wie folgt beschreiben.

Der Bereich Information zerfällt in zwei Dimensionen. Auf dem Faktor *„Info-Magazine"* laden die Magazinformate aus den Bereichen Politik, Wirtschaft, Wissenschaft und Kultur. Davon abgesetzt auf einem weiteren Faktor sind die *„Kurznachrichten"* sowie Berichte oder Reportagen. Der Bereich der Unterhaltung gliedert sich ebenfalls in zwei Dimensionen. Dazu gehören einmal die verschiedenen Spielarten von Show- und Quizsendungen (*„Shows"*), zum zwei-

---

2 Bei der Interpretation dieser Befunde ist allerdings in Rechnung zu stellen, daß nicht alle Sparten in gleicher Häufigkeit im Programm vorkommen. Das häufige Sehen eines Programms kann dann etwa bedeuten, daß häufig ausgestrahlte Sendungstypen bei dem Befragten auch auf großes Interesse stoßen oder aber, daß selten gesendete Programme (etwa Kultursendungen) dann aber fast immer genutzt werden. Der Bezugsrahmen des Befragten kann hier variieren. Umgekehrt können häufig vorkommende Programmelemente abgelehnt und in der Nutzung drastisch unterschätzt werden. Letzteres ist offenbar bei der Werbung der Fall, auf die der intensive Nutzer von Privatprogrammen zwangsläufig häufig stößt, die jedoch an der untersten Stelle aller Nennungen rangiert.

ten die „*Fiktion*" in Form von Krimis, Action und Spielfilmen. Neben dem vergleichsweise inhomogenen Faktor „*Naturfilme/Musiksendungen*" repräsentieren „*Sport*" und „*Kinder-/Jugendsendungen*" schließlich weitere voneinander unabhängige Dimensionen.

| *Faktoren der Programmwahl* | | | | | | | *Tabelle 1* |
|---|---|---|---|---|---|---|---|
| Fernsehprogramm-Sparten | Info-Mag. | Shows | Fikt./ Unterhaltng. | Natur-filme | Nach-richten | Sport | Kind.-/Jug. Send. |
| Wissenschaftssendung | .73 | - | - | - | - | - | - |
| Wirtschaftssendungen | .70 | - | - | - | - | - | - |
| Kultursendungen | .66 | - | - | - | - | - | - |
| Ausf. pol. Berichte | .63 | - | - | - | - | - | - |
| Talkshows | - | .84 | - | - | - | - | - |
| Shows, Quiz | - | .72 | - | - | - | - | - |
| Krimis, Actionfilme | - | - | .81 | - | - | - | - |
| Spielfilme | - | - | .78 | - | - | - | - |
| Natur-/Tierfilme | - | - | - | .75 | - | - | - |
| Musiksendungen | - | - | - | .55 | - | - | - |
| Nachrichten | - | - | - | - | .86 | - | - |
| Berichte aus aller Welt | - | - | - | - | .56 | - | - |
| Sportsendungen | - | - | - | - | - | .94 | - |
| Kinder-/Jugendsend. | - | - | - | - | - | - | .97 |
| Erklärte Varianz (kum.) | 19 % | 34 % | 43 % | 50 % | 56 % | 62 % | 67 % |

Hauptkomponentenanalyse, VARIMAX Rotation, KMO-Maß: .77; Darstellung der Faktorladungen > .50

Insgesamt handelt es sich um eine Struktur, die sich im Kern auch mit anderen Studien zur Fernsehprogrammwahl deckt (vgl. Espe / Seiwert / Lang 1985).

### 3.2 Soziokulturelle Kontexte der Programmwahl

Die Einbettung der Programmwahl in den Lebensstil der Befragten wurde durch die Abfrage des medialen und nicht-medialen Freizeitverhaltens, der Fernsehnutzungsmotive und der alltagskulturellen Orientierungen erhoben.

Die Freizeitbeschäftigungen der Befragten wurden mit 24 Fragen erfaßt. Eine nach dem obigen Muster durchgeführte Faktorenanalyse ergab 8 voneinander unabhängige Faktoren, die 57 % der Gesamtvarianz erklären. Zu diesen Faktoren gehörten *„Ausgehen"* (Freunde treffen, Besuche machen, auswärts essen etc.), *„Sport"* (aktiv oder passiv betreiben), die *„Nutzung elektronischer Medien"* (Radio, Fernsehen), die *„Nutzung eigener Tonträger"* (Video-Kassetten, CD´s, Kassetten), *„Arbeit und Spiel im Haus"* (basteln, mit Kindern spielen, Gartenarbeit) und der Faktor *„frauenspezifische Freizeitbeschäftigungen"* (bummeln, stricken, schneidern). Hinzu kamen die Faktoren *„Lesen"* (Zeitungen, Zeitschriften, Bücher) und *„musizieren"*.

Die Motive der Fernsehnutzung wurden mit Hilfe von 11 Items abgebildet, die aus verschiedenen Studien im Rahmen der Uses-and-Gratifications Forschung gewonnen wurden. Das resultierende Faktorenmodell umfaßt vier Faktoren, die Varianzaufklärung liegt bei 61 %. Inhaltlich verhalten sich die ermittelten Faktoren nicht immer ganz trennscharf. Der erste Faktor repräsentiert die Dimension *„Geselligkeit/Orientierung"* als Hintergrund der Fernsehnutzung. Man sieht fern, weil es einem das Gefühl gibt dabei zu sein, weil man sich nicht allein fühlen will, die heute Zeit besser verstehen und den Alltag vergessen möchte. Der zweite Faktor umfaßt die Motive *„Unterhaltung/Spannung"* (man sieht fern, weil man sich dabei entspannen kann, es aufheitert oder weil es spannend ist). Der dritte Faktor repräsentiert die Dimension *„Information"* (man sieht fern, weil es mit neuem bekannt macht, über alles wichtige informiert), der vierte und letzte Faktor schließlich beschreibt eine *„habituelle Fernsehnutzung"* (man sieht fern, weil man nichts zu tun hat, weil es zur Gewohnheit geworden ist).

Die Erhebung des Lebensstils der Befragten erfolgte mit Hilfe von 24 Items, die auf der Basis von Voruntersuchungen aus einschlägigen Lebenswelt-Typologien faktorenanalytisch vorausgewählt und für die vorliegende Fragestellung modifiziert wurden. Die so gewonnenen Items beinhalteten Aussagen zu den Bereichen Arbeit und Freizeit, allgemeine Werthaltungen gegenüber Politik und Gesellschaft, soziokulturelle Orientierungen, Einstellungen zu Ehe und Partnerschaft etc. Die Ergebnisse der Faktorenanalyse (Hauptkomponentenanalyse mit VARIMAX-Rotation, Ladungen > .50) finden sich wegen ihrer Bedeutung für die Fragestellung nachstehend ausführlicher wieder (Tab. 2).

## Dimensionen alltagskultureller Orientierungen — Tabelle 2

| Lebensstilkomponenten I | Askese/ Pflicht | Hedonismus | Ausstieg | Vertrauen |
|---|---|---|---|---|
| Sparsamkeit und Ordnung sind in meinem Leben ziemlich wichtig | .82 | - | - | - |
| Pflichterfüllung spielt in meinem Leben eine besondere Rolle | .73 | - | - | - |
| Ich möchte genießen und angenehm leben | - | .86 | - | - |
| Ich möchte vor allem Spaß haben und tun was mir gefällt | - | .79 | - | - |
| Mit Arbeit verdiene ich meinen Unterhalt, mehr bedeutet sie mir eigentlich nicht | - | - | .77 | - |
| Ich möchte oft einfach abhauen | - | - | .74 | - |
| Den meisten Menschen kann man vertrauen | - | - | - | .79 |
| Ich stehe voll und ganz hinter unserem Staat | - | - | - | .69 |
| Erklärte Varianz (kumuliert) | 14 % | 26 % | 35 % | 43 % |

| Lebensstilkomponenten II | Kriminalitätsfurcht | Aufstiegsorientierung | Hochkulturelle Aktivität | Gesell. Engagement |
|---|---|---|---|---|
| Ich habe oft Angst, überfallen zu werden | .84 | - | - | - |
| Ich kaufe oft etwas, ohne über die Kosten nachzudenken | .56 | - | - | - |
| Ich möchte mir durch meine Arbeit mehr leisten können | - | .88 | - | - |
| Ich beschäftige mich so oft wie möglich mit Kunst und Kultur | - | - | .90 | - |
| Man sollte sich gegen Unterdrückung und Ausbeutung engagieren | - | - | - | .88 |
| Ich fürchte, daß der technische Fortschritt unser Leben zerstört | - | - | - | .51 |
| Erklärte Varianz (kumuliert) | 50 % | 56 % | 61 % | 67 % |

| Lebensstilkomponenten III | Individualismus |
|---|---|
| Eigene Freunde sind in einer Partnerschaft wichtig | .97 |
| Erklärte Varianz (kumuliert) | 73 % |

Die ermittelten Faktoren verteilen sich grob gesprochen auf vier Einstellungsbereiche: Zum einen handelt es sich um die Pflicht- und Akzeptanzwerte, deren unterschiedliche Ausprägungen auf vier voneinander unabhängigen Dimensionen angesiedelt sind („*Askese/Pflicht*", „*Hedonismus*", „*gesellschaftlicher Ausstieg*", „*Aufstiegsorientierung*"). Davon sind als weitere Faktoren abgesetzt das Vertrauen gegenüber gesellschaftlichen Institutionen und die Mitmenschen („*Vertrauen*", „*Kriminalitätsfurcht*"), das Engagement und die Kritik gegenüber bestimmten gesellschaftlichen Mißständen („*gesellschaftliches Engagement*"). Hinzu kommen die wieder stärker auf das Individuum bezogenen Orientierungen im Bereich hochkultureller Aktivitäten sowie individualistische Orientierungen im Partnerschaftsbereich.

Im nächsten Schritt wurde eine Clusteranalyse des Programmwahlverhaltens vorgenommen. Sie erfolgte anhand der über die zu den obigen Faktoren verdichteten Spartenpräferenzen, wobei die errechneten Faktorwerte zugrunde gelegt wurden. Hinzu kam die Häufigkeit der wöchentlichen Nutzung von öffentlich-rechtlichen und privaten Fernsehprogrammen. Diese Größen gingen als aktive Variablen in die Analyse ein. Die Bereiche Nutzungsmotivation, Freizeitverhalten, Demographie, Lebensstil und alltagskulturelle Orientierungen wurden als passive Variablen in die Analyse eingebracht. Die Gruppenbildung erfolgt mithin allein auf Basis des Programmwahlverhaltens, während die übrigen Merkmale den sozio-psychischen Kontext des Fernsehverhaltens bezeichnen. Diese Vorgehensweise bietet den Vorteil, daß im Set der aktiven Variablen relativ homogene Merkmale eingesetzt werden konnten. Sie erfolgt aber insbesondere im Hinblick auf den letzten Analyseschritt, wo die Kontextvariablen als exogene Größen in die Diskriminanzanalyse aufgenommen und deren Erklärungsleistungen für die ermittelte Gruppenbildung gegeneinander abgeschätzt werden sollen. Wären alle Merkmale als aktive Größen eingesetzt worden, hätte sich diese Möglichkeit ausgeschlossen.[3]

Eine Diskriminanzanalyse mit Hilfe der *aktiven* Variablen konnte die gegebene Clusterstruktur zu 96 % rekonstruieren, wobei das Sehen von Nachrichten sowie - mit größerem Abstand - die Nutzung des öffentlich-rechtlichen Fernse-

---

3   Als nichthierarchischer Agglomerationsmodus wurde das WARD-Verfahren angewendet, die Berechnung der Distanzen zwischen den Clustern erfolgte mittels quadrierter Euklidischer Distanzen. Die Clusterzahl wurde anhand der aufsummierten F-Werte der jeweiligen Clusterlösung ermittelte. Die Clusterzahl wurde dort festgesetzt, wo die F-Werte der verschiedenen Lösungen Sprungstellen aufwiesen, etwa vergleichbar einem Scree-Plot der Faktorenanalyse. Im Ergebnis wurde eine optimale Clusterzahl von sechs Gruppen ermittelt. Diese Lösung blieb auch beim Durchspielen alternativer Agglomerationsalgorithmen stabil.

hens und von Informationsmagazinen die größte Diskriminationskraft besaßen. Folgende Gruppen lassen sich unterscheiden:

- Die relativ große Gruppe der „*selektiven Wenigseher*" (21 %). Dieser Zuschauertyp sieht insgesamt nur unterdurchschnittlich fern. Er beschränkt sich weitgehend auf das Sehen von Nachrichten- und Naturfilmen, steht dagegen Sportübertragungen extrem ablehnend gegenüber. Zudem existiert eine deutliche Präferenz für das öffentlich-rechtliche Fernsehen. In demographischer Hinsicht überwiegen etwas die Älteren und weiblichen Personen. Sie sehen in erster Linie fern, um sich zu orientieren und nicht allein zu sein.

- Dem gegenüber steht die nahezu gleich große Gruppe der „*non-fictionorientierten Nutzer öffentlich-rechtlicher Programme*" (22 %). Dieser Typus sieht ein breites Spektrum nicht-fiktionaler Sparten, wie etwa Shows, Naturfilme, die Nachrichten und besonders herausragend, den Sport. Die Fernsehdauer ist dementsprechend überdurchschnittlich. Noch deutlicher als beim vorhergehenden Typus ist die intensive Zuwendung zum öffentlich-rechtlichen Fernsehen; aber auch die privaten Programme werden überdurchschnittlich genutzt. Diese Zuschauergruppe setzt sich zusammen aus älteren Personen mit niedriger Bildung, die oftmals nicht mehr berufstätig sind. Die Freizeit findet wegen mangels anderer Möglichkeiten überwiegend zu Hause statt, eingeschaltet wird in erster Linie zur Unterhaltung und Entspannung.

- Die Gruppe der „*fictionorientierten Durchschnittsseher mit großer Distanz zum öffentlich-rechtlichen Rundfunk*" stellt das größte Zuschauerkontingent (25 %). Diese Gruppe kapriziert sich auf das Sehen von Spielfilmen, Krimis und Action sowie Kinder- und Jugendsendungen, die vorwiegend auf den privaten Kanälen eingeschaltet werden. Umgekehrt existiert eine ausgeprägte Distanz zum öffentlich-rechtlichem Rundfunk. Im Hinblick auf seine demographischen oder alltagskulturellen Merkmale fällt dieser Typus kaum durch ein spezifisches Profil auf. Allenfalls zu vermerken ist das verstärkte Nutzen des eigenen Bild- bzw. Tonmaterials.

- Die relativ kleine Gruppe der *jungen, medienabgewandten Hedonisten* (5 %) befindet sich zumeist noch in der Ausbildung und hat noch keinen eigentlichen Beruf. Sie fällt durch ihre generell geringe Fernsehnutzung auf. Dieses Desinteresse betrifft insbesondere alles was mit Nachrichten und Informationen zu tun hat, nimmt aber auch Fiktionangebote oder Jugendsendungen nicht aus. Dieser Typus ist für öffentlich-rechtliche wie private Programme gleichermaßen unerreichbar, und zwar sowohl für das Fernsehen, wie auch für das Radio. Anstatt fernzusehen geht man lieber aus oder hört wenigsten eigene CD´s. Fernsehkonsum wird in keiner Weise als unterhaltsam oder entspannend betrachtet. Die Lebensorientierungen dieser Gruppe sind überdurchschnittlich stark auf den gesellschaftlichen Ausstieg gerichtet, wobei sie in bildungsmäßiger Hinsicht nicht auffällt.

- Dem gegenüber steht die nur geringfügig größere Gruppe der ebenfalls jungen, jedoch deutlich *fictionorientierten Vielseher* (7 %). Auch diese Gruppe besucht noch die Schule oder befindet sind in Ausbildung, verfügt dementsprechend auch nur über ein unterdurchschnittliches Einkommen. Andererseits ist sie aber noch einmal deutlich jünger als der zuletzt genannte Zuschauertypus. Eigene Bild- und Tonträger werden auch in diesem Milieu sehr intensiv genutzt, was nun aber auch den häufigen Fernsehkonsum mit einschließt. Dieser ist vollkommen auf Spielfilme, Krimis, Action und Serien ausgerichtet, die überdies nahezu ausschließlich auf den privaten Kanälen genutzt werden. Umgekehrt existiert eine geradezu extreme Abstinenz gegenüber Nachrichten und anderen informierenden Formaten. Die Fernsehdauer fällt demzufolge überdurchschnittlich aus, zudem erfolgt das Fernsehen weit überwiegend gewohnheitsmäßig. Obwohl es sich hier scheinbar um den vielzitierten Informationsvermeider zu handeln scheint, gibt diese Gruppe interessanterweise an, aus einem Informationsinteresse fernzusehen. Wenn, so die Schlußfolgerung, hier ein Informationsinteresse artikuliert wird, dann sicher nicht in der Weise, wie sie vom klassischen Nachrichtenbegriff umrissen wird. Eher sind hier alltagsweltliche Orientierungen gemeint, die nicht zuletzt auch aus dem Sehen von Serien oder Spielfilmen gewonnen werden können.

- Der letzte der clusteranalytisch ermittelten Zuschauergruppen kann als die Gruppe der *informationsorientierten Berufstätigen mit geringem Privatfernseh-Konsum* bezeichnet werden. Sie repräsentiert noch einmal einen relativ großen Teil der Seherschaft (20 %). Wenn diese Gruppe fernsieht, dann präferiert sie deutlich Informationsmagazine (Politik, Wirtschaft, Wissenschaft, Kultur). Die Angebote auf den privaten Kanälen werden dabei kaum zur Kenntnis genommen, Unterhaltungssendungen (Shows, Spielfilme) aller Art stoßen kaum auf Interesse. Mit dieser Selektivität korrespondiert ein wenig habitualisiertes Fernsehen. Trotz der Präferenz für Information ist überraschenderweise Orientierung kein Motiv, um das Fernsehen einzuschalten. Diese Gruppe ist älter als die beiden zuvor genannten Segmente, eher männlich, überdurchschnittlich erfolgreich im Beruf und verfügt über eine deutlich höhere Bildung.

Obwohl zur Gruppenbildung *ausschließlich* die Sparten- und Programmpräferenzen der Befragten als aktive Merkmale herangezogen wurden, ist doch deutlich, daß dieses Wahlverhalten nicht erratisch ist, sondern mit typischen Zuschauerprofilen und alltagsweltlich gut nachvollziehbaren Milieus korrespondiert. Soziale Lage, alltagskulturelle Orientierungen und Fernsehmotive passen sich in die Geschmackspräferenzen zum Fernsehen relativ gut ein. Deutlich wurde auch, daß nach demographischen Merkmalen vergleichbare Gruppen ein durchaus unterschiedliches Fernsehverhalten zeigen.

Vergleicht man die hier aufgefundene Gruppenbildung mit anderen Typologisierungen der deutschen Zuschauerschaft, fallen erstaunliche Parallelen ins Auge. So etwa gegenüber den Zuschauergruppen bei Frank (1975) oder Espe / Seiwert / Lang (1985). Diese Übereinstimmung betrifft insbesondere die überall auftauchenden Typen der generellen Wenignutzer, der informationsorientierten Selektivseher, der wahllosen Vielseher, der besonders sportinteressierten Zuschauer oder der stark fictionorientierten Zuschauer. Im nächsten und die Analyse abschließenden Schritt soll nun abgeschätzt werden, welche dieser als passive Variablen hinzugezogenen Merkmale die größte Erklärungsleistung für die beobachteten Strukturbildungen im Programmwahlverhalten zukommt.

Diese Analyse wird schrittweise vorgenommen. Die einzelnen Variablenblöcke wurden nacheinander in die Diskriminanzgleichung eingeführt. Dabei wurden die demographischen Variablen an den Anfang gestellt, anschließend das Freizeitverhalten hinzugenommen, danach folgten die im Einstellungsbereich angesiedelten Merkmale zum Lebensstil und zur Fernsehnutzungsmotivation. Die Diskriminanzkoeffizienten lassen sich ähnlich interpretieren wie die Gewichte in einer Regressionsanalyse. Hohe Koeffizienten indizieren tendenziell einen hohen Beitrag der Variablen zur Diskriminierung der Gruppen, niedrige Koeffizienten signalisieren eine entsprechend schwachen Einfluß. Bei der Unterscheidung von 6 Gruppen werden üblicherweise 5 Diskriminanzfunktionen errechnet. Die erste Funktion hatte einen Anteil von 44 % an der Erklärung der gesamten Varianz, die zweite Funktion einen Anteil von 25 %. Da die übrigen Funktionen nur noch wenig Varianz aufklärten, wurden diese in der Darstellung ausgespart. Zur Frage, welche statistische Aufklärung die verschiedenen Merkmalsbereiche erzielen, gibt die nachstehende Tab. 3 folgende Auskünfte.

Betrachtet man zunächst die demographischen Merkmale, dann erbringen die hierunter subsumierten Variablen Alter, Bildung, Einkommen und Geschlecht bereits 44 % an korrekter Zuordnung. Insbesondere das Alter spielt eine herausragende Rolle, mit größerem Abstand folgt der Bildungsfaktor. Die Bedeutung des Einkommens ist dagegen relativ gering, was insofern auch naheliegend ist, als hier keine direkten Effekte auf das Programmwahlverhalten anzunehmen sind. Damit ist das Merkmal Alter eindeutig diejenige Größe, der im Ensemble sämtlicher hier verwendeter Variablen die bei weitem höchste Bedeutung zukommt.

## Erklärung der Programmmenüs durch Demographie, Freizeitverhalten, Lebensstil und TV-Nutzungsmotivation

Tabelle 3

| Sozialer Kontext | Koeffizienten* | |
|---|---|---|
| Demographie | Funktion 1 | Funktion 2 |
| Alter | .52 | .25 |
| Bildung | .28 | -.16 |
| Geschlecht | -.11 | -.03 |
| Einkommen | .12 | -.22 |
| *Anteil richtig klassifizierter Fälle* | | *44 %* |
| **Freizeitverhalten** | | |
| Nutzung von Ton- und Bildträgern | -.38 | .02 |
| Musizieren | .20 | .00 |
| Lesen | .24 | -.02 |
| Sport | -.03 | .07 |
| Frauenspezifisches Freizeitverhalten | -.09 | .18 |
| Nutzung elektronischer Medien | .00 | .38 |
| Ausgehen | -.02 | -.10 |
| Arbeit und Spiel im Haus | -.11 | -.07 |
| *Anteil richtig klassifizierter Fälle (kum.)* | | *47 %* |
| **Lebensstil** | | |
| Kriminalitätsfurcht | -.17 | .15 |
| Gesellschaftlicher Ausstieg | -.07 | .03 |
| Aufstiegsorientierung | .02 | -.02 |
| Hochkulturelles Interesse | .04 | -.13 |
| Gesellschaftliches Engagement | .13 | .01 |
| Askese | -.05 | .18 |
| Individualismus | -.08 | -.05 |
| Gesellschaftliches Vertrauen | -.05 | -.10 |
| Hedonismus | -.04 | .02 |
| *Anteil richtig klassifizierter Fälle (kum.)* | | *50 %* |
| **Fernsehnutzungsmotive** | | |
| Unterhaltung/Entspannung | .26 | .07 |
| Information | -.13 | .11 |
| Habituelles Fernsehen | .02 | .19 |
| Geselligkeit/Orientierung | .04 | .09 |
| *Anteil richtig klassifizierter Fälle insg.* | | *56 %* |

*Standardisierte kanonische Diskriminanzkoeffizienten

Beim Freizeitverhalten scheinen nur wenige Faktoren für die Unterscheidung der Programmwahl bedeutsam. Hier handelt es sich vor allem um die Nutzung eigener Tonträger, darauf folgen Lesen oder Musizieren. Wirft man nun einen Blick auf die Koeffizienten der Lebensstilfaktoren, so fällt auf Anhieb deren generell geringe Bedeutung auf. Die insgesamt neun Faktoren besitzen einen unterschiedlichen, insgesamt eher unbedeutenden Einfluß. Der Zuwachs korrekter Klassifizierungen hält sich mit drei Prozent in Grenzen und entspricht der ebenfalls geringen Erklärungsleistung des Freizeitverhaltens. Auch die abschließend eingeführte Fernsehnutzungsmotivation erbringt wenig zusätzlichen Gewinn. Immerhin läßt sich sagen, daß Fernsehen zur Unterhaltung oder Entspannung noch einen vergleichsweise bedeutsamen Faktor zur Differenzierung der verschiedenen Zuschauergruppen darstellt. Die für die jeweiligen Merkmalsbereiche separat berechnete Diskriminanzleistung variiert zwischen 36 % (Lebensstil) und 44 % (Sozialstruktur). Mit anderen Worten ist auch in dieser Konstellation der Erkenntniszugewinn durch die Einführung von Lebensstilmerkmalen am geringsten. Alle betrachteten Merkmale bewirken zusammen eine korrekte Gruppenzuordnung von 56 % aller Zuschauer, was angesichts der Klassifizierung von sechs Gruppen als gut bezeichnet werden kann. Damit gelingt die Erklärung des Programmwahlverhaltens trotz intervenierender Faktoren (Vererbungseffekte, programmbezogene Einflußgrößen, Verfügbarkeit usw.; vgl. Büchner 1989) relativ gut.

## 4. Resümee

Die vorliegende Studie untersuchte, wie die dem Fernsehen gegenüber verfolgten Zwecksetzungen, Bedürfnisse und Handlungsstrategien der Zuschauer eingebettet sind in übergreifende Muster der individuellen Lebensführung und alltagskulturellen Orientierungen. Konkret wurde gezeigt, daß und inwieweit das Programmwahlverhalten assoziiert ist mit der sozialen Lage des Zuschauers, seinem medialen und nicht-medialem Freizeitverhalten, dem individuell verfolgten Lebensstil und den Motiven, aus denen heraus er das Fernsehen nutzt. Das Ergebnis fällt ambivalent aus. Einerseits zeigte sich, daß eine allein nach Programmpräferenzen vorgenommene Klassifizierung des Fernsehpublikums ohne Hinzuziehung soziographischer Merkmale zu typischen Zuschauerprofilen und alltagsweltlich nachvollziehbaren Milieus führt. Andererseits erbrachte die Berücksichtigung von Lebensstilmerkmalen nur wenig statistische Erklärung. Deutlich wurde vielmehr die Zentralität der Variablen Alter und Bildung für die Gruppenbildung. Hier handelt es sich um einen durchaus typischen Befund. Die Synchronisierung lebensstilspezifischer Performanzmuster mit den alten, „klassischen" soziographischen Merkmalen befindet sich in Übereinstimmung mit den meisten Resultaten der Freizeitforschung (vgl. die Übersicht bei Giegler 1994, 268f) und deckt sich auch mit Untersuchungen zum Zusammenhang zwischen Medien- und Kulturkonsum (vgl. Klocke 1994).

Hinsichtlich des geringen Einflusses der alltagskulturellen Orientierungen ist eine Reihe von Erklärungen denkbar. Zum einen erfolgt die Programmwahl vielfach nur flüchtig und ohne besondere Aufmerksamkeit. In dieser Niedrig-Kosten Situation, die das Ein- oder Umschalten des Fernsehens zweifellos für viele Rezipienten darstellt, schlagen Faktoren auf der Wert- und Einstellungsebene möglicherweise nicht immer durch. Möglich wäre zudem, daß die eingesetzten alltagskulturellen Items zu unspezifisch für die Messung der Mediennutzung sind bzw. umgekehrt, daß die Analyse der Programmwahl anhand von Spartenkombination zu allgemein ist. So existiert insbesondere innerhalb der Kategorie Spielfilme aber auch im Informationsbreich eine Vielfalt an unterschiedlichsten Angeboten. Diesen Unterschieden kann nur mit genaueren Beschreibungen beigekommen werden. Gegen eine Analyse auf Sendungsebene spricht jedoch, daß dann die Berücksichtigung des gesamten Programmwahlverhaltens nicht mehr möglich wäre. Hinzu kommt, daß dem Zuschauer in vielen Fällen außer den Genrebestimmungen, wie sie in den Programmankündigungen vorgenommen werden, keine anderen Informationen zur Verfügung stehen. Er muß sich daher in seinem Wahlverhalten auf diese reduzierten Informationen einstellen.

Warum diese Einwände für die gut diskriminierenden Merkmale Alter und Bildung nicht gelten, muß offen bleiben. Die auch in anderen Studien zum Freizeitverhalten immer wieder bestätigte, herausragende Bedeutung dieser Variablen legt verschärft die Frage nahe, was diese enthalten und was in den hier so differenziert erfaßten Handlungs- und Einstellungsbereichen nicht abgedeckt wird. Die forschungsstrategische Schlußfolgerung dieser Befunde wäre, im Sinne einer Variablenreduktion bei möglichst geringen Informationsverlusten auf Performanzmerkmale zu verzichten. Dieses hieße andererseits, wichtige Informationen zu verschenken. Das Heranziehen von alltagskulturellen Orientierungen, Nutzungsmotiven etc. ist zumindest insofern wichtig, als sie wichtige Kontextinformationen darstellen. Sie bringen gleichsam „Fleisch" an das Skelett harter soziographischer Daten und erleichtern die Interpretation von Zusammenhängen, die allein auf demographischer Basis nur spekulativ wahrgenommen werden. Und sie liefern Programmachern und Marketing eine anschauliche Vorstellung über ihre Adressaten und Zielgruppen, die damit genauer angesprochen werden können.

## Literatur

*Blasius*, Jörg (1994): „Empirische Lebensstilforschung." In: *Dangschat*, Jens / Jörg *Blasius* (Hrsg.): Lebensstile in den Städten. Konzepte und Methoden. Opladen: Leske und Budrich, S. 237-254.
*Bourdieu*, Pierre (1987): Die feinen Unterschiede. Kritik der gesellschaftlichen Urteilskraft. Frankfurt a.M.: Suhrkamp.
*Büchner*, Bernd (1989): Der Kampf um die Zuschauer. Neue Modelle zur Fernsehprogrammwahl. München: R. Fischer.
*Dangschat*, Jens / Jörg *Blasius* (Hrsg.) (1994): Lebensstile in den Städten. Konzepte und Methoden. Opladen: Leske und Budrich.
*Doll*, Jörg / Uwe *Hasebrink* (1989): „Zum Einfluß von Einstellungen auf die Auswahl von Fernsehsendungen." In: *Groebel*, Jo / Peter *Winterhoff-Spurk* (Hrsg.): Empirische Medienpsychologie. München: Psychologische Verlags Union. S. 45-63.
*Espe*, Hartmut / Margarete *Seiwert* / Hans-Peter *Lang* (1985): „Eine Typologie von deutschen Fernsehzuschauern." In: Publizistik Jg. 30, 4, S. 471-484.
*Flaig*, Berthold B. / Thomas *Meyer* / Jörg *Ueltzhoeffer* (1994): Alltagsästhetik und politische Kultur. Zur ästhetischen Dimension politischer Bildung und Kommunikation. 2. Aufl. Bonn: Verlag J.H.W. Dietz.
*Frank*, Bernward (1975): „Programminteressen-Typologie der Fernsehzuschauer." In: Rundfunk und Fernsehen, 23, 1, S. 39-56.
*Frank*, Ronald E. / Marshall G. *Greenberg* (1980): The Public's Use of Television. Beverly Hills / London: Sage.
*Giegler*, Helmut (1994): „Lebensstile in Hamburg." In: *Dangschat*, Jens / Jörg *Blasius* (Hrsg.): Lebensstile in den Städten. Konzepte und Methoden. Opladen: Leske und Budrich, S. 255-272.
*Gluchowski*, Peter (1987): „Lebensstile und Wandel der Wählerschaft in der Bundesrepublik Deutschland". In: Aus Politik und Zeitgeschichte. Beilage zur Wochenzeitung Das Parlament, B12/87, S. 18-32.
*Hasebrink*, Uwe / Jörg *Doll* (1990): „Zur Programmauswahl von Fernsehzuschauern. Die Bedeutung von Einstellungen gegenüber Sendungstypen." In: Rundfunk und Fernsehen, 38, 1, S. 21-36.
*Kirchberg*, Volker (1994): „Kulturkonsum als Merkmal von Lebensstilen. Eine Überprüfung der Typologien von Mitchell, Gans und Bourdieu." In: *Dangschat*, Jens / Jörg *Blasius* (Hrsg.): Lebensstile in den Städten. Konzepte und Methoden. Opladen: Leske und Budrich, S. 286-300.
*Klebe*, Stefan (1994): „Consumer Target Groups and Their Viewing Behaviour." In: E.S.O.M.A.R. Worlwide Electronic and Broadcast Audience Research Symposium, Paris 1.-4. May 1994. Amsterdam.
*Klocke*, Andreas (1994): „Dimensionen, Determinanten und Handlungsrelevanz von Lebensstilen." In: *Dangschat*, Jens / Jörg *Blasius* (Hrsg.): Lebensstile in den Städten. Konzepte und Methoden. Opladen: Leske und Budrich, S. 273-285.
*Krotz*, Friedrich (1991): „Lebensstile, Lebenswelten und Medien. Zur Theorie und Empirie individuenbezogener Forschungsansätze des Mediengebrauchs." In: Rundfunk und Fernsehen, Jg. 39, 3, S. 317-342.
*Kubitschke*, Lutz / Joachim *Trebbe* (1992): „Zur Ermittlung einer medienübergreifenden Nutzungstypologie. Eine explorative Sekundäranalyse der Media-Analyse 1988." In: Media Perspektiven 3/92, S. 199-212.
*Luger*, Kurt (1992): „Freizeitmuster und Lebensstil. Medien als Kompositeure, Segmenteure und Kolporteure." In: Publizistik, Jg. 37, 4, S. 427-443.

*Mitchell*, Arnold (1983): Nine American Lifestyles. Who We are and Where We are Going. New York: Macmillan.
*RTL Trendletter* (1994): Psychographics. Erste tiefenpsychologische Analyse der TV-Zuschauer. S. 1ff.
*SINUS-Institut* (1994): Milieuanalyse: Die Zuschauer des Deutschen SportFernsehens. Soziale Milieus und Sportinteresse. Verv. Manuskript. Heidelberg.
*SINUS-Institut* (1993): Lebensweltforschung und Soziale Milieus in West- und Ostdeutschland. Verv. Manuskript. Heidelberg.
*Steinhausen* D. / J. Steinhausen (1977): „Cluster-Analyse als Instrument der Zielgruppendefinition in der Marktforschung." In: *Späth*, Helmut (Hrsg.): Fallstudien Clusteranalyse. München / Wien: R. Oldenburg Verlag. S. 9-36.
*Voigt*, Lothar (1994): „Die Verlockungen des Lebensstilbegriffs." In: *Dangschat*, Jens / Jörg *Blasius* (Hrsg.): Lebensstile in den Städten. Konzepte und Methoden. Opladen: Leske und Budrich, S. 59-78.
*Weiss*, Hans-Jürgen (1991): Programmbindung und Radionutzung. Eine Studie zur Ermittlung von Hörertypologien an sechs Standorten lokaler Radios in Bayern. BLM Schriftenreihe. Bd. 13. München: R. Fischer.
*Weiß*, Ralph / Uwe *Hasebrink* (1995): Hörertypen und ihr Medienalltag. Eine Sekundärauswertung der Media-Analyse ´94 zur Radiokultur in Hamburg. Schriftenreihe der HAM. Bd. 14. Berlin: Vistas.

## VI. Der Ort:
## Das Lokale im Global Village

*Michael Haller*

# Die besondere Attraktion des Lokalen: das Wirtshaus, der Friedhof und Begegnungen der Dritten Art

Es dauerte kaum mehr als ein Jahrzehnt, ehe Marshall McLuhans Schlagwort vom „global village" zur Erfahrungstatsache wurde:[1] Dank Internet und World Wide Web begeben sich tagtäglich viele Millionen Menschen mit Hilfe ihrer Computer online ins Netz und kommunizieren zeitgleich rund um den Globus per Datenaustausch.

Vielen Einrichtungen und Menschen bringt die Nutzung der Online-Dienste zweifellos wirtschaftliche Vorteile; viele andere sehen im Online-Zugang die Möglichkeit zu immateriellen Formen der Wertschöpfung, etwa die Erschliessung aktueller Wissensressourcen oder Ablenkung durch dialogische, ludische und fiktionale Angebote. Eine im Frühjahr 1996 von einem privaten Unternehmen durchgeführte Befragung von 500 sogenannten Online-Usern ergab, daß 42 Prozent der Ansicht sind, sie begäben sich „auf gezielte Informationssuche"; weitere 25 Prozent suchten medienimmanente Nutzwerte (wie: Download von Software). Demnach wären zwei Drittel privater Online-User in erster Linie an nutzwertigen Informationen interessiert, während lediglich 14 Prozent zugestanden, sie suchten „Kommunikation mit anderen".[2]

Funktionieren demnach die neuen Online-Medien als globales Just-in-time-Netzwerk der Informationsgesellschaft, indem bald einmal jedes Individuum die aktuellen Wissensbestände weltweit nutzt? Leben wir in einer Übergangs-

---

1  Marshall McLuhans letztes, mit Co-Autor Bruce R. Powers verfaßtes und posthum veröffentlichtes Werk „The Global Village" entstand in den Jahren 1976 bis 1984 und erschien erstmals 1989 bei Oxford University Press Inc.
2  Quelle: Will + Partner, Augsburg (1996): „Alice 2. Die 2. Reise ins Wunderland." Die Studie basiert auf telefonischen Interviews von 500 Nutzern von Online-Netzen zwischen Mitte Februar und Mitte März 1996.
Ähnliche Ergebnisse erbrachte eine vom Fraunhofer Institut, dem Südwestfunk und dem Telecooperation Office der Universität Karlsruhe drei Monate zuvor durchgeführte Online-Umfrage. Quelle: Fraunhofer-Institut für Systemtechnik und Innovationsforschung: IST-Online-Umfrage 1995/1996. Karlsruhe 1996.

zeit, die den Nahbereich der Face-to-face-Kommunikation überwinden und den engen Horizont des Kommunalen sprengen wird?

## 1. Online-Euphorien

Das in solchen Befragungen zum Ausdruck gebrachte zweckrationale Verhalten kontrastiert indessen auf eindrückliche Weise mit den Beschreibungen jener, die sich über Jahre intensiv als „Onliner" hervorgetan und die Entwicklung maßgeblich befördert haben.

„I am an electronic flâneur. I hang out on the network" umriß William J. Mitchell vom M.I.T. seine Online-Faszination und verglich die virtuelle Kommunikation des „cyberspace" mit Interaktionsformen des urbanen Lebens: mit dem Stammtisch im Wirtshaus, dem Literatencafé, dem öffentlichen Forum des Hyde Park Corners – „places in which anybody can stand up and speak to the assembled crowd." (Mitchell 1995, 115).

Seit Manuel Castells Studie „The Informational City" (1989) wird die Globalisierung der Telekommunikation vor allem als ein Urbanisierungsprozeß neuen Typs diskutiert, der eine Dynamik der Zentralisierung und Dezentralisierung in Gang setze und individuelles Online-Verhalten mit der professionellen Nutzung verbinde; daraus entstünden dann neue, lokal verankerte Kommunikationszentren, die interpersonale in mediale Interaktionsformern transformierten (1989, 144 f.).

An Castells anknüpfend, glaubt Florian Rötzer, wir stünden vor einer Epoche, die „alles in globale Informations- und Kommunikations- , Menschen- und Warenzirkulation einbindet und so allmählich gesellschaftliche und kulturelle Unterschiede einebnet" (1995, 92). „Der große Gewinn", so Rötzer, „werde vor allem darin bestehen, „daß hier Menschen ohne jede Beschränkung und ohne Barrieren wie Geschlecht, Rasse, Alter, Aussehen oder Schichtzugehörigkeit zeitversetzt oder in Echtzeit kommunizieren können." (1995, 163): Aus der Kommunalität des Nahbereichs entstehe so eine neue, freiere und gerechtere Sozialordnung.

Wie Mitchell und Rötzer, so äußern sich heute zahllose Online-Euphoriker im Tonfall der Utopisten des 19. Jahrhunderts, als man sich am Vorabend einer neuen Epoche wähnte: Der Hoffnungsglaube teilt sich mit, daß die Ungleichzeitigkeiten in der Kulturgeschichte endlich überwunden und der große

Menschheitstraum von der Verwirklichung der Gleichheit der Chancen Realität werde. Bald könne die ganze Welt zum virtuellen „Telepolis, der ortlosen Megastadt im Cyberspace" (Florian Rötzer 1995, 43) werden, die das gesamte Denken und Wissen im globalen Maßstab kommunikabel machen werde.

## 2. Das Lokale als Vision

Das Aufregende an diesen utopischen Bildern ist der Umstand, daß es hierbei nicht um Wertschöpfung (wie: Verfügbarkeit von aktuellen Wissensbeständen) geht; ökonomische Nutzwertargumente spielen nicht die ausschlaggebende Rolle. Vielmehr verweisen diese Prophetien auf zwei miteinander verbundene, im Kern jedoch sehr unterschiedliche Perspektiven:

Die eine wird von technologisch induzierten Visionen geleitet und zielt auf die künftige „virtuelle Realität" des Cyberspace als einer Art „Mensch-Computer-Symbiose" (Rheingold 1991) – und entspricht dem archetypischen Wunsch nach Entgrenzung des Bewußtseins: Die physischen Barrieren sinnlicher Erfahrung sollen überwunden werden, um den Raum möglicher Lebensgestaltung über die Endlichkeit des Daseins hinaus zu erweitern – eine Sehnsucht, die nicht erst mit Timothy Leary begann,[3] sondern so alt ist wie der Prozeß der Zivilisation.

Der Erfinder des Begriffs „Cyberspace", der Schriftsteller William Gibson umriß in seinem 1984 in den USA erschienenen Roman „Neuromancer" diese Mensch-Computer-Symbiose als „eine konsensuelle Halluzination, tagtäglich erlebt von Miliarden Berechtigten in allen Ländern" (1984, 144).

Mit dieser Vision hat Gibson die Idee der Bewußtseinserweiterung mit der zweiten, geradezu entgegengesetzten Perspektive, mit der Utopie der Universalisierung zwischenmenschlicher, also sinnlich gebundener Erfahrung verbunden: Wenn alle Menschen „in virtuellen Gemeinschaften" (Rötzer 1995, 163) Face-to-face kommunizieren (könnten), entstünden kommunitäre Beziehungsmuster als Quell künftigen Lebenssinns. Auch dieser Traum ist im übrigen deutlich älter als die technisch definierte Machbarkeit der Telekommunikation.

---

3 Das über Online öffentlich zur Schau gestellte Sterbens von Themothy Leary 1996 war als transpersonale Inszenierung eines kosmologisch erweiterten Bewußtseins angelegt.

## 3. Die doppelte Metapher

Hier nun gewinnt das Schlagwort vom „global village" in der Widersprüchlichkeit von „Dorf" und „Globus" seine tiefere Faszination. Dörflichkeit und Globalität sind ja, soweit es um empirische Sachverhalte geht, unvereinbare Gegensätze. Und auch die attributive Kennzeichnung des Dorfes als ein ins Globale gedehnter Lebensraum ist in faktischer Hinsicht unhaltbar, zumal das Dorf gerade durch die territoriale Begrenzung seiner Lebenswelt auf den überschaubaren Nahbereich seine Bestimmung findet.

Die Rede vom „global village" macht indessen Sinn, wenn das Dörfliche wie das Globale als Metapher verstanden werden, um dem einen wie dem anderen Wunschbild die Anschaulichkeit des längst Bekannten zu geben:

Heißt das Merkmal „Globalisierung", dann transportiert die Metapher die mit der Neugier verbundenen Motive des Explorierens, um sich Offenheit als Gestaltungsraum zu erschließen und Grenzen überwindende Welterfahrung zu sammeln, nun aber im heimeligen Modus der lokalen Face-to-Face-Kommunikation: Der Nahbereich des Lokalen soll sich globalisieren, ohne seine Qualität des Unmittelbar-Authentischen zu verlieren.

Wenn das Merkmal dem „Dörflichen" gilt, dann kommen darin die entgegengesetzten, auf Sicherheit gerichteten Motive zum Vorschein, etwa der Wunsch nach Überschaubarkeit, nach Beheimatung durch Eingrenzung. Offenbar sollen die global und anonym operierenden Leistungszentren ihre beunruhigende Mächtigkeit verlieren und in die vertrauten Kommunikationsformen des Nahbereichs überführt werden, freilich ohne ihren mit der Globalität verbundenen Reiz zu verlieren.

## 4. Sehnsucht nach Vergemeinschaftung?

Mit dieser Skizze sollten zwei hintergründige Tendenzen angedeutet werden, die jenseits des technischen Spieltriebs das Faszinosum „Online" ausmachen könnten: „Global village" funktioniert deshalb als Euphemismus (und nicht als Kulturkritik, obwohl dies naheliegend wäre), weil im Bild des Dörflichen die Gegenutopie zur anonymen Informationsgesellschaft aufscheint: sozusagen als rückwärts gewandte Aussicht auf eine heile Kommunikationswelt mit vermeintlich authentischen Interaktionsformen.

Galt vor vielleicht zwanzig Jahren das Dörfliche noch als Synonym für weltfremden Provinzialismus, so gewinnt es nicht zufällig im Online-Zeitalter plötzlich die Attraktivität wünschenswerter Lebensweisen. Denn im Nahbereich hat die sinnliche Wahrnehmung weiterhin ihre Geltung, während sich die überlokalen Kommunikationsräume ins Virtuelle verflüchtigen und den Zwängen der Ökonomisierung folgen.

Die Rede vom „globale village" trägt schließlich die Illusion in sich, man könne, der Neugier folgend, überall Online-Kommunikationen so gestalten, daß sich „trotzdem" die versichernde Vertrautheit der „intimate face-to-face association" (im Sinne von Cooley) einstelle – eine Sehnsucht, die sich an den sozietären Verhältnissen der Gemeinschaft orientiert, wie sie von Max Weber als „subjektiv gefühlte Zusammengehörigkeit der Beteiligten" umrissen und der Vergesellschaftung historisch vorgelagert wurde: eine Folie der Erinnerung an soziale Orientierung und an Identität.

## 5. Terra incognita der Mediengesellschaft

Diese durchaus spekulativen Erwägungen verdichteten sich mehr und mehr zu Arbeitshypothesen, als wir mit verschiedenen Online-Usern über deren Erlebnisse und Erfahrungen sprachen: Zwar gab und gibt es eine wachsende Gruppe professioneller „Onliner", die meist aus beruflichen Gründen gezielt nach Wissensbeständen und/oder aktuellen Daten aus diversen Informationsdiensten suchen. Diejenigen aber, die bei ihrer Onlinenutzung keine berufsbedingten Zwecke verfolgen – dies gilt insbesondere für Studierende – schien das Nutzerverhalten durch andere Motive gespeist und im weiteren Verlauf eine ganz andere Richtung zu nehmen. So beobachteten wir Nutzungsweisen, die zunächst überraschend inkonsistente, aber nach einiger Zeit gleichförmige, reduktive Muster zeigten.

Wir fragten uns darum, ob sich das Online-Medienverhalten im Fortgang seiner Habituierung an den geschilderten Utopien orientiere und eine Art terra incognita der künftigen Mediengesellschaft darstelle – oder ob es Mustern folge, wie man sie vor rund hundert Jahren in vielen Städten mit dem Aufkommen der

Generalanzeiger auch schon beobachten konnte – und erneut vor drei, vier Jahrzehnten im Zuge der Veralltäglichung des Fernsehens.[4]

## 6. Beobachtung der Online-Aneignung

Auf Grundlage dieser Überlegungen haben wir im Rahmen eines Drittmittelprojekts Ende 1995 eine Studie in der Form einer begleitenden Beobachtung auf den Weg gebracht. Eine auf die Wohnorte in Hamburg, Berlin, Halle, Leipzig und Chemnitz verteilte Gruppe von anfangs 36, dann 34 Studierenden im Alter zwischen 23 und 28 Jahren wurde gebildet. Es handelte sich ausnahmslos um computererfahrene Probanden, von denen indessen keiner über praktische Online-Kenntnisse verfügte.

Im Januar 1996 wurde jedem Gruppenmitglied ein individueller T-Online-Zugang eingerichtet und jedem dieselbe Einführung in die Nutzung des Internet mit der handelsüblichen Software „Navigator" an die Hand gegeben.

Im Anschluß an eine Fragebogenerhebung vor Beginn der Studie hatten alle Probanden ein Online-Tagebuch zu führen; zudem wurden sie in regelmäßigen Abständen mit einem standardisierten Fragebogen nach Nutzungserfahrungen, nach Befindlichkeiten und Einschätzungen befragt. Es ist vorgesehen, diese Studie während mindestens 24 Monaten laufen zu lassen. Die folgenden Angaben beziehen sich auf die ersten 12 Monate und geben nur vorläufige Trendhinweise.

## 7. Drei Phasen der Medien-Aneignung

Wie die Tabellen zeigen, durchliefen die Probanden im Verlauf eines Jahres drei unterschiedliche Phasen mit je typischen Verhaltensweisen:

*Explorationsphase*: Anfangs suchten die meisten Probanten einerseits gezielt nach Diensten und Informationen, von denen sie bereits gehört oder gelesen hatten; andererseits vagabundierten sie ausgiebig im Netz ohne festes Ziel, dem

---

4 Vgl. hierzu die Langzeitstudien zur Mediennutzung und Medienbewertung Berg / Kiefer. 1992 und 1996, sowie: Claus Eurichs und Gerd Würzburgs medienkritischer Überblick über „30 Jahre Fernsehalltag" von 1980.

Flaneur vergleichbar, der sich in einer ihm neuen Stadt auf den Spaziergang begibt, um sich die noch fremde Umgebung zu erschließen. In den Tagebucheintragungen dominieren während der ersten Monate Motive rund um die Neugier, wie: „Ausprobieren", „überraschen lassen", „schauen, wie das geht", „einfach mal loslegen". Die gleichwohl gelegentlich unternommene gezielte Informationssuche war von speziellen bis professionellen Informationsinteressen getragen und stützte sich meist auf konkrete Hinweise entweder über Hyperlinks oder aufgrund von Anzeigen in Printmedien.

*Erwünschte Online-Nutzung*  Tabelle 1

| Interessiere mich für: | Probandengruppe (n=34) | Referenzgruppe** (n=500) |
|---|---|---|
| **Informationsdienste/Datenbanken*** (Provider/Hosts) | 33 % | 28 % |
| **Aktuelle Informationen** (Anbieter) | 28 % | |
| **Allg. Information/Services** (ungezielt) | 33 % | 26 % |
| **Neugier/Interesse** | 33 % | 26 % |
| **aus beruflichen Gründen** | 16 % | 15 % |
| **aus wissenschaftlichen Gründen** | 22 % | |
| **Software** (updates/download) | 6 % | 5 % |
| **öffentliche Kommunikation** (Chats) | 22% | 10 % |
| **private Kommunikation** (e-Mail) | 12 % | |
| **Komerzielle Nutzung** (Homebanking) | 12 % | 28 % |

\* Mehrfachnennung möglich (Summe größer als 100 %)
\*\* Zur Einschätzung der Einstellung der Probanden durch die Fragebogen-Erhebung von Will & Partner „Alice 2" bei 500 Nutzern von Online-Diensten zwischen 23. 2. und 11. 3. 1996

*Adaptionsphase*: Nach etwa einem halben Jahr hat sich das Online-Verhalten deutlich verändert. An die Stelle des eher konsumistischen Vagabundierens tritt verstärkt ein dialogisches, die Kommunikationsmöglichkeiten praktisch umsetzendes, zum Teil auch ausschöpfendes Verhalten, wie etwa die regelmäßige Beteiligung an sogenannten Chats und die zunehmend routinierte Nutzung des eMail-Systems.

*Tatsächliche Online-Nutzung*                          Tabelle 2

| Probandengruppe (n=34) | nach 3 Mten. | ...6 Mten. | ...12 Mten. |
|---|---|---|---|
| **Informationsdienste/Datenbanken*** (Provider/Hosts) | 72 % | 33 % | 16 % |
| **Aktuelle Informationen** (Anbieter) | 33 % | 16 % | 12 % |
| **Allg. Information/Services** (ungezielt) | 50 % | 50 % | 66 % |
| **Neugier/Interesse** | 12 % | 6 % | 12 % |
| **aus beruflichen Gründen** / **aus wissenschaftlichen Gründen** | 16 % | 12 % | 12 % |
| **Software** (updates/download) | 22 % | 16 % | 6 % |
| **öffentliche Kommunikation** (Chats) | 33% | 50 % | 12 % |
| **private Kommunikation** (e-Mail) | 22 % | 33 % | 66 % |
| **Komerzielle Nutzung** (Homebanking) | 16 % | 12 % | 12 % |

\* Mehrfachnennung möglich (Summe größer als 100 %)
Die Prozentuierung erlaubt den Vergleich mit der Referenzgruppe in Tabelle 1 (6 % = 2 Probanden)

Die Informationssuche hat sich deutlich eingeschränkt auf eine schrumpfende Zahl an getesteten, offenbar als ergiebig erkannten Angeboten, die mit dem inzwischen erworbenen Know-how ausgeschöpft werden. Die Tagebucheintragungen lassen deutlich ein absinkendes Interesse und einen Rückgang in der Nutzungszeit erkennen. Mehrere Probanden äußern sich ernüchtert, einige auch verärgert über Diskrepanzen zwischen Zeitaufwand und persönlichem Gewinn. Annähernd die Hälfte wiederum hat den Umgang mit Online – ähnlich wie die Nutzung der traditionellen Medien, vor allem der Zeitung – in ihren Alltagsablauf integriert.

*Kompetenzphase*: Weitere sechs Monate später hat sich ein drittes Verhaltensmuster eingependelt: Das Flanieren nimmt wieder zu, doch werden inzwischen erschlossene, vertraute Online-Regionen regelmäßig besucht; ein Drittel der Akteure pflegt den Dialog mit ausgewählten Kommunikationspartnern in individueller Weise und zieht diese Form der Unterhaltung den quasi-öffentlichen Chats vor. Offenbar kennt man nun, um beim Sinnbild des Stadtbesuchs zu bleiben, das Netz so gut, daß man sich auszukennen meint und nun Präferenzen ausbildet. Vorlieben über die Art der Nutzung wie über den Umgang mit Diensten werden artikuliert, Kritik an verschiedenen Angeboten geübt – und das eigene Kommunikationsfeld nach subjektiven Vorlieben eingeschränkt.

Das Auffallende an dieser vorerst letzten Phase zeigt sich im markanten Rückkgang an explorativem Verhalten: Neue Dienste werden eher zufällig geprüft, die Nutzung zeigt deutlich konservative Züge, indem besonders intensiv die inzwischen vertrauten Links durchgeklickt und Daten auf denselben Pages aufgesucht werden. Technisch bedingte Einschränkungen (wie: Downloadzeiten) werden kritisch registriert, ebenso Aspekte der Funktionalität des Homepage-Designs. Kommentare in den Tagebüchern zeigen eine nüchterne Professionalität in der Qualitätsbeurteilung von Angeboten und Diensten: Es scheint, als sei der Prozeß der Aneignung abgeschlossen und das neue Medium gleichsam domestiziert.

Zwischenbilanz: Nach einem Jahr der Erfahrungen wird Online nur mehr hochselektiv für die Beschaffung aktueller Informationen genutzt und die Datenbeschaffung auf nur wenige der vielfältigen Wissensressourcen konzentriert. Zu diesen eher teleologischen Nutzungsinteressen tritt ein kontemplativer Umgang: Man will Neuigkeiten und Klatsch, Überraschungen und Altbekanntes, Begegnungen mit neuen und mit alten Kommunikationspartnern. Und mehr als die Hälfte der Probanden äußert Gefallen daran, für eine gewisse Zeit pro Tag (diese schwankt zwischen 15 und 25 Minuten) in der Onlinewelt „einfach nur mit dabei" zu sein.

## 8. Grundmuster lokaler Mediennutzung

Diese Beobachtungen erinnern an vielfältige Erfahrungen im Umgang mit den tradierten Lokalmedien des Printbereichs, in erster Linie mit der Lokalzeitung bzw. dem Lokalteil der Regionalzeitung.

*Netz-Beziehungen* *Tabelle 3*

| Beurteilungen nach<br>12 Monaten Online-Nutzung: | Probandengruppe<br>(n=34) | Referenzgruppe**<br>(n=500) |
|---|---|---|
| **Andere Online-Nutzer interessieren*** mich nicht | 18 % | – |
| **Die Online-User sind wie eine große Gemeinschaft** | 50 % | 31 % |
| **Ich lerne gerne andere Menschen über Online kennen** | 24 % | 20 % |
| **Über Online-Kommunikation habe ich schon Freundschaften geschlossen** | 12 % | 9 % |

\* Skalierte Beurteilung von Aussagen (Skala 1-6 von 1 „trifft sehr zu" bis 6 „trifft überhapt nicht zu"). Prozentangaben beziehen sich auf Skalenwerte 1 und 2.
\*\* Zur Einschätzung der Einstellung der Probanden durch die Fragebogen-Erhebung von Will & Partner „Alice 2" bei 500 Nutzern von Online-Diensten zwischen 23. 2. und 3. 11. 1996

In den vergangenen Jahren durchgeführte Akzeptanz- und Nutzungsstudien mit sogenannten Focus-Lesergruppen zeigen zumal bei jüngeren Lesern überraschend ähnliche Muster der „Veralltäglichung" des Zeitungskonsums: Zwar soll die Zeitung selbstverständlich über das aktuelle Geschehen informieren und journalistische Leistungen bieten (wie: politische Zusammenhänge erklären, Mißstände aufzeigen, Kritik und Kontrolle üben).[5]

Doch entgegen weit verbreiteter Ansichten scheint speziell der Lokalteil der Zeitung nicht primär als Nachrichtenmedium genutzt zu werden, auch wenn

---

5 Vgl. hierzu das vom gzm-Verlag der Regionalpresse e.V., Frankfurt, systematisch aufgebaute Copytest-Archiv und die herzu vorgelegten periodischen Publikationen.

natürlich aktuelle Informationen begehrt und erwartet werden.[6] Für die Zeitungsnutzer naheliegender ist vielmehr der „Bummel" durch den Lokalteil, zu dem Ereignismeldungen, Veranstaltungshinweise, Personality-Geschichten, Kommentare, Problemrecherchen, aber auch die Todesanzeigen, Service und die Regularien (vom Vereinsanlaß bis zum Notdienst der Apotheke) gehören.

Indikatoren wie die in der Media-Forschung entwickelte „Bindungsstärke" verweisen auf dieses Ensemble an unterschiedlichen, vom Lokalteil einzulösenden Kommunikationsbedürfnissen, die insgesamt auf Orientierung gerichtet sind.[7] Sie korrelieren durchaus mit den vier von McQuail strukturierten, die Mediennutzung prägenden Bedürfnisdimensionen „Informationsbedürfnis", „Bedürfnis nach persönlicher Identität", „Unterhaltungsbedürfnis" und „Bedürfnis nach Integration und Interaktion" (vgl. Jonscher 1995, 143), auch wenn dieser Bedürfnisbegriff empirisch nicht abgestützt ist und die Dimension „Unterhaltung" eher als Attribut der übrigen drei Dimensionen zu sehen ist.

Vor allem die über tiefenpsychologische Gruppengespräche und in Copytests gewonnenen Erkenntnisse zeigen, daß die Nutzer lokaler Medien die Alternative: Serviceinformationen oder nachrichtliche Berichte, Ereignisinformation oder Unterhaltung ablehnen.

Für die Akzeptanz etwa des Lokalteils der Zeitung entscheidend ist vielmehr dessen Funktion als „Gratifikationsinstanz" (Jonscher 1995, 142), mithin ein Set unterschiedlicher Nutzungsmöglichkeiten, das sich – unter funktionstheoretischem Blickwinkel – am ehesten mit der auf Partizipation gerichteten „Orientierungsfunktion" bündeln ließe: Die Medienproduzenten wie Mediennutzer möchten sich mit ihrer Stadtwelt identifizieren, möglichst jede Veränderung integrieren und sie für kognitive wie affektive Bedürfnisse „optimal" aufbereiten (Haller 1995, 215 ff.).

Hierzu bietet der Lokalteil der Zeitung aufgrund seiner gattungsspezifischen Eigenheiten (wie: individuelle und repetitive Konsumption und Reproduktion)

---

6   Neben den mediazentrierten Leserschaftsforschungen, die verschiedene Zeitungsverlage periodisch durchführen, vgl. hierzu insbesondere: Rager, Günther / Petra Werner (Hrsg.) 1992, 29 ff. sowie Kurp, Matthias 1994, 145 ff.

7   Zur „Bindungsstärke" vgl. Regionalpresse e.V.: Einkaufs- und Informationsverhalten. Teil 1: Informationsverhalten. Frankfurt 1995; zur „Bindung" an ausgewählte Angebotskategorien: Berg / Kiefer 1996, 219 ff.

geeignete Nutzungsformen, die nicht sequenziell (wie beim Rundfunk), sondern parallel wahrgenommen werden.

## 9. Lokalkommunikation als symbolische Interaktionen

Die in der Sozialforschung entwickelten Vorstellungen über die symbolische Ortsgebundenheit der Menschen beziehen sich auf das Modell des symbolischen Interaktionismus, das den Nahbereich nicht nur räumlich als Ort der Identität, sondern auch als experimentellen Raum für Explorationen beschreibt, die zum Erwerb individueller Verhaltenssicherheit führen.

Mit diesem Modell lassen sich die Befunde der erwähnten Akzeptanzstudien wie auch der Online-Aneignungsmuster auf drei Basistypen der Medienkommunikation beziehen:

- „Neugier ausleben" (=Nachrichten über unerwartete, überraschende Ereignisse im urbanen Nahbereich erfahren, um Erregung sowie deren Abbau zu erleben).

- „Ungewissheit mindern" (=durch Berichte und Erzählungen an den Erlebnissen anderer teilhaben und sie als Surrogat nacherleben, um daraus Lebenssicherheit zu gewinnen).

- „Persönlichen Erfolg sichern" (=durch nutzwertige Informationen sich einen persönlichen Vorteil sichern, um möglichst effizient das Leben organisieren und in der Konkurrenz zu anderen einen Vorteil gewinnen zu können).

Wie die seit den 70er Jahren mannigfach durchgeführten Inhaltsanalysen lokaler Medienangebote immer aufs Neue belegen, folgt die Aussagenproduktion lokaler Medien nicht den Maximen des informatorischen und politischen Journalismus (wie dies für den Nachrichtenteil der Zeitung oder die Rundfunknachrichten zutreffen mag), sondern viel eher denen eines Thematisierers, der das Stadtgespräch moderiert und die Mediennutzer als Mit-Kommunikatoren in die Aussagenproduktion einbezieht. Das heißt: In der lokalen Kommunikation sind die Informationsgeber, die Kommunikatoren und die Empfänger funktional nicht zu trennen, vielmehr aufeinander bezogen und vielfältig rückgekoppelt (Haller et al. 1995, 202).

So gesehen ist der professionell gemachte Lokalteil der Zeitung per se ein „Chat", freilich ohne die Möglichkeit der Echtzeit-Kommunikation. Und die Mediennutzung der Leser ähnelt derjenigen des Online-Flaneurs, der zwar global kommuniziert, im Grunde jedoch seine Orientierungswünsche (Neugier; Sicherheit; Suche nach Vorteil) auf seine Nahwelt richtet und über Kommunikation einzulösen sucht. Die von Apple 1995 für seinen Online-Dienst „eWorld" entwickelte Bildschirm-Oberfläche zeigte übrigens die Silhouette einer Kleinstadt mit Marktplatz, Rathaus und der Kirche, die mitten im Dorf steht.

## 10. Simulation sozialer Interaktionen

Ob Lokalzeitung, lokaler Rundfunk oder Online: Die auf den Nahbereich bezogene oder das „global village" inszenierende Medienkommunikation – so unsere These – funktioniert in erster Linie nicht zum Zweck der Informationsvermittlung, sondern als Simulation sozialer Interaktionen.

Wir wissen bis heute freilich erst wenig über die nichtprofessionellen Nutzungswünsche und -erfahrungen im Umgang mit Online. Doch die hier skizzierten Beobachtungen und Berichte lassen vermuten, daß unter der sich verbreitenden Etikette „Informationsgesellschaft" außerhalb des professionellen Bereichs kaum Informationsfunktionen, hingegen weitgreifende, auf soziale Integration angelegte Orientierungsfunktionen zur Entfaltung kommen, wie sie für den urbanen Nahbereich nun eben typisch (und angemessen) sind.

Um diese ins Bild zu setzen: Nach der Arbeit schaut man real oder virtuell im Wirtshaus vorbei und läßt sich den aktuellen Klatsch am Stammtisch erzählen, spaziert über den Friedhof und beobachtet eine Trauergemeinde, schaut sich die Eheverkündigungen im Aushang des Standesamts an, setzt sich vielleicht in die Gerichtsverhandlung des Landgerichts, da heute Urteilsverkündung ist, ergattert auf dem Heimweg im Lebensmittelgeschäft ein aktuelles Sonderangebot und überlegt sich später, ob man zwei Karten für die Abendvorstellung des Kinos buchen soll, dessen Vorspann man sich zuhause auf dem Bildschirm hat ansehen können.

Der mit dieser Art der Medienkommunikation verbundene Mangel bezieht sich auf die Erlebnisrealität: Die Onlinebeziehungen sind, wenn es um mehr als Datenaustausch geht, doch nur Begegnungen der dritten, der virtuellen Art. Sie leben und erhalten sich in der Zwischenwelt der Imagination, die das Mögliche vom Tatsächlichen trennt. Die Online-Euphoriker sehen auch darin einen Vorteil: „Der Umweg über Telekommunikationsmittel erleichtert den zwanglosen Austausch gegenüber der Body-to-body-Kommunikation", urteilt Florian Rötzer: „Man kann sich besser verstellen, neue Kommunikationsformen ausprobieren, mit ihnen spielen, sich aber auch jederzeit aus ihnen ausklinken." (1995, 163). Doch was geschieht dann?

## Literatur

*Berg*, Klaus / Marie-Luise *Kiefer* (1996): Massenkommunikation V. Eine Langzeitstudie zur Mediennutzung und Medienbewertung 1994-1995. Baden-Baden: Nomos Verlagsgesellschaft.
*Castells*, Manuel (1989): The Informational City: Information Technology, Economic Restructuring, and the Urban-Regional Process Cambridge, MA: Blackwell.
*Eurich*, Claus / Gerd *Würzburg* (1980): 30 Jahre Fensehalltag. Wie das Fernsehen unser Leben verändert hat. Reinbek: Rowohlt Verlag.
*Gibson*, William (1987): Neuromancer. München: Heyne Verlag.
*Haller*, Michael / Felix *Davatz* / Matthias *Peters* (1995): Massenmedien, Alltagskultur und Partizipation. Zum Informationsgeschehen in städtischen Gesellschaften. Basel: Helbing & Lichtenhahn
*Herrmann*, Caroline (1993): Im Dienste der örtlichen Lebenswelt. Lokale Presse im ländlichen Raum. Opladen: Westdeutscher Verlag.
*Jonscher*, Norbert (1995): Lokale Publizistik. Theorie und Praxis der örtlichen Berichterstattung. Opladen: Westdeutscher Verlag.
*Kurp*, Matthias (1994): Lokale Medien und kommunale Eliten. Partizipatorische Potentiale des Lokaljournalismus bei Printmedien und Hörfunk. Opladen: Westdeutscher Verlag.
*Leary*, Timothy (1993): „Die Macht des Individuums durch elektronische Wirklichkeiten erweitern." In: *Rötzer*, Florian / Peter *Weibel* (Hrsg.): Cyberspace. Zum medialen Gesmatkunstwerk. München: Klaus Boer Verlag, S.137-139.
*McLuhan*, Marshall / Bruce R. *Powers* (1995): The Global Village. der Weg der Mediengesellschaft in das 21. Jahrhundert. Paderborn: Jungfermann Verlag
*Mitchell*, William J. (1995): City of bits - space, place, and the InfobahnCambridge, MA: Massachusetts Institute of Technology
*Rager*, Günther / Martin *May* (1992): „Dem Publikum auf der Spur. Eine Untersuchung zur Zukunft der Zeitung." In: *Rager*, Günther / Petra *Werner* (Hrsg.): Die tägliche Neu-Erscheinung. Münster: Lit Verlag, S. 25-43.
*Rheingold*, Howard (1992): Virtuelle Welten. Reisen im Cyberspace. Reinbek: Rowohlt Verlag.
*Rötzer*, Florian (1995): Die Telepolis. Urbanität im digitalen Zeitalter. Mannheim: Bollmann Verlag.

*Joachim Trebbe / Hans-Jürgen Weiß*

# Lokale Thematisierungsleistungen

**Der Beitrag privater Rundfunkprogramme zur publizistischen Vielfalt in lokalen Kommunikationsräumen**

Aus heutiger Sicht - in der Mitte der neunziger Jahre - kann man zwei Phasen der Einführung privater Radio- und Fernsehprogramme in Deutschland als abgeschlossen bezeichnen. Die Etablierungsphase, in der die gesetzlichen Grundlagen für die Veranstaltung privater Rundfunkprogramme diskutiert und verabschiedet wurden, kann etwa auf das Ende der siebziger Jahre bis zur Mitte der achtziger Jahre datiert werden. Daran schloß sich - bis heute andauernd - die ökonomische Konsolidierung der privaten Rundfunkmedien an. Geht man davon aus, daß die heute vorfindbaren Strukturen im privaten Rundfunksektor als etabliert und konsolidiert gelten können, stellt sich aus medienpolitischer und kommunikationswissenschaftlicher Perspektive die Frage, ob die publizistischen Zielvorstellungen, die mit der Einführung privater Rundfunkangebote verknüpft waren, erfüllt sind (vgl. Jarren / Widlok 1985).

Im folgenden werden Ergebnisse einer Studie vorgestellt, die sich mit einem spezifischen Aspekt dieser Fragestellung, den lokalpublizistischen Leistungen privater Lokalradio- und Lokalfernsehprogramme befaßt (vgl. Trebbe 1996).[1] Der konkrete Kommunikationsraum, in dem der Beitrag privater Lokalradio- und Lokalfernsehprogramme zur lokalpublizistischen Vielfalt exemplarisch untersucht wird, ist die Region Augsburg, einer der 22 lokalen Rundfunkstandorte in Bayern.

## 1. Problemstellung

Knoche unterscheidet zwischen drei Dimensionen publizistischer Vielfalt (vgl. Knoche 1980, 131). Intermediale publizistische Vielfalt bezieht sich danach auf

---

1 Die Untersuchung wurde vom Göttinger Institut für angewandte Kommunikationsforschung im Auftrag der Bayerischen Landeszentrale für neuen Medien durchgeführt.

die Unterschiedlichkeit der Medienberichterstattung im Kontext des gesamten - u.a. durch Hörfunk und Fernsehen, Tagespresse und Zeitschriften - konstituieren Mediensystems. Intramediale publizistische Vielfalt bezeichnet den jeweiligen Kontext von Mediengattungen, also etwa die Unterschiedlichkeit der Berichterstattung in mehreren Zeitungen oder in mehreren Radioprogrammen. Publizistische Binnenvielfalt schließlich kann man mit dem Begriff der Ausgewogenheit innerhalb eines Mediums oder sogar eines Beitrages gleichsetzen.[2]

*Dimensionen publizistischer Vielfalt* — Schaubild 1

| VIELFALTS-DIMENSION | Publizistische Vielfalt | | |
|---|---|---|---|
| VIELFALTSFORM | Intermediale Vielfalt | Intramediale Vielfalt | Binnenvielfalt |
| EMPIRISCHE BEZUGSEBENE | Mediensystem | Mediengattung | Medium   Beitrag |

Unter den Bedingungen der dualen Rundfunkordnung in Deutschland im allgemeinen und des auf lokale Kommunikationsräume fokussierten 'bayerischen Modells' für die Veranstaltung von privatem Rundfunk im besonderen rücken die beiden erstgenannten Dimensionen publizistischer Vielfalt ins Zentrum der Analyse (vgl. Gebrande 1994). Da es eines der Ziele der Einführung des privaten Rundfunks war, publizistische Defizite auszugleichen, die durch die weit verbreitete Monopolisierung lokaler Zeitungsmärkte entstanden waren, geht es dabei insbesondere um den intermedialen Vergleich der lokalpublizistischen Leistungen von lokalem Hörfunk und Fernsehen auf der einen und der lokalen Tagespresse auf der anderen Seite (vgl. Jarren 1985, 28).

Obwohl man im Gegensatz zu früheren Literaturberichten heute geradezu von einer Flut von Studien zur lokalen Kommunikationsforschung sprechen kann,[3] sind medienvergleichende Analysen, die die Herstellung publizistischer Vielfalt

---

[2] In ähnlicher Weise unterscheiden McQuail / Cuilenburg zwischen folgenden Vielfaltsdimensionen: Makroebene = ganzes Mediensystem, Mesoebene = ein Medientyp und Mikroebene = ein Medium (vgl. McQuail / Cuilenburg 1982, 684).

[3] Synopsen zur Erforschung lokaler Kommunikation sind vor allem gegen Ende der 70er Jahre (Saxer 1978 und 1980, Dorsch 1978) und Anfang der 80er Jahre (Rager / Schibrani 1981, Wilking 1984) erschienen. Ein Überblick über Untersuchungen zur publizistischen Leistung des Lokalradios stammt von R. Weiß (1992).

in lokalen Kommunikationsräumen sowohl auf der Ebene der Medienangebote als auch auf der Ebene der Mediennutzung erfassen, nach wie vor Mangelware. Der Rückgriff auf die bisherige Erforschung lokaler Kommunikation war daher für die Entwicklung der Konzeption und Methode der vorliegenden Studie nur in Grenzen ertragreich (vgl. zum folgenden Schaubilder 2 und 3):

*Studien zur Erforschung der publizistischen Leistung der lokalen Tagespresse* — Schaubild 2

| Autoren | Jahr | Titel | Inhalte | | | Nutzung | | |
|---|---|---|---|---|---|---|---|---|
| | | | TZ | HF | TV | TZ | HF | TV |
| Knoche | 1968 | Kommentar und Kritik im Lokalteil der Tagespresse in der Bundesrepublik Deutschland | + | - | - | - | - | - |
| Knoche/Schulz | 1969 | Folgen des Lokalmonopols von Tageszeitungen | + | - | - | - | - | - |
| Hüther/Scholand/Schwarte | 1973 | Inhalt und Struktur regionaler Großzeitungen | + | - | - | - | - | - |
| Zoll | 1974 | Wertheim III | + | - | - | - | - | - |
| Stofer | 1975 | Auswirkungen der Alleinstellung | + | - | - | - | - | - |
| Noelle-Neumann | 1976 | Streitpunkt lokales Pressemonopol | + | - | - | - | - | - |
| Schönbach | 1978 | Die isolierte Welt des Lokalen | + | - | - | - | - | - |
| Rohr | 1978 | Lokale Berichterstattung | + | - | - | - | - | - |
| Benzinger | 1980 | Lokalpresse und Macht | + | - | - | - | - | - |
| Rombach | 1983 | Lokalzeitung und Partizipation am Gemeindeleben | + | - | - | - | - | - |
| Fuchs | 1984 | Presse und Organisation im lokalen Kommunikationsraum | + | - | - | - | - | - |
| Jonscher | 1989 | Inhalte und Defizite des lokalen Teils in der deutschen Tagespresse | + | - | - | - | - | - |
| Staab | 1989 | Marktstellung und lokales Informationsangebot regionaler Abonnementszeitungen | + | - | - | - | - | - |
| Wilking | 1990 | Strukturen lokaler Nachrichten | + | - | - | - | - | - |
| Haller/Mirbach | 1995 | Medienvielfalt und kommunale Öffentlichkeit | + | - | - | - | - | - |

*Studien zur Erforschung der publizistischen Leistung des lokalen Rundfunks*  — **Schaubild 3**

| Autoren | Jahr | Titel | Inhalte | | | Nutzung | | |
|---|---|---|---|---|---|---|---|---|
| | | | TZ | HF | TV | TZ | HF | TV |
| Wagner/Schröter/Nawratil | 1989 | Die Programme der Lokalradios in München | - | + | - | - | - | - |
| R. Weiß | 1989 | Programmstrukturen im dualen Hörfunksystem | - | + | - | - | - | - |
| Bucher/Schröter | 1990 | Privat-rechtliche Programme zwischen Kommerzialisierung und publizistischem Anspruch | - | + | - | - | - | - |
| Mathes | 1990 | Programmstruktur und Informationsangebote privater Hörfunksender in Baden-Württemberg | - | + | - | - | - | - |
| Mathes/Scherer | 1992 | Private Hörfunkprogramme in Bayern und Baden-Württemberg im Vergleich | - | + | - | - | - | - |
| Rager | 1982 | Publizistische Vielfalt im Lokalen | + | + | - | - | - | - |
| Schulz/Scherer | 1989 | Die Programme der Lokalradios im Raum Nürnberg | + | + | - | - | - | - |
| Mast/Weigert | 1991 | Medien in der Region | + | + | - | - | - | - |
| R. Weiß/Rudolph | 1993 | Die lokale Welt im Radio | + | + | - | - | - | - |
| K. Weiss | 1993 | Publizistischer Zugewinn durch Lokalfunk? | + | + | - | - | - | - |
| Bentele/Storll | 1986 | Berlin in Presse und Fernsehen | + | - | + | - | - | - |
| Hasebrink/Waldmann | 1988 | Inhalte lokaler Medien | + | + | + | - | - | - |
| Schenk/Fuchs | 1984 | Der Rezipient im lokalen Kommunikationsraum | - | - | - | + | - | - |
| Saxer/Hättenschwiler/Stadler | 1987 | Alte und neue Medien im lokalen Kommunikationsraum | - | - | - | + | + | + |
| Scherer | 1991 | Lokalzeitung und lokaler Hörfunk - Ergänzung oder Ersatz? | - | - | - | + | + | - |
| Liepelt/Neuber/Schenk | 1993 | Lokalradio in Nordrhein-Westfalen. Analysen zur Mediennutzung | - | - | - | - | + | - |
| Scherer | 1992 | Lokalradiohörer und Lokalradioprogramm | - | + | - | - | + | - |

Vor allem ist ein klares Übergewicht der auf die Tagespresse bezogenen Analysen publizistischer Medienleistungen in lokalen Kommunikationsräumen festzustellen. Dies ist zwar durch medienstrukturelle Gegebenheiten, das heißt durch die späte Einführung lokaler Rundfunkmedien, und außerdem dadurch zu erklären, daß sich ein wichtiger Strang der lokalen Kommunikationsforschung seit den 60er Jahren auf die publizistischen und gemeindepolitischen Auswirkungen lokaler Pressemonopole bezieht. Aber auch neuere Untersuchungen zur lokalen Kommunikation sind der Gruppe singulärer Zeitungsanalysen zuzurechnen.

Zwar gibt es seit Ende der 80er Jahre auch Untersuchungen über die Programmangebote lokaler Rundfunkveranstalter. Diese sind konzeptionell jedoch in der Mehrzahl nicht direkt der lokalen Kommunikationsforschung zuzuordnen. Vielmehr handelt es sich dabei in der Regel um ein auf lokale oder regionale Rundfunkveranstalter bezogenes Teilsegment der Programmforschung für die Landesmedienanstalten, deren Ziel vor allem eine allgemeine Übersicht über das Gesamtangebot der neu lizenzierten Programme ist. Eine medienvergleichende Perspektive ist auch für diesen Forschungszweig atypisch. Im besten Fall ist die Forschungsperspektive intramedial, das heißt auf den gattungsimmanenten Vergleich von Rundfunkprogrammen ausgerichtet.

Immerhin sind ab 1988 - sieht man von der frühen Pionierarbeit von Rager aus dem Jahr 1982 ab[4] - einige Studien erschienen, in denen Presse und Rundfunk in lokalen Kommunikationsräumen vergleichend analysiert werden. Lokale Fernsehangebote werden dabei jedoch selten berücksichtigt. Und nur in einem Fall, der Studie von Hasebrink und Waldmann, werden - wie in der vorliegenden Studie - die Inhalte der lokalen Tagespresse, des lokalen Hörfunks und des lokalen Fernsehens miteinander verglichen.[5]

Ein grundsätzliches Defizit bleibt jedoch bestehen. Es betrifft die Analyse publizistischer Medienleistungen in lokalen Kommunikationsräumen aus der Perspektive der Mediennutzer.[6] Rager / Schibrani nennen 1981 in ihrem For-

---

4   Rager (1982) verglich weit vor der Einführung privater Lokalradios die medienspezifischen Leistungen von Tagespresse und Hörfunk unter dem Aspekt der lokalpublizistischen Vielfalt. Bei dem von ihm untersuchten 'Radio Kurpfalz' handelte es sich um ein sogenanntes 'subregionales' Programm des Süddeutschen Rundfunks.
5   Lokale Kommunikationsraumanalysen wie zum Beispiel der Medien- und Kommunikationsatlas Berlin von Bentele / Jarren / Kratzsch (1990) sind zwar medienübergreifend angelegt. Im Kontext der Frage nach der *publizistischen* Vielfalt der lokalen Medienkommunikation kann ist dieser Ansatz jedoch nur begrenzt nutzbar, da das lokale Mediensystem in der Regel aus der Makroperspektive beschrieben wird.
6   Zwar werden in mehreren Studien sogenannte Schlüsselpersonenbefragungen durchgeführt. Diese betreffen jedoch nicht die 'normalen' Mediennutzer und Bürger, sondern Mitglieder lokaler Macht- und Kommunikationseliten, die Lokaljournalisten eingeschlossen (vgl. Rohr 1978, Wolz 1979, Rombach 1983, Fuchs 1984, Benzinger 1980, Haller / Mirbach 1995).

schungsüberblick lediglich eine Studie, die sich mit Rezipienten von Tageszeitungen beschäftigt (vgl. Rager / Schibrani 1981, 506). Die Situation ist heute nicht viel besser. Übersicht 3 weist sechs weitere Studien aus, die die lokale Mediennutzung untersuchen.[7] Dabei ist lediglich die Arbeit von Scherer in den Forschungskontext der Vielfaltsproblematik einzuordnen. Sie ist auch die einzige Untersuchung, die - wie die vorliegende Studie - eine Verbindung zwischen inhaltsanalytisch gewonnenen Mediendaten und Mediennutzungsdaten herstellt.

Der kurze Überblick über die einschlägige Forschung macht deutlich, daß es im Bereich der lokalen Kommunikationsforschung an Untersuchungen fehlt, die die lokalpublizistischen Leistungen von Hörfunk, Fernsehen und Tagespresse, ihren spezifischen Beitrag zur publizistischen Vielfalt in lokalen Kommunikationsräumen, auf der Ebene der Medienangebote *und* der Mediennutzung intermedial vergleichen. Die vorliegende Studie versucht, diese Lücke ansatzweise zu schließen.

## 2. Konzeption

Vier konzeptionelle Prämissen prägen das analytische Gesamtkonzept der Studie:

(1) Der inhaltsanalytische Teil der Studie ist als ein Vergleich der lokalpublizistischen Leistungen von Hörfunk, Fernsehen und Tagespresse konzipiert, der im Sinne der Systematik von Knoche auf die Messung intra- und intermedial relevanter Vergleichsaspekte ausgerichtet ist.

(2) In diesem Kontext wird *kein* Vergleich zwischen außermedialen Faktoren, Strukturen, Ereignissen etc. einerseits und der hierauf bezogenen Berichterstattung der lokalen Medien andererseits durchgeführt. Vielmehr ist der Medienvergleich ausschließlich relational konzipiert: als ein Vergleich der jeweils medienimmanent identifizierten - als medienspezifische Realitätskonstruktionen interpretierten (vgl. Schulz 1989) - lokalpublizistischen Leistungen von Hörfunk, Fernsehen und Tagespresse.

---

7  Reichweitenstudien, die im Auftrag der Landesmedienanstalten (z.B. in Nordrhein-Westfalen und Bayern) durchgeführt werden, sind in dieser Übersicht nicht berücksichtigt.

(3) Im Mittelpunkt der Inhaltsanalysen steht die Thematisierungsleistung der untersuchten lokalen Medien. Dabei geht es primär um den Beitrag der lokalen Funkmedien zur interthematischen Vielfalt, das heißt zur *Ausweitung des Themenspektrums* der lokalen Kommunikation.[8] Hierauf konzentriert sich der nachfolgende Ergebnisbericht.

(4) Schließlich werden die inhaltsanalytischen Medienanalysen durch sekundäranalytische Komplementaritäts- und Konkurrenzanalysen zur Nutzung lokaler Medien - allgemein und im Hinblick auf ihre lokalpublizistischen Angebote - ergänzt.[9] Auf diesen Teil der Studie wird im folgenden nicht eingegangen.

## 3. Methode des Medienvergleichs

Für die Messung lokalpublizistischer Leistungen auf der Ebene der Medienangebote wurden mehrfach gestufte, quantitative Inhaltsanalysen der tagesaktuellen lokalen Medien in der Region Augsburg durchgeführt.[10]

Der 'lokale Kommunikationsraum Augsburg' wurde in Anlehnung an die in Senderstandorte gegliederte Regionalstruktur des in Bayern verbreiteten lokalen Hörfunks auf der Ebene von Verwaltungseinheiten (Kreisen) bestimmt. Er umfaßt diejenigen drei Kreise, in denen sowohl die privaten Lokalradioprogramme des Senderstandorts Augsburg in Stereoqualität als auch das private Lokalfernsehfenster empfangen werden können. Hierzu zählen die kreisfreie Stadt Augsburg, der Landkreis Augsburg und der Landkreis Aichach-Friedberg.

Die im Mittelpunkt der Studie stehenden Radiovollprogramme am Senderstandort Augsburg sind *Radio KÖ* und *Radio RT 1* sowie die gemeinsam auf *Frequenz 93,4* verbreiteten Programme. Hinzu kommt das private Fernsehfenster *TV Augsburg Aktuell*, das von Montag bis Freitag mit einer Länge von 30 Minuten auf der Frequenz von RTL ausgestrahlt wird.

---

8 Der Beitrag der lokalen Funkmedien zur intrathematischen Vielfalt, das heißt zur Erhöhung der Komplexität der öffentlichen Diskussion *einzelner* Themen, wird ansatzweise untersucht.
9 Basis der Sekundäranalyse ist die Funkanalyse Bayern 1995.
10 Als Ereigniszeitraum wurde die 20. Kalenderwoche 1995 (= Montag, 15. Mai bis Sonntag, 21. Mai 1995) ausgewählt. Für die untersuchten Rundfunkmedien ist der Untersuchungszeitraum mit dieser Woche identisch. Die Stichprobe für die lokalen Tageszeitungen wurde um einen Tag zeitversetzt erhoben (Dienstag, 16. Mai bis Montag, 22. Mai), um den produktionstechnisch bedingten time lag der Presseberichterstattung zu kompensieren.

Für den Medienvergleich wurde darüber hinaus der öffentlich-rechtliche *BR-Schwabenspiegel* ausgewählt, ein - nicht ausschließlich, aber doch stark auf Augsburg als Zentrum von Schwaben ausgerichtetes - regionales Hörfunkfenster, das zum Zeitpunkt der Untersuchung von Sonntag bis Freitag zwischen 12 und 13 Uhr im Programm von Bayern 2 ausgestrahlt wurde.

Die lokalpublizistischen Leistungen der Tagespresse im Kommunikationsraum Augsburg wurden *nicht* erschöpfend, das heißt auf der Basis *aller* in diesem Raum verbreiteten, unterschiedlichen Lokalausgaben analysiert. Statt dessen wurden drei lokale Zeitungsausgaben bewußt ausgewählt, die zusammengenommen zwei unterschiedliche Konkurrenzkonstellationen auf dem Zeitungsmarkt im Kommunikationsraum Augsburg repräsentieren. In der Stadt Augsburg erscheint die *Stadtausgabe der Augsburger Allgemeinen* in Monopolstellung. Im Landkreis Aichach-Friedberg konkurriert eine Lokalausgabe der Augsburger Allgemeinen, die *Aichacher Nachrichten*, mit einer Ausgabe des Ingolstädter Donaukuriers, der *Aichacher Zeitung*.

*Die Stichprobe der analysierten lokalpublizistischen Beiträge* — Tabelle 1

| Lokale Medien | Lokalpublizistische Beiträge |
|---|---|
| **Private Hörfunkprogramme** | n = 2839 |
| Radio KÖ | n = 1029 |
| Radio RT 1 | n = 991 |
| Frequenz 93,4 | n = 819 |
| **Öffentlich-rechtliches Hörfunkfenster** | |
| BR-Schwabenspiegel | n = 62 |
| **Privates Fernsehfenster** | |
| TV Augsburg Aktuell | n = 79 |
| **Lokale Tagespresse** | **n = 1726** |
| Augsburger Allgemeine: Stadtausgabe | n = 591 |
| Augsburger Allgemeine: Aichacher Nachrichten | n = 669 |
| Donaukurier (Ingolstadt): Aichacher Zeitung | n = 466 |
| **Gesamt** | **n = 4706** |

Nur die *Lokalpublizistik* der ausgewählten lokalen Funk- und Printmedien ist Gegenstand der vorliegenden Untersuchung. Ihr werden alle journalistischen Beiträge in den untersuchten Medien zugerechnet, die einen manifesten oder latenten inhaltlichen Bezug zum Untersuchungsgebiet aufweisen. Dieser Bezug kann den Kommunikationsraum als ganzen oder Teile davon betreffen und durch die regionale Zuordnung (1) der im Beitrag zu Wort kommenden bzw. erwähnten Akteure, (2) der im Beitrag erwähnten Ereignisorte oder (3) der im Beitrag behandelten Probleme hergestellt werden.

Insgesamt wurden im Untersuchungszeitraum, der 20. Jahreswoche 1995, etwa 4.700 lokalpublizistische Beiträge in den untersuchten Medien erfaßt und insbesondere hinsichtlich ihres journalistischen Genres, ihres Themas, der Art der Themenaufbereitung und der Art der Bezugnahme auf den Kommunikationsraum analysiert (vgl. Tabelle 1).

## 4. Ergebnisse

Lassen sich zwischen den lokalen Medien Hörfunk, Fernsehen und Tageszeitung Unterschiede in der Form der publizistischen Bezugnahme auf den untersuchten lokalen Kommunikationsraum feststellen? Gibt es medienspezifische Schwerpunkte in der Themenauswahl? Welchen Anteil haben die einzelnen Medien an der Gesamtheit der lokalen Themen, über die berichtet wird? - Die auf diese drei Fragen bezogenen Ergebnisse der Studie werden im folgenden zusammengefaßt.

*Journalistische Grundformen der Lokalpublizistik*
Für jede der untersuchten Mediengattungen ist eine andere Kombination lokalpublizistischer Angebotssparten typisch (vgl. Tabelle 2). Diese umfaßt bei den lokalen Radiovollprogrammen drei (Informations-, Service- und Unterhaltungsbeiträge), bei den lokalen Funkfenstern im wesentlichen ein (Informationsbeiträge) und in der lokalen Tagespresse zwei Genres (Informations- und Servicebeiträge).

Vom Umfang her ist vor allem die Lokalpublizistik des Radio- und Fernsehfensters, aber auch diejenige der Tagespresse eindeutig durch journalistisch aufbereitete Informationsbeiträge geprägt. Im Fall der drei lokalen Radiovollprogramme schwankt der Anteil der journalistischen Informationsbeiträge am Gesamtvolumen der Lokalpublizistik dagegen sehr stark: zwischen 30 und 60 Prozent.

Das heißt, daß bei den lokalen Radiovollprogrammen der Stellenwert der journalistisch informierenden Lokalpublizistik offensichtlich stark von der Programmphilosophie des jeweiligen Programmveranstalters abhängig ist. Dabei sind lokale Information und lokale Unterhaltung zueinander komplementäre

Programmkomponenten: je höher der Anteil lokaler Unterhaltung, desto niedriger der Anteil lokaler Information und umgekehrt. Eine mit dieser radiospezifischen Formatierung der Lokalpublizistik vergleichbare Konstellation von Angebotsalternativen gibt es in der Tagespresse nicht.

*Journalistische Grundformen der Lokalpublizistik in Hörfunk, Fernsehen und in der Tagespresse[1]*  **Tabelle 2**

| Journalistische Grundformen | Privater Hörfunk t=31:53[2] | Öff.-re. Hörfunkfenster t=01:31 | Priv. Fernsehfenster t=01:29 | Lokale Tagespresse s=150[3] |
|---|---|---|---|---|
| Informationsbeiträge (Nachrichten, Berichte, Kommentare, Meldungen, Informationsmoderationen, Studiogespräche, Filmbeiträge etc.) | 52 | 92 | 91 | 72 |
| Veranstaltungshinweise (Musik, Kino, Sport, Politik, Kultur, Kirche etc.) | 3 | 2 | 3 | 15 |
| Servicehinweise (Wetter, Verkehr, Bäder, ärztliche Notdienste etc.) | 20 | 4 | 2 | 7 |
| Sportergebnislisten | - | - | - | 4 |
| Unterhaltungsbeiträge (unterhaltende Moderation, Quiz, Spiele, etc.) | 24 | 2 | 4 | - |
| Höreranrufe[4] und Leserbriefe | 1 | - | - | 2 |
| **Gesamt** | **100** | **100** | **100** | **100** |

(1) In Prozent, bezogen auf den Umfang bzw. die Fläche der Beiträge.
(2) Stunden : Minuten.
(3) Seiten (im Rheinischen Format).
(4) In dieser Zeile nicht ausgewiesen sind Höreranrufe, die Teil von Informations- oder Unterhaltungsbeiträgen sind.

Andererseits scheint der Anteil der lokalen Servicebeiträge an der Lokalpublizistik der Radiovollprogramme weitgehend formatunabhängig zu sein. Faßt man die klassischen, radiotypischen Servicebereiche (Wetter, Verkehr etc.) und lokale Veranstaltungshinweise unter dieser Rubrik zusammen, liegt dieser Anteil bei den drei Programmen zwischen 21 und 26 Prozent. Auf etwa denselben

Wert kommt der Serviceanteil der Lokalpublizistik in der Tagespresse; dabei nehmen allerdings Veranstaltungshinweise den weitaus größten Anteil ein.

Insgesamt zeigt sich, daß im Bereich der originär journalistischen Informationsgebung über lokale Themen alle drei Medientypen (Lokalradio, lokale Funkfenster, lokale Tagespresse) konkurrieren. Im Bereich der Serviceleistungen wird die Konkurrenz primär zwischen den lokalen Radiovollprogrammen und der lokalen Tagespresse - allerdings mit unterschiedlichen Schwerpunktsetzungen - ausgetragen. Und im Bereich der lokalen Unterhaltung nehmen die Radiovollprogramme eine Art Monopolstellung ein. Die anderen lokalen Medien verfügen nicht oder nur in Grenzen über lokalpublizistische Angebote, die mit diesem Radiogenre (unterhaltende Moderation, Gespräche und Spiele mit Hörern etc.) vergleichbar wären.

*Themenstruktur der lokalen Informationsbeiträge*
Nicht nur bei den journalistischen Vermittlungsformen, sondern auch in der Themenstruktur der lokalen Informationsgebung lassen sich wiederum typische, voneinander deutlich zu unterscheidende, medienspezifische Profile der privaten Lokalradioprogramme, der beiden Radio- bzw. Fernsehfenster und der lokalen Tagespresse aufzeigen (vgl. Tabelle 3).

Die lokale Information der privaten Radioprogramme und der Tagespresse konzentriert sich im wesentlichen auf drei Themenbereiche. Die Informationsleistung der Radiovollprogramme - im Durchschnitt gut die Hälfte ihrer Lokalpublizistik - betrifft vor allem lokale Politik (18 Prozent), lokalen Sport (13 Prozent) und Themen, die in der privaten Lebenswelt der Hörer verankert sind (10 Prozent). Die Lokalberichterstattung der Tagespresse - im Durchschnitt knapp drei Viertel ihrer Lokalpublizistik - behandelt vorwiegend Themen und Ereignisse aus dem gesellschaftlichen, kulturellen etc. Leben (25 Prozent), dem lokalen Sport (20 Prozent) und der lokalen Politik (18 Prozent).

Im Mittelpunkt der lokalen Information des öffentlich-rechtlichen Radio- und des privaten Fernsehfenster (jeweils über 90 Prozent ihrer Lokalpublizistik) stehen dieselben beiden Themenbereiche: lokale Politik (52 bzw. 46 Prozent) und Beiträge über gesellschaftliche, kulturelle etc. Ereignisse und Themen (35 bzw. 34 Prozent).

| Lokale Informationsthemen in Hörfunk, Fernsehen und in der Tagespresse[1] | | | | Tabelle 3 |

| Informationsthemen | Privater Hörfunk t=31:53 | Öff.-re. Hörfunkfenster t=01:31 | Priv. Fernsehfenster t=01:29 | Lokale Tagespresse s=150 |
|---|---|---|---|---|
| Lokale Informationsbeiträge[2] | 52 | 92 | 91 | 72 |
| • Politik | 18 | 52 | 46 | 18 |
| • Verwaltung | 1 | - | 2 | 3 |
| • Gesellschaft | 7 | 35 | 34 | 25 |
| • Sport | 13 | - | 2 | 20 |
| • Human Touch | 3 | 5 | 6 | 5 |
| • Private Lebenswelt | 10 | - | 1 | 1 |
| Andere lokale Beiträge | 48 | 8 | 9 | 28 |
| **Gesamt** | **100** | **100** | **100** | **100** |

(1) In Prozent, bezogen auf den Umfang bzw. die Fläche der Beiträge.
(2) Ohne Serviceinformationen.

Die - aus allgemeinem Blickwinkel - überraschende Ähnlichkeit der Themenstruktur der Lokalberichterstattung der beiden Fensterprogramme muß etwas relativiert werden, wenn man die Berichterstattungsthemen im einzelnen betrachtet. Dann zeigt sich zum Beispiel die größere Tendenz des öffentlichrechtlichen Fensterprogramms zur 'offiziösen' Lokalpolitik oder die breitere Themenpalette des Fernsehfensters bei nicht-politischen Beiträgen über das gesellschaftliche Leben in der Region Augsburg. Andererseits scheint die gemeinsame Fenstercharakteristik nicht nur für eine formale, sondern auch für eine inhaltliche Konvergenz der Lokalpublizistik beider Programme verantwortlich und damit lokalpublizistisch folgenreicher zu sein als mediale (Hörfunk vs. Fernsehen) und institutionelle (öffentlich-rechtlich vs. privat) Faktoren.

Daß das Themenspektrum der Lokalberichterstattung in der lokalen Tagespresse und in den lokalen Radiovollprogrammen breiter ist als in den beiden Fensterprogrammen, verwundert nicht. Beide Medien haben hierfür sehr viel mehr Raum bzw. Zeit zur Verfügung. Im vorliegenden Untersuchungszusammenhang interessanter ist dagegen der thematische Vergleich der Lokalberichterstattung dieser beiden 'Hauptakteure' der lokalen Medienkommunikation:

Da in der Tagespresse der Anteil der originär journalistischen Lokalinformation am Gesamtvolumen der Lokalpublizistik deutlich größer ist als bei den Radiovollprogrammen, deckt die Tagespresse vier der sechs Themenkategorien für lokale Informationsleistungen stärker ab als das Radio. Besonders deutlich betrifft das die nicht im engeren Sinn politische Berichterstattung über das gesellschaftliche, kulturelle etc. Leben in der Region Augsburg (25 vs. 7 Prozent) und auch den lokalen Sport (20 vs. 13 Prozent). Nur bei Themen, die sich auf die private Lebenswelt der lokalen Mediennutzer beziehen (wie zum Beispiel medizinische Ratgeberbeiträge etc.), rangiert das Radio vor der Tagespresse (10 vs. 1 Prozent).

Überraschenderweise ist allerdings der Anteil der Berichterstattung über lokale Politik am Gesamtvolumen der Lokalpublizistik beider Medien gleich. Jeweils knapp ein Fünftel ihrer Lokalpublizistik besteht aus journalistischen Beiträgen zu lokalpolitischen Themen. Auf den medienspezifischen Rangskalen der lokalpublizistischen Informationsleistungen rangiert lokale Politik damit bei den lokalen Radiovollprogrammen an erster, in der lokalen Tagespresse an dritter Stelle.

*Medienspezifische Beiträge zur Themenvielfalt lokaler Information*
Ein methodisches Problem bei medienvergleichenden Analysen lokalpublizistischer Leistungen ist die unterschiedliche 'materielle' Basis dieses Vergleichs. Die lokalpublizistischen Angebote der Tagespresse, des Hörfunks und des Fernsehens werden unter medienspezifisch unterschiedlichen Voraussetzungen produziert und in unterschiedlicher Form in unterschiedlichen Medienkontexten verbreitet. In den Analysen, deren Ergebnisse in den vorstehenden Abschnitten referiert wurden, wurden diese medienspezifischen Differenzen 'bedingt neutralisiert':

Pro Medium wurde der Gesamt-Output an lokaler Publizistik - jeweils bemessen an einschlägigen Beiträgen und gewichtet durch deren zeitlichen Umfang (Hörfunk und Fernsehen) bzw. Fläche (Tagespresse) - als das 'lokalpublizistische Universum' definiert, das jeweils medienspezifisch formatiert, das heißt unter formalen und inhaltlichen Gesichtspunkten gestaltet werden kann. Ein Medienvergleich auf dieser Grundlage dokumentiert *auf relationaler Basis* (man könnte auch sagen: im Vergleich der jeweiligen Binnensicht), wie die untersuchten lokalen Medien ihren Selektions- und Gestaltungsspielraum nutzen.

Von außen, zum Beispiel aus der Perspektive der Mediennutzer betrachtet, ist der Vergleich medienimmanenter Gewichtungen allerdings nur bedingt aussagefähig. Abgesehen von den dabei neutralisierten, ggf. jedoch unterschiedlichen absoluten Ausgangswerten, die für eine allgemein stärkere oder allgemein schwächere Berücksichtigung der Lokalpublizistik in den untersuchten Tageszeitungen, Radio- und Fernsehprogrammen sprechen würden, erschweren im engeren Sinn 'medienspezifische' Differenzen den Vergleich. Sind zum Beispiel auf Flächenanteile in der Tagespresse bezogene Prozentwerte mit Prozentwerten vergleichbar, die sich auf Sendezeitanteile in Radiovollprogrammen beziehen? - Die methodischen Probleme sind unübersehbar. Im folgenden wird daher eine hierzu alternative, in der Pilotstudie erprobte Strategie des Vergleichs lokalpublizistischer Medienleistungen vorgestellt.

Eingegrenzt auf die lokalen Informationsbeiträge der drei Radiovollprogramme, des Fernsehfensters und einer Zeitungsausgabe (der Stadtausgabe der Augsburger Allgemeinen) zu den vier Themenbereichen: Politik, Gesellschaft, Human Touch und private Lebenswelt wurde zunächst ermittelt, über welche unterschiedlichen Einzelthemen im Untersuchungszeitraum insgesamt berichtet wurde.[11] Die auf diese Weise identifizierten n = 387 Einzelthemen wurden als Untersuchungseinheiten bzw. Fälle definiert und daraufhin untersucht, in welchen Medien sie aufgegriffen und zum Gegenstand der lokalen Informationsgebung gemacht wurden. Die Ergebnisse einer derart konzipierten medienvergleichenden Analyse geben in mehrfacher Hinsicht Aufschluß über die *interthematische Vielfalt der medienvermittelten Kommunikation* in lokalen Kommunikationsräumen.

Im *ersten Analyseschritt* wird der ungewichtete Anteil, den die untersuchten Medien an der Gesamtberichterstattung über lokale Informationsthemen haben, ermittelt. Das heißt, daß die bei den einzelnen Medien von Thema zu Thema ggf. unterschiedliche Intensität der Berichterstattung (zum Beispiel kurze bzw. einmalige Berichterstattung vs. ausführliche bzw. mehrfache Berichterstattung) zunächst nicht berücksichtigt wird.

---

11 Aus dieser Informationsanalyse ausgeklammert wurden erstens (wegen zu geringer Fallzahlen) die gesamte Lokalberichterstattung des lokalen Radiofensters und zweitens die Sportberichterstattung und die Servicebeiträge (einschließlich Veranstaltungshinweisen und Sportergebnislisten) der übrigen Medien.

Im Ergebnis dieser Analyse zeigt sich erstens ganz allgemein, daß der Anteil der Themen, die von Tagespresse, Hörfunk und Fernsehen jeweils exklusiv in die lokale Kommunikation eingebracht werden, mit über 80 Prozent sehr hoch ist (vgl. Tabelle 4). Der Anteil der Tagespresse an dieser *themenspezifischen Exklusivitätsquote* ist mit 45 Prozent am höchsten. An zweiter Stelle folgen die lokalen Radiovollprogramme mit 31 Prozent. Das lokale Fernsehfenster hat mit sechs Prozent den geringsten exklusiven Anteil an der Gesamtheit der von den drei Medien thematisierten lokalen Geschehnisse und Ereignisse.

*Die Verteilung lokaler Informationsthemen auf Hörfunk, Fernsehen und Tagespresse[1]*

Tabelle 4

| Lokale Einzelthemen... | Anzahl der Einzelthemen | in Prozent |
|---|---|---|
| ... in einem Medientyp | 313 | 81 |
| *Lokaler Hörfunk (3 Vollprogramme)* | *119* | *31* |
| *Lokales Fernsehen (1 Fensterprogramm)* | *20* | *5* |
| *Lokale Tagespresse (1Zeitungsausgabe)* | *174* | *45* |
| ... in zwei Medientypen | 57 | 15 |
| *Hörfunk/Fernsehen* | *16* | *4* |
| *Hörfunk/Tagespresse* | *39* | *10* |
| *Tagespresse/Fernsehen* | *2* | *1* |
| ... in drei Medientypen | 17 | 4 |
| **Gesamt** | **387** | **100** |

(1) Bezogen auf lokale Politik, Gesellschaft, Human Touch und private Lebenswelt.

Die größte thematische Überschneidung gibt es zwischen der Lokalberichterstattung von Hörfunk und Tagespresse (10 plus 4 Prozent), am geringsten ist sie zwischen lokalem Fernsehen und lokaler Tageszeitung (1 plus 4 Prozent). Auch die Quote der von allen drei lokalen Medien behandelten Themen ist mit 4 Prozent sehr gering.

Wenn man in einem *zweiten Analyseschritt* die Intensität (das heißt: Anzahl und Umfang bzw. Fläche der Beiträge), mit der die untersuchten Medien über die insgesamt n = 387 lokalen Themen berichten, als Gewichtungsfaktoren berücksichtigt, ist es möglich, die *berichterstattungsspezifischen Exklusivitäts- bzw. Überschneidungsquoten* der lokalen Informationsgebung in den untersuchten Medien zu identifizieren. Die Exklusivitätsquoten lassen sich als Maß für den Beitrag der untersuchten Medien zur interthematischen Vielfalt der medienvermittelten Lokalkommunikation interpretieren. Die Überschneidungsquoten sind in weiterführenden Untersuchungen unter dem Aspekt der intrathematischen Vielfalt zu analysieren.

Im Ergebnis dieser Analyse zeigt sich, daß die lokale Tagespresse nicht nur - wie aus Tabelle 4 ersichtlich - den größten Anteil an den exklusiv von den lokalen Medien in die lokale Öffentlichkeit eingebrachten Informationsthemen hat. Bei ihr ist auch der Anteil der Berichterstattung über diese exklusiven Themen an der gesamten lokalen Informationsgebung am stärksten ausgeprägt. Etwa zwei Drittel der Lokalberichterstattung in der untersuchten Stadtausgabe der Augsburger Allgemeinen beziehen sich auf Themen, die weder in den drei lokalen Radiovollprogrammen noch im lokalen Fernsehfenster angesprochen werden (vgl. Tabelle 5).

*Exklusivität und Überschneidungen in der lokalen Informationsgebung von Hörfunk, Fernsehen und Tagespresse[1]* | Tabelle 5

| Exklusivität / Überschneidungen | Lokaler Hörfunk[2] t=12:34 | Lokales Fernsehen t=1:20 | Lokale Tagespresse[3] s=32 |
|---|---|---|---|
| **Thematisch exklusiv:** | | | |
| = Beiträge in *einem* lokalen Medientyp | 53 | 44 | 65 |
| **Thematische Überschneidung:** | | | |
| = Beiträge in *zwei* lokalen Medientypen | 20 | 27 | 17 |
| *Hörfunk / Fernsehen* | 8 | 22 | - |
| *Hörfunk / Presse* | 12 | - | 16 |
| *Presse / Fernsehen* | - | 5 | 1 |
| **Thematische Überschneidung:** | | | |
| = Beiträge in *drei* lokalen Medientypen | 27 | 29 | 18 |
| **Gesamt** | **100** | **100** | **100** |

(1) In Prozent, bezogen auf den Umfang bzw. die Fläche der Beiträge.

Aber auch die thematische Exklusivitätsquote der lokalen Informationsgebung der drei Radiovollprogramme ist mit zusammengenommen 53 Prozent recht hoch (hörfunkinterne Themenüberschneidungen wurden in dieser Analyse nicht berücksichtigt). Nur im Fall des Fernsehfensters ist die thematische Exklusivitätsquote der Lokalberichterstattung (44 Prozent) niedriger als die Summe der verschiedenen Themenüberschneidungen.

Das bedeutet zusammengenommen, daß alle drei Medien einen substantiellen Beitrag zur interthematischen Vielfalt der medienvermittelten Lokalkommunikation in dem untersuchten Kommunikationsraum leisten. Überraschender als die - durch andere Analysen bekannte und hier bestätigte - Leitfunktion der Tagespresse als 'Themengeberin' der medienvermittelten Lokalkommunikation erscheint uns das Ergebnis, daß ihr die relativ jungen lokalen Funkmedien in dieser Funktion nicht weit nachstehen.

Im Hinblick auf medienexterne Überschneidungen der Themenstruktur der Lokalberichterstattung zeigt sich einerseits bei allen drei lokalen Medien eine ähnliche Struktur, andererseits sind ganz bestimmte 'Medien-Affinitäten' nicht zu übersehen:

Ähnlich sind sie sich insofern, als bei allen Medien hinter dem ersten Rang für die exklusive Behandlung lokaler Themen die thematische Überschneidung der Lokalberichterstattung *mit allen übrigen Konkurrenten* auf dem lokalen Informationsmarkt an zweiter Stelle rangiert. Die Lokalberichterstattung im lokalen Fernsehfenster und in der lokalen Tagespresse hat außerdem jeweils noch nennenswerte exklusive thematische Überschneidungen mit dem lokalen Hörfunk. Aus der Perspektive des lokalen Hörfunks ist die exklusive thematische Überschneidung der Lokalberichterstattung mit der Tagespresse größer als mit dem lokalen Fernsehfenster.

## 5. Diskussion

Dort, wo die Öffnung des Rundfunks für private Programmanbieter in Deutschland zur Einführung lokaler Hörfunk- und Fernsehprogramme geführt hat, hat sich die Gesamtstruktur der in lokalen Kommunikationsräumen angebotenen und lokalen Mediennutzern verfügbaren Lokalpublizistik nachhaltig verändert. Die Prozesse, die zu der in den vorigen Abschnitten beschriebenen lokalpublizistischen Positionierung von Radio, Fernsehen und Tagespresse in lokalen Kommunikationsräumen - wie zum Beispiel in der Region Augsburg - geführt haben, können auf der Basis einer Querschnittsanalyse wie der vorliegenden nicht nachvollzogen werden. Jedoch geht aus der Summe der Einzelbefunde dieser Studie deutlich hervor, daß jedes Medium im Ergebnis dieses Prozesses ein spezifisches Profil zwischen partieller lokalpublizistischer Komplementariat und partieller lokalpublizistischer Konkurrenz entwickelt hat.

Unter Komplementaritätsgesichtspunkten sind im Lokalradio zum Beispiel die stark auf Hörerpartizipation angelegten Informations- und Unterhaltungsformen zu nennen, die sich zu einem großen Teil im Grenzbereich eines traditionelljournalistischen Verständnisses von lokaler Publizistik bewegen.[12] Zu dieser zwar medienvermittelten, jedoch sehr direkten Form einer zumeist eher belanglosen 'lokalen Plauderei' gibt es besonders in der Tagespresse kein Gegenstück. Leserbriefe, so zeigt die Studie, sind im Regelfall auf einer ganz anderen Kommunikationsebene, dem rationalen Diskurs lokaler Probleme, angesiedelt.

Im Bereich der Serviceleistungen sind sowohl Komplementaritäts- als auch Konkurrenzdimensionen zwischen Lokalradio und lokaler Tagespresse zu identifizieren. Niemand wird zum Beispiel dem Lokalradio die medienspezifisch (fast) singuläre Funktion absprechen, lokal relevante Wetter- und Verkehrsmeldungen in rascher Aktualisierung zu verbreiten. Andererseits hat das Gesamtvolumen der unterschiedlichsten lokalen Serviceleistungen in der Lokalzeitung einen ähnlich hohen Stellenwert wie im Lokalradio. Insbesondere der Veranstaltungsservice der Tagespresse ist sehr ausführlich und insofern ein ernstzunehmendes lokalpublizistisches Konkurrenzangebot zu den vergleichbaren Leistungen des Radios.

Im journalistischen Kernbereich lokaler Publizistik, in dem es um die Versorgung der Bürger mit journalistisch aufbereiteten Informationen, um Nachrichten, Meldungen, Berichte etc. zu lokalen Themen geht, haben sich die lokalen Medien wiederum zum Teil komplementär, zum Teil in Konkurrenz zueinander positioniert. In diesem Zusammenhang haben die vergleichenden Medienanalysen zwei, in dieser Deutlichkeit nicht unbedingt zu erwartende Ergebnisse erbracht:

Erstens ist das Gewicht der politischen Berichterstattung nicht nur in der Lokalpublizistik der Tagespresse, sondern auch in der Lokalpublizistik der Funkmedien unübersehbar. Wenn sich jeweils etwa ein Fünftel der Lokalpublizistik von Hörfunk und Tagespresse auf im weitesten Sinne lokalpolitische Themen bezieht, dann deutet sich auf dieser Ebene ein ernstzunehmender publizistischer Wettbewerb an.

---

12 Die breite Definition lokaler Publizistik und damit die größtmögliche Offenheit des angewandten Codierschemas für alle möglichen Formen medienvermittelter Lokalkommunikation hat sich gerade in dieser Hinsicht bewährt (vgl. zu diesem Ansatz auch R. Weiß 1992, 48). Nur durch eine solche Vorgehensweise lassen sich medienspezifische Verengungen der Analyseperspektive (zum Beispiel im Sinne der Fixierung des Medienvergleichs auf zeitungsspezifischen Formen lokaler Publizistik) vermeiden.

Nimmt man den Befund hinzu, daß zweitens das Themenspektrum der medienvermittelten Lokalkommunikation durch die lokalen Funkmedien substantiell verbreitert wird, kann dies zusammengenommen - ohne die Notwendigkeit weiterführender, medienvergleichender Analysen zur Qualität der journalistischen Aufbereitung lokaler Informationsthemen in Abrede zu stellen - nicht anders als ein Zugewinn für die publizistische Vielfalt in lokalen Kommunikationsräumen interpretiert werden.

## Literatur

*Bentele*, Günter / Dieter *Storll* (1986): Berlin in Presse und Fernsehen. Eine Inhaltsanalyse zur Berlin-Berichterstattung Berliner Tageszeitungen und der Berliner Abendschau. Berlin: Vistas.
*Bentele*, Günter / Otfried *Jarren* / Ulrich *Kratzsch* (1990): Medienlandschaft im Umbruch. Medien- und Kommunikationsatlas Berlin. Berlin: Vistas.
*Benzinger*, Josef P. (1980): Lokalpresse und Macht in der Gemeinde. Nürnberg: Verlag der Nürnberger Forschungsvereinigung.
*Bucher*, Hans-Jürgen / Christian *Schröter* (1990): „Privatrechtliche Hörfunkprogramme zwischen Kommerzialisierung und publizistischem Anspruch. Eine Programm- und Informationsanalyse für Baden-Württemberg und Rheinland-Pfalz." In: Media Perspektiven 8/1990, S. 517-540.
*Dorsch*, Petra E. (1978): „Lokalkommunikation. Ergebnisse und Defizite der Forschung." In: Publizistik 23, 3, S. 189-201.
*Fuchs*, Wolfgang A. (1984): Presse und Organisationen im lokalen Kommunikationsraum. Eine empirische Analyse publizistischer Aussagengenese. Augsburg: Aro
*Fuchs*, Wolfgang A. / Michael *Schenk* (1984): „Der Rezipient im lokalen Kommunikationsraum." In: Media Perspektiven 3, S. 211-218.
*Gebrande*, Martin (1994): „Sicherung der Meinungsvielfalt nach dem Bayerischen Mediengesetz." In: Bayerische Landesmedienzentrale für neue Medien - BLM (Hrsg.): BLM Jahrbuch 1993/94. Private Rundfunkangebote in Bayern. München, S. 34-44.
*Haller*, Michael / Thomas *Mirbach* (1995): Medienvielfalt und kommunale Öffentlichkeit. München: Sant
*Hasebrink*, Jürgen / Norbert *Waldmann* (1989): Inhalte lokaler Medien. Düsseldorf: Presse- und Informationsamt der Landesregierung Nordrhein-Westfalen (Begleitforschung des Landes Nordrhein-Westfalen zum Kabelpilotprojekt Dortmund Bd. 9).
*Hüther*, Jürgen / Hildegard *Scholand* / Norbert *Schwarte* (1973): Inhalt und Strukur regionaler Großzeitungen. Düsseldorf: Bertelsmann Universitäts Verlag.
*Jarren*, Otfried (1985): „Lokaler Hörfunk für die Bundesrepublik. Plädoyer für eine Neueröffnung der Diskussion." In: *Jarren*, Otfried / Peter *Widlok* (Hrsg.): Lokalradio für die Bundesrepublik Deutschland. Berlin: Vistas, S. 15-42.
*Jarren*, Otfried / Peter *Widlok* (Hrsg.) (1985): Lokalradio für die Bundesrepublik Deutschland. Berlin: Vistas.
*Jonscher*, Norbert (1989): Inhalte und Defizite des lokalen Teils in der deutschen Tagespresse. Inhaltsanalytische Erkenntnisse und Überlegungen zur Verbesserung der örtlichen Berichterstattung von Tageszeitungen in der Bundesrepublik Deutschland. Göttingen: Phil. Diss.
*Knoche*, Manfred (1968): „Kommentar und Kritik im Lokalteil der Tagespresse in der Bundesrepublik Deutschland. Eine pressestatistische und inhaltsanalytische Untersuchung." In: Publizistik 13, 2,3,4, S. 348-359.

*Knoche*, Manfred (1980): „Die Meßbarkeit publizistischer Vielfalt." In: *Klaue*, Siegfried / Manfred *Knoche* / Axel *Zerdick* (Hrsg.): Probleme der Pressekonzentrationsforschung. Baden-Baden: Nomos, S. 127-138.
*Knoche*, Manfred / Winfried *Schulz* (1969): „Folgen des Lokalmonopols von Tageszeitungen. Eine vergleichende Inhaltsanalyse des Lokalteils von Monopol und Wettbewerbszeitungen." In: Publizistik 14, 3, S. 298-315.
*Liepelt*, Klaus / Wolfgang *Neuber* / Michael *Schenk* (1993): Lokalradio in Nordrhein-Westfalen. Analysen zur Mediennutzung. Opladen: Leske + Budrich (Schriftenreihe Medienforschung der Landesanstalt für Rundfunk Nordrhein-Westfalen).
*Mathes*, Rainer (1990): Programmstruktur und Informationsangebote privater Hörfunksender in Baden-Württemberg. Stuttgart: Landesanstalt für Kommunikation Baden-Württemberg (Schriftenreihe LfK-Dialog Bd. 4).
*Mathes*, Rainer / Helmut *Scherer* (1992): „Private Hörfunkprogramme in Bayern und Baden-Württemberg im Vergleich." In: Rundfunk und Fernsehen 40, 1, S. 85-106.
*Mast*, Claudia / Matthias *Weigert* (1991): Medien in der Region. Eine empirische Untersuchung der Informationsleistungen von Hörfunk und Zeitung. Konstanz: UVK Medien.
*McQuail*, Dennis / Jan J. van *Cuilenburg* (1982): „Vielfalt als medienpolitisches Ziel. Beschreibung eines evaluativen Forschungsansatzes am Beispiel der Niederlande." In: Media Perspektiven Heft 11, S. 681-692.
*Murck*, Manfred (1983): „Macht und Medien in den Kommunen." In: Rundfunk und Fernsehen 31, 3, S. 370-380.
*Noelle-Neumann*, Elisabeth (1976): „Folgen lokaler Zeitungsmonopole. Ergebnisse einer Langzeitstudie." In: *Noelle-Neumann*, Elisabeth / Franz *Ronneberger* / Heinz-Werner *Stuiber* (Hrsg.): Streitpunkt lokales Pressemonopol. Untersuchungen zur Alleinstellung von Tageszeitungen. Konstanz: Universitätsverlag, S. 11-57.
*Rager*, Günther / Bernd *Weber* (1992): „Publizistische Vielfalt zwischen Markt und Politik." In: Media Perspektiven, Heft 6, S. 357-366.
*Rager*, Günther / Harald *Schibrani* (1981): „Das Lokale als Gegenstand der Kommunikationsforschung. Bericht über den Stand der Forschung in der Bundesrepublik." In: Rundfunk und Fernsehen 29, S. 498-508.
*Rohr*, Robert (1978): „Lokale Berichterstattung: Auswahl von Ereignissen aus der lokalen Realität." In: Rundfunk und Fernsehen 26, 3, S. 319-327.
*Rombach*, Theo (1983): Lokalzeitung und Partizipation am Gemeindeleben. Berlin: Spiess
*Saxer*, Ulrich (1978): „Lokale Kommunikation - Anspruch und Realität. Bilanz einer Forschung." In: Media Perspektiven, Heft 5, S. 367-379.
*Saxer*, Ulrich (1980): „Lokale Kommunikation - Bilanz der Forschung." In: *Langenbucher*, Wolfgang (Hrsg.): Lokalkommunikation. Analysen, Beispiele, Alternativen. München: UVK Medien, S. 33-42.
*Saxer*, Ulrich / Walter *Hättenschwiller* / Reto *Stadler* (1987): Alte und Neue Medien im lokalen Raum. Ergebnisse einer Rezipientenbefragung im Raum Baden. Zürich: Seminar für Publizistikwissenschaft der Universität Zürich.
*Scherer*, Helmut (1991): „Lokalzeitung und lokaler Hörfunk - Ergänzung oder Ersatz? Ergebnisse einer Untersuchung in Nürnberg." In: Media Perspektiven, Heft 9, S. 605-615.
*Scherer*, Helmut (1992): „Lokalradiohörer und Lokalradioprogramm. Medieninhalte und Mediennutzung." In: Rundfunk und Fernsehen 40, 1, S. 57-74.
*Schönbach*, Klaus (1978): „Die isolierte Welt des Lokalen. Tageszeitungen und ihre Berichterstattung über Mannheim." In: Rundfunk und Fernsehen 26, 3, S. 260-277.
*Schulz*, Winfried (1989): „Massenmedien und Realität. Die 'ptolemäische' und die 'kopernikanische' Auffassung." In: *Kaase*, Max / Winfried *Schulz* (Hrsg.): Massenkommunikation. Theorien, Methoden, Befunde. Opladen: Westdeutscher Verlag, S. 135-149.
*Schulz*, Winfried / Helmut *Scherer*: Die Programme der Lokalradios im Raum Nürnberg. München: R. Fischer (BLM-Schriftenreihe Bd. 5).
*Staab*, Joachim F. (1989): „Marktstellung und lokales Informationsangebot regionaler Abonnementzeitungen. Eine Inhaltsanalyse der Lokalberichterstattung der Mainzer

„Allgemeinen Zeitung" und der „Mainzer Rheinzeitung"." In: Publizistik 34, 4, S. 467-477.
*Stofer*, Wolfgang (1975): Auswirkungen der Alleinstellung auf die publizistische Aussage der Wilhelmshavener Zeitung. Wilhelmshaven: Nürnberger Forschungsvereinigung.
*Trebbe*, Joachim (1996): Der Beitrag privater Lokalradio- und Lokalfernsehprogramme zur publizistischen Vielfalt. Eine Pilotstudie am bayerischen Senderstandort Augsburg. München: R. Fischer.
*Wagner*, Hans / Detlef *Schröter* / Ute *Nawratil* (1989): Die Programme der Lokalradios in München. München: R. Fischer (BLM-Schriftenreihe Bd. 6).
*Weiß*, Hans-Jürgen (1994): „Programmforschung zwischen Programmrecht und Programmrealität." In: Media Perspektiven, Heft 10, S. 497-504.
*Weiss*, Klaus (1993): Publizistischer Zugewinn durch Lokalfunk? Vergleichende Analyse von Lokalmedien einer Großstadt. Bochum: Brockmeyer.
*Weiß*, Ralph (1989): „Programmstrukturen im dualen Hörfunksystem." In: Media Perspektiven 6, S. 339-355.
*Weiß*, Ralph (1992): „Zur publizistischen Leistung des Lokalradios." In: Rundfunk und Fernsehen 40, 1, S. 40-56.
*Weiß*, Ralph / Werner Rudolph (1993): Die lokale Welt im Radio. Information und Unterhaltung im Lokalradio als Beiträge zur kommunalen Kommunikation. Opladen: Leske + Budrich (Schriftenreihe Medienforschung der Landesanstalt für Rundfunk Nordrhein-Westfalen Bd. 9).
*Wilking*, Thomas (1984): „Lokale Medien: Perspektiven der Forschung." In: Publizistik 29, 1-2, S. 181-197.
*Wilking*, Thomas (1990): Strukturen lokaler Nachrichten. Eine empirische Untersuchung von Text und Bildberichterstattung. München: Saur.
*Wolz*, Dieter (1979): Die Presse und die lokalen Mächte. UVK.
*Zoll*, Ralf (1974): Wertheim III. Kommunalpolitik und Machtstruktur. München: Juventa.

*Edith Spielhagen*

# Lokal-TV als neues Kommunikationsmedium im Osten Deutschlands

## Vorbemerkung

So wie die lokalen Fernsehprogramme im Osten Deutschlands noch in den Kinderschuhen stecken, gilt das auch für die Forschung zu diesem Gegenstand. Während sich hinsichtlich der Situation lokaler Medien in den alten Bundesländern, ihrer Reichweiten, der Auswirkungen auf die politische Kultur vor Ort, der Programminhalte, ihrer Wirtschaftlichkeit usw. die Untersuchungen häufen, sind für die neuen Bundesländer in diesem Zusammenhang eher weiße Flecken zu verzeichnen. Meine folgenden Ausführungen zum Thema „Lokal-TV als neues Kommunikationsmedium im Osten Deutschlands" können daher nur einen Einstieg in diese Thematik darstellen und dienen vorrangig dem Ziel, auf die entsprechenden Entwicklungen aufmerksam zu machen.

## 1. Lokales Fernsehen in der Bundesrepublik Deutschland - Ergebnisse einer Befragung aller Landesmedienanstalten

Eine gemeinsam mit der Medienanstalt Berlin-Brandenburg durchgeführte Kurzbefragung aller Landesmedienanstalten ergab, daß auf der Grundlage der entsprechenden Landesrundfunkgesetze in 11 von 16 Bundesländern lokale Fernsehveranstalter zugelassen werden können. In Schleswig-Holstein, Niedersachsen, Hessen, Sachsen-Anhalt und Thüringen ist Lokal-TV bisher nicht möglich. Allerdings werden in Sachsen-Anhalt und Thüringen bereits Textinformationsprogramme bzw. Fernsehtextprogramme veranstaltet. Die Novellierung des Thüringischen Privatrundfunkgesetzes ist in Arbeit, so daß voraussichtlich das Verbot lokaler und regionaler Werbung aufgehoben wird und / oder ergänzend Bewegtbilder gestattet werden.

Die Mehrheit der bisher zugelassenen lokalen Fernsehanbieter befindet sich in den neuen Bundesländern. Je 1 bis 3 Lokalstationen gibt es in Hamburg, Bremen, dem Saarland, Baden-Württemberg und in Rheinland-Pfalz. Nur Bayern hat mehr als 20 lokale Fernsehprogramme aufzuweisen, die allerdings mehrheitlich als Lokalfenster verbreitet werden.

In Ostdeutschland sind allein in Sachsen 94 lokale TV-Programme lizenziert und in Brandenburg 21. Dazu kommen 138 Fernsehtextprogramme in Thüringen und 5 in Sachsen-Anhalt. Auch in Mecklenburg-Vorpommern sind bereits beachtliche Aktivitäten im Gange, die aber zur Zeit noch im Rahmen von Veranstaltungsrundfunk durchgeführt werden. So sind z.B. bisher 70 Lizenzen für Veranstaltungsfernsehen vergeben worden für eine zeitlich und örtlich begrenzte Ausstrahlung von Fernsehprogrammen.

In den neuen Bundesländern werden fast alle Programmangebote über eigene Kabelfrequenzen verbreitet.

Im Gegensatz zu den alten Bundesländern, wo mehrheitlich Verlage und andere Medienunternehmen am Lokal-TV beteiligt sind, ist das in den neuen Bundesländern bisher durchgängig nicht der Fall. Kabelnetzbetreiber sind aber fast überall im Lokalfernsehen mit vertreten.

Werden schließlich die dem Lokalfernsehen zukommenden Fördermaßnahmen analysiert, dann zeigt sich, daß diese in Bayern am ausgeprägtesten sind. Dort stehen den Lokal-TV-Veranstaltern Teilnehmerentgelte zur Verfügung. Sie erhalten programmliche und technische Förderung, und die Nutzungsentgelte werden erlassen. In Baden-Württemberg gibt es eine Förderung der Telekomgebühren, und in Rheinland-Pfalz werden die Leitungskosten teilweise übernommen. Keine materielle bzw. finanzielle Unterstützung erhalten die lokalen Anbieter in Hamburg, Bremen und dem Saarland sowie in allen neuen Bundesländern. Damit ist die Situation der Lokalstationen in den einzelnen Bundesländern auch nur bedingt vergleichbar. Wer sich den Bedingungen der Marktwirtschaft nicht voll aussetzen muß, hat natürlich günstigere Bedingungen für die Programmproduktion als die anderen. Insofern ist es umso erstaunlicher, daß sich in den neuen Bundesländern lokale Fernsehsender in dem Ausmaß entwickelt haben.

Des weiteren wird deutlich, daß bezogen auf ganz Deutschland nicht mehr von einer Dominanz lokaler Fensterprogramme gesprochen werden kann, die Thomas Pintzke in seiner 1996 erschienenen Publikation „Chancen und Risiken lokalen Fernsehens in Nordrhein-Westfalen" noch konstatierte (Pintzke 1996, 55).

## 2. Lokale TV-Kanäle in Brandenburg

Eine erste zusammenfassende Untersuchung zum Thema Stadtfernsehen in Brandenburg wurde von mir im Auftrag der Medienanstalt Berlin-Brandenburg im vergangenen Jahr durchgeführt (vgl. Spielhagen, 1996).

Ziel der Untersuchung war eine Strukturanalyse aller bis Ende Oktober 1995 in Brandenburg auf Sendung gegangenen Stadtkanäle. Dazu wurden die Struktur der Sender, das beteiligte Personal, die Zahl der zu erreichenden Haushalte, Programmstruktur und Programminhalte, die Werbung, die finanzielle Situation, die räumlichen und technischen Bedingungen, die Zusammenarbeit mit Institutionen, Vereinen und anderen Medien in der Lokalität sowie sonstigen Kooperationspartnern, Selbsteinschätzungen zur Akzeptanz und beabsichtigte Entwicklungen beschrieben.

Um die Untersuchung sachgerecht durchführen zu können, wurden alle Stadtkanäle an ihren Standorten besucht und nach einem Standardfragebogen befragt. Da die Medienanstalt Berlin-Brandenburg als Lizenzgeber für die Veranstaltung von lokalen Fernsehprogrammen und Auftraggeber dieser Untersuchung in erster Linie an einer systematischen Bestandsaufnahme der lokalen TV-Anbieter in Brandenburg interessiert war, wurde zu jedem einzelnen Stadtkanal ein Bericht vorgelegt.

Im Bundesland Brandenburg haben in den letzten Jahren 21 Stadtkanäle eine Lizenz erhalten, von denen die meisten bereits senden.

Die Gründe für diesen Lokal-TV-Boom im Osten sind vielfältig. Bereits zu DDR-Zeiten haben sich zahlreiche private Kabelgemeinschaften herausgebildet. So waren Staat, Gemeinde und Post von Verpflichtungen zur Finanzierung entlastet, weil sich die Bürger selbst die Voraussetzungen für den Empfang weiter reichender Fernsehprogramme, wie der ARD und ebenso schlecht empfangbarer DDR-Programme, schufen. Heute sind diese Kabelnetze oft der Auslöser für die Idee, Stadtfernsehen zu veranstalten. Bereits vor 1992, quasi im rechtsfreien Raum, begannen einige der Stadtkanäle mit den ersten Testsendungen. Seit dem Erlaß des Landesmediengesetzes für Berlin und Brandenburg im Jahr 1992 ist dieser Fernsehpiraterie aber Einhalt geboten, und heute verfügt jede Lokalstation über eine ordentliche Sendelizenz.

Schaut man sich die Standorte der Brandenburger Stadtkanäle auf der Landkarte an, fällt deren disproportionale Verteilung sofort ins Auge. Der größte Teil von ihnen ist im Südosten des Bundeslandes angesiedelt, dort, wo sich die meisten Kabelnetze befinden.

Neben diesen technischen Voraussetzungen spielte sicher für die künftigen Programmacher die Faszination des Mediums Fernsehen eine Rolle, sich seinen Herausforderungen zu stellen und „etwas zu machen, was auch andere sehen". Es galt, eine Fernsehnische zu besetzen, die bisher von keinem anderen Fernsehveranstalter wahrgenommen wurde. Dazu kam der große Bedarf der Brandenburger Bevölkerung an lokaler Information verbunden mit dem Bedürfnis nach Identifikation zumindest mit dem unmittelbaren Umfeld.

## 3. Hauptergebnisse der Studie

Von 15 zwischen Mai und Oktober 1995 in Brandenburg untersuchten Stadtkanälen waren 14 bereits auf Sendung. Sie können insgesamt ca. 300.000 Haushalte erreichen, was einem knappen Drittel der Brandenburger Haushalte entspricht. Die technischen Reichweiten schwanken im einzelnen zwischen 180 und 60.000 Haushalten.

Bis auf drei Ausnahmen veranstalten alle Lokalstationen täglich ein 24-Stunden-Programm. Bei den übrigen liegt die tägliche Programmdauer zwischen 16 und 18 Stunden. Die konkrete Programmstruktur variiert sehr stark. Sieben Stadtkanäle bieten Kabeltextschleifen und Bewegtbildschleifen, in die Texttafeln teilwese integriert sind, an und sieben ausschließlich Bewegtbildschleifen in Kombination mit Texttafeln. Der Wechsel der Bewegtbildschleifen, d.h. die Ausstrahlung neu produzierter Filmbeiträge, kann täglich, mehrmals wöchentlich, einmal wöchentlich bis zu einmal monatlich erfolgen. Der Kabeltext wird nach Bedarf aktualisiert. Die Häufigkeit der Wechsel ist abhängig vom Umfang des vorhandenen Personals. Je geringer die technische Reichweite ist, um so weniger Werbeeinnahmen stehen zur Verfügung und damit auch weniger Mitarbeiter, die bezahlt werden können. Von der Mehrheit der Veranstalter wird ebenfalls Videotext betrieben.

Die in den Programmen angebotene Themenpalette ist sehr vielfältig und reicht von politischen, wirtschaftlichen, sozialen und kommunalen Problemen über Berichte zu Kultur- und Kunstereignissen, zahlreichen Volks-, Vereins- und Heimatfesten, Sportveranstaltungen bis zu Naturbeiträgen, Polizeiinformationen, Ratgeberteilen und einem umfangreichen Serviceangebot. Dazu werden die verschiedensten Mittel eingesetzt, wie Interview, Umfrage, Expertengespräch und Kommentar. Für aufwendige Recherchen bleibt in der Regel aber nicht genug Zeit.

Mit diesen Programmangeboten erfüllen die Stadtkanäle eine bedeutende Funktion bei der Herausbildung der lokalen Identität und stellen gleichzeitig ein wichtiges Medium der Meinungsbildung in der Lokalität dar. Sie fungieren als Kulturträger und sind Teil des öffentlichen Geschehens. Viele der Lokalstationen arbeiten sehr eng mit Kindern und Jugendlichen zusammen, die entsprechend angeleitet und zur filmischen Artikulation ihrer Probleme angeregt werden.

Je nach der Ausrichtung sind die Stadtkanäle zwischen Bürgerfunk und Heimatfernsehen anzusiedeln. Da sie ihre Programme häufig in Gegenden mit großer Arbeitslosigkeit und sozialer Brisanz, aber einem oft auch sehr regen Kulturleben ausstrahlen, tragen sie dazu bei, Kommunalpolitik durchschaubarer und das Leben in der Lokalität lebenswerter zu machen. Im Vergleich zu den großen Programmanbietern unterliegen sie daher dem Konflikt zwischen eher öffentlichem Anspruch und kommerzieller Verfaßtheit.

Auch die wirtschaftliche Bedeutung der Stadtkanäle ist nicht zu unterschätzen. Sie beschäftigen bisher immerhin etwa 40 feste und ca. 60 freie Mitarbeiter, wobei letztere nicht in jedem Fall honoriert werden. Die Struktur der Stadtkanäle ist ebenso vielfältig wie ihre Programmgestaltung. Während bei drei Lokalstationen die Programmarbeit fast ausschließlich nebenberuflich betrieben wird, stehen bei den anderen zwischen ein und elf fest angestellte Mitarbeiter zur Verfügung. Dazu kommen bis zu zehn Freie. Die große Mehrheit der bei den Stadtkanälen Beschäftigten hat einen berufsfremden Hintergrund, der vom ehemaligen Diplomchemiker, einem ehemaligen Ingenieur in der Brikettfabrik, einer Pharmazieingenieurin, einer Maschinistin für Tagebaugroßgeräte bis zum früheren Tankzugreiniger reicht. Ein Bezug zur jetzigen Tätigkeit ergab sich in der Regel über das Hobbyfilmen, ehrenamtliche Kulturarbeit oder auch das Technikinteresse. Durch Umschulungen und autodidaktische Weiterbildung wurden die notwendigen Kenntnisse angeeignet. Ein geringer Teil der Mitarbeiter stammt aus tangierenden Berufszweigen, wie z.B. dem Printjournalismus. Nur wenige wirkliche Profis haben sich den speziellen Anforderungen der Arbeit bei einem Stadtkanal unterworfen, die nicht allzu viel mit dem „großen" Fernsehen zu tun hat. Da trifft man auch hier und da noch auf aus DDR-Zeiten bekannte Gesichter. Allerdings empfinden auch einige Stadtkanäle richtige Profis wegen deren möglichen Ansprüchen durchaus als störend.

Einen interessanten Sonderfall unter den Stadtkanälen stellt „Oskar" in Fürstenwalde dar. Mit Ausnahme des Geschäftsführers sind fast nur Studenten an der Programmproduktion beteiligt, so daß dieser Stadtkanal gleichzeitig als Ausbildungsstation funktioniert.

Die Werbung in den Brandenburger Stadtkanälen ist überwiegend lokal ausgerichtet. Zu den wichtigsten Werbekunden zählen Autohäuser, klein- und mittelständische Firmen, Geschäfte und Gaststätten. Dazu kommen vereinzelt überregionale Spots, die in der Regel nicht eigenproduziert sind und oft wegen ihrer professionellen Machart im Programmangebot wie ein Fremdkörper wirken. Die vom übrigen Programm vorschriftsmäßig getrennte Werbung wird als Spot oder Texttafel mit grafischer oder Fotogestaltung angeboten.

Werbesonderformen sind bisher noch nicht sehr entwickelt. Einige Stadtkanäle betreiben eine Verbundwerbung. Gesponserte Beiträge sind vereinzelt vorhanden oder werden geplant. Keiner der Veranstalter lastet die medienrechtlich begrenzte Werbezeit bisher aus.

Fast durchgängig existiert eine gute Zusammenarbeit mit den umliegenden Stadtkanälen, mit den kommunalen, sozialen und kulturellen Einrichtungen sowie den Betrieben vor Ort, von deren Information die Lokalstationen in ihrer Programmarbeit grundsätzlich abhängen. Als durchwachsen zeigt sich die Kooperation mit den ansässigen Tageszeitungen, die wegen der möglichen oder schon realen Konkurrenzsituation eher davon Abstand nehmen. Beziehungen zu größeren Fernsehveranstaltern gibt es bisher kaum

Eine Tendenz zu subregionalen Verbünden zeigt sich zunehmend im Werbebereich, aber auch im Programmaustausch. Jüngstes Beispiel ist ein gemeinsames Sendeprojekt unter dem Titel „Niederlausitz-Magazin", an dem die Stadtkanäle in Cottbus, Spremberg, Calau und Senftenberg sowie der außerhalb der Brandenburger Grenzen liegende Stadtkanal aus Hoyerswerda beteiligt waren. Die erste Ausstrahlung dieses Magazins erfolgte Ende November 1995 zeitgleich in allen dazugehörigen Sendegebieten bei einer technischen Reichweite von ca. 127.000 Haushalten. Es war damit das erste Projekt Brandenburgischen Lokalfernsehens in dieser Größenordnung. Bei der Tendenz hin zu regionalen Programmangeboten stellt sich die Frage, wo wegen der Spezifik des Lokal-TV Grenzen in der technischen Reichweite gezogen werden sollten. Nicht vergessen werden darf dabei allerdings die höhere Lukrativität solcher Angebote für Werbekunden.

Die räumliche Situation ist bei den einzelnen Stadtkanälen sehr unterschiedlich. Von einer Villa und einem Wasserturm mit großzügigem Raumangebot reicht die Palette bis zu beengten Verhältnissen in ehemaligen Neubauwohnungen, die oft den technischen Ansprüchen nicht genügen. In Baracken untergebrachte Stadtkanäle haben das Problem, sich nicht versichern zu können, da die Räume nicht anforderungsgemäß vor Diebstahl und Einbruch zu schützen sind.

Auch in der technischen Ausstattung ist die Spannbreite beachtlich, von gehobener Heimtechnik bis zur Beta-Cam-Technik ist alles vorhanden. Die Stadtkanäle haben zum Teil mit beträchtlichen technischen Problemen zu kämpfen. Bei einigen von ihnen liegen die Einspeisungspunkte für das Programm außerhalb der Senderäume, so daß die fertiggestellte Sendekassette erst zu einer Kopfstation gebracht und dort in einen Videorecorder für die Abspielung eingelegt werden muß. Ein anderes Problem ist das sogenannte Blindflugsenden, da man das eigene Programm wegen des fehlenden Kabels in der Sendezentrale nicht empfangen kann. Auch gibt es viele Probleme mit Kabelnetzbetreibern, wenn gegebene Zusagen z.B. hinsichtlich der möglichen technischen Reichweiten nicht eingehalten werden.

Geldmangel ist ein Punkt, an dem im Prinzip alle leiden. Gerade für den Aufbau einer Lokalstation benötigt man in der Regel mehr Geld als durch die Werbeeinahmen zu erzielen ist. Viele Programmveranstalter mußten die Erfahrung machen, daß ihnen für ihr Vorhaben durch die Banken keine Kredite zur Verfügung gestellt wurden. Sofern vorhanden, wurde häufig privates Kapital zur Finanzierung eingesetzt. Am besten kamen diejenigen zurande, die ihre Programmentwicklung jeweils entsprechend den finanziellen Möglichkeiten vorantrieben.

Dennoch stellt sich die Frage, inwieweit diese spezifische Form von Fernsehveranstaltung mit ihrer besonderen lokalen Kommunikationsfunktion förderwürdig wäre auch im Vergleich der finanziellen Unterstützung für von großen Fernsehsendern betriebene Lokal- und Regionalfenster.

Repräsentative Untersuchungen über die Akzeptanz und Nutzung der angebotenen Programme liegen bisher nicht vor. Nach Selbsteinschätzung der Stadtkanalbetreiber erfahren diese aber eine große Resonanz und stoßen auf vielfaches Interesse. Grundlage für diese Aussagen sind zahlreiche Anrufe, die Reaktionen auf Gewinnspiele, die Verlosung von Eintrittskarten, die Veranstaltung von Wettbewerben und Quizsendungen. Auch nachweislich erhöhte Umsätze als Folge der Ausstrahlung von Werbeangeboten sind ein Indiz dafür.

Die Mehrheit der Stadtkanäle hat sich für die nächste Zeit einerseits die Ausweitung des Bewegtbildprogrammes und zum anderen die Verbesserung der Programmqualität zum Ziel gesetzt. Wo die personellen und finanziellen Bedingungen es zulassen, wird über die Einführung zusätzlicher Programmstrecken nachgedacht.

Würde man schließlich nach der publizistischen Leistungsfähigkeit des Lokalfernsehens bei der kommunalen Meinungsbildung fragen und dabei die von Weiß / Rudolph aufgestellten Rahmenbedingungen (Weiß u.a. 1993, 318) berücksichtigen - hohes Maß an Unabhängigkeit der Redaktion, hinreichende personelle Ausstattung, journalistische Qualifikation und Gelegenheit zu deren Fortentwicklung - muß hier noch auf deutliche Reserven verwiesen werden. Ist die Unabhängigkeit der Redaktion in den meisten Fällen gegeben, so mangelt es doch an der personellen Ausstattung und der Qualifikation. Im Falle Brandenburgs hat die Medienanstalt daher gerade einen ersten Workshop mit den Veranstaltern von Lokal-TV in Brandenburg durchgeführt, auf dem u.a. eine fachliche Beratung zu Medienrechts- und Werbefragen, zu Problemen der Finanzierung sowie adäquater Rechtsformen für Stadtkanäle stattfand.

*Übersicht Lokal-TV in Brandenburg*     *Schaubild 1*

| Stadtkanäle | Sendegebiete | Programmangebote | techn. Reichweite Haushalte |
|---|---|---|---|
| **PPlus** | Potsdam | 24-Std.-Progr. 60-90minütige Filmschleife für ca. 3 Wochen (Testprogr.) | 60.000 |
| **LTV**/Lausitz TV | Cottbus und Umgebung | 24-Std-Progr. Kabelzeitung / tgl. 30 Min. „Aktuell" | 55.000 |
| **PS 1**/Privater Stadtsender | Frankfurt/Oder | 24-Std-Progr. Kabelzeitung / tgl. 40 Min. „Stadtansichten" | 36.000 |
| **OSR**/Oberspreewald Regional | Calau, Großräschen, Lübben, Lübbenau, Vetschau | 18-Std-Progr. 2stündige Sendeschleife 1x pro Woche | 25.000 |

| | | | |
|---|---|---|---|
| **RTS**/Regional Ton Senftenberg | Senftenberg, Welzow | 24-Std-Progr. tgl. 90minütige Live-Sendung | 25.000 |
| **OSF**/Oder-Spree-Fernsehen | Eisenhüttenstadt | 24-Std-Progr. tgl. 30-60minütiges Nachrichtenmagazin | 23.000 |
| **TiWi** | Schwedt | 18-Std-Progr. Kabelzeitung / tgl. 60minütige „News-Line akt." | 20.000 |
| **Kanal 12** | Spremberg | 24-Std-Progr. Kabelzeitung / 2x wöch. 2stündige Sendeschleife | 15.000 |
| **Oskar** | Fürstenwalde, Beeskow, Erkner, Bad Saarow | 24-Std-Progr. 2x wöch. 45minütige Live-Sendung | 13.500 |
| **WMZ TV**/Werbe- & Medienzentrum | Lauchhammer | 16-Std-Progr. 2x pro Woche 90minütige Sendeschleife | 12.000 |
| **PR1**/Prignitz 1 | Wittenberge, Perleberg | 24-Std-Progr. tgl. 45minütige Sendeschleife | 8.000 |
| **LFS**/Lokalfernsehen Schwarzheide | Schwarzheide | 24-Std-Progr. 1x pro Woche 90minütige Sendeschleife | 3.000 |
| **SKR**/Stadtkanal Ruhland | Ruhland, Schwarzbach, Arnsdorf | 24-Std-Progr. 1x pro Woche 90minütige Sendeschleife | 1.650 |
| **NIK**/Neupetershainer Nachr.- und Inf.kanal | Neupetershain | 24-Std-Progr. Kabelzeitung / 1 Bewegtbildbeitr. monatlich | 400 |
| Antenne Sorno | Sorno | Sendebetrieb noch nicht aufgenommen | 180 |

Stand: November 1995

## 4. Zum Begriff „Lokalfernsehen"

Im Ergebnis der Studie stellt sich die Frage, ob der Begriff Fernsehen überhaupt adäquat auf das Programmangebot der Stadtkanäle anzuwenden ist. Davon abgesehen, daß es sich hier im eigentlichen Sinne um Nahsehen handelt, wird auch beim Rezipienten eine Erwartungshaltung geweckt, die die Angebote der „großen" Fernsehveranstalter assoziiert.

Bleibt man allerdings zunächst bei dem Begriff Lokalfernsehen und unterscheidet die in der Bundesrepublik ausgestrahlten Programme in Bezug auf ihre nationale, regionale bzw. lokale Verbreitung, dann zeigt sich häufig eine recht diffuse Differenzierung zwischen regionalen bzw. Ballungsraumprogrammen sowie lokalen Angeboten. Diese unterscheiden sich aber grundlegend in ihrem Finanzaufkommen, der technischen Reichweite, der Programmstruktur und den Programminhalten. So kann m.E. ein Ballungsraumprogramm wie IA Fernsehen - jetzt puls Tv - mit einer Reichweite von ca. 6 Millionen Menschen in Berlin und Brandenburg trotz seines „Total lokal"-Konzeptes nicht als Lokalfernsehen bezeichnet werden. Gerade bei Wirtschaftlichkeitsgutachten und Risikoberechnungen für die Chancen lokaler Fernsehangebote gilt es hier deutlich zu unterscheiden. So sind auch alle für die alten Bundesländer erstellten Wirtschaftlichkeitsstudien zum Stadtfernsehen nicht auf die neuen Bundesländer anwendbar. Nach diesen dürften ostdeutsche Stadtkanäle gar nicht oder gar nicht mehr existieren. Ein kalkulierter Kostenaufwand von mindestens 2 Mio DM pro Jahr und eine potentielle Reichweite von 1 Mio Personen sind z.B. für Brandenburger Verhältnisse irreal (vgl. Pintzke 1996, 103).

Wenn auch die Übergänge zwischen diesen beiden Programmanbietern fließend sein können, sollte dann von einem lokalen Fernsehprogramm gesprochen werden, wenn das Programm Informationen und Berichte aus dem lokalen Umfeld enthält, Menschen aus der eigenen Umgebung auftauchen, Einkaufstips und Veranstaltungshinweise gegeben werden, die die unmittelbare Nahwelt betreffen, usw. Die weitgehende Übereinstimmung zwischen der Lebenssituation der Zuschauer und den ausgewählten Themen und Programminhalten könnte daher ein wichtiges Kriterium zur Charakterisierung lokaler Fernsehprogramme sein.

**Literatur**

*Pintzke*, Thomas (1996): Chancen und Risiken lokalen Fernsehens in Nordrhein-Westfalen. Opladen: Leske + Budrich
*Spielhagen*, Edith (1996): Statt Fernsehen-Stadtfernsehen. Lokale TV-Kanäle in Brandenburg-eine Untersuchung von 15 in Brandenburger Kabelnetzen veranstalteten Stadtkanalprogrammen. Berlin: Vistas.
*Weiß*, Ralph / Werner *Rudolph* (1993): Die lokale Welt im Radio, Information und Unterhaltung im Lokalradio als Beiträge zur kommunalen Kommunikation, LfR-Schriftenreihe Bd. 9, Opladen: Leske + Budrich.

*Joachim R. Höflich*

# Kommunikation im „lokalen Cyberspace"

Das Projekt einer Zeitungsmailbox

## 1. Einleitung: „Lokaler Cyberspace" - lokale Computernetze

„Kyperspace. Unwillkürliche Halluzination, tagtäglich erlebt von Milliarden Berechtigten in allen Ländern, von Kindern zur Veranschaulichung mathematischer Begriffe ... Graphische Wiedergabe abstrahierter Begriffe aus den Banken sämtlicher Computer im menschlichen System. Unvorstellbare Komplexität. Lichtzeilen, in den Nichtraum des Verstands gepackt, gruppierte Datenpakete. Wie die fliehenden Lichter der Stadt..." Das ist eine vielzitierte Passage aus dem Werk des Science Fiction Autors William Gibson (1987, 76) mit dem Titel „Neuromancer", dem seine herausragende Bedeutung nicht zuletzt deshalb zu verdanken ist, weil hierauf der mittlerweile weithin verwendete Begriff des „Cyberspace" zurückgeführt wird, der in der deutschen Übersetzung i.S. eines *kybernetischen Raumes* noch konsequent mit „K" geschrieben, aber dessen Kern, die „consensual hallucination", allerdings nur unzureichend mit „unwillkürliche Halluzination" erfaßt wird.

„Cyberspace" ist mittlerweile zu einem, gleichwohl unscharfen wissenschaftlichen Begriff mutiert. In einer seiner, zumindest bis vor kurzem bevorzugten, Bedeutungen bezieht sich der Begriff des „Cyberspace" auf die virtuelle, über Datenhelm und -handschuh erkundbare dreidimensionale Welt hinter dem Bildschirm des Computers - den „totalen Immersionsbildschirm" (Rheingold 1992, 273; Walker 1991, 27). Von einem „Cyberspace" wird indessen nachgerade im Zusammenhang mit sich entwickelnden *Computernetzen* bzw. *Formen und Foren computer-vermittelter Kommunikation* gesprochen (vgl. z.B. Benedikt 1991, 122; Jones 1995; Mantovani 1995, 670). Inbegriff hierfür ist das weltumfassende INTERNET, das derzeit eine besondere Attraktivität zu haben scheint. Für die Bayerische Staatsregierung ist allem Anschein nach das INTERNET wohl so bedeutsam, daß, wenn die Ankündigungen realisiert werden, den Bürgern Bayerns im Rahmen von Bayern Online über das sogenannte

Bürgernetz - zumindest während einer Versuchsphase - gratis ein INTERNET-Zugang gewährt werden soll - und das, obwohl derzeit, wie eine neue Studie des BAT-Freizeitinstituts zeigt, nur zwei Prozent der Computerbesitzer einmal in der Woche in das INTERNET einsteigen (O.N. 1996).

Faßt man den „Cyberspace" i.S. computer-vermittelter Kommunikation bzw. von Computernetzen auf, dann erscheint das Thema „lokaler Cyberspace" nicht mehr, wie dies unter dem Vorzeichen einer 'ortlosen' Kommunikation zunächst anzunehmen wäre, als Widerspruch. Gemeint sind damit vielmehr Computernetze, die lokal ausgerichtet sind, d.h. deren Themen aus dem lokalen Kommunikationsraum kommen und die mit einer lokalen Orientierung der Nutzer verbunden sind. Mit dem Titel war eingedenk der Dominanz des INTERNET zugestandenermaßen auch eine provokative Absicht verbunden, die zugleich zu der Frage führt, ob es ein „elektronisches Leben" diesseits oder jenseits des INTERNET gibt.

Sieht man von den vielzähligen privaten Mailboxen engagierter Computerenthusiasten ab, deren Bedeutung aufgrund der Rekrutierung der Nutzer lokal begrenzt ist, dann ist hier insbesondere an die *Community-Online-Systeme* oder Community-Based Computer Networks zu denken, die in Umsetzung der Idee einer „Wired City" (vgl. Dutton et al. 1987) seit Mitte der 70er Jahre, beginnend mit dem „Community Memory" (Berkley/Kalifornien) in den USA entstanden sind (vgl. als Überblick: Beamish 1995). Mit solchen Systemen ist einerseits intendiert, einen Zugang zu lokalen Informationen anzubieten, andererseits ein Medium zur Kommunikation zwischen den Bürgern, aber auch - i.S. eines demokratisch-partizipativen Gedankens - zwischen Bürgern und Verwaltung zu schaffen (vgl. auch Siegele 1996). Das lokale oder städtische Leben soll hierbei nicht im „Cyberspace", oder, wie Rötzer (1996, 12) diesen nennt, in der „Telepolis" verschwinden (vgl. auch Rötzer 1995).[1] Vielmehr sollen elektronische Kommunikationsforen zu dessen Bereicherung beitragen und darüber hinaus die Kontakte von Angesicht zu Angesicht vitalisiert oder sogar revitalisiert werden.

---

[1] Rötzer (1995, 8) sieht die Entwicklung gleichwohl anders, daß nämlich computergestützte und breitbandige Netze die Funktionen der Städte als Netzwerke für schnelle Kommunikation endgültig erodieren lassen: „Der sich öffnende Cyberspace wird allmählich zu einem Lebensraum, in den viele Funktionen abwandern, die einst die urbane Umgebung, die räumliche Verdichtung, die Massengesellschaft, die Massenmedien und die Massenproduktion erforderten."

Im Hinblick auf den lokalen Kommunikationsraum kommen lokale Computernetze von Tageszeitungen hinzu, die wiederum in den USA schon weit verbreitet sind (vgl. Riefler 1995, 85) und auch hierzulande zunehmend an Bedeutung gewinnen. Hier geht es indessen weniger darum, an die partizipativen und kommunikationsstiumulierenden Ideen der Community-Online-Systeme anzuknüpfen, sondern neue Wege der Tageszeitung, sei es zu deren elektronischen Verlängerung oder Ergänzung, zu beschreiben. Vor diesem Hintergrund soll als konkretes Beispiel das Projekt einer Zeitungsmailbox näher betrachtet werden, das, trotz aller Unterschiede zu den Community-Systemen, mit ihnen zumindest das Merkmal der lokalen Ausrichtung als kleinsten gemeinsamen Nenner teilt und dergestalt auch dem Feld der Kommunikation im „lokalen Cyberspace" zugeordnet werden kann.

## 2. Das Projekt von „Augsburg Newsline"

„Augsburg Newsline" wurde am 28. Juni 1995 - entsprechend den Verlautbarungen der Betreiber als erste Mailbox einer regionalen Tageszeitung, der Augsburger Allgemeine Zeitung - in Betrieb genommen (vgl. auch Riefler 1995, 85 ff.). Ein zentrales Motiv hierzu ist einerseits, mit einer Zeitungsmailbox die elektronische Präsenz der Tageszeitung zu demonstrieren und andererseits - gerade auch eingedenk der negativen Erfahrungen mit dem zurückliegenden Einstieg in den Bildschirmtext (Btx) - eher zurückhaltend, „Schritt für Schritt", ein neues Terrain zu erkunden. Ausdrücklich geschieht dies jedoch in Abgrenzung zu alternativen Projekten einer Präsentation von Tageszeitungen im INTERNET, wobei die Schweriner Volkszeitung bekanntermaßen hierbei eine Vorreiterrolle übernommen hat (vgl. auch: Kutsch 1996). Erklärtes Ziel ist es, keine neue elektronische Variante, sondern eine *elektronische Ergänzung der Tageszeitung* zu schaffen, allerdings auch verbunden mit dem Gedanken, jugendliche Nutzer anzusprechen und über diesen „Umweg" an die Zeitung heranzuführen.

Die Nutzung von „Augsburg Newsline" ist bislang, abgesehen von den anfallenden Telefongebühren zum Ortstarif, kostenfrei; und auch die Software wird gratis überspielt oder via Diskette zur Verfügung gestellt. Die Teilhabe an der Mailbox erfordert zunächst nur, daß man die zugrundeliegenden Regeln in Form einer Nutzungsvereinbarung anerkennt. Dort ist allerdings auch zu lesen (§4): „Die Nutzung der AUGSBURG NEWSLINE-Mailbox ist zur Zeit unentgeltlich. AUGSBURG NEWSLINE behält sich vor, künftig Nutzungsgebühren zu verlangen." Hierzu nur soweit: Die Finanzierung der Mailbox wird für die Betreiber weiterhin ein nicht unwesentliches Thema sein, wobei sich aber auch zeigen wird, wo die Grenzen der finanziellen Belastbarkeit derzeitiger und zukünftiger Nutzer liegen werden.

Rasant verlief die Entwicklung der Nutzerzahlen, und mittlerweile hat die Mailbox - Stand Ende Juni 1996 - weit mehr als 6000 registrierte Nutzer.[2] Wie sieht es mit den Kommunikationsangeboten in der Zeitungsmailbox aus? Über die Mailbox erhält man, um die wichtigsten Felder zu nennen, u.a. Informationen der Stadt Augsburg mit Terminen, Öffnungszeiten von Behörden und einem offenen Forum der Bürgerinformationsstelle - auf dem im übrigen bislang kaum Aktivitäten zu beobachten waren. Der lokale und zeitungseigene Hörfunksender RT1 ist vertreten, mit Angaben zum Sender wie auch zu den Redakteuren und Redakteurinnen (die überdies via Bild betrachtet werden können), und einem offenen Forum, in dem auch kollektiv ein elektronischer Roman geschrieben wurde, der jedoch durch eine Fehllöschung unwiderruflich verloren gegangen ist. Ebenso mit dabei ist das hauseigene Anzeigenblatt, mit Gewinnspiel und Annoncen, ein sogenannter Marktplatz, der eine Werbe- und Angebotsfläche für Unternehmen offeriert (wobei z.B. der Computereinzelhandel oder die Stadtsparkasse vertreten sind), und schließlich können sich lokale Vereine und Verbände in kurzer Form oder ausführlicher, mit eigenen Seiten, präsentieren. Die Angebotspalette von „Augsburg Newsline" wird dabei ständig ausgebaut oder temporär, wie z.B. während der Zeit der Olympiade in Atlanta, ergänzt.

Der Kernbereich der Mailbox liefert einen Überblick über die Veranstaltungen in der Stadt und der Region. Wer bei „Kino und Szene" allerdings das aktuelle Kinoprogramm erwartet, der wird enttäuscht. Geboten werden kurze Filmbesprechungen. Um herauszufinden, wo der Film läuft, muß man dann schon in die Tageszeitung schauen - schließlich sollen die Kinobesitzer einen neuen elektronischen Service nicht zum Nulltarif bekommen. Ähnlich ist dies beim Sport, auch dort erfährt man zumindest nicht immer Sport- und insbesondere Fußballergebnisse aus der Region, sondern wird auf eine gebührenpflichtige Telefonnummer der Zeitung verwiesen. Bits + Chips umfaßt Neues aus den Netzen, Inhalte der gleichnamigen, in der Mittwochsausgabe erscheinenden Seite der Augsburger Allgemeine, wie auch eine Liste privater lokaler und

---

2   Laut Information des „Co-SysOp" von „Augsburg Newsline", Marian Semm, vom 22. Juli 1996.

regionaler Mailboxen. Über das Icon Online Shopping kann man Computer-Bücher der Zeitung bestellen, über Zeitungs-Abo ein Zeitungsabonnement ordern, über Anzeigen können solche gelesen und zukünftig auch elektronisch aufgegeben werden. Das File Forum bietet, das sei noch erwähnt, ein reichhaltiges Angebot an gratis überspielbarer Software aus allen möglichen Bereichen.

Wählt man aus diesem Kernbereich „News & Service", dann gelangt man insbesondere zum Nachrichtenteil der Zeitungsmailbox, der laufend aktualisierte dpa-Nachrichten enthält, wie auch Auszüge aus der Tageszeitung, mit Weltnachrichten (News) und lokalen Nachrichten (News regional), die bereits am Vorabend der Erscheinens der Zeitung gelesen werden können. Hier zeigt sich nicht zuletzt die *massenmediale Seite der Mailbox*. Die Informationen richten sich an alle Nutzer als disperses Publikum. Die Angebote können von den Nutzern, wie beim Videotext des Fernsehens, abgerufen werden, ohne daß sie an feste Empfangszeiten, dafür allerdings örtlich, an den Schreibtisch, oder wo immer der Computer auch stehen mag, gebunden sind.

„Augsburg Newsline" kann als ein exemplarischer Fall eines „interaktiven Massenmediums" (Höflich 1994) angesehen werden, bei dem die schon lange angekündigte Verbindung von massenmedialer und technisch vermittelter interpersonaler Kommunikation umfassend realisiert ist und das bereits mehr eingetragene Nutzer hat, als dies in ausgewählten Testgebieten bei Projekten zum „interaktiven Fernsehen" bisher zu realisieren war, ganz zu schweigen davon, wie interaktiv das Fernsehen je werden wird.

Die interaktive Komponente i.e.S. wird allerdings durch drei mögliche Nutzungsvarianten getragen. Zum einen gehören die über das Icon Dialog zugängliche Foren dazu, in denen alle möglichen Themen, sofern sie nicht Recht und Anstand verletzen, öffentlich diskutiert werden können. Deren Kennzeichen ist, daß hier im besonderen die für die herkömmliche Massenkommunikation kennzeichnende Trennung von Kommunikator und Rezipient aufgelöst wird: Der Leser ist auch Schreiber und umgekehrt. Für allgemeine Themen ist insbesondere das Forum „Hier wird diskutiert..." vorgesehen. Nicht immer kann dabei jedoch von Diskussionen gesprochen werden. Es tauchen z.B. Kontaktaufrufe auf wie „Wer schickt mir eine Mail?", man sucht noch Karten für ein Konzert, u.v.m. Obwohl es auch ein eigenes Brett für Probleme mit dem Computer gibt, ist das Diskussionforum, so zumindest die ersten Ergebnisse einer inhaltsanalytischen Auswertung, stark durch Computerfragen und computerbezogene Themen, wie z.B. eine Auseinandersetzungen über die Vor- und Nachteile unterschiedlicher Betriebssysteme (die gleichwohl für einen Computerlaien nicht unbedingt sehr anregend sein dürften), bestimmt. Die zweite Möglichkeit zur Interaktion ist der sogenannte „Online-Chat", das Plaudern via Computer, das im Vergleich zu den öffentlichen Foren einen privaten Charakter hat: Um mit anderen Nutzern zu einem zeitgleichen - mit den telefonischen Party-Lines oder dem CB-Funk vergleichbaren - recht zwanglosen, allerdings schriftlichen Austausch zu kommen, muß der gewünschte Kommunikationspartner durch den Nutzer „eingeladen", d.h. nach dem Abruf einer Liste jener Nutzer, die sich gerade in die Mailbox eingewählt haben, können diese per Mausklick zu einem Online-Kontakt aufgefordert werden. Schließlich sind noch die Möglichkeiten zu nennen, elektronische Briefe - Electronic Mail - oder ganze Dateien an den privaten elektronischen Briefkasten eines anderen Nutzers zu schicken. Mit diesen Möglichkeiten kommt die *Seite der technisch vermittelten interpersonalen Kommunikation* zum Ausdruck, die, sei es, daß diese zeitverschoben, wie bei den Diskussionsforen oder bei Electronic Mail, oder zeitgleich, wie bei dem „Online-Chat", verlaufen, die neue Qualität des Mediums Computer als „Hybridmedium" (Ogan 1993) ausmachen (vgl. ausführlicher: Höflich 1996). Hier zeigt sich, gerade was die über dieses Mediums sich eröffnende Beziehungsdimension anbelangt, auch ein Kontrast zu einem anderen Kontaktmedium, dem Telefon: Während man es bei der telefonischen Kommunikation allerdings meist mit Bekannten Personen zu tun hat, kommt man via Computer auch mit bislang Fremden in elektronischen oder womöglich sogar darüber hinausreichenden face-to-face Kontakt.

### 3. Nutzerinteressen und Nutzungsdimensionen - erste empirische Einblicke

Der kommunikationswissenschaftliche *Uses- and Gratifications-Approach* stellt bei dieser Studie einen Anknüpfungspunkt dar, um die hinter der Nutzung stehenden Kommunikationsabsichten oder Nutzermotive zu ermitteln (vgl. Höflich 1994). Bei diesem Ansatz geht es bekanntermaßen darum, den Gebrauch eines Mediums respektive die Nutzung von dessen Inhalten in Verbindung mit den dadurch erhaltenen Gratifikationen zu erklären (vgl. z.B. Drabczynski 1982), wobei allerdings Medien interpersonaler Kommunikation - vom Telefon bis zum Computer als „interaktives Massenmedium" -, abgesehen von wenigen Ausnahmen, in der Forschung bislang weitgehend ausgeblendet wurden (vgl. auch Palmgreen 1985, 34). Eingedenk dieser Defizite wurde im Rahmen einer *multimethodischen explorativen Fallstudie* auch eine Online-

Befragung von Nutzern der Zeitungsmailbox durchgeführt, bei der insbesondere Motivationen der Nutzung, Nutzermerkmale und Nutzungsdimensionen ermittelt werden sollen.[3] Die Ergebnisse dieser Befragung, über die hier nur in begrenztem Umfang berichtet werden kann, ermöglichen erste Einblicke in ein bislang eher empirierarmes Feld, wenngleich aufgrung methodischer Beschänkungen nicht Aussagen über 'die' Nutzer der Zeitungsmailbox gemacht werden können, sondern über empirisch feststellbare Relationen zwischen Nutzermerkmalen und Nutzungsdimensionen. Die nachfolgend angeführten Ergebnisse müßten daraüber hinaus im Zusammenhang mit den theoretischen Grundlagen und der methodischen Vorgehensweise der gesamten Case Study gesehen werden. Eine diesbezügliche Darstellung würde indessen den vorgegebenen Rahmen sprengen.

Um eine Größenordnung der Aktivitäten zu vermitteln: Im Januar 1996, also in dem Monat, als die Online-Befragung begann, wurde das System 11.304 mal oder im Schnitt 364 mal pro Tag angerufen, davon kamen 7415 Anrufer (65,6%) aufgrund belegter Leitungen nicht auf Anhieb durch. Bei einer maximalen Nutzungszeit von 60 Minuten je Tag betrug die tägliche Nutzungsdauer im Untersuchungszeitraum durchschnittlich um die 10 Minuten pro Nutzer.[4] Betrachtet man die Angebote von „Augsburg Newsline", die von den Befragten immer und häufig benutzt werden, etwas näher, so nimmt die frei verfügbare Software („Software zum Download") den vordersten Platz ein, gefolgt von den aktuellen Schlagzeilen und Kurznachrichten, Bits + Chips (analog der Computerseite der Tageszeitung) und dem Ratespiel. Sport, der Wetterfrosch und der Wortweiser gehören zu den Angeboten, die am wenigsten genutzt werden. Dazwischen liegen die Möglichkeiten, Leserbriefe zu schreiben, an Computerforen teilzunehmen, oder sich direkt, online mit anderen zu unterhalten („chat").

Bei der Nutzung ist klar ein *Alterseffekt* zu erkennen, der besonders ausgeprägt im Zusammenang mit den Kommunikationsmöglichkeiten bzw. Interaktionsmomenten i.e.S. in zum Vorschein kommt. Blickt man in diesem Sinne auf die Nutzeraktivitäten, dann zeigt sich, daß 39% der Befragten angeben, in den Diskussionforen nur zu lesen und nicht aktiv Beiträge zu liefern, weitere 38%

---

3 Über die Zeitunsmailbox wurde den Nutzern ein relativ umfangreicher Fragenkatalog vorgelegt, den diese direkt online, oder, durch Zwischenspeicherung, offline, beantworten und dann wiederum an das private elektronische Postfach des Forschers zurücksenden konnten. Insgesamt sind dabei in einem Zeitraum von 14 Tagen 153 Rückantworten eingegangen.

4 Wobei in diesem Zusammenhang erwähnt werden sollte, daß nach dem Untersuchungszeitraum die maximale Nutzungszeit auf 90 Minuten pro Tag erhöht worden ist.

schreiben hin und wieder, aber seltener als einmal im Monat, der Rest von 23% liefert einmal im Monat oder in der Woche eine Beitrag. Im Vergleich dazu geben nur 12% der Nutzer bis zum Alter von 20 Jahren an, nur zu lesen und nicht zu schreiben, während 47% dieser Altersgruppe einmal in der Woche oder im Monat einen eigenen Beitrag liefern. Schaut man auf die Nutzer im Alter von 40-50 Jahren, so wird der Unterschied erst recht klar: 45% lesen nur und schreiben nicht, nur 13% liefern mindestens einmal im Monat oder in der Woche einen Beitrag. Ähnlich verhält es sich mit der Nutzung des „Chat". Während knapp 18% der Befragten angeben, daß sie die Möglichkeiten des „Chat" immer und häufig nutzen, so macht dies bei den Nutzern unter 20 Jahren 59% aus. Kurz gesagt kommt also im besonderen bei den jüngeren Nutzern ein ausgesprochenes Interesse an den interaktionsermögichenden Angeboten der Zeitungsmailbox, sei es die Teilnahme an Foren oder an den Online-Unterhaltungen, zum Tragen.

Das Interesse an den Dialog- und „Chat"-Möglichkeiten der Mailbox spiegelt sich im übrigen auch in den angegebenen Gründen, die Zeitungsmailbox zu nutzen. Für Nutzer, die an diesen Möglichkeiten interessiert sind, sind insbesondere auch Partizipations- Kommunikations- und Kontaktmotive wichtiger. Das heißt wiederum: Während bei älteren Nutzern Informationsmotive stärker gewichtet sind, treten diese bei Jüngeren zugunsten von Kommunikationsmotiven zurück. Besonders sticht auch hervor, daß sich die jüngeren Nutzer (bis 20 Jahre) mit dem neuen Medium eher die Zeit vertreiben wollen; dafür steht bei Älteren eher das Moment, anderen voraus zu sein, stärker im Vordergrund. Diese und noch weitere Befunde weisen in die Richtung, nachgerade altersbedingte Aneignungsweisen im Zuge der weiteren Auswertung der Ergebnisse genauer zu betrachten.

Auch ein weiteres Forschungsresultat verdient im Rahmen dieser knappen Skizze erwähnt zu werden: Unterschiede in den Gründen, die Zeitungsmailbox zu nutzen, zeigen sich nämlich auch im Vergleich der *Bildungsabschlüsse*. Für Nutzer mit Hauptschulabschluß sind allgemeine Informationen über Politik, Wirtschaft und Soziales wichtiger als für Nutzer mit Hochschulabschluß, während diese wiederum die lokale Information höher einschätzen. Nutzer mit Hauptschulabschluß wollen über das neue Medium auch eher etwas lernen, und bei ihnen sind Motive wie „um anderen voraus zu sein, indem ich den Computer nicht nur als Rechen- oder Schreibmaschine, sondern als ein neues Kommunikationsmittel benutze" und „weil die Mailbox zum täglichen Leben gehört wie die Zeitung, das Radio, das Fernsehen und das Telefon" auch stärker ausgeprägt als bei Nutzern mit Hochschulabschluß. Vor diesem Hintergrund scheint, über die formale Bildung hinaus, nachgerade der Zusammenhang von Lebensstil und der Nutzung eines neuen Mediums - und zwar des Computers im allgemeinen und einer Zeitungsmailbox im besonderen - von Bedeutung. Auch hierüber wird bei einer weiteren Analyse noch ausführlicher einzugehen sein.

## 4. Ausblick: Die Zukunft der lokalen Kommunikation

Die Zukunft der Zeitung, die man in diesem Zusammenhang durchaus zum Thema machen könnte (vgl. Brössler 1995; Holicki 1996, Riefler 1995), steht nicht auf dem Spiel, selbst wenn sich 'die' Zeitung aufgrund der Herausforderungen durch ein elektronisches Medium wie den Computer verändern wird. Wohin sich indessen eine lokale Mailbox wie „Augsburg Newsline" entwickeln wird, ist noch offen. Einerseits stellt sich das Problem der Finanzierung, sei es über von den Nutzern zu entrichtende Gebühren, über Werbung oder durch neu hinzukommende Mitanbieter. Andererseits wird sich zeigen, ob sich eine lokale Zeitungsmailbox eingedenk der Attraktivität, die das INTERNET derzeit ausübt, behaupten kann und wie stark schließlich das Engagement der Zeitung ist, nach einem anfänglichen Versuchsstadium, das vor allem durch die Demonstration einer elektronischen Präsenz markiert ist, weitere Mittel und erst recht zusätzliches Personal für das neue Medium einzusetzen. Dabei wird sich, einen längerfristigen Bestand der Zeitungsmailbox vorausgesetzt, im Zeitablauf zeigen, welche Gebrauchsweisen sich allgemein oder bei bestimmten Nutzersegmenten durchsetzen. Will man eine Zeitungsmailbox allerdings nicht nur als neues Informationsmedium etablieren, dann müssen, angefangen von den öffentlichen Diskussionsforen bis hin zur Auslotung der Möglichkeiten des Online-Chat, auch die interaktiven Momente - erst recht, wenn man junge Nutzer als zuküftige Leser der Zeitung ansprechen und gewinnen will - gefördert werden, sei es hinsichtlich einer Intensivierung der Interaktion zwischen Redaktion und Nutzern, wie auch bezogen auf eine Förderung der Interaktion zwischen Nutzern. Wird ein solcher Weg geschritten, dann würde eine Zeitungsmailbox nicht nur zu einer Ergänzung der Tageszeitung, sondern, analog zu den Community Online-Systemen, zu einem neuen Forum lokaler Kommunikation, bzw. sich konstituierender lokaler „ektronischer Gemeinschaften" (vgl. auch Höflich 1995).

Ob sich ein solches neues Kommunikationsforum festigen und mit Leben erfüllen wird, ob sich die mit einem neuen Medium, und so auch im Falle des Computers als Kommunikationsmedium, immer wieder aufflammenden, aber auch schnell einer Ernüchterung gewichenen Visionen gerade auf dem Gebiet der lokalen Kommunikation realisieren lassen, inwieweit sich die Tageszeitung auf solche Visionen einläßt, wohin dann die Entwicklung geht, d.h. vor allem, welche Nutzungsweisen sich durchsetzen und mit welchen Folgen, insbesondere hinsichtlich neu entstehender oder verstärkter Kommunikationsdisparitäten und Wissensklüfte, zu rechnen ist, dies sind nur einige Fragen, mit denen sich eine Kommunikationswissenschaft stärker als bislang auseinandersetzen muß.

**Literatur**

*Beamish*, Anne (1995): Community On-line: Community-Based Computer Networks. Master Thesis, Department of Urban Studies and Planning, Massachusetts Institut of Technology. February. Elektronische Publikation: Hp.//alberti.mit.edu/arch/4.207/ anneb/thesis/toc.htm/.

*Benedikt*, Michael: Cyberspace (1991): „Some Proposals." In: Benedikt, Michael (ed.): Cyberspace. First Steps. Cambridge, MA: MIT Press S. 119-224.

*Brössler*, Daniel (1995): Zeitung und Multimedia. Was Leser und Journalisten erwartet - Visionen aus Amerika. München: KoPäd Verlag.

*Drabczynski*, Michael (1982): Motivationale Ansätze in der Kommunikationswissenschaft. Berlin: Spiess.

*Dutton*, William H. / Jay G. *Blumler*, / Kenneth L. *Kraemer* (eds.)(1987): Wired Cities. Shaping the Future of Communication. Boston, MA: GK. Hall & Co.

*Gibson*, William (1987): Neuromancer. München: Heyne.

*Höflich*, Joachim R. (1994): „Der Computer als „interaktives Massenmedium". Zum Beitrag des Uses and Gratifications Approach bei der Untersuchung computervermittelter Kommunikation." In: Publizistik, Jg. 39, 4, S. 389-408.

*Höflich*, Joachim R. (1995): „Vom dispersen Publikum zu „elekronischen Gemeinschaften". Plädoyer für einen erweiterten kommunikationswissenschaftlichen Blickwinkel." In: Rundfunk und Fernsehen, Jg. 43, S. 518-537.

*Höflich*, Joachim R. (1996): Technisch vermittelte interpersonale Kommunikation. Grundlagen - organistorische Medienverwendung - Konstitution „elektronischer Gemeinschaften". Opladen: Westdeutscher Verlag.

*Holicki*, Sabine (1996): „Die Zukunft der Zeitung im multimedialen Zeitalter. In: *Mast*, Claudia (Hrsg.): Markt - Macht - Medien. Publizistik zwischen gesellschaftlicher Verantwortung und ökonomischen Zielen." Konstanz: UVK, S. 179-195.

*Jones*, Steven G. (ed.) (1995): CyberSociety. Computer-Mediated Communication and Community. Thousand Oaks, London, New Delhi: Sage.

*Kutsch*, Ulrich (1996): „Surving home. Wie deutsche Regionalzeitungen das Internet entdecken." In: MediumMagazin, 4, S. 106-108.

*Mantovani*, Guiseppe (1995): „Virtual Reality as a Communication Environment: Consensual Hallucination, Fiction, and Possible Selves." In: Human Relations, Vol. 48, S. 669-683.

*Ogan*, Christine (1993): „Listserver Communication During the Gulf War: What Kind of Medium is the Electronic Bulletin Board." In: Journal of Broadcasting & Electronic Media, Vol., 37, S. 177-196.

*O.N.* (1996).: „Nur zwei Prozent „surfen" im Internet." In: Augsburger Allgemeine Zeitung, Nr. 106, 8. Mai, S. 16.

*Palmgreen*, Philip / Lawrence A. *Wenner* / Karl E. *Rosengren* (1985).: „Uses and Gratifications Research: The Past Ten Years." In: *Rosengren*, Karl E. / Lawrence A. *Wenner* / Philip *Palmgreen*, (eds.): Media Gratifications Research. Current Perspectives. Beverly Hills, London, New Delhi, S. 11-37.
*Rheingold*, Howard (1992): Virtuelle Welten. Reisen im Cyberspace. Reinbek bei Hamburg: Rowohlt.
*Riefler*, Katja (1995): Zeitung Online: Neue Wege zu Lesern und Anzeigenkunden. Bonn: ZV Zeitungsverlag.
*Riefler*, Katja (1996): „Immer mehr Zeitungen sind online verfügbar." In: Die Zeitung, Jg. 24, S. 8-10.
*Rötzer*, Florian (1995): Die Telepolis. Urbanität im digitalen Zeitalter. Mannheim: Bollmann.
*Rötzer*, Florian (1996): „Telepolis ist nicht nur ein Traum." In: *Iglhaut*, Stefan / Armin *Medosch* / Florian *Rötzer* (Hrsg.): Stadt am Netz. Ansichten von Telepolis. Mannheim: Bollmann, S. 10-24.
*Siegele*, Ludwig (1996): „Achtung, Cyberpolitk!" In: Die Zeit, Nr. 10, 10. Mai, S. 3.
*Walker*, John (1991): „Hinter den Spiegeln." In: *Waffeneder*, Manfred (ed.): Cyperspace. Ausflüge in virtuelle Wirklichkeiten. Reinbek bei Hamburg: Rowohlt, S. 20-31.

*Heinz Grüne / Stephan Urlings*

# „Die Seele im Netz" - Was ist dran am Online-Run
## Psychologische Bestandsaufnahme eines neuen Mediums

### 1. Was Psychologie mit online zu tun hat

Online ist ein psychologisches Phänomen. Dies ergibt sich allein aus der Tatsache, daß die Beschäftigung mit Internet und online-Diensten Wirkungen erzeugt, die das Erleben und Verhalten der Menschen beeinflussen. Manch einer äußert sich sehr begeistert, ein anderer dagegen sehr abfällig über dieses Medium. Und damit ist die Psychologie im Spiel. In der Studie 'Die Seele im Netz'[1] wurde dem Phänomen 'online' auf den Zahn gefühlt. Was läßt alle Welt dabei in Unruhe geraten? Was ruft Staatsanwälte aus Bayern ebenso auf den Plan wie Zukunftsgurus aus den USA? Wieso nehmen sich die 'alten Medien' dieses Themas so intensiv an? Was in aller Welt bringt auch scheinbar vernünftige Menschen, wie zum Beispiel das Management des Hauses Bertelsmann, dazu, ein kaum ausgelotetes Kommunikations-System zu *dem* Medium des nächsten Jahrhunderts zu erklären - und entsprechend hoch und langfristig in online zu investieren? Wohnen wir einer wirklichen Medien-Revolution bei oder wird hier ein 'Kommunikations-Kettenbrief' verschickt, an dem einige Initiatoren verdienen wollen, bevor die Masse kapiert, daß sie einer vorschnellen Euphorie aufgesessen ist?

Um die Frage nach der Zukunft von online zu beantworten, muß man sich die Wirklichkeit der „Menschen an den Geräten" anschauen. Denn jede Entwicklung - auch die technische, mediale - findet zuvorderst in den Köpfen statt. Wenn man diese Realität der tatsächlichen bzw. potentiellen Nutzer psychologisch untersucht, könnte sich womöglich zeigen, daß die Entwicklung anders verläuft als man das auf Seiten der Investoren und Promoter des neuen Medi-

---

1   Der ausführliche Berichtsband 'Die Seele im Netz' ist für DM 480,- (zzgl. MwSt.) zu beziehen über : IFM≡KÖLN, Kaiser-Wilhelm-Ring 30-32, 50672 Köln.

ums erhofft. Und doch können gerade diese von einer psychologischen Analyse profitieren. Die Entwicklung ist noch in den Anfängen, Korrekturen und Modifikationen lassen sich noch vornehmen - Optimierungen sowieso. Deshalb betreiben wir mit dem Projekt 'Die Seele im Netz' keine Schwarzmalerei. Es soll vielmehr den Blick auf die Realität eines neuen Mediums richten, seine Chancen, aber auch Grenzen aufzeigen und zugleich Vorschläge machen, wie mit diesem Medium im Sinne der Menschen, die es ja einmal intensiv nutzen sollen, verfahren werden sollte.

## 2. Zeitraum und Quotierung - Die harten Fakten

Das IFM≡KÖLN führte die Studie 'Die Seele im Netz' im Dezember '95 und Januar '96 durch. Exploriert wurden insgesamt 100 Personen. Davon hatten zwei Drittel bereits aktive online-Erfahrungen (50 Prozent seit mindestens einem halben Jahr). Es wurden des weiteren Personen exploriert, die (noch) keine Nutzungs-Erfahrungen mit online-Angeboten hatten, jedoch grundsätzlich über Zugangsmöglichkeiten verfügten sowie auch bereits über online (Dienste, Internet, Mailboxen) gehört oder gelesen hatten. Der Schwerpunkt der Altersstruktur lag im Bereich der 20-30jährigen. Zwei Drittel der Befragten waren Männer, da diese nach allen bislang veröffentlichten Daten das überwiegende Gros der Nutzer und Interessierten stellen.[2]

## 3. Methode und theoretischer Kontext - Die morphologische Psychologie als Bezugssystem

Als Methode bedient sich das IFM≡KÖLN des Instrumentariums der morphologischen Markt- und Medien-Psychologie. Die vorgefundenen Phänomene werden einer Struktur-Analyse unterzogen, die ihren 'Sinn' enträtseln hilft. Das morphologische Darstellungssystem versteht Strukturen als Entwicklungsträger, so daß weiterführende Prognosen und Aussagen über mögliche Entwick-

---

2  Es wird darauf hingewiesen, daß die Untersuchung, die als qualitative Pilotstudie angelegt war, nicht den diversen Anforderungen an eine statistische Erhebung Genüge trägt. Dies würde den Sinn der Studie auch völlig entstellen. Dieser lag vielmehr darin, die psychologische Kernstruktur des Umgangs mit einem neuen Medium freizulegen und dessen Besonderheiten, Vor- und Nachteile sowie Chancen und Grenzen zu beschreiben. In diesem Zusammenhang kommt den befragten Personen der Rang von Zeit- und Sachzeugen zu, mittels denen es den Psychologen möglich ist, analytischen Zugang zu ihrem Gegenstand zu erhalten.

lungen formuliert werden können. Dabei werden die Erklärungen aus den Phänomenen durch Beschreibung und Analyse gewonnen. Motive, Typen-Bezeichnungen etc. erhält man gemäß der morphologischen Ableitungsregeln. Als Verfahren kamen Tiefeninterviews von 1,5 bis 2 Stunden zum Einsatz, die von in der Medienforschung erfahrenen Psychologen durchgeführt wurden.[3]

## 4. Die Ausgangslage: Flanieren auf dem Info-Jahrmarkt

Die Schilderungen der Befragten zeichnen von der online-Nutzung zunächst das Bild eines 'Digitalen Informations-Jahrmarkts'. Dies trifft auf die Angebote der großen online-Dienste (T-Online, Compuserve, AOL-Bertelsmann) ebenso zu wie auf das des weltweiten Internet, insbesondere das 'WorldWideWeb'. Die Befragten beschreiben online als ein Sammelsurium von interessanten, manchmal nützlichen, kuriosen, obskuren, schlüpfrigen oder einfach auch unverständlichen Angeboten und Inhalten - scheinbar ohne inneren Zusammenhalt oder gar geplante und geordnete Struktur. Der Nutzer flaniert 'an' diesen Angeboten vorbei, läßt sich animieren, verführen, reizen, zum Innehalten bewegen - oder auch nicht. Zugleich drängt es ihn voran, weil weitere verheißungsvolle, spannende oder auch 'erregende' Themen und Aufmachungen locken. Ob online-Dienst oder gar das 'anarchische' Internet: Überall erwarten den Nutzer spannende und bislang unbekannte Erfahrungen.

'Digital' meint in diesem Zusammenhang, daß dies alles im Umfeld einer modernen, noch jungen und neuen Technik geschieht. Voraussetzung für den Besuch des Jahrmarktes sowie die Partizipation an den Angeboten ist ein Können und 'Vermögen' im Umgang mit Computern, Modems und Tastaturen (bzw. 'Mäusen').

Die genaue Analyse der *psychologischen Motive der online-Nutzung* erbrachte vertiefende Einsichten in die Verheißungen, aber auch in die Schwierigkeiten und Nachteile im Umgang mit online. Es ließ sich präzisieren, welches 'Schicksal' das 'Flanieren auf dem Info-Jahrmarkt' demjenigen bereitet, der

---

3   Für weitere Erläuterungen zum Thema Theorie und Methode der morpho-logischen Psychologie sei auf die Instituts-Broschüre des IFM≡KÖLN verwiesen, die auf Nachfrage zugesandt werden kann. Ebenfalls existiert eine umfangreiche Sammlung von Artikeln, Vorträgen und Beiträgen von IFM-Autoren zu diesem Thema, von denen auf Wunsch Kopien zugesandt werden. Bezugsadresse wie oben. Wer Internet-Zugang hat, dem sei eine weitere Informations-Adresse genannt: http://www.ifm.de

sich auf das online-Medium einläßt. Auch die mögliche Zukunft des Mediums erscheint so vor unseren Augen (etwas) transparenter.

Die motivierenden Aspekte der online-Welt lassen sich dabei aus psychologischer Sicht nicht auf allgemeine Bedürfnisse der Nutzer wie 'Informations-Wünsche' oder 'Status-Denken' zurückführen. Online wirkt motivierend durch seine im tatsächlichen oder 'vorgestellten' Umgang mit ihm zutage tretenden Eigenschaften und dies in einem ganz speziellen, psychologisch 'exklusiven' Sinne. Im weiteren werden diese Motive beschrieben - auch in ihrem Zusammenwirken und Konkurrieren. Die Motive sind von daher nicht in einer Rangliste der Dringlichkeit oder Wichtigkeit geordnet. Sie bilden Verhältnisse, in denen sie sich einerseits ergänzen und stützen und damit die Attraktivität des Mediums verstärken. Andererseits aber behindern und neutralisieren sie sich - und machen online-Nutzung zu einem Problem, das auf Lösungen angewiesen ist. Insgesamt ergibt sich aus Art und Anordnung dieser Motive die 'Botschaft' des Mediums online!

Es ließen sich insgesamt sechs Motive identifizieren. Die drei zuerst dargestellten Motive repräsentieren vor allem die faszinierenden Seiten des Mediums. Die im weiteren aufgeführten Motive zielen dagegen darauf ab, den Umgang mit dem Medium alltagstauglich zu machen.

## 5. Die Motive der Nutzung von online-Angeboten: Locken und Schrecken eines neuen Mediums

Das Interesse an neuen Medien-Entwicklungen jenseits konkreter Inhalte oder Vorteile ist ein erstes, bestimmendes Motiv: Alle haben Spaß daran, an der Geburt eines völlig neuen Mediums teilzuhaben. Gerüchte und Nachrichten darüber sind 'news', die die Menschen interessieren - auch jenseits der 'tatsächlichen' Bedeutungen und Inhalte. Sich für den Bereich Medien sowie neue Entwicklungen im Medienbereich zu interessieren, ist 'in' und von daher ein 'Wert' an sich. Medieninteresse ist heute ein Indikator für Aufgeschlossenheit gegenüber technischen und gesellschaftlichen Entwicklungen. Auch das Interesse an einem Jahrmarkt fängt so an: Man wird neugierig, stellt sich darauf ein und freut sich, etwas Unbekanntes zu erleben. Es sei angemerkt, daß es die 'alten' Medien sind, in denen die Werbetrommel für online gerührt wird. Online könnte sich gar nicht selbst promoten, sondern ist zumindest für einen erfolgreichen Start auf 'Bruderhilfe' der anderen, etablierten Info-Kanäle, angewiesen. *'Interesse an neuen Medienentwicklungen'* ist das erste (hin-)bewegende Motiv der online-Nutzung.

Ein weiterer motivierender Aspekt des online ist die Entdeckung, in der Auswahl und Gestaltung der Nutzung völlig frei und selbstbestimmt agieren zu können. Weder Nutzungszeitpunkt noch Dauer, weder die Auswahl der Angebote noch die Reihenfolge ihres Abrufs liegen für den Nutzer fest: Man ist im wahrsten Sinne des Wortes sein eigener 'Programmdirektor'. So, wie man auf einem Jahrmarkt oder Flohmarkt völlig frei ist zu bestimmen, wie man vorgeht, wo man innehält, wo man anfängt und aufhört usw., so ist man auch bei der Nutzung eines online-Dienstes oder des Internets 'frei' und unabhängig. Ebenso frei ist man darin, auszuwählen oder zu ignorieren, beispielsweise dem Angebot einer Weltfirma den Rücken zu kehren und lieber eine private 'Homepage' zu besuchen. *'Mediennutzung im freestyle'* ist das zweite Motiv der online-Nutzung.

Eine der großen Verheißungen des online liegt auch darin begründet, daß man durch die Computersysteme Zugang zu Informationen, Gesprächspartnern und Angeboten der 'ganzen Welt' erhält: Es gibt praktisch keine Grenzen, weder inhaltliche noch geographische. Der gesamte Kosmos des Menschlichen, der sonst durch ideologische, moralische oder juristische Eingriffe beschränkt wird, erscheint hier auf einmal im Ganzen verfügbar. Damit bietet online ein bislang so nicht dagewesenes Angebot, das den Flaneur auf unserem Jahrmarkt mit ungeahnten Verlockungen anzieht: fremde, verbotene, unbekannte und exotische Dinge zu erfahren und kennenzulernen.

Dazu gehört auch, sich mit fernen und bislang 'unerreichbaren' Gleichgesinnten im System zu 'treffen' und auszutauschen. Via Modem und Bildschirm werden bislang starre Regeln und Begrenzungen aufgehoben: daß Kommunikation vor allem auf die eigene Region oder das eigene Land beschränkt ist, daß sie umso teurer ist, je größer die Entfernungen zwischen den Beteiligten werden; daß Sex und Porno nur im Verborgenen existierten oder zumindest in den elektronischen Medien nicht am hellichten Tag serviert werden uvm. *'Mediale Welteroberung per online'* ist ein starkes Neugier- und Interesse-gerierendes Motiv der online-Nutzung.

Doch wo so 'tolle' Verheißungen warten, finden sich auch Kehrseiten: Was *neu* ist, wirkt oftmals auch unverständlich und kompliziert. Der Nutzer befürchtet und erlebt, daß er in dem Knäuel neuer Begriffe, Techniken und Tätigkeiten den Über- und Durchblick verliert. Auch das *selbstbestimmte* Zusammenstellen von eigenen 'Programmen' sowie das stets geforderte (Inter-) Aktiv-Sein (Interessen aufbringen, Adressen eingeben, 'Reloaden' etc.) ist oftmals anstrengend und aufwendig. Online 'zwingt' seine Nutzer zu Freiheiten, welche den tatsächlich vorhandenen Kommunikations- und Bestimmungs-Bedürfnissen zuwiderlaufen ('Phantôme de la liberté'). Schließlich zeigt sich bei der *'Welteroberung'*, daß online-Sein paradoxerweise oftmals ein 'Allein-Sein' vor dem Computer bedeutet. Man erfährt zudem, daß man - vor allem durch die zahlreichen Angebote sexueller Natur - auch mit teilweise peinlichen Aspekten seiner 'inneren' Welt in Kontakt kommt: mit Erregungen, mit speziellen Neigungen. Das Medium online wirkt entlarvend - es konfrontiert mit den eigenen 'Abgründigkeiten'. Der Nutzer wird hierbei buchstäblich zum 'Orpheus' in seiner eigenen 'Unterwelt'.

All diese Punkte können als unvermeidliche Kehrseiten der (hoch-) motivierenden Aspekte des online angesehen werden. Davon 'betroffen' sind - psychologisch zwingend - alle, die sich in den Einzugsbereich dieses Mediums begeben. Zur Abmilderung und 'Pufferung' dieser Kehrseiten existieren daher weitere Nutzungs-Motive, die auf eine bessere Konsumierbarkeit und Alltagskompatibilität des online-Mediums abzielen.

Für den Umgang mit online-Diensten und Internet erwartet der Nutzer geeignete Orientierungshilfen, die das Auffinden und Ansteuern lohnender und interessanter 'Adressen' erleichtern sollen. Hier sind vor allem offline-Medien, wie Internet-Magazine und -Ressorts in Zeitungen und Zeitschriften, willkommen. Aber auch online-Hilfen wie Übersichten und Kataloge leisten hier wertvolle Hilfe. Sie sollen stets aktuell sein und Anregungen bieten: Neues, Wissenswertes, Geldwertes, Skurriles, Originelles, Erregendes. Mit einem Internet-Magazin oder einem online-Verzeichnis hat man dann in punkto Orientierung 'das Heft in der Hand'. Online und offline sind dabei keine Antagonisten, sondern ergänzende Pole eines Medien-Verbundes. Bezogen auf unser Jahrmarkts-Bild zeigt dieses Motiv, daß es erforderlich ist, einen Plan dieses vielfältigen Angebots zu besitzen, der einem bei der Auswahl und (Zeit-) Einteilung behilflich sein kann. Die ungeordnete Vielfalt des Angebotes wird erst durch das Motiv *'Orientierungshilfen'* verfügbar.

Im online gilt: Was nützt, macht Spaß und umgekehrt! Deshalb ist der Wunsch nach *'Nutz-Spaß'* ein weiteres motivierendes Kriterium. Bei der Nutzung muß stets etwas 'Nützliches' rauskommen: verwertbare Informationen, Wissenserweiterung, praktische Hinweise und Tips etc. In diesem Zusammenhang kommt dem Verrichten routinemäßiger Tätigkeiten wie z. B. dem Ausfüllen von Banküberweisungen eine große Bedeutung zu. Im Homebanking erleben die Nutzer die unmittelbare, sich direkt (positiv) bemerkbar machende Wirkung eines digitalen Übertragungsweges. Es macht 'Spaß' zu sehen, wie schnell und direkt auch schwierige Transaktionen ablaufen. Gleiches gilt für das e-mail: Eine online-Option, deren Sinn und Nutzen den Anwendern sofort einleuchtet und von der gerne und immer öfter Gebrauch gemacht wird.

Bei der online-Nutzung sollen immer auch Unterhaltungsaspekte mitwirken: Witz, Originalität, Skurrilität, Ästhetik etc. Optimalerweise sollen Angebote Nutzen und Spaß in jeweils speziellen Maßanteilen liefern. Unser Info-Jahrmarkt soll Angebote bereithalten, die über den Besuch hinaus 'Wert' haben und behalten und dabei auch den Sinnen gefallen können. Die 'Welteroberung' macht psychologisch nur Sinn, wenn man von seinen Eroberungszügen etwas Konkretes im Sinne des *'Nutz-Spaßes'* heimholen kann.

Schließlich ein letztes Motiv: der Wunsch nach *Alltags-Integration des online*. Online müßte, soll die Nutzung regelmäßig und häufig erfolgen, einen festen Platz auch im privaten Alltag finden. Doch dazu sind Vorbilder, Anregungen und Ideen nötig - und auch ein Equipment, welches auf die privaten Belange der (potentiellen) Nutzer zugeschnitten ist. Design, Technik, Handhabung müssen Wohnraum-angemessen bzw. mobil, einfach, verständlich und unkompliziert werden. Die Stichworte hier: simpler 'Volkscomputer', übersichtliche Preisgestaltung, verzögerungsfreier Verbindungsaufbau und Kommunikationsablauf (mindestens ISDN-Level), Schluß mit der Inflation der Hard- und Software-Updates. Alltagseinbindung meint auch: An welchem (Zeit-)Platz, in welchen Situationen, zu welchen Anlässen ist online-Nutzung sinnvoll und angemessen? Welches Verhältnis ergibt sich zwischen ihr und den anderen Medien? Welche Eigenschaften könnten dazu beitragen, daß aus dem seltenen 'event Info-Jahrmarkt' ein nutzbares Alltagsangebot erstehen kann - so etwas wie ein regelmäßig frequentierter Info-Wochenmarkt? Wie und wann kommen die brauchbaren und verwertbaren Dinge ins online: ÖPNV-Fahrpläne, Sonderangebote des Supermarktes 'an der Ecke', Service-Leistungen - kurz: die Nützlichkeiten des jeweiligen physischen Umfeldes?

## 6. Psychologische Einschätzung der motivationalen Lage: Medium im Entstehen

Online lockt mit seinen mannigfachen, innovativen Grenzüberschreitungen. Man gerät leicht in Tagträume, spinnt sich Möglichkeiten aus, in ein globales, allumfassendes und alles umgreifendes System einzutreten. Als 'Mediale Konversion' liefert online Bilder, Texte, Töne, demnächst (vielleicht? sicher?) sogar bewegte Bilder aus jeder Welt-Gegend, aus jedem Themen-Bereich unserer Wirklichkeit.

Soweit der Traum. Im Umgang zeigt sich online jedoch auch als psychische Zumutung. Zudem ist sehr viel Unsinniges, Unvollkommenes und Halbfertiges im 'Angebot'. Noch gravierender: online strengt an, ist in sich völlig ungeordnet und chaotisch, erbringt dem Nutzer (noch) wenig 'Nützliches' (z. B. verwertbare Informationen aus seinem unmittelbaren physischen Umfeld: Angebote des Supermarktes, Mittagstisch der Gaststätte um die Ecke, Index der Videothek etc.). Auch der 'Spaß' bleibt oftmals auf der Strecke, denn zu lange dauert der Graphikaufbau, zu dürftig sind die Gestaltungen der meisten Angebote etc.

Derzeit das größte Problem jedoch: Noch existiert keine Anbindung an unsere Alltagsvollzüge, und - psychologisch betrachtet - gibt es in unserem Medien-Alltag nur wenig Platz für Neues. Ein Grund für die mangelnde Anbindung ist sicher das Fehlen von gelebten Vorbildern. In keiner der populären TV-Serien wird beispielsweise gezeigt, an welchen Stellen, in welchen Situationen es sinnvoll und gewinnbringend sein könnte, den 'Informations-Jahrmarkt online' zu besuchen. Zu welcher Tageszeit 'tut' man es? Zu welchen Zwecken? Welche Dinge lassen sich rascher oder bequemer als 'offline' erledigen? usw.

Es fällt offenbar schwer, online-Nutzung in Geschichten einzubinden - zumindest in Geschichten, wie sie heute meist noch erzählt werden. Von jeher tradiert unser Medienalltag einen Geschichtenalltag: Die offline-Medien vermitteln dem Nutzer oftmals 'fesselnde' und 'dramatische' Inhalte, die Aufmerksamkeit binden und Ermüdungen vermeiden oder hinauszögern helfen ('Dramatische Linearität'). An diesen Inhalten saugt sich das Erleben und die Aufmerksamkeit fest. Als Beispiel mögen die daily-soaps gelten, denen es gelingt, große Zuschauergruppen jeweils eine halbe Stunde *täglich* an sich zu binden.

Dem online-Medium ist es (derzeit) höchstens in einzelnen Beiträgen oder 'Adressen' möglich, eine solche Dramatik zu produzieren - zum Beispiel als neue, wertvolle Information oder als spannend geschriebener Artikel. Der Verlauf einer online-Sitzung insgesamt ist dagegen eher durch 'stückhaftes' Erleben gekennzeichnet. Man ruft, je nach Laune, einmal diese, einmal jene Adresse oder einen Dienst-Bereich (z. B. ein Compuserve-Forum) auf. Dabei stellt sich nur in Ausnahmen ein übergreifender dramatischer Zusammenhang ein. Online-Sitzungen sind deshalb eher Patchwork statt 'Geschichten-Erleben'! Die Inflation des Möglichen verunmöglicht es, zu verweilen oder gar Quartier zu nehmen - so wie man es mit dem Abonnement einer Tageszeitung tut. Die online-Nutzung startet immer wieder bei Null, um dann in der 'Weite des Hyperraumes' erneut auf die Suche nach frischen, neuen Eroberungen zu gehen.

Zugleich ist damit die eigentliche 'message' oder Botschaft des Mediums online freigelegt: Man kann *'sich' täglich in seiner Mediennutzung neu schaffen.* Festlegungen, Schemata, Programme, Reihenfolgen - all diese die offline-Medien charakterisierenden Eigenschaften entfallen. Die großartige Erweiterung unseres Informationshorizonts durch online wird damit aber auch zu dessen ebenso banalem wie zentralem Nutzungsproblem: Wo soll man beginnen, worauf läuft es hinaus? Diesem Problem müssen sich alle tatsächlichen und potentiellen Nutzer stellen. Sie tun dies, indem sie den lockenden und schreckenden Aspekten des online gegenüber 'typische' Haltungen einnehmen. Die psychologischen 'Typen' der online-Nutzung werden im folgenden vorgestellt.

## 7. Die Psychotypologie der online-Nutzung - Von Digitalos und Analogos

### Die Gruppe der drei 'digital-orientierten' Typen

Wer zu den *Profis/Pionieren* des Computerwesens zu zählen ist, für den ist online die 'logische' Erweiterung des Computers in unser Alltagsleben. Man beschäftigt sich professionell oder semiprofessionell mit allen möglichen Themen rund um Computer und digitale Technik. Man versteht sich als Avantgarde, die immer schon früher mitbekommt oder mit-inszeniert, was für die breite Masse noch lange mediale 'böhmische Dörfer' sind. Man beherrscht sein Metier und ist buchstäblich 'auf dem Info-Jahrmarkt zu Hause'. Vertreter dieses Typus sind i.d.R. männlich, nicht zu alt (<30), gut ausgebildet und in Berufen tätig, die direkt oder indirekt mit dem Computer zu tun haben[4] Überraschend ist die Beobachtung, daß für diesen Typus die sich ankündigende Popularisierung ein Grund ist, die eigene online-Aktivität in Nischen, wie die Mailboxen, zu verlagern, wo man sich exklusiv und von der 'ahnungslosen Masse' fern wähnt. Das World Wide Web hingegen ist für diese Spezies bereits

---

[4] Man erinnere sich bitte an die Ausführungen zur Quotierung: die ausgeführten soziodemographischen Hinweise beziehen sich auf eine bereits stark selektierte Personengruppe. Zahlenangaben oder gar 'Hochrechnungen' auf Verteilungen im Bevölkerungsgesamt verbieten sich aus diesem Grunde von selbst!

heute der kommerzielle Sündenfall. Hier sehen sich die 'wahren' Experten und Pioniere fehl am Platz und wenden sich deshalb lieber neuen Aufgaben und Herausforderungen zu.

Der zweite Typus pflegt ebenfalls ein sehr enges Verhältnis zu den neuen Medien und Techniken, ist jedoch im Gegensatz zu den Pionieren eher als 'Nachzügler-Gruppe' oder aber *Spät(er)-Berufene* zu bezeichnen. Man ist durch die Ausbildung und/oder den Beruf in Kontakt zu Techniken und neuen Medien 'geraten' und steht mittlerweile bereits mit halbwegs sicheren Beinen auf neuem Mediengrund. Der Info-Jahrmarkt des online wird als Chance und Herausforderung begriffen, auch wenn man nicht bereits in jungen Jahren seine ersten Programme auf dem 'C64' geschrieben hat. Für die berufliche Karriere ist die Kenntnis des online doppelt förderlich: Man kann sich in seinem Umfeld *profilieren* sowie von den speziellen Angeboten für den eigenen Sach- und Interessenbereich *profitieren*. Den neuen Entwicklungen steht man jedoch auch kritisch gegenüber. Verlangt werden leistungsfähige, mobile und schnelle Lösungen im Hardware-/Software-Bereich sowie nützliche, gut aufbereitete und aktualisierte Angebote. Gegenüber einer euphorischen und expansiven Anfangszeit der online-Nutzung wird diese danach meist sehr kontrolliert, dosiert und 'vernünftig' betrieben. Auch hier findet sich eine Männerdomäne, in die jedoch die Frauen schon eingebrochen sind.

Dagegen sind die *'Neugierigen'* häufig noch in der erwähnten Euphorie der Neu-Entdeckung. Für sie ist der online-Sektor so etwas wie ein medialer Schatzfund. Sie machen (noch) extensiv Gebrauch vom neuen Medium, verbringen Stunden und Tage online. Es wird gesurft, bis die Augen tränen; (noch) stellt sich keine Frage nach Sinn oder Nutzen des ganzen Unterfangens. Als 'Quereinsteiger' in die Welt des Computers und der Digitaltechnik, die wenig oder keine Erfahrungen mit DOS oder gar noch komplexeren Programmen und Betriebssystemen haben, profitieren *Neugierige* davon, daß die Computertechnologie aus dem allerengsten Dunstkreis der Eingeweihten und 'Freaks' herausgetreten ist. Kritik an den Leistungen und Inhalten des online wird deshalb kaum laut - steht man doch zu sehr unter dem Eindruck der befreienden und erweiternden Möglichkeiten, die online (vermeintlich) bieten kann. Die Männer treffen hier bereits auf eine starke Frauen-Riege, die das interessante Neuland nicht der 'Gegenseite' überlassen möchte.

Allen genannten Typen (Profis/Pioniere, Spät(er)Berufene, Neugierige) ist gemein, daß sie eine *positive Grundeinstellung zum gesamten digitalen Geschehen* aufweisen. Sie alle zeigen einen mehr oder weniger ausgeprägten *positiven* '*digitalen Faktor*'. Für sie ist online ein Zeichen: das endgültige 'digitale coming out' heraus aus dem Ghetto der Spezialisierung und hinein in die berufliche und/oder private Alltagswelt. In der 'grenzüberschreitenden' Logik des onlines sehen sie eine große Chance, neue und bessere Kommunikationswege zwischen Menschen einzurichten. Dabei steht im Vordergrund, daß der Computer in seiner Doppelfunktion als Arbeits- und Freizeitgerät angenommen und geschätzt wird. Die Akzeptanz von online wird dadurch gestärkt, daß bestimmte Nachteile und Probleme, die das Medium aufweist, auf eine hoch angesiedelte 'Leidens-Schwelle' treffen: Personen, die zu diesen drei Typen gehören, sind sehr tolerant gegenüber langsamer Übertragungsgeschwindigkeit oder veralteter Inhalte auf einzelnen Seiten/Adressen. Anders wäre kaum zu verstehen, wie geduldig selbst Menschen, die über wenig Zeit verfügen, die sie verplempern könnten - wie diese Menschen lammfromm und ohne Unmut darauf warten, daß sich eine - eigentlich unschöne und überflüssige - Grafik mit Hilfe eines 14er Modems auf ihrem Bildschirm aufbaut...

## *Die Gruppe der zwei 'analog orientierten' Typen*

Anders gehen mit online die Typen um, denen ein negativer 'Digital-Faktor' bescheinigt werden muß. Für diese Haltungen ist online eine 'Terra incognita' auf der Medienkarte. Man wäre nicht unfroh, wenn sie das auch bleiben würde und man dem Schicksal einer zwangsläufigen Auseinandersetzung mit dem neuen Medium in nächster Zeit entkommen könnte. Der Computer steht für eine beängstigende und unverständliche Entwicklung der Technik in unseren Alltag, die man sich am besten vom Leib und aus seinem Leben heraus hält.

Die *Aufgeschreckten* sind am ehesten davon betroffen, in eben diese Auseinandersetzung eintreten zu müssen. Sie sind in der beruflichen Umgebung oder aber durch die intensive und extensive Berichterstattung in Presse und TV mit der online-Welt in Kontakt gekommen und sehen sich in der Not, auf diese praktisch nicht zu ignorierende Entwicklung reagieren zu müssen. Man möchte nicht als technischer Hinterwäldler gelten und sucht Kontakt zu Menschen oder Kollegen, die einen mit der online-Welt vertraut machen können. Im Unterschied zu den Neugierigen läßt sich bei den Aufgeschreckten kaum ein 'hausgemachter' Beweggrund finden, sich auf die neuen Entwicklungen einzulassen. Man verspürt zwar gewisse Reize und Faszinationen, die von online ausgehen - eine wirkliche Notwendigkeit oder gar Sinnhaftigkeit wird dem neuen Medium jedoch abgesprochen. Der Kontakt mit ihm hat etwas Gezwungenes, eine naive Freude 'an der Sache selbst' will sich nicht einstellen. Man bleibt Zaungast einer Entwicklung, die man nicht bestellt hat. In diesem 'Typen-Boot' finden sich Frauen und Männer, Junge und Ältere. Es sind all die, denen der (unumgängliche) Umgang mit einem Computer noch nie einen Moment der Zufriedenheit, geschweige denn ein Glücksgefühl vermitteln konnte.

Bei den *'Abgeschreckten'* wendet sich diese resignative, aber immerhin noch tolerante Haltung in eine pauschale Ablehnung 'der ganzen Richtung'. Man identifiziert online als Form eines unwillkommenen Einbruchs der Computertechnik in unser aller Leben. Die Abgeschreckten interpretieren die Folgen dieser Invasion ausschließlich als schädlich, negativ und nachteilig für unsere Kultur und Gesellschaft. Verdummung, Vereinsamung, Kontrollstaat, Kriminalisierung, Pornoverseuchung sind Stichworte und Bilder, die diese Befürchtungen illustrieren können. Im Bild eines Mediums, das alles kann und jede Information für jeden jederzeit bereitstellt, verdichtet sich die Vision einer Gesellschaft von Menschen, die aufhören, 'normal' zu kommunizieren und sich den Mühen der direkten Begegnung zu unterziehen.

Eine Gesellschaft, in der der einzelne durch sein transparentes Informationsverhalten für die Staatsautorität kontrollier- und steuerbar wäre. Unabhängig davon, ob online in seiner Realität solchen Omnipotenz-Vorstellungen entspricht, möchten die Abgeschreckten am liebsten bereits heute Gesetze verabschiedet wissen, die jede Weiter-Entwicklung stoppen und das Land vor dieser Infiltration bewahren. Damit ist online - für Personen dieses Typus und deren Weltbild - eine ideologische Angelegenheit, die nicht sich selbst und ihren technischen und kommerziellen Möglichkeiten überlassen werden darf. Hier finden sich sozial engagierte, medien- und gesellschaftskritische Personen beiderlei Geschlechtes und jeder Altersgruppe.

Beiden beschriebenen Typen ist gemeinsam, daß sie die 'grenzüberschreitende' Logik des online nicht als Chance, sondern als Bedrohung mit erheblichem Destruktionspotential ansehen.

Schließlich ist von einer Gruppe von Menschen auszugehen, die sich im psychologischen 'Niemandsland' der beiden beschriebenen Typen-Gruppen aufhalten. Die *Indifferenten* sind Personen, die aufgrund fehlender Bildung, beruflicher Kontaktmöglichkeiten oder schlichtweg aus Desinteresse an Medien aller Art generell online-abstinent und -unwissend sind.

## 8. Psychologische Einschätzungen zur Zukunft von online

Die Typologie zeigt, daß die Haltungen gegenüber dem Medium online Momentaufnahmen sind. Es haben sich noch keine dauerhaft bewährten Haltungstypen herausgebildet, wie das bei der Nutzung von Tageszeitung oder Fernsehen der Fall ist.[5] Die online-Nutzer befinden sich vielmehr in einer Probierphase, in der sie mögliche Haltungen ausprobieren, auf ihre Stabilität hin testen, (zunächst) beibehalten oder aber auch wechseln: vom Befürworter zum Skeptiker (Pionier), vom Addict zum Pragmatiker (Neugieriger zu Spät(-er)Berufenen) etc. In der pragmatischen Abwartehaltung des Letzteren macht sich bemerkbar, daß die ersten Enttäuschungen über Angebote, Leistungen und Möglichkeiten von online noch nicht zu einer Abkehr, sondern eher zu einer Moratoriums-Attitüde führen: 'Mal sehen, ob die weiteren technischen Entwicklungen dafür sorgen, die Schwachpunkte zu beseitigen und den erhofften Nutzwert und die Convenience zu liefern'.

Von der Grundfrage aus: „Wie können zukünftige Entwicklungen und/oder Verbesserungsmaßnahmen die Akzeptanz und Verbreitung von online voranbringen?" sollen im folgenden weiterführende Überlegungen aus psychologischer Sicht angestellt werden. Diese sind insofern wichtig und notwendig, weil vom Erfolg dieser Entwicklungen in starkem Maße abhängt, inwieweit die investierten Milliardenbeiträge der online-Industrie sowie der im online sich präsentierenden Unternehmen teures Lehrgeld oder gut verzinste Zukunftswechsel sein werden.

Im Hinblick auf die Zukunfts-Perspektiven von online müssen drei Bereiche getrennt betrachtet werden: Die Möglichkeiten der technischen Vervollkommnung, die Bereitstellung eines bedarfsorientierten Angebotes sowie die zukünftige Wettbewerbs-Situation in der Medien-Konkurrenz.

Der größten Sprung nach vorne kann online zweifelsohne durch eine dringend erforderliche *technische Vervollkommnung* gelingen. Durch ein Angebot an tauglichen, leicht verständlichen, 'idiotensicheren' Hard-/Software-Kombinationen, die zudem preiswert oder gar kostenlos verfügbar sind (wie dies in Frankreich seinerzeit durch das 'Minitel' erfolgte), kann ein großer run auf die

---

5 Zu diesen beiden wie auch weiteren Medien-Gattungen wurden vom IFM≡KÖLN in den letzten Jahren ausführliche Studien erstellt, die teilweise auch der Öffentlichkeit zugänglich gemacht werden konnten: Psychographics - zur Typologie der Fernsehzuschauer; Jugend und Tageszeitung u.a.m.

online-welt ausgelöst werden. Ohne Probleme ließen sich für ein solches Angebot auch weite Kreise von Personen mit 'negativem Digital-Faktor' begeistern - sobald online nur aus der 'PC-Ecke' herausgelöst werden kann. Letztlich erweist sich der Status quo - online als 'Reitermedium im PC-Sattel' - als hemmend für eine weitere Popularisierung des Mediums. Solange für 'Populär-Entwicklungen' im PC-Sektor wie Windows '95 noch ein Begleitband von 800(!) Seiten zur vollständigen Ausschöpfung der Leistungsfähigkeit benötigt wird, kann sich dieser technische Zweig nicht über den Bereich der 'Positiv-Digitalisierten' hinaus ausweiten. Neue Geräte müssen entwickelt werden und verfügbar sein, die mobil und unabhängig von Kabelanschlüssen und Modems überall einsetzbar sind - die Handytechnik, aber auch die Entwicklung des Gameboys als Massenvariante des Computerspiels könnten hier Vorbildcharakter haben. Als ICC (Individual Communication Center) könnten sie einmal zu unserem ständigen Begleiter werden. Zu denken ist dabei an eine Kombination aus Handy, CPU, Satelliten-Zugangs-Modul sowie anschließbaren (ebenfalls mobilen) LCD-Monitoren, Kleintastaturen, Kopfhörern, Monitor-Brillen etc. Online wäre dann von den stationären PCs herkömmlicher Art sowie den Kabelnetzen dieser Welt völlig entkoppelt und könnte als eigenständiges Medium ohne 'Wirt' seinen Weg machen. Die Nutzung in Räumen kann durch Anschluß an das vorhandene TV-Gerät bzw. das PC-Terminal erfolgen - idealerweise ohne Kabelverbindung, beispielsweise per Infrarot-Kontakt. Was sich für manchen wie Zukunftsmusik anhört, läßt sich technisch bereits realisieren. Die Beobachtung des Marktes zeigt, daß hier weniger Computerhersteller als vielmehr Kommunikations- und Unterhaltungs-Spezialisten innovative Impulse setzen.

Schließlich muß sich die Geschwindigkeit der Übertragung von Informationen insgesamt erheblich steigern. Hier mag ISDN als Richtschnur bei der Übertragungsschnelligkeit dienen. Doch auch das schnelle 'Einschalten' in die Systeme ist wichtig. Bereits das 'Hochbooten' eines herkömmlichen PCs z.B. zum Zweck einer Fahrplanauskunft macht dieses an sich simple Vorhaben zu einem viel zu zeitraubenden Unternehmen. Ein Telefonat oder ein Blick in einen gedruckten Fahrplan (soweit vorhanden) sind schneller und zielgenauer.

*Insgesamt* gilt für die Entwicklung bedarfsgerechter Technik: einfach und noch einfacher, klein und noch kleiner, leicht, mobil, preiswert, raus aus der herkömmlichen PC-Welt, hin zu einem eigenständigen optisch-funktionellen Auftritt - auch wenn sich darin viel herkömmliche Computertechnologie verbirgt!

Die Bereitstellung eines *bedarfsorientierten Angebotes* kann ebenfalls Akzeptanz und Erfolg von online befördern. Dazu muß vor allem der lexikalische Grundcharakter von online konsequent optimiert werden: Die Nutzer müssen *jede gewünschte Information oder Inhalt schnell, zügig und aktuell ansteuern und abrufen können*. Zwar ist es die 'große weite Welt', die das Faszinosum des online ausmacht. Alltägliches Interesse hingegen wird erzeugt durch die 'kleinen', banalen Dinge des Alltags. Tagtäglich müssen wir informiert sein über Dienstleistungen, Gastronomie, Kaufangebote, Veranstaltungen, Fahrpläne, Preisinformationen. Dazu kommen: regelmäßige Bank- und Versicherungs-Transaktionen, Kommunikation mit Dienstleistern, Lieferanten etc. Zugleich sind Inhalte wichtig, die sich auf alle möglichen Interesse-Felder richten, die Menschen aus unterschiedlichen Regionen oder Ländern miteinander teilen. Hier sind die Foren der online-Dienste sowie die News-Groups des Internets sicherlich bereits weit fortgeschritten.

Erst drittrangig erscheinen Produkt- oder Herstellerinformationen aus dem kommerziellen Bereich von Interesse. Hier schlägt der Vorteil der Schnelligkeit und Unmittelbarkeit der Informationsvermittlung im online nicht so recht durch. Zur Kaufentscheidung zumindest preisintensiverer Anschaffungen wird i.d.R. ein größeres Zeitbudget veranschlagt, so daß die anderen Informations-Kanäle mithalten können. Zudem weist das 'Schmökern' in einer Broschüre oder einem Katalog mehr sinnliche Anhalte auf als das sinn-beschränkte Starren auf den Monitor - möge die Bildauflösung auch noch so gut sein.

Es läßt sich sagen, daß jedes Unternehmen, das mit 'Werbung', Produktinformationen oder gar einem online-shop-Angebot reüssieren möchte, zugleich Angebote mit praktischem Nutzcharakter (Service) sowie allgemeinem Informations-Wert in seinen Auftritt integrieren sollte. Der vom IFM≡KÖLN eingeführte Begriff des 'Informations-Sponsoring' könnte von kreativen Köpfen auf Unternehmens- oder Agenturseite adaptiert und durch Pilotprojekte mit Leben gefüllt werden. Denkbar wäre es z. B., daß ein regional operierender Versicherer seinen online-Auftritt um stets aktuelle Informationen über Veranstaltungen und sonstige Ereignisse aus der betreffenden Region ergänzt. Sein eigenes Produktangebot erschiene somit viel sinnvoller und für die Anrainer und Besucher nützlicher eingebettet, als wenn es 'für sich' unter einer noch so simpel zu erreichenden Adresse isoliert bliebe.

Die aus Psychologensicht dringend notwendige Integration alltagsnaher Dienstleistungen und Informationsangebote ins online wirft ein interessantes Nebenproblem auf. Um z.B. das Mittagstisch-Angebot eines Metzgerei-Betriebes oder das Verzeichnis sowie den aktuellen Bestand einer Vorstadt-Videothek aktuell im online präsentieren zu können, müßte ein Provider zunächst einmal den Metzger oder Verleiher davon überzeugen, daß dies eine sinnvolle, wenn auch nicht sofort lohnende Investition in das zukünftige Marketing seines Betriebes wäre. Es ist leicht auszurechnen, daß allein die Anbahnung eines solchen Gespräches, vor allem aber dessen Verlauf realsatirische Züge aufweisen würde -träfen da doch 'Welten' aufeinander, deren jeweiliges Denken, Reden und Handeln unterschiedlicher kaum sein könnte.

Hier liegt ein Problem zugrunde, dessen Lösung den online-Promotern in den nächsten Jahren noch viel Kopfweh bereiten dürfte: Um die latent online-Interessierten durch die praktische Nützlichkeit des Mediums zu ködern und zu binden, müssen auch die völlig online-abstinenten Teile der Menschheit angesprochen und in die Systeme integriert werden!

*Insgesamt* gilt für das bedarfsorientierte Angebot: Think small! Das Angebot muß übersichtlich, verständlich, praktisch, nützlich, verwertbar, auf die physische Nähe oder die unterschiedlichen Interessen von Unter- und Unter-Untergruppen bezogen sein. Dies bedeutet: Diversifizierungen und Focussierungen auf kleine und kleinste geographische oder thematische Bereiche. Aus dem momentan noch praktisch ungeordneten „Wühltisch"-Angebot muß in Zukunft ein übersichtliches Informationssortiment werden. Hierin besteht eine der Hauptaufgaben der online-Anbieter (Dienste, Provider, Unternehmen) in der Zukunft.

Die zukünftige *Wettbewerbs-Situation in der Medienkonkurrenz* kann durch die möglichen, aber auch notwendigen Korrekturen und Entwicklungen für online erfreulich aussehen. Die Bereitstellung eines im mehrfachen Sinne 'leichten', mobilen, preiswerten Gerätes zur Kommunikation via online-Dienst und Internet in Verbund mit Handy, Satellitenzugang und damit Unabhängigkeit von Orten und Netzen sowie ein Inhaltsangebot, welches den Wünschen nach schneller Information über örtliche Gegebenheiten, Angebote und Dienstleistungen Rechnung trägt, wird nicht nur eingefleischte Digitalfreunde begeistern können. Online zielt in der Konsequenz auf eine universale Anwendbarkeit und Nutzbarkeit im privaten wie beruflichen Bereich.

Jedoch erscheint 'online' dabei kaum als Konkurrenz zu print oder TV. Als lexikalischer Begleiter oder multimedialer Kommunikator (oder ICC = Individual Communication Center) kommt online den etablierten Medien auf ihren Terrains kaum ins Gehege. Online lassen sich eben lange nicht so gut Geschichten erzählen und darstellen wie in einem illustrierten Zeitungs- oder Zeitschriftenartikel oder einem TV-Film. Das bedeutet aber auch, daß Print-Produkte nicht 'eins-zu-eins' im online adaptiert werden dürfen.

Es bleibt also genug Bedarf nach guten (oder weniger guten) Büchern, Illustrierten oder Filmen, bei denen es sich lohnt, sich mehrere Stunden buchstäblich 'fesseln' zu lassen. Online-Systeme können ihre 'wahre Stärke' vielmehr in der 'Entfesselung' ihrer Nutzer entfalten: indem sie unabhängig machen von Orten, von Computern, von Telefonleitungen, Modems usw. Wer sich in der Disney-Literatur auskennt, kennt sicher das Pfadfinder-Kompendium der drei Neffen von Donald Duck oder das voll elektrifizierte 'Kleine Helferlein' des ingeniösen Ingenieurs Daniel Düsentrieb. Beiden 'Medien' ist gemein, daß sie ihren Besitzern praktisch jederzeit und überall das gesamte Wissen dieser Welt zu deren Nutzen (und zumindest in der Disneywelt kostenlos) zur Verfügung stellen können. Es mag seltsam anmuten, daß sich eine psychologische Analyse des online letztlich bei der scheinbar 'unseriösen' Welt der Trivial-Comics metaphorisch bedient, um zu beschreiben, welche mögliche Zukunft ein heute noch neues, kaum erprobtes und noch stark an Anfangs-Problemen laborierendes Medium haben wird. Es zeigt sich hier einmal mehr, daß im scheinbar Neuen und Unbekannten oftmals Banales und bereits vielfach Gedachtes in neuem Gewand wiederkehrt.

## 9. Schluß

Das psychologische Forschen im Bereich online kann mit einer Pilotstudie wie 'Die Seele im Netz' natürlich nicht abgeschlossen sein. Zwischen der Zukunftsvision eines 'ICC' und dem heutigen Status quo von Technik und Angebot liegen die praktischen Probleme, die es anzupacken und zu lösen gilt. Dafür ist Forschung im und am Detail erforderlich. Damit können jeweils die Schritte einzelner Entwickler und Anbieter analytisch begleitet und auf ihre Relevanz und Erfolgsmöglichkeiten hin untersucht werden. Es können Hinweise auf Modifikations-Möglichkeiten und -Notwendigkeiten gegeben werden. Investitionen lassen sich so von Anfang an sinnvoll plaziert, Flops durch Sackgassen-Entwicklungen vermeiden. Die morphologische Psychologie wird durch qualitatives Monitoring ihren Beitrag dazu leisten, daß die zukünftige Entwicklung stets von aufmerksamer Forschung begleitet, kommentiert und unterstützt wird.

# VII. Die Präsentation: Visualisierung und Virtualisierung der Medieninhalte

*Knut Hickethier*

# Fernsehnachrichten als Erzählung der Welt

**Teilhabe und Erzählung, Visualität und Virtualität**

> Bekanntlich wird uns die Welt insbesondere mittels der Fernsehmagazine erzählt. Weshalb sie eigentlich höchst kritische Aufmerksamkeit verdienen, für alle Einzelheiten.
> *Michael Rutschky*
> *In: Der Tagesspiegel v. 25.2.1989*

Keine Programmsparte ist gegenwärtig so umkämpft wie die der Nachrichtensendungen, keine Programmform des Fernsehens wird mehr erforscht und debattiert. Gegenüber den traditionellen Ansätzen, wie sie vor allem von der Publizistik- und Kommunikationswissenschaft entwickelt wurden (Bentele 1988) und natürlich nicht an Bedeutung verloren haben (Brosius 1995), wird hier versucht, einige andere, vielleicht neue, auf jeden Fall ungewohnte Überlegungen in die Nachrichtendebatte einzubringen. Dieser medienwissenschaftliche Ansatz sieht sich in der Tradition kulturwissenschaftlicher Medienanalyse. Ausgangspunkt sind einige Widersprüche, die trotz jahrzehntelanger Nachrichtenforschung nicht gelöst worden sind:

1. Allen Optimierungsstrategien zum Trotz kann die Mehrzahl der Zuschauer nach einer „Tagesschau" nur ein Bruchteil der Meldungen benennen, der Rest ist nicht erinnerbar. Gleichwohl besteht bei vielen Zuschauern der Eindruck, man sei informiert.

2. Die Zahl der Nachrichtensendungen in den Programmen hat beträchtlich zugenommen, damit auch die Breite der Kontaktmöglichkeiten und die Zeit der Nutzung, gleichwohl besteht ein allgemeiner Eindruck gesellschaftlicher Unübersichtlichkeit.

3. Allen Verbesserungen zum trotz besteht in der Nachrichtenpräsentation nach wie vor eine große Diskrepanz zwischen Wort und Bild. Diese wird aber offen-

bar nur von einem sehr kleinen Publikum, Nachrichtenspezialisten, Medienkritiker, Pädagogen negativ bemerkt.

Diese Widersprüche fordert dazu heraus, an diesen Programmbereich ganz anders heranzugehen. Zentrale Begriffe sind dabei „Teilhabe" und „Erzählung", „Visualität" und „Virtualität".

## 1. Teilhabe

In der Nachrichtenkommunikation hat sich durch die elektronischen Medien die Übertragungszeit stark verkürzt, gleichzeitig führte eine weltweite Vernetzung der wichtigsten Zentren der Nachrichtenproduktion dazu, daß Informationen von vielen verschiedenen Orten fast zeitgleich mit ihrer Formulierung auch ihre Empfänger erreichen. Diese Gleichzeitigkeit (*Live-Prinzip*) ist vor allem den Rundfunkmedien als Strukturprinzip eingeschrieben. Der Live-Charakter der Übertragung unterscheidet das Fernsehen von den älteren visuellen Medien (z.B. dem Film) und verbindet es mit dem Radio sowie mit dem neueren Computermedium. Der Gleichzeitigkeit in der Bildübertragung kommt dabei aus der Sicht der Zuschauer eine besondere Bedeutung zu. Denn vor allem über das Bild entsteht der Eindruck der Teilhabe, des 'Dabeiseins' bei einem entfernten Ereignis.

Die Liveübertragung setzt voraus, daß im Augenblick des Geschehens die Kameras dabei sind und das Ereignis in 'Realzeit' aufnehmen. Das Ereignis und seine Dokumentierung sind - im Prinzip - nicht rückholbar, damit ist auch die Gestaltbarkeit des Geschehens durch die Berichtenden extrem begrenzt. Gerade für Nachrichtensendungen ist dieser Eindruck entscheidend. Er verbindet sich mit dem ganz anders akzentuierten Begriff der '*Aktualität*' und hat diesen von der inhaltlichen Bedeutsamkeit für die Entscheidungsfähigkeit der Nachrichtenempfänger hin zur zeitlichen Neuigkeit und beschleunigter Vermittlung verschoben.

Durch zusätzliche Gestaltungselemente wird der bei der Live-Übertragung miterzeugte Eindruck der Spontaneität, des Ungestellten, nicht medial Überformten verstärkt: Durch die sogenannten Übertragungspannen, Fehlleistungen, Patzer vermittelt sich für viele Zuschauer der Eindruck, daß durch das Liveprinzip alle Formen der Inszenierung und Aufbereitung durch die Realität selbst unterlaufen werden, daß sich die Wirklichkeit selbst in die mediale Darstellung hineinschiebt.

Dieser Liveanspruch des Fernsehens ist zu einem medialen Gestus mutiert, den Zuschauer jederzeit mit den *Geschehen der Wirklichkeit* verkoppeln zu können. Der Eindruck, daß das Liveprinzip das gesamte Programm unterschwellig bestimme, wird vor allem durch die zahlreichen Live-Partikel in den Programmen gestärkt, die über die Ansagen, Magazinmoderationen, Talk-Show-Runden, Sportübertragungen das Programm durchziehen. Der Zuschauer, so der medial vermittelte Anspruch, könne sich auf diese Weise jederzeit in das Weltgeschehen einklinken, erfahre 'unmittelbar', was in der Welt geschehe. Daraus resultiert bei vielen Zuschauer umgekehrt das Bedürfnis, sich ständig via Nachrichtensendungen zu vergewissern, was in der Welt passiert.

Diese im Live-Prinzip erreichte *Simultaneität* von Ereignis und Dokument des Ereignisses verbindet sich mit dem präsentischen Charakter der Bewegungsbilder. Auch dieser beruht letztlich auf der filmischen Aufnahme eines Geschehens in dessen Realzeit, schaltet jedoch eine Speicherung dazwischen, bannt die Bilder auf einen Träger, der dann - im späteren Verlauf - auch bearbeitet werden kann. Der Film, der immer eine Vergegenwärtigung des Vergangenen darstellt, macht bei seiner Projektion das vergangene Geschehen zum wieder gegenwärtig Erlebbaren, egal, wie weit zurück das abgebildete Geschehen liegt. Zwar erkennen wir aufgrund bestimmter Informationen innerhalb der filmischen Darstellungen häufig die Historizität der Darstellung, dennoch bleibt für die Rezeption der präsentische Charakter entscheidend. Damit erweitert sich der Eindruck medialer Gegenwart im Programm: Liveübertragung und filmische Vergegenwärtigung gehen eine enge, oft unlösbare Verbindung ein.

Wenn das gezeigte Geschehen nur wenige Stunden oder Tage zurückliegt, ist für den Zuschauer die Differenz zwischen Aufzeichnung und Liveübertragung in den Bildern selbst nicht festzustellen. Dies läßt sich von jedem Betrachter bei Nachrichtensendungen immer wieder feststellen: Er kann aus dem Bildmaterial allein nicht erkennen, ob das, was er gerade sieht, in diesem Augenblick auch wirklich anderswo geschieht. Daß wir es für 'live' halten, hängt davon ab, daß es vom Fernsehen, vom Nachrichtensprecher, Moderator, Reporter etc. *als 'live' ausgegeben* wird.

## 2. Erzählung

Im Gegensatz zur Debatte über Objektivität und Realitätswiedergabe in den Nachrichten, die den Nachrichten einen eigenen Textstatus zuweist, wird hier die Nachricht als *Erzählung* verstanden, Erzählung in einem weiten Sinne unter Einschluß nichtfiktionaler Ereignisse (im Unterschied zu Fiske 1986, 128 ff.). Die Vorstellung, 'Erzählung' sei gleichbedeutend mit 'Fiktion', mit dem Ausgedachten und Erfundenen, verstellt den Blick: Wir kennen viele verschiedene Formen des nichtfiktionalen Erzählens, auch bei den Nachrichten handelt es sich um gestaltete, einer 'Dramaturgie', einem Darstellungskonzept unterworfene Mitteilungen, die dem Erzählprinzip folgen.

Nachrichten sind nie die Realität selbst. Es handelt sich bei ihnen um *audiovisuelle Texte*, die entsprechend den Erzähltheorien Perspektivität und Sukzession in der Darstellung beinhalten, den Begriff der Vermittlung und der Herstellung von Ordnungen durch die Darstellung einschließen.[1]

Vom Fernsehen generell als einer *Erzählinstitution* zu sprechen, ist nicht mehr ganz neu. Fiske hat das Fernsehen z.B. als „Barden" verstanden,[2] auch im medienphilosophischen Verständnis steht der „Lesbarkeit der Welt" (Blumenberg 1986) die „Erzählbarkeit der Welt" gegenüber.[3]

Für Menschen, die in oralen Kulturen aufgewachsen sind, ist es ganz selbstverständlich, Nachrichtensprecher und Magazinmoderatoren als *Erzähler* zu begreifen, die das Geschehen der Welt über ihre Erzählung vermitteln. Dieser Zugang ist uns, die wir mit 'Erzählung' fast immer auch die Schriftlichkeit der Erzählung verbinden, eher ungewohnt. Gleichwohl machen die zahlreichen Bindungen der Zuschauer an die Nachrichtenerzähler deutlich, wie sehr die personale Zentrierung durch das Erzählen die Rezeption bestimmt.

Viele Phänomene der Nachrichten lassen sich besser begreifen, wenn sie als Erzählungen und die Nachrichtensprecher als Erzähler verstanden werden.[4] Die

---

1 Mit dem Begriff der 'Nachrichtenerzählung' wird nicht einer Fiktionalisierung der Nachrichtensendung das Wort geredet. Es kann hier keine Darstellung der Erzähltheorien gegeben werden. Vgl. z.B. Lämmert (1982); Bordwell (1985).
2 Vgl. dazu z.B. Fiske / Hartley (1987, 85 ff.). Hier wird das Fernsehen in seiner Gesamtheit als „Barde" der Gesellschaft („Bardic Television") gesehen.
3 Das dies in einem größeren Zusammenhang steht kann hier nur angedeutet werden. Vgl. dazu Barthes (1997, 79).
4 Auf die eigentümliche Konstruktion einer kontinuierlichen Nachrichtenvermittlung, in der die Nachricht als Mitteilung des Außergewöhnlichen verstanden wird, hat Luhmann (1995,

Nachrichtenerzähler 'organisieren' durch ihre Erzählung das berichtete Geschehen, geben ihm eine Struktur, ordnen es ein, liefern Orientierungen über das, was zu vermitteln ist, leiten ein und schließen ab. Das von ihnen Erzählte wird visuell anschaulich durch einen Bildbericht, für den sie oft jedoch auch einen 'Untererzähler' (einen Reporter oder Korrespondenten vor Ort) einsetzen. Dieser kann im Off verbleiben oder aber selbst den Zuschauer treten und die Erzählung übernehmen und weiterführen. Nachrichtenbilder werden nie ohne Erzähler präsentiert, das Ereignis kommt, selbst bei einer Live-Übertragung, nie ohne Erzähler aus. Die Rede vom 'visuellen' Medium Fernsehen ist deshalb nicht nur irreführend, sondern auch falsch, es handelt sich immer um Wort-Bild-Zusammenhänge, die wir als eine Versprachlichung und Verschriftlichung von Bildern und eine Visualisierung von Sprache und Schrift verstehen können.

Der FAZ-Kritiker Michael Hanfeld hat auf den Mainzer Tagen 1996 der Fernsehkritik festgestellt, der Nachrichtensprecher und -moderator werde zum „Verkünder, dessen Message sich alle anhören müssen". Doch die Beschreibung, die dann folgt, macht deutlich, daß er nicht einen „Verkünder" im tradierten religionsbezogenen Verständnis meint, sondern einen Erzähler, wenn er feststellt, daß z.B. Ulrich Wickert „die Beiträge nicht einfach ankündigt, sondern ihre Aussage vorwegnimmt, oder schließlich zurechtrückt, konterkariert, je nach Geschmack und Grat der Übereinstimmung zwischen ihm und dem Rest der Nachrichtensendung" (Hanfeld 1996, 26).

Nachrichtenerzähler erfüllen die klassischen Aufgaben des Erzählens: Sie haben für die Zuschauer das Geschehen bereits sortiert und berichten nur noch das, was als 'wesentlich' gelten soll, woraus sich für die Zuschauer der Umkehrschluß ergibt, daß alles, was präsentiert wird, auch wichtig ist. Die Nachrichtenerzähler raffen das zeitliche Geschehen, vermitteln die Zuschauer an die unterschiedliche Orte des Geschehens, sie sind also im traditionellen Sinn auktoriale Erzähler, die selbst einen Überblick über das zu erzählende Geschehen besitzen und es deshalb auch strukturiert den Zuschauer übermitteln können. Im Begriff des 'anchorman' ist noch etwas von der zentrierenden Funktion des Nachrichtenerzählers erkennbar.

Daß der 'Erzählton' als *Sprechhaltung* zugunsten eines sich 'objektiver' gebenden Berichtens verdrängt wurde, führt Niklas Luhmann beispielsweise darauf zurück, daß in der Genese der Nachrichtenform und dem historischen

---

53 ff.) verwiesen; war doch keineswegs gesichert, daß auch zum nächsten Drucktermin „genügend druckbare Informationen anfallen würden".

Übergang von einmaligen Nachrichten zu periodisch erscheinenden Nachrichtenprodukten, „mit allen Mitteln einer eigens dafür ausgebildeten journalistischen Schreibweise" der Eindruck erweckt werden mußte, daß bereits Vergangene (über das berichtet wurde) sei gegenwärtig, sei von Interesse für die Nachrichtenrezipienten. Die üblichen Tempus-Formen mußten deshalb verändert werden, Ereignisse wurden als „Ereignisse dramatisiert", usf. (Luhmann 1995, 55). Es sind also Eigenschaften einer Präsentation, einer Inszenierungsleistung oder einer Textgestaltung - je nachdem, welchen Ansatz man für die Rahmung und Strukturierung von Mitteilungen ansetzt.

Daß Nachrichtenerzähler selbst mit dem omnipotenten *auktorialen Gestus* nur Darsteller einer Rolle sind, selbst nicht wirklich die Erzählung organisieren, wird immer wieder an den wenigen Momenten deutlich, in denen sie ins Stottern kommen oder die eingespielten Filmberichte (als den Visualisierungen ihre Erzählung) nicht die richtigen sind. Eine Stimme aus dem Studio-Off macht dann den Zuschauer deutlich, daß es hinter diesen Nachrichtenerzählern noch andere Erzählinstanzen gibt, die die Geschicke lenken. Das verweist auf weitergehende medientheoretische Konstruktionen (Hickethier 1995). Den Nachrichtenerzählern fehlt jedoch das souveräne Überspielen eines wirklichen oralen Erzählers, dessen Erzählung allein durch ihn organisiert wird, und dieses Fehlen macht für einen Augenblick den Inszenierungscharakter deutlich.

Die Besonderheit der televisuellen Nachrichtenerzählungen liegt in der *offenen Struktur ihrer Erzählungen*. Die Erzähler wissen nicht um das Ende, den Ausgang der Erzählung, weil die Geschehen von ihnen im Gegensatz zu den Fiktionserzählern nur begrenzt beeinflußt werden können. Das ist nicht fernsehuntypisch, denn auch im fiktionalen Bereich sind vergleichbare Entwicklungen zu offenen Erzählstrukturen zu beobachten, wenn wir an den Bereich der Endlosserien denken. Das poetische Konzept bürgerlichen Erzählens greift hier nicht mehr oder nur begrenzt, nachdem bereits im Beginn, in der Exposition der Erzählung ihr Ende eingeschrieben ist und dem Leser damit auch der Entwurf von Welt vorab vermittelt wird (Schmidt-Henkel u.a. 1965). Die Offenheit des Ausgangs der jeweiligen einzelnen fernsehnachrichtlichen Erzählungen erscheint als wirklichkeitsbedingt - ist in der Konstitution der Nachricht jedoch nur ein Merkmal eines spezifischen Erzählprinzips. Denn die Offenheit gilt nur für die größeren Erzählzusammenhänge, für die die einzelne Nachricht jeweils Ausschnitte zuliefert, nicht aber für die einzelne Nachrichtensendung selbst, die durchaus einem (auch weitgehend standardisierten) Aufbau folgt und Anfang und Ende besitzt.[5]

Von den fiktionalen Erzählungen im Fernsehen unterscheiden sich Nachrichtenerzählungen dadurch, daß diese mehr als die Fiktionen durch Brüche in sich selbst bestimmt werden, nicht immer den Prinzipien eines intendierten Ablaufs aufweisen. Das wird als Hinweis auf den Gehalt an Wirklichkeit genommen, die gegenüber der Fiktion als eher ungeordnet und letztlich chaotisch erscheint. Doch diese Brüche werden minimiert, weil auch die Nachrichten zunehmend dem allgemeinen Plausibilisierungsgebot medialer Weltdarstellung unterliegen. Wenn etwas in der medialen Darstellung als nicht plausisbel erscheint, wird dies immer weniger der dargestellten Welt angelastet, sondern der Darstellung und ihren Autoren, die es nicht verstanden haben, uns das, was geschieht, 'richtig' oder angemessen zu vermitteln.

## 3. Erzählen im Programmfluß

Nun wäre eine solche Sicht der Nachrichten noch nicht sehr erheblich, wenn sie nicht mit dem Konstrukt des *Programms* im Zusammenhang gesehen wird. Fernsehen als ein Programmkontinuum wird als Geschehensfluß verstanden, der an den Zuschauer vorüberzieht, ein Geschehensfluß, der sich unterschiedlich strukturiert, der sich aber auch aus verschiedenen Teilflüssen, z.B. Programmformen-bezogenen, zusammensetzt (Hickethier 1991b,c). Nachrichtensendungen nehmen in den Programmflüssen einen zentralen Platz ein, sie bilden zumindest bei den meisten Vollprogrammen eine Art Gitter, das über den Tag hinweg das Programm, ja vielleicht auch den Alltag der Zuschauer strukturiert. Das 'Stripping' der Programme hat zu periodisch gleichen Sendeplätzen für Nachrichten geführt, in unterschiedlicher Ausführlichkeit erhalten die Zuschauer den Tag über immer wieder Nachrichten angeboten.

Dabei lassen sich Aspekte der *horizontalen und vertikalen Programmschichtung* unterscheiden. In der *vertikalen* Schichtung, der Ordnung der Nachrichtensendungen im Tagesverlauf, erscheinen diese in unterschiedlichen Extensionen: zwischen komprimierter Kurzfassung („Tagesschau-Telegramm") und ausführlicher Darstellung („Tagesthemen") bestimmen sich die Nachrichten durch

---

5  Das Prinzip der doppelten Formstruktur habe ich am Beispiel der fiktionalen Fernsehserie dargestellt. Vgl. Hickethier (1991).

ein Wiederholungs- und Vertiefungsprinzip.[6] Eine spezifische Speicher-Theorie der Nachrichten hat dazu vor kurzem Götz Großklaus entwickelt. (Großklaus 1995, 41ff) Festzuhalten ist, daß durch die Wiederholung einiger Nachrichten und durch den Austausch einiger anderer im Tagesverlauf auch eine Gewichtung stattfindet. Was sich den Tag über in den verschiedenen Nachrichtensendungen behaupten kann, gilt als wichtig und gewinnt durch die Wiederholung. Gleichzeitig wird es im Fluß der Nachrichten redundant. Redundanz ist jedoch auch ein wichtiges Moment in Erzählungen: sie etabliert über die Wiederholung auch das jeweilige Erzählkonzept, die Perspektive des Erzählenden, verstärkt die damit verbundenen Wertsetzungen.

Auf der *horizontalen* Ebene sind Nachrichtenerzählungen innerhalb des Programms als *serielle* Erzählformen zu verstehen (Luhmann 1996, 28). Erzählhandlungen werden von Sendung zu Sendung fortgesetzt, einige auch abgebrochen, andere, die beendet schienen, werden wieder aufgenommen. Verfolgen wir Nachrichtensendungen über einen Zeitraum von mehreren Tagen oder Wochen, so ist zu erkennen, daß die Sendungen durch Teilerzählungen strukturiert werden: Es gibt größere Erzählungen, die kontinuierlich, täglich oder fast täglich fortgesetzt werden. Die Themen dieser Erzählungen gelten als wichtig und bedeutsam: nicht weil sie, gemessen an einem allgemein verbindlich gemachten externen Maßstab, bedeutsam sind, sondern weil sie durch ihre regelmäßige Präsenz in den Nachrichtensendungen als bedeutsam ausgewiesen werden. Die Medien bestimmen somit, welche Themen auf die Agenda gesetzt werden, geraten aber auch dadurch, daß Themen bereits seit langem auf den Tag bezogen zu Themen gemacht werden, in einen Zwang, diese Themen bedienen zu müssen, auch wenn es dazu vielleicht im Augenblick nicht wirklich Bedeutsames mitzuteilen gibt.

Der Krieg in Bosnien bildete z.B. eine solche *Langzeiterzählung*. Gegenwärtig stellt die Krise des Bundeshaushalts und der deutschen Wirtschaft, die Sicherung des Sozialsystems eine solche dar. Andere langfristige Erzählungen, die dann allerdings nur in größeren Abständen wieder auftauchen, handeln z.B. von der europäischen Einigung, vom Euro, vom Geschehen in Rußland usf.[7]

---

6   Noch deutlicher ist dieses Prinzip bei den stündlichen Nachrichtensendungen im Radio zu beobachten, ausgebaut dann beim sogenannten „Info-Radio".
7   Historisch ist ein solches Erzählkonzept für Nachrichten ganz selbstverständlich gewesen. Noch in den achtziger und neunziger Jahren des vorigen Jahrhunderts erscheinen die Nachrichten von Ereignissen in anderen Ländern in den Zeitungen als Folge von Korrespondentenberichten, oft noch jeweils im Stil eines Briefes verfaßt. Indem der Briefstil zurückgedrängt

Demgegenüber gibt es kürzere Erzählungen, wie z.B. über die Atomtransporte nach Gorleben, oder ganz punktuelle, die, quasi nur als Anekdoten, mit einer Folge und einer einmaligen Präsentation auskommen, also nur als Einzelmeldung in einer Sendung auftauchen.

Ganz offensichtlich ist die Struktur der Erzählungen unterschiedlich: Bei Kriege oder anderen Kampagnen bilden die Ereignisse eine durch Kontrahenten, Konflikte etc. bereits vorgegebene Erzähldramaturgie, bei anderen, eher komplexeren Themen - wie z.B. der Wirtschaftskrise in Deutschland - sind dramatische Figuren nicht von vornherein deutlich auszumachen. Hier ist immer wieder der Versuch der Nachrichtenerzählungen zu beobachten, dramatische Konflikte durch Personalisierung und konflikthafte Zuspitzung der Geschehen herzustellen.

Nicht immer gelingt dies, weil bei manchen gesellschaftlichen Kontroversen die Zahl der beteiligten Protagonisten offenbar nicht nur die Zuschauer, sondern auch die Erzähler überfordert, so daß die Übersicht verloren zu gehen droht. Oder es passiert, daß die als Protagonisten eingeführten Figuren nicht im Sinne der ihnen zugedachten Rollenschemata und Handlungsdramaturgien agieren. Dann wird z.B. in den Nachrichten gern davon gesprochen, daß eine Partei in sich zerstritten sei, daß der Anführer einer Konfliktpartei die Lage nicht im Griff habe usf. Die Nachrichtenerzählungen lieben wie die fiktionalen Erzählformen Übersichtlichkeit, wer diese als Sujet der Erzählung stört, wird von den Erzählern nurch negativer Bewertung bestraft.

Die einzelne Nachrichtensendung stellt sich deshalb als ein Schnitt durch verschiedene, länger oder kürzer laufende *Erzählströme* dar; in der einzelnen Sendung bündeln sich größere, langlaufende Erzählflüsse. Es ist wie bei den Zopfdramaturgien der langlaufenden fiktionalen Serien, in deren einzelnen Folgen sich immer häufiger nicht mehr miteinander vermittelte Erzähllinien kreuzen. So wie der Zuschauer dort seine Lieblingshandlungen kennt und wiederfindet und andere mißachtet, ist er auch in den Nachrichtensendungen nicht an allen Erzählungen in gleicher Weise interessiert. Er kann also bei einigen Sequenzen der Nachrichtensendungen getrost weghören und -sehen, weil er schon bei den Titelüberschriften oder ersten Sätzen erkennt, um welches Thema es sich handelt und daß er sich dafür nicht interessiert oder interessieren will. Dennoch informiert jede Nachrichtensendung den Zuschauer über den Fortgang mehrerer

---

wurde, um das Berichtete mit der Aura einer größeren 'Objektivität' auszustatten, ist jedoch der grundsätzliche Charakter der Nachricht als Erzählung nicht aufgehoben.

größerer und kleinerer Erzählungen, die Gesellschaft konstitutieren, und viele Zuschauer wollen, auch wenn sie sich für einzelne Nachrichtenstränge nicht interessieren, durchaus, daß ihnen diese angeboten werden, sie also nicht von vornherein aus diesen Erzählungen ausgegrenzt werden.

Weil es sich bei vielen Nachrichtenerzählungen um *länger laufende Erzählflüsse* handelt, wird nicht jedesmal erneut die Vorgeschichte erzählt, wird die Exposition des Geschehens als bekannt vorausgesetzt. Beim Zuschauer wird erwartet, daß er die jeweilige Vorgeschichte kennt. Es handelt sich um ein weitgehend *expositionsloses Erzählen*, daß nur bei besonderen Anlässen um die Vermittlung von Vorgeschichten erweitert wird. Durch den Verzicht auf die Einführung ist es wiederum notwendig, daß der Zuschauer, will er auch verstehen, was die Nachrichten ihm von der Welt erzählen, regelmäßig an den Nachrichtenflüssen partizipiert. Nur auf diese Weise haben die Nachrichtenerzählungen für ihn Bedeutung, nur dadurch, so eine vielleicht etwas überspitzte Folgerung, bleibt er in der politischen Kultur der Gesellschaft verankert.

Damit wird deutlich, daß eine starke Affinität zwischen der Nachrichtenerzählung und dem medialen Diskurs über die Welt besteht. Der Nachrichtenfluß läßt sich auch als *Diskurszusammenhang* verstehen, wobei der Diskursbegriff stärker auf die 'Redegewißheiten' innerhalb der Nachrichtenflüsse Bezug nimmt, während sich das Erzählmodell um die Verkettungen zwischen den Nachrichtenepisoden, den Verkürzungen in der Sukzession, den Bezug zu den Nachrichtenerzählern etc. bemüht.

In der medialen Informationsvermittlung gibt es andere Sendungen, die die mittelfristige *Vergewisserung der Erzählkontexte* übernehmen: Magazinsendungen, längere Dokumentationen. Sie betreiben das, was beim „Spiegel" im Printbereich exemplarisch zu beobachten ist: das 'Rewriting' der informationellen Erzählungen, bei dem Vorgeschichten zusammenfassend erzählt, beständig wiederholt und weitergeführt werden. 'Rewriting' und 'Revisualizing' sind auch im Fernsehen notwendig, denn sobald für den Zuschauer der Kontext verloren geht, ist die Bedeutung vieler Nachrichten unverständlich.

Wer z.B. Nachrichtensendungen anschaut, die ein halbes oder ein Jahr alt sind, begreift oft überhaupt nicht mehr, was der Anlaß des Berichts gewesen ist: der Kontext muß aus anderen Meldungen (und oft auch über andere Medien) rekonstruiert werden. Die einzelne Meldung setzt die Kenntnis der jeweiligen Nachrichtenflüsse vor der Sendung voraus. Dieses ständige Rekonstruieren und Neuvermitteln von Vorgeschichten, die sich dabei im Fortgang der Nachrichtenproduktion auch permanent verändern, ist Aufgabe der Informationsvermittlung des Fernsehens selbst, sie ist eine Form des Selbsterhalts als Informationsagentur.

Häufig ist nun zu beobachten, daß bei einzelnen Meldungen nicht erkennbar ist, was denn das Neue, was den 'Nachrichtenwert' der Meldung ausmacht. Kriegskorrespondenten, die per Liveschaltung vermelden, im Augenblick sei es bei ihnen ganz ruhig, Berichte, der Kanzler habe diesen oder jenen anderen Politiker zu Gesprächen getroffen, ohne daß wir erfahren, was nun besprochen wurde, die Information, daß Tarifverhandlungen weitergingen, aber noch kein Ergebnis in Sicht sei, sind immer wieder in den Nachrichten anzutreffen. Erzähltechnisch ist die Funktion solcher Elemente klar: sie halten den *Erzählfluß* aufrecht, signalisieren, daß diese Erzählung auch weiter hin bedeutend sei, auch wenn sich gerade nichts ereignet. Für den Zuschauer bedeuten solche Nicht-Nachrichten im Erzählfluß, daß der Erzählzusammenhang weiterhin besteht, aber nichts Bemerkenswertes geschehen ist, er also das konkret Gezeigte getrost vergessen kann.

Natürlich kann es auch ein grundsätzliches Desinteresse des Zuschauers an anderen Erzählungen geben, es kann auch zum Unverständnis kommen, wobei auf der Zuschauer durch ein Überspringen des Unverstandenen reagiert wird. Es bleibt ihm der Gesamteindruck, an allen wichtigen Erzählungen angeschlossen gewesen zu sein. Was nicht verstanden wurde und sich als für den einzelnen Zuschauer Bedeutsames dargestellt hat, wird von diesem als 'nicht wichtig' gedeutet.

Dieses Überprüfen der Nachrichten durch den Zuschauer im Augenblick der Sendung auf die Bedeutsamkeit für den eigenen Lebenszusammenhang und die individuellen Interessenlagen kann als ein '*Kontrollsehen*' verstanden werden. Der Zuschauer klinkt sich in die laufende Erzählung der Welt ein und überprüft, ob für ihn Wichtiges zu erfahren ist. Ist dies nicht der Fall, können die Erzähldetails vergessen werden.

## 4. Visualität

Als mögliches Problem für eine Narrationstheorie der Nachrichtenerzählungen stellt sich das Bild dar, das in der Regel als *präsentativ* und damit nicht-narrativ beschrieben wird. Gerade von den aktuellen, Authentizität beanspruchenden, live übertragenen Bildern geht eine starke Wirkung auf den Betrachter aus. Vor allem bei Katastrophen, aber auch anderen erwarteten Ereignissen gewinnen die Bilder eine eigene Macht, die den Betrachter einerseits fasziniert, andererseits in Schrecken versetzt. Die Gewaltdebatte über die Nachrichtenbilder (z.B. Schorb / Theunert 1995), handelt davon und klagt die Reduktion voyeuristischer Bilder ein.

Erzähltheoretisch sind sie wesentliches Moment einer Nachrichtenerzählung. Wie in rein verbalen Erzählungen Beschreibungen einer Situation enthalten sind, bilden in der Fernsehnachrichtensendung die Bilder das Material, das in den Nachrichten verarbeitet wird. Dem diffusen, stark emotional wirkenden Bild wird durch den verbalen Text eine Richtung und Deutung gegeben: Wer und was zu sehen ist, wird festgelegt: Wie das Geschehen zu verstehen ist, was es bedeutet, wird in der Regel durch einen im O-Ton selbst erzählenden Betroffenen oder durch einen außenstehenden Erzähler (Korrespondent, Reporter, Kommentator) erklärt und vermittelt. Der verbale Text gibt dem Bild eine Richtung. Das Archaische und Aufrührende des Bildes wird durch den Erzähler in eine *Fassung* gebracht und damit oft auch domestiziert und entschärft. Indem das Erschreckende, Unsagbare zum Teil der Erzählung wird, wird es verhandelbar.

Das Bild ist traditionell im Sinne des visuell Präsentativen behandelt worden. Die leichte Zugänglichkeit und direkte Verständilichkeit sowie die gerade durch das Nonverbale angesprochene Emotionalität haben den Bildern eine hohe Bedeutung verschafft. (Schulz 1996) Den bewegten audiovisuellen Bildern sind auch selbst narrative Fähigkeiten eigen. Die narrative Film hat in seiner Geschichte zahlreiche Erzählstrukturen herausgebildet, die im Fernsehen aufgegriffen wurden und dort ihre Fortsetzung und Weiterentwicklung fanden. Schon die Addition einzelner Einstellungen, ob filmisch oder elektronisch hergestellt spielt dabei heute keine Rolle mehr, wird in der Regel als eine kausale Sukzession verstanden, wird als ein 'und-dann-und-dann' im Sinne der Narration gesehen. Auch in den einzelnen Nachrichtenfilmen funktioniert ein solches filmsprachliches Verständnis. Dies erlaubt ja gerade auch das, was selbst in einer Live-Berichterstattung an Bewegungsbildern sukzessiv aufeinander abfolgt, als kohärente Darstellung zu begreifen. Wenn diese visuellen Erzählungen dann noch durch orale Erzähler im Sinne ihrer Nachrichtenerzählung funktionalisiert werden, ist die narrative Einbettung des Präsentischen gelungen.

Das vielbeklagte Dilemma der *Wort-Bild-Schere* der Nachrichten ist deshalb auch ein Scheinproblem. Schon von den medialen Möglichkeiten des Bildes und des Wortes her kann es keine Übereinstimmung geben: Das Wort kann anderes vermitteln als das Bild, beide werden jeweils eingesetzt, um spezifische Informationen zu einer Darstellung beizusteuern. Viele allgemeine Hintergründe sind nur sprachlich, nicht visuell vermittelbar. Der gesteigerte Einsatz grafischer und symbolischer Mittel in den Nachrichtensendungen der letzten Jahre suggeriert eine mögliche Überbrückung der Wort-Bild-Differenz, die nicht möglich ist. Erzähltheoretisch gehört diese Differenz zum Wesen des audiovisuellen Erzählens, sie macht gerade dessen Besonderheit gegenüber dem bloß verbalen Erzählen aus, daß es Allgemeines und sehr Konkretes auf eine intermedial neue Weise in ein Wechselspiel zueinander bringt und dadurch ein Geschehen vermittelt.[8]

Dazu gehört auch ein Effekt, der in der Formstruktur der Nachrichtensendung selbst angelegt ist: nämlich daß sich der Nachrichtenerzähler der Bilder des Schreckens und der Katastrophen annimmt, er allein schon durch seine eigene visuelle, unbeirrbare Präsenz im immergleichen Gehäuse des Nachrichtenstudios ein Pendant zu den gezeigten Bildern des Schreckens bildet und damit einen Rahmen setzt: Er liefert durch sich selbst in seiner Ruhe und Statik die Vergewisserung, daß die berichteten Geschehnisse nicht bei ihm, sondern 'da draußen' passieren und den Zuschauer letztlich nicht grundsätzlich zu verstören brauchen, weil dieser ähnlich dem Nachrichtenerzähler im eigenen Gehäuse sitzt. Denn zur kulturell tradierten Konstruktion der Erzählung gehört ja, daß der Erzähler dem Zuschauer zwar von der Welt draußen kündet, die Erzählung selbst aber für den Zuschauer gefahrlos bleibt.

Den Nachrichtenerzählern und ihrer Präsentation sind spezifische Erzählstile eigen. Das erklärt, warum die Nachrichten bei oft identischem Bildmaterial unterschiedlich wirken: die Erzähler schaffen durch Mimik, Gestus, Habitus, durch Studiodekor und Senderdesign einen spezifischen *Erzählrahmen*, sie vermitteln durch Moderationsrituale und Erklärungsstrategien einen je verschiedenen Präsentationsstil, der das gelieferte Material aus der Welt in einem jeweils anderem Licht erscheinen läßt. Ob sich die Tagesschau-Erzähler eher seriös, kühl distanziert geben, der „Tagesthemen"-Moderator Wickert etwas lockerer, aber gleichwohl als Grandseigneur, ob ZDF-Erzähler Peter Hahne

---

8   Damit soll nicht bestritten werden, daß es störende, fehlerhafte Wort-Bild-Beziehungen geben kann, daß Füllbilder eingesetzt und nach filmischen Montageprinzipien Bilder aus den verschiedensten Kontexten zu neuen Einheiten montiert werden, für die dann wiederum von den Autoren 'Authentizität' behauptet wird. (Vgl. dazu den Beitrag von Behrens / Hagen über die 'Brent Spar'-Berichterstattung in diesem Band) Ich wende mich hier gegen die grundsätzliche Ablehnung der Wort-Bild-Differenz.

eher aufgerecht und pointiert spricht oder ob ein RTL-Team eher emotionalisierend, aufputschend von den Ereignissen meldet, es wird immer eine - oft unterschwellige emotionale Einstimmung durch den Erzählstil mitgeliefert.

Die Nachrichtendebatte des Jahres 1996 hat sich mit großem publizistischen Aufwand dem Problem der *'Fälschungen'* zugewandt. Dabei war klar, daß es nicht darum gehen konnte, daß in der Menge Tausender von Nachrichtenfilmen, die in den letzten Jahren gezeigt wurden, auch einige 'Falschmeldungen' waren, Meldungen also, die einen nicht nachprüfbaren Sachverhalt behaupteten. Wieviele Meldungen sind nicht Inszenierungsprodukte der Öffentlichkeitsarbeit interessierter Unternehmen und Verbände, produzieren also mithin ein Ereignis, über das dann berichtet werden soll und wird.

Die Aufgeregtheit der durch die 'Fälschungen' ausgelösten Nachrichtendebatte resultiert daher, daß hier grundsätzlich die *Glaubwürdigkeit* der Nachrichtenerzählungen in Gefahr geriet. Denn die Kontinuität der Erzählrahmen schafft erst die Vertrautheit, auf der sich die Glaubwürdigkeit begründet. Da weder die gefälschten noch die echten Nachrichten in ihrer übergroßen Mehrheit vom Zuschauer überprüft werden können (es sei denn durch den Vergleich mit ähnlichen Nachrichten in anderen Medien, was aber auch keinen Wahrheitsbeweis darstellt), ist schon der Verdacht, auch nur einiges an diesen Nachrichtenerzählungen könnte erfunden sein, gefährlich.

## 5. Virtualität

Daher rührt auch die Brisanz der Virtualität für die Nachrichtensendungen. Denn das Beispiel der Fälschungen des Nachrichtenmachers Born zeigt ja, daß es zu solchen 'Fälschungen' nicht der digitalen Bildmanipulation bedarf. Nachrichten-'Fälschungen' gab es schon immer und man muß nicht erst an die Folgen der Emser Depesche erinnern. 'Gefälscht' werden kann auch mit ganz einfachen Mitteln. Daß seit Jahren zwei Berliner Autoren die Medien regelmäßig mit täuschend echt aufgemachten Fakes beliefern, ist allenfalls Gegenstand von Insider-Jokes. Wer erinnert sich z.B. solcher Meldungen, daß der ehemalige Bundespräsident Richard von Weizsäcker eine Talk-Show moderieren werde, oder daß der Suhrkamp-Verlag zusammen mit der Aldi-Kette eine Buchreihe auflegen werde? Im Netz der Nachrichtenflüsse sind solche Fakes immer wieder einzubringen.[9]

Die Virtualität der Medien im Zeichen ihrer Digitalisierung macht deshalb nur ein grundsätzliches Problem der Nachrichtenerzählungen deutlich: daß die *Wahrheit* der Meldungen nur begrenzt überprüfbar ist. Die These, daß durch die Virtualität die Bilder ihre Authentizität verlören, daß der fehlende Referenzbezug zu einem großen Orientierungsverlust führten, scheint wenig stichhaltig. Schon jetzt orientieren sich die Bilder und Meldungen - und dies ist ein altes zeichentheoretisches Problem - nicht an einer vormedialen Wirklichkeit, sondern die Zeichen haben ihre Referenz in den Bedeutungen, in semantischen Einheiten. Viele Bedeutungseinheiten in unserer Kultur kommen ohne eine direkte Relation zu einem genau zeigbaren Wirklichkeitssegment aus. Virtualität ist deshalb für die Nachrichtenerzählungen kein wirkliches Problem, weil es die grundsätzliche Differenz zwischen Bericht und dem Berichteten immer schon gegeben hat.

Die Glaubwürdigkeit von Nachrichtenerzählungen wird nicht primär durch die Nachrichten selbst gewährleistet, sondern durch *Rahmenbildungen*, externe und interne Zuweisungen, durch das Fortbestehen der journalistischen Codes, durch den dispositiven Charakter der Gattungen und der Tradition ihrer Erzählformen im kulturellen Kontext. Die Differenz von dem durch den Rahmen aufgestellten Anspruch und dem innerhalb des Rahmens Präsentierten stellt deshalb die Glaubwürdigkeit in Frage. Mit der Nachrichtendebatte über die Born-'Fälschungen' schien deshalb der Zusammenhang der kulturellen Vereinbarungen gefährdet, das prinzipielle Mißtrauen gegenüber der medialen Informationsvermittlung schien bestätigt. Dieses Mißtrauen besteht latent immer gegenüber der medialen Informationsvermittlung, und wenn diese zusätzlich durch einen sich in virtueller Inszenierung 'künstlich' und 'artifiziell' gebenden Rahmen der Nachrichtensendung verstärkt wird, droht sich die Glaubwürdigkeitserwartung an die so vermittelten Nachrichten zusätzlich abzusenken.

Deshalb haben auch alle Innovationsbemühungen der kommerziellen Sender in der 'Gestaltung' der Nachrichtensendung (z.B. in Richtung 'Infotainment') zu einer Verringerung der Glaubwürdigkeitserwartung an sie geführt. Umgekehrt bedeutet dies, daß sich die Glaubwürdigkeit von Nachrichtensendungen dadurch erhöht, daß ihre Rahmenbildungen vertraut sind, durch die Dauer ihres Bestehens wächst und dadurch, daß durch über sie keine kritische oder zwei-

---

9  Vgl. Muser (1994).

felnde öffentliche Debatte entsteht, gewinnen. Die Nachrichtensendung, in der permanent über die Welt geredet wird, darf nicht selbst ins Gerede kommen.

Spielt deshalb der '*Wahrheitsgehalt*' der Nachrichten keine Rolle mehr? Da der Zuschauer die Wahrheit nur sehr selten überprüfen kann, kann die Wahrheit selbst für die Glaubwürdigkeit keine zentrale Rolle spielen. Sie spielt nur im Diskurs über die Nachrichtensendungen eine Rolle, als hier konkurrierende Medien sich gegenseitig der Irrtümer, Fehler und 'Falschmeldungen' bezichtigen, um damit die Glaubwürdigkeit des angegriffenen Mediums in den Augen der Zuschauer in Zweifel zu ziehen. Doch auch die Absicht solcher Diskursspiele werden von Zuschauern oft durchschaut, weil sie auch die Meldungen und Berichte über die 'Fälschungen' in anderen Medien selbst nicht überprüfen können. So bleibt bei ihnen ein latentes, aber selten konkret beschreibbares Mißtrauen den Medien generell gegenüber. Alle Informationen über unrichtige Meldungen bestärken das Mißtrauen, und jede Unrichtigkeit führt zu einem länger anhaltenden Vertrauensverlust der Medien generell.

'Wahrheit' im Sinne einer 'Kongruenz' von Nachricht und Ereignis ist also nicht zu haben, weil die Nachricht als Text nicht deckungsgleich mit realen, nicht-textualen Prozessen sein kann. 'Wahrheit' im Sinne der 'Stimmigkeit' von puren Daten und Fakten aber ist selbst immer nur reduzierte 'Wahrheit'.

Betrachtet man den Diskursverlauf der Nachrichtendebatte 1996, so ist auffällig, daß die Branche darauf zunächst nur hilflos reagieren konnte: Sie diskutierte den Konfliktfall zunächst als Ergebnis eines personal zu verortenden Fehlverhaltens (als Fall des Redaktionsleiters Jauch), bis dieser dann (aus Abwehr des Vorwurfs persönlicher Schuld) den Konflikt als strukturelles Ergebnis der Nachrichtenproduktion heute (begrenzte Zeit und Geld zur Nachrecherche, Konkurrenzdruck der Medien usf.) darstellte, was auch weithin akzeptiert wurde. Damit hatte man jedoch das grundsätzliche Problem der medialen Nachrichtenvermittlung ebenfalls umgangen.

## 6. Ausblick

Nachrichtensendungen als Erzählungen zu verstehen, erlaubt eine neuen Blick auf die Nachrichtensendungen. Es hebt deutlicher den Aspekt der Konstruktion in den Vordergrund, es macht ihre Programmfunktionen deutlich, hebt die Inszenierung der Nachrichtensendungen als Erzählrahmen in den Blick, relativiert damit auch das Problem der 'Realität' und der Fälschungen. Daß wir es in den Nachrichten immer nur um Darstellungen *einer* spezifischen Realität zu tun haben, nie mit *der* Realität an sich (wenn es sie denn gibt), ist zwar vielen vertraut, wird aber in der Nachrichtendiskussion oft vergessen.

Daß alles, was berichtet wird, echt und wahr sei, daß es überliefert sei durch Augenzeugen, durch Dokumente der Dabeigewesenen, gehörte im 18. und 19. Jahrhundert zum beliebten Eröffnungstopos vom Romanen. Das Publikum hat sie mit umso größerem Vergnügen als Moment der erzählenden Unterhaltung zur Kenntnis genommen, ohne den fiktionalen Charakter der Texte auch nur einen Augenblick lang zu vergessen. Umgekehrt können wir heute Nachrichten als Texte, die von der Realität berichten, sehr viel besser verstehen, wenn wir sie in der Tradition der Erzählung begreifen.

Daß damit zugleich auch die Debatte über das Verhältnis von Medien und Realität mit den Topoi des Verschwindens der Wirklichkeit, der Entwirklichung unserer Umwelt, des Lebens aus zweiter Hand etc. entschärft und einer neuen nüchternen Betrachtung ausgesetzt wäre, ist ein nicht unwillkommener Nebeneffekt.

## Literatur

*Barthes*, Roland (1977): Image-Music-Text. (Hrsg. v. Stephen Heath) London.
*Bentele*, Günter (1998): „Der Faktor Glaubwürdigkeit. Forschungsergebnisse und Fragen für die Sozialisationsperspektive." In: Publizistik 33.Jg., S. 406-426.
*Blumenberg*, Hans (1986): Die Lesbarkeit der Welt. Frankfurt a.M.: Suhrkamp.
*Bordwell*, David (1985): Narration in the Fiction Film. London: Rootledge.
*Brosius*, Hans-Bernd (1995): Alltagsrationalität in der Nachrichtenrezeption. Opladen: Westdeutscher Verlag.
*Fiske*, John (1986): Television Culture. London / New York: Methuen.
*Fiske*, John / John *Hartley* (1987): Reading Television. London / New York: Methuen.
*Großklaus*, Götz (1995): Medienzeit, Medienraum. Frankfurt a.M.: Suhrkamp.
*Hanfeld*, Michael (1996): „Faktor der Imagepflege. Die Entwicklung der Nachrichtensendungen." In: epd/Kirche und Rundfunk Nr. 38 v. 18.5.1996, 25-27.
*Hickethier*, Knut (1995): „Dispositiv Fernsehen. Skizze eines Modells." In: montage/av 1995, H.1.
*Hickethier*, Knut (1991a): Die Fernsehserie und das Serielle des Fernsehens. Lüneburg: Universität Lüneburg.
*Hickethier*, Knut (1991b): „Apparat - Dispositiv - Programm. Skizze einer Programmtheorie am Beispiel des Fernsehens." In: *Hickethier*, Knut / Siegfried *Zielinski* (Hrsg): Medien/Kultur. Schnittstellen zwischen Medienwissenschaft, Medienpraxis und gesellschaftlicher Kommunikation. Berlin: Spiess, S. 421-447.
*Hickethier*, Knut (1991c): „Aspekte der Programmtheorie des Fernsehens." In: Communications. 16.Jg. 3, S. 329-346.
*Lämmert*, Eberhard (Hrsg) (1982): Erzählforschung. Stuttgart: Metzler Verlag.
*Schmidt-Henkel*, Gerhard u.a. (1965): Romananfänge. Versuch zu einer Poetik des Romans. Berlin: Colloquium.

*Luhmann*, Niklas (1996): Die Realität der Massenmedien. (2.Aufl.) Opladen: Westdeutscher Verlag.
*Muser*, Martin (1994): „Die Enten-Macher." In: die tageszeitung v. 18.5.1994.
*Schorb*, Bernd / Helga *Theunert* (1995): 'Mordsbilder': Kinder und Fernsehinformation. Berlin: Vistas.
*Schulz*, Winfried (1996): „Anschauen und Dafürhalten. Inszenierter Augenschein und öffentliche Meinung." In: epd/Kirche und Rundfunk Nr. 61 v. 7.8.1996, 5-10.

*Gernot Wersig*
# Medien, Wirklichkeiten und Virtualisierung

## 1. Akzente der Wirklichkeitsdiskussion

Das Verhältnis von Mensch und Wirklichkeit ist schon immer ein besonderes Problem gewesen - es sei nur an die hier nicht weiter verfolgte jahrtausendealte Diskussion um das Verhältnis von Sein und Schein erinnert, wie sie etwa Bolz 1992 kürzlich wieder aufgegriffen hat. Es handelt sich um eine Diskussion, die uns als Wissenschaftler in einem gewissen Sinne erst geschaffen hat mit der platonischen These der wahren Wirklichkeit, die hinter den (gefesselten) Sinneseindrücken steht. Eine Diskussion, die auch bemerkenswerte Eckpunkte geliefert hat - von der Realitätsdeutung als Traum durch Nietzsche bis zur Realitätsleugnung durch Berkeley.

Dieser Diskussion werden gegenwärtig von verschiedenen Seiten aktuelle Akzente aufgenötigt, die allerdings keinesfalls - zumindest auf den ersten Blick - in die gleiche Wirklichkeitsrichtung weisen:

- Da ist die - partiell durch Ergebnisse der Hirnforschung bestätigte (vgl. Pöppel 1993) - Konstruktivismusthese (etwa Schmidt 1994), daß bereits unsere Sinneseindrücke Konstruktionen sind, also die tatsächliche Wirklichkeit, von der wir etwa über viele technisierte Berechnungen zu wissen glauben, uns nie zugänglich ist. Daß wir es trotzdem ganz gut schaffen, uns in dieser Welt zu bewegen, ihr unseren Willen aufzudrücken, kooperativ in ihr zu handeln, ist dabei eigentlich ein Wunder, dessen Entzauberung der Konstruktivismus erst zögernd aufnimmt.

- Da ist die Posthistoire-Diskussion mit etwa Proponenten wie Baudrillard (vgl. etwa Aisthesis 1991) oder Kamper (1994), die zusätzlich ein Schwinden dieser ohnehin konstruktivistisch sehr eigenwilligen Sinne konstituiert. Der melancholisch empfundene Utopieverlust wird ebenso dafür verantwortlich gemacht wie das mediale Überangebot an Schein und Simulacren (kurz Baudrillard 1994). Daß um diese Apokalyptiker herum Unsummen für Körper- und Sinnenkultivierung aufgewendet werden, nehmen diese nicht zur Kenntnis.

- Dagegen sind die umfangreichen Diskussionen, die sich darum drehen, ob Medien Wirklichkeit oder Realität korrekt abbilden oder weitergeben, schon beinahe bieder - welche Wirklichkeit denn? Der Konstruktivismus gilt natürlich nicht nur für Menschen, sondern auch für Medien - ein Gesichtspunkte, der in Merten / Schmidt / Weischenberg 1994 seltsam blaß bleibt, obwohl er doch bereits von McLuhan so kraftvoll vertreten wurde.

- Diese medialen Diskussionen werden ergänzt um die Rückzugsgefechte der Leseratten, die sich von den Bildermachern bedroht sehen und von daher ganz andere Wirklichkeiten ins Spiel bringen - die imaginären, die nur durch Bücher erzeugbar scheinen (verschiedentlich in Hoffmann 1994) (warum man Hollywood „Traumfabrik" genannt hat, bleibt in diesen Zusammenhängen unklar).

- Schließlich treten von ganz anderer Seite die Netzvirtuosen an mit ihrer Hypostasierung der „virtuellen Welten", durch die wir uns telekommunikativ surfend bewegen (Rheingold 1992), oder den „virtuellen Realitäten", mit denen wir über allerlei technische Sensorik verkoppelt werden (Bormann 1994) und die uns dann vor- und reingerechnet werden.

- Zuguterletzt hat auch Luhmann 1996 in seinen Versuchen, nunmehr die graue Systemtheorie mit Farben zu belegen, neue Irritationsrealitäten oder Realitätsirritationen in die Diskussion geworfen, die dadurch und durch ihn mit Sicherheit anschlußfähig bleibt.

Hier fehlen noch einige Fronten, die sich bisher noch nicht so in die Diskussionen einbringen konnten, wohl weil ihre Überlegungen zu leise und unspektakulär sind: Etwa die phänomenologischen Hinweise von Schütz (Schütz / Luckmann 1979), daß Wirklichkeit auch etwas damit zu tun hat, daß dies der Bereich ist, in den Menschen verändernd einwirken können (die „Wirkzone"), und er von daher mit Phänomenen wie Lebenswelt verknüpft ist. Hier wäre dann eine berechtigte Skepsis anzuschließen, ob sich nicht mit der zunehmenden Technisierung, Distanzierung und Anonymität des Wirkens, über die der Mensch heute verfügt (ansatzweise aber auch schon von Anders thematisiert), nicht tatsächlich eine erhebliche Wirklichkeitsverschiebung abspielt. In diesen Kontext ließen sich dann als Komplement die Ent- und Rückbettungsthesen von Giddens einbringen, die für eine Konkretisierung des doch arg schemenhaften Lebensweltkonzepts hilfreich sein könnten (die dringend notwendig ist, wenn man daran denkt, daß ganze Generationen von Kommunikationswissenschaftlern über Habermas diesen Kontakt aufgenommen haben). Über diesen Weg könnte dann der Anschluß an die Selbst-Diskussion hergestellt werden (etwa Stevens 1996), von der aus wieder in die etwas weniger apokalyptische Postmoderne-Diskussion zurückgekehrt werden könnte (etwa Wersig 1996).

## 2. Die Differenzierung von Wirklichkeiten

Der langen Vorrede kurzer Sinn: Diese kurzen Diskussionsfragmente sollten verdeutlichen, daß die Thematisierung, in der wir uns hier befinden, am besten von der anderen Seite her angegangen werden sollte. Wahrscheinlich ist es nicht nur aussichtslos, sondern auch unproduktiv, uns zu fragen, was denn Wirklichkeit sei, um dann doch nur weiterzufragen, wer sie wie verzerrt, sondern wir sollten uns gleich fragen

- über welche unterschiedlichen Wirklichkeiten wir als Menschen verfügen

- wie wir eigentlich mit diesen Wirklichkeiten so umgehen, daß wir immer so handeln, als gäbe es jeweils eine

- welche Probleme unter diesen Gesichtspunkten uns unsere Zeit tatsächlich stellt.

Einige Überlegungen, die ich mit einem Seminar im SS 1995 zur „Virtualisierung von Wirklichkeit" angestellt habe, lassen in einer ersten Näherung vielleicht die folgenden Differenzierungen plausibel erscheinen:

- Die Welt setzt sich für uns aus den Komponenten der begegnenden Realität und der von uns außerhalb dieser Begegnung vermuteten Transzendenz zusammen, so daß sich hieraus bereits zwei große Wirklichkeitsbereiche differenzieren lassen.

- Die Strukturierung dieser Welt findet für uns mindestens in drei Schichten statt: als individuell hergestellte Welt, als medial vermittelte Welt, die ihrerseits wieder einen eigenen Weltbereich darstellt, und als sozial/kulturell vermittelte Welt, d.h. als die tradierten, prägenden, konventionalisierten Aspekte dieser Welt, auf die wir uns in unseren sozialen Kontakten mit anderen weitgehend als gemeinsame Übereinkünfte verlassen können oder wollen.

*Schaubild 1*

|  | Realität | | | | Transzendenz |
|---|---|---|---|---|---|
| **individuelle Wirklichkeit** | sinnlich | erweitert | rationalisiert | Wirk-W. | imaginär |
| **mediale Wirklichkeit** | Erlebnis | dokumentarisch | Aufklärung | aktiv | fiktional |
| | medialer gemeinsamer Wirklichkeitsrahmen | | | | |
| **soziale/kulturelle Wirklichkeit** | sozial-kommunikativer gemeinsamer Wirklichkeitsrahmen | | | | |
| | kulturell gemeinsamer Wirklichkeitsrahmen | | | | |
| | Ästhetik | Wissen | Wissenschaft | Normen/ Ethik | Werte |

- Das bedeutet, daß wir einerseits über eine Reihe von individuellen Wirklichkeiten verfügen, etwa

  * die sinnlich wahrgenommene Wirklichkeit, die auch immer bereits eine bis zu einem gewissen Grade konstruierte ist. Dieser haben wir einige andere Wirklichkeiten hinzugefügt, die die sinnliche Realität reflektieren, interpretieren und hinter ihre konstruktiven Begrenzungen zurückführen sollen.

  * die Wirklichkeit, die wir über die verlängernden Hilfsmittel wahrnehmen, wie sie etwa die Technik bietet, also eine erweiterte aber nunmehr technisch gefilterte Wirklichkeit.

  * die durch Rationalisierungsprozesse des Bezweifelns und Erklärens rationalisierte Wirklichkeit, in der die sinnlichen und erweiterten Wirklichkeiten durch die menschlichen Komplexitätsreduktionshilfsmittel wie

Abstraktion, Logik, Widerspruchsfreiheit, Pragmatismus gefiltert werden zu einer einigermaßen konsistenten Modellierung, die insbesondere für Handlungsvorbereitungen von Bedeutung ist.

* die Wirk-Wirklichkeit, d.h. das Modell der Welt, das wir unserem Handeln in ihr zugrundelegen, das insbesondere gekennzeichnet ist durch unsere tatsächlichen Handlungsmöglichkeiten (unter Einschluß der kulturell gewachsenen Handlungsverlängerungen etwa in Form von Technologien oder einsetzbaren Kapitalien).

* die imaginären Wirklichkeiten, die nicht in der Realität und auch nicht an sie gebunden sind, sondern reine Imagination, die wir offensichtlich aus vielen Gründen brauchen: jedes Handelns setzt ja bereits mit dem Komplex des „Ziels" die Vorstellung von etwas noch nicht Vorhandenem voraus. Bei Husserl wird „Wirklichkeit" erst möglich auf der Grundlage des Phantasierens (Schütz 1979, 56). Die Rolle der imaginären Wirklichkeiten dürfte uns in Zukunft noch erheblich beschäftigen, insbesondere auch bis hin zu ihren Formen der Utopie und der Kontrafaktizität. Man könnte hier mit Luhmann noch eine weitere Unterscheidung einführen: die fiktionalen Welten, bei denen man wissen kann, wie die Welt aussehen müßte, damit die Fiktion als Beschreibung von Welt gelten kann.

- Diese individuellen Wirklichkeiten setzen sich in verschiedenen Medienfunktionen fort, um über den individuellen Wirklichkeiten einen gemeinsamen - medial vermittelten . Wirklichkeitsrahmen zu spannen.

- Dieser reflektiert einerseits, verändert andererseits den sozial-kommunikativ gemeinsamen und den kulturell gemeinsamen Wirklichkeitsrahmen (die sich - wie die Lebensstildiskussion zeigt - stärker miteinander verflechten als früher, vgl. etwa Mörth / Fröhlich 1994). Diese gemeinsamen Wirklichkeitsrahmen gerinnen zu Konsenskomplexen, die den gemeinsamen Referenzpunkt der individuellen Wirklichkeiten in quasi objektivierter Form darstellen: Ästhetik, Wissen, Wissenschaft, Normen/Ethik, Werte (die intensiven Diskussionen der Gegenwart um diese Komplexe zeigen auch, daß hier offensichtlich in der Postmoderne etwas in Bewegung geraten ist, das von grundsätzlicher Bedeutung zu sein scheint).

## 3. Medienfunktionen

Diese Übersicht vermag - bei aller Eingrenzung und Kürze - vermitteln, daß es kein eindimensionales Verhältnis von Medien zu Wirklichkeit gibt, sondern daß Medien ein ganzes Bündel unterschiedlicher Funktionen in den Prozessen der Konstruktionen von Wirklichkeiten aufweisen (was übrigens, wenn ich „Medien" zu definieren hätte, ein zentraler Definitionsbestandteil wäre - die Bündelung von Funktionen).

Diese sind offensichtlich auf vier Ebenen angelagert und innerhalb auch noch zu differenzieren:

- Zunächst einmal sind Medien Verlängerungen und Hilfsmittel für die individuelle Wirklichkeitskonstruktion. Als solche

    * haben sie eine *„sinnliche Eigenfunktion"*, die sie zu einem eigenständigen Erlebnisobjekt macht, sie sind von daher Bestandteil sinnlicher Wirklichkeit und Beitrag zu dieser

    * sie sind Wahrnehmungshilfen, konstituieren also erweiterte Wirklichkeit auf die mannigfaltigste Weise, d.h. sie haben so etwas wie eine *„dokumentarische Funktion"*

    * sie sind essentieller Bestandteil der Herstellung von rationalisierter Wirklichkeit, die ja durch Prozesse des Bezweifelns, Begründens, Notifizierens (Bühl 1984) zustande kommt, die heute ohne Medien nicht mehr möglich wären (früher wahrscheinlich auch nicht, nur daß sich die Medien in dieser rationalisierenden Form anders realisierten, etwa als Predigt) - hier liegt ihre *aufklärerische Funktion*

    * sie sind immer Beiträge, wenn nicht Mittel zum Handeln, haben also auch eine *aktive Funktion* (etwa im Nachrichten-Bereich)

    * sie waren und sind immer noch eine unverzichtbare Hilfe bei der Herstellung imaginärer Wirklichkeiten, dies ist die *fiktionale Medienfunktion*.

- Auf einer zweiten Ebene sind sie aber begegnende Welt selber, d.h. sie sind eine eigene Weltkomponente, die in die individuellen Wirklichkeiten eingeht. Diese Differenzierung fällt offensichtlich zunehmend schwerer, etwa wenn dem Darsteller eines Arztes medizinische Kompetenz zugeschrieben wird (die Sache wird dann noch komplizierter, wenn sich dieser durch seine Darstellung überdurchschnittliche Kompetenz angeeignet hat).

- Auf einer dritten Ebene liegt ihre eigentliche Zentralfunktion: die Herstellung eines gemeinsamen Wirklichkeitsrahmens in kommunikativer, für alle nachvollziehbarer und auch zeitlich fixierbarer Form. Das ist das, was die Münchner Zeitungswissenschaft einmal das „Zeitgespräch der Gesellschaft" genannt hat, oder auch das, was in vielen Diskussionen über Funktion und Genese von „Öffentlichkeit" etwas verloren gegangen zu sein scheint: Medien machen - neben der Wahrnehmung ihrer anderen Funktionen - einen gemeinsamen Wirklichkeitsrahmen zugreifbar, diskutierbar, veränderbar. Hier ist in der Tat dann eine der spannenden Fragen der Gegenwart, wie es kommt, daß wir zulassen, daß diese Zentralfunktion durch die Eigenrealität der Medien auf der zweiten Stufe zumindest problematisiert zu sein scheint.

- Auf der vierten Ebene sind sie dann aber auch - gerade ohne den akuten Zeitbezug - die Reflektoren der sozial-kommunikativen und kulturellen Gemeinsamkeiten, die Gesellungsformen aus ihrer Geschichte (und ggfs. aus ihren Projekten) haben und sich vergegenwärtigen wollen. Auch diese Wirklichkeitsrahmen können ohne Medien nicht mehr zum Zuge kommen, wenn auch hier möglicherweise andere Medientypen im Vordergrund stehen könnten (wie Museen).

## 4. Wirklichkeitsprobleme der Zeit

Auf dem Hintergrund derartiger Differenzierungen lassen sich vielleicht einige der Wirklichkeitsprobleme unserer Zeit schärfer fokussieren. Ich verweise eher beispielhaft auf:

- Die Basis für einen gemeinsamen Wirklichkeitsrahmen hat traditionell die *Sozialisation* gelegt, die dann gewissermaßen durch Medien ergänzt, aktualisiert wurde. Die Prozesse der Partikularisierung, Individualisierung, Pluralisierung, die einhergehen mit der Abnahme der Wirksamkeit traditioneller Sozialisationsinstanzen, lassen es deutlich werden, daß der gemeinsame Wirklichkeitsrahmen immer weniger durch die Sozialisation bereits hergestellt wird, so daß es bereits frühzeitig zur Ausbildung von Partialkulturen (über peer groups) kommt. Den Medien kommt dabei dann eine bedeutsamere Funktion der Herstellung des gemeinsamen Wirklichkeitsrahmens zu. Offensichtlich gibt es aber Schwierigkeiten im Spannungsfeld von Sozialisation und medialer Eigenwelt, die - in der Richtung wohl verkehrt - über Medienpädagogik abgebaut werden sollen. Relativ unbemerkt davon entwickeln sich Medien mit stärkerer Wirksamkeit für die Wirklichkeitskonstruktionsprozesse sich sozialisierender Individuen - elektronische Spiele, virtuelle Welten - , bei denen zumindest aufmerksam verfolgt werden muß, inwieweit der von ihnen vermittelte gemeinsame Wirklichkeitsrahmen mit den anderen Wirklichkeitsrahmen kompatibel ist.

- Die verschiedenen Medienfunktionen scheinen sich immer mehr miteinander zu *vermischen*, so daß die Differenzierung dessen, was ein Medium zu einer Zeit gerade in Bezug auf Wirklichkeitskonstruktionen tut, immer schwieriger wird. Der wachsende Anteil des Fiktionalen an Vermittlungsformen, in denen dokumentarische, aktive, aufklärerische Funktionen enthalten sind, könnte bedenklich sein.

- Allerdings trägt er nur einem allgemeinen Zug unserer Zeit Rechnung, daß sich auch außerhalb der medialen Wirklichkeitsbezüge Fiktionales und Reales immer stärker *durchdringen*, etwa in den Formen der

  - Simulation als Grundlage des Handelns
  - Inszenierung als Instrument der Aufmerksamkeitsweckung
  - Ästhetisierung und Kultivierung des Alltags
  - Selbstverwirklichung als Patchwork-Arbeit an vorfindbaren Fragmenten
  - Vorherrschen der Zeichen in der begegnenden Realität

- Damit einher scheint ein Phänomen zu gehen, das vielleicht hinter den apokalyptischen Beobachtungen von Kamper stehen könnte: Die *Verkehrung der Hauptbildungsrichtung* der individuellen Wirklichkeitskondensate: Gemeinhin wird wohl davon auszugehen sein, daß die verschiedenen Wirklichkeiten früher primär aus der Lebens- oder genauer der Erlebenswelt der Menschen abgeleitet wurden. In diese Erlebenswelt dringen bereits sehr früh die Medien mit ihren komplexen Funktionsmischungen ein - dies ist auch richtig, denn schließlich sind sie ein dominanter Bereich unserer Realität -, übernehmen die Medien auf immer unüberschaubarere Weise eine Funktion für die Bildung von Wirklichkeitskondensaten. Was das bedeutet, ist nicht richtig durchschaubar, weil wir hierfür noch keine Handwerkszeuge haben. So naiv überzeugend etwa das Lebenswelt-Konzept der Phänomenologie ist - es ist eine vor-mediale Lebenswelt, die darin zum Ausdruck kommt. Von hier aus gilt es, die bisherige Fragerichtung umzukehren: Nicht interessant ist die Wirkung eines Mediums sondern die Formierung von Lebenswelten im Kreuzfeuer der unterschiedlichsten Medienfunktionen.

Hier konnte im Rahmen der zur Verfügung stehenden Zeit nur einiges angerissen werden, was in Zukunft ausgebaut werden müßte. Ganz offen muß ich hier die Frage lassen, die auch bei den letztlich geäußerten Problematisierungen eine zentrale Rolle spielen wird: Wie gehen die Menschen mit diesen verschiedenen Wirklichkeiten um, wie kondensieren sie so viel Wirklichkeit, daß sie - zumindest in ihrer überwältigenden Mehrheit - über eine handhabbare Wirklichkeitsvorstellung verfügen, mit der sie handeln können, mit der sie Identität aufbauen und bewahren, mit der sie Abgleichungsprozesse mit anderen im Rahmen sozialer Beziehungen durchaus erfolgreich vornehmen?

**Literatur**

*Aisthesis* (1991): Wahrnehmung heute. Leipzig: Reclam.
*Anders,* Günter (1987): Die Antiquiertheit des Menschen. 2 Bde. München: C. H. Beck.
*Baudrillard,* Jean (1994): „Nur die Bilder leben noch". In: Manager Magazin Nr.9, S. 228-231.
*Bolz,* Norbert (1992): Eine kurze Geschichte des Scheins. 2. Aufl.München: Wilhelm Fink Verlag.
*Bormann,* Sven (1994): Virtuelle Realität. Bonn u.a.: Addison-Wesley.
*Bühl,* Walter L. (1984): Die Ordnung des Wissens. Berlin: Duncker & Humblot.
*Giddens,* Anthony (1995): Konsequenzen der Moderne. Frankfurt a.M.: Suhrkamp.
*Hoffmann,* Hilmar (Hrsg.) (1994): Gestern begann die Zukunft. Darmstadt: Wissenschaftliche Buchgesellschaft.
*Kamper,* Dietmar (1994): Bildstörungen. Im Orbit des Imaginären. Stuttgart: Cantz Verlag.
*Luhmann,* Niklas (1996): Die Realität der Massenmedien. 2. erw. Aufl. Opladen: Westdeutscher Verlag.
*McLuhan,* Marshall / Quentin *Fiore* (1967): Das Medium ist Massage. Frankfurt a.M. - Berlin - Wien: Ullstein.
*Merten,* Klaus / Siegfried J. *Schmid* / Siegfried *Weischenberg* (Hrsg.) (1994): Die Wirklichkeit der Medien. Opladen: Westdeutscher Verlag.
*Mörth,* Ingo / Gerhard *Fröhlich* (Hrsg.) (1994): Das symbolische Kapital der Lebensstile. Frankfurt a.M. / New York: Campus.
*Pöppel,* Ernst (1993): Lust und Schmerz. Berlin: Sammlung Siedler.
*Rheingold,* Howard (1992): Virtuelle Welten - Reisen im Cyberspace. Reinbek b. Hamburg: Rowohlt.
*Schmidt,* Siegfried J. (1994): Kognitive Autonomie und soziale Orientierung. Frankfurt a.M.: suhrkamp taschenbuch wissenschaft.
*Schütz,* Alfred / Thomas *Luckmann* (1979): Strukturen der Lebenswelt. Bd.1. Frankfurt a.M.: suhrkamp taschenbuch wissenschaft.
*Stevens,* Richard (Hrsg.) (1996): Understanding the self. London u.a.: Sage.
*Wersig,* Gernot (1993): Fokus Mensch. Bezugspunkte postmoderner Wissenschaft: Wissen, Kommunikation, Kultur. Frankfurt a.M.: Lang.
*Wersig,* Gernot (1996): „Komplexität und Entropie: „Informationsgesellschaft" als Zielkonzeption." In ders.: Die Komplexität der Informationsgesellschaft. Konstanz: Universitätsverlag, S. 9-30.

*Harald Berens / Lutz M. Hagen*

# Der Fall „Brent Spar" in Hauptnachrichtensendungen

## Ansätze zur Operationalisierung von Qualitätskriterien für die Bildberichterstattung

## 1. Problemstellung

Analysen der Informationsqualität von Fernsehprogrammen haben sich bislang überwiegend mit Vielfalt auf der Ebene von Programmen befaßt (Schulz 1996, 49-54). Zur Informationsqualität von Nachrichtensendungen, insbesondere unter Berücksichtigung der bildlichen Darstellung, gibt es vergleichsweise wenige Untersuchungen (vgl. Studies of Broadcasting 1991-1994). Inhaltsanalysen, die Text und Bild einbeziehen, sind nämlich nicht nur aufwendiger, sie verlangen auch mehr methodische Sorgfalt: Bilder bieten mehr Raum zu idiosynkratischer Interpretation als Texte (Ballstaedt 1977, 225). Beschränkt man sich bei der Analyse audiovisueller Medien aber auf den Text, dann werden ganz offensichtlich wesentliche Teile des Inhalts vernachlässigt. Denn es kann angenommen werden, daß Bilder die audiovisuelle Wahrnehmung und Informationsverarbeitung dominieren (Ballstaedt 1977, 213).

Wir haben daher den Versuch unternommen, anerkannte Kriterien der traditionell textorientierten Qualitätsforschung auf Bildberichterstattung anzuwenden. Als Gegenstand dient uns der Fall Brent Spar in den Hauptnachrichtensendungen von ARD, ZDF, RTL, SAT1 und PRO7. Theoretischer Ausgangspunkt ist eine Systematik von Kriterien, die von der allgemeinen Informationsqualität ausgeht (Hagen 1995, 32-52). Darunter werden Merkmale verstanden, die bei jeder Art von Mitteilungen den Informationswert für Rezipienten bestimmen. Im einzelnen sind dies die Merkmale Relevanz, Wahrheit und Verständlichkeit. Nur wenn eine Mitteilung relevant ist, sie sich also auf einen für den Empfänger bedeutsamen Kontext bezieht, wird sie informativ genannt. Ist sie unwahr, so enthält sie nicht Information sondern Desinformation. Ist sie unverständlich, kann ihr keine Information entnommen werden.

Diese Kriterien bergen ein Problem: was als relevant, wahr oder verständlich empfunden wird, kann sich zwischen verschiedenen Empfängern stark unterscheiden. Daher müssen Journalisten einige zusätzliche professionelle Kriterien beachten, die teils auch das Medienrecht explizit fordert (Hagen 1995, 41-52). Diese Objektivitätskriterien sollen dem Ziel dienen, daß die subjektive Sicht von Journalisten sich so wenig wie möglich in der Berichterstattung niederschlägt. Im einzelnen sind dies: Richtigkeit, Transparenz, Neutralität, Ausgewogenheit und Vielfalt. Im Rahmen dieses knappen Beitrags beschränken wir uns auf die Kriterien Relevanz, Richtigkeit und Vielfalt.

## 2. Ereignisverlauf

Aktivisten der Umweltschutzorganisation Greenpeace besetzen am 30.04.1995 die seit vier Jahren ausrangierte Ölverladestation Brent Spar in der Nordsee.[1] Shell Großbritannien beginnt am 22.05., die Plattform von den Besetzern zu räumen. Dieser erste Versuch muß wegen schlechten Wetters zunächst abgebrochen werden. Zwei Tage später, am 24. Mai, gelingt es Shell schließlich, alle Greenpeace-Aktivisten von der Plattform zu entfernen.

Am 10.6. kommt es erneut zu Auseinandersetzungen zwischen Greenpeace und Shell auf hoher See, als Shell die letzten Vorbereitungen für den Abtransport der Ölplattform zum Versenkungsort im Nord-Atlantik trifft. Greenpeace-Mitarbeiter versuchen, das Abschleppen mit Störaktionen zu verhindern, was nicht gelingt. In der Nacht vom 11.06. auf den 12.06. setzt sich ein Konvoi bestehend aus der Brent Spar, Schleppern und Shell-Sicherheitsschiffen in Bewegung und wird von einem Greenpeace-Schiff begleitet. Die nächsten Tage auf See verlaufen ohne nennenswerte Vorfälle. Dafür wächst an Land eine politische Protest- und öffentliche Boykottbewegung heran, die von Tag zu Tag stärker wird und - teils durch gewalttätige Anschläge auf Tankstellen - erheblich zur weiteren Thematisierung beiträgt. Das Spektakel auf See gerät erst am 16. Juni wieder in Fahrt. Greenpeace kann in einer dramatischen Hubschrauberaktion zwei Aktivisten auf der Plattform absetzen.

Ein zweites Schiff der Umweltschutzorganisation stößt am 20.06. zum Schleppkonvoi. Am Morgen können zwei weitere Besetzer der Umweltschutzorganisation auf die Plattform gebracht werden. Gegen 19.00 Uhr (MEZ) beugt sich die

---

1  Ausführlichere Schilderungen des Ereignisverlaufs in: Vorfelder (1995) und Mantow (1995).

Shell-Zentrale in London dem Druck der internationalen Öffentlichkeit und gibt bekannt, daß von einer Versenkung abgesehen wird.

## 3. Methode

Der Untersuchungszeitraum der Analyse erstreckt sich vom ersten Tag der Besetzung am 30.04.1995, bis zum 21.06.1995, dem Tag nach Bekanntgabe des Verzichts auf die Versenkung durch Shell UK. Untersucht wurden die fünf reichweitenstärksten deutschen Vollprogramme.[2] Ihre Hauptnachrichtensendungen erreichten im Untersuchungszeitraum durchschnittlich mindestens eine Million Zuschauer. Dies waren die Abendnachrichten der öffentlich-rechtlichen Anstalten ARD und ZDF sowie der privaten Sender RTL, SAT1 und PRO7.[3]

Analysiert wurden alle Nachrichtenbeiträge im Untersuchungszeitraum, die Filmmaterial von den Vorgängen um die Brent Spar auf hoher See zeigten. Kodiert wurden nur Bilder, die sich explizit mit den Vorgängen auf hoher See befaßten, samt den begleitenden Aussagen im Text.

Die erste Kodiereinheit ist das Bild. Eine Bild-Einheit ist definiert als Einstellung. Dies ist eine zusammenhängende Bildpassage, die in der Regel durch zwei Schnitte begrenzt ist. Bei Passagen mit Zooms, Schwenks oder Kamerafahrten beginnt eine neue Einstellung auch ohne Schnitt, wenn ein neues relevantes Objekt oder Geschehen ins Bild kommt oder in Großaufnahmen deutlicher in Szene gesetzt wird. Dabei wurde jedes gezeigte Bild identifiziert und klassifiziert. Es war daher möglich, das Erstsende-Datum für jedes Bild festzuhalten und festzustellen, ob ein Bild mehrfach auf einem oder mehreren Sendern gesendet wurde. Ferner wurden als Merkmale des Bildes die Nachrichtensendung, das Sendedatum und das abgebildete Ereignis festgehalten.

Die zweite Kodiereinheit ist die Aussage. Aussagen wurden als eindimensionale verbale Beschreibungen eines Prozesses oder Zustands definiert; in der Regel entsprechen sie einem Teilsatz.[4] Jeder Bild-Einheit wurden alle Aussagen aus

---

2   Wir bedanken uns bei der Konrad Adenauer Stiftung, die das Bildmaterial zur Verfügung stellte.
3   Bei PRO7 wurde die Rubrik „Thema der Woche" und „Mann der Woche" nicht berücksichtigt, da es sich bei diesen Beiträgen nicht um aktuelle Berichterstattung handelt, sondern um Rückblicke zu einem bestimmten Thema oder Ereignis.
4   Dies entspricht dem Konzept der semantischen Proposition.

dem begleitenden Text sequentiell zugeordnet. Dabei kam es gelegentlich vor, daß der Text eine Aussage an der Schnittstelle zwischen zwei Bildern vom ersten in das zweite Bild hineinlief. In all diesen Fällen befand sich aber die weitaus größte Textpassage der Aussage bei jenem der beiden Bilder, das der Aussage inhaltlich entsprach. Diesem Bild wurde die Aussage dann auch zugeordnet. Als Merkmale der Aussage wurden ihr Thema und ihr Ereignisbezug kodiert. Insgesamt wurden in 62 Sendungen 292 Bilder und 343 Aussagen kodiert.

## 4. Ergebnisse

### 4.1 Relevanz

Wie Tabelle 1 zeigt, widmeten alle Sender gemessen an der Anzahl der Sendungen dem Thema Brent Spar fast gleich viel Aufmerksamkeit. Was Sendungen mit Bildern von hoher See betrifft, heben sich RTL und noch stärker PRO7 durch eine umfangreichere Berichterstattung von den übrigen Sendern ab. Der Anzahl gesendeter Bilder nach unterscheiden sich RTL und PRO7 noch stärker von den beiden öffentlich-rechlichen Sendern, die beide etwa gleich viele und noch deutlich mehr Bilder sendeten als SAT1.

*Anzahl von Bildern und Sendungen zum Thema „Brent Spar" vom 30.4. bis 21.6.1995 je Sender (Fälle)* — Tabelle 1

|  | ARD | ZDF | RTL | SAT1 | PRO7 |
|---|---|---|---|---|---|
| alle Sendungen | 12 | 12 | 12 | 13 | 13 |
| davon mit Bildern von hoher See | 9 | 9 | 12 | 10 | 13 |
| Bilder von hoher See | 54 | 49 | 80 | 34 | 75 |

Ob diese Bilder relevant waren, haben wir mit zwei Indikatoren gemessen: dem Ereignisbezug und der Aktualität. Ein Bild wurde also zunächst dann als relevant eingestuft, wenn es eines der verschiedenen Ereignisse im Zusammenhang mit der Brent Spar darstellte. Dahinter steht die Annahme, die Ereignisse, aus denen das Geschehen um die Brent Spar bestand, seien möglichst vollständig im Bild festzuhalten. Ferner kann ein Bild in einer aktuellen Nachrichtensendung als umso relevanter gelten, je jünger d.h. je aktueller es ist (Hagen 1995, 70-104).

*Über welche Hauptereignisse einer Sendung Bilder gesendet wurden*   Tabelle 2

|  | ARD | ZDF | RTL | SAT1 | PRO7 |
|---|---|---|---|---|---|
| Erste Besetzung | X | | | | |
| Räumungsversuch | X | X | | X | |
| Räumung | X | X | X | X | X |
| Vorbereitung des Abschleppens | X | X | | X | |
| Beginn des Abschleppens | X | X | X | X | X |
| Abschleppen vor erneuter Besetzung | X | X | X | X | X |
| Erneute Besetzung | X | | X | | X |
| Abschleppen während Besetzung | | X | X | X | X |
| Aufgabe Shell, Jubel Greenpeace | X | X | X | X | X |
| Summe der Hauptereignisse im Bild | 8 | 7 | 6 | 7 | 6 |

Als Bild von einem Hauptereignis galt jedes Bild von dem Ereignis, das den aktuellen Anlaß einer Nachrichtenbeitrages bildet. Wie Tabelle 2 zeigt, brachte die *Tagesschau* mit einer Ausnahme Bilder von allen Hauptereignissen. Sie ist zudem die einzige Sendung, die schon von der ersten Besetzung berichtete. *heute* und das *SAT1-Newsmagazin* brachten nur ein Hauptereignis weniger im Bild. Die beiden übrigen privaten Sender zeigten sogar noch ein Haupereignis weniger im Bild, obwohl *RTL-Aktuell* und die *PRO7-Nachrichten* die Sendungen mit den meisten Beiträgen und Bildern von hoher See waren.

*Über welche Vorereignisse einer Sendung Bilder gesendet wurden*   Tabelle 3

|  | ARD | ZDF | RTL | SAT1 | PRO7 |
|---|---|---|---|---|---|
| Erste Besetzung | | | X | | X |
| Räumungsversuch | | | | | |
| Räumung | | | X | X | X |
| Vorbereitung des Abschleppens | | | | | X |
| Beginn des Abschleppens | | | X | | |
| Abschleppen vor erneuter Besetzung | | | | | |
| Erneute Besetzung | | | X | | |
| Abschleppen während Besetzung | X | X | | | |
| Summe der Vorereignisse im Bild | 1 | 1 | 4 | 1 | 3 |

Als Bild von einem Vorereignis galt jedes Bild von einem älteren Ereignis, das in einem Nachrichtenbeitrag mit einem anderen aktuellen Hauptereignis explizit erwähnt wurde. Bei der Berichterstattung über Vorereignisse sind die Verhältnisse genau umgekehrt wie bei der Bildberichterstattung über Hauptereignisse: PRO7 und RTL sendeten am meisten Bilder über Vorereignisse, ARD, ZDF und SAT1 am wenigsten.

Betrachtet man Bilder von Haupt- und Vorereignissen als gleichermaßen relevant, dann hatten RTL und PRO7 tatsächlich nicht nur die umfagreichste sondern auch die relevanteste Berichterstattung, dicht gefolgt von der ARD, dem ZDF und SAT1. Allerdings kann man davon ausgehen, daß in einer aktuellen Nachrichtensendung Bilder vom Hauptereignis wegen ihrer höheren Aktualität relevanter sind als Bilder von Vorereignissen. Unter dieser Annahme schneiden die beiden Öffentlich-Rechtlichen am besten ab, gefolgt von RTL, SAT1 und PRO7.

Tatsächlich zeigten RTL und PRO7 immer wieder Bilder von der ersten Besetzung und der frühen Räumung der Brent Spar. Bei RTL machten Bilder von diesen beiden Ereignissen knapp 40%, bei PRO7 gut 50% aller Bilder von Vorereignissen aus. Dies spiegelt sich auch im durchschnittlichen Alter der Bilder wieder - gerechnet ab dem Erstsendedatum. So war ein Bild in der ARD durchschnittlich ungefähr einen halben Tag alt, im ZDF einen Tag, in PRO7 zwei, in SAT1 zweieinhalb und in RTL bemerkenswerte elf Tage alt. Dies hängt damit zusammen, daß *RTL-Aktuell* anders als die übrigen Sendungen nicht nur Bilder über Vorereignisse vom Vortag sondern bis zum Rückzug Shells immer wieder Bilder von der ersten Besetzung und der anschließenden Räumung brachte. Folglich verschwinden die Unterschiede zwischen den Sendungen fast völlig, wenn man das Durchschnittsalter nur für Bilder von Hauptereignissen betrachtet. Bemerkenswert ist, daß solche Bilder in der *Tagesschau* allesamt völlig neu waren (Durchschnittsalter 0 Tage), während sie in den anderen Sendungen nicht immer vom Tag des Geschehens stammten (*heute* 0,15; *RTL-Aktuell* 0,06; *SAT1-Newsmagazin* 0,17 und *PRO7-Nachrichten* 0,04 Tage).

Insgesamt zeigt sich, daß *RTL-Aktuell* und die *PRO7-Nachrichten*, obwohl sie deutlich mehr Bilder brachten als die übrigen Sender, bei der Aktualität wie bei der Darstellung von Hauptereignissen im Bild schlechter als die *Tagesschau* und *heute* abschneiden. *RTL-Aktuell* und die *PRO7-Nachrichten* sendeten allerdings ein Vielfaches an Bildern über Vorereignisse. Das *SAT1-Newsmaga-*

*zin*, das wie die Öffentlich-Rechtlichen stark auf die aktuellen Hauptereignisse fokussierte, schneidet insgesamt noch etwas schlechter ab als PRO7 und RTL.

### 4.2 Richtigkeit

Bilder sind unrichtig, wenn sie nicht das abbilden, was sie laut begleitendem Text darstellen sollen. Dies läßt sich inhaltsanalytisch messen. Dazu haben wir folgende Merkmale von Text-Bild-Kombinationen erhoben:

1. Ein Bild zeigt Arten von Vorgängen oder Objekte, die auch im begleitenden Text angesprochenen werden. Zuschauer mußten annehmen, das Bild zeige dasselbe Ereignis, das auch im Text erwähnt wird. Es liegt also keine Text-Bild-Schere vor.
2. Ein Bild ist älter, als das Ereignis, über das berichtet wird. Es zeigt also tatsächlich nicht das Ereignis, das im begleitenden Text angesprochen wird. Bild und Text stellen verschiedene Ereignisse dar.

Bild-Text-Kombinationen, auf die beides zutraf, waren unrichtig: Ihre Bilder enthielten nicht, was der Text vorgab. Da sich ähnliche Vorgänge wie z.B. der Beschuß der Brent Spar mit Wasser an vielen Tagen, im Rahmen unterschiedlicher Ereignisse wiederholten, stand ausreichend altes Bildmaterial zur Veranschaulichung aktuellen Geschehens zu Verfügung. Tatsächlich machten alle Sendungen außer der *Tagesschau* von dieser Möglichkeit recht regen Gebrauch.

*Unrichtige Bilder je Sender* — Tabelle 4

|  | ARD | ZDF | RTL | SAT1 | PRO7 |
|---|---|---|---|---|---|
| Bilder von hoher See | 54 | 49 | 80 | 34 | 75 |
| davon unrichtig, absolut | 2 | 10 | '16 | 4 | 12 |
| davon unrichtig, in Prozent | 4 | 20 | 20 | 12 | 16 |

Während die *Tagesschau* nur zwei unrichtige Bilder sendete, lag bei allen übrigen Sendungen der Anteil unrichtiger Bilder bei über 10 Prozent. *heute* und *RTL-Aktuell* zeigten in jedem fünften Bild etwas anderes, als eine zugehörige

Aussage vorgab. Die Anteile falscher Bilder bei *SAT1-Newsmagazin* und den *PRO7-Nachrichten* lagen etwas niedriger aber noch deutlich höher als bei der *Tagesschau*.

Man mag darüber streiten ob es aus journalistischer Sicht verwerflich ist, Aussagen mit Bildern zu unterlegen, die zwar zur Aussage passen, aber von einem anderen, älteren Ereignis stammen. Schließlich kann es als verständnisfördernd gelten, wenn das Gesagte visualisiert wird. Irreführend ist es aber allemal, wenn nicht darauf hingewiesen wird, es handele sich um altes Bildmaterial. Beim Zuschauer muß daher der Eindruck entstehen, das geschilderte Ereignis werde gezeigt.

### 4.3 Vielfalt

Vielfalt ist eines der unumstrittensten Kriterien der Medienqualitätsforschung. Zumeist wird dieses Kriterium im Hinblick auf Struktur und Inhalt von Programmen gefordert und untersucht (Schatz / Schulz 1992, 693). Doch gilt es auch für Informationen über einzelne Ereignisse. Denn die Selektion von Informationen beeinflußt, wie ein Thema oder Ereignis wahrgenommen und bewertet wird. Der subjektive Einfluß des Journalisten auf die Nachricht ist umso geringer, je vielfältiger die Informationen darin sind und aus je unterschiedlicheren Perspektiven sie präsentiert werden.

Wir gehen hier von der Annahme aus, daß die Berichterstattung eines Senders umso vielfältiger war, je mehr inhaltlich unterschiedliche Bilder sie enthielt. Dabei lassen sich interne und externe Vielfalt voneinander unterscheiden. Interne Vielfalt besteht in der Variation der Bilder eines einzelnen Senders. Die externe Vielfalt dagegen besteht im Beitrag eines einzelnen Senders zur Vielfalt der gesamten Bildberichterstattung auf allen Sendern.

Bereinigt man die Bildanzahl zunächst um Bildwiederholungen, werden die Unterschiede zwischen der *Tagesschau* und *heute* auf der einen, *RTL-Aktuell* und dem *SAT1-Newsmagazin* auf der anderen Seite geringer (Tabelle 5).

Alle privaten Sender, und in besonderem Maß RTL, weisen relativ hohe Redundanzgrade auf - über ein Viertel aller gezeigten Bilder waren Wiederholungen. Das hängt bei RTL und PRO7 mit dem hohen Anteil der Berichterstattung über Vorereignisse zusammen (vgl. Abschnitt 4.1). Die Öffentlich-Rechtlichen liegen bei weniger als halb so vielen Wiederholungen; die ARD wiederholte sogar nur ein einziges Bild.

*Anzahl Bilder je Sendung*  *Tabelle 5*

|  | ARD | ZDF | RTL | SAT1 | PRO7 |
|---|---|---|---|---|---|
| Bilder gesamt | 54 | 49 | 80 | 34 | 75 |
| davon unterschiedlich (interne Vielfalt) | 53 | 44 | 58 | 27 | 59 |
| davon exklusiv (externe Vielfalt) | 19 | 19 | 17 | 5 | 25 |

Dennoch weisen *RTL-Aktuell* und die *PRO7-Nachrichten* die intern vielfältigste Bildberichterstattung auf - allerdings dicht gefolgt von der *Tagesschau*. Mit größerem Abstand folgt *heute* und, nochmals mit Abstand, das *SAT1-Newsmagazin*. Die geringe Bildvielfalt dieser Sendung hängt damit zusammen, daß SAT1 als einziger Sender zu keinem Zeitpunkt einen Reporter vor Ort hatte, was sich noch deutlicher bei der externen Vielfalt äußert.

Betrachtet man, wieviele Bilder jeder einzelne Sender exklusiv gesendet hat und so zur Gesamtvielfalt der Bildberichterstattung beigetragen hat (externe Vielfalt), ergibt sich eine andere Rangfolge der Sender: Obwohl *RTL-Aktuell* am meisten unterschiedliche Bilder zeigte, gab es nur eine Sendung die weniger zur externen Vielfalt beitrug: das *SAT1-Newsmagazin*. Die große interne Vielfalt der *PRO7-Nachrichten* kam dagegen zu einem größeren Teil auch durch Exklusiv-Bilder zustande. PRO7 trägt daher mit Abstand am meisten zur externen Vielfalt bei, gefolgt von der *Tagesschau* und *heute*, die noch vor *RTL-Aktuell* liegen.

Faßt man die Ergebnisse zur internen und externen Vielfalt zusammen, schneidet PRO7 am besten ab, gefolgt von der *Tagesschau*, die besser abschneidet als die gleichauf liegenden *heute* und *RTL-Aktuell*. Das *SAT1-Newsmagazin* ist mit Abstand am wenigsten vielfältig.

Unter methodischen Gesichtspunkten bleibt anzumerken, daß sich Vielfalt nicht nur über Vielzahl herstellt. Eine genauere Messung von Vielfalt müßte nicht nur feststellen, ob Bilder unterschiedlich sind, sondern wie unterschiedlich die Informationsgehalte verschiedener Bilder sind. Wie vielfältig sind unterschiedliche Bilder, die die Brent Spar unter Wasserbeschuß in Großaufnahme zeigen? Dies zu beurteilen erfordert eine genauere Analyse der Bildinhalte.

## 5. Fazit

So aktuell und authentisch wie es auch die Namen der meisten der fünf untersuchten Nachrichtensendungen glauben machen wollen, war die Berichterstattung über den Fall Brent Spar nicht. Mit Ausnahme der *Tagesschau* zeigten alle Sendungen auch häufig ältere Bilder und viele Bilder, die entgegen dem Augenschein nicht das Ereignis aus dem begleitenden Text zeigten.

Im Vergleich der Sendungen schneidet die *Tagesschau* bei allen untersuchten Kriterien als eine der besten ab. Die Unterschiede zwischen den übrigen Sendungen sind insgesamt eher gering. Die *PRO7-Nachrichten* heben sich, was Vielfalt und Richtigkeit angeht, positiv ab. Das *SAT1-Newsmagazin* zeigt schlechtere Werte bei Relevanz und Vielfalt, widmete dem Fall Brent Spar aber auch insgesamt die wenigste Aufmerksamkeit.

Wie die Berichterstattung von RTL und PRO7 zeigt, hängt Qualität nicht direkt von der Menge gesendeter Bilder ab. Beide Sendungen wiederholen viele Bilder. Das tat auch das *SAT1-Newsmagazin*, allerdings ohne insgesamt viele Bilder zu zeigen. Bei RTL bestand das Bildmaterial zudem noch zum größten Teil aus nicht-exklusivem Material.

Unter methodischen Aspekten hat sich gezeigt, daß die Qualitätskriterien der textorientierten Nachrichtenforschung sich durchaus auf Bilder anwenden lassen. Der Aufwand, jedes einzelne Bild zu identifizieren, war allerdings erheblich und stellt hohe Anforderungen an einen Kodierer. Damit jedes einzelne Bild mit allen anderen auf Identität hin verglichen werden kann, sollte die Bildanalyse nämlich nur von einer einzigen Person durchgeführt werden.

Die vorgestellte Untersuchung hat auch bei weitem nicht alle Möglichkeiten der Analyse ausgeschöpft. So müßte etwa hinsichtlich der Beurteilung von Relevanz und Vielfalt eine tiefergehende Analyse nicht nur festellen, ob Ereignisse im Bild dargestellt werden, sondern auch, welche Details dieser Ereignisse dargestellt werden und welchen Informationswert diese Details jeweils besitzen, ob beispielsweise Art und Anzahl der Beteiligten, Merkmale des Schauplatzes, wesentliche Ursachen und Abläufe von Ereignissen dargestellt werden.

## Literatur

*Ballstaedt*, Steffen-Peter (1977): „Grenzen und Möglichkeiten des Filmjournalismus in der aktuellen Berichterstattung". In: Rundfunk und Fernsehen, Jg. 25, 2, S. 213-229.

*Hagen*, Lutz M. (1995): Informationsqualität von Nachrichten. Meßmethoden und ihre Anwendung auf die Dienste von Nachrichtenagenturen. Opladen: Westdeutscher Verlag.

*Mantow*, Wolfgang (1996): Die Ereignisse um Brent Spar in Deutschland. Hamburg: Deutsche Shell AG (Hrsg).

*Schatz*, Heribert / Winfried *Schulz* (1992): „Qualität von Fernsehprogrammen. Kriterien und Methoden zur Beurteilung von Programmqualität im dualen Fernsehsystem". In: Media Perspektiven 1992/11, S. 690-712.

*Schulz*, Winfried (1996): „Qualität von Fernsehprogrammen". In: *Hömberg*, Walter / Heinz *Pürer* (Hrsg.): Medientransformationen. Zehn Jahre dualer Rundfunk in Deutschland. Konstanz: UVK, S. 45-59.

*Vorfelder*, Jochen (1995): Brent Spar oder die Zukunft der Meere. Ein Greenpeace-Report. München: Beck.

*Joan Kristin Bleicher*

# Der Einsatz des digitalen Studios in Informationssendungen
## Chancen und Risiken neuer Bildtechnologien

Der Beitrag befaßt sich zunächst mit der Tradition der kulturkritischen Diskussion um Bildmanipulation, um im folgenden den tatsächlichen Einsatz digitaler Studios in Nachrichten und Magazinsendungen zu untersuchen.

## 1. Kulturkritische Diskussion der Bildmanipulation

Immer neue technische Möglichkeiten mit dem Computers detailgenaue real wirkende virtuelle Bildwelten zu erzeugen lösten in den neunziger Jahren einen Sturm kulturkritischer Warnungen aus. Vom möglichen Mißbrauch und dem drohenden Verlust an Wirklichkeit ist immer wieder die Rede. Eine solche Warnung liest sich etwa bei Götz Großklaus wiefolgt:

„Mit dem jüngsten technologischen Siegeszug des simulatorischen Prinzips setzt sich erstmals auch alltagsweltlich die maschinell-visuelle Erzeugung von Wirklichkeit durch gegenüber der mimetischen Repräsentation, setzt sich das Modell durch gegenüber der Widerspiegelung, wird der Möglichkeitssinn tendenziell wichtiger als der Wirklichkeitssinn." (Großklaus 1995, 142).

Das Thema ist nicht so neu wie es vielfach auch von den Sendeanstalten werbewirksam präsentiert wird. Gerät man in die Diskussion, so die Auffassung einiger Programmverantwortlicher, wird wenigstens einer breiten Öffentlichkeit deutlich, welch innovative Technologien im eigenem Hause schon im Einsatz sind. Der Wirklichkeitsverlust in den Medien ist schon seit Jahren Diskussionsgegenstand. Jean Baudrillard hat bereits in den siebziger Jahren mit seinen Publikationen „Kool Killer oder der Aufstand der Zeichen" und in seinem „Requiem für die Medien" auf die unauflösbare Vermischung von Medienrealität und äußerer Realität hingewiesen. Die äußere Realität funktioniere nach den Grundmustern der Medienwelten (vgl. Beaudrillard 1978, 23).

Anhand des Fernsehens läßt sich diese These verdeutlichen. Im Verlauf der Fernsehgeschichte hat die Bildschirmrealität immer mehr die Realität beeinflußt, die sie eigentlich nur abbilden wollte. Ein Beispiel von vielen ist der Bereich der symbolischen Politik, den Reinhard Höppner als Reaktion auf den Einfluß des Fernsehens wie folgt charakterisierte:

„Die Politiker reagieren auf diese Situation mit symbolischer Politik. Sie inszenieren Ereignisse, nur damit darüber im Fernsehen berichtet wird. (...) Symbolische Politik zeigt sich vor allen Dingen da, wo die Politik selbst nichts zu ändern vermag oder nichts ändern will, wo sie den Erwartungen, die sie geweckt hat, nicht gerecht werden kann. Ein immer größerer Teil dessen, was wir lesen, hören und sehen, besteht aus Pseudoereignissen, aus Ereignissen, die nur deshalb stattfinden, damit über sie berichtet wird." (Höppner 1996, 6).

Das in der Diskussion um mögliche Medienmanipulationen neue Schlagwort Digitalisierung bezieht sich auf die von einem Computer erzeugte „Umwandlung einer Form, einer Farbe, eines Zustandes in einen binären Zahlenwert" (Reetze 1993, 142). Diese Umwandlung führt zu Darstellungsformen, die keiner äußeren Wirklichkeit mehr als Bildquelle bedürfen. Digitale Bilder werden in Informationssendungen in Kombination mit dem bereits etablierten Blue Box-Verfahren auch zur optischen Gestaltung von Fernsehstudios eingesetzt.

Die neuen visuellen Möglichkeiten des digitalen Studios in den neunziger Jahren sehen Kritiker schon in den Händen politischer Diktatoren zur Propaganda verkommen. „Viel beunruhigender erscheint die Möglichkeit der Manipulation am Bild. War sie schon bisher möglich, kann sie jetzt perfektioniert werden. Personen können künstlich im Studio auftreten und dort Dinge sagen, die sie nie erzählt haben: Scheinkulissen können dem Zuschauer eine fiktive Welt vorgaukeln, die er für real hält. Vor allem in den Händen politischer Diktatoren könnte das blaue Studio der Manipulation dienen".[1] Diese Angst vor dem Mißbrauch digitaler Kommunikationstechniken durch Politiker findet sich auch in anderen Prognosen:

„Ein Präsident könnte zu allen Leuten in der Welt sprechen, aber er braucht nicht dabeizusein. Er braucht nur zu sagen: Ich möchte dieses oder jenes mitteilen, dann kann, wenn wir ihn als synthetische Figur haben, die synthetische

---

[1] Zitiert nach: Wo sich Hannelore Kohl und Rock Hudson küssen können. „Keine unseriösen optischen Tricks": Die ARD präsentiert im „Nachtmagazin" die Möglichkeiten der „virtuellen Technik". In: Süddeutsche Zeitung Nr. 130 vom 8.6.1995. S.20.

Figur sogar parallel in mehreren Sprachen sprechen. Also es gibt allerlei Möglichkeiten...".[2]

Bei den Fernsehanbietern macht sich angesichts der Vielzahl kulturkritischer Empörungen und Skandalen um Fälschungen von Magazinbeiträgen, die Angst vor einem Glaubwürdigkeitsverlust durch Bildmanipulationen breit. Dabei hatte doch der jüngst in die Schlagzeilen geratene Fernsehfälscher Michael Born klassisch analog gearbeitet, indem er etwa für „Stern TV" mit kostümierten Statisten vor heimischer Kulisse ein Treffen des deutschen Klu-Klux-Klan in Szene setzte und mit der Videokamera aufnahm. Auch der Beginn des Golfkrieges wurde analog durch den, von einer amerikanischen Werbeagentur theatralisch inszenierten,[3] Auftritt einer kuwaitischen Frau eingeleitet, die unter Tränen von angeblichen Attentaten irakischer Soldaten auf hilflose Babies in Brutkästen berichtete. Die farbenfrohe gigantische Medieninszenierung der folgenden militärischen Auseinandersetzungen ist den Zuschauern noch in bester Erinnerung.

Die Vielzahl der Warnungen vor dem Mißbrauch digitaler Bildgestaltung lenkt von dem schon erreichten Bewußtsein der Zuschauer für den Konstruktionscharakter der Medienrealität ab. Eine Trennung von dem zeitgleich aufgenommen, authentischen Abbild eines realen Gegenstandes oder Ereignisses und der Simulation von Originalität scheint schon längst obsolet. Der Zuschauer wartet bereits bei neuen Tankerkatastrophen auf das immergleiche Bild des Kormorans mit ölverschmierten Gefieder. Angesichts neuer Bildtechnologien wird ein tradierter Authentizitätsanspruch aufrecht erhalten, den das Medium schon längst verwirkt zu haben scheint. „Gelogen haben die Bilder immer schon. Nur nicht so perfekt, so schön, so spurenlos, so flächendeckend wie heute" (Siemes 1996, 30) so die folgerichtige Einschätzung von Christof Siemes.

Die Digitalisierung schärft das bei den Zuschauern aufgrund der Seherfahrung mit bisherigen analogen Bildfälschungen vorhandene Bewußtsein für die Kunstwelt der Nachrichten. Richard Kunicki von der Video Art Production (AVP) spricht in diesem Zusammenhang von „realer Virtualität". Karl Prümm sieht sogar in den digitalen Bildern eine Befreiung vom bisherigen Authentizitätsanspruch:

---

2 Schäfer zitiert nach: Reetze (1996, 163).
3 Zur Rolle von PR-Agenturen bei der Inszenierung von Medienereignissen vgl.auch: Beham (1996).

„Das digitalisierte täuschend nachgemachte Wirklichkeitsbild macht Schluß mit dem Mißbrauch der Fotografie als Beglaubigungsinstrument. Er befreit die Bildmedien von der drückenden Last restriktiver Zuschreibungen. Es macht unmißverständlich klar, daß die Bilder immer lügen, daß sie nie mehr sind als ästhetische Transformation von Wirklichkeit, zufällige und subjektive Blicke, die durch eine unendliche Reihe anderer Blicke widerlegt werden".[4]

Wie nach dieser Befreiung die Informationsfunktion von Nachrichtenbildern weiter gesichert werden kann, läßt er jedoch offen.

Bisherige Neuerungen im Bereich der Fernsehproduktionstechnik zeigten in der Phase ihrer Einführung regelmäßig einen deutlich spielerischen Umgang mit den jeweils neuen formalen Möglichkeiten. Der Einsatz des Farbfernsehens stellte eine entscheidende Innovation in der Programmpräsentation des Deutschen Fernsehens dar. In der ersten Phase seiner Einführung spielte man mit bunten, bewegten Formen, ohne diese mit konkreten Inhalten zu verbinden. In ähnlicher Weise finden sich Formen digitaler Bildgestaltung in den neunziger Jahren zunächst vor allem im Bereich der Programm-Trailer und Sendungsvorspänne, in denen Bildsequenzen mit Handlungsausschnitten nach hinten wegkippen oder nur an uns vorbeifliegen.

## 2. Zum Einsatz des digitalen Studios in Nachrichtensendungen

Beim Einsatz der digitalen Studios in den Informationssendungen seit 1995 ist nun ein gegenläufiger Trend erkennbar. Gerade im Bereich der Nachrichten wird äußerst vorsichtig mit den Möglichkeiten des digitalen Studios, d.h. mit den Möglichkeiten der digitalen Bildgestaltung im Studio (Kulisse, Requisiten) operiert. Klassischer Ort graphischer Neuerungen im Nachrichtenbereich ist der Wetterbericht. Dreidimensional erscheint schon jetzt der ARD, der SAT.1- und der Pro Sieben-Wetterbericht. So bieten SAT.1 und Pro Sieben eine Flugreise von Süd nach Nord durch eine Grafik deutscher Landschaften und Wetterlagen. Die bewegte räumliche Visualisierung des digitalen Studios beginnt sich in einem traditionell grafischen Bereich zu etablieren.

Bei den derzeitigen digitalen Studios in Nachrichtensendungen sind Redaktionsräume als virtueller Studiohintergrund ein beliebtes Motiv. Der Sprecher meldet sich anscheinend unmittelbar mit den neuesten Meldungen, die, so er-

---

4   Karl Prümm in der Tagespiegel 1996.

scheint es dem Zuschauer, gerade auf den Schreibtischen im Hintergrund geschrieben wurden. Meistens ist entweder im Vorspann oder in der ganzen Sendung das Logo einer Erdkugel präsent, schon in klassischen Emblemata zeichenhafter Garant für Wahrhaftigkeit. Ansonstens findet sich die traditionelle Einblendung von Grafiken oder Fotos in einem Quadrat hinter dem Kopf des Sprechers. Nach Auskunft des Leiters von ARD-Aktuell, Ulrich Deppendorf, plant die „Tagesschau" für 1997 den verstärkten Einsatz digitaler Bildgestaltung. Die Möglichkeiten sind vielfältig: Ein Moderator im Studio führt ein Interview mit einem Auslandskorrespondent der neben ihm im Studio erscheint, obwohl der Auslandskorrespondent nur per Schaltung zugegen ist. Der Einsatz dreidimensionaler Grafiken kann der Veranschaulichung unterschiedlicher Sachverhalte dienen.

„So kann etwa die Landkarte von Sarajewo dreidimensional dargestellt werden, um dem Zuschauer visuell zu vermitteln, warum das unwegsame Gelände den Heckenschützen nützt. Oder es können zur Illustration von Arbeitslosenzahlen, anwachsende 3-D-Säulen erzeugt werden".[5]

Diese Möglichkeiten des digitalen Studios wurden bereits im Juni 1995 in zwei speziellen Ausgaben des ARD-Nachtmagazins demonstriert. Insbesondere der Einsatz dreidimensionaler Grafiken, aber auch die Einblendung räumlich entfernter Gesprächspartner in das Studio wurden präsentiert. Doch bleibt Ulrich Deppendorf bei seiner ethisch bestimmten Leitlinie: „Optische Tricks, die auf Kosten der Glaubwürdigkeit gehen, haben in einer Nachrichtensendung absolut nichts zu suchen".[6] Auf einer Tagung zum Thema „Bildfälschungen"[7] forderte zusätzlich die Kennzeichnung digital bearbeiteter Bilder. Die „Tagesschau" kommt 1996 folgerichtig immer noch ohne digitales Studio aus.

Auch bei den kommerziellen Anbietern setzt man auf Seriosität der Nachrichtensendungen und den vorsichtigen Einsatz digitaler Bildgestaltungsmöglichkeiten. Die kommerziellen Anbieter haben im Rahmen ihrer Strategie der Imageverbesserung in den neunziger Jahren den Anteil an Informationssendungen in

---

5   Zitiert nach: Wo sich Hannelore Kohl und Rock Hudson küssen können. „Keine unseriösen optischen Tricks": Die ARD präsentiert im „Nachtmagazin" die Möglichkeiten der „virtuellen Technik". In: Süddeutsche Zeitung Nr. 130 vom 8.6.1995. S.20.
6   Zitiert nach: Wo sich Hannelore Kohl und Rock Hudson küssen können. „Keine unseriösen optischen Tricks": Die ARD präsentiert im „Nachtmagazin" die Möglichkeiten der „virtuellen Technik". In: Süddeutsche Zeitung Nr. 130 vom 8.6.1995. S.20.
7   Diese Tagung wurde von der Landesanstalt für Rundfunk Nordrhein-Westfalen (LfR) und dem Bredow Institut am 17.6.1996 in Hamburg veranstaltet.

ihrem Programmen erhöht. Die von dem Marktführer RTL begonnene Informationsoffensive beeinflußte auch andere Anbieter. Der Ex-Chefredakteur Jörg van Hooven (Ex-CBS und Pro Sieben) plazierte die SAT.1 Nachrichten ab dem 4.12.1995, statt wie bisher in der direkten Konkurrenz mit den „heute"-Nachrichten um 19.00 Uhr, mit einem deutlichen Aktualitätsvorsprung vor RTL (18.45 Uhr „RTL-aktuell") und dem ZDF um 18.30 Uhr. Die ARD plant im Gegenzug die Einführung einer Hauptnachrichtensendung um 18.00 Uhr.

Die SAT.1-Nachrichtensendung „18:30" verbindet die Elemente Nachrichten, Lifestyle/Boulevard und Sport. Moderator ist Ulrich Meyer, der schon confrontainment-orientierte Talkshows und Diskussionssendungen wie „Der heiße Stuhl" oder „Einspruch" moderierte und dabei seine besondere Fähigkeit zur Stimmungsmodulation unter Beweis stellte.[8] „Emotionen sind Fakten" so lautet die Devise seiner Moderation.[9] Ulrich Meyer ist vorzugsweise in einer für Nachrichtensendungen klassischen Halbnah-Einstellung vor dem Hintergrund einer digital eingeblendeten, konzentriert arbeitenden, Nachrichtenredaktion zu sehen.[10] Diese mit einer amerikanischen Software erzeugte virtuelle Kulisse ist dem Zuschauer schon aus den CNN-Nachrichtensendungen bekannt. Als Hintergrundsendung zu den 18:30 Nachrichten ist die ebenfalls von Meyer moderierte aber auch von seiner Firma „Meta-Production" produzierte Sendung „Akte 96" gedacht, die ebenfalls im Vergleich mit den vorhandenen Möglichkeiten mit seriöser Studiokulisse operiert. Die von SAT.1 praktizierte Zweiteilung in Nachrichten und Nachrichtenmagazin folgt dem öffentlich-rechtlichen Vorbild von „Tagesschau" und „Tagesthemen" oder „heute" und „heute journal".

Pro7 engagierte im Frühsommer 1995 mit Gerd Berger einen erfahrenen Journalisten, - er kreierte das WDR-Erfolgsmagazin „ZAK" - um sich im Informationssektor zu profilieren. Schließlich stand 1996 eine Sendelizenzverlängerung an, für die eine Erhöhung des Informationsanteils unerläßlich war. Vergleichbar zu SAT.1 verlagerte Pro Sieben die Sendezeit seiner Nachrichten im Januar 1996 von bislang 19.55 Uhr (also der direkten Konkurrenz mit der „Tages-

---

8 Programmdirektor Fred Kogel gab der Sendung die Devise: „Emotionen, Emotionen, Emotionen" mit auf den Weg, die Ulrich Meyer in seinem mit „persönlichen" Kommentaren durchsetzten Moderationsstil verwirklicht.
9 zitiert nach: „Nachrichtenfieber". Informationen zur „Parlazzo"-Sendung vom 23.1.1996 auf der Homepage des WDR im Internet.
10 In dem im Internet angebotenen Bericht „Nachrichtenfieber" zu ihrer Sendung vom 23.1.1996 vermutet die „Parlazzo"-Redaktion Jörg van Hooven habe die Idee der Redaktionskulisse von Pro Sieben zu SAT.1 mitgebracht.

schau") auf 19.30 Uhr, also in der öffentlich-rechtlichen Nachrichtenlücke zwischen „heute" und „Tagesschau".[11] Man gibt sich auch bei Pro Sieben im visuellen Bereich gerne konservativ prüde. Selbst RTL 2 verzichtet nach eigenen Angaben ganz auf elektronische Bildspielereien. Gerd Berger betont wie Ulrich Deppendorf den traditionellen Glaubwürdigkeitsanspruch der Nachrichten. Auf einer Tagung zum Thema „Digitalisierung" in Stuttgart lehnte er es ab, digitale Bildmanipulationen ohne Hinweis an die Zuschauer zu verwenden. Dies entspricht auch einer von Günter Zint geäußerten Forderung der IG-Medien.

Gerade an solchen Hinweisen fehlt es bislang. Digitale Studiogestaltungen werden ohne zusätzliche Kennzeichnungen eingesetzt. Die Nachrichten von Pro Sieben verliest Jan Fromm, als Inkarnation des seriösen Nachrichtensprechers, aus einem halbrunden Studio. Als weibliche Gegenstücke werden Jeannette Riesch und Isabel Jaenecke eingesetzt. Es kommen zahlreiche Grafiken als Illustration der Beiträge zum Einsatz. Im Hintergrund des Sprechers erscheint nach CNN-Vorbild visuell die Arbeit einer Nachrichtenredaktion vor einer Bildschirmwand. Gerd Berger betont jedoch die Authentizität dieser Aufnahmen. „Unser Studio ist keine Mogelpackung vor blauer Wand. Wir vermitteln einen realen Blick auf den Arbeitsplatz unserer Redakteure".[12]

Auch in Sportsendungen finden Formen digitaler Bildgestaltung Anwendung. Ex-Hochspringer Carlo Tränhardt präsentiert unmittelbar im Anschluß an die Pro Sieben Nachrichten seine Sportnews im vergleichbaren Studiodesign. Premiere präsentiert seine Sportmeldungen variationsreich aus einem digitalen Studio. Fußballergebnisse sind in überdimensionaler Größe neben dem Kopf des Moderatoren eingeblendet. In ihrer nach hinten weisenden schrägen Positionierung deuten sie die Tiefe des Studioraums an. Gerade dieser sonst im Medium nicht vorhandene räumliche Eindruck ist bei dem Einsatz digitaler Studiotechnik auffällig. Die in der Digitalisierung möglich gewordene neue visuelle Dimension des Raumhaften verstärkt die visuelle Illusionbildung. Die neue visuelle Dimension macht dem Zuschauer die virtuelle Herkunft der Bilder bewußt. Der virtuelle Eindruck des räumlichen bildet einen Kontrast zur tradierten Bildgestaltung der Nachrichtenbeiträge, denen so weiter der Charakter

---

11 Damit bietet sich dem deutschen Zuschauer senderübergreifend ein fast zweistündiger Nachrichtenblock: 18.30 Uhr SAT.1, 18.45 Uhr RTL, 19.00 Uhr ZDF, 19.30 Uhr Pro Sieben und 20.00 Uhr die ARD. Eine vergleichbare Programmstruktur findet sich bei den amerikanischen Networks in der Zeit zwischen 18.00 und 20.00 Uhr.
12 Gerd Berger in einem Interview mit der WR vom 15.1.1996.

besonderer Authentizität, der direkten Wiedergabe äußerer Wirklichkeit, anhaftet.

## 3. Zum Einsatz des digitalen Studios in Magazinsendungen

Im Vergleich zum eher vorsichtigen Einsatz in den Nachrichtensendungen war die Anwendung des digitalen Studios bislang im Magazinbereich sehr vielfältig. Das ZDF-Wirtschaftsmagazin „Wiso" präsentierte am 16. März 1995 eine Sendung aus dem digitalen Studio. Vergleichbar zu Ulrich Deppendorf steht auch der zuständige „Wiso"-Redakteur Michael Jungblut der digitalen Technik skeptisch gegenüber, wenn er fragt: „Wo liegt die Grenze zwischen sinnvoller Nutzung und Mißbrauch, und wer zieht sie?" Die erste Sendung war von Pannen gekennzeichnet. Moderator Michael Opoczynzki hatte noch sichtliche Orientierungsprobleme in seiner virtuellen Kulisse, durch deren Säulen er stolperte. Beiträge wurden eher dekoriert statt tatsächlich mit aussagekräftigen visuellen Informationen unterstützt. Auch hier ist künftig innovative grafische Gestaltung gefragt, die sich von der Traditionslinie der grafischen Textillustration löst. Bislang wurden nur klassische Säulengrafiken in räumlicher Perspektive im Studio präsentiert.

Insbesondere „Focus TV" (Pro Sieben) zeichnet sich wie seine Zeitungs-"Mutter" durch innovative Visualisierung aus. Die rote Farbe des Logos von Focus bestimmt das Design des halbrunden Studios. Auch das Logo selbst ist (mit Weltkugel) übergroß im Hintergrund der rothaarigen Moderatorin Lilli Gruber und ihrer Nachfolgerin Desirée Bethge zu erkennen, die sich ständig durch das Studio bewegt und dabei häufig von der Kamera umkreist wird. Ein bis zur Abstraktion in die Breite verzerrtes schwarz weiß Foto durchbricht wie ein Vlies den Abschnitt zwischen Studiodecke und Fußboden. Perspektivisch in den Raum weisend werden Fotos der Interviewpartner oder aktuelle Interviewausschnitte plaziert. Mehrere Fotos überlappen sich und erzeugen in ihrer Tiefenperspektive einen räumlichen Eindruck. Dieses formale Gestaltungsprinzip der verschachtelten Fotos zu einem Beitrag findet sich auch in der Zeitungsausgabe von Focus.[13]

---

13 Erstellt wurde das Design durch die Hamburger Firma Behind in einem 150 qm großen Bavariastudio in Geiselgasteig. Behind erhielt gleich von Brigitte TV einen Anschlußvertrag.

Der bisherige Einsatz im Magazinbereich zeigt, daß sich die im Rahmen der Themenauswahl und der Mischung der in den einzelnen Beiträgen vermittelten Inhalte abzeichnende Tendenz zum Infotainment mit dem Einsatz des digitalen Studios weiter fortsetzt. Nun wird nicht allein die Moderation lebendiger, die Beiträge sensationeller, nun wird endlich auch die Studiokulisse bunt und dynamisch und gleicht sich einer Showkulisse an. Sitzt der Sprecher statisch am Tisch wird wenigstens im Hintergrund Aktivität simuliert. Bewegt sich der Moderator adäquat in der Showkulisse, so erhält er in der Kameraeinstellung die Ikonographie des Stars. Künftig ist auch nach dem Vorbild von Max Headroom eine Digitalisierung des Moderators denkbar. Doch derzeit sind Informationsmagazine und Boulevardmagazine der kommerziellen Anbieter in ihrer inhaltlichen und formalen Gestaltung verwechselbar. Für den Zuschauer ist nicht mehr erkennbar: wird in „Exklusiv" ein digitales Studio verwendet oder handelt es sich um klassische Studiobauten mit Fotoeinblendungen?

„Kulturzeit", das täglich ausgestrahlte Kulturmagazin auf 3sat, experimentiert sehr intensiv mit den formalen visuellen Möglichkeiten des virtuellen Studios. Die digitale erzeugte Bildeinblendung des Moderators hört sich die Moderation des Originals an. Das Gesicht des Moderators wird in ein abstraktes Gemälde oder die Zeichnung des Künstlers integriert, der im nächsten Beitrag vorgestellt wird. Wiederum bewegt sich der Moderator in einem halbrunden Studio vor wechselnden Kulissen, die den Eindruck von überdimensionierten Kunstausstellungen oder Rauminstallationen erzeugen.

Sowohl in den Nachrichtensendungen als auch in den Magazinen herrscht der Einsatz des halbrunden Studios vor. Diese Form lehnt sich an die Tradition vergleichbarer Bühnenformen des Theaters an. Die halbrunde Bühne markiert dort den Übergang zwischen der realen Welt des Zuschauers und dem Illusionsbereich künstlicher Theaterwelten.

Vertreter der Apparatetheorie haben auch im historischen Rückblick immer wieder auf den zentralen Einfluß der jeweiligen Medientechnik auf das Sehen hingewiesen (Rosen 1986). Wird die ohnehin durch jüngste Fälschungen fragwürdig gewordene Glaubwürdigkeit der Bilder angesichts neuer technischer Manipulationsmöglichkeiten weiter sinken, so ist ein verstärkter Rückgriff auf textliche Informationen wahrscheinlich. Informationssendungen des Fernsehens drohen aufgrund visueller Spielereien in der Konkurrenz mit anderen textlich orientierten Informationsangeboten etwa der klassischen Tageszeitung oder via Internet an Bedeutung zu verlieren. Ulrich Pleitgen (WDR) warnt vor einer Desinformation des Zuschauers, vor einer Verwirrung im Hagelschlag von

Bildern. Wie die digitale Technik in Zukunft die Einschätzung des Mediums durch die Zuschauer beeinflussen wird bleibt abzuwarten. Der intensivierte Illusionscharakter der Bilder wird die anfangs angesprochenen Entwicklungen im Bereich der symbolischen Politik weiter fördern, denn der fiktionale Charakter der Nachrichten verstärkt sich durch den vermehrten Einsatz symbolischer Illustrationen und die stärkere Visualisierung der Präsentation. Die mit dem seit Einführung des dualen Rundfunksystems zu verzeichnenden sprunghaften Anstieg von Unterhaltungssendungen zentral gewordene Eskapismusfunktion des Mediums ist dank der immer besseren technischen Illusionspotentiale dabei, die tradierte Orientierungsfunktion abzulösen.

## Literatur

*Baudrillard*, Jean (1978): Die Agonie des Realen. Berlin: Merve.
*Beham*, Mira (1996): Kriegstrommeln. Medien, Krieg und Politik. München: dtv.
*Großklaus*, Götz (1995): Medien-Zeit Medien-Raum. Zum Wandel der raumzeitlichen Wahrnehmung in der Moderne. Frankfurt a. M.: Suhrkamp.
*Höppner*, Reinhard (1996): „Schlange gegen Kaninchen. Demokratiegefährdende Medientendenzen: wie bremsen?" In: Epd Kirche und Rundfunk Nr. 23. vom 27.3.1996, S. 6.
*Reetze*, Jan (1993): Medienwelten. Schein und Wirklichkeit in Bild und Ton. Heidelberg: Springer.
*Rosen*, Philip (1986) (Hrsg.): Narrative, Apparatus, Ideology. A Film Theory Reader. New York: Columbia University Press.
*Siemes*, Christof (1996): „Richtig. Das Wesen der digitalen Photographie ist Manipulation. Jedes Bild kann unendlich oft verändert werden oder sogar komplett erfunden sein. Der Photograph der Zukunft ist Computerkünstler". In: Zeitmagazin Nr. 11. vom 8.3.1996, S. 30.

*Michael Haller*
## Vertextete oder visualisierte Information?
### Zur Informationsleistung unterschiedlicher Präsentationsformen am Beispiel „Focus" und „Spiegel"

Seit dem Markterfolg des 1993 gegründeten Nachrichtenmagazins „Focus" fragen sich Medienwissenschaftler wie Medienmacher, ob der Erfolg auch mit der für „Focus" spezifischen Präsentationsform visualisierter Nachrichen zusammenhänge. Tatsächlich bietet „Focus" als erste deutsche Zeitschrift mit dem durchgängigen Vierfarbdruck auch eine konsequente infographische Aufbereitung von Informationen.[1] Seither gilt als unstrittig, daß „ein harmonisch aufeinander abgestimmtes Konzept aus Text, Bild und Graphik sowie Layout bzw. Design" (Knieper 1995, 3) ein maßgeblicher Faktor für den Erfolg nachrichtlicher Printmedien bedeutet.[2]

Zur Begründung wird meist auf veränderte Sehgewohnheiten der Mediennutzer durch die Bildschirmmedien verwiesen: Der für Computer-Oberflächen, Online, Film und Fernsehen typische Informationskontext aus Bildern, Bildsequenzen und verbalen Aussagen verlange mehr denn je ein „visuelles Denken" bei den Blattmachern und führe zu einer „neuen Erzählform" von Informationen.[3]

In der Diskussion über die Vorzüge infographischer Präsentationsformen werden drei Argumente standardmäßig angeführt:

---

1 „Infographik" ist die Kurzfassung des Begriffs „Informationsgraphik", der in den 80er Jahren durch die Verbindung der beiden Worte Information und Graphik entstand. Diese Kennzeichnung hebt den Unterschied zu rein ästhetisch-dekoratriven Elementen hervor (vgl. Berger 1989, 163 ff. und Knieper 1995, 3).
2 Die seit der Gründung der infographisch aufbereiteten Zeitung „Die Woche" und, vor allem, seit dem Markterfolg von „Focus" von anderen Printmedien, insbesondere vom „Spiegel" durchgeführten „Re-Designs" bestätigen die These, daß die visuelle Gestaltung und Präsentation von Informationen als relevanter Erfolgsfaktor angesehen wird.
3 Vgl. Helmut Marwort: „Das ist eine neue Erzählform". In: Sage&Schreibe. Fachzeitschrift für Medienberufe 1/1994, S. 8 f..

- Komplexere Informationszusammenhänge (Ereignisabläufe, Bedingtheiten, Zusammenspiel von Faktoren u.a.m.) könnten in der Form von Infographiken schneller und sinnorientierter aufgenommen werden als bei einer reinen Textform;

- Infographische Präsentationen besäßen aufgrund ihres Dokumentarcharakters eine größere Glaubwürdigkeit als vertextete Darstellungen;

- Infographische Darstellungen führten zu einem besseren Informationstransfer, indem das Erinnerungsvermögen der Mediennutzer bei infographischer Präsentation deutlich besser sei als bei vertexteteter oder auch nur bebilderter Präsentation.[4]

## 1. Verbessern Infographiken den Wissenstransfer?

Während die beiden erstgenannten Argumente eher spekulativer Natur sind, verweist das dritte auf einen empirisch prüfbaren Vorgang: den Prozeß der Aneignung von Wissen. Wenn es tatsächlich so sein sollte, daß infographische Präsentationsformen den Wissenstransfer nachhaltig verbessern, müßten die Kommunikatoren insbesondere der Tagespresse, im übrigen aber auch die Redaktionen von Lehrmaterialien in einem viel grundlegenderen, systematischen Sinne die Visualisierung von Informationen durchsetzen, als dies bis heute der Fall ist.

Die These vom verbesserten Wissenstransfer stützt sich auf eine Untersuchung, die Pegie M. Stark vom Poynter Institute for Media Studies in St. Petersburg/Florida 1991 durchführte. Mehrere Propandengruppen von insgesamt 400 Studierenden erhielten vier (für den Test hergestellte) Versionen desselben Zeitungsberichts über einen Flugzeugabsturz („154 Die In Airliner Crash At City Airport") zur Lektüre: die erste Version bestand nur aus dem Textbericht; die zweite bot zusätzlich ein Photo von der Unglücksstelle; die dritte Version bot statt des Photos ein großes infographisches Schaubild; die vierte Version umfaßte zum Text sowohl Photo wie auch Infographik Dann wurde mit einem Fragebogen in allen vier Probandengruppen der erinnerte Sachverhalt abgefragt. Das Ergebnis: Die Leser der vierten Version beantworteten die meisten

---

4   Vgl. Joachim Blum: „Mehr als Torten, Balken und Kurven". In: Sage&Schreibe. Die Fachzeitschrift für Medienberufe. Heft 3/1995, S. 32-35.

Fragen, hatten das präziseste Detailwissen und zeigten sich vom Geschehen in emotionaler Hinsicht am stärksten angesprochen.[5] Seither gilt die Poynter-Studie als Nachweis für die deutlich höhere Verstehensleistung visualisierter Informationen.

## 2. Fragen nach der Validität der Poynter-Studie

Bei näherem Hinsehen kommen indessen Zweifel, ob jene Studie die gestellten Fragen tatsächlich beantworten und den gesuchten Nachweis überhaupt erbringen konnte.

Ein erster Einwand gilt zunächst der Untersuchungsfrage: Was konnte mit diesen Design gemessen werden? Gedächtnisleistungen sind nicht nur an Wahrnehmungsformen, sondern auch an kognitive und emotionale Dispositionen des Rezipienten gebunden. Ob man Medienrezeption als Selektionsvorgang (pars pro toto: Ruhrmann 1989, 90 ff.), als Transformationsprozeß (Früh 1994, 75 ff.) oder als ein Zusammenspiel von beidem begreift: So oder so ist Informationsvermittlung kein linearer Transportvorgang, sondern ein subjektiv geprägter Verstehensprozeß, durch den „Vorstellungen über die Realität" (Früh 1994, 87) erzeugt und/oder neu strukturiert werden. Die zu messende Erinnerungsleistung ist darum nicht nur von der Präsentationsform der Information beeinflußt, sondern auch wesentlich von der Disposition des Rezipienten abhängig, die wiederum situations- und themengebunden ist.

Eine empirische Studie, die über die Informationsleistung verschiedener Präsentationsformen Aussagen machen will, müßte diese rezipientenbezogenen Variablen eliminieren, indem sie infographische Formen anhand verschiedener Themen zu unterschiedlichen Zeitpunkten testen würde.

Bei der Poynter-Studie wurde nur ein Ereignisbericht über einen äußerst spektakulären Vorfall als Testmaterial benutzt. Es kann also sein, daß die emotionalisierenden, die Wahrnehmung stimulierenden Effekte mit dem Thema der Nachricht, daß es auf dem Flughafen 154 Tote gegeben habe, zu erklären sind. Ob ähnliche Transferleistungen etwa beim Bericht über die Reparatur einer

---

5  Die erwähnte Studie basiert auf folgendem Bericht: Stark, Pegie M. und Barry A. Hollander (1990): Information Graphics: Do they help readers understand news events? Minneapolis: Paper presented to the Visual Communication Divion of the Asssociation for Education in Journalism and Mass Communication. August 1990.

Raumsonde oder bei einer Darlegung verschiedener Reformmodelle für die Krankenversicherung erzielt würden, vermag die Studie nicht zu sagen.

Der zweite Einwand gilt der Validität der Untersuchungsanlage. Tatsächlich boten die Versionen zwei, drei und vier gegenüber den vorherigen Varianten zusätzliche, den Bericht erweiternde Informationen. Nur, wenn der Text der jeweiligen Version um die Informationen verkürzt worden wäre, die auf dem Photo bzw. auf der Infographik zu sehen waren – und wenn umgekehrt der Text der ersten Version um die Aussagen des Bildes und der Infographik erweitert worden wäre, läge ein vergleichbares Informationsangebot vor und könnten Messungen über unterschiedliche Transferleistungen gemacht werden. Tatsächlich aber ist die von der Poynter-Studie gezogene Bilanz trivial: Die informationsreichste Version mit der vermutlich größten Redundanz führte zu den besten Erinnerungswerten.

## 3. Das Konzept unserer Untersuchung

Diese Einwände mündeten in die Frage, ob eine auf Validität bedachte Untersuchung zu vergleichbaren Ergebnissen führen werde wie die Poynter-Studie.

Das gemeinsam mit fünf Studierenden eines Projektseminars 1995/96 entwickelte Unterschungskonzept ging von folgenden Überlegungen aus:

*1.) Die Mediengattung:* Für Testzwecke erweist sich das Layout einer Tageszeitung als deutlich zu komplex: Die Leser suchen auf der Seite nach Leseanreizen, evaluieren zwischen verschiedenen Themenangeboten und interpretieren die Plazierung immer auch als eine Bewertung des dargebotenen Stoffes. Hinzu kommen die meist schon während der Schulzeit habituierten Nutzungsweisen der (meist im Elternhaus abonnierten) Tageszeitung.

Es gibt demnach bei der Lektüre einer Tageszeitung zu viele intervenierende Variablen, die nicht eliminiert werden können. Zudem hat sich in Deutschland die Debatte über allfällige Vorzüge infographischer Präsentationsformen auf die Angebote der beiden Nachrichtenmagazine „Spiegel" und „Focus" zugespitzt. Deren Magazin-Layout ist vergleichsweise einfach, indem die Texte nicht neben-, sondern nacheinander angeordnet und bei umfänglicheren Geschichten komplette Seiten mit demselben Thema gefüllt werden.

Aus diesen Gründen entschieden wir uns für das Layout des „Spiegel" bzw. von „Focus" in der (für die Untersuchungszeit 1995/96 standardmäßigen) Form des dreispaltigen, sequenziellen Umbruchs.

*2.) Die Probanden:* Wir wollten Testpersonen, die in ihrer Mediennutzung noch nicht festgelegt, aber als Zeitschriftenleser prädestiniert sind. So entschieden wir uns für Gymnasiasten der 11. und 12. Klasse. Den soziodemographischen Daten über Nachrichtenmagazinleser zufolge gehören ja „Spiegel"- und „Focus"-Leser überwiegend zu den besser Ausgebildeten (rund 70 % mit Abitur); so gesehen sind die Gymnasiasten die für beide Magazine wichtigste Zielgruppe, sozusagen deren Leser von morgen. Zudem gehören die 18-19jährigen zur sogenannten Computergeneration, die mit den visualisierenden Medien aufgewachsen ist.

*3.) Der Untersuchungsgegenstand (Testmaterial):* Um themengebundene, die Wahrnehmung, Informationsselektion bzw. -transformation prägenden Präferenzen berücksichtigen zu können, haben wir drei verschiedene Themen ausgewählt:

- eine im Aufbau linear strukturierte Geschichte aus dem „Spiegel" über Polizeiübergriffe in Hamburg (nachfolgend Polizeitext) von zwei Seiten Umfang (das Original erschien in Heft 38/1994);

- eine komplex angelegte Geschichte aus „Focus" über Sinn und Zweck des Abiturs als Voraussetzung für ein Hochschulstudium (nachfolgend Schultext) von sechs Seiten Umfang (das Original erschien in Heft 37/1994);

- eine Geschichte über einen Schriftsteller (nachfolgend Literaturtext) im Umfang von einer Seite.

Während der Literaturtext ohne jede infographische Beigabe als ein reiner Lesetext belassen wurde, haben wir vom Polizeitext und dem Schultext je zwei in den Präsentationsformen unterschiedliche Versionen erstellt:

*Polizeitext:* Die Version 1 besteht aus dem Fließtext, einem emotionalisierenden Situationsbild sowie drei Porträtphotos; die in den Legenden genannten Namen und Funktionen sind in bezug auf den Fließtext redundant.

Die Version 2 besteht aus einem modifizierten Text, einem Säulendiagramm, ein mit piktographierten Längen und Illustrationen ausgeschmückten Balkendiagramm sowie einer mit Hinweisetexten ausgestatteten topographischen Karte, einer graphischen Adaption (alles im Vierfarbdruck).

Der Fließtext der Version 1 enthält die Daten und Aussagen, die in der Version 2 infographisch dargestellt sind; umgekehrt haben wir dem Text der 2. Version eine szenische Schilderung eingefügt, die der Situation auf dem Photo der Version 1 entsprach. Dabei wurde in beiden Versionen der Gesamtumfang (zwei Magazinseiten) eingehalten.

*Schultext:* Die Version 1 umfaßt acht illustrierte Balkendiagramme, drei illustrierte Flächenkreisdiagramme mit Segmentierung, ein illustriertes Kurvendiagramm und ein Struktur-Schaubild mit Illustration. Zudem zeigt diese Version drei Sujet- sowie drei Porträtphotos, außerdem ein auf jeder Seite als Signet plaziertes Piktogramm, drei faksimilierte Ausrisse aus Schülerheften und zwei mit Sachphotos illustrierte Textkästen.[6]

Demzufolge bietet diese erste Version auf sechs Seiten neben dem Fließtext und zwei Info-Kästen 12 quantitative und sieben qualitative Infographiken sowie zehn mit Legenden versehene Photos. Die Namen der als Porträt gezeigten Personen kommen auch im Fließtext vor und sind demnach redundant.

Die Version 2 des Schultextes besteht nur aus Texten und umfaßt drei Seiten. Hier haben wir sämtliche Informationen der Infographiken der Version 1 vertextet und als Supplement-Kästen zum Fließtext gestellt. Die auf den Photos und Faksimiles der Version 1 gezeigten Situationen wurden als Aussagen in den Fließtext integriert; die Info-Kästen in der Version 1 haben wir um die Bildaussagen der Sachphotos bzw. deren Legenden erweitert.

Dank dieser Präparationen war gewährleistet, daß die Versionen 1 und 2 der beiden Texte a) die selbe Menge an faktizierbaren Aussagen (Informationen) enthielten und b) im Hinblick auf emotionalisierende Effekte Vergleichbarkeit hergestellt war: Die Präsentation der Photos im Polizeitext bzw. deren vollständige Substitution im Schultext der 2. Version gestattete es, auf besondere Effekte durch die illustrierenden Bildaussagen zu achten.

*4.) Die Anordnung der Untersuchung (Design):* Um bei den Probanden ein möglichst normales Leseverhalten erzeugen zu können, sollte wenn möglich keine fremde Laborsituation hergestellt, gleichwohl aber situationsgebundene Störungen soweit wie möglich ausgeschlossen werden. Wir entschieden uns deshalb für die Schulsituation als ein *Laborexperiment unter Feldbedingungen*:

---

[6] Unsere Beschreibung bzw. Definition der Infographiken folgt der Systematik von Knieper, Thomas (1994), S. 52-111.

Während einer Freistunde sollte eine Gymnasiastenklasse in zwei Gruppen geteilt werden. Die eine Gruppe erhält die Versionen 1 des Schul- und des Polizeitextes sowie den Literaturtext. Die zweite Gruppe erhält die Versionen 2 sowie denselben Literaturtext.

Damit diente der Literaturtext auch als Kontrolle für die Merkfähigkeit der einzelnen Schülergruppen in den verschiedenen Gymnasien.

Sowohl die Reihenfolge der Lektüre wie auch Lese-Geschwindigkeit waren den Schülern freigestellt. Außerdem sollte ihnen der wahre Zweck der Lektüre nicht genannt, die später folgende Fragebogenerhebung zunächst verschwiegen werden.

Im Anschluß an die Freistunde sollte der reguläre Unterricht weitergehen. Am Ende des Schulvormittags war dann von allen Probanden ein umfangreicher Fragebogen zu beantworten.

Dank dieser Testanordnung konnte eine weitgehend gleichförmige, für verschiedene Schülergruppen in verschiedenen Schulen gültige Alltagssituation simuliert werden; durch zusätzliche Inszenierungen (Rückzug der Lehrerperson, Animation durch Projektmitarbeiter; Verteilen von „Spiegel" und „Focus" als Pausenlektüre) ließ sich auch die didaktische, an die Lehrerautorität gebundene Situation deutlich entschärfen. Zwei Einschränkungen brachte dieses Design allerdings mit sich:

- Die Zeitschriftenlektüre fand nicht im sonst üblichen familiären oder privaten Umfeld statt - was allerdings ein bei unseren Testfragen zu vernachlässigender Faktor ist;

- die Erinnerungsleistung wurde schon nach zwei Stunden getestet; sie bezieht sich also auf das Kurzzeitgedächtnis. Offen bleibt, wieviel von diesem Informationstransfer nach Tagen und Wochen abfragbar sein würde. Immerhin kann gesagt werden: Was nach zwei Stunden nicht abrufbar ist, kann als Wissen nicht „gespeichert" werden und bleibt verloren.

*Schaubild 1*

*Erste Seite des infographisch erweiterten Schultextes (Version 1), der insgesamt sechs Seiten umfaßt und 19 infographische Elemente, zudem zehn bildliche Darstellungen enthielt (alle infographisch gestalteten Seiten sind im Original farbig).*

Vertextete oder visualisierte Information?

*Schaubild 2*

**WIRTSCHAFT**

SCHULE
# Am Leben vorbei gelernt
Zu vielem befähigt, aber zu wenig zu gebrauchen: Immer mehr Abiturienten stehen den Anforderungen im Beruf hilflos gegenüber

Zu lange wollte niemand die Mahnungen vom „Versagen der Schule" so richtig ernst nehmen: Bildung galt per se als gut, mehr Bildung war noch besser. Heute, wir schreiben das Jahr 2010, hat diese Ignoranz in die Sackgasse geführt: Die Hälfte der jungen Leute drückt sich zuerst auf Gymnasien, dann auf Hochschulen vor der Arbeit, während Handwerk und Industrie um junge Mitarbeiter betteln.
Kein Wunder: Vor 20 Jahren, also 1990, waren noch 13,3 Millionen Menschen in Deutschland zwischen 20 und 30 Jahre alt. Heute sind es gerade 9,3 Millionen. Jetzt soll eine fatale Bildungspolitik gestoppt werden, die zum Zeitvertreib immer mehr theorielastigen, praxisfernen Wissensballast in Schülerköpfe schaufelt: Der Bundestag berät das Jugendgesetz zur „Praxisförderung" - ein hübscheres Wort für Arbeitszwang.
Zurück in die Gegenwart. Im Jahr 1994 ist Deutschland bereits auf dem direkten Weg, das Horrorszenario auch wahr zu machen: Die Kultusministerkonferenz der Länder hat sich die beängstigenden Run aufs Gymnasium hochrechnen lassen. Ergebnis: Die Abiturientenschwemme wird ihren Höhepunkt im Jahr 2008 erreichen und von derzeit 320.000 (32 Prozent) auf über 420.000 (44 Prozent) "Hochschulgereiften" ansteigen. Das sind immerhin 100.000 mehr als 1991. Beinahe jeder zweite Schulabsolvent wird damit das Abi in der Tasche haben. Immer mehr Eltern sehen offenbar einzig im Abitur ihrer Sprößlinge eine echte Eintrittskarte in die Berufszukunft.
„Bis 2000 wird es 60.000 arbeitslose Mediziner geben. Aber ich mache trotzdem den Medizinertest." (Stefan, 18)
Nolens volens ertragen etwa 55 Prozent der Pennäler ihre Höherbildung nur mit Nachhilfestunden.
Aber was tun nach dem Abitur? Nur ein Drittel der Absolventen entscheidet sich sofort fürs Studium. Die Mehrheit wählt zunächst praxisnahe Alternativen. 23 Prozent der Schüler schließen eine Berufsausbildung an, 41 Prozent gehen in die Berufstätigkeit bzw. in Praktika, Wehr- oder Zivildienste. Nur 36 Prozent schreiben sich an einer Hochschule ein. Insgesamt entscheiden sich schon heute 27 Prozent der Absolventen nach dem Abitur direkt gegen ein Hochschulstudium. Von 73 Prozent Studierwilligen bricht jeder vierte seine Trockenschwimmübungen an der Hochschule ab, um nach aller Theoriekost endlich praktisch zu arbeiten, wie das Institut der deutschen Wirtschaft festgestellt hat. Fazit: Fast die Hälfte aller Abiturienten kann mit ihrer Reifeprüfung nichts anfangen und wählt statt Hörsaal lieber Büro, Werkbank oder wieder Klassenzimmer - diesmal in Berufsschulen. Somit scheint das Gehabe höherer Schulen, die Ausbildung hochmütig niederen Anstalten zuzuweisen, absurd.
Schule im Elfenbeinturm: „Selbständigkeit lernt man hier nicht. Aber genau das braucht man heute in jedem Job." (Hagen, 18)
Trotz unzähliger Reförmchen klammert sich das Gymnasium an seinem anno dazumal definierten Bildungsauftrag fest: Vorbereiten auf ein wissenschaftliches Studium. Der renommierte Bielefelder Bildungsforscher Hurrelmann manifestierte noch Ende der 80er Jahre einmal die gymnasiale Marschrichtung - obwohl der Trend zur Massenbildungsanstalt bereits unverkennbar war. Zur Tradition des Gymnasiums gehöre es, „die Bildungsprozesse in einer systematischen, kritisch-diagnostizierenden, konsequent-analysierenden, die methodischen Erschließungsprozesse in den Vordergrund stellenden Form voranzutreiben".
Bildung als Selbstzweck wurde den Gymnasien im 19. Jahrhundert in die Wiege gelegt. „Seither hat sich den Bildungstransporteuren niemehr die Frage nach dem Nutzen gestellt", kritisiert den zweite Mann im Verband für Bildung und Erziehung, Hjalmar Brandt. Sein Kollege Otto Herz, Vorstandsmitglied der Gewerkschaft Erziehung und Wissenschaft, fordert die Schulen auf, „in 13 Jahren etwas mehr zu leisten, als nur Gebildete zu produzieren, die nicht wissen, wie sie ihre Bildung einsetzen können."
Abitur als Pluspunkt. „Immerhin können sie logisch denken und verfügen über Allgemeinbildung" , weist Rolf Sander,

**Rückblick**

Schule heißt Muße. Übersetzt: „Innehalten bei der Arbeit" (gr.), „Ruhe, Muße" (lat.) - In unserem Sprachraum hielt das Schulwesen offiziell Einzug mit der Aufforderung Karls des Großen an Bischöfe und Klöster, Schulen zu gründen. Auf dem Stundenplan für Geistliche und Laien: Latein und die Freien Künste. Durch Handel und Handwerk entstanden neue Bildungsbedürfnisse, vor allem nach Rechnen, Lesen und Schreiben. Zum ersten Mal stellte sich auch die Frage nach der Schulbildung als Berufsvorbereitung.
1834 verordneten die preußischen Staatsträger als Zugangsvoraussetzung für Universitäten den erfolgreichen Abschluß des Gymnasiums. Grund: Die Studenten waren zu dumm. Seither gilt die höhere Schule als Unterbau für alle Universitäten.
Am Ende des gleichen Jahrhunderts geriet die zweckfreie Bildung zunehmend unter Beschuß. Immer lauter wurde die Forderung nach einer modernen, realistischeren Bildung - lebensnäher und vielleicht sogar mit Praxis verbunden. Humanistische Verfechter verwiesen in der Regel auf die Realschule, die ja die „Realität" lehre. An der Ausrichtung auf ein Studium durch das traditionelle Nadelöhr „Gymnasium" hielt das neuhumanistische Establishment, bestehend aus Gymnasial- und Hochschullehrern, eisern fest - bis heute.

*Erste Seite des um Textinformationen erweiterten Schultextes (Version 2), der insgesamt drei Seiten umfaßt und die Daten bzw. Aussagen der visuellen Informationen teils im Fließtext, teils in Textkästen enthält.*

*Schaubild 3*

**Polizeiopfer Oliver Neß, Einsatzbeamte:** Fernsehbilder vom Täter

**Unter Druck**
Erster Bürgermeister
Henning Voscherau

**Sofort gehandelt**
Innensenator Werner
Hackmann

**Anschließend versetzt**
Innenstaatsrat Dirk
Reimers

In Beweisnot geraten die Ermittler auch im Fall eines 30 Jahre alten Polizeibeamten (Spitzname „Elvis"), der seit vergangener Woche in Kiel vor Gericht steht. Laut Anzeige eines Kollegen soll er einen Asylbewerber gefesselt und zusammengeschlagen haben. Fotos des polizeilichen Erkennungsdienstes, die die Verletzungen des Ausländers nach der Festnahme hätten beweisen können, sind jedoch, angeblich wegen schlechter Qualität, vernichtet worden.

Strafen haben prügelnde Beamte selten zu fürchten. In Berlin gab es 1992 zwar 646 Ermittlungsverfahren gegen Polizeibeamte wegen Körperverletzung im Amt. Nur in 19 Fällen wurden jedoch Anklagen erhoben, die allesamt mit Freispruch endeten. Gewalttätige Beamte, die tatsächlich einmal überführt werden können, müssen um ihre Dienstmarke allerdings noch lange nicht fürchten. Ein Rausschmiß aus dem Staatsdienst ist laut Beamtenrecht erst bei einer Freiheitsstrafe von mindestens einem Jahr möglich.

Trotz der Skandalmeldungen: Gemessen an den vielen tausend Polizisten, die in Deutschland ihren Dienst verrichten, ist die Zahl der bislang wegen gewaltsamer Übergriffe aufgefallenen Beamten noch vergleichsweise gering. Wie sich jedoch Ressentiments gegenüber Ausländern schon in den Köpfen ausgebreitet haben, belegt eine aktuelle Umfrage: Unter 500 Polizeibeamten in Rheinland-Pfalz betrachten 66 Prozent der Befragten Asylbewerber als eine soziale Bedrohung. Gut ein Drittel lehnte eine multikulturelle Gesellschaft als „nicht sozialverträglich" ab.

Knapp zwei Drittel fanden es problematisch, im Polizeidienst auch Ausländer einzustellen.

Hat die deutsche Gesellschaft die falsche Polizei oder spiegeln die Ordnungshüter wieder, was in dieser Gesellschaft virulent ist? Gewalt im Fernsehen, Raufereien in der Schule - die Schwelle der Gewaltbereitschaft ist überall gesunken. Warum sollen junge Polizisten da anders sein als ihre Altersgenossen?

Häufig müssen sie schlimmste Erniedrigungen erdulden. „Ich bin bespuckt und beschimpft worden", berichtet ein Hamburger Polizist: „Dealer packen sich Rasierklingen unter den Jackenkragen, damit ich da reingreife, wenn ich sie festhalten will."

Der harte Schichtdienst wird schlecht bezahlt. Ein einfacher Polizist verdient etwa 1500 DM im Monat. Ein Polizeiobermeister, 36 Jahre, verheiratet, ein Kind, bekommt gerade 3500 Mark im Monat - weniger als ein Fahrer bei der Müllabfuhr. Der würde bei vergleichbarem Alter und Familienstand knapp 4.400 Mark nach Hause tragen.

Gehaltserhöhungen für Polizisten sind angesichts knapper Länderfinanzen nicht drin. Programme, mit deren Hilfe der wachsende Frust der Beamten abgebaut werden könnte, gibt es ebenfalls kaum.

Reformvorschläge, mit denen gewaltbereite Beamte zumindest abgeschreckt werden könnten, werden nur halbherzig oder gar nicht umgesetzt. Kaum ein Bundesland beschäftigt Polizeibeauftragte, die als Ansprechpartner für Bürger wie Polizisten gewalttätige Übergriffe verfolgen können.

Der von der Innenministerkonferenz im Mai 1993 getroffene Beschluß, künftig auch Ausländer, als Angestellte, in den Polizeidienst aufzunehmen, wird nur zögernd befolgt. In Nordrhein-Westfalen gibt es bis heute nur fünf Schutzmänner ohne deutschen Paß.

Auch die Einführung von Namensschildern, anhand derer Gewaltopfer ihren Peiniger identifizieren könnten, werden lediglich in einigen Feldversuchen erprobt. So konnten in Hessen Beamte nur fünf Monate lang verpflichtet werden, ein Namensschild am Revers zu tragen.

Kürzlich mußte die Anordnung auf Druck der Polizisten zurückgenommen werden - die Beamten befürchteten, Opfer krimineller Gewalt zu werden. ■

Zweite Seite des mit Photos ergänzten Polizeitextes (Version 1), der neben einem Bild mit emotionalisierender Aussage drei im Text genannte Personen zusätzlich als Bilder zeigt und alle Sachinformationen im Fließtext bietet.

Vertextete oder visualisierte Information? 571

*Schaubild 4*

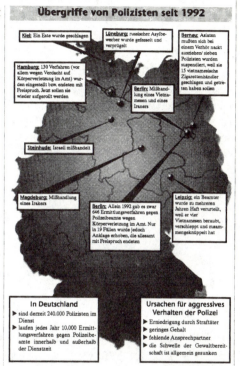

drehten Hamburger Polizisten dem NDR-Journalisten Oliver Neß bei einer Demonstration im vorigen Mai den Fuß derart, daß der Reporter einen Bänderriß erlitt. Seither fahnden Staatsanwälte vergebens nach einem Schuldigen, obwohl Fernsehbilder die Täter zeigen.

Trotz der Skandalmeldungen: Gemessen an den vielen tausend Polizisten, die in Deutschland ihren Dienst verrichten, ist die Zahl der bislang wegen gewaltsamer Übergriffe aufgefallenen Beamten noch vergleichsweise gering. Wie sehr sich jedoch Ressentiments gegenüber Ausländern schon in den Köpfen ausgebreitet haben, belegt eine aktuelle Umfrage (siehe Grafik).

Hat die deutsche Gesellschaft die falsche Polizei oder spiegeln die Ordnungshüter wider, was in dieser Gesellschaft virulent ist? Gewalt im Fernsehen, Raufereien in der Schule - die Schwelle der Gewaltbereitschaft ist überall gesunken. Sind junge Polizisten da anders als ihre Altersgenossen?

Häufig müssen sie schlimmste Erniedrigungen erdulden. „Ich bin bespuckt und beschimpft worden", berichtet ein Hamburger Polizist: „Dealer packen sich Rasierklingen unter den Jackenkragen, damit ich da reingreife, wenn ich sie festhalten will."

Der harte Schichtdienst wird schlecht bezahlt. Gehaltserhöhungen für Polizisten sind angesichts knapper Länderfi-

**Der Fall Dialle D.**

Zwei Polizisten in Hamburg schlagen den 44jährigen Senegalesen im Januar nachts an einer Bushaltestelle zusammen. „Grund": D. hatte eine Mütze mit der Aufschrift „Gebt Nazis keine Chance" getragen. Polizeiführung und Justiz vertuschten die Sache monatelang. D.s Anwalt erhielt erst im August Akteneinsicht - und sah: In einem nichtöffentlichen Schnellverfahren waren die Täter zu 5.400 Mark Geldstrafe - das sind drei Monatsgehälter - verurteilt worden. Sie schieben weiter ihren Dienst. Merkwürdiger Zufall: Im April flatterte D., seit zehn Jahren in Deutschland, eine Ausweisungsverfügung ins Haus.

nanzen nicht drin. Programme, mit deren Hilfe der wachsende Frust der Beamten abgebaut werden könnte, gibt es ebenfalls kaum. Der von der Innenministerkonferenz im Mai 1993 getroffene Beschluß, künftig auch Ausländer, als Angestellte, in den Polizeidienst aufzunehmen, wird nur zögernd befolgt. In Nordrhein-Westfalen gibt es bis heute nur fünf Schutzmänner ohne deutschen Paß.

Auch die Einführung von Namensschildern, anhand derer sich die Peiniger identifizieren lassen, wurden lediglich in einigen Feldversuchen erprobt. So konnten in Hessen Beamte nur fünf Monate lang verpflichtet werden, ein Namensschild am Revers zu tragen.

Kürzlich mußte die Anordnung auf Druck der Polizisten zurückgenommen werden - die Beamten befürchteten, Opfer krimineller Gewalt zu werden. ■

Zweite Seite des infographisch ergänzten Polizeitextes (Version 2), der drei Infographiken und einen Textkasten umfaßt. Die Bildaussagen der Version 1 sind im Text enthalten, der um die infographisch präsentierten Aussagen verkürzt wurde.

*5.) Der Fragebogen:* Der zur Ermittlung des Informationstransfers erarbeitete Fragebogen gliederte 60 Fragen in vier Schwerpunkte:

- Fragen zur Mediensozialisation und -nutzung im persönlichen Umfeld;
- Wissensfragen zu faktizierbaren Aussagen des Testmaterials.
- Verständnisfragen zum Kontext der Informationen im Testmaterial;
- Fragen über die Empfindungen, sofern und soweit sich der Befragte an Bilder und Infographiken erinnert.

Auf diese Weise sollte die jeweilige Erinnerungsleistung in den Zusammenhang der Medienhabituierung einerseits und der emotionalen Disposition des Rezipienten andererseits gestellt werden. Um die Teilnahme an der Fragebogenerhebung zu gewährleisten, wurde im übrigen beim Austeilen der Fragebögen den Probanden als „Abgabe-Geschenk" eine Kino-Freikarte in Aussicht gestellt.

*6.) Die Durchführung der Untersuchung:* Im Anschluß an einen Pretest mit Studierenden des 1. und 2. Semesters konnte zwischen Sommer 1995 und Frühjahr 1996 der Test in sieben Gymnasien der Stadt Leipzig mit 136 Schülerinnen und Schülern im Alter zwischen 17 und 19 Jahren durchgeführt werden.

Den Angaben der Schüler zufolge handelt es sich um eine soziokulturell weitgehend homogene, mit der Soziodemographie von „Spiegel"- und „Focus"-Lesern weitgehend vergleichbare Bevölkerungsgruppe.

Für die Lektüre des Testmaterials konnten wie geplant Freistunden genutzt werden; die Lehrer verließen den Raum und unsere Projektmitarbeiter setzten sich nach hinten, um nicht abzulenken. Die Materialien wurden ohne Angabe von Gründen an die Gymnasiasten zur Lektüre verteilt. Die Probanden entschieden sich ganz individuell für die Reihenfolge der Lektüre, ein Indikator, daß die Texte nicht als Schulmaterial mißverstanden wurden.

Die Fragebogen wurden dann im Anschluß an zwei zwischenzeitlich stattgefundene Unterrichtsstunden ausgeteilt.

Alle Probanden beteiligten sich an der Beantwortung der Fragebogenerhebung.

## 4. Ergebnisse des Tests

Die Versionen 1 und 2 der beiden Haupttexte unterschieden sich in der Präsentation von 142 faktizierbaren Sachaussagen. Von diesen items wurden mit dem Fragebogen 84 abgefragt.

Der wichtigste Befund: Zwischen den Lesern der infografischen Fassungen und denen der rein textlichen Fassungen konnte in bezug auf die Erinnerungsleistung kein signifikanter Unterschied festgestellt werden: Mal war die Erinnerung der einen Gruppe, mal die der anderen leicht besser, doch unterschieden sich beide Lesergruppen, bezogen auf das Insgesamt aller Merkmale, nur geringfügig.

Der zweite wichtige Befund: Die Merk- und Gedächtnisleistung war bei praktisch allen Lesern der beiden Schultexte um fast 35 Prozent besser als bei den Lesern der Polizeitexte.

Dieser Befund überrascht zunächst, weil der Polizeitext einen anschaulichen und emotionalisierenden Vorgang zum Anlaß nahm, während der Schultext eine eher abstrakt-sachliche, mit vielen Daten und Namen durchsetzte Thematik darstellt. Auf den zweiten Blick erklärt sich dieses Ergebnis durch die Nähe des Themas zur Situation der Leser (Betroffenheitswert): Die vom Schultext dargestellten Trends entsprechen der aktuellen persönlichen Perspektive der Probanden. Sie interessierten sich für die Informationen und rezipierten diese unbesehen der Präsentationsform. Unter dem Aspekt „Betroffenheit" besitzt der Polizeitext durch die im Bericht dargestellte Gewalt eher etwas Bedrohliches. So fiel auf, daß die Situation des Bildes zwar erinnert wurde, der Kontext der Bilddarstellung (polizeiliche Übergriffe gegen Oliver Neß) jedoch von den meisten Betrachtern vergessen wurde. Demgegenüber erinnerten sich die Leser der vertexteten Fassung an den Kontext des Falles Neß deutlich besser.

Allerdings gab es in der Erinnerungsleistung des Polizeitextes noch andere markante Unterschiede zwischen beiden Lesergruppen: Der Name „Dalle" wurde bei den Lesern deutlich besser erinnert, die den Fall in einem eigenen Textkasten lasen als jene, die den Fall Dalle als Bestandteil des Fließtextes erfuhren: Im Unterschied zum Bild erzeugt der Textkasten keine Emotionalisierung, die Abwehrverhalten auslösen kann. Seine emotionalisierenden Effekte stellen sich erst im Verlauf der Textlektüre ein und binden Neugier, die wiederum die Merkleistung steigert.

Der dritte Befund: Die Anmutung der Infographik („Empathiewert") und die Merkleistung hängen miteinander zusammen: Die fünf am besten erinnerten Merkmale entstammten ausnahmslos Graphiken, die zu den sieben sympathischsten gehörten. Die fünf am schlechtesten erinnerten Merkmale gehören ausnahmslos zu den vier als unsympathisch empfundenen Visualisierungen.

Allerdings wird dieser Zusammenhang von weiteren Faktoren (wie der zuvor genannte Betroffenheitswert) stark beeinflußt. Beispiele: Die drei Infographiken der Version 2 des Polizeitextes behandelten folgende Themen: die Polizeigehälter im Vergleich; eine Meinungsumfrage unter Polizisten sowie eine Deutschlandkarte mit der Markierung sog. Polizeiübergriffe. Von den Lesern der Version 2 (Infographiken) erinnerten sich 58 Prozent an die Gehaltshöhen, 46 Prozent an Aussagen aus der Meinungsumfrage und 40 Prozent an Details aus der Übersichtskarte. Auf die Frage, ob sie die Graphik als angenehm und ästhetisch interessant empfunden hätten, erhielt die Gehaltsgraphik mit 37 Prozent den höchsten Wert, die Meinungsumfrage mit 17 Prozent den deutlich niedrigsten.

Der vierte Befund: Die Merkleistung ist bei Infographiken relativ besser als bei vertexteten Aussagen, wenn sich die Informationen auf Prozesse, Veränderungen, Perspektiven u.ä. beziehen.

Je nach Prozeß-Charakter und/oder Nähe der Informationen zur Lebenssituation der Rezipienten wurden beim Schultext verschiedene Informationen unterschiedlich erinnert: Beide Lesergruppen zeigten die besten Erinnerungsleistungen (30 und 32 Prozent) beim Merkmal „Statistik: Was kommt nach dem Abi?"; an zweiter Stelle standen Aussagen aus einer Umfrage bei Lehrern zur Frage, was sie am Schulsystem ändern würden (27 und 25 Prozent). Den mit Abstand schlechtesten Erinnerungswert erhielt das Merkmal „Wie zufrieden sind Lehrer mit dem Schulsystem?", das als segmentiertes Kreisdiagramm dargestellt war (10 und 13 Prozent). Hier war das Ergebnis bei der Gruppe der Infographik-Betrachter deutlich schlechter.

Was die emotionale Anmutung der Infographiken betrifft, so zeigt sich auch hier derselbe Befund wie beim Polizeitext: Die am besten erinnerte Graphik (Was nach dem Abi?), ein segmentiertes Kreisdiagramm auf der ersten Seite, erhielt mit 22 Prozent die größte Zustimmung; das auf derselben Seite direkt daneben plazierte Kurvendiagramm „Abi-Absolventen" kam nur auf 10 Prozent Zustimmung als Empathiewert.

Der fünfte Befund: Die Erinnerungsleistung in bezug auf Infographiken ist bei den Probanden leicht besser, die selbst viel Bildschirmerfahrung haben. Allerdings gilt dieses Ergebnis nicht für diejenigen, die nur fernsehen, sondern für jene, die mindestens eine Stunde pro Tag am Computer sitzen. Immerhin gaben 35 Prozent an, daß sie täglich mehr als 60 Minuten den Computer nutzen.

Offenbar verlangt die heutige menügesteuerte, mit Piktogrammen reich beladene Computersoftware ein visuelles Verstehen solcher Informationen, die als Handlungsanleitungen zu interpretieren sind. Denkbar, daß deshalb bei den computererfahrenen 18jährigen visualisierte Informationen umso besser aufgenommen und erinnert werden, je deutlicher ihre Aussagen prozeßorientiert sind.

## 5. Diskussion

Diese grobe Übersicht über einige unserer Befunde führen zum Schluß, daß der Informationstransfer nicht primär von der Präsentationsform Text versus Visualisierung abhängig ist. Viel maßgeblicher ist die Beziehung, die der Rezipient zu der ihm dargebotenen Information aufbaut. So sind Fragen der Nähe und der Betroffenheit für die Merkleistung insgesamt entscheidend, während die spezifische Merkleistung bei Infographiken zudem vom ästhetischen Empfinden der Rezipienten abhängt.

Ob die Visualisierung von Information zur Verbesserung des Wissenstransfers beiträgt oder nicht, hängt demnach von der Beziehung zum Thema (Art der Information in bezug auf die Rezipienten) und Art der Gestaltung ab. Die mit den Gymnasiasten durchgeführten Tests lassen vermuten, daß Visualisierungen umso besser funktionieren, je komplexer, je prozeßhafter und folgenreicher der dargestellte Sachverhalt aus der Sicht der Rezipienten ist.

Übrigens trafen diese Merkmale auf den elaborierten Zeitungsbericht zu, der vom Poynter Institute seinem Test zugrunde gelegt wurde. Es kann darum sein, daß just aus diesen Gründen die dort eingesetzte Infographik zu derart guten Ergebnissen führte.

## Literatur

*Braun*, Gerhard (1993): Grundlagen der visuellen Kommunikation. Reihe Novumpress. München: F. Bruckmann Verlag.
*Blum*, Joachim (1995): „Infografiken: mehr als Torten, Balken und Kurven." In: sage & Schreibe. Fachzeitschrift für Medienberufe Heft 3/1995, S. 32-35.
*Bucher*, Hans-Jürgen (1994): „Textdesign als Lesehilfe." In: Sage & Schreibe. Fachzeitschrift für Medienberufe Heft 1/1994, S. 11-13.
*Früh*, Werner (1994): Realitätsvermittlung durch Massenmedien. Die permanente Transformation der Wirklichkeit. Opladen: Westdeutscher Verlag.
*Knieper*, Thomas (1995): Infographiken: das visuelle Informationspotential der Tageszeitung. München: Verlag Reinhard Fischer.
*Stark*, Pegie M. / Barry A. *Hollander* (1990): Information Graphics. Do They Help Readers Unterstand News Events? Minneapolis: Paper presented to the Visual Communication Division of the Association für Education in Journalism an Mass Communication August 1990.
*Sullivan*, Peter (1994): Informationsgrafiken in Farbe. Darmstadt: IFRA (INCA-FIEJ Research Association).

*Thomas Knieper*

# Mehr Mut zur Visualisierung: Infographiken steigern das Informationspotential der Tageszeitung

Ein tragendes Element bei der Zeitungsgestaltung ist das Schaubild, die Zeitungsgraphik. Ihr Einsatz wird durch zwei Funktionen gerechtfertigt. Einerseits kann durch ihren Einsatz das Seitenlayout übersichtlicher, attraktiver und damit leserfreundlicher gestaltet werden. Andererseits bestimmen Zeitungsgraphiken die Informationsqualität eines Blattes. Graphiken können ohne Probleme Ereignisse und Vorgänge visualisieren, zu denen kein Photomaterial vorliegt. Sie erleichtern die Vermittlung statistischer Daten, technischer Details und anderer Informationen, die sich für eine textliche Umsetzung kaum oder nicht eignen. Durch Graphikeinsatz wird es den Journalisten möglich, komplizierte Sachverhalte einfach zu erklären, redaktionelle Beiträge abzurunden und dank hilfreicher Redundanz Informationen effizienter zu vermitteln (vgl. Barmettler 1991, 332 ff., Barnhurst 1994; Knieper 1996a; Knieper / Eichhorn 1994, 42; Pürer / Raabe 1996, 517 f.; Thöne 1992). Durch den Einsatz statistischer Schaubilder, Karten oder thematischer Graphiken wird auf Leserseite das Verstehen eines Themas erleichtert und zugleich die Kompetenz zur Beurteilung und Bewertung eines Themas erhöht. Aufgrund ihres Informationscharakters und ihrer nicht ausschließlichen Verwendung im Zeitungsbereich werden Zeitungsgraphiken synonym und zugleich treffender als Infographiken bezeichnet (vgl. Knieper 1992, 66).

## 1. Definitorische Betrachtungen zum Forschungsgegenstand Infographik

Bei einer Systematik sollte man fünf verschiedene Hauptgruppen von Infographikvarianten unterscheiden, nämlich Piktogramme und piktographische Symbole, graphische Adaptionen, erklärende Visualisierungen, Karten und quantitative Schaubilder (vgl. Knieper 1995, 47-111).

Piktogramme bezeichnen abstrahierte, stilisierte oder typisierte Bilder bzw. graphische Symbole, die aufgrund ihrer Standardisierung eine interpersonell festgelegte Bedeutung besitzen. Allein aus der etymologischen Bedeutung des Terminus „Piktogramm", der sich aus dem lateinischen „pictus" (Bild) und dem griechischen „gramm" (Geschriebenes) zusammensetzt, wird bereits ersichtlich, daß das „geschriebene Bild" die Eigenschaften von textlicher und bildhafter Präsentation miteinander vereint (vgl. Staufer 1987, 5-15). Verzichtet man auf den Anspruch der Standardisierung, spricht man auch von allgemeinverständlichen Bildsymbolen bzw. piktographischen Symbolen, deren Bedeutung sich oftmals erst aus dem Kontext ergibt und an den individuellen Betrachter gebunden ist (vgl. Knieper 1995, 47-52).

Bei der Variante der graphischen Adaptionen werden Schlagworte, kurze Statements, Auflistungen oder sonstige Textbestandteile nichtzahlenmäßiger Natur durch graphische Elemente mit illustrativem und zugleich kontextbezogenem Charakter zusammengehalten. Die verwendeten graphischen Elemente stellen einerseits die visuelle Assoziation zum textlichen Kontext her und sind zum anderen die graphische Weiterentwicklung visuell orientierter Gestaltungselemente wie einfacher Tabellen oder Kästen. Die textlichen Bestandteile müssen sich einem graphischen Anpassungsprozeß unterziehen. Nur durch die Einheit aus textlichen und kontextbezogenen graphischen Elementen gelingt es diesem Konglomerat in seiner Gesamtheit zur Infographik zu werden (vgl. Knieper 1995, 52 f.).

Erklärende Visualisierungen sind die infographische Antwort auf W-Fragen (vgl. Wildbur 1989, 111-138). Bei diesem Infographiktyp kann zwischen der meist gegenständlichen Darstellung von Sachverhalten mit und ohne zeitlicher Ausdehnung unterschieden werden und der oftmals abstrakten Darstellung von Strukturen bzw. Relationen. Zeigt die erklärende Visualisierung eine Gegebenheit ohne zeitliche Ausdehnung, dann kann diese Entität einerseits ein zeitunabhängiger Sachverhalt oder andererseits eine Querschnittsdarstellung innerhalb eines zeitlichen Kontextes sein. Als Inhalt ergibt sich somit eine erklärende Momentdarstellung eines Sachverhalts bzw. einer Situation. Werden hingegen verschiedene Phasen eines Vorgangs bzw. eines Ablaufs in der Zeit visuell umgesetzt, handelt es sich immer um eine Zeitreihendarstellung. Einzelne relevante Bewegungen, Entwicklungen etc. - also Aspekte mit zeitlicher Ausdehnung - müssen dabei nicht notwendig in Einzelbilder gefaßt werden, sondern können auch durch dynamische graphische Symbole - etwa Pfeile - symbolisiert werden. Im Extrem kann die Chronologie der Ereignisse oder Stadien durch entsprechende Numerierung omnipräsent in einem Einzelbild angezeigt werden. Bei der Visualisierung von Strukturen bzw. Relationen handelt es sich um Netzdarstellungen (vgl. Bertin 1974, 277-291; Bertin 1982, 128-138), die entweder direkt auf den netzhaften Konstruktionen basieren oder aber Beziehungen bzw. Beziehungsgeflechte zwischen Einzelelementen einer bestimmten Gesamtheit graphisch veranschaulichen. Bekannte Darstellungstypen dieser Untervariante sind Organigramme und Fluß- bzw. Prozeßdiagramme.

Nach einer Definition der Internationalen Kartographischen Vereinigung von 1973 ist die klassische Karte eine im Maßstab verkleinerte, generalisierte und erläuterte Grundrißdarstellung, die Erscheinungen und Sachverhalte der Erde, anderer Weltkörper und des Weltraums in einer Ebene graphisch darstellt (vgl. Hake / Grünreich 1994, 15 f.). Etwas allgemeiner kann eine Karte als ein „verebnetes, maßstabsgebundenes, generalisiertes und inhaltlich begrenztes Modell räumlicher Informationen" (Wilhelmy 1990, 18) aufgefaßt werden. Bei der hier gewählten Systematik werden die Karten in vier Hauptgruppen eingeteilt. Man unterscheidet zwischen topographischen, thematischen und angewandten Karten sowie kartenverwandten Darstellungen (vgl. Knieper 1995, 64 f.; Scharfe / Bitter 1996). Unter topographischen Karten versteht man die Gesamtheit all derer Karten, in denen die zur Orientierung notwendigen oder hilfreichen Erscheinungen (Gewässer, Geländeformen etc.) den Hauptgegenstand bilden und der Karteninhalt durch eine geeignete Legende hinreichend erläutert wird (vgl. Hake / Grünreich 1994, 370). Dagegen besteht der Inhalt thematischer Karten aus Themen nicht-topographischer Art. Thematische Karten sind demnach Karten, in denen „bestimmte Phänomene, Merkmale oder Sachverhalte zur besseren Erkenntnis ihrer selbst oder ihrer Verteilung wegen dargestellt sind" (Knieper 1995, 68). Der Kartengrund selbst besitzt sekundäre Bedeutung und dient oftmals nur zur Einbettung des gewählten Themas (vgl. Hake / Grünreich 1994, 414). Angewandte Karten sind spezielle Mischformen aus topologischen und thematischen Karten. Angewandte Karten dienen praktischen, meist relativ spezifischen Verwendungszwecken. Klassische Beispiele sind Wander-, Straßen-, Auto-, Schiffahrts-, Luftfahrt- oder Fliegerkarten (vgl. Knieper 1995, 83 f.). Die vierte Hauptgruppe bilden die kartenverwandten Darstellungen, die sich zwar durch ihre Ähnlichkeit zu Karten hinsichtlich ihres Objekt- und Maßstabsbereiches auszeichnen, die aber etwa aufgrund anderer Projektionstechniken oder veränderter Lage der Projektionsebene nicht als Karten im engeren Sinne aufgefaßt werden können (vgl. Knieper 1995, 84-90).

Da quantitative Schaubilder Informationen über Zahlen und deren Beziehung zueinander visualisieren, wird diese Infographikvariante oftmals auch synonym als Zahlenbild bezeichnet. Eine mögliche Systematik dieses Infographiktyps muß die verwendeten graphischen Elemente, das Bezugssystem in der Ebene sowie die Dimensionalität und den Ursprung des Datenmaterials gleichrangig berücksichtigen. Erst so wird es möglich, zwischen längen- und flächen- bzw. raumproportionalen Darstellungen, Punkte-, Kurven- bzw. Linien- und Flächendiagrammen, graphischen Übersetzungen, Kartogrammen und sonstigen quantitativen Darstellungen zu unterscheiden (vgl. Knieper 1995, 91-111; Riedwyl 1987; Schmid 1954; Schmid 1992; Schön 1969).

Bei näherer Betrachtung von Zeitungsgraphiken fällt auf, daß es sich oftmals um Mischformen aus den oben vorgestellten fünf Hauptvarianten handelt. Dies scheint unproblematisch, da eine Zuordnung entweder zu einer oder eben mehreren Varianten möglich ist. Problematisch sind dagegen Graphiken, bei denen es zumindest diskutabel ist, ob man diese als Infographiken auffassen sollte. Gemeint sind Fahndungsgraphiken, Phantombilder, Rätselgraphiken, Gerichtszeichnungen etc. Für solche Problemfälle scheint es sinnvoll, die weitere Kategorie der infographikverwandten Darstellungen einzuführen. „Hierunter können alle Graphiken subsumiert werden, die einen stark ausgeprägten Informationscharakter besitzen, sich aber ansonsten nur mit zusätzlichen Erklärungskonstrukten einer bestimmten Infographikvariante zuordnen lassen." (Knieper 1995, 111).

## 2. Der Siegeszug der Infographik im Pressebereich

Die Visualisierung von Aktienindizes durch Liniengraphiken, von Wahlergebnissen durch Balkendiagramme oder der Wettervorhersage durch Karten ist für den heutigen Zeitungsleser eine Selbstverständlichkeit. Tatsächlich ist aber der Gebrauch von Infographiken (nicht nur) in der Tagespresse ein relativ junges Phänomen (vgl. Beniger / Robyn, 1978; Costigan-Eaves 1984; Cox 1978, 5; Kelly 1990). Anfang des 17. Jahrhunderts etablierten sich die ersten Tageszeitungen in Deutschland, gegen Ende des 17. Jahrhunderts gab es sie bereits in den meisten Städten. Zunächst erfolgte die Vervielfältigung noch mit Handpressen und es war nur schwer möglich, qualitativ hochwertige Illustrationen zu reproduzieren. Daher enthielten diese ersten Blätter höchstens auf der Titelseite Illustrationen. Zwar wurden diese Bilder von der Elite negativ gesehen, da sie die lese- und schreibunkundige Mehrheit der Bevölkerung nicht am Wissen partizipieren lassen wollte, aber die Zeitungsherausgeber versprachen sich von der Bebilderung eine Verkaufsförderung. Sie erkannten die große Attraktivität, die von Visualisierungen auf den Titelblättern der „Straßenverkaufspresse" - sofern man den heutigen Begriff zugrunde legt - ausging (vgl. Pürer / Raabe 1996, 15-20; Sullivan 1987, 13 ff.). Nach Auffassung der meisten Forscher erschienen die ersten Infographiken in der Tagespresse - meist Karten, schematische Ablaufdarstellungen oder kurze Bildfolgen - vereinzelt ab Mitte des 18. Jahrhunderts. Ein Standpunkt der diskutabel ist, da bereits vorher „Illustrationen" erschienen, die als Infographiken interpretiert werden können (vgl. Knieper 1995, 114 f.).

Ab 1843 erschienen in Großbritannien die sogenannten „illustrierten" Wochenzeitungen, die verstärkt mit Infographiken arbeiteten und diese einem breiten Publikum bekannt machten. Die Einbindung von Graphiken wurde durch technische Neuerungen bei der Drucktechnik, sprich den Einsatz von Rotationsdruckmaschinen, erleichtert. Zu beachten bleibt jedoch, daß im Gegensatz zu den Wochenzeitungen die Tagespresse aufgrund der zeitaufwendigen Erstellung auf regelmäßig erscheinende Visualisierungen verzichtete. Themen waren hier allenfalls Kriege, Katastrophen und wirtschaftliche Entwicklungen. Diese frühe „Blütezeit" der pressespezifischen Infographik war jedoch nur ein kurzes Intermezzo. Mit der Möglichkeit des Fotoabdrucks verschwanden die Strichzeichnungen weitgehend aus der Presselandschaft. Nun waren es die „realistischen Bilder", die den Blattmachern attraktiver erschienen (vgl. Kelly 1990, 7; Sullivan 1987, 17 f.).

Mit der Computergraphikrevolution in den siebziger Jahren und der Einführung elektronischer Redaktionssysteme begann langsam eine Renaissance der Infographik. Doch erst in den achtziger Jahren erfolgte - zumindest in Deutschland - das tatsächliche Umdenken. Man erkannte das visuelle Informationspotential der Infographik für die Presse und hatte dank der Computertechnologie auch die Möglichkeit dieses zu nutzen. Selbst komplizierteste Sachverhalte ließen sich relativ leicht graphisch umsetzen. Die Infographik wurde aufgrund ihrer außerordentlich hohen Informationsleistung gegenüber einem textlichen Beitrag als gleichberechtigt angesehen. Die letzten Zweifler innerhalb der Redaktionen ließen sich durch drei komplexe und bilderarme Ereignisse von der Bedeutung und dem Nutzen der Infographik überzeugen: 1986 ereigneten sich das Challenger-Unglück und der Reaktorunfall von Tschernobyl. Aufgrund der hohen Komplexität der Themen war eine Hintergrundberichterstattung textlich nicht bzw. nur schwer möglich. Der wichtige Informationstransfer konnte nur dank Infographiken geleistet werden. Der Ausbruch des Golfkrieges, am 16. Januar 1991, und die Berichterstattung über die Kampfhandlungen konfrontierte die Redaktionen mit dem Problem, daß es aufgrund der Militärzensur so gut wie keine Fotos vom Kriegsschauplatz gab. Zugleich artikulierten die Rezipienten ihren ausdrücklichen Wunsch an einer visuellen Berichterstattung. Erneut „behalf" man sich bei der Berichterstattung mit Infographiken, die das Informationsbedürfnis fast durchweg befriedigen konnten (vgl. Kelly 1990, 8; Knieper 1995, 116 f.; Meissner 1992, 156).

## 3. Informationstransfer durch Infographiken

Bisherige Wirkungsstudien belegen weitgehend konsonant, daß Themen leichter verstanden und erinnert werden, falls bei deren Vermittlung mit (qualitativ hochwertigen) Infographiken gearbeitet wird. Somit garantiert der Einsatz angebrachter Infographiken gegenüber einer rein textlichen Darstellung deutliche Vorteile sowohl bei der Informationsaufnahme und als auch bei deren kognitiver Weiterverarbeitung (vgl. Knieper 1995; Schnotz 1994; Weidenmann 1994a; Weidenmann 1994b). Zudem läßt sich auf Kommunikator- wie auch auf Rezipientenseite eine hohe Infographikakzeptanz feststellen. So wird etwa von Tageszeitungslesern mehrheitlich der Wunsch nach mehr Infographiken in den Blättern geäußert. Allerdings gilt auch hierbei die Restriktion, daß entsprechende Qualitätskriterien erfüllt sein müssen (vgl. Klinner 1991, 345 f.; Knieper 1995, 297 ff.; Küpper / Jansen 1996).

Redaktionen sollten zunächst darauf achten, vermeidbare Gestaltungsmängel (vgl. Krämer 1992, 29-41 u. 88-99; Monmonier 1991; Shepard 1991; Tufte 1990; Tufte 1992; Wainer 1984) bei der Konstruktion von Infographiken auszuschließen: „Es ist heute technisch leicht geworden, mit Hilfe des Computers eine Vielzahl von Graphiken zu entwerfen: zweidimensional, dreidimensional, bunt, mit Licht- und Schatten-Effekten, reich mit Bildern und Symbolen verziert. In der Begeisterung über diese Fülle von Möglichkeiten wird dabei oft vergessen, daß Graphiken dem Betrachter das Verständnis erleichtern sollen. Schlechte Schaubilder stiften aber nur Verwirrung." (Noelle-Neumann / Petersen 1996, 603) Problematisch sind alle Infographiken, die beim Betrachter Wahrnehmungskonflikte verursachen. Werden Raster, Schraffuren etc. eingesetzt, müssen Vibrations- und Moiré-Effekte unbedingt vermieden werden, da sich der Rezipient ansonsten nicht ausreichend auf die Graphik konzentrieren kann. Bei Schraffuren ist ferner darauf zu achten, daß keine Konflikte in der Strukturwahrnehmung provoziert werden. So kann bei diagonaler Schraffur sehr schnell die Zöllnersche Täuschung auftreten: bei Säulendiagrammen erscheinen dann die einzelnen Säulen nicht mehr parallel zueinander, sondern schief. Längenvergleiche werden damit unnötig erschwert. Ferner können durch Überlagerungen bei der Wahl von wenig geeigneten Perspektiven Doppeldeutigkeiten evoziert werden, die nicht selten zur Reaktanz und Frustration beim Betrachter führen. Bei der Konstruktion von quantitativen Schaubildern sind eine ganze Reihe weiterer formaler wie auch inhaltlicher Kriterien zu beachten. Die meisten Anmerkungen hierzu sind jedoch nicht infographikspezifisch, sondern betreffen den Umgang mit Zahlen allgemein (vgl. Knieper 1995, 125-131; Knieper 1996a). Allerdings sollte man darauf achten, daß quantitative Schaubilder im Pressebereich nicht ausschließlich informieren, sondern den Leser auch ansprechen, Spannung aufbauen und Interesse am Thema erzeugen. Eine aufwendiger gestaltete Infographik kann dies erreichen (Beispiele finden sich bei: Holmes 1984; Holmes 1991; Holmes / DeNeve 1985).

Für Infographiken im Printbereich gilt als Minimalforderung, daß sie aktuell sein oder einen aktuellen Bezug haben müssen. Nach Möglichkeit sollte ein thematischer Bezug zu einem textlichen Beitrag vorhanden sein. Eine gelungene Infographik zeichnet sich durch ein Mindestmaß an Informationsdichte aus, kann das dargestellte Thema strukturieren und die relevante Information kommunizieren. Um dies leisten zu können, muß die Infographik sauber recherchiert sein. Nur so kann sie alle relevanten Informationen berücksichtigen und das Thema graphisch auf den Punkt bringen (vgl. Knieper 1995, 125-131; Knieper 1996a). Zudem sollte man unbedingt darauf Rücksicht nehmen, nur solche Infographiken abzudrucken, die auch vom Rezipienten als gut bzw. gelungen bewertet werden. Dies ist für die meisten Redaktionen jedoch unproblematisch, da die dortigen Kriterien für die Infographikauswahl weitgehend den Anforderungen und Erwartungen an gute Infographiken auf Rezipientenseite entsprechen: „Eine von beiden Seiten als gut eingestufte Infographik muß leicht verständlich, äußerst übersichtlich und ansprechend gestaltet sein. Ferner muß eine Infographik in der Lage sein, alle relevanten Aspekte bzw. Daten [eines Themas] möglichst schnell und effizient zu kommunizieren. Weitgehend selbsterklärende Infographiken genügen in aller Regel den obigen Anforderungen." (Knieper 1995, 298) Die Kriterien für eine gelungene Infographik lauten also: „Verständlichkeit, Übersichtlichkeit, attraktive Gestaltung und Aktualität.

Weder die nüchterne Sparversion ist gefragt, noch die aufgedonnerte 3-D-Version." (Bucher 1995, 47)


## 4. Mehr Mut zur Visualisierung

Die bisherigen Ausführungen haben gezeigt, daß Infographiken ein großes Informationspotential besitzen. Die entscheidende Frage ist aber nun, ob Infographiken auf Rezipientenseite überhaupt akzeptiert, gewünscht oder genutzt werden. Für alle drei Teilbereiche lautet die Antwort uneingeschränkt „ja". Infographiken sind für die Mehrheit der Tageszeitungsleser eine wichtige und relevante Informationsquelle, sie gehen sogar davon aus, daß sich Infographiken bei der Erklärung von Sachverhalten besser als Texte eignen. Einen Infographikabdruck halten Rezipienten insbesondere bei Themen aus den Bereichen Politik, Soziologie, Wirtschaft, Sport, Wetter und Naturwissenschaft allgemein sowie bei der Vermittlung von Zahlen oder schwer verständlichen bzw. komplizierten Themen für sinnvoll. Sie wünschen sich von ihrer Tageszeitung insbesondere für die Ressorts „Wirtschaft", „Forschung", „Medizin" und „Politik" mehr Infographiken (vgl. Knieper 1995, 249-297). Für diese Ressorts wird dagegen auf Kommunikatorseite deutlich weniger häufig der Wunsch nach mehr Infographiken geäußert. Im Gegensatz zu den Lesern vermissen die Redaktionen erklärende Visualisierungen vor allem bei regionalen und lokalen Themen. Hier sollten die Blattmacher ihre Prioritäten denen der Rezipienten angleichen (vgl. Knieper 1995, 299). Auf jeden Fall sollten sie ihren Mut zur Visualisierung unter Beweis stellen. Die Rezipienten werden es ihnen danken.


## Literaturverzeichnis

*Barmettler*, Clemens (1991): „Kommunikations-Design heute." In: *Pürer*, Heinz (Hrsg.): Praktischer Journalismus in Zeitung, Radio und Fernsehen. (=Reihe Praktischer Journalismus. Band 9) München: Ölschläger, S. 302-334.
*Barnhurst*, Kevin G. (1994): Seeing the Newspaper. New York: St. Martin's Press.
*Beniger*, James R. / Dorothy L. *Robyn* (1978): „Quantitative graphics in statistics. A brief history." In: The American Statistician, 32, 4, S. 7 ff.
*Bertin*, Jacques (1974): Graphische Semiologie. Diagramme. Netze. Karten. Übersetzt und bearbeitet nach der 2. französischen Auflage von George *Jensch*, Dieter *Schade* und Wolfgang *Scharfe*. Berlin / New York: Walter de Gruyter.
*Bertin*, Jacques (1982): Graphische Darstellungen und die graphische Weiterverarbeitung der Information. Übersetzt und bearbeitet von Wolfgang *Scharfe*. Berlin / New York: Walter de Gruyter.
*Bucher*, Hans-Jürgen (1995): „Ringrichter in der Tortenschlacht. Optischer Schnickschnack oder sinnvolle Ergänzung zum Text? Informationsgrafiken werden in vie-

len Zeitungsredaktionen als eine Glaubensfrage behandelt." In: Sage & Schreibe, 7/1995, S. 46 f.
*Costigan-Eaves*, Patricia James (1984): Data Graphics in the 20th Century. A Comparative and Analytic Survey. Dissertation (Rutgers University, The State University of New Jersey, New Brunswick). Ann Arbor: UMI 8424036.
*Cox*, David R. (1978): „Some remarks on the role in statistics of graphical methods." In: Applied Statistics, 27, 1, S. 4-9.
*Hake*, Günter / Dietmar *Grünreich* (1994): Kartographie. (=de Gruyter Lehrbuch) 7., völlig neu bearbeitete und erweiterte Auflage. Berlin / New York: Walter de Gruyter.
*Holmes*, Nigel (1984): Designer's Guide to Creating Charts & Diagrams. New York: Watson-Guptill Publications.
*Holmes*, Nigel (1991): Pictorial Maps. History. Design. Ideas. Sources. New York: Watson-Guptill Publications.
*Holmes*, Nigel / Rose *DeNeve* (1985): Designing Pictorial Symbols. New York: Watson-Guptill Publications.
*Kelly*, James David (1990): The Effect of Visual Attractiveness on the Accuracy of Information Recalled from Newspaper Graphs. Dissertation (Indiana University). Ann Arbor: UMI 9030384.
*Klinner*, Gerd (1991): „Optischer Journalismus." In: Pürer, Heinz (Hrsg.): Praktischer Journalismus in Zeitung, Radio und Fernsehen. (=Reihe Praktischer Journalismus. Band 9) München: Verlag Ölschläger, S. 334-346.
*Knieper*, Thomas (1992): „Informative Schaubilder." In: journalist. Das deutsche Medienmagazin, November, S. 66 f.
*Knieper*, Thomas (1995): Infographiken. Das visuelle Informationspotential der Tageszeitung. München: R. Fischer.
*Knieper*, Thomas (1996a): „Grafisch verpackt." In: journalist. Das deutsche Medienmagazin, Mai, S. 30 f.
*Knieper*, Thomas *(1996b)*: „Infos im Blick." In: journalist. Das deutsche Medienmagazin, November, S. 84 f.
*Knieper*, Thomas / Wolfgang *Eichhorn* (1994): „Die Akzeptanz von Infographiken in deutschen Zeitungsredaktionen." In: zeitungstechnik, die Monatszeitschrift der INCA-FIEJ Research Association. April, S. 42-45.
*Krämer*, Walter (1992): So lügt man mit Statistik. 4. Auflage. Frankfurt a.M. / New York: Campus Verlag.
*Küpper*, Norbert / Angela *Jansen* (1996): „Die Infografik (II). Journalisten-Werkstatt." 16seitige Beilage des MediumMagazin, Die Zeitschrift für Journalisten, MM 5/96, herausgegeben vom MediumMagazin und dem Österreichischen Journalist. Freilassing: Verlag Johann Oberauer.
*Meissner*, Michael (1992): Zeitungsgestaltung. Typografie, Satz und Druck, Layout und Umbruch. München: List.
*Monmonier*, Mark S. (1989): Maps with the News. The Development of American Journalistic Cartography. Chicago und London: The University of Chicago Press.
*Monmonier*, Mark S. (1991): How to Lie with Maps. Chicago und London: The University of Chicago Press.
*Noelle-Neumann*, Elisabeth / Thomas *Petersen* (1996): Alle, nicht jeder. Einführung in die Methoden der Demoskopie. München: dtv.
*Pürer*, Heinz (Hrsg.) (1991): Praktischer Journalismus in Zeitung, Radio und Fernsehen. (=Reihe Praktischer Journalismus. Band 9) München: Ölschläger.
*Pürer*, Heinz / Johannes *Raabe* (1996): Medien in Deutschland. Band 1. Presse. 2., korrigierte Auflage. Konstanz: UVK Medien.
*Riedwyl*, Hans (1987): Graphische Gestaltung von Zahlenmaterial. (=UTB für Wissenschaft: Uni-Taschenbücher; 440) 3. Auflage. Bern / Stuttgart: Haupt.
*Scharfe*, Wolfgang / Ralf *Bitter* (1996): „Lückenfüller oder 'Infotainment'? Landkarten in Tageszeitungen." In: forschung. Mitteilungen der DFG, 3/96, S. 9 ff.
*Schmid*, Calvin Fisher (1954): Handbook of Graphic Presentation. New York: Ronald Press Company.

*Schmid*, Calvin Fisher (1992): Statistical Graphics. Design Principles and Practices. Nachdruck der Originalausgabe von 1983 (New York: John Wiley & Sons). Malabar: Krieger Publishing Company.
*Schnotz*, Wolfgang (1994): „Wissenserwerb mit logischen Bildern." In: *Weidenmann*, Bernd (Hrsg.): Wissenserwerb mit Bildern. Instruktionale Bilder in Printmedien, Film/Video und Computerprogrammen. Bern: Hans Huber, S. 95-147.
*Schön*, Willi (1969): Schaubildtechnik. Die Möglichkeiten bildlicher Darstellung von Zahlen- und Sachbeziehungen. Stuttgart: C.E. Poeschl.
*Shepard*, Roger N. (1991): Einsichten & Anblicke. Illusion und Wahrnehmungskonflikte in Zeichnungen. Aus dem Amerikanischen übersetzt von Joachim *Grabowski*. Heidelberg: Spektrum-der-Wissenschaft-Verlagsgesellschaft.
*Staufer*, Michael J. (1987): Piktogramme für Computer. Kognitive Verarbeitung, Methoden zur Produktion und Evaluation. (=Mensch-Computer-Kommunikation; 2) Berlin / New York: Walter de Gruyter.
*Sullivan*, Peter (1987): Zeitungsgrafiken. Darmstadt: IFRA (INCA-FIEJ Research Association).
*Sullivan*, Peter (1994): Informationsgrafiken in Farbe. Darmstadt: IFRA (INCA-FIEJ Research Association).
*Thöne*, Hiltrud (1992): „Mehr Leserservice." In: Sage & Schreibe. Die Zeitschrift für Medienberufe. Oktober (Erstausgabe), S. 47.
*Tufte*, Edward Rolf (1990): Envisioning Information. Cheshire: Graphics Press.
*Tufte*, Edward Rolf (1992): The Visual Display of Quantitative Information. 12. Auflage. Cheshire: Graphics Press.
*Wainer*, Howard (1984): „How to display data badly." In: The American Statistician, 38, S. 137-147.
*Weidenmann*, Bernd (1994a): „Informierende Bilder." In: *Weidenmann*, Bernd (Hrsg.): Wissenserwerb mit Bildern. Instruktionale Bilder in Printmedien, Film/Video und Computerprogrammen. Bern: Hans Huber, S. 9-58.
*Weidenmann*, Bernd (Hrsg.) (1994b): Wissenserwerb mit Bildern. Instruktionale Bilder in Printmedien, Film/Video und Computerprogrammen. Bern: Hans Huber.
*Wildbur*, Peter (1989): Information Graphics. A Survey of Typographic, Diagrammatic and Cartographic Communication. New York: Van Nostrand Reinhold Company.
*Wilhelmy*, Herbert (1990): Kartographie in Stichworten. 5., überarbeitete Auflage von Armin *Hüttermann* und Peter *Schröder*. (=Hirts Stichwortbücher) Unterägeri: Ferdinand Hirt.

*Mike Sandbothe*

# Zur Semiotik der Hypertextualität
## Bild, Sprache und Schrift im World Wide Web

### 1. Einleitung

Bild, Sprache und Schrift haben im zwanzigsten Jahrhundert im Zentrum vieler philosophischer Diskussionen gestanden. Zumeist ging es dabei darum, eines oder mehrere dieser Zeichensysteme als verbindliche Grundstruktur menschlichen Wirklichkeitsverständnisses bzw. als Fundament der für die westliche Kultur charakteristischen „Weisen der Welterzeugung" (Goodman 1984) auszuweisen. Das Spektrum reicht vom „linguistic turn" (Rorty 1967) der analytischen Philosophie über diverse Mißverständnisse, die Derridas frühes Konzept einer philosophischen „Grammatologie" (Derrida 1983) im Umfeld postmodernen Denkens ausgelöst hat, bis zu zeitgenössischen Verkündigungen eines „pictorial turn" (Mitchell 1994, insbes. 12-13).

Mit Blick auf das Internet wird unübersehbar, daß Bild, Sprache und Schrift keine unveränderlichen Strukturen darstellen, die einen festen Halt für die philosophische Theorie bieten. Unser Umgang mit ihnen hängt vielmehr auch von institutionellen und medientechnologischen Entwicklungen ab, die mit dem Gebrauch, den wir von den unterschiedlichen Zeichensystemen machen, zugleich die interne Definition und die externe Demarkation dieser Zeichensysteme in Bewegung bringen. Die unter den Bedingungen der abendländischen Schriftkultur (Havelock 1982) entstandenen und seither als selbstverständlich geltenden Grenzziehungen zwischen Bild, Sprache und Schrift werden durch die semiotischen Praktiken, die sich im Internet entwickeln, auf tiefgreifende Weise verändert.

Das funktionale Zentrum des Internet bildet die graphische Anwenderoberfläche des World Wide Web (WWW). Sie wurde 1989 von Tim Berners-Lee und Robert Cailliau am europäischen Laboratorium für Teilchenphysik CERN entwickelt. Die ersten PC-Versionen von Browserprogrammen, mit denen man im

World Wide Web navigiert, wurden 1993 vorgestellt („Mosaic"). Der gegenwärtig am meisten verbreitete WWW-Browser „Netscape" wurde 1994 entwickelt. In die Browserprogramme sind die herkömmlichen, textorientierten Internetdienste (E-mail, Netnews, IRC, MUDs, MOOs) in graphisch überarbeiteter Form integriert. Während diese herkömmlichen Dienste am Modell linearer Textualität orientiert waren, vollzieht sich im World Wide Web der qualitative Übergang zur nicht-linearen Hypertextualität. Um die semiotischen Veränderungen deutlich werden zu lassen, welche dieser Übergang mit sich bringt, ist es hilfreich, zuvor die klassischen Distinktionen, die unseren praktischen Umgang mit Zeichen bisher bestimmt haben, in Erinnerung zu rufen.

## 2. Die klassische Trias: Bild, Sprache und Schrift

Traditionell werden in der Philosophie Sprache und Schrift als abstrakte und arbiträre Zeichensysteme dem Bild als konkretem und natürlichem Abbildungsmedium entgegengesetzt. Dabei kommt dem Bild ein eigentümlich ambivalenter Status zu. Einerseits erscheint es in der von Platon bis Hegel reichenden Tradition als „eine Nachbildnerei der Erscheinung" (Platon 1971, 803 [598b]), d.h. als potenzierter Schein. Dem scheinhaften Bild werden dabei die vermeintlich scheinresistenteren Medien der Sprache und der Schrift gegenübergestellt. Andererseits fungiert das Bild im Hauptstrang der westlichen Tradition, in dem Erkennen als Abbilden und Wahrheit als adaequatio gedacht wird, als positives Leitmodell (Heidegger 1950). Sprache wird seit Aristoteles als Werkzeug der arbiträren Bezeichnung von wirklichkeitsabbildenden mentalen Bildern (Vorstellungen) interpretiert, die „bei allen Menschen dieselben sind" (Aristoteles 1974, 95 [16a]). Entsprechend wird die Schrift zu einem tertiären Supplement degradiert. Als phonetische dient sie dieser Tradition zufolge dazu, die lautlichen Zeichen der gesprochenen Sprache zu materialisieren und speicherbar zu machen. Das Ideal, dem dabei Sprache und Schrift gleichermaßen unterworfen werden, ist das am Modell des Bildes abgelesene Verfahren einer adäquaten und interpretationsneutralen Wiedergabe (Rorty 1987). Wo die Sprache und die Schrift dieses Ideal nicht zu erfüllen vermögen, geraten sie in die dem Täuschungsverdacht ausgesetzte Position, in der sich im X. Buch der platonischen *Politeia* das Bild befindet. Diese Konstellation hat Jacques Derrida in der *Grammatologie* herausgearbeitet und zu dekonstruieren versucht.

In der von Derrida, Goodman, Rorty u.a. angestoßenen neueren Diskussion werden Bilder nicht länger in der Abgrenzung von Zeichen, sondern selbst als Zeichensysteme aufgefaßt, die nach dem Modell von Sprache und Schrift zu analysieren sind. Dabei werden jedoch häufig bestimmte traditionelle Voraussetzungen festgehalten. So wird zumeist angenommen, daß die Differenz zwischen sprachlichen, schriftlichen und piktorialen Zeichen eine Differenz sei, die auf verbindliche Weise in der semantischen und/oder syntaktischen Struktur der jeweiligen Zeichensysteme begründet ist (Scholz 1991, Kapitel 4, 82-110). Diesen Annahmen steht die auf Wittgenstein zurückgehende These entgegen, daß ein Zeichen erst durch seinen Gebrauch als Laut, als Buchstabe oder als Bild bestimmt wird (Wittgenstein, 1984). Gerade unter den Bedingungen einer Gebrauchstheorie des Zeichens wird dann allerdings zum Teil weiterhin darauf insistiert, daß es eine einheitliche Art und Weise der Verwendung von etwas als Bild, als Sprache oder als Schrift gebe (Scholz 1991, Kapitel 5, 111-139; Muckenhaupt 1996, Kapitel 4, 124-244). Dieser Ansicht liegt die Vorstellung zugrunde, daß bestimmte Merkmale des Gebrauchs namhaft zu machen seien, die alle 'Bildspiele', 'Sprachspiele' bzw. 'Schriftspiele' als *Bild*spiele, *Sprach*spiele bzw. *Schrift*spiele auszeichnen. Diese durchgängigen Merkmale sollen es erlauben, die unterschiedlichen Zeichenspiele intern einheitlich zu definieren und die verschiedenen Zeichensorten gebrauchstheoretisch sauber voneinander zu scheiden.

## 3. Der gebrauchstheoretische Ansatz: interne und externe Verflechtungen

Dem ist entgegenzuhalten, daß es bei einer konsequenten Durchführung der pragmatischen Gebrauchstheorie des Zeichens naheliegt, davon auszugehen, daß wir es jeweils mit komplexen Bündeln von Bild-, Sprach- und Schriftspielen zu tun haben, die auch auf der gebrauchstheoretischen Ebene kein einheitliches Merkmal aufweisen, das allen Elementen der jeweiligen Menge gemeinsam ist. Bereits Wittgenstein hat zur Beschreibung komplexer Verflechtungsverhältnisse dieser Art die Metapher der „Familienähnlichkeiten" (Wittgenstein 1984, 278 [67]) eingeführt.

Zur internen Verflechtung von Bild, Sprache und Schrift kommt die externe Verflechtung, die das Verhältnis der drei Zeichensorten zueinander bestimmt. So wenig ein durchgehendes Wesensmerkmal aufzeigbar ist, das Bilder als Bilder, Sprache als Sprache und Schrift als Schrift definiert, so wenig lassen sich feste Trennungslinien zwischen den unterschiedlichen Zeichentypen fixieren. Bilder, Laute und Buchstaben sind immer auch relativ auf und in Abhängigkeit von den instituionalisierten technischen Medien, die den Rahmen ihres Gebrauchs abstecken, voneinander abgegrenzt bzw. miteinander verflochten. Das moderne Mediensystem, in dem audiovisuelle Medien und Printmedien deutlich voneinander geschieden waren, legte strikte Grenzziehungen zwischen den Zeichensorten nahe. Das transmediale Zeichengeflecht des World Wide Web hebt diese Trennungen auf und definiert die Relationen neu (Sandbothe, 1997a).

**4. Die Verschriftlichung der Sprache**

Bevor ich auf das für das World Wide Web charakteristische Geflecht von Bild, Sprache und Schrift eingehe, möchte ich auf die textorientierten Kommunikationsdienste (IRC, MUDs, MOOs) zu sprechen kommen (vgl. dazu auch Turkle 1995 und Sandbothe 1997b). Die kommunikativen Landschaften des Internet haben sich unabhängig vom World Wide Web entwickelt. In ihnen fungiert die Schrift als Medium der direkten synchronen Kommunikation zwischen zwei oder mehreren Gesprächspartnern, die physisch getrennt sind und sich im Regelfall noch nie zuvor gesehen haben. Die dem Schriftmedium des Buches eigene Anonymität verbindet sich im „On-line Chat" ein Stück weit mit der synchronen Interaktivität und der aktuellen Präsenz der Gesprächspartner, die als charakteristisch für die gesprochene Sprache in der face-to-face-Kommunikation gilt. In der „Computer Mediated Communication" verflechten sich demnach Merkmale, die bisher als Differenzkriterien zur Unterscheidung von Sprache und Schrift dienten (Reid 1992). Das bedeutet: Der dialogische Gebrauch von geschriebenen Zeichen im Kontext des neuen Mediums Internet führt zu einer Veränderung im System der Zeichen insgesamt. Die Übergänge zwischen Sprache und Schrift werden fließend. Die traditionelle Auszeichnung der gesprochenen Sprache als Medium der Präsenz wird durch die 'appräsente Präsenz' der Teilnehmer im On-line Chat unterlaufen. Die Schrift erfährt eine Rehabilitierung.

Die zeichentheoretischen Konsequenzen, die sich durch das World Wide Web ergeben, sind komplexer als die beschriebenen Effekte im Bereich der interaktiven Kommunikationsdienste. Indem das World Wide Web die textorientierten Chats in sich integriert, nimmt es die durch diese Dienste ermöglichte schriftliche Variante des Dialogs auf. Neben die 'Verschriftlichung' der Sprache, die sich in den Kommunikationsdiensten vollzieht, tritt die für das World Wide Web charakteristische 'Verbildlichung' der Schrift. Sie kommt sowohl im bildhaften Umgang mit der phonetischen Schrift als auch in der Rehabilitierung nicht-phonetischer Schriften zum Ausdruck.

## 5. Zwei Aspekte der Verbildlichung der Schrift

Beide Aspekte der Verbildlichung der Schrift hat Jay David Bolter 1991 in seinem Buch *Writing Space. The Computer, Hypertext, and the History of Writing* antizipiert. Den ersten Aspekt - den bildhaften Umgang mit der phonetischen Schrift - bringt Bolter in den Blick, wenn er herausstellt, daß bereits die Verwendung automatischer Gliederungsprogramme im Rahmen der Textverarbeitung den Effekt hat, „to make text itself graphic by representing its structure graphically to the writer and the reader" (Bolter 1991, 26). Das vernetzte Hypertextsystem des World Wide Web radikalisiert diese im „electronic writing" grundsätzlich bereits angelegte Tendenz zur Verbildlichung der Schrift. Unter Hypertextbedingungen werden Schreiben und Lesen zu bildhaften Vollzügen. Der Schreibende entwickelt ein netzartiges Gefüge, ein rhizomatisches Bild seiner Gedanken. Dieses Bild ist vielgestaltig, assoziativ und komplex. Es besteht aus einer Pluralität unterschiedlicher Pfade und Verweisungen, die der Lesende zu neuen Gedankenbildern formt, die sich aus dem Zusammenspiel zwischen der offenen Struktur des Textes und den Interessen und Perspektiven des Lesenden ergeben (vgl. dazu bereits Bush 1945; Nelson 1981). Das hypertextuelle Gesamtgeflecht von Icons, digitalen Bildern, Audio- und Videosequenzen sowie linearen und nicht-linearen Texten läßt sich auf diesem Hintergrund metaphorisch als eine bildhafte Struktur, d.h. als 'textuelles Bild' oder 'Textbild' beschreiben.

Bolter selbst jedoch zieht in seinem jüngst erschienenen Aufsatz *Das Internet in der Geschichte der Technologien des Schreibens* (Bolter 1997) diese sich aus seinem Buch von 1991 ergebenden Schlußfolgerungen nicht. Statt dessen stellt er heraus: „Nichtsdestoweniger bricht die Unterscheidung von Wort und Bild im elektronischen Schreiben nicht vollständig zusammen. Oder besser: die Unterscheidung kollabiert - nur, um sich immer wieder aufs neue zu bestätigen" (Bolter 1997). Diese Äußerung zeigt: Bolter ist nicht bereit, die Möglichkeit zu erwägen, daß sich im World Wide Web eine semiotisch relevante Veränderung unseres Umgangs mit Bildern, Lauten und Buchstaben vollzieht. Stellt man aber eine solche Möglichkeit in Rechnung, dann würde es sich bei den aktuellen Verschiebungen nicht um die einfache Iteration einer quasi-transzendentalen Opposition, sondern um eine medienspezifische Transformation des semiotischen Basisgefüges von Bild, Sprache und Schrift handeln.

Auch auf den zweiten Aspekt der Verbildlichung der Schrift - die Rehabilitierung nicht-phonetischer Schriften - hat Bolter in seinem Buch von 1991 als einen Grundzug des elektronischen Schreibraumes hingewiesen. Am Beispiel des Apple Macintosh Desktop macht er deutlich, daß Icons als „symbolic elements in a true picture writing" (Bolter 1991, 51) fungieren. Und er fährt fort: „Electronic icons realize what magic signs in the past could only suggest, for electronic icons are functioning representations in computer writing" (Bolter 1991, 52). Zusammenfassend schließlich stellt Bolter heraus: „Electronic writing is a continuum in which many systems of representation can happily coexist" (Bolter 1991, 60). In seinem noch unpublizierten On-line-Artikel *Degrees of Freedom* (1996) hat Bolter seine 1991 formulierte Koexistenzthese, die sich aus der Analyse von Stand-alone-Computern ergab, mit Blick auf das World Wide Web modifziert. Bolter schreibt: „If the World Wide Web system began as an exercise in hypertextual thinking, it is now a combination of the hypertextual and the virtual. But the hypertextual and the virtual do not always combine easily. Usually the graphics and photographs tend to muscle the words out of the way" (Bolter 1996b, 5).

Die von Bolter neu eingeführte Distinktion zwischen dem 'Hypertextuellen' und dem 'Virtuellen' zeigt an, daß auch in dem *Degrees*-Aufsatz die Möglichkeit einer medienspezifische Transformation im System der Zeichen nicht ernsthaft erwogen wird. Bolter zufolge ist das Hypertextuelle durch den Vorrang der Schrift, das Virtuelle durch die Dominanz von Bildern gekennzeichnet (Bolter 1996, 2-5). Statt die komplexen Verflechtungsverhältnisse anzuerkennen, die sich im World Wide Web zwischen Schrift und Bild abzuzeichnen beginnen, hat Bolter seine alte Koexistenzthese durch eine neue Konkurrenztheorie ersetzt, derzufolge die unterschiedlichen Zeichensysteme, gerade indem sie miteinander um die Vorherrschaft im Schreibraum des vernetzten Computers kämpfen, in ihren internen Basisbestimmungen unverändert bleiben.

Einerseits gesteht Bolter zwar zu, daß „the difference between the hypertextual and the virtual representation is not simply the difference between words and images" (Bolter 1996, 5). Anderseits aber hält er daran fest, daß selbst in Fällen, in denen Bilder „serve as (...) icons in a multimedia presentation (...) the sign remains iconic" (Bolter 1996, 5). Problematisch an dieser Äußerung ist der autoritative Rekurs auf die traditionelle Bedeutung des Wortes 'ikonisch'. Bolter versucht, eine Veränderung im Gebrauch der Zeichen zu beschreiben, ohne bereit zu sein, die Autorität der alten Bedeutungen von Termini wie 'Bild' oder 'Schrift' zu relativieren. Sicherlich ist es sinnvoll und notwendig, daß wir uns an den eingespielten Bedeutungen dieser Termini orientieren, um den sich vollziehenden Wandel beschreiben zu können. Aber um den Übergang wirklich zu verstehen, müssen wir zugleich auf die neuen Verwendungsweisen vorgreifen, die unter digitalen Bedingungen zukünftig vielleicht die 'eigentliche' Bedeutung der in Frage stehenden Termini bestimmen werden.

## 6. Die Verschriftlichung des Bildes

Die sich im World Wide Web vollziehende Dekonstruktion der traditionellen semiotischen Oppositionen wird besonders offensichtlich, wenn wir uns der dritten Transformation zuwenden, die im Internet zu einer Grunderfahrung unseres Zeichengebrauchs wird. Sie besteht in einer charakteristischen 'Verschriftlichung' des Bildes. Zwar fungieren Bilder auch im World Wide Web häufig noch nach traditionellem Muster als eine Art Quasi-Referenz. Sie unterbrechen den Fluß der Verweisungen und stellen künstliche Endpunkte von Menüs, d.h. Sackgassen im Hyperraum dar. Es gibt jedoch geschicktere, dem Hypertext-Medium angemessenere Formen der Bildpräsentation im Netz. Dabei werden verschiedene Bereiche des Bildes mit „source anchors" versehen, die auf jeweils unterschiedliche „destination anchors" verweisen. Das Bild funktioniert dann selbst wie ein Hypertext. Aktiviere ich einen Link innerhalb des Bildes, werde ich auf andere Bilder oder Texte verwiesen. Das Bild erscheint nicht länger als Referenz und Schlußpunkt eines Menüs, sondern wird selbst zu einem Zeichen, das auf andere Zeichen verweist. Ebenso wie die 'schriftlichen' Hyptertexte, die intern bereits nicht mehr linear, sondern rhizomatisch und bildhaft organisiert sind, funktioniert das hypertextuelle Bild als semiotische Schnittstelle im unendlichen Verweisungsgefüge des digitalen „Docuverse" (Nelson 1981, 4/15).

Berücksichtigt man über diese externe Verschriftlichung des Bildes hinaus die interne Datenstruktur digitaler Bilder, dann wird deutlich, daß aus Pixeln zusammengesetzte Bilder bereits von ihrer technologischen Struktur her Schriftcharakter haben. Mit den entsprechenden Editor-Programmen lassen sich die Elemente, aus denen das digitale Bild besteht, wie die Buchstaben einer Schrift austauschen, verschieben und verändern. Bilder werden so zu flexibel redigierbaren Skripturen. Im digitalen Modus verliert das Bild seinen ausgezeichneten Status als Abbildung von Wirklichkeit. Es erweist sich als eine ästhetische Konstruktion, als ein technologisches Kunstwerk, dessen Semiotik sich intern aus der Relation der Pixel und extern durch die hypertextuelle Verweisung auf andere Dokumente ergibt (Mitchell 1992).

## Literatur

*Aristoteles* (1974): Lehre vom Satz. In: ders., Kategorien. Lehre vom Satz (Organon I/II). Hamburg: Meiner.
*Bolter*, Jay David (1991): Writing Space. The Computer, Hypertext, and the History of Writing. Hillsdale, N.J./London: Lawrence Erlbaum Associates.
*Bolter*, Jay David (1996): Degrees of Freedom. On-line-Publikation (http://www.lcc.gatech.edu/faculty/bolter/index.html).
*Bolter*, Jay David (1997): „Das Internet in der Geschichte der Technologien des Schreibens." In: *Münker*, Stefan / Alexander *Rösler* (Hrsg.), Mythos Internet. Frankfurt a.M.: Suhrkamp.
*Bush*, Vannevar (1945): „As We May Think." In: Atlantic Monthly, Heft 176, Juli 1945, S. 101-108.
*Derrida*, Jacques (1983): Grammatologie. Frankfurt a.M.: Suhrkamp.
*Goodman*, Nelson (1984): Weisen der Welterzeugung. Frankfurt a.M.: Suhrkamp.
*Havelock*, Eric A. (1982): The Literate Revolution in Greece and Its Cultural Consequences. Princeton: Princeton University Press.
*Heidegger*, Martin (1950): „Die Zeit des Weltbildes." In: ders., Holzwege. Frankfurt a.M.: Klostermann, S. 73-110.
*Mitchell*, William J. (1992): The Reconfigured Eye. Visual Truth in the Post-Photographic Era. Cambridge, Mass./London: MIT Press.
*Mitchell*, William J. (1994): Picture Theory. Chicago: The University of Chicago Press.
*Muckenhaupt*, Manfred (1986): Text und Bild. Tübingen: Narr.
*Nelson*, Theodor Holm (1981): Literary Machines. Swarthmore, Pa.: Self-published.
*Platon* (1971): Politeia. In: ders., Werke in acht Bänden, hrsg. von Gunther Eigler, Bd. IV. Darmstadt: Wissenschaftliche Buchgesellschaft.
*Reid*, Elisabeth M. (1992b): „Electropolis: Communication and Community on Internet Relay Chat." In: Intertek, Jg. 3, 3, Winter 1992, S. 7-15.
*Rorty*, Richard (Hrsg.) (1967): The Linguistic Turn. Recent Essays in Philosophical Method. Chicago/London: The University of Chicago Press.
*Rorty*, Richard (1987): Der Spiegel der Natur. Frankfurt a.M.: Suhrkamp.
*Sandbothe*, Mike (1997a): „Interaktivität-Hypertextualität-Transversalität. Eine medienphilosophische Analyse des Internet." In: *Münker*, Stefan / Alexander *Rösler* (Hrsg.), Mythos Internet. Frankfurt a.M.: Suhrkamp.
*Sandbothe*, Mike (1997b): „Ist das Internet cool oder hot oder beides? Zur Aktualität von McLuhans Vision medialer Gemeinschaft." In: Telepolis. Die Zeitschrift der Netzkultur, Jg. 1, Heft 1, Mannheim: Bollmann.
*Scholz*, Oliver R. (1991): Bild-Darstellung-Zeichen. Philosophische Theorien bildhafter Darstellung. Freiburg / München: Alber.
*Turkle*, Sherry (1995): Life on the Screen. Identity in the Age of the Internet. New York: Simon & Schuster.
*Wittgenstein*, Ludwig (1984): Philosophische Untersuchungen. In: ders., Werkausgabe, Bd. 1. Frankfurt a.M.: Suhrkamp.

# Die Autoren

**Bentele, Günter,** Prof. Dr. phil., *1948
Seit 1994 Inhaber des Lehrstuhls für Öffentlichkeitsarbeit/PR an der Universität Leipzig. Studium in München und Berlin. Promotion 1984, Habilitation 1989 an der FU Berlin. 1989 bis 1994 Professor für Kommunikationswissenschaft/Schwerpunkt Journalistik an der Universität Bamberg. Seit 1995 Erster Vorsitzender der DGPuK.
*Hauptarbeitsgebiete:* PR-Forschung, Kommunikatorforschung; Ethik von Kommunikationsberufen, Kommunikationsraumforschung.
*Publikationen:* Über 20 Buchpublikationen, zahlreiche Aufsatzpublikationen.

**Berens, Harald,** Dipl.-Sozialwirt, *1966
Studium der Sozialwissenschaften von 1989 bis 1995 in Nürnberg. Seit 1996 wissenschaftlicher Assistent am Lehrstuhl für Kommunikations- und Politikwissenschaft der Friedrich-Alexander-Universität Erlangen-Nürnberg.
*Hauptarbeitsgebiete:* politische Kommunikation, Entstehung von Öffentlichkeit, statistische Methoden der Sozialforschung.

**Biedenkopf, Kurt,** Prof. Dr. jur., *1930
Studium der Politischen Wissenschaft, Rechtswissenschaft und Nationalökonomie am Davidson College, N.C. sowie an den Universitäten München und Frankfurt a.M.; 1958 Doktor der Rechte; 1960 zweites juristisches Staatsexamen; 1963 Habilitation; 1974 Ehrendoktor d. Davidson College, N.C.; 1978 und 1993 Ehrendoktor d. Georgetown University, Washington D.C., 1994 Ehrendoktor d. Katholischen Universität Brüssel.
1964-1970 Ordinarius an der Ruhr-Universität Bochum; 1967-1969 Rektor der Ruhr-Universität Bochum; 1971-1973 Geschäftsführer der Henkel GmbH, Düsseldorf; 1973-1977 Generalsekretär der CDU Deutschlands; 1977-1987 Vorsitzender des CDU-Landesverbandes Westfalen-Lippe, später Nordrhein-Westfalen; 1976-1980 und 1987-1990 Mitglied des Deutschen Bundestages; 1990 Gastprofessor an der Universität Leipzig; seit 27. Oktober 1990 Ministerpräsident des Freistaates Sachsen.

**Bleicher, Joan Kristin,** Dr. phil., *1960
Studium der Amerikanistik, Germanistik und Allgemeinen Literaturwissenschaft an der Universität Gießen und der Universität-Gesamthochschule Siegen. Derzeit wissenschaftliche Mitarbeiterin im DFG-Forschungsprojekt „Fernsehen in den 90er Jahren" am Literaturwissenschaftlichen Seminar der Universität Hamburg.
*Publikationen u.a.:* Programmprofile kommerzieller Anbieter. Opladen 1996; Fernsehprogramme in Deutschland. Konzepte - Diskussionen - Kritik. Reader zur historischen Entwicklung der Programmdiskussion. Opladen 1996; Chronik zur Programmgeschichte des Deutschen Fernsehens. Berlin 1993.

**Debatin, Bernhard**, Doz. Dr. phil., *1957
Hochschuldozent für Theorie und Soziologie der öffentlichen Kommunikation/Medienethik am Institut für Kommunikations- und Medienwissenschaft der Universität Leipzig.
*Hauptarbeitsgebiete:* Kommunikations- und Öffentlichkeitstheorie, Ethik, Technik- und Sprachphilosophie.
*Publikationen u.a.:* Antinomien der Öffentlichkeit. (Hrsg., mit Dieter Hirschfeld) Hamburg 1989; Das Telefon im Spielfilm. (Hrsg., mit Hans Jürgen Wulff) Berlin 1991; Die Rationalität der Metapher. Eine sprachphilosophische und kommunikationstheoretische Untersuchung. Berlin 1995; Metaphor and Rational Discourse (hrsg. mit Jim Jackson und Daniel Steuer). Tübingen 1997.

**Früh, Werner**, Prof. Dr. phil., *1948
Nach dem Studium der Publizistik, Soziologie und Germanistik in Mainz leitende Tätigkeit bei ZUMA in Mannheim. Anschließend Professor für angewandte Kommunikationsforschung in München. Seit 1994 Lehrstuhl für empirische Kommunikationsforschung an der Universität Leipzig.
*Hauptarbeitsgebiete:* Medienwirkungs- und Rezeptionsforschung. Methoden der empirischen Kommunikationsforschung.
*Publikationen u.a.:* Lesen, Verstehen, Urteilen. Freiburg / München 1980; Inhaltsanalyse. Theorie und Praxis. München 1991; Medienwirkungen. Das dynamisch-transaktionale Modell. Theorie und empirische Forschung. Opladen 1991; Realitätsvermittlung durch Massenmedien, Opladen 1994.

**Grüne, Heinz G.**, Dipl.-Psych., *1956
Studium der Psychologie an der Universität Köln. Seit 1988 im IFM≡KÖLN, Institut für qualitative Markt- und Wirkungsanalysen tätig.
*Hauptarbeitsgebiete:* Tiefenpsychologische Markt- und Medienforschung, Markt- und Motivanalysen insbesondere im Bereich Versicherungen, Getränkemarkt, Medien. Zahlreiche Publikationen.

**Hagen, Lutz M.**, Dr. rer. pol., *1962
Studium der Betriebswirtschaftslehre in Nürnberg. Promotion 1994 über Informationsqualität von Nachrichten. Wissenschaftlicher Assistent am Lehrstuhl für Kommunikations- und Politikwissenschaft der Universität Erlangen-Nürnberg.
*Hauptarbeitsgebiete:* politische Kommunikation, Nachrichtenproduktion, Medienökonomie, Inhaltsanalyse.
*Publikationen u.a.:* Die Opportunen Zeugen. Konstruktionsmechanismen von Bias in der Volkszählungsberichterstattung von FAZ, FR, SZ, taz und Welt. In: Publizistik 37, 4, 1992, S. 444-460; Informationsqualität von Nachrichten. Meßmethoden und ihre Anwendung auf die Dienste von Nachrichtenagenturen. Opladen 1995.

**Haller, Michael**, Dr. phil., *1945
Seit 1993 Professor für Allgemeine und Spezielle Journalistik an der Universität Leipzig. Nach dem Studium der Philosophie-, Sozial- und Politikwissenschaften in Freiburg und Basel leitender Redakteur bei Tageszeitungen, Tätigkeit bei der „Zeit", verantwortlicher Redaktuer beim „Spiegel".
*Publikationen u.a.:* System und Gesellschaft. Stuttgart 1980; Die Kunst der Verweigerung, über subkulturelle Expression. Zürich 1982; Recherchieren. Ein Handbuch für Journalisten. 4. Aufl., München / Basel 1991; Die Reportage. Ein Handbuch für Journalisten. 3. Aufl., München / Basel 1995; Das Interview. Ein Handbuch für Journalisten. 2. Aufl., München 1997. Medien-Ethik (hrsg. mit H. Holzhey). Opladen 1992.

**Hickethier, Knut**, Prof. Dr., *1945
Nach Studium der Kunsterziehung, Literatur- und Medienwissenschaft 1975-1980 Mitarbeiter und 1982-1985 Hochschulassistent am Institut für Theaterwissenschaft der FU Berlin, 1979 Promotion, 1982 Habilitation. 1989-1994 Mitarbeit im Sonderforschungsbereich „Bildschirmmedien" Siegen/Marburg, 1990-1994 Lehrstuhlvertretung in Marburg, seit 1994 Prof. für Medienwissenschaft an der Universität Hamburg.
*Hauptarbeitsgebiete*: Mediengeschichte, -theorie und -ästhetik im Bereich Fernsehen, Film und Neue Medien.
*Publikationen u.a.:* Institution, Technik und Programm (Geschichte des Fernsehens Bd.1). München 1993; Film- und Fernsehanalyse. Stuttgart 1993; Geschichte der Fernsehkritik. Berlin 1994; Aspekte der Fernsehanalyse. Hamburg 1994.

**Höflich, Joachim R.**, Dr. rer. pol., *1954
Studium der Wirtschafts-, Sozial- und Kommunikationswissenschaft an der Universität Ausburg, zur Zeit freier Medienwissenschaftler.
*Hauptarbeitsgebiete*: Neue Kommunikationstechnologien, (technisch vermittelte) interpersonale Kommunikation, Medienwirkungen.
*Publikationen u.a.:* Wirkungen der Werbekommunikation (zus. mit Michael Schenk und Joachim Donnerstag). Köln / Wien 1990; Technisch vermittelte interpersonale Kommunikation.

**Jarren, Otfried**, Prof. Dr. phil., *1953
1979-1984 wiss. Mitarbeiter am Institut für Publizistik der FU Berlin; 1984-1987 Hochschulassistent für „Kommunikationspolitik" im Fachbereich Kommunikationswissenschaften der FU Berlin; 1987-1989 Geschäftsführer des Studiengangs „Journalistenweiterbildung" der FU Berlin; seit 1989 Professor für Journalistik mit dem Schwerpunkt Kommunikations- und Medienwissenschaft am Institut für Journalistik der Universität Hamburg; seit 1995 Direktor des Hans-Bredow-Instituts für Rundfunk und Fernsehen an der Universität Hamburg.
*Hauptarbeitsgebiete:* Empirische Kommunikationsforschung, Politische Kommunikation.

**Keil, Susanne**, M.A., *1962
Studium der Publizistik- und Kommunikationswissenschaft, Romanistik und Anglistik in Münster und Paris. Seit 1993 Stipendiatin des Graduiertenkollegs „Geschlechterverhältnis und sozialer Wandel" in Dortmund.
*Hauptarbeitsgebiet*: Frauen und Medien.
*Publikationen u.a.:* Kategorie Geschlecht? Empirische Analysen und feministische Theorien. (Hrsg. zusammen mit Ute L. Fischer, Marita Kampshoff und Mathilde Schmitt) Opladen 1996; Gibt es einen weiblichen Journalismus? In: Romy Fröhlich (Hrsg.): Der andere Blick: Aktuelles zur Massenkommunikation aus weiblicher Sicht. Bochum 1992, S. 37-54.

**Klaus, Elisabeth**, PD Dr. phil. (USA), *1955
Studium der Mathematik und Sozialwissenschaften in Münster, 1986 Promotion am Fachbereich Soziologie der University of Notre Dame, Indiana (USA); 1996 Habilitation am Fachbereich Sprach- und Literaturwissenschaften, Journalistik und Geschichte der Universität Dortmund; seit 1996 Hochschuldozentin am Institut für Publizistik und Kommunikationswissenschaft in Göttingen.
*Hauptarbeitsgebiete*: Empirische Kommunikationsforschung, Medien- und Geschlechterforschung.
*Publikationen u.a.*: Ein Herz für O-Töne (Co-Edition). Stadthagen 1990; Femina Publica. Frauen - Feminismus - Öffentlichkeit (Co-Edition). Köln 1992; Medienfrauen der ersten Stunde (Co-Edition). Dortmund 1993; „Zum Umbruch, Schätzchen." Lesbische Journalistinnen erzählen. Pfaffenweiler 1995; Frauen - Medien - Forschung. Opladen 1997.

**Kleinsteuber, Hans J.**, Prof. Dr. rer. pol., *1943
Studium in Berlin und den USA, Promotion in Berlin, seit 1975 Prof. für Politische Wissenschaft, seit 1982 auch im Teilstudiengang Journalistik tätig.
*Hauptarbeitsgebiete:* Medienpolitik in Deutschland und im internationalen Vergleich, Medientechnik, Medienökonomie etc. Regionale Schwerpunkte: Europa, USA, Kanada etc.
*Publikationen u. a.:* Radio - Das unterschätzte Medium. Berlin 1991; Europa als Kommunikationsraum (mit T. Rossmann). Opladen 1994; (Hrsg.) Der 'Information Superhighway', Visionen und Erfahrungen. Opladen 1996.

**Kliment, Tibor**, Dr. rer soc., *1960
Studium der Sozialwissenschaften (Diplom), 1990-1992 Wiss. Mitarb. am Institut für Emp. Kommunikationsforschung FU Berlin. Anschließend Medienreferent bei RTL2, später Referent für Hörfunk-/Fernsehforschung beim Hessischen Rundfunk. Seit 1996 Projektleiter bei EMNID, Bereich elektronische Medien. Lehrbeauftragter für Kommunikationswissenschaften an der Ruhr-Universität Bochum und Universität Dortmund.
*Hauptarbeitsgebiete:* Rezipienten- und Rezeptionsforschung, Medienwirkungen, neue Medien, politische Kommunikation, Risikokommunikation.

*Publikationen u.a.:* Kernkraftprotest und Medienreaktionen, DUV. Veröffentlichungen im Bereich Radio- und Fernsehnutzung, Wahlwerbung, Medien und Gewalt, Wissenskluft-Forschung und Cultivation Analysis.

**Knieper, Thomas**, Dr. rer. pol., *1961
Studium der Informatik, Psychologie, Soziologie, Wissenschaftstheorie, Statistik und Kommunikationswissenschaft. Seit 1981 freier Karikaturist. Seit 1982 freier Journalist. Von 1986 bis 1989 freiberuflicher Projektmanager bei Schmiedl Marktforschung. Von 1989 bis 1991 Assistent am Institut für Statistik und seit 1991 am Institut für Kommunikationswissenschaft (Zeitungswissenschaft) der Universität München.
*Hauptarbeitsgebiete:* Methoden und Techniken der empirischen Kommunikationsforschung, Informationsdesign und visuelle Kommunikation.
*Publikationen u. a.:* Statistik: Eine Einführung für Kommunikationsberufe. (Hrsg.) München 1993; Infographiken: Das visuelle Informationspotential der Tageszeitung. München 1995.

**Langenbucher, Wolfgang R.**, Prof. Dr. phil., *1938
Studium der Philosophie, Germanistik und Zeitungswissenschaften in Stuttgart und München, Promotion 1963, Habilitation 1974. Bis 1983 Professor in München, seit 1984 Ordinarius für Publizistik- und Kommunikationswissenschaft an der Universität Wien.
*Publikationen u.a.:* siehe Walter Hömberg: Wolfgang R. Langenbucher: Auswahlbibliographie 1964-1988. Ein Schriftenverzeichnis zum 50. Geburtstag. In: Publizistik 33, 1988, H. 1, S.127-136.

**Liebert, Tobias**, Dr. rer. pol., *1958
Studium der Journalistik in Leipzig (1980-1984). Promotion 1988 über die Presseauffassungen in der deutschen Arbeiterbewegung vor der Jahrhundertwende. Seit 1994 wiss. Ass. am Lehrstuhl Öffentlichkeitsarbeit / PR der Universität Leipzig.
*Hauptarbeitsgebiete:* Kommunale Öffentlichkeitsarbeit, Geschichte und Grundlagen der Public Relations, Fachgeschichte.
*Publikationen u.a.:* Über einige inhaltliche und methodische Probleme einer PR-Geschichtsschreibung. In: Leipziger Skripten für PR und Kommunikationsmanagement, Nr. 2 (1996), S. 68-78; Ostdeutsche Wirtschaftsjournalisten über PR (mit G. Bentele). In: PR-Forum 1996, 1, S. 26-31; Innovation in der Tradition: Praxisbezogenes PR-Studium an der Universität Leipzig (mit G. Bentele). In: Bentele / Szyszka (Hrsg.): PR-Ausbildung in Deutschland. Opladen 1995, S. 91-107; Rundfunkausbildung. und -forschung in Leipzig 1946-1963. In: Studienkreis Rundf. u. Gesch. (1994) 2/3, S. 89-98.

**Löffelholz, Martin**, Dr. phil., *1959
Studium der Kommunikationswissenschaft, Politikwissenschaft, Soziologie und Europäischen Ethnologie in Münster. 1984 bis 1988 Hörfunk- und Fernsehjournalist. Promotion 1988. 1988 bis 1994 wiss. Mitarbeiter am Institut für Publizistik der Universität Münster. 1994 bis März 1996 Vertretung einer Professur für Journalistik an der Uni-

versität Leipzig. Anschließend Leiter eines Forschungsprojektes zur Medienreform in Pakistan, seit Oktober 1996 wiss. Angestellter am Institut für Kommunikations- und Medienwiss. der Univ. Leipzig.
*Hauptarbeitsgebiete*: Kommunikatorforschung, Politische Kommunikation, Medienzukunftsforschung, Medientechnologie, Internationale Kommunikation.

**Lünenborg, Margret**, Dr. phil., Dipl. Journ., *1963
Studium der Journalistik und Raumplanung an der Universität Dortmund, Promotion an der Freien Universität Berlin. Freiberufliche journalistische Arbeit als Autorin für Hörfunk und Presse, z.Z. Pressesprecherin des Ministeriums für Frauen, Jugend, Wohnungs- und Städtebau des Landes Schleswig-Holstein.
*Publikationen*: Weibliche Identität und feministische Medienöffentlichkeit. Dortmund 1991; Femina Publica. Frauen - Öffentlichkeit - Feminismus. (Mitherausgeberin in der Gruppe „Feministische Öffentlichkeit") Köln 1992; Wer macht die Zeitung? Studie im Auftrag der Europäischen Kommission. Brüssel 1994; Journalistinnen in Europa. Eine international vergleichende Studie zum Gendering im sozialen System Journalismus. Opladen 1997 [in Druck].

**Ludes, Peter**, Dr. phil., Ph.D. (USA), *1950
apl. Prof. für Kultur- und Medienwissenschaft an der Universität - GH - Siegen und 2. Sprecher des Sonderforschungsbereichs 240 „Bildschirmmedien" der Universität - GH - Siegen.
*Hauptarbeitsgebiete*: Soziologische Theorien (insbesondere Modernisierungs- und Zivilisationstheorien), Empirische Medien- und Kommunikationswissenschaft, Kulturwissenschaft, Interkulturelle Vergleiche.
*Publikationen u.a.*: Von der Nachricht zur News Show. München 1993; Informationskontexte für Massenmedien. Theorien und Trends. Opladen 1996.

**Neuberger, Christoph**, Dr. phil., Dipl.-Journ., *1964
Studium der Journalistik, Politikwissenschaft, Soziologie und Philosophie in Eichstätt und Tübingen. Wissenschaftlicher Mitarbeiter am Diplom-Studiengang Journalistik der Katholischen Universität Eichstätt 1990 bis 1995, seit 1995 wissenschaftlicher Assistent.
*Hauptarbeitsgebiete:* Journalismusforschung.
*Publikationen u.a.:* Journalismus als Problembearbeitung. Objektivität und Relevanz in der öffentlichen Kommunikation. Konstanz 1996; Experten des Alltags. Ratgeberjournalismus und Rechercheanzeigen (zus. mit Walter Hömberg). Eichstätt 1995.

**Pöttker, Horst**, Prof. Dr. phil.-hist., *1944
Nach Studium der Soziologie, Philosophie und Germanistik Zeitschriftenredakteur. 1992 bis 1995 Gastprofessur für Ethik der Öffentlichkeitsberufe an der Universität Leipzig. 1995 Habilitation an der Universität Siegen. Seit 1996 Professur für Theorie und Praxis des Journalismus an der Universität Dortmund.

*Hauptarbeitsgebiete:* sozialwissenschaftliche Grundlagen der Publizistik, journalistische Qualität, politische Kommunikation, Geschichtskommunikation und Kommunikationsgeschichte.
*Publikationen u.a.:* Zum demokratischen Niveau des Inhalts überregionaler westdeutscher Tageszeitungen. Hannover 1980; Entfremdung und Illusion. Tübingen 1997.

**Rössler, Patrick**, Dr. rer. soc., M.A., *1964
Studium der Publizistik, Rechts- und Politikwissenschaft im Mainz, seit 1987 wissenschaftlicher Angestellter und Projektmitarbeiter am Lehrstuhl für Kommunikationswissenschaft und Sozialforschung der Universität Hohenheim.
*Hauptarbeitsgebiete:* Medienwirkungen, Film- und Fernsehforschung, Neue Kommunikationstechnologien.
*Publikationen u.a.:* Dallas und Schwarzwaldklinik. München 1988; Filmkritik in der Tagespresse. Autoren - Medien - Publikum. Stuttgart 1997. Agenda-Setting. Theoretischer Gehalt und empirische Evidenzen einer Medienwirkungshypothese. Opladen 1997.

**Ulrike Röttger**, Dipl.-Journ., *1966
Journalistik-Studium an der Universität Dortmund. Seit 1994 wissenschaftliche Mitarbeiterin am Institut für Journalistik der Universität Hamburg.
*Hauptarbeitsgebiete:* Public Relations, Frauenforschung.
*Publikationen u.a.:* Medienbiographien von jungen Frauen, Münster, Hamburg 1994; Medienbiographien: Sprechen der eigenen Mediengeschichte (zus. mit Elisabeth Klaus). In: Marci-Boehncke, Gudrun et. al. (Hrsg.): BlickRichtung Frauen. Weinheim 1996, S. 95-115; Interviewstile und das neue Politikbild im Fernsehen. Situative Interaktionsbeziehungen in Politikerinterviews am Beispiel ZAK (mit H. Weßler). In: Jarren, Otfried et al. (Hrsg.): Medien und politischer Prozeß. Opladen 1996, S.251-269.

**Rosenberger, Bernhard**, Dipl.-Journ., *1963
Studium der Journalistik und Politikwissenschaft an der Katholischen Universität Eichstätt, 1984-1993 Tätigkeit als Journalist, 1990-1995 Wissenschaftlicher Mitarbeiter am Institut für Publizistik der Johannes Gutenberg-Universität Mainz, seit 1995 Unternehmensberater.
*Hauptarbeitsgebiete:* Medienmärkte, Medienorganisationen, Journalismus als Beruf.
*Publikationen u.a.:* Die Nachrichten-Macher. Eine Untersuchung zu Strukturen und Arbeitsweisen von Nachrichtenagenturen am Beispiel von AP und dpa (mit Jürgen Wilke). Köln/ Weimar/ Wien 1991; Journalismus der 90er Jahre. Job-Profile, Einstieg, Karrierechancen (mit Christian Breunig und Ralph Bartel). München 1993.

**Salazar-Volkmann, Christian**, Dr. phil., *1961
Christian Salazar-Volkmann wurde in München geboren und wuchs in Deutschland und Ecuador auf. Er studierte Publizistik, Volkswirtschaft und Philosophie an der Ruhr-Universität Bochum und promovierte 1992 im Fach Politikwissenschaften an der Philipps-Universität Marburg. 1990 übernahm er die Leitung der Presseabteilung der

Messe Frankfurt, 1993 trat er in die Geschäftsführung von UNICEF ein und ist dort für den Bereich Grundsatz und Information zuständig. Seit 1997 leitet er ein Straßenkinderprogramm der GTZ in Guatemala.

**Sandbothe, Mike**, Dr. phil., *1961
Studium der Philosophie, Literaturwissenschaft, Publizistik und Linguistik in Tübingen, Berlin und Bamberg. Wissenschaftlicher Assistent am Lehrstuhl für Kultur- und Technikphilosophie des Instituts für Philosophie der Universität Magdeburg. DFG-Forschungsprojekt zum Thema 'Theatrale Texte. Hypertextuelle Darstellungsformen im World Wide Web'. WWW-Adresse: http://www.uni-magdeburg.de/~iphi/ms/
*Hauptarbeitsgebiete*: Philosophische Medientheorie, Zeit- und Wissenschaftsphilosophie, Pragmatismus, Ästhetik, Postmodernedebatte.
*Publikationen u.a.*: Klassiker der modernen Zeitphilosophie (Mithrsg.). Darmstadt 1993; Zeit-Medien-Wahrnehmung (Mithrsg.). Darmstadt 1994; Die Wiederentdeckung der Zeit (Mithrsg.). Darmstadt 1997.

**Schmid, Sigrun**, M.A., *1966
Studium der Publizistik, Politikwissenschaft und Psychologie in Mainz und Basel. Seit 1992 wissenschaftliche Mitarbeiterin am Institut für Publizistik der Johannes Gutenberg-Universität-Mainz.
*Hauptarbeitsgebiete:* Mediensysteme und Medienmärkte, empirische historische Kommunikatorforschung.
*Publikationen:* Weltagentur auf dem deutschen Nachrichtenmarkt: Agence France-Presse (AFP). In: Jürgen Wilke (Hrsg.): Agenturen im Nachrichtenmarkt. Köln/ Weimar/ Wien 1993, S. 57-106.

**Scholl, Armin**, Dr. phil., *1962
Nach Studium der Publizistikwissenschaft, Politikwissenschaft und Germanistik an der Johannes Gutenberg-Universität Mainz und der Westfälischen Wilhelms-Universität Münster 1982 bis 1991 wissenschaftlicher Mitarbeiter bei dem DFG-Projekt „Journalismus in Deutschland" (Leitung: Prof. Dr. Siegfried Weischenberg) von 1992 bis 1994. Seit 1994 wissenschaftlicher Hochschulassistent am Institut für Publizistik- und Kommunikationswissenschaft der FU Berlin.
*Hauptarbeitsgebiete*: Theorien und Methoden der Kommunikationswissenschaften, Journalismusforschung, alternative Medien.
*Publikationen u.a.*: Die Befragung als Kommunikationssituation. Zur Reaktivität im Forschungsinterview. Opladen 1993; mehrere Aufsätze zur Journalismusforschung (meist zus. mit S. Weischenberg und M. Löffelholz).

**Schütte, Georg**, Dr. phil., Dipl. Journ. (USA), *1962
Studium der Journalistik in Dortmund und New York. Seit 1994 wissenschaftlicher Mitarbeiter im Teilprojekt „Die Entwicklung von Fernsehnachrichtensendungen in den USA, der Bundesrepublik Deutschland und der DDR" des Sonderforschungsbereichs 240 „Bildschirmmedien" der Universität-GH-Siegen.

*Hauptarbeitsgebiete:* Journalistik, Medienwissenschaft, Bildschirmmedienforschung.
*Publikationen:* Informationsspezialisten der Mediengesellschaft. Wiesbaden 1994.

**Seeling, Stefan**, Dr. phil., Dipl.-Germ. Univ., *1964
Studium der Diplom-Germanistik / Journalistik und Politikwissenschaft an der Universität Bamberg, Promotion 1995, Lehrbeauftragter und Projektmitarbeiter 1995-1997 am Lehrstuhl Öffentlichkeitsarbeit / PR der Universität Leipzig.
*Hauptarbeitsgebiete:* Öffentliches Vertrauen, Theorien öffentlicher Kommunikation, Geschichte des Journalismus und der PR im 19. Jahrhundert, Kommunale Kommunikation.
Publikationen u.a.: Organisierte Interessen und öffentliche Kommunikation. Eine Analyse ihrer Beziehungen im Deutschen Kaiserreich (1871-1914). Opladen 1996.

**Spielhagen, Edith**, Dr. phil., *1951
Studium der Kulturwissenschaft und Ästhetik an der Humboldt-Universität Berlin, Redakteurin der Zeitschrift „Wissenschaftliche Welt", wissenschaftliche Mitarbeiterin am Institut für Kulturwissenschaft der Humboldt-Universität, Medienreferentin beim Ostdeutschen Rundfunk Brandenburg, seit 1993 freiberuflich tätig als Kultur- und Medienwissenschaftlerin, Lehrbeauftragte an der Hochschule für Film und Fernsehen Potsdam-Babelsberg sowie an der Humboldt-Universität Berlin.
*Publikationen u.a.:* So durften wir glauben zu kämpfen - Erfahrungen mit DDR- Medien. (Hrsg.) Berlin 1993; Statt Fernsehen - Stadtfernsehen. Berlin 1996.

**Staab, Joachim Friedrich**, Dr. phil., M.A., *1959
Nach Studium der Publizistikwissenschaft, Philosophie und Deutschen Philologie 1985-1990 wissenschaftlicher Mitarbeiter am Institut für Publizistik der Johannes Gutenberg-Universität Mainz; 1988, 1990-1992 Stipendiat der DFG; 1990-1991 Gastprofessor an der University of California, Los Angeles; 1992-1995 wiss. Mitarbeiter am Medien Institut Ludwigshafen; seit 1995 wiss. Angest. am DFG-Sonderforschungsbereich 240 „Bildschirmmedien" der Universität-Gesamthochschule Siegen.
*Hauptarbeitsgebiete:* Nachrichtenselektion, politische Kommunikation, Medienwirkungsforschung.
*Publikationen u.a.:* Nachrichtenwert-Theorie. Formale Struktur und empirischer Gehalt. Freiburg 1990; Fernseh-Shows auf deutschen Bildschirmen. Eine Inhaltsanalyse aus Zuschauersicht (mit M. Berghaus). München 1995. Beiträge in Fachzeitschriften.

**Szyszka, Peter**, Dr. phil., *1957
Kaufmännische Ausbildung. Studium der Kommunikationswissenschaft, Germanistik, Soziologie und Philosophie in Münster. Tätigkeit als PR-Referent und PR-Berater. Seit 1992 wissenschaftlicher Mitarbeiter für „Medien und Öffentlichkeitsarbeit" im Fachbereich „Angewandte Kulturwissenschaften" der Universität Lüneburg. 1995/96 Professurvertretung an der Universität Bochum.
*Hauptarbeitsgebiete:* Öffentlichkeitsarbeit, Journalismus, politische Kommunikation.

*Publikationen u.a.:* Zeitungswissenschaft in Nürnberg. Nürnberg 1990; PR-Ausbildung in Deutschland (Hrsg. mit G. Bentele). Opladen 1995; Auf der Suche nach einer Identität. Annäherungen an eine Geschichte deutscher Öffentlichkeitsarbeit. Leipzig 1996.

**Thomaß, Barbara**, M.A. phil., *1957
Studium der Publizistik, Politischen Wissenschaft und Volkswirtschaftslehre an der FU Berlin und in Grenoble/Frankreich. Nach einem Zeitungsvolontariat Redakteurin einer Frauenzeitschrift und Wissenschaftsredakteurin. Seit 1991 wissenschaftliche Mitarbeiterin der Arbeitsstelle Medien und Politik am Institut für Politische Wissenschaft der Universität Hamburg.
*Hauptarbeitsgebiete*: Journalismusforschung, europäische Medienpolitik, journalistische Ethik.
*Publikationen u.a.:* Arbeit im kommerziellen Fernsehen. Quantitative und qualitative Effekte neuer Anbieterformen in Deutschland, Belgien, Frankreich, Großbritannien und Spanien. Münster 1993.

**Trebbe, Joachim**, Dr. phil., *1965
Studium der Sozialwissenschaften an der Universität Göttingen. Seit 1994 wissenschaftlicher Mitarbeiter am Institut für Publizistik- und Kommunikationswissenschaft der Freien Universität Berlin, Arbeitsbereich Empirische Kommunikations- und Medienforschung. Freier Mitarbeiter des Göttinger Instituts für angewandte Kommunikationsforschung.
*Hauptarbeitsgebiete*: Angewandte Medienforschung, Fernsehprogrammanalysen.
*Publikationen u.a.:* Öffentliche Streitfragen in privaten Fernsehprogrammen. Zur Informationsleistung von RTL, SAT 1 und PRO 7. (Zus. mit Hans-Jürgen Weiß) Opladen 1994; Der Beitrag privater Lokalradio- und Lokalfernsehprogramme zur publizistischen Vielfalt in Bayern. München 1996.

**Stephan J. Urlings**, Dipl.-Psych., *1962
Studium der Psychologie an der Universität Köln, seit 1990 im IFM≡KÖLN, Institut für qualitative Markt- uind Wirkungsanalysen tätig.
*Hauptarbeitsgebiete:* Tiefenpsychologische Markt- und Medienforschung, Markt- und Motivanalysen insbesondere im Bereich 'technische Konsumgüter' (Online, Unterhaltungselektronik, Foto und Video, Mobilfunk u.a.).

**Weiß, Hans-Jürgen**, Prof. Dr., *1944
Seit 1994 Professor am Institut für Publizistik- und Kommunikationswissenschaft der Freien Universität Berlin, Arbeitsbereich Empirische Kommunikations- und Medienforschung. Wissenschaftlicher Leiter des Göttinger Instituts für angewandte Kommunikationsforschung.

**Wersig, Gernot**, Prof. Dr. phil., *1942
Nach M.A. in Publizistik, Soziologie und Dokumentation Wiss. Ass. und Ass.-Prof. am Institut für Medizinische Statistik und Dokumentation der FU Berlin, seit 1977 Profes-

sor für Informationswissenschaft an der FU Berlin. Seit 1995 Geschäftsführender Direktor des Instituts für Publizistik- und Kommunikationswissenschaft.
*Hauptarbeitsgebiete*: Theorie der Informationsgesellschaft, Multimedia, Visuelle Kommunikation, Technikfolgenabschätzung, Museumsforschung.
*Publikationen u.a.:* Informationssoziologie. Frankfurt a.M. 1973; Thesaurus-Leitfaden. München 1978; Die kommunikative Revolution. Opladen 1985; Die Lust am Schauen (mit Petra Schuck-Wersig). Berlin 1986; Organisations-Kommunikation. Baden-Baden 1989; Fokus Mensch. Frankfurt a. M. etc. 1993; Die Komplexität der Informationsgesellschaft. Konstanz 1996.

**Westerbarkey, Joachim**, Dr. phil. habil., *1943
Studium der Publizistik, Soziologie und Germanistik in Münster. Promotion 1970 über Kommunikationsstrukturen des Klerus. Habilitation 1988 über funktionale Ambivalenzen der Kommunikation. Seit 1970 wissenschaftlicher Mitarbeiter, seit 1985 Hochschullehrer am Institut für Publizistik der Universität Münster.
*Hauptarbeitsgebiete:* Kommunikationstheorie und Kommunikationssoziologie.
*Publikationen u.a.:* Studienführer Publizistik / Journalistik / Kommunikation. (Hrsg.) München 1981; Das Geheimnis. Opladen 1991; Beiträge zur Kommunikationstheorie. (Hrsg.) Münster / Hamburg 1993 ff.; Quo Vadis? Perspektiven von aktiven und ehemaligen Publizistikstudierenden (mit Frank Winkelbrandt). Münster / Hamburg 1995.

**Wirth, Werner**, Dr. phil., *1959
Studium der Kommunikationswissenschaft, Psychologie, Statistik und Soziologie in München. Von 1989 - 1994 wissenschaftlicher Assistent an der Universität München, seit 1995 an der Universität Leipzig.
*Hauptarbeitsgebiete:* Medienwirkungs- und Rezeptionsforschung.
*Publikationen:* Unterhaltsame Information oder informative Unterhaltung? Zur Rezeption von Reality-TV (mit Koautoren) In Publizistik 3/1996); Sich ergötzen an der Not anderer: Voyeurismus als Zuschauermotiv. (Mit Koautor) In Schorb / Stiehler: Medienlust -Medienlast, München 1996; Bildungsspezifische Rezeption politischer Fernsehbeiträge: Ein Beitrag zur Wissenskluftthese. In Jarren / Knaup / Schatz: Rundfunk im politischen Kommunikationsprozeß, Hamburg 1995.

# DGPuK

Schriftenreihe der Deutschen Gesellschaft für

**Band 1**
Walter Hömberg (Hg.)
**Journalistenausbildung**
Modelle, Erfahrungen,
Analysen
1. Auflage 1978
246 Seiten, br.
ISBN 3-89669-108-2
vergriffen

**Band 2**
Ulrich Paetzold (Hg.)
**Kabelkommunikation**
Organisation und Programme
1. Auflage 1978
152 Seiten, br.
ISBN 3-89669-109-0

**Band 3**
Hans Bohrmann
Josef Hackforth
Hendrik Schmidt (Hg.)
**Informationsfreiheit**
Free Flow of Information
1. Auflage 1979
132 Seiten, br.
ISBN 3-89669-110-4

**Band 4**
Georg Wodraschke (Hg.)
**Medienpädagogik
und Kommunikationslehre**
1. Auflage 1979
288 Seiten, br.
ISBN 3-89669-111-2

**Band 5**
Wolfgang R. Langenbucher (Hg.)
**Lokalkommunikation**
Analysen, Beispiele,
Alternativen
1. Auflage 1980
314 Seiten, br.
ISBN 3-89669-112-0

**Band 6**
Joachim Westerbarkey (Hg.)
**Studienführer Publizistik/
Journalistik/Kommunikation**
1. Auflage 1980
256 Seiten, br.
ISBN 3-88295-034-X
vergriffen

**Band 7**
Günter Bentele (Hg.)
**Semiotik und
Massenmedien**
1. Auflage 1981
400 Seiten, br.
ISBN 3-89669-113-9

**Band 8**
Claus Eurich (Hg.)
**Lokales Bürgerfernsehen
und die Erforschung seiner
Wirkungen**
1. Auflage 1980
216 Seiten, br.
ISBN 3-89669-114-7

**Band 9**
Georg Wodraschke (Hg.)
**Jugendschutz und
Massenmedien**
1. Auflage 1983
256 Seiten, br.
ISBN 3-89669-115-5

**Band 10**
Ulrich Saxer (Hg.)
**Gleichheit oder Ungleichheit durch Massenmedien?**
1. Auflage 1985
224 Seiten, br.
ISBN 3-89669-116-3

**Band 11**
Winfried Schulz
Klaus Schönbach (Hg.)
**Massenmedien und Wahlen**
1. Auflage 1983
464 Seiten, br.
ISBN 3-89669-117-1

**Band 12**
Ulrich Saxer (Hg.)
**Politik und Kommunikation**
Neue Forschungsansätze
1. Auflage 1983
172 Seiten, br.
ISBN 3-89669-118-X

**Band 13**
Manfred Bobrowsky
Wolfgang R. Langenbucher (Hg.)
**Wege zur Kommunikationsgeschichte**
1. Auflage 1987
802 Seiten, br.
ISBN 3-89669-119-8

**Band 14**
Jürgen Wilke (Hg.)
**Zwischenbilanz
der Journalistenausbildung**
1. Auflage 1987
348 Seiten, br.
ISBN 3-89669-120-1

**Band 15**
Christian Breunig (Hg.)
**Studienführer Publizistik/
Journalistik/Kommunikation**
2., überarbeitete Auflage 1989
400 Seiten, br.
ISBN 3-89669-121-X

# DGPuK
Publizistik- und Kommunikationswissenschaft

UVK
*Medien*

**Band 16**
Wolfgang R. Langenbucher (Hg.)
**Paul F. Lazarsfeld**
Die Wiener Tradition der empirischen Sozial- und Kommunikationsforschung
1. Auflage 1990
312 Seiten, br.
ISBN 3-89669-122-8

**Band 17**
Dieter Roß
Jürgen Wilke (Hg.)
**Umbruch in der Medienlandschaft**
1. Auflage 1991
208 Seiten, br.
ISBN 3-89669-123-6

**Band 18**
Walter Hömberg
Michael Schmolke (Hg.)
**Zeit, Raum, Kommunikation**
1. Auflage 1992
416 Seiten, br.
ISBN 3-89669-124-4

**Band 19**
Günter Bentele
Manfred Rühl (Hg.)
**Theorien öffentlicher Kommunikation**
Problemfelder, Positionen, Perspektiven
1. Auflage 1993
544 Seiten, br.
ISBN 3-89669-125-2

**Band 20**
Louis Bosshart
Wolfgang Hoffmann-Riem (Hg.)
**Medienlust und Mediennutz**
Unterhaltung als öffentliche Kommunikation
1. Auflage 1994
528 Seiten, br.
ISBN 3-89669-126-0

**Band 21**
Lutz Erbring (Hg.)
**Kommunikationsraum Europa**
1. Auflage 1995
484 Seiten, br.
ISBN 3-89669-127-9

**Band 22**
Walter Hömberg
Heinz Pürer (Hg.)
**Medien-Transformation**
Zehn Jahre dualer Rundfunk in Deutschland
1. Auflage 1996
480 Seiten, br.
ISBN 3-89669-005-1

**Band 23**
Claudia Mast (Hg.)
**Markt – Macht – Medien**
Publizistik im Spannungsfeld zwischen gesellschaftlicher Verantwortung und ökonomischen Zielen
1. Auflage 1996
432 Seiten, br.
ISBN 3-89669-128-7

**Band 24**
Günter Bentele
Michael Haller (Hg.)
**Aktuelle Entstehung von Öffentlichkeit**
Akteure – Strukturen – Veränderungen
erscheint Frühjahr 1997
ca. 500 Seiten, br.
ISBN 3-89669-215-1

*Bitte fordern Sie unser Gesamtverzeichnis an!*

▲ UVK Medien
Verlagsgesellschaft mbH
(mit Verlagsprogramm Ölschläger)

Postfach 10 20 51
78420 Konstanz
Telefon 0 75 31/90 53-0
Telefax 0 75 31/90 53-98

UVK Medien im Internet: http://www.uvk.de

# AKM-Studien

Schriftenreihe der Arbeitsgruppe
Kommunikationsforschung München (AKM)

Herausgegeben von Walter A. Mahle

Band 32
Walter A. Mahle (Hg.)
**Medien in Deutschland**
Nationale und internationale Perspektiven
1. Auflage 1990
224 Seiten, br.
ISBN 3-89669-157-0

Band 33
Brigitte Milkau
**Journalistische Pioniere des privaten Rundfunks**
1. Auflage 1991
136 Seiten, br.
ISBN 3-89669-158-9

Band 34
Frank Böckelmann
**Die Pressearbeit der Organisationen**
(Pressestellen II)
1. Auflage 1991
208 Seiten, br.
ISBN 3-89669-159-7

Band 35
Frank Böckelmann
**Pressestellen der öffentlichen Hand**
(Pressestellen III)
1. Auflage 1991
240 Seiten, br.
ISBN 3-89669-160-0

Band 36
Frank Böckelmann
**Pressestellen in der Wirtschaft**
(Pressestellen I)
2. Auflage 1991
168 Seiten, br.
ISBN 3-89669-161-9

Band 37
Walter A. Mahle (Hg.)
**Medien im vereinten Deutschland**
Nationale und internationale Perspektiven
1. Auflage 1991
256 Seiten, br.
ISBN 3-89669-162-7

Band 38
Walter A. Mahle (Hg.)
**Pressemarkt Ost**
Nationale und internationale Perspektiven
1. Auflage 1992
216 Seiten, br.
ISBN 3-89669-163-5

Band 39
Walter A. Mahle (Hg.)
**Journalisten in Deutschland**
Nationale und internationale Vergleiche
und Perspektiven
1. Auflage 1993
264 Seiten, br.
ISBN 3-89669-164-3

Band 40
Walter A. Mahle (Hg.)
**Deutschland in der internationalen Kommunikation**
1. Auflage 1995
252 Seiten, br.
ISBN 3-89669-165-1

Band 41
Frank Böckelmann
Kurt Hesse
**Wem gehört der private Rundfunk?**
Umfang und Auswirkung der Beteiligungen
am privaten Rundfunk in Deutschland
1. Auflage 1996
470 Seiten, br.
ISBN 3-89669-216-X